정신철학통편
精神哲學通編

이기안 편저

明文堂

全秉薰肖像

精神水火與玉之花道人

此像乃出神前未見真我時照寫舊畫 今編玉清振理將用航五洲水柴榮書已成自畫自身作世界一仞 己未

머리말

2016년 12월, 김성환 교수의 "우주의 정오"를 통해 서우曙宇 전병훈全秉薰(1857-1927) 선생을 알게 되었다. 명문당에서 영인출판한 "정신철학통편"을 도서관에서 빌려 2017년 3월부터 번역 작업을 시작하여, 2019년 3월까지 네이버 블로그에 "정신철학통편"의 1차 번역 작업을 마쳤다. 교정작업을 하지도 않고 다시 중국에서 입수한 "복희전기伏羲傳奇" 상하권의 번역을 시작하여 2019년 11월부터 2021년 7월까지 번역을 완료하여 블로그에 올렸다.

(처음 정신철학통편을 번역하게된 동기는 "태좌법胎坐法"의 수도방법에 대한 검색을 하다가 "현관타좌법玄關打坐法"을 소개한 '우주의 정오'라는 책을 읽고, 그 원문이 '정신철학통편'이라는 것을 알게 되었고, 평소 관심이 있었던 분야여서 무모하게 전문 번역까지 시도하게 되었다.)

"복희전기"와 달리 "정신철학통편"은 다행히 서우 전병훈 선생에 대해 그동안 연구를 해오셨던 분들의 조사된 자료가 있었기에, 따로 자료조사를 생략하고, 김성환 교수님, 임채우 교수님과 윤창대 님 등 먼저 연구하신 분들의 전병훈 선생에 대한 연구 자료를 충분히 참조하였고, 나는 정신철학통편의 그 내용 해석에 전념하였다. 전병훈 선생이 중국에서 도道를 이루고 "정신철학통편의 저술 작업 중에 상제上帝께서 직접 임어臨御하시어 독찰督察하셨다."는 대목에 이르러서는, 경신년(1860년) 4월 5일 최수운 선생의 천상문답사건天上問答事件이 떠올랐으며, 동서고금을 막론하고 참으로 극히 드문 대사건이라는 생각이 들어 반드시 번역을 마치겠다고 다짐했다.

서우曙宇는 본문에서 "오회정중午會正中"을 기술하면서 상제임감上帝臨監에 대해서 다음과 같이 기록하였다.

(도를 이루고 정신철학통편의 저술 작업을 하는 중에) "상제가 임감臨監해 계시고, 소자(전병훈)가 (상제를) 대신하여 기술하였으니, 어찌 감히 속이겠는가? 지금 때가 반드시 오회정중午會正中에 있도다(上帝臨監小子代述, 何敢自謬? 必在午會正中, 정신철학통편(명문당) 251p)."라고 하였고, "오회정중이 또한 어찌 멀겠는가? 그러하니 200년이 되지 않아서 하늘은 반드시 축을 굴릴 것(轉軸)이 틀림없다.(午會正中, 亦何遠乎哉, 然不及二百年, 而天必轉軸無疑乎. 정신철학통편 340p)"라고 하였다.

서우는 또 "내가 감히 말하노니, 하늘이 이 책을 내려주어서(天降斯篇), 이것으로써 널리 중생을 제도하는 것은, 진실로 까닭이 있어서 그런 것이니, 내 속마음까지 알아주는 사람이 있기를 간절히 바란다.(余敢謂天降斯

篇, 以普渡衆生者, 良有以也, 庶幾有知音者乎. 통편 26p)" 하고, 또 "세상의 다스림이 대동일통大同一統하는 날에 이르게 되면 바로 이 책이 그 길을 인도하는 새벽빛이 되리라." 하였다.

또 마지막에 말하기를, "세상에는 반드시 그 사람(其人)이 있으니, 하늘의 뜻에 부합하는 성聖을 겸한 사람이 나와서, 어지러움을 그치고 태평한 세상을 이루는데, 통일정부는 진실로 그의 손에서 이루어지니, 어찌 어렵겠는가? 비로소 가히 지인, 지덕, 겸성극철兼聖極哲한 태선胎仙의 사업이 모두 원만함에 이르게 되어 이 세상이 바로 극락 세상으로 오를 것이요, 하늘이 극진하게 길러주는 하늘(極育之天)로 돌아갈 것이로다." 하며 우리에게 희망의 메시지를 전해주었다.

(世必有其人, 合致而幷行焉, 則合天兼聖息亂太平, 統一政府, 誠何難成立於其手哉? 夫然後始可謂至仁至德, 兼聖極哲胎仙之事業, 俱臻圓滿, 而世躋極樂之世, 天回極育之天矣. 吁嗟, 編者更有何願哉, 更有何願哉.)

그리고 정신철학통편을 거의 완성하고 난 1919년에 "천부경天符經"을 윤효정(1858-1939)으로부터 입수하여 그에 대한 주해서를 통편의 첫머리에 실었는데, 천부경주해 서언에서 "진실로(소자 전병훈) '도道를 이루어 세상을 구하는 것'이 평생의 간절히 원하였던 소원으로 골수에 틀어박혀 맺혀 있기에, 거처하던 곳에서 숭봉崇奉하던 상제, 단군, 황제, 노자, 공자, 부처, 왕인, 칸트의 8성聖께 향을 피우고 축원하였으며, 위로는 성조聖祖에서 감응하시고 하늘에 계신 영靈이 특별히 내려와서 도우신 것이 아니겠는가?"

하였으니, 이것은 "도를 이루어 세상을 구한다."는 간절한 소원과 이것을 이루기 위한 경건한 구도자求道者로서의 평소 모습을 엿볼 수 있게 하는 대목이다.

장소증張紹曾(1879년-1928년, 북양정부 국무총리)은 서문에서 "이제 때가 되어서 누구나 성인聖人이 될 방법을 기록해서 세상에 밝혀냈으니, 뒤에 성인을 바라는 자에게 옛 서적을 다 연구할 필요가 없게 하였으며, 신선神仙이 되려는 자에게 무리 지어 단경丹經을 구할 필요가 없도록 하였으며, 부처가 되려는 자는 팔만대장경을 두루 펼쳐볼 필요가 없도록 하였으며, 서양철학을 원하는 자는 거듭해서 바다를 멀리 건널 필요가 없게 하였다. 손에 이 한 권의 책만 있으면 고기 잡는 통발과 토끼 잡는 올가미를 손아귀에 갖고 있는 것과 같다. 뜻이 있는 자 여기에서 강구한다면 각자 그 구하고자 하는 바를 채울 수 있다." 하였다.

통편이 처음 발행되고 나서 세계 각국 대학교에 보내졌다고 하였다.〈정신철학통편, 윤창대, 30p〉
그로부터 100여 년이 지나서 한글 완역본이 나오기 시작했으니, 이 한글 완역본들이 대동세계에 대한 선생의 뜻을 조금이나마 전달될 수 있는 계기가 되기를 바랄 뿐이고, 앞으로 나의 미진한 부분들을 보완하는 책들이 계속 나와 선생의 뜻이 온전히 전해지기를 바라는 마음뿐이다.

선생의 출생과 조선에서의 관직생활, 중국에서의 득도 과정에 대해 여러 자료를 참고하여 정리하였다. 아래의 내용은 〈정신철학통편, 명문당, 금장태〉, 〈정신철학통편, 우리출판사, 윤창대〉, 〈우주의 정오, 소나무출판사, 김성환〉을 참조하여 정리하였다.

전병훈은 정선 전씨全氏로 고려 말 두문동 72인 중 한 사람인 전오륜이 6대조 조상으로, 1857년 현 평안남도 삼등현, 학서리鶴棲里에서, 부친 전경全璟, 모친 완산 이씨李氏 사이에서 태어났으며, 그의 아들로 전남 강진 군수를 지낸 전재억(1883-1954)이 있었다.
호號는 서우曙宇이고, 현빈도인玄牝道人이라 한다.

1892년 36세 때, 의금부 도사로 관직에 나갔다.
1898년 42세 때, 사회개혁 내용을 담은 〈백선미근百選美芹〉을 상소로 올렸다.
1899년 43세 때, 중추원의관을 제수 받고 전남 황해 양도 균전사를 역임하였다.
1905년 49세 때, 을사늑약의 부당성을 상소였는데 북간도 관찰사 서리로 좌천을 당하였다.
1907년 51세 때, 모든 관직을 버리고 중국으로 망명하였다.
1910년 54세 때, 광동으로 건너가 〈주역참동계〉를 연구하였으며, 이후 광동성 증성현 나부산에 있는 충허관에 들어가서 고공섬古空蟾이라는 도사를 만나 도교 수련을 하였다.
1917년 61세에 우람전과 만났고, 〈정신철학통편〉 원고를 집필하였으며, 북경에 정신철학사를 설립하고 활동하였다.

1918년 62세 때, 백운산인 윤양성 선생이 쓴 〈선불가진수어록仙佛家眞修語錄〉의 서언을 썼다.

1919년 63세 때, 도교경전 2,000여 권을 정리하여 〈도진수언道眞粹言〉 10권을 편찬하였다.

1919년 11월, 윤효정尹孝定에게 입수한 〈천부경天符經〉에 주석을 붙여 〈정신철학통편〉을 완성하였다.

1920년 2월 7일 64세 때에 중국 북경에서 〈정신철학통편〉으로 인쇄 배포 허가를 받았다.

1927년 9월 14일 71세로 생을 마감, 평안남도 순안면 북창리 간좌원艮坐原에 안장되었다.

유불선과 주역, 동서고금의 철학까지 망라한 서우의 저술을 번역 시도하였으나, 천견박식淺見薄識의 단견短見인 내가, 선생의 깊은 뜻을 더 정확하게 드러내지 못한 것은 번역을 하는 나 자신의 과거 '두터운 업장'과 '현생에서 지은 죄와 허물'을 다 참회하지 못함으로 인한 것이요, 능력의 부족함이니, 이에 대한 꾸중과 질책은 온전히 내가 감당할 몫인즉, 앞으로도 "부단히 참회 수도하며 죄를 덜어내면서 부족한 지식을 넓혀야 하리라."고 스스로 다짐해 본다.

목포대학교 후문에서 집사람과 조그만 식당을 하면서, 틈틈이 시간을 내서 이 책을 번역하게 된 것을, 지난 몇 년 동안의 조그마한 보람으로 여기며, 특히나 책 번역한다고 생업을 충분히 도와주지 못한 집사람에게는 미안하기도 하고 또 고맙게 생각한다.

평소에 관심을 가지고 격려해주신 전 목포대학교 조현상 교수님께 감사드리고, 승달산 등산 후에 식당에 들러 북엇국, 콩나물국 한 그릇씩 하면서, 곁에서 아낌없는 격려를 해준 고등학교 친구들(임홍수, 이지상)에게도 고마움의 마음을 전하고 싶다.

2019년 3월 "정신철학통편"의 번역을 끝내고, 2021년 7월까지 2년간 "복희전기" 상하권의 번역을 마치고 블로그에 올린 후, 다시 정신철학통편의 교정작업을 하는 중에 임채우 교수님의 "완역 정신철학통편"(인월담출판)이 출판되었기에 도서관에서 빌려 읽어보면서, 나의 부족하고 매끄럽지 못한 번역에, 임채우 교수님의 번역이 많은 참조가 되었음을 밝혀두며, 끝으로 지면을 빌려서 감사의 뜻을 전하는 바입니다.

끝으로 선뜻 출판을 허락해 주신 김동구 명문당 사장님께 깊은 감사의 뜻을 전하고 싶고, 편집, 교정에 많은 수고를 해주신 이명숙, 양철민 님께 고마운 마음을 전해드리고 싶습니다.

                    2025년 6월 전남 무안 승달산 자락에서 삼가 서문을 씀

| 목차 |

- 머리말 5
- 약부제가평언畧附諸家評言 서序 18
- 정신철학통편精神哲學通編 서敍(장소증) 32
- 정신철학통편 범례 36
- 정신철학통편精神哲學通編 서론 緒論(전병훈) 40

정신철학精神哲學通編 상편上編 권1

동한신성東韓神聖 단군檀君 천부경天符經 주해서언註解緖言 58

제1편 단군천부경檀君天符經 주해註解 63

    천부경天符經 원문 原文(八十一字) 64

제2편 정신운용성진지철리요령精神運用成眞之哲理要領(通編宗旨. 在因欲制欲以成道) 85

    제1장 선후천 정기신을 논함(論先後天精氣神) 86
    제2장 인간 신체의 정기신 운용 철리에 대하여 논함(論人身精氣神運用之哲理) 96

제3장 논현빈위대도진전지리論玄牝爲大道眞傳至理 115

제4장 연기축기煉己築基를 논함(論煉己築基煉己以道心爲主寡欲守中) 136

제5장 취기통관聚氣通關 142

제6장 논진화채약論進火採藥 154

제7장 결단온양結丹溫養 167

제8장 논양신출태論陽神出胎 172

제9장 연신환허합천성진煉神還虛合天成眞 175

정신철학精神哲學 상편上編 권2

제3편 심리철학心理哲學 191

심리철학心理哲學 서언緒言 192

제1장 심리본원은 하늘이다(心理本源於天) 195

제2장 인심도심정일지지人心道心精一之旨 199

제3장 심지체용언행성근心之體用言行誠謹 203

제4장 징분질욕천선개과懲忿窒慾遷善改過 206

제5장 공문전수심법지요孔門傳授心法之要 208

제6장 성의정심誠意正心 211

제7장 맹자심리지요孟子心理之要 218

제8장 송현심성리기철학宋賢心性理氣哲學 224

13

제9장 통론성정지의염려사병동한철학統論性情志意念慮思幷東韓哲學 231

제10장 도가언뇌신실선획서양신경지철리道家言腦神室先攫西洋神經之哲理 242

제11장 선진심리설불유언뇌신이단즉심심즉도仙眞心理說不惟言惱神而丹卽心心卽道 250

제12장 불가심성지최상승철리佛家心性之最上乘哲理 255

제13장 구서중고심리철학歐西中古心理哲學 272

제14장 구서근세심리철학歐西近世心理哲學 282

제15장 구서최근심리철학신경론歐西最近心理哲學神經論 292

정신철학精神哲學 중편中編 권3

제4편 도덕철학道德哲學 313

도덕철학道德哲學 서언緖言 314

제1장 원천도덕原天道德 제일번도덕개화第一番道德開化 316

제2장 체천도덕사업體天道德事業 321

제3장 사유도덕師儒道德 제사번재하도덕진화第四番在下道德進化 334

제4장 보통도덕普通道德 354

제5장 송현철리도덕宋賢哲理道德 362

제6장 명청도덕철리明淸道德哲理 374

정신철학精神哲學 중편中編 권4

제7장 도가철리도덕道家哲理道德 386

제8장 조선도덕시개화朝鮮道德始開化 401

제9장 구서도덕철학중고근세최근병론歐西道德哲學中古近世最近幷論 421

정신철학精神哲學 하편下編 권5

제5편 정치철학政治哲學 483

정치철학政治哲學 서론緒論 484

제1장 종민의개국입도이안민지철리從民意開國立都以安民之哲理 492

제2장 요순지상선역민의堯舜之相禪亦民意 494

제3장 삼대지가천하종민의이역외민지철리三代之家天下從民意而亦畏民之哲理 497

제4장 요순책임지제철리堯舜責任之制哲理 499

제5장 우평수토획주정전실행황제구정법철리禹平水土畫州井田實行黃帝邱井法哲理 501

제6장 이윤오취탕오취걸지철리伊尹五就湯五就桀之哲理 516

제7장 고자군사지책미분자역천의지철리古者君師之責未分者亦天意之哲理 518

제8장 주공공화헌법치지철리周公共和憲法治之哲理 520

제9장 주공례치형조사십년불용지철리周公禮治刑措四十年不用之哲理 522

제10장 학교교육빈흥지제철리學校教育賓興之制哲理 535

제11장　형이필교형기우무형가치형조철리刑以弼敎刑期于無刑可致刑措哲理　538

제12장　주례임관지제철리周禮任官之哲理　541

제13장　공자역주공화제지공심철리孔子亦主共和制之公心哲理　546

제14장　공자론대동지지치孔子論大同之至治　548

제15장　대학평천하장혈구지법평등철리大學平天下章絜矩之法平等哲理　555

제16장　자산위정조제외교철리子產爲政調劑外交哲理　557

제17장　맹자제민산孟子制民產 논정전철리論井田哲理　559

제18장　맹자논민권철리孟子論民權哲理　562

제19장　한명정치병리치철리漢明政治幷吏治哲理　564

제20장　왕양명 십가패법王陽明 十家牌法　567

제21장　고정림필부유책지철리顧亭林匹夫有責之哲理　572

정신철학精神哲學 하편下編 권6

제22장　도가정치철리道家政治哲理　578

제23장　도가정치합어민주제철리道家政治合於民主制哲理　583

제24장　노자론병화지철리老子論兵禍之哲理　588

제25장　노자론대도지용성대일통지철리老子論大道之用成大一統之哲理　592

제26장　노자언세치융희인능장생지철리老子言世治隆熙人能長生之哲理　594

제27장　노자언천하낙추부쟁정치철리老子言天下樂推不爭政治哲理　597

제28장 조선기자건극철리朝鮮箕子建極哲理 600

제29장 조정암정치철리趙靜菴政治哲理 605

제30장 율곡정치인군이민위형제지철리栗谷政治人君以民爲兄弟之哲理 611

제31장 구서정치철학아리사다덕론歐西政治哲學亞里士多德論 619

제32장 구서민약정치철리歐西民約政治哲理 628

제33장 구서백륜지지방자치론철리歐西伯倫知地方自治論哲理 632

제34장 사밀아단원부이재철리斯密亞丹原富理財哲理 636

제35장 맹덕사구삼정정립지치철리孟德斯鳩三政鼎立之治哲理 641

제36장 강덕설일민주국우우내영구태평철리康德設一民主國于宇內永久太平哲理 644

제37장 구서최근정치철학歐西最近政治哲學 649

● **첨부: 인허공문** 665

약부제가평언 서
畧附諸家評言 序

藍田

好道有年, 未遇眞師, 時殷尋訪, 丁巳春, 幸遇曙宇全夫子, 於都門之精神哲學社.

見其道貌儼然懇求指敎. 獲聞玄關眞傳, 遵而行持, 今已神凝胎息, 玉液成焉. 飮水思源五衷感激.

남전

도를 좋아하기를 여러 해(有年)였으나, 진사眞師를 만나지 못하자, 찾아 나서기를 여러 번 하였더니, 정사년(1917년) 봄에 다행히 서우 전부자(전병훈)를 만났으니, 도문都門(수도의 성문)의 정신철학사에서였다.

도학자의 용모에 엄숙하고 위엄 있는 용모를 보고 간절히 지도하여 가르쳐주기를(指敎) 구하였다. 현관玄關의 진전眞傳을 얻어 듣고(獲聞), 따라서 행하여 지녔는데, 이제 이미 신神이 엉기었고(凝), 태식胎息을 하여 옥액玉液이 이루어졌다. 음수사원飮水思源(옥액을 마시면서 근원을 생각함)하니 오충五衷이 감격스러웠다.

一日哲學通編告成, 屬〈藍田〉校正之, 且叙其事實, 猗歟. 其範圍宗旨俱詳於各篇緒言, 人可檢而知之. 其超然眞我之眞樂, 玄理精微, 語難盡曉.
至其至誠惻怛, 經世救民, 平生之歷史. 則諸公之評讚悉備, 又無庸贅述.

하루는 철학통편의 완성을 알려오면서(告成), 나(藍田)에게 교정을 부탁해왔으므로, 또한 그 사실을 서술하니, 아! 참으로 기쁘도다. 그 범위와 종지는 각편의 서언緒言에 상세히 갖추어졌으니, 사람들이 주의해서 보면 알 것이다. 그 초연한 진아眞我의 진락眞樂과 현묘한 이치(玄理)는 정미精微로워서 말로는 다 깨치기가 어려운 것이다.
그 지극한 정성과 백성을 불쌍히 여기는 마음으로, 경세구민經世救民(세상을 다스려 백성을 구함)하는 것이 평생의 역사였는지라. 곧 제공의 평찬評讚(평하여 기리고 찬양함)이 모두 갖추어졌으니, 또 더 말할 필요는 없는 것(無庸贅述무용췌술)이다.

惟思此編, 綜合儒道佛哲, 而取舍如衡, 貫通中外古今, 而調劑得要, 使人遵而行之, 合而致之, 則身可幾於聖神, 世可登於極樂矣.
誠哉. 其爲宇內之新開曙光, 五洲之圓通慈航歟. 爰摭諸評之簡約者錄左, 以資讀者之信證焉.

그러나 이 편을 생각건대, 유儒, 도道, 불佛 철학을 종합하고 취사하기를 마치 저울처럼 하였으며, 중외中外 고금古今을 관통하였고, 조제調劑하여 요점을 얻었으니, 사람들로 하여금 따라서 행하게 해서 합하여 이루어지면, 곧 몸은 거의 성신聖神에 이르고, 세상에서도 극락에 오를 수가 있다.

참되도다. 그것은 우주 안에서 새롭게 열리는 서광이 될 것이며, 오주五洲를 원만하게 통하는 자비로운 항해(圓通慈航)이리라. 이에 여러 평론의 간략한 것을 모아서 아래에 기록하여, 이로써 독자들을 도와주는 믿을만한 증거信證로 하였다.

張公人駿
號安圃, 前淸翰林兩廣總督.
曰, 層霞傾蓋. 粹然有玉貌高世之風, 何如靖節肥遯. 學承鄒魯, 深造以道.
禮治刑措之議, 恒懷周官之文明.

장인준(1846-1927)
호 안포, 전 청나라 한림, 양광廣東(廣西) 총독.
왈, "층층히 노을이 졌는데, 수레를 멈추고 양산을 기울리고 잠시 이야기를 하였다. 심신이 참되고 순후하고 천진스러우며(粹然), 옥 같은 용모에 세상을 뛰어넘는 의풍懿風이니, 어찌 도연명(靖節)이 마음 너그러이 욕심버리고 세상을 피한 것과 같을 것인가. 학문은 추나라(맹자)와 노나라(공자)의 풍을 이어받았고, 도도로서 깊이 파고들었다(深造).
예치형조禮治刑措(예로써 다스리고 형벌을 쓰지 않음)를 의논하면서, 항상 주관周官(서경書經의 편명)의 문명을 생각하였다." 하였다.

＊형조(刑措) : 주나라 성왕과 강왕시대에 천하태평하여 형벌의 조문을 갖추어 만 놓고 쓰지 않은 것을 말함.

王公樹枏

號晉卿, 前淸翰林布政使.

曰, 先生於中國學術, 深入堂奧, 故言之津津, 皆可爲天下萬世法則.

왕수남(1859-1936)

호 진경, 전 청나라 한림포정사.

왈, "선생은 중국 학술에서, 학문의 심오한 경지堂奧에 깊이 들어갔으며, 그러므로 말씀은 깊고 깊어서, 모두가 가히 천하만세의 법칙이 된다." 하였다.

嚴公復

號又陵, 前淸翰林大學敎長.

曰, 先生入羅浮, 得至眞至秘之傳. 不知有筆述否, 此眞此學, 將昌之會, 竊願一觀其說也. 此乃不朽之盛業, 西人近亦日講衛生, 然至於增益壽命, 終亦無術. 先生宜就此時, 先著爲書, 千秋絶學, 以此而興, 不可失也. 此爲先生實驗之學, 尤爲可貴也. 弟爲有緣, 得遇傳眞之師, 願承大敎. 何如.

엄복(1854-1921)

호 우릉, 전 청나라 한림대학교장.

왈, "선생은 나부산에 들어가서 지극히 진실(眞)하고, 지극히 비밀스럽게(秘) 전함(傳)을 체득하였다. 붓으로 써놓은 것이 있는지 알 수 없으나,

이 진리와 이 학문이 장차 창성할 때에, 슬그머니 한번 그 설명한 것을 보기 바란다. 이것은 불후의 성업이니, 서양 사람들이 근래 또한 날마다 위생衛生을 강講하나, 수명을 증익함에 이르러서는, 결국 또한 방법이 없다. 선생이 마땅하게 이때에 나아가서 먼저 글로 저술하였으니, 천추에 뛰어난 학문이며, 이로써 흥하여, 없어지지 않을 것이다. 이것은 선생이 실지 경험한 학문으로 특별하게 귀한 것이 될 것이다. 저 또한 인연이 있어서 진리를 전해주시는 스승을 만나게 되었으니, 원컨대 큰 가르침을 받기를 바랍니다. 어떠하신지요?" 하였다.

蔣公式芬

號菊隱, 前淸翰林正卿.

曰, 兄大賢也. 有張子房之英氣, 邵康節之理學, 忠義動人, 文章領袖, 大著以韓歐之巨筆, 發程朱之精神哲學爲吾道魁傑.

〈吾師賞以統改國政, 陳萬言疏. 而以保証獨上封奏者, 未曾示人, 惟蔣公, 與黃運藩, 知之故…言歟〉

장식분 蔣式芬

호 국은, 전 청나라 한림정경翰林正卿.

왈, "형은 대현입니다. 장자방의 영기와 소강절의 이학을 소유하였고, 충의로 사람을 움직이며, 문장은 항상 우두머리였으니, 한유韓愈(한퇴지)나 구양수歐陽脩의 거필처럼 크게 드러났으며, 정주程朱(程子와 朱子)의 정신철학을 피게 한 우리 도학의 괴걸魁傑(뛰어난 사람, 두목)이다." 하였다.

〈우리 스승께서 일찍이 국정을 고쳐서 다스리도록 만언소를 진언하였다. 그러니 이로써 홀로 밀봉하여 상소문을 올린 자(封奏者)임을 보증하는 것이니, 다른 사람에게 일찍이 보여준 적이 없었지만, 오직 장공(장식분)과 더불어서 황운번에게는 알도록 하였던 까닭이다.〉

林公世煮
號次煌, 前淸翰林院編修.

曰, 先生言學兼新舊, 道通中外, 調劑東西學然後, 可以經世宰物者, 誠不朽之至言也. 矧以高世之趣, 文有及人之量, 眞道德神仙, 一流人物也.

임세도
호 차황, 전 청나라 한림원 편수.

왈, "선생이 말씀하신바 학문이 신구를 겸하였고, 중외中外를 도통道通하여, 동서의 학문을 잘 조제한 연후에, 가히 경세재물한다는 것은 진실로 불후의 지언인 것이다. 하물며 세상에서 뛰어난 뜻을 지니셨으며, 학문이 모든 사람의 도량에 미칠 정도였으니, 진실로 도덕 신선道德神仙이시며, 일류의 인물이시다." 하였다.

茅公謙
號子貞, 江南名士.

曰, 先生寓此, 有類微子之適周, 賢人遜國, 則本邦宜有繼粟繼肉之典.(戊申言)

又曰, 先生仰體, 上帝好生之心. 編成此書, 將救世度人, 無量.

모겸(1848-1917)

호 자정, 강남명사.

왈, "선생이 여기에 머무르는 것은, 마치 옛적에 미자微子가 주나라에 간 것과 같으니, 현인이 나라(조선)를 떠나 망명하였으면, 우리나라(本邦)에서 마땅히 고기와 곡식을 계속보내서 돌보아주는 법도가 있어야 한다." 하였다. (무신년에 말씀)

또 말하시기를, "선생은 상제의 호생지심을 우러러서 체득하였다. 이 서書를 편성해서 장차 사람을 제도하고 세상을 구하는 것이 무량할 것이로다." 하였다.

康公有爲

號南海, 敎會長.

曰, 伏讀大著, 言精緻, 則必根周禮之本, 言養生, 則必舉道家之大義微奧. 當今政治之惡, 物質之粗, 得尊論之精微, 眞空谷足音也, 敬仰不已.

又曰, 大地大同之後, 道術自大行, 而日新. 今未到其時也.

강유위(1858-1927)

호 남해, 교회장.

왈, "삼가 위대한 저작을 읽어보니, 말씀이 정교하고 치밀함은, 곧 반드시 주례의 본本에 근거하였고, 양생養生을 말씀하실 때는 반드시 도가의 대의와 정미하고 오묘함을 들어서 말씀하셨다. 지금의 정치의 악함(惡)과 물질의 조粗(거칠고 조잡함)를 당하여서도 논論함의 정미함을 얻었으니, 진정으로 공곡족음空谷足音(빈 골짜기에 들리는 발자국 소리로 기쁜 소식이나 반가움을 표시)인 것이니 우러러 공경함이 그치지 않는다." 하였다.

또 말하기를, "세상이(大地) 크게 하나된 후에는, 도술이 스스로 크게 행해지고 날마다 새로워지리라. 그러나 지금은 그때가 이르지 않았도다." 하였다.

王公秉恩
號雪岑, 前淸按察使.

曰, 三仁所處不同. 故置身各異. 貴國自有祖遺成法, 閣下講究哲學, 以爲洪範之續, 不亦偉乎?

왕병은(1845-1928)
호 설잠, 전 청나라 안찰사.

왈, "삼인(은나라 미자, 기자, 비자를 지칭)의 거처하는 곳이 같지 않았다. 그러므로 몸을 의지하여 두는 것이 각각 달랐다. (조선) 귀국에는 저절로 조상이 남긴 성법成法이 있어서, 각하께서 철학을 강구하여 홍범의 이어감이 되었으니, 또한 위대하지 않겠는가?" 하였다.

華公袞
號紫綬, 前淸道員.

曰, 先生大賢也. 文學經濟已窺一斑, 今雖白馬作客, 而安知不龍驤鳳矯, 風雲際會, 佐命周邦, 以續磻溪盛事乎?

화곤
호 자수, 전 청나라 도원道員.

왈, "선생은 대현이시다. 문학 경제에서 이미 한 경지를 엿보았고, 이제 비록 백마를 탄 객이 되었으나, 용처럼 뛰어오르고 봉처럼 날아올라 풍운을 당하여 만날 때 주나라를 돕도록 명령하여, 이로써 반계(강태공)의 성대한 사업(盛事)을 계속 이어나갈 줄을 어찌 알겠는가." 하였다.

徐公紹楨

號固卿, 陸軍上將.

曰, 先生秉宇宙淸明正直之氣以生. 遭時不偶, 功勳政績, 雖不獲大著, 而所陳多關大計. 有古名臣風, 出遊多交中日之賢士大夫卓哉爲箕封古國之魯靈光矣. 著述宏富, 道德文章, 五洲宗仰, 不獨珠江譽滿, 嶺雲增色已也.

서소정(1861 - 1936)

호 고경, 육군상장.

왈, "선생(병우)은 우주의 청명 정직한 기氣를 가지고 태어나셨다. 때의 불우함을 만났기로, 공훈과 정적政績은 비록 크게 드러나지 않았으나, 글로써 남기신 바는 세상을 경영하는 큰 계책과 많은 관련이 있다. 옛 명신名臣의 풍風이 있으시며, 출유出遊하시어 중국과 일본의 현사, 대부들과 많이 교류하시면서 참으로 우뚝하니, 기자가 고국古國에 봉해졌으나 사양하여 노영광魯靈光처럼 홀로 우뚝함인 것이다. 저술은 굉부宏富하고 도덕 문장은 오주五洲(온 세상)에서 종앙宗仰(우러러 존경함)하니, 주강珠江이 명예만 가득할 뿐만 아니라, 산마루 위에 구름은 광채를 더하노라." 하였다.

*영광전靈光殿은 한 경제漢景帝의 아들 공왕恭王이 세운 궁전인데, 한나라 중

엽에 도적이 횡행하여 다른 궁전은 모두 파괴되었으나 이것만은 그대로 남아 있었다. 훌륭한 인물이 홀로 남아 있다는 뜻이다.

黃公運藩

號性田, 前淸內閣中書.

曰, 先生以法治小視列强, 以禮治厚望吾國, 眞有道君子之言. 吾國之談學問, 談政治者, 誠足愧煞. 先生本可謂微箕之類. 此來只此一事, 大有造於敝邦, 惜敝邦今日, 無武王周公耳, 奈何? 以上皆宿題.

황운번

호 성전, 전 청나라 내각중서.

왈, "선생은 법치를 하는 열강을 작게 보고, 예로써 다스리는 오국(중국)을 후하게 보았으니, 진정 도도를 가진 군자의 말이다. 우리나라에서 학문을 담론하고 정치를 말하는 자들은, 진실로 족히 부끄러운지라. 선생은 본래 미자微子나 기자箕子의 류類이다. 여기에 와서 단지 이 한 가지 일로도 우리나라에 크게 조造함이 있으나, 애석하게도 우리나라의 금일에는 무왕이나 주공 같은 임금이 없을 뿐이니, 어찌하겠는가? 이상은 모두가 두고두고 생각해 볼 문제이다." 하였다.

張公一麐

字仲仁, 前敎育總長.

曰, 先生會萃諸家之說, 參以心得, 又通政治哲學, 先以修身, 而推極於治天下, 隱然欲爲萬世開太平. 何?

又曰, 以道家爲精神哲學. 至當也.

장일린(1867 – 1943)

자 중인, 전 교육총장.

왈, "선생은 제가諸家의 설을 모으고, 참고하여 심득心得하였고, 또 정치철학에 통하고, 먼저 수신修身을 함으로써, 치천하治天下에 미루어 다했으니, 은연 중에 만세를 위해 태평세계를 열고자 하였다. 얼마나 위대한가?(何이하 탈자가 있는 듯함. 문맥상으로 유추하여 해석)

또 장일린이 말하기를, "도가道家로써 정신철학을 삼았으니 지당함이다." 하였다.

丁公夢刹

號覺盫, 西邊宣諭使.

曰, 夫子此編, 內聖外王, 盡人合天, 千古未有之書. 當爲五洲共賞.

又曰, 三代以後, 未知黃帝獨得之妙, 玄牝精神之學不傳, 今乃發達, 吾師, 眞黃帝之再世矣.

정몽찰

호 각암, 서변 선유사.

왈, "부자(전병훈)의 이 책은, 안으로 성聖을 다하고 밖으로 왕도王道를 다했으며, 인도(人)를 다하여 천도(天)에 합하였으니, 천고에 있지 않은 글이다. 마땅히 오주에서 모두 읽어야 할 것이다." 하였다.

또 말하기를, "3대 이후(夏殷周)에, 황제가 터득한 묘한 이치를 알지 못하였으며, 현빈 정신의 학문이 전해지지 않다가 이제 발달하였으니, 우리 스승께서는 진실로 황제黃帝의 재세再世(세상에 다시 태어남)인 것이다." 하였다.

江公壽琪

號紹儀, 陸軍中將.

曰, 誦讀吾師所著之心理, 及道德二編, 知識大增, 以吾師之見地觀之. 吾師不惟仙而且聖矣. 吁此!〈藍田〉之抄略者如右, 而江叔海, 莊思緘, 兩大家之評語, 則在別集中玆不俱贅. 如茅子貞君等, 推重以黃梨洲, 王航山, 顧亭林諸賢, 而比擬之者, 總合爲二十八聖哲之多. (題評帖俱載, 玆不盡錄). 何其盛也? 然吾師常撝謙不居也. 嗚乎! 往年有一印度哲學士打古尼者, 演說東西各邦, 大概吾人修養精神以誠身. 噫彼專騖富强者任其貪惡而自戕.

有曰云云, 列邦均崇拜以聖人之列, 況今此書一出, 其所感發而興起者將如何哉?

강수기

호號, 소의紹儀, 육군중장.

왈, "우리 스승의 지으신 바 심리와 도덕 2편을 송독하였더니, 지식이 대증大增하여, 우리 스승의 견지로 보게 되었다. 우리 스승은 신선神仙일 뿐만이 아니라 또한 성인聖人이시다. 아!〈남전藍田〉의 초략한 것이 위와 같고, 강숙해江叔海, 장사함莊思緘 두 대가들의 평론한 말이 아래 별집 가운데 있으므로, 여기에서는 따로 말하지 않는다. 모겸茅謙 자정군자貞君(자정은 모겸의 호) 등과 같은 사람은, 황이주, 왕항산, 고정림의 제현으로 받들어 존중하면서 비교하였으니, 모두 합하여 28성철이다.(제평첩에 모두 기록되어 있어서, 여기에서는 다 기록하지 않는다.) 이 얼마나 성대한가?" 그러나 우리 스승께서는 항상 겸손하시어(撝謙휘겸) 자처하지 않으셨다. 오호! 왕

29

년에 어떤 한 인도 철학자인 타골이, 동서 각 나라에서 연설하였는데, "대개가 우리들이 정신을 수양함은 이로써 몸을 진실되게 함이다. 아아! 그런데 저들은 오로지 부강한 것에만 힘쓰면서 탐악한 것에 능하여서 스스로를 상하게 한다." 하였다.

어느 날 운운하되, "열방이 모두 타골을 성인의 대열에 올리고 숭배하는데, 하물며 이제 이 책이 나왔으니, 그 감발感發되고 흥기된 자는 장차 어찌 되겠는가?" 하였다.

所謂學以能左右世界者, 經驗不忒, 來猷可徵. 然必熟讀精究而後, 方知斯言之不謬矣.

同門有儒將三數君, 捐印若干本以嘉惠亦一救世之婆心也. 曷不懿哉? 於是, 神通兼聖之一大哲學書, 放采宇宙新舊學理始臻於圓滿也, 孰不歡迎而升堂哉? 序以頌之.

中華民國八年己未暮春弟子于藍田沐手謹書於燕京西郊香山松堂之養眞軒.

소위 학문이 능히 세계를 좌우한다는 것이 어긋나지 않았음은 경험하였으니, 미래의 계획으로 가히 증명할 수 있을 것이다. 그러나 반드시 숙독하고 정밀하게 연구한 이후라야 가능할 것이니, 바야흐로 이 말이 잘못되지 않았음을 알 것이다.

동문 중에 유장儒將으로 3분이 있었는데, 약간의 판본을 가혜嘉惠로써 인쇄하여 기증하였으니, 또한 구세求世의 노파심의 하나인 것이다. 어찌 아름답지 않은가? 이에 신통하고 성聖을 겸한 일대 철학서에서, 우주의 신구학리를 마음대로 채택해서(放采), 비로소 원만함에 이르게 되면, 승당升

堂(경지에 오름)함을 누구라도 감탄하면서 환영歡迎치 않겠는가? 서문으로 칭송한다.

중화민국 8년 기미년(1919년), 저물어가는 봄날에 제자 우람전于藍田은 목욕재계하고 삼가 연경 서쪽 교외에 있는 향산香山의 송당松堂 양진헌養眞軒에서 쓰다.

此序歷叙諸家題評, 雖若淺露, 而然在〈秉熏〉心理. 此是檀箕以後, 特別謬濫之空前殊遇.
顧何可湮沒而無傳乎? 是以商酌門弟之起見, 而不舍焉. 覽者諒情否.

이 서문에 제가諸家의 제평을 두루 서술하였으나, 비록 천로淺露한 것 같지만 전병훈의 심리가 들어있다. 이는 단군과 기자 이후에, 특별히 과분한(謬濫) 전대미문의 특별 대우를 한 것이다.
돌아보건대, 어찌 소멸되게 해서(湮沒) 전하지 않을 수 있으리오? 이에 상의를 하여 동문제자의 견지에서 버리지 않기로 하였다(여러 사람의 평론한 것을 실었다). 책을 읽는 사람들은 이런 사정을 살펴서 알아야 하리라(諒情양정).

*천로淺露 : 얕아서 감추어지지 못하고 겉으로 드러남.

정신철학통편 서
精神哲學通編 敍

―장소증

宇宙之大庶物之繁, 理化之妙, 玄玄奧奧, 神乎其神. 吾人以細小微軀, 介乎其間, 幾茫乎其若迷矣. 于是乎有理想以通之, 此理學哲學, 道學, 佛學, 政治學, 所由出也. 然各成其說, 各宗一是, 欲求其適中恰當, 不偏不倚者, 戞乎其難之. 此俊哲輩出著作累積, 浩汗如海, 讀不勝讀.
〈余〉每欲會萃諸家之說, 撮其精粹, 棄其糟粕, 使繁者以簡, 茂者以純, 方愧學修疎淺莫勝.

우주가 광대하니 서물庶物(만물)이 번성하며, 우주원리 변화의 묘妙함은 그윽하면서 깊고 또 깊으니(玄玄奧奧현현오오), 참으로 불가사의하다(神乎其神). 우리들은 가늘고 작은(細小) 몸(微軀)으로, 그 사이에 끼어있으니, 얼마나 망망하고 미혹된 것 같겠는가. 그래서 이상理想을 가지고 이로써 통通하는 것이니, 이러한 이학理學은 철학, 도학, 불학, 정치학이 말미암아서 나오는 곳이다. 그러나 각자가 그 설說을 이루고, 각자의 종宗은 모두가(一是)

그것이 적중하여 합당하고, 불편불의不偏不倚한 것을 구하고자 하나, 서로 어긋나서 어려운 일이다. 이에 준철俊哲(뛰어난 철인)들이 계속 나와서 저작이 누적되니, 많은 땀을 바다같이 흘리면서 읽어도 다 읽을 수가 없다.

(내가) 매번 제가諸家의 설을 모으고, 그 정수精粹를 뽑고, 그 조박糟粕한 것은 버리고, 번다한 것은 간략하게 하고, 무성한 것은 순수하게 하려고 했는데, 바야흐로 배우고 닦은 것이 천박해서 부끄러움을 견딜 수가 없었다.

適斯文丈席曙宇全先生以其手著精神哲學通編見示.
囑以一言弁其首, 拜讀之下, 不覺若醉若狂拍案叫絶, 何其書之實獲我心也. 統古今宗教科學, 無美不備. 搜輯宏富, 評論確切, 宇宙間所謂一本散爲萬殊, 萬殊仍歸一本者.
先生誠能綜括其原委, 貫徹其神奧, 以立道精聖髓, 知行極致之要 此非迷津之新造寶筏乎?

때마침 유학자(斯文)로 학문과 덕망이 높은 사람(丈席)인 서우 전 선생이 손수 지은 정신철학통편을 보여주면서, 그 책머리에 서문을 부탁하였다.
이에 삼가 공경한 뜻으로 받아 읽어 내려갔는데(拜讀), 나도 모르게 마치 취한 것 같고, 마치 미친 것처럼 탁자를 치면서 훌륭하다고 소리를 질렀으니(拍案叫絶박안규절), 얼마나 그 책이 진실했으면 내 마음을 붙잡아버렸다. 고금의 종교, 과학을 통털어서 아름다움이 갖추어지지 않은 것이 없었다. 수집된 것이 넓고 풍부하고, 평론은 확실하고 적절하였으니, 우주 간에 소위 한 권의 책이 흩어져서 만 가지가 되고, 만 가지가 이에 한 권의 책으로 돌아갔다.
선생은 진실로 능히 그 원위原委(자초지종, 본말)를 모아서 묶어(綜括), 그 신오神奧를 관철하였고, 도정성수道精聖髓(도의 정밀함과 성학聖學의 진수)와 지행극치知行極致의 요점을 세웠으니, 이는 길을 잃고 헤매는 나루에서 새로 만든 훌륭한 배와 같이, 삶에 가르침을 주는 책이 아니겠는가?(迷津寶筏)

　譬諸康德之總古來哲學, 異歸道學然後, 始爲實用之功, 尤有難焉而人皆可珍者也.
　使後之希聖者, 不必盡硏古籍, 求仙者不必輩訪丹經, 欲佛者不必徧披藏典, 願西哲者, 不必遠步重洋手此一編, 筌蹄在握, 如入五都之市無奇不有, 如登九達之衢無往不通矣.
　凡有志者講究於斯, 各充其分量, 則不惟精神堅凝, 性命常住, 以成圓德兼聖, 而永樂太平之望, 幾亦在此乎.

　저 칸트가 고래철학古來哲學을 총괄해서, 다른 것들(異)도 도학道學으로 돌아가게 한 연후에, 비로소 실용의 공이 되게 한 것과 비유하더라도, 더욱 더 어려움이 있었으니 사람들 모두가 보배로 여길 수 있는 것이다.
　뒤에 성인聖人을 바라는 자에게, 고적을 다 연구할 필요가 없게 하였으며, 신선이 되려는 자에게 무리 지어 단경을 구할 필요가 없도록 하였으며, 부처가 되려는 자는, 팔만대장경을 두루 펼쳐볼 필요가 없도록 하였으며, 서양철학을 원하는 자는, 거듭해서 바다를 멀리 건널 필요가 없게 하였으니, 손에 이 한 권의 책만 있으면, 고기 잡는 통발과 토끼 잡는 올가미를 손아귀에 갖고 있는 것과 같고, 마치 오도五都(낙양, 한단, 임치, 원, 성도로 대표적 도시)의 저잣거리에 가면, 별의별 것이 다 있는 것과 같고(無奇不有), 서안西安으로 통하는 아홉 갈래의 대로(사통팔달의 길)에 오르면 가서 통하지 않는 길이 없는 것과 같다.

　대체로 뜻이 있는 자가 여기에서 강구한다면, 각자 그 구하고자 하는 분량을 채울 수 있으며, 뿐만 아니라 정신이 굳게 엉기면서 성명性命이 상주常住하면, 원덕겸성圓德兼聖(원만한 덕과 聖을 겸함)을 이룸으로써 영락태평永樂太平을 바랄 것이니, 거의 또한 여기에 있는 것이다.

　余從先生聞道有年, 竊窺其玉淸眞我已來, 心乎世界之一份子, 久矣.
　烏乎! 世有此眞我之眞儒, 闡出此編, 諒非偶然兆朕. 當午會正中宇內極文明之人類造福, 安知不由是增進而嘉致哉? 是爲之叙.
　中華民國八年己未仲夏〈受益〉大城張紹曾敬輿氏拜書.

　나는 선생에게 도를 듣고 여러 해만에, 그 옥청玉淸의 진아眞我를 살짝 엿본 이래로, 마음으로 세계의 한 일원이 된 지 오래되었다.
　오호! 세상에 있는 이 진아眞我를 깨달은 진유眞儒들이 이 책을 밝혀서 드러낸다면, 생각하건대 진실로 우연한 조짐은 아닌 것이다. 오회정중午會正中한 우주 안의 지극한 문명이 인류의 복을 만들려는 때를 당하여, 이 책으로 말미암지 않고 증진해서 아름다움에 이르는 것을, 어떻게 알 수가 있겠는가? 이로써 서문을 쓴다.
　중화민국 8년 기미중추 직례성直隷省의 대성大城 사람 장소증張紹曾(1879-1928) 자字 경여敬輿는 삼가 서문을 쓰노라.

　*장소증張紹曾(1879-1928) : 자字는 경여敬輿이고, 직례성直隷省 대성현大城縣 출신으로 육군 차장과 국무총리를 역임.

정신철학통편 범례

一. 編例雖是自得之見, 而必立古人確證. 爲蛻化之本.

편집의 법식은 비록 자득한 견해라도, 반드시 고인의 확증을 세워서 세화蛻化(허물을 벗어버림)하는 근본으로 삼았다.

一. 尊重前人粹言, 以爲集章, 只用案說, 以暢己意. 蓋欲不沒前人善之公理也(古勝於今者有之).

전인前人의 핵심되는 말씀을 존중하고, 이로써 모아서 장章으로 삼았으며, 단지 안설案說(말씀을 살펴봄)을 써서, 이로써 자기의 뜻을 진술하였다. 대개가 전인前人의 잘된 공리公理는 없애지 않았다(옛것이 지금 것보다 나은 것이 많음).

一. 道經雖兼經世之論, 然或有警世異常之言, 惜儒子並與眞理棄之. 今揀取其至神眞理以補世度人.

도경이 비록 경세를 논함을 겸하기는 했으나, 혹 경세警世 이상異常의 말이 있어, 유자儒者들이 진리와 나란한 것까지 버려 애석하다. 이제 그 지극하고 신성한 진리만을 선택해서 취하여 이로써 세상을 깁고 보태서 사람들을 제도하고자 한다.

一. 守舊者易以昧新, 鶩新者, 易以昧古. 要將調劑新舊而成德, 乃爲進化之極致矣. 並取西哲新要以載之(今勝於古者亦有之).

옛것을 지키는 자는 새것에 어둡기 쉽고, 새것에 힘쓰는 자는 옛것에 어둡기 쉽다. 중요한 것은 장차 신구新舊를 조제調劑해서 덕을 이룸이니, 그래서 진화의 극치가 되는 것이다. 나란히 서양철학의 새로운 요점을 취하여 실었다(지금 옛것보다 나은 것도 또한 있다).

一. 心理道德政治諸說, 皆有科學, 安容余贅? 然所見或有可以互換缺點者有之, 此三篇亦取新舊哲眞精粹之要言, 以附己意見成之.

심리, 도덕, 정치의 제설도 모두 과학이 있으니, 어찌 나의 군더더기를 용인하겠는가? 그러나 드러난 바에 혹 가히 호환된 결점이 있을 수 있으니, 이 세 편도 또한 신구철학의 진정한 정수의 요언을 취하여서, 이로써 의견을 붙여서 만들었다.

一. 金丹之學, 父子不相傳. 故屢度單法進化. 然未能廣布經世, 且不能維新矣. 今作精神之公用, 則始爲進化維新者也. 學人當看作維新書可矣.

금단의 학문은 부자간에서 서로 전하지 않았다. 그러므로 여러 번의 단법으로 진화하였다. 그러나 널리 펴서 세상을 경영할 수 없었고, 또한 능히 새롭게 할 수도 없었다. 이제 정신의 공용公用을 지었으니, 곧 비로소 진화하여 유신이 되는 것이다. 학인들도 마땅히 유신의 글로 간주看作하는 것이 가할 것이다.

一. 精神心理爲修養成眞內聖之學, 而道德政治, 幷行禮治, 期以刑措者, 外聖至德之學也. 編例, 不限古今中外, 而總括眞粹, 以成兼聖聖眞, 致世極樂之書焉.

정신심리를 성진成眞을 수양하는 내성內聖의 학문으로 삼고, 도덕정치와 예치禮治를 병행하면, 형조刑措(형벌을 버리고 쓰지 않음)를 기대할 수 있을 것이니, 외성지덕外聖之德의 학문인 것이다. 편례編例는 고금중외古今中外를 한정하지 않고, 진수眞粹를 총괄하여서, 이로써 겸성兼聖하고 성진聖眞하여 치세극락致世極樂(세상을 극락에 이르게 함)케 하는 글을 이루었다.

一. 編成後幸得天符經, 故以作首篇, 從以東亞精神兼聖之哲學理, 愈臻圓滿矣.

책을 편성한 후에 다행히 천부경天符經을 얻었기에, 그래서 첫 편으로 삼았으니, 동아시아 정신 겸성의 철학 이치로 따른다면 더욱 원만함에 이를 것이다.

정신철학통편 서론
精神哲學通編 緒論

—전병훈

人之自由, 莫如養神成眞者.

精神原天也. 近世所稱哲學名義, 乃原理知識之學, 而爲歐西之最高學術或謂以形而上學, 或謂以太極科學也. 然此與吾儒窮理盡性之學, 同一眞理. 而所見只有詳畧焉耳.

道佛則雖云同源, 而道法, 只是精神上學也. 何以然哉.

사람의 자유는 양신養神하여 진眞을 이루는 것만 한 것이 없다.

정신은 하늘에 근원한다. 근세에 철학이라 칭하는 명의名義는, 곧 원리를 알아가는 학문이며, 그래서 서구의 최고 학술로 여겨지고, 혹 형이상학으로 이르기도 하고, 혹 태극과학이라고도 한다. 그러나 이것은 우리 유학儒學의 궁리窮理와 진성盡性의 학문과 동일한 진리이다. 드러난 바가 단지 상세한지 간략한 지일뿐이다.

도불道佛은 비록 동원同源이라 하더라도, 도법道法은 단지 정신상의 학문이다. 왜 그러한가?

盖精氣神凝聚以成人軀. 故道法以神運用精氣於玄牝之內, 煉精化氣. 氣化爲神, 神化成眞, 而合天者, 此是大道眞傳也. 三代以上之人, 皆以道爲學, 不惟黃老而羲農堯舜伊傅之歷年長久, 躋世仁壽者, 良以此也.

但是道也, 自廣成因極神秘, 故法久弊生. 矧伊儒子分而二之, 於是尙道者, 得道成眞則傲世, 猶恐人知, 豈肯公布哉? 爲儒而經世者, 則只盡性安命而遺眞, 反闢以攻之, 矧又淸談, 爲世詬病已久也.

대개가 정기신精氣神이 엉기고 모여서 사람의 몸을 이룬다. 그러므로 도법道法은 신神으로써 현빈玄牝의 안에서 정기精氣를 운용하여, 정精을 단련하고 불려서 기氣로 변화시킨다. 기氣를 신神으로 변화되게 하고, 신神이 변화해서 진아眞我를 이루어 하늘과 합하는 것이니, 이것이 바로 대도의 진전眞傳이다. 하은주 3대 이상의 사람은 모두 도道로써 학문을 삼았고, 오직 황노黃老(황제, 노자)뿐만이 아니라 복희, 신농, 요, 순, 이윤, 부열의 역년歷年이 장구하니, 세상에서 어질고 장수한 반열에 오른 것은 진실로 이것으로써 연유한 것이다.

다만 이 도는, 광성자로부터 지극한 신비로 인하여서, 법法이 오래됨으로 인하여서 폐단이 생겨났다. 하물며 저 유자儒子들이 둘로 나누어 버렸으니, 이에 도를 숭상하는 자들이 득도得道 성진成眞하면 세상 사람을 무시하고, 오히려 사람들이 알까 두려워하였으니, 어찌 널리 공포하려 했겠는가? 유학자가 되어서 세상을 경영하는 자는, 곧 단지 성性을 다하고 명命을 편안히 하면서 진眞을 잃어버렸으며, 도리어 배척하고 공격하였으니, 하물며 또한 청담淸談은, 세상에서 욕하며 책망詬病(구병)한 지가 오래되었다.

*청담淸談 : 철학적 담론의 풍조로 노장사상을 기초로 세속적 가치를 초월한 형이상학적인 사유와 정신적 자유를 중시했다.

然則孰知方外有此凝精神住性命之學, 而能兼致者也. 旣不能兼致, 以得實驗, 則誰復公布於世, 以作公益者耶? 且雖欲公益, 而道藏萬卷, 多僞雜旁門, 孰能揀擇祛取, 見其眞我之眞面目者耶? 所以與世背馳者, 由來已久耳.

그러한즉, 방외方外(세상 밖, 속세를 떠난 곳)에 이러한 정신을 엉기게 하고 성명을 머물게 하는 학문이 있는지 누가 알 것이며, 능히 겸하여 이룰 수 있겠는가. 이미 겸하여 이룰 수가 없는데, 이로써 실제의 경험을 득하여서, 곧 다시 세상에 누가 공포하겠으며, 이로써 공익公益을 짓겠는가? 또한 비록 공익이 되게 하려 해도, 도장道藏(도에 관련된 서적)이 만 권이나 되고, 거짓이 많고 방문旁門(진리가 아닌 옆길)이 섞여있으니, 누가 능히 간택揀擇하고 가려내서 드러내 취하여(祛取거취), 그 진아眞我의 진면목을 보겠는가? 세상과 더불어서 시세時勢에 역행한 것이니, 그렇게 된 유래가 오래되었을 뿐이다.

噫! 余素業儒, 五十無成, 未見道凝之驗, 而梗漂東粵, 硏究周易參同契, 不能自解. 遂入羅浮山, 遇眞師古空蟾先生, 髮白還黑, 只半寸餘白者, 翌年盡黑. 誠絶異之特殊奇驗也. 懇求以聞玄牝之指眞, 則盖云聖人, 亦有所不能者, 此等也.
然亦不能釋疑, 遂竭鈍精於道藏, 二千餘卷, 而躬自實驗者十載, 始焉, 周年, 神凝玄關. 而次第道成之證驗不差.

然後乃自箴曰道凝, 辰表, 甘露曠世, 家視宇內, 紫雲長空. 烏乎! 此是分貺宇內社會同胞之質天願力也.

아! 나는 평소 업업이 유학자인데, 50까지 이룬 것이 없다가 도가 엉기어지는 경험도 하지 못하였고, 동월東粵지역을 괴로워하면서 떠돌다 주역참동계를 연구하였으나 스스로 이해할 수가 없었다. 마침내 나부산으로 들어가서 진사眞師 고공섬古空蟾 선생을 만났는데, 흰머리가 다시 검어지고, 단지 반촌半寸 나머지만 희던 것이 익년에 모두 검어져 버렸다. 진실로 뛰어나게 기이하며 특수한 기험奇險이었다. 그래서 간절히 현빈의 지진指眞(참을 가르켜줌)에 대해 듣기를 구하였더니, 대개 성인이라고 이른다 해도, 또한 할 수 없는 것이 있으니, 이런 것 등이 다하였다.

그러나 또한 의심을 풀 수 없는 것은, 도장(2천여 권)에 둔한 정력을 다하였으며, 몸소 스스로 실험한 것이 10년이 되어, 비로소(1년 만에), 신神이 현관玄關에 응기되었다. 그리고 순서에 따라서 도가 이루어짐(道成)의 증험이 어긋나지 않았다.

그런 후에 스스로 경계하면서 말하기를, "도가 엉기어 신표辰表(밝게 드러남)하니, 감로가 세상에 보기 드물게 내리더니, 우주 안이 집안처럼 보이고, 자줏빛 구름이 허공에 길게 드리웠도다. 오호, 이것이 바로 우주 안의 사회, 동포에게 나누어주는 폐백(質)이니 하늘의 원력이로다." 하였다.

西哲康德曰, 吾人精神, 當必不與色身俱生滅, 復有高等性命者卽本質也, 卽眞我也. 眞我者, 常超然自立於時間空間之外, 爲自由活潑之一物, 非他之所能牽縛.

又曰, 長生術, 爲哲學家至言. 由此觀之, 西哲學已到精神不滅眞我之境也. 然尚未透玄牝運用, 陽神出現之妙, 故不能見眞我之眞面目也.

 서양 철인 칸트는 말하기를, "우리 인간의 정신이란, 마땅히 반드시 색신色身과 더불어서 같이 생멸하지 않으며, 다시 고등의 성명性命이란 것이 있으니 곧 본질이며, 곧 진아眞我이다. 진아眞我는, 항상 초연하고 시공간의 밖에서 자립하니, 자유롭고 활발한 한 물건이 되어서 다른 것이 능히 이끌어 묶을 수 있는 것이 아니다." 하였다.
 또 말하기를, "장생술은 철학가의 지극한 말이다." 하였다. 이로 말미암아서 볼진대, 서양철학의 학문은 이미 정신불멸의 진아지경眞我之境에 이르렀다. 그러나 아직도 현빈의 운용과 양신陽神 출현의 묘妙에는 통투通透하지 못하였으니, 그러므로 진아의 진면목을 볼 수는 없는 것이다.

 人身之精神, 爲性命(神是性精是命), 故將欲盡性住命, 則必先養精凝神. 養精凝神之學, 眞性命雙修之道, 卽三代以上人人皆學. 所謂精神專學也.
 後至老佛其法益詳, 性體命珠堅凝, 如金剛王常住不壞者, 詎非無上哲理之極致者耶? 是謂金丹哲學, 金丹是先天太極乾金賦人爲性命之理, 丹卽心也. 然東哲諸家, 指老子以爲純正哲學, 而未究其爲金丹哲學, 則精神上所見, 亦與西哲同焉耳.

 인신人身의 정신은 성명이 되니(신神은 바로 성性이고, 정精은 바로 명命이다), 그러므로 성性을 다하고 명命을 머물게 하려는 자는, 곧 반드시 정精을 기르고 신神을 엉기게 해야 한다. 정精을 기르고 신神을 엉기게 하는 학문은, 진정한 성명쌍수의 도이니, 곧 하은주 3대 이상에서 사람마다 모두 배웠다. 소위 정신의 전문적인 학문인 것이다.

뒤에 노자와 부처에 이르러서 그 법이 더욱 자세해지고, 성체性體와 명주命珠가 굳게 엉기어서, 마치 금강왕이 항상 머물러서 무너지지 않는 것과 같으니, 어찌 위 없는 철리의 극치가 아니겠는가? 이것을 금단철학이라 이르고, 금단은 바로 선천 태극의 건금乾金이니, 사람에게 부여해서 성명이 되는 이치이고, 단丹은 곧 마음이다. 그러나 동양철학의 제가들은 노자를 가리켜서 순정철학이라 하고, 그가 금단철학이 되는 것을 연구하지 않았으니, 곧 정신상 보는 바가 또한 서양철학자와 더불어서 같았다.

東亞之學至, 孔子始有學說, 經傳所論, 無非因天道, 以明人事. 自日用彛則政治教育經世之法, 罔不悉備也.
然司馬子長云, 道家統命法綜儒墨, 合陰陽, 無爲而無不爲, 然則道家可謂無所不包. 而學至宋儒, 始有心性理氣之論, 殆始哲學思想, 而未有人唱明以哲學名義. 況復道家, 專是精神哲理者, 誰能看破耶? (經傳中未有言精神處惜精神學廢已久矣.)

동아시아의 학문은 지극하니, 공자에 이르러서 비로소 학설이 있었으며, 경전에서 논하는 바는 천도로 인하여 이로써 인사를 밝히지 않음이 없었다. 매일 떳떳한 도리를 씀으로부터 곧 정치, 교육, 경세의 법이 모두 갖추어지지 않음이 없었다.

그러나 사마자장司馬子長(사마천)이 말하기를, 도가의 명법命法(長命法)을 총괄하고 유묵儒墨(유가와 묵가)을 종합하며, 음양가陰陽家와 합하였으니, 무위無爲이면서 하지 않는 것(不爲)이 없으니, 그러한즉 도가道家란 가히

45

감싸지 않은 것이 없다고 할 수 있다. 그런데 학문이 송유宋儒에 이르자, 비로소 심성이기론心性理氣論이 있게 되었고 겨우 철학 사상이 시작되었으니, 철학으로써 뜻을 이름 짓고 앞장서서 주장하는 자가 없었다. 하물며 또한 도가道家는 오로지 이 정신철학인 것을, 누가 능히 간파했겠는가?(경전 중에 정신처精神處를 말하는 것이 없으니 애석하게도 정신학이 폐한지 이미 오래되었다.)

 余誠不欲自私自利, 遂袪沙揀金, 編成十卷, 名以道眞粹言. 夫此學也, 古名以道學, 自秦漢改名以神仙學. 而尙秘私方外者, 豈不可怨, 而可惜乎?
 養凝精神之極, 陽神出胎, 造化在躬, 宇宙入手. 上下與天地同流, 如此而不作人群公益之學可乎? 今作人世公用之學, 則名之以精神哲學者. 詎非其眞面目之溫故而維新, 由陳而蛻化者耶? 是以命名曰精神哲學, 盖欲人各受益, 增添精神, 却病延年之願也.(普通如是.)

 내가 진실로 사사로운 이익을 바라지 않고, 모래는 버리고 금金만을 가려내서 10권으로 편성하여 도진수언道眞粹言으로 이름하였다. 대저 이 학문은 옛적에 도학으로 이름하였는데, 진한秦漢 때부터 신선학神仙學으로 개명하였다. 그리고 오히려 사사로이 방외자方外者에게 비전되었으니, 어찌 원망하지 않겠으며 애석한 일이 아니겠는가?
 정신을 기르고 엉기게 함이 지극하면, 양신陽神이 태에서 나오고(出胎), 조화가 이 한몸에 있으며, 우주는 손아귀에 들어온다. 상하로 오르고 내림이 천지와 더불어서 함께 흐르니, 이와 같으면 사람들과의 공익학문(人群公益之學)을 만들지 않을 수가 있겠는가? 이제 인간 세상의 공용의 학문을 만들어, 곧 이름하니 정신철학精神哲學이라 하겠다. 어찌 옛것을 익혀서 새롭게 하는 그 진면목이 아니겠으며, 묵은 것(陳)으로 말미암아서 탈바꿈하여 변하는 것이 아니겠는가? 이래서 명명하기를 정신철학이라 하였으니, 대개가 사람들이 각각 이익을 받아 정신을 증첨增添(더하다)하고, 병을 물리치고 생명을 늘리기를 바라는 바이다.(일반적으로 이와 같다.)

烏乎! 宇內世界, 是尙物質, 由物質將入精神必矣. 今雖有精神學說, (西之精神學說尙未透道佛之極致況催眠術等何足道哉?) 而如此凝結精神, 成眞住命之學, 則尙闕如也.

矧且此學也, 不惟內養, 上可以成眞成聖, 次可以却病延年, 救世度人. 均是經驗者, 則豈非兼聖哲理之極致者耶? 所謂兼聖, 黃帝君治天下, 幷能修養成仙, 故云耳. 且得東韓檀君之天符經, 以作首篇, 其極哲兼聖與黃帝同, 而尤有神異者也.

오호라, 우주 내의 세계는 바로 물질을 숭상하고 있으나, 물질로 말미암아서 장차로 정신에 들어감은 필연이리라. 이제 비록 정신학설이 있지만, (서양의 정신학설은 아직 도불道佛의 극치를 뚫지 못했으니, 하물며 최면술 등을 어찌 말할 만한 가치가 있겠는가?) 이와 같이 정신을 응결하고, 진을 이루며 명을 머물게 하는 학문은 곧 아직 결여되어 있다.

하물며 또한 이 학문이 오직 안으로 기르는 것 뿐만 아니라(不惟), 위로는 성진성성成眞成聖을 할 수가 있고, 다음으로 병을 물리칠 수가 있고, 수명을 연장할 수가 있으며, 세상을 구하고 인간을 제도할 수가 있는 것이다. 이것을 경험한 자는 모두가, 곧 어찌 겸성兼聖한 천리의 극치자가 아니겠는가? 소위 겸성兼聖은 황제가 천하를 다스릴 때 능히 수양하면서 아울러 신선을 이룬 것이니, 그래서 이르는 것일 뿐이다. 또 동한의 단군檀君 천부경天符經을 얻어서, 이것으로 첫 편으로 삼았으니, 그 지극한 철학과 성聖을 겸하였음이 황제와 더불어 동일하고, 특별하게 신이함이 있는 바이다.

烏乎! 世治將躋大同一統之日, 此篇者, 安知不作嚮導之先河曙光也?
然宏願學人, 將欲合致以成圓德, 則必也幷取儒道佛哲, 新舊科學, 而鎔冶一爐, 然後可以爲體天通聖, 萬世可宗, 而無弊矣. 故拈出道哲之最要約者, 以冠此編, 而幷撮中西古今心理, 道德政治, 諸哲學之精粹者, 以成此篇也.
嗟! 夫世之通才學人, 宇宙之曙光, 其開闔者, 孰主張是? 道氣感辰極, 同胞五洲, 水月千秋乎.

오호! 세상의 다스림이 장차 대동일통의 날에 이르면, 이 책이 길을 안내(嚮導)하는 최초(先河)의 서광曙光이 될지 어찌 알겠는가?
큰 소원이 있는 학인學人이, 장차 합치하고자 하여 원덕을 이루고자 한다면, 반드시 유교, 도교, 불교의 철학과 신구과학을 함께 취하여, 그리고 하나의 용광로에서 녹여서 주조한 후에, 가히 하늘을 본받고(體天) 성聖을 통하면, 만세에 가히 조종祖宗이 될 수가 있으니 폐단이 없으리라. 그러므로 도철道哲의 가장 요약된 것을 콕 집어내서, 이 책의 으뜸으로 하였으며, 그리고 중국과 서양의 고금 심리, 도덕정치, 제철학의 정수된 것 중에서 함께 모으고 취하여 이 책을 만들었다.
아! 대저 세상의 다재다능한(通才) 학인學人이여, 우주의 서광曙光, 그 문짝을 여닫는 것은, 누가 이를 주관하는 것인가? 도기道氣는 진극辰極(북극성)을 감통하고, 온 세상 사람을 동포 삼으니, 물 위의 밝은 달은 천년을 비추는구나.

　西以哲學, 爲最高學術, 余則以此道眞之學, 爲世界最高之學術.
　何也? 康德, 唱明世界一統, 永久和平, 擬設中央一政府, 寢兵輯和云云. 蓋康亦有聞乎長生學理, 而推以道德至善, 故有此說也. 孔子亦有勝殘去殺, 大同之論, 然皆未免尙屬空言理想也.
　愚見則人身之眞理益, 仰有過於成聖成仙者乎?

　서양에서는 철학으로써 최고 학술로 삼지만, 나는 곧 이 도道로써 참(眞)을 배우는 것을 세계 최고의 학술로 삼는다.
　왜 그런가? 칸트는 세계 일통과 영구화평을 창명唱明하고, 중앙일정부를 설치할 것을 계획하면서, 침병집화寢兵輯和(병기를 쌓아두고 화해함) 운운하였다. 대개 칸트 역시 장생학 이론을 들은 것이 있어서 도덕으로써 지선으로 밀고 나간 것이니, 그러므로 이러한 설이 있는 것이다. 공자 또한 승잔거살勝殘去殺(잔악한 자를 교화시키고 살육을 없앰)로 대동하자는 이론을 두고 있다. 그러나 모두 아직도 공언이상空言理想을 면하지 못하고 있다.
　나의 견해인즉, 인간 자신의 진리에 이익(益)되는 것으로, 성인이 되고(成聖) 신선이 되는 것(成仙)을 뛰어넘는 것이 있겠는가?

　是以宇內五洲之息兵, 而永樂和平者其必亶在乎此乎.
　何以然哉? 從古在上之英雄豪傑, 倍多權利功名之慾, 如秦皇漢武, 拏波倫之類, 皆其人也. 其壑慾之中, 惟一不死之欲, 尤有甚焉.
　故秦武皆求仙而不得. 雖今之英雄君相, 亦何以殊哉? 但恨無路可學矣.

이것이 우주 안 세상의 전쟁을 그치게 함으로써, 영락평화란 것도 반드시 참으로 여기에 있는 것이다.

왜 그런가? 예로부터 지난 세상의 영웅호걸들은 권리공명의 욕심이 배로 많았으니, 진시황이나 한무제, 나폴레옹(拏波倫／拿破仑) 같은 부류가 모두 그런 사람들이다. 그 학욕壑慾(골짜기 같은 욕망) 가운데 오직 하나, 불사의 욕망을 더욱 심하게 갖고 있었다.

그러므로 진시황과 한무제는 모두 신선을 구하였으나 만나지 못하였다. 비록 지금의 영웅군상과 또한 무엇이 다른 것인가? 단지 한스러운 것은 가히 배울 수 있는 길이 없었던 것이다.

今幸天降斯篇, 將普濟上等社會之玄意也. 窃願其人, 因起不死之念試讀此書, 以開悟焉, 則權利之慾, 自然日銷, 而仙眞之階, 自然日近矣.

此誠因欲制欲之琅玕寶筏乎. 故余敢斷然宇內之息兵平和, 統一世界之曙光, 其必在此乎. 其必在此乎, 其亦天意哉. 造化精神, 不亦在傍乎?

이제 다행히 하늘이 이 책을 내려주신 것은, 장차 널리 구제하여 상등사회로 만들라는 현의玄意(깊은 뜻)인 것이다. 그 사람들에게 마음속으로 바라는 것은, 불사의 생각을 일으켜서, 시험 삼아 이 책을 읽고, 이로써 개오開悟하면, 곧 권리의 욕망은 자연히 날로 소멸되고, 그리고 신선의 진실한 단계로 자연히 날로 가까워질 것이다.

이는 진실로 불사의 욕망으로 권리의 욕망을 제어하는 신선수(仙樹)로 만든 뗏목이 되는 것이다. 그러므로 나는 감히 단연코 우주 내에 전쟁을 멈춘 평화를 주창하니, 통일의 세계에 대한 서광이 반드시 여기에 있을 것이다. 그것이 반드시 여기에 있는 것은, 그 또한 천의天意인 것이다. 그러니 조화 정신 또한 곁에 가까이 있지 않겠는가?

凡學術物理, 皆溫故而維新, 維新而進化爲貴. 然實踐經驗者, 尤爲貴焉. 噫! 彼西哲之學, 用是之故, 精益精進.
吁! 我東亞者, 可不換其思想乎? 然彼學也不出乎希臘大哲之範圍, 而抽廣其新識, 而經驗之.
故其學術之雄飛日新, 固異乎東亞淺學之昧古而粗新者也.

무릇 학술과 물리는 모두가 옛것을 익혀서(溫故) 모든 것을 새롭게 함(維新)이니, 유신維新(새롭게 함)은 진화進化를 귀중하게 여긴다. 그러나 실천 경험을 또한 더욱 귀중하게 여겼다. 아! 저 서양철학의 학문은, 이것을 이용했기 때문에 정밀해지고 더욱 정진하였다.
아! 우리 동아시아인들도 가히 그 사상을 바꿔야 하지 않겠는가? 그러나 저들의 학문이 희랍의 대철의 범위에서 벗어나지 않았더라도 뽑아내서 그 신지식을 넓히고, 그리고 경험해야 한다.
그리하여 그 학술이 웅비하여 일신되면, 진실로 옛것에 어둡고, 새것에 무지한 동아시아의 천학과는 다른 것이다.

性命雙修成眞成仙之學, 向自檀箕黃老, 以及近世之南北七眞, 泊天仙實蹟, 確然, 奚但以西學之經驗而已者論哉. 然以仙求之則不免沓茫矣.
惟讀是書而幷, 道眞粹言, 可自得之. 方知余言之不謬, 而天意之諒不偶然矣.

　성명쌍수로 성진成眞, 성선成仙하는 학문은 단군, 기자, 황제, 노자로부터 나아가서 근세의 남북칠진南北七眞에 이르렀으니, 천선天仙에 이르렀던 실적實蹟이 확연하거늘, 어찌 다만 서학의 경험만으로써 논하겠는가. 그러나 선仙으로만 구한즉 겹치고 막연함을 면치 못한다.
　오직 이 글을 읽고 아울러 도진수언道眞粹言을 읽으면 가히 스스로 얻을 수 있을 것이니, 바야흐로 내 말이 그릇되지 않았으며, 천의天意가 진실로 우연이 아닌 것을 알게 될 것이다.

　言之重複, 而不厭詳解者, 恭維五千載, 神秘至慳之學, 始入余手, 布及五洲同胞, 誠是意重情長也.
　且願學此而成眞之人, 不汲汲階昇, 而移其精神于救世濟人道德政治之務, 積善累仁, 以兼孝于天, 峻極于天, 廣其神聖之業, 心祝旡疆乎. 然成始成終, 不二法門, 其惟在玄關打坐式乎.

　말이 중복되면서 상세하게 해석하는 것을 싫어하지 않는 것은, 삼가 오천 년을 유지해오면서, 신비롭고 지극히 아껴두었던 학문이 비로소 나의 손에 들어왔으니, 오주동포에게 널리 펴는 것은, 진실로 뜻을 두터움게 하고 정情을 기름(長)인 것이다.
　또한 이것을 배워서 성진成眞을 원하는 사람은, 품계를 올리는 것에 급급하지 말고, 그 정신을 구세제인救世濟人으로 옮겨서 도덕정치에 힘쓰고, 적선하고 인仁을 쌓고, 겸하여 효성(孝)이 하늘에까지 이르게 하며, 높고 지극함을 하늘에 이르게 해서, 그 신성의 업적을 넓게 하며, 마음으로 빌기를 한없이 하라. 그러나 시종始終이 이루어지는 불이법문不二法門은, 그 오직 현관타좌식玄關打坐式에 있느니라.

嗟! 夫歷代帝王將相之多見誤於放士之丹藥者, 仙眞非可以富貴勢刀求遇也. 只假遇僞傳以欺藥故也.
余敢謂天降斯篇, 以普渡衆生者, 良有以也, 庶幾有知音者乎.

아! 대저 역대 제왕장상이 많았으나 방사의 단약에서 그르침을 당하였던 것은, 선진仙眞이란 것이 부귀와 세도勢刀로써 가히 구하여 만날 수 있는 것이 아니었던 것이다. 단지 임시로 위전僞傳을 만나서 이로써 약藥이라고 속임을 당한 때문이다.
내가 감히 말하노니, 하늘이 이 책을 내려주어서, 이것으로써 널리 중생을 제도하는 것은, 진실로 까닭(以)이 있어서 그런 것이니(良有以也), 내 속마음까지 알아주는 사람(知音)이 있기를 간절히 바란다(庶幾).

精神性命哲理明確之旨
天地之元精氣神, 妙凝以成人之軀殼(原初人祖). 故精神爲人性命之理, 前已言之. 然精神之凝, 卽性命之凝, 性命之凝, 卽成眞以合天也.

정신성명철리의 명확한 뜻
천지의 원정기신은 묘하게 엉기어서 사람의 구각軀殼(몸뚱이)을 이룬다(원초 사람의 조상). 그러므로 정신이 인간의 성명이 되는 이치는 앞에서 이미 말하였다. 그러나 정신이 엉기면, 곧 성명이 엉김이고, 성명이 엉기면, 곧 성진成眞(眞我를 이룸)하여 합천合天하는 것이다.

性	神是性	儒家盡性安命, 丹經或省言神氣者.
卽精神		修養法, 煉精化爲氣.
命	精是命	道家凝性住命, 精化爲氣母故也.

성명性命은, 곧 정신精神이다.

신神은 바로 성性이니, 유가에서 진성안명盡性安命이라 했고, 단경丹經에서는 간혹 신기神氣라고 간략히 말하였다. 수양법은 정을 불려서(煉精) 변화시켜 기氣로 되게 하는 것이다.

정精은 바로 명命이니, 도가에서는 성性을 엉기게 해서 명命에 머문다 하였다. 정精의 변화가 기氣의 모母가 되는 연고라.

精	命是精	神歸氣內, 丹結, 氣內卽玄關.
卽性命		精神專學, 卽性命俱凝之大道.
神	性是神	命合性凝, 成眞, 造化在此竅.

정신精神은, 곧 성명性命이다.

명命은 바로 정精이니, 신神이 기내氣內로 돌아가서 단丹이 맺어지니, 기내氣內는, 곧 현관玄關이다. 정신을 오로지 배우면, 곧 성명이 같이 엉기어서 대도가 된다.

성性은 바로 신神이니, 명命이 성性과 합해서 엉기어 진아眞我를 이루면, 조화가 이 규竅에 있게 된다.

呀! 此性命俱凝之大道, 精神專學, 廢已久矣. 古今經, 傳, 子, 史, 新舊哲學, 衛生, 諸書, 固未有發明精神爲人性命之理者, 況且性命俱凝之奧妙乎?

此余所以不避僭叨, 而闡度自任者也.

아! 이 성명이 함께 엉기는 것이 대도이니, 정신을 오로지 하는 학문이지만, 폐하여짐이 이미 오래되었다. 고금의 경經, 전傳, 자子, 사史, 신구철학, 위생의 모든 책들이 진실로 정신이 사람의 성명이 되는 이치를 발명해내지 못하였는데, 하물며 또한 성명이 함께 엉기는 오묘함이겠는가?

이것이 내가 주제넘고 외람됨을 무릅쓰고(不避僭叨불피참도), 법도를 밝혀내기를 자임하는 까닭인 것이다.

大道本旨如右所述, 此果最高學術, 兼聖之至理, 惟上等社會人. 所當勤求者也.

以上言住命成眞之理, 不啻重複, 惟能住命成眞者, 尤當合致儒家盡性經世之學, 克盡人倫日用忠孝之德行, 實業, 然後, 誠爲人道之當然, 而不負我上帝賦畀之重者也.

戊午至月日編者識.

대도의 본지는 위에 기술한 바와 같으니, 이것이 과연 최고의 학술로, 겸성의 지극한 이치며, 오직 상등 사회인이 마땅히 근구勤求할 바인 것이다.

이상에서 말한 주명성진住命成眞 이치는, 중복되지 않을 뿐만 아니라, 오직 능히 주명성진住命成眞 할 수 있는 자가, 오히려 더욱 유가의 진성盡性 경세지학經世之學과 합치하는 것이니, 인륜의 일용日用 충효지덕행忠孝之德

行과 실업實業을 극진히 한 연후에야, 진실로 인도의 당연함이 되고, 그래야 우리 상제께서 부여해주신 중요한 것을 저버리지 않게 된다.

무오년(1918년) 동짓달 편자

精神哲學 上編 卷一
정신철학 상편 권1

서우한인曙宇韓人 전병훈全秉薰 편찬編纂

동한신성 단군 천부경 주해서언
東韓神聖 檀君 天符經 註解緒言

 東賢仙眞崔致遠曰檀君天符經八十一字神志篆見於古碑解其字敬刻白山.
 秉薰謹按崔公爲唐進仕而還韓成仙者, 此經至昨年丁巳始出韓西寧邊郡白山有一道人桂延壽採藥白山窮入山根石壁見得此字照寫云耳.

 동방 현인이자 선진仙眞이신 최치원께서 말하기를, "단군의 천부경 팔십일자는 신지神志의 전문篆文인데, 옛 비석에서 드러나 그 글자를 풀어서 백산白山에 삼가 새겨두었다." 하였다.
 나(병훈)는 삼가 살펴보건대, 최공(최치원)은 당나라 진사를 하다가 한국으로 돌아와서 신선이 된 사람이다. 이 천부경은 작년 정사년(1917년)에 이르러서야 비로소 한국의 서쪽 영변군 백산에서 나왔는데, 어떤 한 도인, 계연수 씨가 백산에 약을 캐러 깊이 들어갔다가 산기슭(山根)의 석벽에 나타나 있어 이 글자를 얻어 조사照寫했다고 하였다.

余旣編成精神哲學, 方謨付印之際, 忽得此經(老儒尹孝定來交).
　誠天賜之神異也. 世以陰符, 爲黃帝經. 然, (朱子有批評) 余則不敢深信. 惟此天符, 則包括天人, 道盡兼聖, 確是我檀君聖祖存神之眞傳, 無疑也.

나는 이미 정신철학을 편성하였기로, 바야흐로 출판사에 넘기려고 계획할 즈음에 홀연 이 경을 얻었다(노 유학자 윤효정(1858-1939)이 와서 건네주었다).
　진실로 하늘이 내려주신 신이神異함이었다. 세상에서는 음부경으로써 황제黃帝의 경전(經)으로 삼는다. 그러나 (주자는 비평을 하였음) 나는 감히 (음부경을) 깊게 믿지는 않는다. 오직 이 천부경만이, 곧 천도天道와 인도人道를 포괄하고, 도道로서 겸성兼聖을 다하였으니, 확실하게 우리 단군 성조의 혼魂이 살아있는(存神) 진전眞傳으로 여기고 믿어 의심치 않는다.

然文義淵極超絶而精微, 誠難透解也. 潛思數日而一旦豁然.
　嗚乎! 至神兼聖, 何其如是哉. 粵在四千二百五十二年十月三日, 有神人降于太白山檀木下國人立以爲君, 可謂民主開基, 是爲檀君.
　卽東韓創立之君師也, 其長生之德, 治邦之神化兼聖, 悠久無疆者. 與中國黃帝之兼聖歷史, 同而經文, 則符合河圖洛書, 幷老子身易之法.

그러나 글의 뜻이 깊고 지극함이 최고도(超絶)로 정밀해서 진실로 뚫어 이해하기 어려웠다. 잠기어 생각하기를, 수일을 하였는데 하루아침에 환하게 뚫어져서 깨닫게 되었다.

오호! 지극히 신령스러우면서도 겸성兼聖하심이 어찌 이와 같단 말인가. 아! 사천이백오십이년(4252년) 시월 삼일(10월 3일)에, 신인神人이 있어 태백산 단목하에 내려오시니, 나라 사람들이 옹립하여 임금으로 삼았고, 가히 민주의 기반을 열었다고 말할 수 있으니, 이분이 단군이시다.

곧 동한東韓을 창립한 군사君師이시며, 그 장생長生의 덕德과 나라 다스림의 신화겸성神化兼聖의 유구하고 끝없는 것이, 중국 황제黃帝(복희, 신농 이후의 인물)의 겸성한 역사와 더불어서 같으며 경의 문장은, 곧 하도낙서와 부합하였으며, 노자의 신역身易의 법과 나란하였다.

愈約愈精, 人爲小天地之理, 瞭然明白. 兼以運用坎離, 以成仙證聖, 經世宰物之至敎, 逼盡俱涵也. 凡聖經. 罔非因天道, 以明人事, 修身濟世, 以參贊化育爲至.

然豈有若此經之只八十一字, 能兼致仙聖, 而與天地相終始者乎?(小子) 僭敢註解, 以作精神學首篇, 烏乎! 將普度環球於胎仙, 世躋極樂之治者, 其必在此乎.

더욱 줄이고 더욱 정밀하게 하여, 사람이 소천지가 된다는 이치가 확실하고 명백하다. 겸하여 감리坎離를 운용해서, 이로써 신선이 되고 성인이 되는 것을 증명하였으며(成仙證聖), 세상을 경륜하고 만물을 주재하는 지극한 가르침이 핍진逼盡하여 모두 녹아들어 있다. 무릇 성스러운 경전聖經(천부경)은, 천도天道로 인하여 인사人事를 밝히지 않음이 없으니, 수신修身하여 세상을 제도하며, 이로써 천지의 화육하는 것이 지극함이 되도록 참여하여 돕는 것이다.

그러나 이 경전과 같이 오직 81자만으로 능히 겸하여 선성仙聖에 이르게 하고, 천지와 더불어서 서로 마치고 시작되는 것(終始)이 어찌 어디에 있겠는가(豈有)? (소자) 분수에 지나치게도 감히 주해를 하여서 정신학의 머리편으로 지었으니, 오호라! 장차 온 지구(環球)를 널리 제도하는 것(普度)은, 태선胎仙(양 눈썹 사이에 있는 신선, 胎靈大神)에 있는 것이니, 세상을 극락의 다스림으로 올리는 것은 반드시 여기에 있을 것이다.

然則此非世界一身, 五洲一家之天書者耶? 初無國界之可言, 而天將以此書, 鈞化萬世, 必矣. 求之宇內中外古今書籍, 寧有是否?
然此經適此時, 洎夫 (小子) 敬受而發揮, 利貺宇內同胞, 諒非 (小子) 道成求世之生平痴願, 結成腦癮者, (所居崇奉上帝, 檀, 黃, 老, 孔, 佛, 王仁, 康德, 八聖而香祝.) 上感于聖祖在天之靈, 而特別降祐者耶?

그런한즉, 이것이 세계일신, 오주일가의 천서天書가 아니겠는가? 처음에는 나라의 경계가 가히 없었다고 말할 수 있으니, 하늘이 장차 이 책으로써 만세를 고르게 교화하려 함이 기정사실인 것이다. 우주의 안팎에서 고금의 서적을 구하여 보아도, 어찌 이런 책이 있겠는가?
그러나 이 경經이 이때에 맞추어 나온 것은, 대저 (소자가) 경전을 공경하게 받아 발휘해서, 이익을 우주 내의 동포들에게 베풀고, 진실로 (소자 전병훈이) 도를 이루어 세상을 구하는 것이 '평생의 간절히 원하였던 소원'으로 골수에 틀어박혀 결성된 것이었기에, (거처하던 곳에서 숭봉하던 상제님, 단군, 황제, 노자, 공자, 부처, 왕인, 칸트의 8성께 향을 피우고 축원하였다.) 위로는 성조聖祖에서 감응하시고 하늘에 계신 영령이 특별히 내려와서 도우신 것이 아니겠는가?

西哲有云卄世紀最文明發達之占者, 其亦可徵於此乎. 余以道學旣作精神哲學, 公用於世, 憯言學人又得此兼聖極哲之學理, 則不待箕聖洪範之經, 而庶幾知韓爲天地中, 最高神聖文明之邦國乎. 噫!
己未至月註者謹識

서양철학자가 20세기에 최고로 문명이 발달한다고 점친 것도 있었으니, 그 역시 가히 여기에서 증험할 수 있으리라. 나는 도학으로써 이미 정신철학을 만들었으니, 세상에서 공용할 것이로되, 학인들을 돌아보고 말하노니, 또한 이 겸성극철의 학리를 깨치면, 곧 기자箕子 성인이 전한 홍범洪範의 경經을 기다리지 않고도, 한국이 천지의 중앙이 되어 최고 신성문명神聖文明의 방국이 되리라는 것을 거의 알게 될 것이다. 아!

기미년(1919년) 동지월 주해자 삼가 씀

제1편
단군천부경 주해
檀君天符經 註解

천부경 원문
天符經 原文(八十一字)

一始無始一析三極無盡本(일시무시일석삼극무진본)

天一一地一二人一三一積(천일일지일이인일삼일적)

十鉅無匱化三天二三地二(십거무궤화삼천이삼지이)

三人二三大三合六生七八(삼인이삼대삼합육생칠팔)

九運三四成環五七一玅衍(구운삼사성환오칠일묘연)

萬往萬來用變不動本本心(만왕만래용변부동본본심)

本太陽昻明人中天地一一(본태양앙명인중천지일일)

終無終一(종무종일)

檀君天符經 謹註(단군천부경을 삼가 주해함)

韓人小臣子全秉薰敬解.

天符字, 見於黃帝素問.

蓋五運行同天化者, 曰天符, 此則人之兼聖合天故云歟.

한국인 소신 전병훈 삼가 주해함.
천부天符의 글자는, 황제소문黃帝素問에 보인다.
대개가 오운五運이 행하여 하늘의 조화(天化)와 동일함을 천부天符라고 하니, 이는 곧 사람이 성聖을 겸하여서 천天과 합하는 까닭으로 말하는 것이다.

經曰. 一始無始.
小子秉薰.
謹註天地從虛無中生有. 天地之先, 只混沌一氣. 沖漠無朕, 故曰無始也.
無始則無極也, 無極而太極, 太極動而生陽, 靜而生陰, 天地始立, 子丑之會.
故曰, 一始於無始也, 一者, 太極之一, 元神動能力, 是也.

천부경에서 말하였다. 일一의 비롯함은 무시(一始無始)이다.
소자 병훈은 삼가 주석한다.
천지는 허무한 가운데로부터 낳아서 있는 것이다. 천지보다 먼저인 것은 단지 혼돈일기混沌一氣뿐이다. 텅 비고 넓은데(沖漠) 아무 조짐이 없으니, 그러므로 무시無始라고 말한 것이다.
무시無始는 곧 무극無極이고, 무극은 태극이며, 태극이 동動하여 양陽을 낳고, 정靜하여 음陰을 낳으며, 천지가 비로소 바로 서니 자축지회子

丑之會이다.

그러므로 말하노니, 일一은 무시無始에서 비롯하고, 일一은 태극의 일一이니, 원신元神이 동動하는 능력이 이것이다.

*자축지회子丑之會 : 소강절이 주장한 우주의 시간 순환 주기 12마디 중 자회, 축회의 시간대를 말한다.

〈황극경세〉에서 1원元은 12회會, 360운運, 4,320세世라고 하였다. 1세世는 30년이니, 1원元은 129,600년이 되는 것이다(4,320세×30년). 이것이 곧 1원元의 수數이니, 우주는 129,600년을 1주기로 하여, 자, 축, 인, 묘, 진, 사, 오, 미, 신, 유, 술, 해 회會의 순서대로 순환한다.

1마디를 이동하는데 10,800년이 소요되며, 이 대순환 주기는 "자회子會"를 기준으로 하여, 축회丑會, 인회寅會 등 순서대로 30도씩 이동하여 "술회戌會, 해회亥會"가 되면 12마디를 이동 완료하여 360도 대순환 1주기週期가 끝난다.

(1회 10,800년×12회 = 129,600년)

소강절의 황극경세 원회운세편에서는 현세現世가 12회 중 오회午會에 해당하며 그 역사적 연대를 기록하였는데, 다음과 같다.

오회午會 : 10,800년의 30운運 해당 연도
1運: B.C. 2217-B.C. 1858(360년), 2運: B.C. 1857-B.C. 1498(360년)
3運: B.C. 1497-B.C. 1138(360년), 4運: B.C. 1137-B.C. 778(360년)
5運: B.C. 777-B.C. 418(360년), 6運: B.C. 417-B.C. 58(360년)
7運: B.C. 57-A.D. 303(360년), 8運: A.D. 304-A.D. 663(360년)

9運: A.D. 664-A.D. 1023(360년), 10運: A.D. 1024-A.D. 1383(360년)
11運: A.D. 1384-A.D. 1743(360년), 12運: A.D. 1744-A.D. 2103(360년),
13運: A.D. 2104-A.D. 2403(360년), 14運… 30運까지 360년씩 오회의 시간: 총10,800년

곧 지금의 2025년은 오회午會 30운運 중 제12운運의 360년의 시간대를 맞이하고 있다고 하였다(대유학당 출판 "황극경세 제1권").

일석삼一析三

小子謹註.
太極之一, 旣生天一, 而析三者. 卽河圖經一函三Φ之理.
三成天地人而生萬物也. 故老子亦言, 一生三, 三生萬物也.

소자 삼가 주석한다.
태극의 일一이 이미 천일天一을 낳고, 셋으로 쪼개진다. 즉 하도경에서 일이 셋을 품고 있다는 Φ의 이치이다(一函三).
삼三이 천지인을 이루고 만물을 낳는다. 그러므로 노자도 또한 말하기를, 일이 삼을 낳고(一生三), 삼이 만물을 낳는다(三生萬物) 하였다.

극무진極無盡

小子謹註.
無極而太極太極卽生天, 生地, 生人. 生物之元理動能力.

故天地人物, 雖有終盡之期, 而太極之生理元神, 則無有窮盡之時也.

소자 삼가 주석한다.
무극이 태극이니, 태극은 곧 천天을 생하고, 지地를 생하고, 인人을 생한다. 만물을 낳는 으뜸가는 이치(元理)는 동능력動能力이다.
그러므로 천지인과 만물은, 비록 마치고 다하는 시기가 있으나, 태극의 이치를 낳는 원신元神은, 곧 다하여 없어지는 때가 없는 것이다(窮盡).

본천일일本天一一

小子謹註.
天以太極之一, 爲本而先闢, 則卽天一以生水故曰, 天一一也.

소자 삼가 주석한다.
천天이 태극의 일一로써 근본(本)으로 삼아서 먼저 열리니, 곧 즉 천일天一이 수水를 생함(生水)으로써, 그래서 천일일天一一이라 한다(하늘이 태극의 일一로써 수水(一)를 생한다).

지일이地一二

小子謹註.
地亦以太極之一爲本, 天包地外, 地在天中. 而地二生火故曰, 地一二也.

소자 삼가 주석한다.

지地 또한 태극의 일一로써 근본으로 삼아서(地一), 하늘은 땅의 바깥을 싸고, 땅이 하늘의 가운데에 있다. 그리고 지이地二는 불(火)을 생生하는 고로, 지일이地一二(地一이 불(火: 二)을 생한다)라고 말한 것이다.

인일삼人一三

小子謹註.

人亦以太極之一爲本, 而天一地二水火旣生, 則日月行, 坎離立, 氣化以生人. 參爲三才, 故曰人一三也.

以上訓明始初開闢之理.

소자 삼가 주석한다.

사람도 또한 태극의 일一을 근본으로 삼았으니, 천일天一 지이地二의 수화水火가 이미 생하였으면, 곧 일월日月이 운행하고, 감리坎離가 세워지면, 기화氣化하고 이로써 사람을 낳는 것이다. 천지天地에 참여해서 천지인天地人의 삼재三才가 되므로, 그래서 인일人一 삼三인 것이다.

이상으로 주석을 해서 시초始初 개벽의 이치를 밝혔다.

일적십거一積十鉅

小子謹註.

自天一之一, 至一三一, 則積而成十也. 觀夫四象之十, 得中五以成十五, 則造化備焉. 北一, 得西九而成十, 西四, 得北六而成十. 東三南七, 亦然.

其流行生成, 大矣哉. 鉅大也.

소자 삼가 주석한다.

천일天一의 일一부터, 인일삼人一三의 일一까지, 곧 쌓이면 10이 된다. 대저 사상四象의 10을 보건대, 중오中五를 얻어서 이로써 15를 이루게 되니 조화가 갖추어졌다. 북쪽의 일一은 서쪽의 구九를 얻어서 10이 되고, 서쪽의 사四는 북쪽의 육六을 얻어서 십十을 이룬다. 동쪽의 삼三은 남쪽의 칠七을 얻어서 또한 그러하니 10을 이룬다.

그것이 유행하여 생성됨이 참으로 크도다. 거鉅는 크다이다.

무궤화삼無匱化三

小子謹註.

天地之數成十五, 則大化流行不息, 函三生物之化, 無時匱乏故云也.

小而一日, 一月, 一歲, 大而, 元會運世, 造化流行, 安有匱乏之時乎? 匱, 乏也.

소자 삼가 주석한다.

천지의 수가 15를 이루면, 곧 대화大化가 유행流行하여 그치지 않으니, 천지인 삼재를 품어서 만물의 조화를 낳아도, 다하여 없어지는 때가 없기 때문에 말하는 것이다.

적게는 하루, 한 달, 일 년이고, 크게는 원회운세元會運世를 조화가 물 흐르듯이 행하여지니, 어찌 다하여(匱) 모자랄 때(乏)가 있겠는가? 궤는 핍 이다.

천이삼天二三

小子謹註.

上以開闢言, 故曰天一一也. 此擧陰陽交媾之數, 故曰二三也. 二陰三陽, 天數五者, 而天中亦俱有陰陽, 故云也.

孔子係易曰, 三天兩地倚數者, 蓋先言陽數之故也.

소자 삼가 주석한다.

위에서는 천지가 열리는 개벽開闢으로써 말하였기에, 그래서 천일일天一一이라고 하였다. 여기서는 음양교구陰陽交媾의 수數를 들었기 때문에 그러므로 천이삼天二三이라고 하였다. 이二는 음수이고 삼三은 양수이니, 천수天數는 5라는 것은, 천天 중에는 또한 모두 음양을 갖고 있으므로 말한 것이다.

공자 계사전에서 "3이란 홀수로 천天을 삼고, 2란 짝수로 지地를 삼아 괘효卦爻의 수數를 확립한다."고 했는데, 대개가 양수를 먼저 말한 연고이었다.

지이삼地二三

小子謹註.

此亦道陰陽之數, 與上章同也.

易云, 地數五者, 而地中亦俱有陰陽故云也.

소자 삼가 주석한다.

이 또한 음양의 수를 말한 것이니, 위의 장과 더불어서 같은 것이다.

역에서 말하되, 지수地數 5라는 것은, 지地 중에도 또한 함께 음양이 있기 때문에 이른 것이다.

인이삼대삼합육人二三大三合六

小子謹註.

人與天地同所稟也. 故至此言大三合六者. 卽三陽, 交合六陰云也. 三才交姤以成生化之理數, 如是明白. 盖乾坤, 一年一交姤, 日月一朔一交姤, 所以先卽氣化以生人, 繼以形化, 生生不窮也. 然則世界人生, 雖別區域, 而均爲平等之同胞也, 明矣.

소자 삼가 주석한다.

인간은 부여받은 것이 천지와 더불어서 같다. 그러므로 여기에 이르러서 대삼大三(天二, 地二, 人二) 합합이 육六이란 것을 말한 것이다. 곧 삼양三陽이 육음六陰과 교합해서 이르는 말이다. 삼재가 교구하여서 이로써 생화生化의 이치인 수數를 이루는 것이 이와 같이 명백한 것이다. 대개가 건곤은 1년에 한 번 교구하고, 일월은 한 달에 한 번 교구하고, 때문에 먼저는 곧 기화氣化해서 이로써 생인生人하고, 계속해서 이로써 형화形化하고, 생생生生하여 다함이 없는 것이다. 그러한즉, 세계인이 태어나면 비록 구역이 다르더라도, 모두 평등의 동포임은 명백한 것이다.

생칠팔구生七八九

小子謹註.
三才交姤, 而坎六之水, 生東八之木, 木生南七之火, 火生中土, 土生四九之金, 四象五行生物之道, 完全成立, 而理氣, 獨具全於人之五臟.(腎水智, 心火禮之說詳下.) 此與河圖洛書, 五行順逆之序, 同一其用. 然要當講解以運用身易之法, 乃有益矣. 所謂水火之交, 金木之會者也. 人有靈明知覺故, 自行彝則, 兼能修長性命, 遂古人之良能也.
以上訓明三才生成之理.

소자 삼가 주석한다.
천지인 삼재가 교구하면 감坎 육六의 수水가 되는데, 이 6수는 동방의 팔목八木을 생생하고(水生木), 목木은 남방의 칠화七火를 생하고(木生火), 화는 중앙 토를 생하고(火生土), 토는 사구금四九金을 생하여(土生金), 사상오행이 만물의 도를 생하여서 완전하게 성립하니, 이기理氣는 홀로 인간의 오장五臟에 완전하게 갖추어져 있다.(腎水가 지혜이고, 心火가 예禮가 된다는 설명이 아래에 자세하다.) 여기에도 하도낙서와 더불어서 오행순역의 순서가 그 작용이 동일하다. 그러나 마땅히 신역身易의 법으로 운용함으로써 해석하여 강론함이 필요하니 그래야 보탬이 있게 된다. 소위 수화의 교제와 금목金木의 만남이란 것이다. 사람은 영명하고 지각이 있는 고

로 스스로 떳떳한 도리를 행한즉, 겸하여 능히 성명을 닦고 길러서 고인古
人의 양능良能(타고난 재능)을 따르게 된다.

이상이 삼재三才의 생성 이치를 인도하여 밝혀낸 것이다.

운삼사성환運三四成環

小子謹註.

運用人身中三木之日, 四金之月者, 乃道家顚倒五行之術也. 三木
生火, 火爲離, 離火中之水, 謂以眞水. (所謂龍從火裏出者.) 四金生水,
水爲坎, 坎水中之火, 謂以眞火. (虎向水中生者.) 此眞水火, 以意升
降. (後升前降. 曰子午升降.)

久久成丹, 成仙. 故云運三四也. 蓋(左升右降, 右升左降曰, 卯酉運
用.) 運則以眞意運行, 環卽丹之象, 而無端, 故曰成環也.

然環之中, 卽玄關不? 可不知?

(玄關說詳下)

소자 삼가 주석한다.

인신人身 중 삼목三木의 일日과 사금四金의 월月을 운용하는 것이 도가에
서 말하는 오행의 전도술(위아래를 바꾸는 것)이란 것이다. 삼목은 화火를
생하고, 화火는 이괘離卦가 되고, 이화離火(離卦의 火) 중에 있는 수水를 일
러서 진수眞水라고 한다. (소위 용龍이 불속으로부터 나온다는 것이다.) 사
금四金이 수水를 생하고, 수水는 감坎이 되고, 감수坎水 중의 화火를 일러서
진화眞火라고 하는 것이다. (호랑이는 물을 향하는 가운데에서 생한다.) 이

진수화眞水火는 뜻(意)으로 승강한다. (뒤로는 오르고 앞에서는 내리는데 왈, 자오승강子午升降(子는 회음혈, 午는 백회혈)이라고 한다.)

오래하면 단을 이루고(久久成丹) 신선이 된다(成仙). 그러므로 일러서 운삼사運三四라 한다. 대개가(좌로 오르고 우로 내리고, 우로 오르고 좌로 내리는 것을 일러서 왈, 묘유운용卯酉運用이라 한다.) 운행은 곧 진의眞意로써 운행하고, 환環은 곧 단丹의 형상이니, 끝이 없는 것(無端)이므로 성환成環이라 한다.

그러나 고리(環)의 중앙이, 곧 현관 아니던가? 알아야 되지 않겠는가?
(현관은 설명이 아래에 자세하다)

오칠일묘연五七一妙衍

小子謹註.

五乃土之生數, 七爲火之成數, 一是水之生數, 道家云, 以三家相見者也.

妙則神用凝結之意. 以眞意. (土生) 運用火(七) 水(一), 水火升降如上, 而成道.

衍則出神, 生子, 生孫, 我之神氣, 充塞天地, 上下與天地同流之謂也.

烏乎! 兼聖極哲之大道乎. 以神運用精氣於玄牝, 以成眞神通之妙, 與黃帝之兼聖, 同一源天. 性命凝住之精神專學也. (以上訓成眞證聖之法.)

此經天包, 八面玲瓏, 人之見仁, 見智, 雖殊而自運三四, 至妙衍, 則眞是運用身易, 以成仙之法, 學人可以深悟, 毋忽也.

소자 삼가 주석한다.

5는 토土의 생수生數이고, 7은 화火의 성수成數이며, 1이 바로 수水의 생수生數이니, 도가에서 이르되, 삼가三家(身, 心, 意)로써 서로 본다는 것이다(三家相見).

(목화토금수(3, 2, 5, 4, 1)의 5개 숫자는 생수生數이고, 목화토금수(8, 7, 10, 9, 6) 5개 숫자는 성수成數이다.)

〔위백양 신선의 참동계 제28장 삼가상견장三家相見章 참조: 상上에 화火가 위치하고, 중中에 토土가 위치하고, 하下에 수水가 위치해서 일직상에 있으면서 서로 보는 형상을 말한다. 5, 7, 1이 묘하게 흐르다. 정좌定坐하고 앉아 수행修行하며 운기運氣하는 상象〕

묘妙는 곧 신의 작용으로 응결한다는 뜻이다. 진의眞意〈土가 生함〉로써 (7인) 화火와 (1인) 수水를 운용해서 수화승강을 위와 같이 하면 성도成道한다. 〈진의眞意로 수승화강水升火降을 하면 성도成道한다는 뜻임.〉

연衍은 곧 출신出神, 생자生子, 생손生孫이니, 나의 신령한 기가 천지에 충색하여, 상하上下로 천지와 더불어서 함께 흐르는 것(衍/넘쳐 흐름)을 말한다.

오호! 겸성극철의 대도로다. 신神으로써 정기精氣를 현빈에 운용해서 이로써 진眞을 이루어 신통이 묘妙하니, 황제의 겸성과 더불어서 동일하게 하늘에 근원하였으니, 성명이 응결되어 머무르는 정신의 오롯한 학문專學이로다. (이상이 성진成眞을 인도하고 성聖을 증명하는 법이다.)

이 경전은 천포天包이니, 사방팔면에서 보아도 다 투명하고 밝아서, 사람의 어짊이 드러나고, 지혜가 드러나는 것이 비록 다르지만 운삼사運三四로부터 묘연妙衍에 이르는 것은, 곧 참(眞)이니, 바로 신역身易을 운용해서 신선이 되는 법으로 학인들은 깊이 깨닫고 소홀치 말아야 한다.

만왕만래萬往萬來

小子謹註.

旣成妙衍, 眞我聖仙, 則神化合天. 萬劫之往來, 我固自如, 我之陽神, 縱橫上下, 無往不周, 宇宙在手, 以至日用人事, 萬幾之往來, 雖則無窮, 而有能主宰者存乎? (以下訓兼聖濟世之法.)

소자 삼가 주석한다.

이미 묘연妙衍을 이루었으면, 진아眞我, 성선聖仙인즉, 신화神化하여서 천天에 합습한 것이다. 만겁의 왕래를 내가 진실로 자유자재이고, 나의 양신이 종횡상하를 가서 두루하지 않음이 없고, 우주가 손안에 있으며, 일용인사에 이르기까지 만기의 왕래가 비록 무궁하더라도 능히 주재하는 자가 있지 않은가? (이하 겸성제세兼聖濟世의 법을 인도하였다.)

용변부동본用變不動本

小子謹註.

凡事變之來, 我所以用濟其變者, 心有權衡. 權衡以稱事之輕重, 隨變制宜, 故云用變也. 以之開物, 成務, 仁民, 利用, 經邦, 濟世, 何往不動之斯化?

酬酢萬變而心本, 則不動也, 故治成無爲至德之世必矣.
此非兼聖極哲, 其孰能之乎?

소자 삼가 주석한다.

범사에는 변화가 다가오는 것이니, 내가 그 변화를 써서 도와주려면, 마음에 권형權衡(저울)을 가져야 한다. 권형이란 일의 경중을 저울질함으로써 변화에 따라서 알맞게 맞추는 것이니, 그래서 용변用變이라 하는 것이다. 만물의 뜻을 열어서 천하의 사무를 성취하고, 백성을 사랑하고, 이용해서 나라를 다스리고 세상을 구제하면, 어디를 간들 이 교화에 동하지 않으리오?

수작酬酢이 만 번 변하더라도 마음의 근본인즉 부동이니, 그러므로 다스림이 이루어져서 무위지덕無爲至德의 세상이 반드시 오는 것이다.

이것은 겸성극철이 아니고서야, 그 누가 능하리오?

본심본태양앙명本心本太陽昂明

小子謹註.

人之本心, 卽太極乾金, 太陽之神氣, 凝晶於腦中而靈明者也. 然上智兼聖, 本自如是, 惟學人亦可以因欲而入道, 制欲而以至無物欲之交昏, 則心體之明, 乃還其本. 道明德滿, 如太陽之無私無蔽, 而公明焉, 則明照宇宙, 造成萬化, 可與天地叅矣.

然道破心本之逼眞者, 曷嘗有是哉. 惟道家, 以離爲心, 易云, 明兩作離大人以, 繼明照于四方. 佛與西哲, 皆以三界惟心. 今以此章, 證明心本, 詎非宇內之新出曙光耶?

惱神爲心之理, 加確加明, 亦可謂心學開山之祖也. 烏乎! 至哉. 民衆推戴爲君, 而政治同太陽之光明者, 亦豈非一統民主世界之可法者耶?

소자 삼가 주석한다.

사람의 본심은, 곧 태극의 건금乾金이니, 태양의 신기神氣가 뇌腦 중에서 응결되고 맑아져서 신령하게 밝은 것(靈明)이다. 그러나 상지上智의 겸성兼聖은 본래 스스로 이와 같으나, 생각컨대 학인들이 또한 욕심으로 인하여서 도道에 들어갈 수도 있으니, 욕심을 억제해서 물욕이 흐릿하게 섞임(交昏)이 없어야 곧 마음의 본체가 밝아지고, 그래야 그 근본으로 돌아간다. 도가 밝아지고 덕이 충만하여, 마치 태양이 사사로움 없고 가리는 것이 없는 것처럼 공명하게 하면, 곧 우주를 밝게 비추고 만 가지 변화를 조성하면서, 가히 천지의 조화에 더불어 참여할 수가 있다.

그러나 마음의 근본을 실물과 다름없을 정도로 거짓 없이(逼眞) 끝까지 모두 말한 자(道破)가 어찌 일찍이 있었던가? 오직 도가에서 이괘離卦로써 마음으로 삼았고, 역易에서 말하되, '두 개의 밝은 것이 이괘離卦(즉 離上離下)이니, 대인大人이 이것을 보고 밝음을 이어서 사방을 비추는 것이다' 하였다. 부처와 더불어서 서양 철인들도 모두가 삼계三界로써 마음으로 생각하였다. 지금 이 장으로써 마음의 근본을 밝게 증명해냈으니, 어찌 우주 안의 새로운 서광이 출현함이 아니겠는가?

뇌신惱神이 마음의 이치(理)가 됨이 더욱 확실하고 더욱 밝으니, 또한 가히 심학心學의 개산조開山祖라 하리라. 오호! 지극하도다. 민중이 추대하여 임금으로 삼고, 정치가 태양과 같이 광명함은, 또한 어찌 민주세계를 통일하는 옳은 법이 아니겠는가?

인중천지일일종人中天地一一終

小子謹註.

天地中開而人位乎中, 叅爲三才. 所謂人者, 天地之心, 而萬物皆備於我者也. 是以人致中和之極功, 天地位焉, 萬物育焉, 而與天地合德, 信乎天地者大我, 而眞我則卽太極之一份子, 小我也. 如是成己者, 能中天地而立矣. 吁亦! 至哉. 矧今宇內交通, 所以五洲一家, 致世太平者, 其必在此胎仙兼聖之天手乎.

將一統世界之爲元首, 非上仙兼聖, 中天地而立者耶? 然, 人與天地一一相終始也.

將至戌亥之會, 卽天地人物終息之期, 故云一一終也.

소자 삼가 주석한다.

천지의 중간이 열리고 사람이 가운데에 위치해서 천지와 함께 참여하니 삼재가 되는 것이다. 소위 사람은 천지의 중심이니, 만물이 모두 나에게 갖추어진 것이다. 때문에 사람이 중화中和의 지극한 공업(功)에 이르게 되면 천지가 바로 서고, 만물이 길러지며, 천지와 더불어서 합덕하니, 천지를 대아로 믿게 되고, 진아는 곧 태극의 한 분자인 것이며 소아인 것이다. 이와 같이 자기를 완성한 자는, 능히 천지의 중앙에 서게 된다. 아아! 또한 지극하도다. 하물며 지금 우주 안을 교통하여 오주로써 일가로 하여 세상을 태평하게 이르게 하는 것은, 기필코 이 태선겸성胎仙兼聖의 천수天手에 있으리라.

장차 세계 통일의 원수는 상선겸성上仙兼聖하여 천지 중에 바로 선 자가 아니겠는가? 그러나 사람은 천지와 더불어서 일일이 서로 시종을 같이 한다.

　장차 술해의회戌亥之會에 이르면, 곧 천지인 만물이 종식하는 때이니, 그러므로 일러서 일일一一을 마친다 한 것이다.

무종일無終一

　小子秉薰.
　謹註無終一者, 戌亥之會, 一氣大息, 海宇變動, 山勃川湮, 人物消融, 天地復成混沌. 然太極之一, 則無終息之理, 而再至子丑之會, 復始生動, 故曰無終一也.
　於是, 可信天地之運, 終而復始, 太極之一, 靜而復動, 動而復靜, 如環無端也, 至哉. 我至神兼聖之經乎! 註解終.

　소자 병훈은 삼가 주석한다.
　무종일無終一은 술해지회戌亥之會에 일기一氣가 크게 멈추고, 바다와 우주가 변동하고, 산이 우쩍 일어나고 천川이 묻히고, 사람과 만물이 소융消融(사라지고 녹아버림)하여, 천지가 다시 혼돈을 이룬다. 그러나 태극의 일一은 곧 종식이 없는 이치이니, 다시 자축지회子丑之會에 이르러서 다시 생동生動을 비롯하므로, 그래서 무종일無終一(끝없는 태극의 一)이라고 한 것이다.
　이에, 미더운 천지의 운행이 마치면 다시 시작하고, 태극의 일一이 고요하다가 다시 움직이고, 움직이다가 다시 고요한 것이, 마치 둥근 고리에 끝이 없는 것과 같으니, 지극하도다. 우리의 지극히 신령하고 성聖을 겸비한 천부경이여! 주석을 마치노라.

小子, 之謹註者如是, 而罔敢自是, 至願宇內聖哲諸君子, 明正以公理裁敎耳.

愚料我檀祖素天降之兼聖, 則其遺經於世者, 曷不敎示以兼聖之至理哉?

소자가 이에 삼가 주석을 이와 같이 한 것은 감히 내가 스스로 옳다는 것이 아니라 우주 내 성철, 제군자에게 바른 것을 밝혀서 공정한 이치로 분별하여 가르쳐줄 것을 지극히 원할 뿐이라.
내가 생각컨대, 우리 단군께서 평소 하늘이 내리신 겸성이시니, 곧 그가 경전을 세상에 남기신 분으로, 어찌 겸성의 지극한 이치를 교시敎示하지 않으셨겠는가?

王公樹枏曰, 大著, 所謂以經註經也. 神童江希張, 贊以天地神聖之精微奧妙, 被我先生數語道破矣. 寧非檀君, 假手於先生, 以興其敎, 嘉惠世界者乎?

왕수남 공이 말하기를, "위대한 저작이니, 소위 경전으로써 경전을 주석하였다." 하고, 신동 강희장이 찬미하되 "천지신성의 정미로움과 오묘함이 우리 선생의 몇 마디 말씀으로 설파되었다. 어찌 우리 단군께서 선생(전병훈)의 손을 빌려서 그 가르침을 일으킴으로써 세계에 아름다운 혜택을 주시고자 함이 아니었겠는가?" 하였다.

大道眞傳, 今還其本面目, 名以精神哲學.

대도진전은 이제 그 본분인 정신철학으로 돌아온다.

(즉 정신철학통편을 완성하던 차에 이 천부경을 얻었기에 갑자기 맨 앞에 천부경을 주해하여 삽입하였고, 이제 그 주해를 마쳤으므로 다시 본래의 정신철학통편의 저술로 돌아간 것임.)

제2편
정신운용성진지철리요령
精神運用成眞之哲理要領

(通編宗旨. 在因欲制欲以成道)

정신을 운용하여 진眞을 이루는 철리 요령 (통편종지, 욕심을 억제하여 이로써 성도에 이르려 함이다)

| 제1장 |
선후천 정기신을 논함
(論先後天精氣神)

廣成子(草昧上古之天眞皇人傳道黃帝爲師)曰, 混沌杳冥, 杳冥生靈光, 靈光一點, 誕育羣精.

(此云精, 卽生天生地之元精.)

仙鑒(林屋玞樓秘本)云, 有形, 生於無形, 無形, 爲無極, 有形, 爲太極. 太易者未見氣也, 太始者氣之始也.

(此云氣, 卽生天生地之元氣.)

道德經(老子著)曰, 有物混成, 先天地而生. 元始經曰, 歷劫元神, 不壞.

(此云元神, 乃生天生地之元神, 卽 上帝也.)

周易繫辭(孔子贊)曰, 神也者, 妙萬物者也.

(此亦指先天主宰之元神而言, 卽 上帝也.)

광성자(천지개벽의 처음(草昧), 상고의 천진황인天眞皇人으로 황제에게 도를 전하고 스승이 되었다) 왈, 혼돈이 묘명杳冥(어둡고 아득함)한데, 묘명이 영광靈光을 낳고, 영광靈光 일점이 낳아 기른 것이 군정군정이다.

(여기서 말하는 정정이란, 곧 천지를 낳은 원정元精이다.)

선감仙鑒(임옥부루비본林屋玞樓秘本)에서 말하기를, 유형은 무형에서 생겨났고, 무형은 무극이 되었고, 유형은 태극이 되었다. 태역太易이란 기氣가 아직 드러나지 않았으며, 태시太始란 기氣의 시초이다.

(여기서 말하는 기氣는, 곧 천지를 낳은 원기元氣이다.)

도덕경(노자 저)에 왈, 물건이 있어 혼성混成(섞여있음)한데, 천지보다 먼저 생겨났다 하였다.

원시경에 왈, 겁을 지나도록 원신은 무너지지 않는다 하였다.

(여기서 말하는 원신은 천지를 생하는 원신이니, 곧 상제이다.)

주역계사전(공자 찬)에 왈, 신神이라 함은 만물을 묘하게 하는 것이라 했다.

(이 또한 선천주재의 원신을 가리켜서 말한 것이니, 곧 상제이다.)

제1절 석명원장 정기신지의釋明原章精氣神之義

秉薰謹按天地未判, 只混沌一氣, 此氣卽元氣. 太極在氣中, 有動能力, 故能生天生地也. 吾儒以理看太極, 理果無爲, 而無能力耶? 只如是看, 則於事業運用, 恐不爲力. 故余敢倡明之曰, 太極有能力, 學人庶幾不謬乎.

方生天生地, 則陰陽之元精, 聚以爲日月星辰. 天一生水, 地二生火, 水涵天外, 地爲天包. 四象立而陰陽五行之元氣, 流行升降, 溫腜和蒸, 其風氣中有主宰之元神, 以造化焉. 於是(寅會)人物乃生, 得精氣神之最靈秀者爲人. 得其偏且駁雜者, 爲禽獸動物, 此乃開闢後, 以氣化而始生人物者也.

병훈은 삼가 살펴보건대, 천지가 조판되지 않고 단지 혼돈일기일 때, 이 기는 곧 원기이다. 태극이 기중에 있으면서 동능력을 갖고 있으므로 그래서 능히 천지를 생하는 것이다. 우리 유도에서는 이치로써 태극을 보는데, 이치가 과연 무위無爲라 해서, 무능력이겠는가? 단지 이와 같이 본다면, 곧 사업운용에서 힘을 다하지 않을까 한다. 고로 나는 감히 창명(분명히 표명함)하기를, 태극은 능력이 있으므로, 학인들이 욕보이지 않기를 바란다.

바야흐로 천지를 생함은, 곧 음양의 원정이 모여서 일월성신이 되는 것이다. 천일天一이 수水를 생하고, 지이地二는 화火를 생하고, 수水가 하늘 바깥을 감싸고, 땅은 하늘이 감싼다. 사상이 세워지고 음양오행의 원기가 유행하여 승강하면, 따뜻하게 삶아지고 조화로운 수증기가 나고, 그 풍기風氣 속에 주재의 원신이 있으니 조화造化인 것이다. 여기에서(寅會, 子會, 丑會의 다음) 인물이 생겨나니, 정기신精氣神의 가장 신령하고 뛰어난 것을 얻은 것이 사람이 된다. 그 치우치고 또한 뒤섞인 것을 얻은 것은 금수동물禽獸動物이 되니, 이것이 개벽 후 기화氣化로써 처음 사람이 생겨나는 것이다.

제2절 역리화생의 근본으로, 진감간辰坎艮이 남자가 되고, 손이태巽離兌가 여자가 됨을 논한다[論易理化生之本, 震坎艮爲男, 巽離兌爲女]

易曰太極是生兩儀, 兩儀生四象, 四象生八卦.

老子曰, 鴻鈞初判, 陰陽剛柔相磨而生六子, 幷父母而爲八. 生生不窮, 與天地幷立爲三. 羲皇會其理以畫易.

易也者, 包乎六合之外, 備於一身之中, 後世但以占驗吉凶而先後天之大義, 略焉不講. 愚謂乾爲首, 坤爲腹, 坎離爲腎心, 五行爲五臟, 其生成運用, 實與造化同功. 是卽人爲天地之肖子, 而身中之易, 卽所謂心易也.

其圖如左.

역왈, 태극이 양의兩儀를 생하고, 양의가 사상四象을 생하고, 사상이 팔괘八卦를 생한다.

노자 왈, 하늘(홍균鴻鈞 : 天)이 처음 조판되자, 음양의 강유가 서로 마찰하여서 여섯 아들을 생하니, 부모와 아울러서 여덟이 된다. 생생하여 그치지 않으니 천지와 더불어서 나란히 서서 삼재가 된다 하였다. 복희황제는 그 이치를 이해하여 이로써 역을 획하였다.

역이란, 천지와 사방(六合)의 바깥을 싸고 있으나 일신의 가운데에도 갖추어져 있으며, 후세에서 단지 점으로서 길흉을 증험하였을 뿐, 선후천의 대의를 생략하고 강의하지 않았다. 내가 생각컨대, 건乾은 머리가 되고, 곤坤은 배가 되고, 감리坎離는 신장과 심心이 되고, 오행五行은 오장五臟이 되고, 그 생성 운용은 실로 조화와 더불어서 같은 공功이다. 이것이 곧 사람이 천지의 자식이 되고, 몸속의 역易은 곧 소위 심역心易인 것이다.

그 그림은 다음과 같다.

無極太極圖

太極

陽動　㊉　陰靜

火　　水
　土
木　　金

乾道成男　○
坤道成女　○

萬物化生

此圖源於呂純陽八品經, 而附八卦者今不盡錄. 卽與老子心易圖同. 而又與周濂溪太極圖毫釐不差, 可以見聖神見天人之際者旣同, 而用象易與心易者其盡性盡物之事則亦同. 惟此住命與安命之趣, 不同焉耳.

濂溪圖說略曰, 無極而太極, 太極動而生陽, 靜而生陰, 一動一靜, 互爲其根. 分陰分陽, 兩儀立焉, 五氣順布四時行焉. 無極之眞, 二五之精, 妙合而凝, 乾道成男, 坤道成女, 惟人也, 得其秀而最靈. 形旣生矣, 神發知矣. 五性感動而善惡分, 而萬事出矣.(此下有聖人定之以中正仁義以主靜以立人極之說恐是開化以後可言之次序也.)

由此觀之, 厥初以氣化而生人生物之理, 不亦瞭然乎? 此與天符經旨相脗合也.

이 도형의 근원은 여순양의 팔품경八品經이니, 팔괘八卦가 붙어있었으나 여기서는 다 기록하지 않는다. 곧 노자의 심역도心易圖와 더불어서 동일하다. 또 주렴계의 태극도와 털끝만큼도 틀리지 않으니, 가히 성신聖神이 하늘과 인간의 사이에서 드러남이 이미 동일함을 볼 수 있고, 상역象易과 더불어서 심역心易을 쓰는 것이 그 진성盡性 진물盡物의 일인즉 또한 동일하다. 오직 이 주명住命과 더불어서 안명安命의 추趣가 다를 뿐이다.

염계의 도설을 간략히 말하면, 무극이 태극이며, 태극이 동動하여서 양陽을 낳고, 정靜하여서 음陰을 낳으니, 일동일정一動一靜이 서로 그 뿌리가 된다. 음양으로 나뉘어지고 양의兩儀가 세워져서 오기五氣가 순응하여 펴지고 사시四時가 행해진다. 무극의 진眞과 음양오행의 정精이 묘합妙合해서 엉기어, 건도乾道는 남자가 되고 곤도坤道는 여자가 되니, 오직 사람만이 그 수승한 것을 얻었으므로 가장 신령하다. 형形이 이미 생겨나고, 신神이

발發하면 알 수가 있게 된다(知). 오성五性이 감동하고 선악善惡이 나누어지며 만사萬事가 나온 것이다.(이 아래는 성인聖人이 중정인의中正仁義로써 안정하고, 정靜을 주주로 함으로써 인극人極(人世의 標準)의 설을 세웠으니, 아마도 개화 이후 차서次序를 말한 것 같다.)

이것으로 말미암아 보건대, 그 처음에는 기화氣化로써 사람을 낳고 만물을 낳았다는 이치이니, 또한 명확하지 않은가? 이는 천부경과 더불어서 뜻이 서로 꼭 맞는 것이다.

제3절 논명형화지리論明形化之理

人之男女旣生以後, 則形交氣感, 生生不已, 是名爲形化也.
程子曰, 形化長, 則氣化衰誠然也.
無人絶島, 古有化生者, 以後必無矣, 然則近世所謂猿變爲人之論, 可謂不識氣化生天生人之理者.

사람이 남녀로 이미 생생한 이후에는 형形으로 사귀고 기氣를 느끼면서 생생불이生生不已하니, 이것을 형화形化라고 한다.

정자 왈, 형화形化가 오래되면, 곧 기화(氣化)는 쇠퇴한다 했으니 진실로 그러하다.

무인절도無人絶島에 옛적에 화생化生한 자가 있었는데, 이후에 반드시 없어지니, 그러한즉 근세 소위 원숭이가 변해서 사람이 되었다는 논리는 가히 기화氣化하여 생천생인生天生人하는 이치를 모르는 것이다.

(老子答孔子性理之問曰, 九九八十一, 一主日. 日數十故, 人十月而生.)

(노자가 공자의 성리에 관한 질문에 답하여 말하기를, 구구팔십일인데, 일一은 날(日)을 주관한다. 일수는 10인 까닭으로 사람은 10달에 태어난다.)

*처음 10일, 다음 20일, 다음 30일은 10의 배수이므로, 그래서 일日은 십十을 주관하는 것이다(갑을병정무기경신임계). 천상의 태양은 오직 1개이니, 때문에 1이 일진日辰을 주관하고, 일진日辰의 수數는 10이고, 일진日辰은 사람을 주관하기 때문에, 사람은 10달 만에 태어난다.〈대대례기大戴禮記, 역본명易本命〉

(五九四十五五爲音, 音主猿, 故猿五月而生. 餘如馬鹿狗不枚擧.)

(오구사십오로 오五는 음音이며, 음音은 원숭이를 주관하는데, 그러므로 원숭이는 5개월 만에 태어난다. 말, 사슴, 개와 같은 나머지도 일일이 들지 않겠다.)

*음音은 궁宮, 상商, 각角, 치徵, 우羽 오음五音이다. 소리는 다섯이므로, 그래서 오五가 음音을 주관하는 것이다. 그런데 음音이 원숭이를 주관하므로, 그래서 5개월 만에 태어나는 것이다.

*7×9=63으로 삼三은 두斗를 주관하고, 두斗는 개(狗)를 주관하니, 그러므로 개는 3개월 만에 태어난다(斗는 북두성인데, 두斗는 표杓, 형衡, 괴魁의 삼체三體이니, 그러므로 삼三이 북두(斗)를 주관하는 것이다.)〈대대례기大戴禮記, 역본명易本命〉

以此推之, 則彼雖主進化而言, 然本是五月而生者, 安能後至十月而爲人乎? 且人爲天地之心矣, 人格有上智下愚, 如古之聖神羲黃堯舜檀箕周孔亦皆猿變而爲人者耶?

烏乎! 其說之不經, 可不辨自明也.

이것으로 미루어보면, 저들이 비록 진화론을 주장하여 말하지만, 그러나 본시 5개월에 태어나던 자가 어찌 능히 뒤에 10달에 이르러서 사람으로 되겠는가? 또 사람은 천지의 마음이 되니, 인격이 상지上智도 있고 하우下愚도 있는 것인데, 가령 옛날 성신聖神으로 복희, 황제, 요순, 단군, 기자, 주공, 공자 같은 성인분들이 또한 모두 원숭이가 변해서 사람이 되었겠는가? 아! 그 설이 상도에 벗어나서 가히 밝혀내지 않더라도 자명한 이치인 것이다.

(其說. 以猿骨爲驗, 尤可駭焉. 過五六千年而尙有不朽之骨耶? 嘗有一辨說, 今不盡載.)

(원숭이 뼈로 증험한다는 그 설說은, 더욱 가히 놀랄 일이다. 오육천 년을 지나서 아직도 썩지 않은 뼈가 있겠는가? 일찍이 한번 밝혀낸 설이 있으니 여기서는 다 실어 말하지 않는다.)

然人物草昧開化以前, 不須備論, 而自天降聖神以後, 其敎人, 必用簡易之法, 修養其性命矣. 如羲黃之心易, 是中正仁義, 凝結精神, 性命雙修之道也. 然不特中華古蹟如是, 而朝鮮之檀君, 亦天降之神人,歷史略載首篇, 而東明王仙聖, 麟馬朝天, 確有史實. 西哲, 亦云製造世界之大精神者, 誠有見乎此也.

烏乎! 天地之精氣神, 妙凝以生人軀者, 厥理如是明白無疑. 其在人軀之精氣神, 運用哲理, 次章明之.

그러나 사람과 만물이 거칠고 어두운 세상(草昧/천지개벽의 처음, 혼돈 시기)이었던, 개화開化의 이전에는 모두 논할 필요가 없고, 하늘이 성신을 내린 이후로부터 사람을 가르치면서, 반드시 간역簡易의 법을 사용해서 그 성명性命을 닦았다. 마치 복희 황제의 심역心易과 같은 것으로, 바로 중정인의中正仁義이니 정신을 응결하는, 성명쌍수性命雙修의 도道인 것이다. 그러나 특별히 중화中華의 고적古蹟만 이러한 것이 아니라, 조선의 단군도 또한 하늘에서 내려오신 신인神人이시니, 역사에도 맨 앞편에 간략히 기재되었으며, 동명왕은 선성仙聖으로, 인마조천麟馬朝天(평양 부벽루의 아래 있는 기린굴麒麟窟에서 동명왕이 기린이란 준마를 타고 조천석朝天石으로 나와 하늘로 올라갔다는 것)하신 것은 확실하게 있는 역사적 사실이다. 서양철학자 또한 세계의 대정신을 제조한다고 말하였는데, 진실로 이에 대한 견해가 있었던 것이다.

아! 천지의 정기신精氣神이 묘하게 엉기어서 이로써 사람의 몸뚱이를 생生하는 것은 그 이치가 이와 같이 명백하니 의심할 바 없다. 이에 사람의 몸뚱이에 있는 정기신精氣神의 운용 철리에 대하여는 다음 장에서 밝힌다.

|제2장|
인간 신체의 정기신 운용 철리에 대하여 논함
(論人身精氣神運用之哲理)

　　玉皇心印經曰, 上藥三品, 神與氣精, 太淸篇曰, 精氣神, 爲人之三寶.
　　秉薰, 謹按心印經, 亦天降之文, 如河圖洛書者也. 此三者爲人性命之本也.

　　옥황심인경 왈, 상약上藥(좋은 약)에는 세 가지 등급이 있으니, 신神과 더불어 기氣, 정精이다 하였고, 태청편에서 이르기를, 정기신이 사람의 삼보가 된다 하였다.
　　병훈이 삼가 심인경을 살펴보건대, 또한 천강天降의 글이니, 하도낙서와 같은 것이다. 정기신精氣神 세 가지가 사람의 성명의 근본이 되는 것이다.

제1절 원신을 논함[論元神]

神是元神, 性之眞. 乃天眞自然之神也, 人生始化, 天地賦與生理者爲性.

性之在人, 動則爲心, 心凝曰神, 神靜曰性. 神依精氣則生, 精氣爲命, 故三者爲性命之根柢也.

신神은 원신元神이니, 성性의 진眞이다. 천진天眞 자연의 신神이며, 사람이 생生하여 처음 화化할 때 천지가 태어난 이치(生理)와 더불어서 부여한 것이 성性이 된다.

성품이 사람에게 있으면서 움직이면 곧 마음이 되고, 마음(心)이 엉기면 곧 신神이라 하고, 신神이 고요한 것을 성性이라 한다. 신神은 정精, 기氣에 의지해서 생겨나고, 정精, 기氣가 명命이 되므로, 그래서 세 가지를 성명性命의 근본 뿌리라고 하는 것이다.

제2절 원기를 논함[論元氣]

氣, 元氣也. 其全也, 八百十丈, 隨天運化, 大不可量, 微不可察. 氤氳滋息, 充周一身, 流行不停.

人生受氣之初, 先得天地元始之祖氣, 而後受父母形化之氣. 故曰元氣, 必資穀氣以續續不斷, 故曰精依氣盈也.

기氣는 원기元氣이다. 그 온전한 것은 810장이니, 천天을 따라서 운화運化하며, 큰 것은 헤아릴 수가 없고, 작은 것은 살필 수가 없다. 기氣가 자욱하게 많아져서 일신一身을 골고루 채우고 흘러다니면서 멈추지 않는다.

사람이 태어나 기氣를 받는 처음에는 먼저 천지의 원시의 조기祖氣를 얻고, 이후에 부모 형화形化의 기氣를 받는다. 그러므로 원기元氣라 하는데, 반드시 곡식의 기氣를 계속해서 끊임없이 제공받으므로, 그래서 정精이란 기氣가 가득 차는 것에 의지한다.

제3절 원정元精을 논함(사람이 기氣를 받아서 태에서 처음 태어날 때 문득 이 천지의 정기신精氣神을 받는다)[論元精(人於受氣生胎之初便受此天地之精氣神)]

　　精, 元精也. 非感合淫泆之精也. 精之在體, 剛健純粹, 如金之有液, 如木之有脂. 神依之如魚得水, 氣依之如霧覆淵. 人於嬰孩時, 未知牝牡之合, 而峻作, 精之至也. 十五而眞精滿, 若於此時修煉, 則成眞甚易矣.

　　自此以降, 日益虧耗, 若其損洩過度者, 神氣昏而性命如風燭, 凡有志攝生者, 窮不知此性命之本, 而求所以凝神住命之理乎?

　　附圖如左.

정精은 원정元精이다. 교합하여 느끼는 음일淫泆의 정이 아니다. 정精이 몸 안에 있으면 강건하고 순수해서, 마치 금金에 액체가 있는 것 같고, 마치 나무에 기름(脂)이 있는 것 같다. 신神이 의지하면 마치 물고기가 물을 만난 것 같고, 기氣가 의지하면 마치 안개가 연못을 덮고 있는 것 같다. 사람이 어린아이일 때는, 남녀의 교합을 알지 못하면서 음경陰莖이 발기하는데, 정精이 지극한 것이다. 15세가 되면 진정眞精이 가득하니, 만약 이때에 수련을 하면 곧 성진成眞하는 것이 매우 쉽다.

이로부터 내려와서 날마다 이지러지고 소모되니, 만약 그 손실되어 누설됨이 과도한 자는, 신기神氣가 혼미하여 성명이 바람 앞의 등불 같으니, 무릇 뜻이 섭생에 있는 자가, 어찌 성명의 근본을 모르면서 응신凝神 주명住命의 이치된 소이所以를 구하겠는가?

덧붙인 도면은 아래와 같다.

정기신도精氣神圖

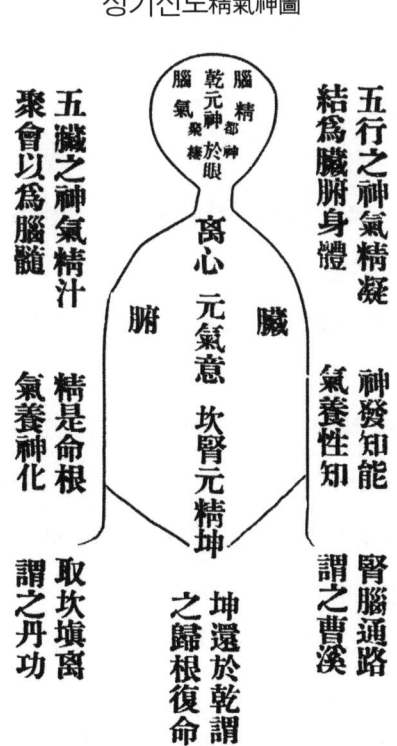

◇오행지신기정응五行之神氣精凝 결위장부신체結爲臟腑身體 : 오행의 신神 기氣, 정精이 엉기어서 맺어지면 장부와 신체가 된다.

◇신발지능神發知能 기양성지氣養性知 : 신神이 발發하면서 지知가 능하게 되고, 기氣가 길러져(養) 성품을 알게 된다.

◇신뇌통로腎腦通路 위지조계謂之曹溪 : 신腎은 뇌의 통로이니, 조계曹溪라고 말한다.

◇뇌정腦精, 건원신乾元神, 뇌기腦氣, 도신취서어안都神聚棲於眼 : 건乾은 원신元神이면서 뇌정腦精과 뇌기腦氣의 중앙에 위치하며, 모든 신神은 눈(眼)에 모여 산다(都神聚棲於眼).

◇리심원기의離心元氣意 : 리離는 심장(心)이고 원기元氣로, 의意이다.

◇감신원정곤坎腎元精坤 : 감坎은 신장(腎)이고 원정元精으로, 곤坤이다.

◇곤환어건위귀근복명坤還於乾謂歸根復命 : 곤坤이 건乾에 돌아감을 일러서 귀근복명歸根復命이라 한다.

◇오장지신기정즙五臟之神氣精汁 취회이위뇌수聚會以爲腦髓 : 오장의 신기정神氣精 액이 모여서 뇌수腦髓가 된다.

◇정시명근精是命根 기양신화氣養神化 : 정精은 바로 명命의 뿌리이니, 기氣를 길러서 신화神化한다.

◇취감전리取坎塡離 위지단공謂之丹功 : 감坎의 중앙 효爻를 취해서 리離의 중앙 효爻를 메우는 것을 일러서 단공丹功(丹의 修行功勞)이라고 한다.

◇보정이양기寶精以養氣 보기이양신寶氣以養神 : 보배롭고 진귀한 정(寶精)으로 양기養氣하고, 보배롭고 진귀한 기(寶氣)로 양신養神한다.

◇소이정기신위수진상약所以精氣神爲修眞上藥 : 정기신精氣神이 진眞을 닦는 상약上藥이다.

◇금단철리지요소야金丹哲理之要素也 : 금단철리金丹哲理의 요소要素인 것이다.

(광성자 제일번진화廣成子爲第一番進化)

제4절 논운용정기신論運用精氣神의 대개大概

道德經曰, 有名萬物之母. 求食於母.(空氣爲生物之母. 言當求食空氣云也.)

道之爲物, 惚兮恍兮, 其中有象, 恍兮惚兮, 其中有物. 窈兮冥兮, 其中有精, 其精甚眞, 其中有信. 深根固蒂, 長生久視之道.(老子, 爲第3番進化.)

謹按此云有象有物, 眞氣也. 有精眞精也, 有信眞神也. 夫煉精化氣, 氣化以爲神, 以神御氣, 氣以歸神, 神氣凝結深固, 故能長生久視也.

도덕경 왈, 유명有名(이름 있는 것)은 만물의 어미이다. 어미에게 구해서 먹어야 한다.(도덕경 제20장, 공기는 생물의 어미가 되니, 당연히 구식공기求食空氣를 말하는 것이다.)

도道라고 하는 물건은 황홀하여 헤아리기 어려운데, 그 가운데 형상이 있고, 헤아리기 어렵고 희미한데, 그 가운데 만물이 있다. 그윽하고 아득히 깊음이여, 그 가운데 만물의 정精이 있고, 그 만물의 정은 깊고 두터운 만물의 진眞이니 그 가운데 신의信義가 있다(도덕경 21장). 깊은 뿌리에 단단한 꼭지는 장생구시의 도이다.(노자, 위 제3번 진화/노자에서 제3번 진화로 삼는다.)

삼가 살펴보건대, 유상유물有象有物은 진기眞氣이다. 유정有精은 진정眞精이요, 유신有信은 진신眞神이다. 대저 정精을 불리면 기氣로 변하고(煉精

化氣), 기기氣가 화化하여 신神이 되는데, 신神이 기氣를 부려서, 기氣가 신神으로 돌아가, 신기神氣가 응결하여 깊이 단단해지면, 능히 장생구시할 수 있다.

제5절 논임성정기설論任聖精氣說

伊尹, 答湯問曰, 凡事之本, 必先治身, 嗇其大寶, 用其新, 棄其陳, 腠理遂通, 精氣日新, 邪氣盡去, 及其天年此之謂眞人.

謹按(此出於蓺文志), 三代以上, 以道爲學. 非但任聖如是, 而其時君相, 皆歷年長久, 治理隆盛者, 良用此神化之道故也. 然自後, 孔子與老佛西哲, 皆洞貫天人之源而立敎, 惟此玄牝之內, 凝神住命之哲理, 則獨檀黃箕老兼有之, 略擧三家數條于左.

이윤이 탕왕의 물음에 답하여 왈, "범사의 근본은 반드시 먼저 몸을 다스리고 그 대보大寶(帝位, 몸)를 아끼고, 그 새로운 것을 쓰고, 그 낡은 것을 버려야 주리腠理(살결, 피부)가 마침내 통하고, 정기가 날로 새로워지며, 사기邪氣가 다 없어져서 천수天年(天壽)에 이르게 되니, 이를 일러서 진인眞人이라 합니다." 하였다.

삼가 살펴보건대(이것은 예문지에서 나왔다), 삼대(夏殷周) 이상은 도道로써 학문으로 삼았다. 비단 임성(이윤)뿐만이 이 같은 것이 아니라, 그때 임금과 정승들도 모두 역년이 장구하였으니, 다스림의 이치가 융성한 것은, 진실로 이 신神으로 교화한 도를 사용한 때문이다. 그러나 그후부터 공자와 더불어서 노자, 부처, 서양철학자들이 모두 천인天人(하늘과 인간)의 근원을 꿰뚫어 가르침을 세웠으나, 오직 이 현빈의 안에서 응신주명凝神住命(신을 엉기게 하여 명을 머물게 함)의 철리만큼은, 곧 유독 단군, 황제, 기자, 노자만이 겸하여 소유하였으니, 대략 삼가三家의 몇 가지 조문(條)을 아래에 들어보겠다.

제6절 공자의 정기신지명精氣神至命의 이론을 논함[論孔子精氣神至命之理]

孔子繫易曰精氣爲物, 遊魂爲變. 元始反終. 故知死生之說.

又曰, 窮理盡性, 以至于命.

謹按吾夫子德配天地, 道幷日月, 制作六經, 以立人極於萬世, 吁! 亦至矣哉. 此言精氣死生, 與夫盡性至命者, 皆天人之常理也.

觀夫顔淵不得其壽, 聖壽亦止稀年, 有加我數年之歎. 其訪老子, 只答問性理大禮而已.

歎曰, 老子其猶龍乎. 然言不及玄牝之旨, 其相交相許, 以爲制文定世之師表故耶. 學人於斯盡性之學, 兼致玄牝住命之道, 則豈非學理之始臻圓滿者耶?

孟子(齊人字子輿位五聖)曰, 我善養吾浩然之氣. 其爲氣也, 至剛至大. 以直養而勿害. 則塞乎天地之間矣.

此論養氣, 非但有功於儒門, 而亦爲丹功之要訣也.

공자는 계역繫易(주역 계사전)에서 왈, "정기는 만물이 되고, 유혼은 변이 된다. 원래의 시작점이 도리어 마침이라. 그러므로 사생死生의 설을 아는 것이다." 하였다.

또 말하기를, "이치를 궁구하고 성性을 다하여 명命에 이르게 한다." 하였다.

삼가 우리 부자를 살펴보건대, 덕이 천지에 짝하고, 도는 일월과 함께하며, 육경을 제작하여, 이로써 인간의 표준(人極)을 만세에 세웠으니, 아! 또한 지극하도다. 여기에 말하는 정기사생精氣死生은 저 진성지명盡性至命과 더불어서 모두 하늘과 인간의 떳떳한 이치이다.

살펴보건대, 저 안연이 그 수를 다하지 못하였고, 성수聖壽(공자의 수명) 또한 희년(70)에 그치자, 나에게 몇 년을 더해줌이 있다면 하고 탄식하였다. 그는 노자를 방문하여 단지 성리性理, 대례大禮를 문답하였을 뿐이었다.

그리고 탄식하여 왈, "노자 그는 마치 용과 같았다." 하였다. 그러나 현빈의 뜻은 언급하지 않았으나 서로 사귀고 허락하였으니, 글을 지어 정세의 사표가 된 때문이었다. 학인이 이 진성盡性의 학문에서 현빈주명玄牝住命의 도를 겸하여 이룬다면, 곧 어찌 학리學理가 비로소 원만함에 도달한 자가 아니겠는가?

(공손추가 맹자에게 "부자夫子께서는 무엇을 잘하십니까?" 하고 물으니, 맹자가 답하여, "나는 호연지기를 잘 기른다." 하고 답한 구절)

맹자(제나라 사람으로, 자字는 자여子輿이며 오성五聖에 위치함) 왈, "나는 나의 호연지기를 잘 기른다. 그 기氣의 이루어짐이 지강지대至剛至大하여 이로써 곧게 길러서 해를 끼치지 않으면 천지 사이에 가득 차게 된다." 하였다.

여기에서 논하는 양기養氣는 비단 유가에서만 공功이 있는 것이 아니라 또한 단공丹功의 요결이 되는 것이다.

제7절 **논여래정기신운용지리**論如來精氣神運用之理

　文佛楞嚴經曰, 受佛氣分, 心精發揮, 獲佛常凝, 身心合成, 日益增張.
　謹按朱子嘗闢老佛. 然至於楞嚴, 稱以極好, 盖有至理存焉故也. 此言神氣精妙凝者, 爲其最上乘極好處, 惟其最上乘, 與道同一法門, 其亦老子嘗宣文化於西域故耶若夫權法, 則制服俗僧者也. 後之學佛者, 不須出世絕物, 而入世俱有, 與道儒哲學家同趣焉, 則可謂圓滿之哲學也.

　석가불(文佛)의 능엄경에 왈, "부처의 기분氣分을 받고, 마음의 정기가 빛을 발하고, 부처의 항상 엉겨있는 청정함을 얻어서 심신이 합성하면 날이 갈수록 증장한다." 하였다.
　삼가 살펴보건대, 주자는 일찍이 노자와 부처를 배척하였다. 그러나 능엄경에 이르러서는, 극호極好로써 칭찬하였는데, 대개가 지극한 이치가 들어있기 때문이었다. 여기에서 말한 신기정神氣精이 묘하게 엉긴 것을 그 최상승의 극호처로 삼았는데, 오직 그 최상승은 도道와 더불어서 동일한 법문이었으니, 그 또한 노자가 일찍이 서역에 문화를 베푼 때문이며, 권법權法(사정에 따라 알맞게 하는 說法)과 같은 것인즉, 제복制服 속승俗僧인 것이다. 뒤에 불佛의 가르침을 배우는 자는 출세하여 남과 단절할 필요없이 세상에 들어가서 함께 있으면서 도가와 유가와 철학가와 더불어서 함께 추구한다면 가히 원만한 철학이라 할 것이다.

제8절 논서철정신설論西哲精神說

西哲栢拉圖(雅典人, 紀元前427年)曰, 世界之大精神, 爲物之所由生, 而降寓五體也. 理而果常存於吾人精神中, 則吾人精神, 當與世界之大精神, 同其性而同屬不滅, 無疑也.

烏乎! 西哲通明之識, 如是哉. 誠與吾儒以理爲不滅者同, 而言極精博可佩. 但玄牝成眞之道, 亦尙未透, 今余著此編, 深有望於宇內東西哲學家者, 夫豈偶然哉?

서양철학자 플라톤(아전인栢拉圖 : 아테네인, 기원전 427년)이 왈, "세계의 위대한 정신은, 만물이 말미암아 생하는바(物之所由生)가 되고, 오체(온 몸)에 내려와 사는 것이다." 하였다. 이치가 과연 내 정신의 가운데에 상존한다면, 곧 내 정신은 세계의 대정신과 더불어서 합당한 것이고, 그 성품이 같으면 속屬함이 같으니 불멸함을 의심할 것이 없다.

오호! 서양철학자의 밝게 통한 지식이 이와 같도다. 진실로 우리 유가와 더불어서 이치로써 불멸함이 한 가지이니, 말이 지극히 정밀하고 깊어서 가히 탄복할만하다. 다만 현빈성진玄牝成眞의 도는 또한 아직 뚫지 못하였으니, 지금 내가 이 편을 지어서, 온 세상의 서양철학자들에게 깊은 바램이 있으니, 대저 어찌 우연이겠는가?

제9절 논관윤자정신지언論關尹子精神至言

關尹子(名喜老子弟子)曰, 凝精作物而駕八荒, 是道也. 能見精神而久生, 能忘精神而超生, 吸氣以養精, 如金生水, 吸風以養神, 如木生火, 所以假外以延精神. 漱水以養精, 精之所以不窮. 摩火以養神, 神之所以不窮. 所以假內以延精神. 畧(按尹子精神物理心性諸論, 眞哲學大家之開山也.)

관윤자(이름 희, 노자의 제자) 왈, 정精을 엉기게 해서 물물을 만들고 온 우주를 타고 다니는 이것이 바로 도道이다. 능히 정신을 드러나게 해서 오래 살고, 능히 정신을 잊어버림으로 생을 초월하고, 흡기하여 양정하기를 마치 금생수金生水처럼 하고, 흡풍으로 양신養神하는 것을 마치 목생화木生火처럼 하면, 바깥(外)을 빌려서 이로써 정신을 연장하는 것이다. 입안에 고인 진액으로 양정養精하니 정精은 그런 때문으로 다함이 없다. 화火를 연마하여서 양신養神하니, 신神이 다함이 없는 까닭이다. 안(內)을 빌려서 정신을 늘리는 것이다. 생략(관윤자의 정신물리심성精神物理心性의 여러가지 논함을 살펴보건대, 진정한 철학 대가의 개산조이다.)

*수漱 : 口鼻之間常有真香奇味, 漱成凝酥(입과 코 사이에 항상 진기한 향과 맛이 있는데, 진액(漱)이 응결된 소수(연유)가 된다.) 〈영보필법 중에서〉

魏眞人(名伯陽東漢人)身易叅同契曰, 乾坤者, 衆卦之父母, 坎離匡郭, 運轂正軸元精雲布, 因氣著初. 凝神以成軀, 此書名爲丹中王. 朱子亦註解, 今不具論. 蓋後天造化之氣, 若非先天元精, 則無主而不

能靈. 先天元精, 若非後天造化之氣, 則無所依而不能立, 可見性命原
不相離也. 專致養精凝神之功, 則漸漸凝聚元神, 以成胚胎, 四肢筋骨
乃成.(魏眞人叅同契爲第4番進化)

　　위진인(이름 백양, 동한 사람)은 몸을 역易에다 비유해서 참동계를 지었
는데 말하기를, "건곤은 모든 괘의 부모요, 감리는 바르고 텅 비어서(匡郭),
바퀴통을 옮기는 바른 굴대이다. 원정이 구름처럼 퍼지고, 기氣로 인하여
처음을 드러내는 것이다. 신을 엉기게 해서 몸을 이루니, 이 책을 이름해서
단중의 왕이라 하는 것이다. 주자 또한 주해를 하였으나 지금은 상세히 논
하지 않겠다. 대개가 후천조화의 기氣가 만약 선천의 원정元精이 아니면,
곧 주재함이 없어서 신령할 수가 없다. 선천의 원정元精이, 만약 후천조화
의 기氣가 아니면 곧 의지할 곳이 없어서 능히 설 수가 없으니, 가히 성명性
命은 원래 서로 떨어질 수 없는 것임을 볼 수가 있는 것이다. 오로지 양정
養精하고 응신凝神의 공에 이르게 되면, 점점 원신元神이 엉겨서 모여지고,
이로써 배태胚胎가 이루어지고, 사지근골이 마침내 이루어진다."(위진인
참동계가 제4번 진화임)

제10절　여순양론呂純의 삼보격언三寶格言을 논함

　　呂眞人(名巖字洞賓唐時人仁仙)曰, 三寶物爲人, 一曰精, 精在天,
爲漢, 爲日月星斗曜光明, 雨露氷雹雪霜. 在地, 爲水, 爲江河, 泉坎
山澤石中髓. 在人, 爲精, 爲性命根, 爲血肉體口齒齦.
　　一曰氣, 在天, 爲體象形質, 爲陰陽日月星斗曜. 運行盈虛消長, 爲

五色雲霞霧氤氳生物心, 爲化育. 在地, 爲德, 爲承受山水原, 生殺發藏.

爲世運劫, 盛衰升降, 爲萌甲. 在人爲氣, 爲肢體運, 動擧指, 身使令, 爲生死關.

여진인(이름 암, 자字 동빈, 당나라 때 사람 인선仁仙)이 말하기를, 정기신精氣神 삼보물三寶物이 사람이 되는데, 첫 번째는 정精이다. 정精이 하늘에 있으면, 은하수가 되고, 일월성, 북두칠성의 빛나는 광명이 되고, 비, 이슬, 얼음, 우박, 눈, 서리가 된다. 땅에 있으면, 물이 되고, 강하江河가 되고, 샘, 구덩이, 산, 연못, 돌가운데 진액이 된다. 사람에게 있어서는 정精이 되고, 성명의 뿌리가 되고, 혈血, 육肉, 체體, 구口, 치은齒齦이 된다.

또 하나는 기氣이니, 하늘에 있으면, 체상體象과 형질形質이 되고, 음양이 되고, 일월성두日月星斗의 햇살이 된다. 운행運行에 영허소장盈虛消長이 있고, 오색운하와 안개가 자욱하니, 물심物心을 낳고, 화육化育을 한다. 땅에 있으면 덕이 되고(在地爲德), 산수의 근원을 이어받음이 되어(爲承受山水原) 생살발장生殺發藏(낳고 죽이고 드러내고 감춘다)한다.

세상을 운행하는 세월이 되고, 성쇠승강盛衰乘降하며, 싹이 되어 터지게 된다. 사람에게 있으면 기氣가 되니, 팔다리와 몸(肢體)을 운동하고, 동작하며 손가락을 들고, 몸에게 하도록 명령하고, 생사의 관문이 된다.

一曰神. 神在樞. 爲眞主宰, 爲運用, 爲日月星斗曜精靈.(按岐伯亦曰天之神在風.) 爲風吹萬, 爲雷電, 爲慈威, 爲造化, 爲生物本. 在地, 爲能, 爲翕闢, 爲萬類形, 爲寧靜鎭定敦仁. 在人爲神, 爲眼中光, 爲心思慮, 爲智睿良知能, 爲丹汞胚, 精氣宰, 覺悟, 爲壽夭基.

또 하나는 신神이다. 신神은 (하늘에 있으면) 추뉴가 된다. 참주재자가 되고, 묵묵히 운용하며, 일월성두의 비추는 정령이 된다.(살피건대, 기백천사 또한 하늘의 신이 바람에도 있다 하였다.) 바람이 되어 만리에 불고, 뇌전이 되고, 자비와 위엄도 되고, 조화가 되며, 생물의 근본이 된다. 땅에 있으면, 능력이 되고, 흡합翕闔(합하여 통합함)이 되고, 만류의 형태가 되고, 평온함, 진정됨, 두터운 인仁이 된다. 사람에게 있어서는 신이 되고, 눈에 있으면 빛이 되고, 마음에서는 사려가 되고, 지예智睿와 양지良知의 능력이 되고, 단홍丹汞을 잉태함이 되고, 정기를 주재하며, 각오覺悟하며, 장수와 요절의 기반이 된다.

(이상은 정기신 삼보에 대한 여조전서의 삼품선경에 나오는 글이다.)

護惜此三寶, 功在淸靜. 不撓其精, 且無滲漏. 故固其精, 當在守氣, 氣何以守?

要必無慾, 淸虛澹靜, 毋故作爲者. 只在玄關方寸之中, 引養引恬, 常常自在. 其氣下與精合不隔, 精與氣非神莫運, 固精養氣, 只在存神.

謹按此三者尤爲精確, 人身之精氣神, 卽天地之精氣神也. 所謂存神之功, 只在專注意玄關也.

其詩又云, 精養靈根氣養神, 此眞之外更無眞, 精氣神論, 至此無復餘蘊矣.

이 삼보를 지키고 아끼는 것은 청정을 공부함에 있다. 그 정이 흔들리지 않고, 또한 새어나옴이 없어야 한다. 그러므로 그 정을 단단히 함은 마땅히 기氣를 지킴에 있는데, 기氣를 어떻게 지켜야 하는가?

반드시 무욕이 요구되고, 청허담정淸虛澹靜해야 하고, 고의로 작위하지 말아야 한다. 다만 현관방촌玄關方寸의 가운데 있게 하여서 양생으로 이끌고 편안함으로 이끌어서, 항상 자재하도록 한다. 그 기氣의 아래는 정精과 더불어서 합하여서 떨어지지 않으며, 정精은 기氣와 더불어서 신神이 아니면 운행하지 못하니, 단단한 정精과 양기養氣는 단지 존신存神(신을 잘 보존함)에 있는 것이다.

삼가 이 세 가지를 살피건대, 더욱 정확하니, 인신人身의 정기신精氣神은 곧 천지의 정기신이다. 소위 존신存神의 공은 단지 오로지 현관玄關을 주의함에 있는 것이다.

그 시詩에 또 운하되, "정精이 영근靈根을 기르고, 기氣는 양신養神을 하는 이 진리 외에 다시 더는 진리가 없다."고 하였으니, 정기신론精氣神論은 여기에 이르러서 다시 더 남아 있는 것이 없다.

(여동빈의 시집 중, "偶題二十五首"가 있는데, 그중 22번째의 시詩에 다음의 시詩가 있다.

精養靈根氣養神此眞之外更無眞,
神仙不肯分明說迷了千千萬萬人.

정精으로 영근靈根을 기르고 기氣로 양신養神하는 이 진리 외에 다시 더는 없는데, 신선은 천천만만인을 분명히 미혹했다고 말하려 하지를 않는구나.)

(아래의 글은 여조전서의 삼품선경 권 13, 14, 15의 글로, 정기신에 대한 글임.)

於是 天尊於甲申歲, 開壇結制, 與諸弟子, 闡演靈章。

天尊曰:「夫人一身, 惟精氣神, 此精氣神, 是名三寶, 至聖無爲, 皆自此得。此三寶物, 雖由後天, 然人少知, 不可思議。即彼先天, 莫或失此, 失此三寶, 不能無爲, 則昧先天。所謂先天, 不但無爲, 無所爲爲, 至無無爲, 無無無爲, 乃無無無, 如是無無, 乃爲先天。

然此先天, 無物不有。有此先天, 遂有後天。物物先天, 皆一先天, 此一先天, 爲各先天, 各分先天, 以成後天, 既成後天, 乃得三寶, 此三寶物, 爲人乃全。念三寶物:

其一曰『精』。其所謂精, 在天爲漢, 爲日月星鬥曜光明, 爲雨爲露, 爲冰雹音薄霰音線, 爲雪霜瀅音械。在地爲水, 爲江爲河, 爲海若藏才浪切, 爲泉爲坎, 爲井爲潴音諸, 爲山澤脈, 爲石中髓。在人爲精, 爲性命根, 爲血肉體, 爲口齒齦音銀;

其一曰『氣』。其所謂氣, 在天爲體, 貌象形質, 爲陰爲陽, 爲日月星鬥曜運行, 盈虛消長, 爲五色雲, 爲霞爲霧, 爲氤氳靄, 爲生物心, 爲化爲育。在地爲德, 爲承受資, 爲萬物幹, 爲山水原, 爲生爲殺, 爲發爲藏, 爲世運劫, 盛衰升降, 爲萌爲甲音夾。在人爲氣, 爲肢體運, 動作舉持, 爲聲爲明, 爲臭爲聽, 爲身使令, 爲死生關;

其一曰『神』。其所謂神, 在天爲樞, 爲眞主宰, 爲默運行, 爲日月星鬥曜精靈, 爲風吹萬, 爲雷閃震, 爲慈爲威, 爲造化功, 爲生物本。在地爲能, 爲翕爲辟, 爲萬類形, 爲嶽爲瀆, 爲寧爲靜, 爲鎭定宗, 爲安敦仁。在人爲神, 爲眼中光, 爲心思慮, 爲智爲犗爲良知能, 爲丹汞胚, 爲精氣宰, 爲覺爲悟, 爲軀殼原, 爲天壽基。(이상 여조전서의 삼품경 중에서)

제11절 백옥섬의 선천 삼보의 설이 매우 특별함[論白玉蟾先天三寶之說甚奇]

白玉蟾(南七眞之一人)曰, 人身只有三般物, 精神與氣相保全, 其精不是交感精, 迺是玉皇口中涎. 其氣卽非呼吸氣, 迺知却是太素烟. 其神卽非思慮神, 可與元始相比肩.(心譬諸玉皇也)

此亦言先天精氣神之在人身者. 總要以神運用精氣於玄牝之內. 日久則先天眞一之氣, 從虛無中來, 凝結以成眞也. 然不可急迫求之, 只遵程序致功. 功效自著也, 然則神通變化超凡入聖. 入火不焚, 入水不沉, 宇宙入手, 萬化在心, 可與陪天, 可與造化叅矣. 幷致檀黃經世之方, 不是兼聖乎?

然成始成終, 只在玄關一竅, 道家之至秘, 而非其人則不傳者. 只此一竅也, 若傳非其人, 則必有天譴故也.

백옥섬(남칠진의 한 사람)이 말하기를, 사람 몸에 다만 세 가지 물건(三般物)이 있는데, 정精, 신神은 기氣와 더불어서 서로 보전하니, 그 정精은 교감의 정精이 아니고, 곧 옥황의 입속의 침이다. 그 기氣는 곧 호흡의 기氣가 아니고, 곧 도리어 바로 태소太素의 연기(烟)임을 알라. 그 신神은 즉 사려하는 신神이 아니고, 가히 원시와 더불어서 서로 비견比肩(어깨를 나란히 함)함이라.(心을 저 옥황玉皇과 비유하였다)

이 또한 선천 정기신精氣神이 인신人身에 있는 것을 말함이다. 모두 중요한 것은 신神으로써 운용하는 정기精氣가 현빈玄牝의 안에서라는 것이다. 날이 가면 선천의 진일기眞一氣는 허무한 가운데(虛無中)에서 오고 응결되어 성진成眞이 된다. 그러나 불가한 것은 급박하게 구함이니, 단지 과정과 순서를 따라서 공부를 이르게 한다. 공부의 효과가 저절로 드러나면, 곧 신통변화하니 초범입성의 단계이다. 불에 들어가도 타지 않고, 물에 들어가도 젖지 않으며, 우주가 손안으로 들어오고 만 가지 변화가 마음에 있으니, 가히 하늘과 더불어서 짝하고, 가히 조화와 더불어서 함께 참여하는 것이다. 단군과 황제의 세상을 경영하던 방편에 함께 이르는 것이니 겸성兼聖이 아니겠는가?

   그러나 시종을 이루는 것은 단지 현관일규玄關一竅에 있는 것이다. 도가의 지극한 비전이어서 그 사람이 아니면 곧 전하지 않는 것이다. 오직 이 일규를 만약 그 사람이 아닌데 전하면, 곧 반드시 하늘의 벌이 있는 연고라.

|제3장|

논현빈위대도진전지리
論玄牝爲大道眞傳至理

黃帝曰, 谷神不死是謂玄牝. 玄牝之門, 是謂天地根. 綿綿若存, 用之不勤.

(此爲第二番進化)

謹按此啓萬世長生之秘奧者. 道藏全書之神要眞傳在此. 而雖聖賢, 不遇眞師, 則莫能自解, 故吾儒與西哲, 尙未識透玄牝焉. 殆傳所謂聖人亦有所不能者耶. 佛家則云以正法眼藏, 卽玄牝也. 其亦有聞於道祖老子乎?(華嚴云昔者仙人授佛妙法, 此可爲證.)

황제 왈, 곡신불사谷神不死는 바로 현빈을 말한 것이다. 현빈의 문은 바로 천지의 뿌리를 말한다. 면면히 있는 것 같지만, 아무리 써도 근심할 것이 없다.

(여기가 제2번 진화가 됨)

삼가 살피건대, 여기에서 만세장생萬世長生의 비오秘奧(비밀스런 깊은 뜻)를 열었다. 도장道藏의 모든 책에 신비하고 중요한 진전眞傳이 모두 여기에 있다. 비록 성현이라도 참스승을 만나지 못하면 스스로 이해할 수가 없으니, 그러므로 우리 유가와 더불어서 서양철학자들이 아직 현빈을 꿰뚫어서 알아내지는 못한 것이다. 아마도 소위 성인이라도 또한 능히 할 수 없는 것이 있다고 전해지는 것은 거의 이것일 것이다. 불가에서 곧 정법안장으로써 이르니, 곧 현빈이다. 그 또한 도조道祖 노자에게서 듣지 않았겠는가?(화엄경에서 이르되, "옛날 선인仙人이 부처되는 묘법을 주었다." 하였는데, 이로써 가히 증명할만함.)

*( ) 안의 글 중 "화엄에서 이르기를(華嚴云)" 하였는데, 이는 법화경法華經 해설문에 나오는 문장을 말하는 듯하다. 묘법연화경해권제4妙法蓮華經解卷第四의 3에 온릉溫陵 개원연사開元蓮寺 비구比丘인 계환戒環이 주해(解)한 글에 선인수불묘법仙人授佛妙法, 여래인지수치성불如來因之遂致成佛이라는 구절이 있으니, "선인이 부처되는 묘법을 주었으므로, 여래께서 이로써 부처가 되실 수 있었다."라는 해설문이 있다.

*또, 금선증론金仙證論을 지은 유화양柳華陽 진인眞人의 혜명경에서는 부처에게 묘법을 준 선인仙人은 아사다阿私陀(Asita)이며, 석존을 위해서 법화경을 설한 선인仙人이라고 주석하였다.

*석가모니 : 기원전 560년경, 노자 : 기원전 570년경의 동시대 사람.

余積艱苦之極, 雖有所受而不能無疑者有年. 始得此章於道德經, 而豁然以後, 讀列子書則此是黃帝之的言. 故又益篤信黃老之眞傳, 果在此矣.

不覺手舞足蹈, 表章以爲粹言之首章. 今因改纂, 以作此篇之中緊主脈, 學人於斯, 可不盡心乎? 左列諸眞之論, 以作註解.

나는 간고艱苦의 극을 쌓으며, 비록 받은 바가 있었어도 의문이 없을 수 없었던 것이 여러 해였다. 비로소 도덕경에서 이 장을 얻고, 활연 이후에 열자의 글을 읽으니, 곧 이는 바로 황제의 말이었다. 그러므로 또 더욱 도탑게 황노의 진전을 믿었으니, 과연 그 까닭이 여기에 있었던 것이다.

불각 중에 너무 좋아서 어쩔줄 모르고 뛰어다니며, 표장表章(章을 드러냄)하여 도진수언道眞粹言의 첫 장(首章)으로 삼았다. 이제 개찬함으로 인하여 이 책 가운데 중요한 주맥으로 지었으니, 학인들은 여기에서 가히 마음을 다하지 않겠는가? 아래에 여러 진인(眞)의 논함을 열거하였으니, 이로써 주해를 지었노라.

제1절 여러 진인의 현관의 뜻을 해석함[諸眞釋玄關之旨]

入藥鏡(崔眞人名汪漢人)云, 歸根竅, 復命關, 卽指此玄牝也. 此書甚切要鍾離雲房(漢時名將名權傳道呂純陽)曰, 驅回斗柄玄關理, 斡旋天關萬象通. 四大一身皆屬陰, 不知何物是陽精.

參同契曰, 眞人潛深淵, 浮游守規中(卽玄關)又曰 兩孔穴法. 朱子答袁侍郞書曰, 近來稍知修持, 然竟未得兩孔穴法耳. 然則晦翁, 不親受於崔子虛, 不識玄關, 故有此言耶.

입약경(최진인의 이름은 왕이고, 한나라 사람)에 이르되, "귀근규歸根竅(뿌리로 돌아가는 구멍竅), 복명관復命關(命을 회복하는 관문)"이라 했으니, 즉 이 현빈을 가리키는 것이다. 이 글은 매우 절요切要하니, 종리운방(한나라 때 명장으로 이름은 권,여동빈에게 도를 전함)이 말하기를, "두병斗柄(옥형, 개양, 요광의 북두칠성 세 별)을 몰아서 되돌아오게 하는 현관의 이치이니, 천관(북두칠성의 4별 : 천추, 천선, 천기, 천권)을 빙글빙글 돌아서 만상을 통하네. 사대일신은 모두가 음陰에 속하니, 무슨 물건이 양정陽精인지를 알지 못하네." 하였다. 〈종리권의 파미정도가破迷正道歌 중에서〉

참동계에서 왈, "진인이 심연에 잠기었다가 수규(즉 현관) 중에서 떠다니며 노닌다." 하고, 또 왈, "양공혈법兩孔穴法"이라 하였다. 주자가 원시랑袁侍郎에게 답하는 글에서 왈, "근래 조금 수지修持를 알았으나, 끝내 양공혈법兩孔穴法은 얻지 못했다." 하였다. 그런 이유는 회옹晦翁(주자)이 최자허崔子虛에게 친히 받지 않았으므로 현관을 알지 못하였기에, 그래서 이 말이 있었던 것이다.

呂純陽曰, 探玄誰識這玄關? 一點陽精此內安.

陣希夷曰, 留住陽精, 長生不死(此是喫緊視人之旨).

純陽又曰, 五千言內隱玄關.

人之神. 貴虛而不死. 然後究明玄關秘訣, 有靈通變化之妙.

又曰, 太上道德五千其神妙只在此言. 所謂煉性煉形, 皆粗粃也. 有何玄妙哉? 初學之士, 先要存形, 若不究明玄關, 養氣煉形, 則居宅一潰, 無處著脚也. 愚謂此言玄關, 爲修養眞路, 而有秘訣云者. 第五章載之.

여순양 왈, "현玄을 찾으나 누가 이 현관을 알겠는가? 일점 양정陽精이 이 안에 편안하도다." 하였다.

진희이 왈, "양정을 머물러 있게 하면 장생불사한다(이는 아주 긴요한 말로 사람에게 보여주어야 할 뜻이다)." 하였다.

순양이 또 왈, "오천자五千字 안에 현관이 숨어있다." 하였다.

(*여암呂嵒의 칠언七言 시詩에 十二楼台藏秘诀, 五千言内隐玄关이라는 구절이 있다.)

사람의 신神은 허虛를 귀히 하여서 불사不死한다. 연후에 현관비결을 구명하면, 영통변화의 묘가 있다.

또 (여동빈이) 왈, "태상노군(노자) 도덕경 오천 글자에는 그 신묘함이 단지 이 말에 있다. 소위 연성연형煉性煉形이란 것이, 모두 쭉정이다. 무슨 현묘함이 있겠는가? 처음 배우는 지사는 먼저 형형을 보존해야 하니, 만약 현관을 구명하지 않고, 양기연형養氣煉形하면 곧 한번 무너진 집에 사는 것이며 발붙일 곳(착각著脚)이 없는 것이다." 하였다.(涵三語錄 19편에 수록된 글) 내가 여기서 현관을 수양修養 진로眞路라 말하였으며, 비결이라 하는 것이 있으니, 제5장에 실었다.

張紫陽眞人(宋時人名伯端是純陽眞傳)曰, 藥物生玄竅, 火候發陽爐, 龍虎交會時, 寶鼎生玄珠此竅非凡物. 乾坤共合成, 名爲神氣穴, 內有坎離精.

又曰, 冬至在此, 藥物在此, 火候在此, 沐浴在此. 結胎在此, 脫體亦在此矣.

愚謂此神氣穴, 亦玄關之名, 內有坎離精之旨, 極好丹功之始終切要都在一穴.

장자양 진인(송나라 때 사람, 이름 백단, 바로 순양진전) 왈, "약물은 현규에서 생하고, 화후는 양로陽爐에서 발하고, 용호龍虎가 사귀어 만날 때, 보배로운 솥(寶鼎)에서 현주玄珠가 나오니, 이 규竅는 보통 물건(凡物)이 아니다. 건곤이 함께 합성되면, 이름을 신기혈神氣穴이라 하니, 안에는 감리坎離의 정精이 있다." 하였다.

또 왈, "동지冬至가 여기에 있고, 약물藥物이 여기에 있고, 화후火候가 여기에 있고, 목욕沐浴이 여기에 있고, 결태結胎가 여기에 있고, 탈체脫體가 또한 여기에 있다." 하였다.

나도 이르되, 이 신기혈神氣穴이 또한 현관玄關의 이름이니, 안에는 감리정坎離精의 뜻이 있고, 극호極好의 단공丹功의 시종始終, 절요切要가 모두 이 한 혈穴에 있는 것이다.

石杏林眞人(宋時人名牽張紫陽眞傳)曰, 一竅名玄牝. 中藏氣與神. 有誰知此竅叟莫外尋眞. 氣是形中命, 心爲性內神. 能知神氣穴, 卽是得仙人, 萬物皆生死, 元神死復生. 以神歸氣內, 丹道自然成.

愚謂玄牝之旨至此極有味, 嘗自得於此者非可形喩.

석행림 진인(송나라 때 사람, 이름 권, 장자양진전) 왈, "일규一竅의 이름은 현빈玄牝이다. 가운데 감춘 것은 기氣와 더불어 신神이다. 누가 있어서 이 구멍을 안다면, 다시 밖으로 진眞을 찾지 않을 것이다. 기氣는 형形 가운데 명命이고, 심心은 성性 가운데 신神이다. 신기혈神氣穴을 능히 안다면, 곧 신선神仙이 될 수 있으니, 만물은 모두 나서 죽고, 원신元神도 죽어서 다시 태어난다. 신神을 기氣 안으로 돌려보내면, 단도丹道는 자연히 이루어진다." 하였다.

나는 현빈의 뜻이 여기에 이르러서 지극히 유미有味하여, 일찍이 이곳에서 스스로 얻었으나 형상을 가르쳐줄 수 있는 것은 아니다.

제2절 현빈이 기자, 최치원에게 전해졌음을 논함[論玄牝之傳及箕子崔致遠]

箕子(殷仁)以洪範九疇, 敎武王. 少聞廣成玄牝之理, 就國朝鮮, 密修而成之.
兼治遼東, 尙禮義, 重農桑, 爲海外之聖國(出神仙鑒四卷七節四板)
其德敎神化至今尙存, 歷史與檀君黃帝同一兼聖乎.

기자(은나라 仁者)는 홍범구주로써 무왕을 가르쳤다. 어려서 광성자의 현빈玄牝에 대한 이치를 들었고, 조선국에 나아가서, 비밀리에 수도하여 신선을 이루었다.
겸하여 요동을 다스렸으며, 예의를 높이고, 농업과 뽕나무 가꾸는 일을 중시하였으며, 해외의 성국聖國을 만들었다.〈출처 : 신선감 4권 7절 4판〉
그의 덕교德敎와 신화神化는 지금까지 상존하니, 역사에서 단군과 황제와 더불어서 동일하게 겸성兼聖하였다.

崔致遠(高麗人爲唐進士, 名致遠後乃成仙)曰, 紫府乃修心可到, 玄關非用力能開.(桂苑筆耕有) 愚謂此公旣識玄關而避亂, 隱修以成之.

최치원(고려인으로 당나라 진사를 하였으며, 이름은 치원이고, 뒤에 신선이 되었다) 왈, "자부紫府는 수심修心으로 가히 이를 수 있는데, 현관玄關

121

은 용력用力으로 능히 열 수 있는 것이 아니다." 하였다.(계원필경에 있다) 나는 이것은 최치원 공께서 이미 현관을 알았으며, 피란에서 은밀히 수행하여 이루었다고 생각한다.

薛紫賢曰, 昔日遇師親口訣, 只要凝迴入氣穴.
蕭紫淸曰, 問我目下用工夫, 不離頂門眞一竅.
又曰玄關一竅在人頭上, 不有眞師摩頂授記, 皆妄爲矣.
李澄蟾眞人曰, 成就頂門開一竅, 個中別是一乾坤, 成仙捷徑, 只在玄關一竅. 諸眞之論玄關者如是, 而上古降眞之論, 亦有符合者.

설자현薛紫賢이 말하기를, 옛날 스승을 만났을 때 친히 구결로 전하셨으니, "단지 중요한 것은 응결된 것을 돌아오게 해서 기혈에 넣으라(只要凝迴入氣穴)." 하였다.

소자청蕭紫淸은 말하기를, "나에게 지금 용공부를 묻는다면, 정수리문(頂門)의 진眞 일규一竅를 떠나지 말라(不離頂門眞一竅)." 하였다.

또 말하기를, "현관玄關 일규一竅는 사람의 머리 위에 있다." 하면서, "진사眞師의 마정수기摩頂授記가 있지 않으면, 모두 망령된 것이다." 하였다.

이형섬李澄蟾 진인 왈, "정수리문의 일규一竅를 여는 것을 성취하였다면, 그 가운데는 따로이 한 건곤이니, 신선을 이루는 첩경은 단지 현관일규에 있을 뿐이다." 하였다. 모든 진인諸眞들의 현관玄關을 논한 것이 이와 같으니, 상고부터 내려온 진인眞人의 논함과 또한 부합됨이 있다.

玄玄上人(最上古降眞)曰, 玄關默會, 丹頭凝結(仙鑒有).
眞誥(晉陶弘景眞人編集降眞詩文) 紫微夫人曰, 朝元神於泥丸. 又曰守閉玄關, 內有九眞三氣, 運液而灌漑丹田.

현현상인(최상고 때 내려온 진인) 왈, "현관玄關을 잠잠한 가운데 깨달으면(默會), 단두丹頭가 응결된다(선감에 있다)."(玄關默會, 丹頭凝結)
진고眞誥〈진晉나라 도홍경陶弘景 진인 편집강진 시문〉에서 자미부인이 말하기를, "원신原神을 니환泥丸에서 만난다." 하였고, 또 말하기를, "현관玄關을 닫고 지켜서 안으로 구진삼기九眞三氣가 있게 하고, 액液을 운반하여 단전丹田으로 관개灌漑한다." 하였다.

秉薰謹按降眞之旨, 如是符合黃老之玄奧者, 殆亦上帝之命示也. 其與龍馬神龜之文, 何以殊哉. 吁! 亦異哉.

병훈은 삼가 살피건대, 진인이 내려온 뜻이, 이와 같이 황노의 깊은 뜻과 부합하니, 거의 또한 상제의 명시命示이다. 그것이 하도의 용마, 낙서의 신구의 문양과 더불어서 무엇이 다른가. 아! 또한 기이하도다.

呂純陽眞人曰, 先住其子, 後覓其母. 率水爲宗, 擒和正取, 水伏其子, 龍因其虎, 得自兩眉, 始凝玄牝, 雷驚電杳, 無非黃盖之家, 金液瓊漿. 盡屬丹池之寶, 老子之術, 盡於此矣.

여순양 진인(여동빈) 왈, "먼저 그 자식(金生水이니 水를 金의 자식으로 비유함)을 안주케 하고, 뒤에 그 어미(金)를 찾으라. 수水를 거느려 종宗으로 삼고, (솔설위중率性爲宗으로 기록된 곳도 있음) 용龍의 머리를 잡고 호랑이의 꼬리(虎尾)를 잡아서, 용두호미龍頭虎尾를 서로 합하고 바르게 취하여(擒和正取), 수복기자水伏其子, 즉 수水가 그 자식인 화火를 엎드리게 하고(이것은 수水가 상승하여 건乾으로 들어가서 그 화火의 성품을 감쇄하게 하고, 화火는 곤坤의 수水에 들어가서, 수水의 범람泛濫을 없게 함), 용인기호龍引其虎하여, 득자양미得自兩眉, 시응현빈始凝玄牝, 뇌경전묘雷驚電杳, 전섬뇌명電閃雷鳴하여서, 무비황개지가無非黃蓋之家하고, 금액경장金液瓊漿이 모두 단지丹池(단의 연못)의 보물에 속하니, 노자의 술術이 다 여기에 있도다." 하였다. 〈여동빈의 수신결삼단修身訣三段 중에서〉

*선주기자先住其子 : 먼저 그 자식인 수水를 안주케 하고(金生水이니 水를 金의 자식으로 비유).

*후멱기모後覓其母 : 금생수金生水로 수水의 어미는 금金이니, 먼저 자식인 수水를 안주케 하고, 그 어미(母)인 금金을 찾으라는 뜻.

*솔수위종率水爲宗 : 수水를 거느려 종宗으로 삼고.

*금화정취擒和正取 : 용의 머리와 호랑이 꼬리를 잡아서 용두호미를 서로 합하고 바르게 취하여.

*수복기자水伏其子 : 水生木, 木生火이므로, 火를 水의 자식으로 비유함. 실지로는 손자孫子임.

*용인기호龍因其虎 : 용이 그 호랑이를 이끌어서 용은 서방으로 숨고, 호랑이는 동방으로 향하는데, 용호가 모두 황도黃道로 돌아가니, 그 기氣가 합하여 중간에 있으면서 용호금단龍虎金丹을 형성한다.

*득자양미得自兩眉, 시응현빈始凝玄牝 : 양미간으로부터 비로소 엉긴 현빈을 얻는다.

*뇌경전모雷驚電杳 : 수도를 하는 중에 마치 몸속에서 전섬뇌명電閃雷鳴(번개가 때리고 뇌성이 울림)의 소리가 나는 것을 말함.

(頂門豁然, 初如萬蟻會集之像, 甚痒癢之, 愼勿刮摩, 聚精會神于頂上則, 忽然清雷一聲, 頂門如巨石裂開, 一身萬靈出入此門, 形貌光明, 如望夕之月, 三界天眞, 雲集泥丸, 歡喜和悅, 如同氣之親也, 此乃默朝上帝法∶靈寶局定靜篇 參照.)

*무비황개지가無非黃盖之家∶온몸이 무극의 황궁(家) 아닌 것이 없고.

*금액경장金液瓊漿∶신선이 마시는 감미로운 액액.

*진속단지지보盡屬丹池之寶∶모두 단지의 보물에 속한다.

謹按此爲千載絶學, 上天至秘者. 萬卷丹經, 竟無指明玄關處, 惟純陽乃上眞仁仙也. 故其啓發之旨如是, 余亦體其仁心, 以發補世之願力, 且惶且懍, 知我罪我, 其惟在此乎.

學人能用其誠力感神者, 神明必告知道脈之眞的處矣. 否則雖終身汩沒而何益哉? 玄關之論, 至此無餘蘊, 然白玉蟾之論, 最極精備, 故次節載之.

삼가 살피건대, 이는 천년의 절학絶學이니, 하늘에 오르는 지극한 비밀인 것이다. 만 권의 단경이, 마침내 현관처를 가리켜서 밝힘이 없었는데, 오직 순양純陽만은 상진上眞이요 인선仁仙이시라. 그러므로 그 계발한 뜻이 이와 같으니, 나도 또한 그 인심仁心을 체득하여, 이로써 보세補世(세상을 돕다)의 원력을 발하였으나, 또한 황름惶懍(어쩔줄 모를 정도로 매우 두렵다)할 뿐이니, 나의 죄를 아는 나 또한 오직 여기에 있을 뿐이다.

학인들도 능히 그 진실한 힘을 써서 신을 감동시키면, 신명께서 반드시 도맥의 진실한 곳을 고지告知하실 것이다. 그렇지 않으면 비록 종신토록 골몰해도 무슨 이익이겠는가? 현관의 이론은 여기에 이르러서 남김餘蘊이 없으나, 백옥섬의 이론은 가장 지극하고 정밀하게 갖추어져서, 다음 절에 실어둔다.

제3절 비재백옥섬곡신불사론備載白玉蟾谷神不死論

宋白眞人曰, 谷者天谷也, 神者一身之元神也. 天之谷含造化, 容虛空. 地之谷容萬物, 載山川. 人與天地同所稟也, 亦有谷焉, 其谷, 藏眞一, 宅元神. 是以頭有九宮, 上應九天, 中間一宮, 謂之泥丸, 又曰黃庭, 又名崑崙, 又名天谷, 其名頗多. 乃元神所住之宮, 其空如谷, 而神居之, 故謂之谷神, 神存則生, 神去則死. 日則接於物, 夜則接於夢, 神不能安其居也.

송나라 백옥섬 진인이 왈, "곡곡은 천곡天谷이요, 신神은 일신의 원신元神이다. 천곡天谷은 조화를 포함하고 허공을 포용한다. 지곡地谷은 만물을 포용하고 산천을 싣고 있다. 사람은 천지와 더불어서 함께 품부받은 바이니, 또한 곡谷을 가지고 있는데, 그 곡谷에 진일眞一을 감추고 있고, 원신을 살게 한다. 이 때문에 머리에는 구궁이 있어서, 위로 구천에 응하며, 중간에 한 궁宮이 있는데 니환泥丸이라고 하고, 또 황정黃庭이라 하고, 또 곤륜崑崙이라 하고, 또 천곡이라 하여, 그 이름이 파다하다. 그런데 원신이 살고 있는 궁宮은 그 빈 것이 마치 곡谷과 같아서 신神이 거주하므로, 그래서 이르기를 곡신谷神이라고 하며, 신神이 존재하면 살아있는 것이고, 신神이 떠나가면 곧 죽은 것이다. 낮에는 만물에 접하다가 밤에는 꿈에 접하느라고 신神이 그 거처함에 편안할 수가 없다." 하였다.

黃梁已熟, 南柯未寤, 一生之榮辱富貴, 百歲之悲憂悅樂, 備嘗於一夢之間. 使其去而不還, 遊而不返, 則生死路隔, 幽明之途絶矣.
由是觀之, 人不能自生, 而神生之. 人不能自死, 而神死之. 若神居其谷而不死, 人安得而死乎? 然谷神所以不死者, 由玄牝也.

玄者, 陽也, 天也, 牝者, 陰也, 地也. 然則玄牝二氣, 各有深旨, 非遇至人授以口訣, 不可得而知之.

누런 기장밥이 이미 익었는데, 남가지몽南柯之夢(한낱 꿈같은 부귀영화)은 아직도 깨지 못하고, 일생의 영욕부귀와 백세의 비우열락悲憂悅樂을 일몽 지간에 두루 겪었다(備嘗). 가령 그가 가서 돌아오지 않거나, 놀다가 되돌아오지 못하면, 곧 생사의 길이 멀리 떨어져서 유명幽明(이승과 저승)의 길이 끊어진다.

이로 말미암아 보건대, 사람은 스스로 살아갈 수 없고, 신神으로 살아간다. 사람은 스스로 죽을 수가 없으니, 신神이 죽어야 한다. 만약 신神이 그 곡谷에 거주하면서 불사不死하면, 사람이 어떻게 죽겠는가? 그러나 곡신谷神이 죽지 않는 것은, 현빈玄牝으로 말미암는다.

현玄은 양陽이고, 하늘(天)이고, 빈牝은 음陰이고, 지地이다. 그러나 현빈의 이기二氣는 각각 깊은 뜻이 있으니, 지인至人을 만나서 구결로 가르침을 받지 않으면 알 수가 없다.

黃帝內經曰, 天谷元神, 守之自眞.

言人身中, 上有天谷泥丸, 藏神之府也. 中有應谷絳宮, 藏氣之府也. 下有虛谷關元, 藏精之府也. 天谷, 元宮也, 乃元神之室, 靈性之所存, 是神之要也.

聖人則天地之要, 知變化之源, 神守於元宮, 氣騰於牝府, 神氣交感, 自然成眞, 與道爲一. 而入於不死不生, 故曰谷神不死, 是謂玄牝也.

황제내경에 왈, "천곡天谷의 원신元神은, 지키면 스스로 진眞이 된다." 하였다.

말하기를, 사람의 몸 가운데는, 위로 천곡, 니환이 있으니, 신神을 감추는 창고이다. 가운데에는 응곡, 감궁이 있으니, 기氣를 감추는 창고이다. 아래에는 허곡虛谷, 관원關元이 있으니, 정精을 감추고 있는 창고이다. 천곡天谷은 원궁元宮이니, 원신元神의 집이며, 영성靈性이 존재하는 곳이니, 바로 신神의 요처이다.

성인은 곧 천지의 요要이니, 변화의 근원을 알고, 신神이 원궁元宮(玄宮)에서 지키며, 기氣는 빈부牝府에서 오르며, 신기神氣가 교감해서 자연히 진眞을 이루어 도道와 더불어서 하나가 된다. 불생불사의 경지에 들어가니 그러므로 곡신불사谷神不死라고 하고, 이것을 일러서 현빈玄牝이라 한다.

聖人運用於玄牝之內, 造化於恍惚之中, 當其玄牝之氣, 入乎其根. 閉極則失於急, 任之則失於蕩, 欲其綿綿續續, 勿令間斷耳. 若存者, 順其自然而存之, 神久自寧, 息久自定, 性入自然, 無爲妙用, 未嘗至於勤勞迫切, 故曰用之不勤.

卽此而觀, 則玄牝爲上下二源, 氣母昇降之正道明矣.

世人不究其源, 妄以鼻爲玄, 以口爲牝, 若以口鼻爲玄牝, 則玄牝之門, 又將何以名之. 此皆不能造其妙, 非大聖人, 安能窮究是理哉?

(自呂純陽, 至張紫陽, 石杏林, 白玉蟾, 第五番進化)

성인이 현빈의 내內를 운용함에, 조화가 황홀지중에 있고, 그 현빈의 기氣를 당하여는 그 뿌리로 들어간다. 막는 것이 심하면 급해져서 잃게 되고, 맡겨두면 방종하다가 잃게 되니, 그것이 면면히 계속되려거든, 사이가 끊어짐이 없어야 한다. 만약 잘 보존하는 자는, 그 자연에 순응하여 보존해서, 신神이 오랫동안 스스로 편안하고, 숨을 그치고 오래되더라도 스스로 안정되니, 성품(性)이 자연으로 들어가서 무위하면서도 묘하게 작용하니(無爲妙用), 일찍이 힘들며 절박함에 이르지 않는 것이다. 그래서 써도 힘들지 않다 한 것이다.

곧 이것으로 보건대, 현빈玄牝은 상하의 두 가지 근원이 되며, 현빈玄牝은 기氣의 모母가 되니, 승강의 정도正道임이 분명하다.

세인들이 그 원천을 궁구하지 않고, 망령되이 코를 현으로 삼고, 입을 빈으로 삼으니, 만약 입과 코로 현빈을 삼는다면, 현빈의 문은 또 장차 무엇으로 이름하려는가. 이 모두는 그 묘함을 지을 수가 없으니, 대성인이 아니고서 어찌 능히 이 이치를 궁구할 수 있겠는가?

(여순양부터, 장자양, 석행림, 백옥섬에 이르기까지는 제5번의 진화임)

(秉薰)嘗有得於此者, 極其非常, 故表章以貽五洲同胞社會. 嗟! 我人羣, 知此玄牝則調息綿綿以養神氣, 歲月以期之, 縱未能成眞, 而凝神益壽, 却病延年, 則必矣. 其道純其理正, 眞可以補完儒哲家之缺點. 而爲公益於人羣者, 何可量乎? 然未能盡覽經傳哲學者, 亦尙有疑乎.

(병훈) 일찍이 여기에서 얻은 것이 있었는데, 지극히 비상하여, 그러므로 세상에 드러내서 오주동포사회에 선사한다. 아! 우리 인간들이, 이 현빈을 알게 되고 조식을 면면히 해서 이로써 신기神氣를 기르면 세월을 기한으로 하여서, 설령 성진成眞을 못할지라도, 신神을 엉기게 해서 수명을 늘리고, 병을 물리치고 나이를 연장하는 것은 필연이다. 그 도道가 순純하고 그 이치가 바르면, 진정 유가와 철학가의 결점을 보완할 수 있을 것이다.

그래서 사람들에게 공익이 된다면, 어떻게 가히 헤아릴 수가 있겠는가? 그러나 능히 경전을 다 보지 못하고 철학을 전하는 자는, 또한 아직 의심이 있을 것이다.

經傳子集西哲諸書, 無有道及玄牝者. 且此書久陷於方外, 秘坑者至今, 天其嘿誘余衷, 窮索以通至神哲理於此章者片, 片說與吾人, 必以誠意正心, 修齊治平, 忠孝仁義立本而只日三時兼致玄牝工夫, 未有不效驗者矣.
烏乎! 此非壽人成眞之無上哲理耶? 然存乎其人.

경전, 자집, 서양철학자의 모든 서적은 현빈玄牝에 이르는 도가 없다. 또한 이 책이 오랫동안 방외方外(세속의 테 밖)에 빠져있어 구덩이에 숨겨있던 것을 오늘에 이르러서, 하늘은 그 입을 다물고 있으면서도 나의 진심을 이끌어 끝까지 추구케 해서(窮索), 지극히 신령한 철리를 통하게 하여서, 이 장에다 얇게 잘라놓게 하고, 우리 인류에게 한 조각의 진리를 설명케 하였으니, 반드시 성의정심과 수신, 제가, 치국, 평천하의 도道와 충효인의로써 근본을 세우고 오직 날마다 삼시三時에 겸하여 현빈玄牝 공부에 이른다면, 효험이 없는 자가 없을 것이다.
오호라! 이것은 사람을 장수케 하고 성진成眞케 하는 위없는 철리哲理가 아닌가? 그러나 그 사람에게 달려있는 것이다.

제4절 통론統論

丹經曰, 忠孝仁明, 有聖賢之心者, 方能行神仙之事. 此是道家本旨. 老子訪呂尙傳道, 黃石敎子房, 尉繚授之劉基, 皆動以天因人以救世者, 與儒哲之兼善, 同一法門也. 然惟道家動振之動功, 如是精美者非近世之主動宣敎者之所能及也.

尹子曰, 人勤於禮者, 神不外馳, 可以集神, 人勤於智者精不外移, 可以攝精, 仁則陽而明, 可以輕魂, 義則陰而冥, 可以御魄.

此可見四端之德, 可以凝集精神, 神通之至, 至道乃凝矣, 要在玄牝乎.

단경에 왈, 충효인명의 성현의 마음을 가진 자가 바야흐로 능히 신선의 일을 행할 수 있다. 이것이 도가의 본지이다. 노자는 강태공이 전도(傳)한 도道를 찾았으며, 황석공은 장자방을 가르쳤고, 위료尉繚는 유기劉基에게 전하였으니, 모두가 하늘을 동動케 해서 사람으로 인하여 세상을 구한 자들이니, 유가철학의 겸선과 더불어서 동일한 법문이다. 그러나 오직 도가에 동진動振(움직여 흔들다)의 동공動功(움직이는 공부)은, 이와 같이 정미한 것으로는 근세의 동動을 주主로 해서 선교宣敎하는 자가 능히 미칠 바가 아닌 것이다.

윤자尹子(관윤자, 노자의 제자)가 왈, "사람이 예禮에 힘쓰면 신神이 바깥으로 내달리지 않으니 신神을 모을 수가 있고, 사람이 지智에 힘쓰면 정精이 바깥으로 옮겨가지 않아서 정精을 잡을 수가 있고, 어질면 양陽이 밝아져서 혼魂이 가벼워지고, 의義로우면 음陰이 어두워지니 백魄을 거느릴 수가 있다." 하였다.

이는 가히 사단의 덕을 볼 수가 있으며, 정신을 응집할 수 있으니, 신神의 통함이 지극하면 지극한 도가 응결되니, 요체는 현빈玄牝에 있는 것이다.

或曰玄關, 乃上天神秘, 只可傳授賢人者, 而子今表明於世, 他凶惡小人之類, 皆知玄關修養而不死, 則有害公理. 且人盡從道修養而長生, 來族日繁則世界有人滿之患矣. 烏可乎哉? 曰不然. 此何言也? 凶惡狡詐之人, 初豈向道哉? 苟能革心改過, 行善積德, 則道門恢恢, 何所不容乎?

然訣云, 學道如牛毛, 成道如麟角, 可知成道之難. 而非賢哲精一之功, 其孰能之? 是以患人滿者, 不足與辨也. 人之生壯老死, 天之常理, 然仁賢之有益人世者, 度之以延年久生, 不亦仁理哉? 故余料世人, 雖識玄牝而篤信修持者, 則其惟仁賢乎?

혹자가 말하기를, "현관玄關이란 천상에 오르는 신비여서, 단지 현인에게만 전하여 줄 수 있는 것인데, 선생께서 지금 세상에 표명하시면, 다른 흉악한 소인의 무리가 모두 현관을 알고 수양해서 불사不死하면 공변된 이치에 해가 될 것입니다. 또한 사람들이 모두 도道를 따라서 수양하여 장생한다면, 앞으로 일가 족속(族)들이 날로 번성하면 세계에 사람들이 가득 차는 걱정이 있을 것입니다. 어찌해야 옳겠습니까?" 하니, 왈 "그렇지 않다. 이 무슨 말인가? 흉악 교사狡詐 한 사람이 애초에 어찌 도를 향하겠는가? 진실로 혁심개과革心改過해서 행선적덕行善積德한즉, 도문은 넓고 넓으니, 도문이 어찌 받아들이지 않겠는가?

그러나 비결에 이르기를, 도를 배움이 소의 터럭과 같고(극히 드물고), 도를 이룸은 기린의 뿔처럼 드문 일로 가히 성도의 어려움을 알아야 하리

라. 어질고 밝은 정일精一의 공부가 아니고서야 그 누가 능하겠는가? 사람이 가득찰 것을 걱정한 자는 더불어서 판단하기에 부족한 것이다. 인간의 생장노사는 하늘의 떳떳한 이치이나, 그러나 현인으로 인간 세상에 대한 유익함이 있는 자는 나이를 늘려서 오래살 수 있음을 헤아려야 하니, 또한 어진 이치가 아니겠는가? 그러므로 내가 세인들을 헤아려보면, 비록 현빈을 알고 독실히 믿고 닦아 지닌 자인즉, 그는 오직 어진 현인이 아니겠는가?" 하였다.

客喟然曰, 世方尙權, 優勝劣敗, 何暇夫渴欲養身之道乎?
嗚乎! 道鑒云英雄回首卽神仙, 夫亂爭之起, 必因世界君相權利之慾. 然他君相若有英雄之槪者, 慾則無厭之中, 惟一回頭之念, 不在乎仙眞久視乎? 苟回是念, 則慾可寡. 而求道必矣.(秦皇致安期生, 元世祖致丘長春, 然皆不眞傳.)

객이 탄식하면서(喟然) 왈, "세상은 바야흐로 권세만을 높이고 우열승패만 가리니, 어느 겨를에 대저 욕심을 막고 양신養身의 도를 하겠습니까?" 하였다.
"오호! 도감에 이르되 영웅이 한번 머리를 돌린즉 신선이라 하니, 대저 어지러운 다툼이 일어나는 것은 반드시 세계의 군상이 권리의 욕심으로 인함이라. 그러나 다른 군상이 만약 영웅의 기개가 있는 자가 있다면, 욕심이 끝이 없는 가운데 있더라도, 오직 한 번만 뒤돌아 생각해보면, 선진구시仙眞久視에 있지 않겠는가? 진실로 이 생각을 돌린다면, 곧 욕심은 적어질 것이고, 도를 구하는 것은 필연이리라."(진시황에게 안기생이 갔으며, 원세조에게 구장춘이 갔으나 모두 진眞을 전하지 않았다.)

但玄牝之道, 尙未達乎, 泰西. 幸自此以宣布, 世之英雄君相, 漸次入道, 以修眞, 則亂爭不足平, 而宇內永樂和平矣.

단지 현빈의 도가 아직 태서泰西(서양)에 이르지 않았으나, 다행히 이로부터 선포해서 세상의 영웅군상이 점차 입도해서 진을 닦으면, 곧 어지러운 다툼은 족히 평정하지 않아도, 이내 우주 안은 영락화평하리라.

是以人謂此篇, 仰體上帝好生之心, 以編成者, 卽因欲制欲, 息亂致平之機, 亶在乎此, 故云耶. 況今物質將入精神, 法治將還禮治, 詎非必然之理勢乎?

西哲康德(一千七百九十七年德人)云長生術, 誠哲學家至言. 然則此爲西哲崇拜以至理者, 而我曾未有發揮矣, 今始倡明, 不亦異哉? (時方午會中故耶.)

그래서 사람들이 이 편을 일러서, 상제를 우러러 본받아서 호생지심으로 편성된 것이라 하니, 즉 욕심으로 인하여 욕심을 제어하고, 난을 그쳐서 평화의 기틀에 이르게 함이 진실로 여기에 있어서 그런 것이다. 하물며 이제 물질에서 장차 정신으로 들어가려 하고, 법치에서 장차 예치로 돌아가려 하니, 어찌 필연의 이세理勢(이치와 형세)가 아니겠는가?

서양철학자 강덕康德(칸트 : 1797년 독일인)이 말하기를, "장생술은 진실로 철학자의 지극한 말이다." 하였으니, 그러한즉, 이것은 서양철학자들이 숭배하는 지극한 이치란 것이, 우리가 일찍이 발휘하지 않았던 것을, 이제 비로소 드러내어 밝혀내니(倡明), 또한 기이하지 않은가? (때가 바야흐로 오회午會 중인 때문이다.)

故余執精神劵, 禮治書, 厚望宇內社會, 同胞兄弟, 將神通變化, 家視宇內, 心包球外, 動之以天參贊化育者, 必自神凝玄關而始焉矣. 吁! 亦至哉玄牝乎.

客曰, 雖然而孔子曰殺身以成仁, 人皆畏死貪生可乎? 曰不然也. 此是潛消禍亂, 躋世仁壽之道. 苟行是道, 則安有殉國以成仁之刦亂乎? 近日有一印度哲士某, 以精神不滅演說各邦, 均崇拜以聖人之列, 可以見五洲人心理之所同也, 而況此書乎?

但進修工程, 不可躐等矣, 條列于左.

그러므로 나는 정신철학통편의 권(精神劵)을 예치禮治의 글로 잡고서, 우주 내 사회, 동포 형제에게 크게 바라는 것은 장차 신통변화로, 가정에서는 우주 안을 들여다보고, 마음으로는 지구 바깥을 감싸며, 움직여서는 하늘에 화육자로 함께 참여하는 것인데, 반드시 신神을 현관玄關에 엉기게 함으로부터 시작해야 할 것이다. 아! 또한 지극한 현빈이 아닌가.

객이 왈, "그러나 공자께서 살신성인이라 하시고, 사람은 모두 죽음을 두려워하고 살기를 바라는데 가능하겠습니까?" 하니, 왈, "그렇지가 않다. 이것이 바로 화란禍亂을 가라앉히고 소멸시키는 것이니, 세상에서 어질고 장수하는 도에 오르는 것이다. 진실로 이 도도를 행하는데, 어찌 순국함으로써 인仁을 이루는 겁란劫亂이 있겠는가? 근일 한 인도철학자 모씨는, 정신불멸로써 각 나라에 연설하자, 모두 성인의 반열에 올려 숭배하는데, 가히 오주 사람들 심리가 같은 것을 볼 수가 있으니, 하물며 이 책이겠는가?"

다만 수련하는 공정에 나가서는, 순서를 건너뛰어 오를 수는 없으니, 조문을 열거함은 다음과 같다.

제4장

연기축기煉己築基를 논함
(論煉己築基煉己以道心爲主寡欲守中)

연기煉己는 도심道心을 위주로 함으로써 욕심을 줄이고 중中을 지키는 것

堯舜曰, 人心惟危, 道心惟微, 惟精惟一, 允執厥中.(此爲道家第三進化)

謹按此啓萬世心學之淵源, 爲道學煉己之切功也. 人心, 卽物慾之心, 凡經天緯地修己治人之道, 罔不先除物慾之心, 而常以道心爲身之主宰. 然後可以克己復禮, 愛人利物, 以成德矣.

요순 왈, "인심은 오직 위태롭고, 도심은 오직 미미하니, 오직 정밀하고 한결같아야 진실로 그 중을 잡으리라." 하였다.(이는 도가의 제3진화가 된다)

삼가 살펴보건대, 이는 만세심학의 연원을 연 것이며, 도학 연기의 절공切功이 된다. 인심은 곧 물욕의 마음이니, 무릇 하늘을 날줄로 삼고 땅을 씨줄로 삼아서, 자기를 닦아 다른 사람을 다스리는 도道는, 먼저 물욕의 마음을 없애지 않을 수 없으니, 항상 도심道心으로써 자신의 주재로 삼아야 한다. 그러한 연후에 극기복례克己復禮할 수 있고, 애인이물愛人利物하고, 이로써

덕을 이루는 것이다.

    此一章非徒爲東亞諸學之祖宗, 而凡宇宙學術豈有出此心理以外者乎? 況乎有志修養者, 必以道心爲主, 而所謂煉己者, 寡欲忘情, 不起邪想, 絶袪浮思雜念, 不動於聲色貨利, 要常淸虛, 心死神活, 虛極靜篤, 惟心惟一, 守中不移.(中卽玄關一身天地之正中)
    是乃煉己之功也.
    孟子曰, 養心, 莫善於寡慾. 莊子曰, 用志不分, 乃凝於神, 亦爲修煉之助也.
    (原章, 儒道第二進化)

    여기 1장은 단지 동아의 모든 학문의 조종이 될 뿐만이 아니라, 모든 우주 학술이 어찌 이 심리의 밖에서 나온 것이 있겠는가? 하물며 뜻이 수양에 있는 자는 반드시 도심으로써 위주해야 하니, 소위 연기자는 욕심을 줄이고 정을 잊고, 삿된 생각을 일으키지 않고, 절대로 음사잡념을 떨어내고, 성색화리聲色貨利에 동動하지 말며, 항상 청허淸虛함을 요하며, 마음은 죽이고 신神을 살려서 허극정독虛極靜篤하고 유심유일惟心惟一해서 중中을 지켜서 옮기지 말아야 한다.(中은 곧 현관으로 일신과 천지의 정 중앙임)
    이것은 바로 연기의 공功인 것이다.
    맹자 왈, "마음을 기르는 것은 과욕寡慾(욕심을 줄임)보다 좋은 것이 없다." 하였고, 장자 왈, "뜻을 운용하여 나누지 않아야 신神에 엉기게 된다." 하였으니, 또한 수련의 도움이 된다.
    (원장, 유도의 제2진화)

제1절 서철심력론西哲心力論

康德曰, 人心之能力, 與夫意力, 能制病情, 運心思於哲理, 卽可以禦不懌之情. 不爲外物所累, 可使生氣無窘, 爲克己之功.(康氏乃聖人也. 其道德政治諸論, 載中下篇也.)

謹按康德氏, 爲近世之大哲家, 其言曰, 克己與心力, 亦煉己一致之功矣, 不亦偉哉? 亦云隆壽(八十餘)然, 玄牝則恐未也.

칸트 왈, "인심의 능력은 대저 의력意力과 더불어서 병정病情을 능히 제어할 수 있고, 심사心思를 철리哲理에서 운용하면, 곧 가히 열복悅服하지 않는 뜻을 막을 수가 있다. 외물外物(마음에 접촉하는 객관 세계)에 쌓이는 바가 되지 않아야 가히 생기生氣에 군색함이 없게 되고, 극기의 공이 된다." 하였다.(칸트는 성인이다. 그 도덕정치제론은 중하편에 싣는다.)

삼가 칸트를 살피건대, 근세의 대철학가이며, 그 말에 왈, 극기와 더불어서 심력心力 또한 연기煉己와 일치하는 공功이다 하였으니, 또한 위대하지 않은가? 또 융수隆壽(많은 나이)라 하나(80세), 현빈은 곧 아마도 아직 미치지 못한 것 같다.

제2절 축기築基 또한 과욕寡欲으로서 정을 아끼는 것이 중요함[築基亦以寡欲嗇精爲要]

廣成子曰, 毋撓爾精, 可得長生. 孔子曰, 戒之在色. 經曰, 閉子精路, 可長生. 石杏林曰, 欲煉先天氣, 先乾活水銀.(水銀是精水別名)

又云水銀一味仙家祿. 此爲丹基, 而易以走失, 故戒之如此也.

광성자 왈, "너의 정을 어지럽히지 말아야 득장생이 가능하다." 하고, 공자 왈, "경계할 것은 색색에 있다." 하고, 태상황정외경경太上黃庭外景經에서 왈, "남자의 정로를 막아야 장생이 가능하다." 하고, 석행림 왈, "선천기先天氣를 불리고자 하면, 먼저 활수은活水銀을 말려야 한다." 하였다.(수은은 바로 정 수精水의 별명이다)

(欲鍊先天氣, 先乾活水銀. 聖胎如結見, 破頂見雷鳴. 선천기를 불리려면 먼저 활수은을 말려야 한다. 성태가 만일 맺어져 드러나면, 정수리(현관) 를 깨면서 뇌성 소리가 들린다 : 還源篇(北宋의 石泰撰) 81장 중 제34에 나온다.)

또 (황제음부경 頌, 原題는 元陽子頌의 天生天殺, 道之理也의 頌에 나 옴) 이르되, "수은을 한번 맛봄은 선가의 녹봉(祿俸 / 나라에서 벼슬아치에게 주는 곡식)과 같은 것이다." 하였다. 이것은 단丹의 기초가 되며, 도망쳐 잃어버리기 쉽기 때문에, 그러므로 경계하여 이와 같이 한 것이다.

謹按保嗇精水, 是乃築基, 基安之要也.
道經曰, 惟嗇, 是謂早服, 早服, 爲之重積德, 重積德, 則無不極.
朱子曰, 此身未有衰損, 而可以儉養, 是謂早服. 而重積德, 早服者. 早覺未衰而嗇之也. 如某此身已衰耗, 如破屋相似, 雖欲脩養, 亦何能有益耶?
惜晦翁, 未聞屋破修容易之法. 故猶有此歎耶. 然有志修養而年晩者, 宜鑒乎此, 汲汲築基下手可也.
康德亦云凡老者, 容色光澤, 不失童顏者, 必鰥居之人, 亦愼色之意也. 日夜之間, 寬衣少食.(食米身重, 食麥身輕.) 起寢有定時.(寢以七八時間爲宜.) 朝吸太陽氣, 咽津摩腹幷(三十六次)行步舒氣, 只可節慾嗇精切要.

   삼가 정수精水를 아껴서 보호함을 살펴보건대, 이는 터를 쌓는 것(築基)으로, 터가 편안한 것(基安)이 요체인 것이다.
   도덕경에 왈, "오직 아껴서 하면, 이것을 일러서 조복무복이라고 하니, 조복은 덕을 쌓는 것을 거듭하는 것이고, 덕 쌓는 것을 거듭하면, 곧 이기지 못할 것이 없다." 하였다.(도덕경 제59장)
   주자 왈, "이 몸이 쇠퇴하기 전에, 가히 겸양하니, 이것을 조복이라 한다. 거듭 덕을 쌓는 조복무복이란 것은, 아직 쇠퇴하지 않았을 때 일찍 깨닫고 아껴야 한다. 만약 나의 이 몸이, 이미 쇠모衰耗(쇠락하여 줄어들었음)하여, 마치 무너진 집과 같이 서로 비슷하다면, 비록 수양하고자 하나, 또한 어찌 능히 유익하리오?" 하였다.
   애석하게도 회옹晦翁(주자)은 집이 무너진 것을 수리하는 용이한 법을 듣지 못했다. 그래서 오히려 이 같은 탄식이 있었던 것이다. 그러나 뜻을 가지고 수양하여 나이가 찬 사람도, 마땅히 이것을 거울삼아서 골똘하게 정신을 쏟으면(汲汲) 축기築基를 착수할 수 있다.
   강덕康德(칸트) 또한 이르기를, "평범한 노인이 안색이 광택하고, 동안童顔을 잃지 않은 자라면 반드시 홀로 사는 사람(鰥居)일 것이다." 하였으니, 또한 색色을 삼가하라는 뜻이다. 낮과 밤사이에, 옷을 너그럽게 입고 소식少食하라.(쌀을 먹는 것은 몸을 무겁게 하고, 보리를 먹는 것은 몸을 가볍게 한다.) 기침起寢은 정해진 때가 있어야 한다.(잠자는 것은 7~8시간이 좋다.) 아침에는 태양기를 마시고, 진액을 삼키며 배를 아우르면서 문지르고

(36회), 행보하면서 기氣를 펴서, 오직 욕망을 절제하고 정精을 아끼는 것이 절요切要(절실하게 필요함)하다.

|제5장|
취기통관聚氣通關

老子曰, 天下有始, 以爲天下母. 旣得其母, 以知其子, 旣知其子, 復守其母, 塞其兌, 閉其門.

又曰, 握固, 心使氣則强.

謹按母卽氣爲神母, 神爲氣子. 兌爲口也, 閉戶勿妄言. 握固者, 兩手相呑, 卽打坐法也.

康德云娛其心, 能無以心, 爲物役, 其效亦足以埒樂道之功, 而致長生也.

施肩五曰, 氣是添年藥, 心爲使氣神能知神氣主, 卽是得仙人.

按此兩言, 皆得心使氣强之旨也. 況又悟得心本太陽昻明之旨則不是强乎?

노자 왈, "천하에는 시초가 있었으니, 이로써 천하의 어미로 삼는다. 이미 그 어미를 얻었으면, 다시 그 아들을 알고, 이미 그 아들을 알았으면, 다시 그 어미를 지켜서 만물에 통달하던 그 구멍을 막고, 만물을 인식할 수 있는 문호를 닫아야 한다." 하였다.

또 이르기를, "악고握固(잡는 것이 견고함)는 마음으로 기세(氣)를 부려 강하게 한다." 하였다.

삼가 살펴보건대, 모母는 곧 기氣이니 신神의 어미(母)가 되며, 신神은 기氣의 자식이 된다. 태兌는 입(口)이니, 문호를 닫고 망언妄言을 말라는 것이다. 악고握固란, 양손을 서로 싼다는 것이니, 곧 타좌법打坐法이다.

칸트가 왈, "그 마음을 즐겁게 하고, 마음으로써 사물의 부림을 당함이 없으면, 효과는 족히 도도道를 즐기는 공功과 같아서 장생에 이를 것이다." 하였다.

시견오 왈, "기氣는 바로 나이를 더해주는 약이니, 마음(心)이 기신氣神을 부리고 능히 신기神氣의 주인으로 안다면, 곧 바로 신선인 것이다." 하였다.

이 두 말을 살펴보건대, 모두 마음이 기氣를 부려야 강해진다는 뜻을 얻은 것이다. 하물며 또한 마음이 본래 태양앙명의 뜻이라는 것을 오득한다면, 곧 이것이 강한 것이 아니겠는가?

然呂純陽曰, 專注意玄關, 打坐爲法.

丹訣曰, 學道先須學打坐. 然博攷道藏, 未有其式也. 近閱引是子靜坐法, 以正呼吸, 導引爲主旨, 至論日本岡田虎二郎, 創設靜坐法風行.(重板已數十次) 有聯合會, 而加入學課, 則其爲却病延年之益, 無疑也. 然必非玄關神秘者也.

余嘗懇得於羅浮山(沖虛觀) 白髮還黑古空蟾先生(名誠明)者, 玄關打坐式也.

今備載於此, 以擴家視宇內心包球外之願. 學人可以此式, 爲成始成終之不二法門也.

그러나 여순양이 왈, "오로지 현관玄關에 주의注意하고, 타좌打坐를 법으로 한다." 하였다.

단결에 왈, "도를 배움은 먼저 반드시 타좌打坐를 배워야 한다." 하였다. 그러나 널리 도장을 살펴보아도 그 방식은 있지 않다. 근래 인시자 정좌법引是子靜坐法을 열람하였는데, 호흡을 바르게 함으로써 도인법을 주지로 삼았으며, 일본 강전호이랑岡田虎二郞의 논론에 이르러서 정좌법을 창설하여 널리 유행하였다.(거듭 출판하여 이미 수십 차임) 연합회가 있고, 가입학과는 병을 물리치고 나이를 늘리는 유익함이 있었음은 틀림없다. 그러나 반드시 현관의 신비인 것은 아니다.

나는 일찍이 나부산(충허관)에서 간절히 하여 얻었는데, 백발이 다시 검어진 고공섬 선생(이름 誠明)의 현관타좌식이다.

이제 여기에 갖추어 기재하노니, 이로써 가시우내심포구외家視宇內心包球外(집안에서 우주 안을 들여다보고, 마음으로 지구 바깥을 감싸 안음)가 모든 사람에게 널리 퍼지기 바란다. 학인들은 이 방식으로써, 성시성종成始成終의 불이법不二法으로 삼을 수 있으리라.

제1절 **재고선생타좌식載古先生打坐式**

古空蟾先生, 玄關秘訣打坐式(此爲第六番進化最今維新).

余於庚戌春, 始遇古先生. 先生以舊學巨子, 入山面壁已七年白髮幾乎還黑, 只半寸留白者, 翌年盡黑. 故人皆知其成道而自不能諱掩也.

烏乎! 余甚愕異而歎世果有如此神化之奇驗乎?

今以此爲南針主腦, 誠可謂最近進化而維新者.
凡欲學此哲理者, 宜服膺以爲入門正路而盡心, 然後庶乎不差矣.
愼勿輕洩打坐式.

고공섭 선생, 현관비결타좌식(이것이 제6번 진화로, 가장 최근 새로운 방식).

내가 경술 봄에, 처음으로 고 선생을 만났다. 선생은 구학문의 거두였으며, 입산하여 면벽수행面壁修行한지 이미 7년이 지나고 백발이 거의 검은 머리로 돌아왔으며, 단지 반촌 정도 흰색이 남았었는데, 다음 해에 모두 검어졌다. 그러므로 사람들이 모두가 그 성도함을 알게 되었는데, 스스로 숨기고 감출 수가 없었다.

오호! 나는 매우 기이함에 놀랐으니, 세계에 과연 이와 같은 변화무쌍한 조화(神化)의 기이한 경험이 있었던가?

이제 이것으로써 주뇌(중요한 부분)의 나침반으로 삼으니, 진실로 가히 최근의 진화된 가장 새로운 것이라 할 것이다.

무릇 이 철리를 배우고자 하는 자는, 마땅히 복응服膺(마음에 새겨 잊지않음)하여 입문함으로써 정로正路에 진심盡心하면, 연후에는 거의 착오가 없으리라.

삼가 경솔하게 타좌식을 누설하지 말라.

□ 반양족십자蟠兩足十字 : 양발을 열십자로 포갠다.

□ 양족장향천兩足掌向天 : 양발 바닥은 하늘을 향한다.

□ 두정頭正 : 머리를 바르게 한다.

□ 요직腰直 : 허리를 곧게 편다.

□ 수흉收胸 : 가슴을 거두어들인다.

□ 평안平眼 : 눈을 편히 한다.

□ 합수合手(左合右, 謂之龍吞虎) : 합수.(좌수를 우수에 합한 것을 용탄호라 한다.)

□ 체정體正(不過俯, 不過仰, 不偏左, 不偏右) : 몸을 바르게 한다.(너무 구부리지 말고, 너무 젖히지 말고, 좌우로 기울지 말라.)

□ 수시반청收視反聽(先將眼返入內. 視其心所謂返神歸舍. 心向乎道, 須凝耳韻, 而不聽其聲.) : 시선을 거두어들이고, 듣는 것을 돌이킨다.(먼저 눈을 거느려서 안으로 돌이킨다. 그 마음을 보니 소위 신神을 돌이켜서 집으로 돌아감이다. 마음은 도道에 향하게 하고, 반드시 이운耳韻을 엉기게 하여, 그 소리를 듣지 않아야 한다.)

□ 공정정정空正定靜(空者, 內無思念, 了無牽罣. 正者, 外正其身不側, 內正其心, 不邪, 心與意會, 勅自然定, 神與氣凝, 則自然靜.) : 생각 없이 텅 비운 채 몸을 바르게 하고 안정하되 고요히 한다(空正定靜).

(공空은 안으로 생각이 없어서, 이끌어 걸림이 없어진 것이다. 정正은 밖으로 그 몸을 기울지 않고 바르게 하는 것이고, 안으로 그 마음을 바르게 하여서 사사롭지 않고, 마음이 뜻과 더불어 만나서 삼가하니 자연히 안정하고(定), 신(神)은 기氣와 더불어서 엉기니, 곧 자연히 고요해진다(靜).)

□ 의관신심意關神心(其時, 可用天一生水法. 意專注玄關. 意乃心之所發. 意之所住, 神亦住焉. 神住氣亦住焉. 乃凝入氣穴.) : 의관신심意關神心(그 때, 천일생수법을 운용한다. 뜻을 오로지 현관에 주입한다. 뜻은 마음이 드러난 것이다. 뜻이 머무는 곳에 신神 또한 머문다. 신神이 머물면 기氣 또한 머문다. 그래서 기혈氣穴로 엉기어 들어간다.)

□ 폐기요정閉氣腰挺(不閉氣, 則內精氣神三寶不全, 故必閉其口, 屛其息. 閉到難忍處, 與咽津時, 略將氣放一陳, 卽爲閉囘. 若腰爲一身中流砥柱, 必要挺身, 乃能振刷精神.) : 기를 막고 허리를 반듯이 한다.(폐기하지 않으면, 안의 정기신精氣神 삼보三寶가 온전하지 않으니, 그러므로 반드시 그 입을 막아서, 그 입으로 숨쉬는 것을 막아야 한다. 폐하여서 참기 어려운 곳에 이르면, 목구멍으로 침을 삼킬 때와 더불어서, 기氣를 토해내고 곧 돌아와 닫아야 한다. 허리는 일신의 튼튼한 기둥(中流砥柱)과 같으니, 반드시 몸을 곧게 하는 것이 필요하며, 그래야 능히 정신을 분발할 수가 있다.)

□ 물착의勿着意(意以不卽不離, 若有若無. 爲眞意若太用意, 則落後天, 無益而有損矣, 所以戒勿著.) : 마음에 두지 않는다.(뜻은 가까이하지 않고 떨어져서도 안되고, 마치 있는 듯 없는 듯하다. 진의가 만약 뜻을 너무 많이 써버리면, 곧 후천에 떨어져 무익하고 손해만 있게 되니, 경계하여 집착하지 말아야 한다.)

□ 잡념기雜念忌(坐以空字爲主. 又不知空徒空, 便落於頑空. 必要內有其色, 又無色之見存. 乃爲眞空, 若浮思雜念, 最忌. 色卽景色.) : 잡념을 금하라.(앉아서 텅 빈 공空을 위주로 한다. 또 텅 빈 진공眞空을 알지 못하고 다만 비었다(空) 하면, 곧 커다란 공空에 떨어지고 만다(頑空). 반드시 안에 그 색색이 있더라도, 또한 무색無色이라는 견해가 있어야 한다. 그래야 진공眞空이 되는 것이며, 만약 생각이 떠다니고 생각이 섞이는 것이 있는 것은 가장 꺼려 하는 것이다. 색색이란, 곧 경색景色(경치)이다.)

* 수행 중에 나타나는 갖가지 상像에 끄달리지 말 것을 말하고 있음.

□ 사혈심死血心(煉以心死, 則神活. 蓋血心屬陰, 神屬陽, 陽盛則陰衰, 故坐時要心虛靜, 身入無爲, 動靜兩忘, 內外合一, 乃得.) : 사혈심死血心(불려

서 마음을 죽이면, 곧 신神이 살아난다. 대개가 혈血과 심心은 음陰에 속하고, 신神은 양陽에 속하니, 양陽이 성한즉 음陰이 쇠하고, 그러므로 앉았을 때 마음이 허정함을 요하니, 신身이 무위無爲하여 동정動靜을 둘 다 잊어버리면 내외가 합일하여서 바로 얻게 되는 것이다.)

  □ 영내사寧耐俟(孔聖云難乎有恒. 以有恒爲作聖之基. 欲速則不達, 所以有堅忍之力, 毅然有守. 直到水落, 然後石出也. 他日功成全賴寧耐二字, 勉俟.) : 편안히 인내하면서 기다림.(공자 왈, 항상 함이 있는 것이 어렵다. 항상 함이 있는 것으로 성인이 되는 기초로 삼는 것이다. 욕속이면 부달(속히 하려고 하면 도달하지 못함)이니, 때문에 단단한 인내력이 있어야 하고, 의연하게 지킴이 있어야 한다. 곧바로 수水가 떨어지는 경계에 도달하고, 연후에 석石이 나온다. 후일에 공이 이루어짐은 온전히 영내寧耐 두 글자에 달려있는 것이다. 힘써 기다려야 한다.)

總論曰, 夫道之云煉者何蓋. 以眼煉也? 神在眼, 而以神御氣. 莊子云, 操太極以御六氣是也. 然心主之, 蓋心爲一身之主. 意爲精氣神之帥, 卽此悟之, 便得煉字之宗旨, 如六轡在手矣. 以上打坐法每日或兩次, 三次隨便, 每坐以久爲佳. 如不能久, 以脚香燃一枝爲度, 乃能見功.

총론 왈, 대저 도에서 말하는 불린다는 것(煉)이 무엇을 어찌하는가? 그것은 눈으로써 불리는 것이다. 신神이 눈에 있으니, 그래서 눈으로 기氣를 거느리는 것이다. 장자가 말한, '태극太極을 잡아서 이로써 육기六氣를 거느린다.'는 것이 이것이다. 그러나 마음이 주인이니, 대개가 마음을 일신의 주인으로 삼는 것이다. 의意는 정기신精氣神의 인솔자이니, 곧 이것을 깨닫게 되면, 바로 불릴 련煉 글자의 종지宗旨를 얻은 것이니, 마치 여섯 개의 고삐가 손안에 있는 것이다. 이상 타좌법을 매일 혹 두 번, 세 번 마음대로 하고, 매번 앉아서 오래하면 좋다. 만일 오래할 수 없으면, 향이 한 자루 정도 타는 시간이면, 능히 공이 드러난다.

總要時時意在此關, 不離這個. 然後此關乃易開. 坐時到定靜之際, 以舌輕輕頂住上腭. 使升淸降濁如滿, 咽下丹田, 咽時可略放出口氣. 免帶後天濁氣咽入而作患也. 若通關後勿論, 蓋後天濁氣要出, 不可服.
先天之氣要入, 可服也. 此是洛書天一生水, 地六成之之法.

어쨌든 항상 뜻(意)이 이 현관玄關에 있어야 하고, 이것을 떠나지 않아야 한다. 그런 후에야 이 현관이 쉽게 열린다. 앉아서 정정定靜에 이를 때 즈음에, 혀로써 살살 상악上腭(윗잇몸)을 지탱해준다. 그리하여 맑은 것은 오르게 하고, 탁한 것은 내리게 해서, 만일 가득 차면 삼켜서 단전으로 내리고, 삼킬 때에 가능하면 간략하게 입의 기운을 방출한다. 그리해서 후천탁기를 삼켜서 들어가 환患을 짓는 것이 없게 해야 한다. 만약 현관을 통한 후에도 물론, 대개가 후천탁기는 내보내야 하는데, 먹는 것은 불가하다.
선천의 기氣가 들어오기를 원하면 복용함이 가하다. 이것이 바로 낙서에서 천일天一이 생수生水하고, 지육地六으로 이루는 법인 것이다.

坐完, 將兩手搓熱, 以出眼火(六七番). 又要伸拳弄脚, 運動一番, 使舒筋活絡, 以出其屈火, 免其流入筋骨而不寧也. 然打坐處, 必以在床下帷, 不使人見爲上. 蓋恐三寶露而招魔也. 又入手未通關時, 又饑飽勿宜打坐. 又當體天地之仁心, 勿殺生, 免人物之穢氣, 勿近死是爲至要者矣. 以待眞積力久, 氣通神迴時候, 自然關開. 又不可著意其開.(若著意久不開, 當無意便可開.)

좌坐가 끝나면 양손을 비벼서 열을 내고, 이로써 눈의 화火를 걷어낸다(여섯 일곱 번 정도). 또 주먹을 펴고 다리를 흔들고 운동을 1번 하여서 근육과 경락이 풀리게 하고, 이로써 그 굴화屈火(구부린 火)를 내보내, 그것이 근골에 흘러들어 편안치 않는 것을 면해야 한다. 그러나 타좌처는 반드시 침상에 휘장을 내리고, 사람들이 보고 올라오지 못하게 한다. 그것은 대개가 삼보를 노출해서 마마魔를 부를까 염려함이다. 또 착수하여 관통하지 못했을 때나, 또 배가 고플 때는 타좌를 말아야 한다. 또 마땅히 천지의 어진 마음을 체득하여서 살생을 말아야 하고, 사람과 사물의 더러운 기氣를 털어내고, 죽은 것을 가까이 말아야 하는 이것이 지극히 중요한 것이다. 이로써 진眞이 쌓이고 힘이 오래되기를 기다리면, 기氣가 통하고 신神이 돌아올 때 자연히 관문이 열린다. 또한 그 열림에 뜻을 집착하면 불가하다.(만약 뜻을 집착함이 오래되면 열리지 않으니, 마땅히 뜻을 없애면 다시 열릴 수 있다.)

至將通關時, 可驗三寶眞氣, 盛逼欲入關而未得入, 必於頭額·面步, 鼻孔, 四圍走繞, 形如蟻行虫走. 甚似可壓, 漸逼漸近, 至於咬玄關, 咬之不入, 走繞, 或從泥丸而入, 再至於再咬而痛時, 則關開通矣.
通時上下之氣緊接豁然爽心大快. 此後一守玄關, 水火旣濟, 自然運動矣. 而毛病亦從此少矣. 此第一層囑白.
秉薰謹按此是通關工夫初步, 勤行七八朔, 神果凝聚.

장차 현관이 통하려 함에 이를 때, 가히 삼보의 진기를 증험할 수 있으니, 왕성하여 접근함에 현관에 들어오려 하나 들어오지 못하면, 반드시 이마와 얼굴을 걸어다니고(面步), 콧구멍(鼻孔)과 주변을 빙글빙글 돌며 둘러싸니, 그 모습이 마치 개미가 다니는 것 같고 벌레가 달리는 것 같다. 심하게 누르는 것 같고, 점점 바싹 접근하여 현관을 깨물게 됨에 이르러서, 깨물어도 들어가지 못하면, 달리며 둘러싸다가, 혹 니환을 따라서 들어가고, 재차 깨물어 아플 때에 다시 이르면, 곧 현관이 개통하게 된다.

통할 때에는 상하의 기氣가 긴밀하게 접근하여 활짝 트이고, 상쾌한 마음에 크게 통쾌하다. 이후로 현관을 한번 지키면 수화水火가 이미 조화를 이루어(水火旣濟) 자연 운동을 한다. 모병毛病(병) 또한 이로부터는 적어진다. 이것이 제일 먼저 당부하며 분명히 해두는 것이다.

병훈은 삼가 살펴보건대, 이것은 통관의 공부로서 시작의 첫걸음이며, 부지런히 행하여 7~8개월이면 신神이 과연 엉기고 모일 것이다.

古先生又曰, 日用長生法, 噤口.(不盜, 殺牲禽, 幷不狂肆言語.) 端坐, 莫起一念.

萬慮俱忘. 存神意定, 眼不視物, 耳不聽聲, 一心內守, 調息綿綿, 漸漸呼出, 莫敎間斷, 似有若無, 自然水火升降, 靈眞附體, 得至長生, 不難矣.

고공섬 선생은 또 말하기를, "일용장생법은 금구噤口(禁言)하라.(훔치지 말고, 가축을 죽이지 말고, 멋대로 말하지 말라.) 단좌하여서 일념도 일으키지 말라.

만 가지 사려를 모두 잊으라. 신神을 보존하며 뜻을 안정시키고, 눈으로 사물을 보지 말고, 귀로는 소리를 듣지 말고, 일심으로 안을 지키면서 숨을 고르면서 면면綿綿히 하고, 점점 호출呼出하면서 간단간단間斷이 없게 하여서 있는 것처럼 없는 것처럼 하면, 자연 수화水火가 오르내리고, 신령한 진(靈眞)이 몸에 부착하여 장생에 이름을 얻는 것이 어렵지 않다." 하였다.

又曰, 煉道, 先煉心, 必要降伏其心. 四大皆空, 乃可成道. 蓋酒色財三字, 固要勘破. 氣之一字, 更要加意推平, 當以暴怒爲戒, 忍辱以免害三寶.

蓋天地備於人身, 喜如春生, 量同河海, 心平氣和, 血脈生生不已, 豈非延年長生之道乎?

正如燃燈添油, 誰從熄之? 老年益壯. 如是同勉之哉. 坐式終.

또 말씀하시기를, "연도煉道는 먼저 연심煉心이니, 반드시 그 마음을 항복함이 필요하다. 사대四大가 모두 공空하여야 마침내 성도成道할 수 있다. 대개 주색재酒色財 세 가지는 진실로 초월하는 것을 요要한다. 노怒하는 것은, 다시 특별한 주의를 해서 공평히 할 것이니, 마땅히 격노하는 것을 경계하고 인욕忍辱함으로써, 삼보三寶의 해침을 면해야 한다." 하였다.

대개 천지가 사람 몸에 갖추어졌으니, 기쁨은 봄에 태어나는 생명 같고, 헤아림은 하해河海와 같고, 심기心氣가 평화롭고, 혈맥은 생생불이生生不已한데, 어찌 연연장생延年長生의 도道가 아니겠는가?

흡사 타오르는 등에 기름을 붓는 것과 같은데, 누가 불을 끌 수 있겠는가? 노년일수록 더욱 굳건히 해야 할 것이다. 이와 같이 함께 힘써야 한다. 좌식을 마친다.

秉薰謹按打坐法已終也. 將關通以後, 諸般用功, 亦必用打坐矣. 故曰, 此爲成始成終之要也. 他創行靜坐諸君, 得此至眞哲理神秘之要, 以加硏則其進何可量乎?

次章論藥火.

병훈은 삼가 살펴보건대, 타좌법은 이미 마쳤다. 장차 관통 이후에 제반 용공도 또한 반드시 타좌법을 써야 한다. 그러므로 이것을 성시성종成始成終의 요체라고 하는 것이다. 다른 곳에서(他) 정좌를 처음 행하는 제군들도 지극히 참된 철리요, 신비의 요체인 이것을 얻어서 더욱 연마한즉, 그 진전進展을 어찌 가히 헤아리겠는가?

다음 장에서는 약화藥火를 논한다.

제6장
논진화채약論進火採藥

　道藏千篇, 皆隱語. 有云, 鉛汞龍虎坎離水火異名衆多. 然其實, 只神氣二者別名而已. 神卽火, 氣卽藥. 以火煉藥而成丹者, 卽至眞哲理, 後之學人, 勿眩於其名詞也可乎.(精化爲氣. 故只言氣.)
　廣成子曰, 眞氣戰退陰氣, 煉體純陽, 故不死.
　以身爲國, 以心爲君, 以精爲民, 以形(形卽腹)爲爐, 首者鼎也. 精滿於腦, 故用火煅煉成丹.
　因精髓見火, 火者陽氣, 息者風也, 以風吹火, 火煉形神俱妙, 故曰煉神之道.
　存心於內, 眞氣沖和不死, 陽精不洩者勝.(陽精是眞種子).

　도장 천 편은 모두 은어이다. 이르는 말에, 연鉛(납), 홍汞(수은), 용호龍虎, 감리坎離, 수화水火의 이명異名은 아주 많다. 그러나 그 사실은 단지 신기神氣 두 가지의 별명일 뿐이다. 신神은 화火이고, 기氣는 약藥이다. 불(神)로써 약(氣)을 불려서 단을 이루는 것이니(火煉藥而成丹), 곧 지극히 참된 철리에 후학인들이 그 명사名詞(이름)에 현혹되지 말아야 한다.(정精이 변화해서 기氣가 된다. 그러므로 단지 기氣를 말한 것이다.)

광성자 왈, 진기眞氣가 싸워서 음기陰氣를 물리치고, 몸을 순양純陽으로 수련하면, 그래서 불사不死하는 것이다.

이 몸으로 나라를 삼고, 마음(心)으로 임금을 삼고, 정精으로 백성을 삼고, 형형(形卽腹)으로써 로爐를 삼고, 머리를 솥(鼎)으로 삼는다(腹爐首鼎). 정精이 뇌에 가득하면, 그러므로 화火를 써서 데우고 달구어서 단丹을 이룬다.

정수精髓가 불 쪼임을 당함(見火)으로 인하여, 불은 양기이고, 숨 쉬는 것은 바람인데, 바람으로 불을 불어주니, 화火가 형신形神을 불려서 모두가 묘하게 되므로, 그래서 신神을 불리는 도道라고 한다(煉神之道).

안에다 마음을 보존하고(存心於內), 진기眞氣가 충화沖和(부드럽게 조화함)하면 불사不死하게 되므로, 양정陽精을 새지 않게 하는 자가 이긴다.(양정陽精은 진종자眞種子이다.)

제1절 논약화동용論藥火同用

乾坤鼎爐之名義, 於斯可以瞭然無疑.

丹經曰, 聖人傳藥不傳火. 然此言陽氣者, 卽火候也.

藥鏡曰, 先天氣後天氣, 得之者, 常似醉. 天應星, 地應潮. 火眞火水眞水, 起巽風, 運坤火, 入黃宮, 成至寶.

건곤乾坤 정로鼎爐의 명의는 여기에서 가히 분명할 것이므로 의심할 것

없다.

단경에 왈, 성인은 약을 전하였고 불을 전하지 않았다. 그러나 여기에서 말하는 양기陽氣란, 곧 화후火候이다.

약경 왈, "선천기와 후천기를 얻은 자는 항상 취한 것 같다. 하늘은 별에 응하고, 땅은 조수와 응한다. 화火가 진화眞火이고, 수水가 진수眞水이면 손풍巽風이 일어나 곤화坤火를 운용해서, 황궁黃宮에 들어가 지극한 보화至寶를 이룬다." 하였다.

參同曰, 炎火張設下. 呂純陽曰, 正一陽初動, 進火工夫牛斗危.

張紫陽曰, 若到一陽來復, 進火勿遲, 是皆指明火候者.

而近世尹眞人, 朱雲陽益之曰活子時, 正子時, 藥産神知者, 分明是人身陽氣動者, 卽藥也, 水中之眞火也.

火乃炎上, 故用眞意引而加升. 然始用文火溫養, 而竟用武火猛烹極煉, 爲進火之法度也.

참동계 왈, "염화炎火가 베풀어져 내려온다." 하였고, 여순양 왈, "바른 일양이 처음 동할 때, 진화공부進火工夫는 우두위牛斗危(斗牛女虛危室壁의 北方玄武七宿 중 세 별로 水에 해당, 진연眞鉛)이다." 하였다.

장자양 왈, "만약 일양一陽이 왔다 갔다 하기에 이르면, 진화進火를 지체하지 말아야 하니, 이 모두가 화후火候를 분명히 함을 가리키는 것이다." 하였다.

그리고 근세 윤진인, 주운양이 더해서 말하기를, "활자시, 정자시에 약이 산출됨을 신이 아는 것이니, 이것은 인신人身의 양기陽氣가 동한 것이 분명하니, 곧 약藥이고 수水 중의 진화眞火이다." 하였다.

불이 타서 오르면, 그러므로 진의眞意를 써서 이끌고 더 오르게 한다. 그러나 처음에는 문화文火(약한 불)를 써서 온양溫養하다가 결국에는 무화武火(센불)를 써서 맹렬하게 삶고 지극하게 불리는 것을 진화의 법도로 삼는다.

鐘呂云勒陽關(用軟綢巾, 執持外陽氣, 秘訣) 飛金晶, 起眞火而後升, 至頂玄關, 三十六度. 閉目上視腦亦六六轉, 曰小周天.
　一周旣畢, 可行大周天(三百六十五度). 是曰進火, 是曰採藥矣. 前降曰退陰符, 可以舒遲. 久久甘露自降, 降則咽之. 水能潤下故也. 要之神息相依爲妙, 息則晏然爲主. 所謂眞人息至踵者, 深深之意也. 又左升而右降, 右升而左降, 三十六度.
　每用意起自湧泉, 至泥丸少遲, 爲要.

종여(종리권)가 말하기를, 늑양관勒陽關(옆구리, 用軟綢巾, 外陽氣를 잡음이 비결), 비금정飛金晶(眞鉛이 하단전으로부터 상단전으로 들어가는 것)으로, 진화眞火를 일으켜서 뒤로 올리고, 정수리 현관에 이르게 하는데, 36번을 한다. 눈을 감고 위로 뇌를 보면서 또 36번을 구르니, 소주천이라 한다.
　한 번의 일주를 마쳤으면, 대주천을 행할 수 있다(365도). 이것을 진화進火라고 하고, 이것을 채약이라 한다. 앞으로 내림을 퇴음부라 하니, 가히 서서히 지체해야 한다. 오래되면 감로가 저절로 내려오니, 내려오면 삼켜야 한다. 그것은 수水가 능히 적시면서 흘러내려버리기 때문이다. 신식神息으로 서로 의지하여 묘함이 된다는 것이 중요하니, 숨을 쉬는 것은 편안하게 함을 주主로 하는 것이다. 소위 진인眞人은 숨을 쉬는 것이 발뒤꿈치에 이른다는 것이니(진인은 발뒤꿈치로 깊은 숨을 쉰다는 의미), 깊고 깊은 뜻이다. 또 좌로 올라 우로 내리고, 우로 올라 좌로 내려서 36번이다.

매번 뜻을 써서 용천으로부터 일어나서 니환에 이르기까지 조금 천천히 하는 것이 중요하다.

(아래의 글은 여동빈 신선의 《주후삼성편肘后三成篇》에 있는 주후비금정에 대한 글을 옮겨왔음.)

純陽子曰：少男長女, 爭馳龍虎, 飛入天池, 化爲甘雨。此肘後之飛金晶也。

何謂也? 旣吾用夫肘後之法, 次第升存, 及腎之氣入於腦, 則行飛金晶焉。故於子之時, 腎之氣生, 與肺之氣合, 於是腎之氣欲與肝之氣交焉。其肺之氣存於腎之中, 是爲金晶者也。於其時下功, 如前俯仰, 一撞三關, 直入於上宮, 合和於體海, 時飮乎天漿, 是爲眞陰神水者也。如是以待乎旣濟。用艮之時, 其名曰少男；用巽之時, 其名曰長女。肘後之左曰龍, 右曰虎；其頂曰天池, 其神水曰甘雨。自艮至於巽, 凡一撞而入於頂。於是煉頂之髓以爲水。如腦中之神昏而懣, 卽暫存於下身, 少焉復升, 而入於頂以煉之。

순양자 왈, 소남 장녀가 다투어 용호로 달려서 천지에 날아들어가서 감로로 변화한다. 이것을 주후의 비금정(肘後之飛金晶)이라고 한다.

무엇을 말하는가? 예전에 내가 저 주후지법肘後之法을 쓰는데 순서대로 올라서 있게 되면, 신腎의 기氣가 뇌에 들어가게 되니, 곧 비금정飛金晶(금晶이 날아간 것이다)을 행한 것이다. 그러므로 자시에 신腎의 기가 생겨서 폐기와 더불어서 합하고, 이에 신腎의 기氣가 간肝의 기氣와 함께 올라가서 교제하려 한다. 그 폐肺의 기氣가 신腎의 가운데 존재하는 이것이 금정金晶이라는 것이다. 그때에 공부를 내려놓고 전과 같이 올려다보고 내려다 보아서(俯仰), 한 번에 삼관을 때려서 곧바로 상궁에 들어가 체해體海에 화합한다. 그때 천장天漿을 마시니, 이것이 진음신수眞陰神水라는 것이다. 이와 같이 기다림으로써 기제旣濟이다. 간艮의 시간 때에 운용하니, 그 이름을 소남이라 하고, 손巽의 시간에 운용하니, 그 이름을 장녀라고 하는 것이다. 주후肘後의 왼쪽을 용이라 하고, 오른쪽을 호虎라고 하고, 그 정수리를 천지라고 한다. 그 신수를 감우甘雨라고 하고, 간艮으로부터 손巽에 이르기까지 무릇 한번 부딪쳐서 정수리에 들어간다. 이에 정수리의 수髓를 불리면 수水가 된다. 마치 뇌중의 신神이 혼민昏懑하니, 곧 잠시 하신下身에 있다가, 조금 후에 다시 올라와서 정수리에 들어가서 불려지는 것이다.(이상 여동빈 신선의 글에서)

제2절 논태식경위진공지절요論胎息經緯眞功之切要

胎從伏氣中結, 氣從有胎中息. 氣入身來, 爲之生. 神去離形, 爲之死. 知神氣, 可以長生, 固守虛無, 以養神氣. 神行卽氣, 行神住卽氣住. 若欲長生, 神氣相注, 心不動念, 無來無去, 不出不入, 自然常住, 勤而行之, 是眞道路.(銘三十六咽, 爲先, 吐唯細細, 納唯綿綿.)

태胎는 복기伏氣의 가운데로부터 맺어지고, 기氣는 태중胎中에 있음으로부터 숨을 쉬다. 기氣가 몸으로 들어오면, 살아있는 것이고, 신神이 가서 형을 떠나버리면 죽음이 된다. 신神, 기氣를 알면 가히 장생할 수 있으니, 허무虛無를 굳게 지켜서 이로써 신기神氣를 기른다. 신神이 다니는 것이 곧 기氣이니, 다니는 신(行神)이 머물면, 곧 기氣가 머무는 것이다. 만약 장생하려거든, 신神, 기氣를 서로 주입相注해서 마음에서 생각을 동動하지 말고, 오고 감이 없이 하고 출입하지 않으면 자연히 항상 거주함이니, 부지런히 행하면 이것이 진정한 도의 길이다.(명銘은 36회 삼키는 것을 선先으로 하고, 토하는 것(吐)은 세세히 하고, 들이는 것(納)은 오직 면면하게 한다.)

此不知姓氏作者, 然誠眞傳也. 張景和胎息訣曰, 眞玄眞牝, 自呼自吸, 靜極而噓, 似春沼魚, 動極而噏, 如百虫蟄. 灝氣融融, 靈風習習, 不濁不淸, 非口非鼻, 無去無來, 無出無入, 返本還元, 是眞胎息(氤氳開闢, 其妙無窮).

按此乃玄牝之用, 凝神入氣穴, 心息相依而結丹之妙也. 又蕭紫虛曰, 呼出心與肺, 吸入腎與肝, 呼則接天根, 吸則接地根, 呼則龍吟雲起, 吸則虎嘯風生, 呼吸風雲. 凝成金液者, 乃道經所謂眞橐籥之用, 而神水入華池者, 至哉.

이것은 성씨를 알 수 없는 자가 지은 것이나 진실로 진전眞傳이다. 장경화의 태식결에 이르기를, 진현진빈은 자호자흡이니, 정극靜極하면 천천히 불되, 마치 봄 연못의 물고기처럼 하고, 동극動極하면 흡噏하되, 마치 모든 곤충이 칩거하여 겨울잠 자듯이 한다. 호기灝氣(밝고 맑은 기운)가 융융融融(온화한 모습)하고, 영풍靈風이 습습習習(솔솔 불다)하며, 탁하지 않고 맑지도 않으며, 입도 아니고 코도 아니며, 거래도 없고, 출입도 없으며, 근본으로 돌아가서 근원으로 돌아가니, 바로 진정한 태식胎息이다(자욱한 기를 열고 닫으니 그 묘함이 무궁하다).

이를 살펴보건대, 현빈의 용用은 엉긴 신(凝神)이 기혈氣穴에 들어감으로, 심식心息이 서로 의지해서 단을 맺는 묘함이다. 또 소자허蕭紫虛는 왈,

호흡로 내는 것은 마음이 폐와 더불어 하는 것이요, 흡입은 신腎과 더불어서 간이요, 호흡는 곧 천근天根에 접하고, 흡吸은 곧 지근地根에 접하니, 호呼는 곧 용음운기龍吟雲起요, 호소虎嘯(범의 으르렁거림) 풍생風生이니, 호흡하여 풍운이 인다. 엉기어서 금액을 이룬다는 것은, 도덕경에서 소위 진眞 탁약橐籥(풀무)의 쓰임이요, 신수神水가 화지華池에 들어가는 것으로 지극하다 하였다.

약물화후도 藥物火候圖

神 : 是性, 是火, 火屬心, 心爲離. 故曰汞曰龍. 先天眞一氣, 是眞從今可除別名.(元神見而元氣生神氣合而凝.)

신神 : 성性이고, 화火이니, 화火는 심心에 속하고, 심心은 리離에 속한다. 그러므로 홍汞이라 하고, 용龍이라 한다. 선천진일기는 바로 진眞이니 지금부터 별명은 없앤다.(원신이 드러나면 원기가 생하고, 신기가 합하여 엉긴다.)

氣 : 是命是藥, 藥屬腎, 腎爲坎, 故曰鉛, 曰虎. 藥從虛無中自來.

기氣 : 명命이고 약藥이니, 약藥은 신腎에 속하고, 신腎은 감坎이니, 그러므로 납鉛이며, 범虎이라 한다. 약藥은 허무중虛無中을 따라서 저절로 오는 것이다.

藥物神 是性。是火。火屬心心爲离。先天眞一氣是眞從今可除別名。元神見而元氣生神氣合而凝

火候氣 是命是藥藥屬腎腎爲坎。故曰汞曰龍。藥從虛無中自來。

圖 故曰鉛曰虎

제3절 논뇌신경론腦神經

按近世西哲心理學, 專主大小腦神經而言. 金丹之法, 亦專於還精補腦, 腦中元神主之也.

噫! 中韓西哲學, 俱以腦髓爲心神之作用者, 詎非神聖之智見耶? 但其運用殊歸者, 從今以後, 可就合致以圓滿, 不亦喜哉? 意乃心之所發, 商量運用者, 道家名以黃婆.

凡此進火採藥成丹, 皆意之用也, 意之力也.

근세 서양철학인 심리학을 살펴보건대, 오로지 대소뇌 신경을 위주로 말하였다. 금단의법도 또한 오로지 환정보뇌還精補腦에서 뇌중의 원신을 주로 하였다.

아! 중국, 한국, 서양철학이 모두 뇌수로써 심신의 작용으로 삼는 것이니, 어찌 신성의 지혜로운 견해가 아니겠는가? 다만 그 운용이 다르게 돌아가는 것은 지금 이후부터, 가히 나아가 원만함으로써 합치하면, 또한 기쁘지 않겠는가? 뜻은 마음에서 발하는 것이고, 헤아려서 운용하는 것은 도가에서 황파黃婆라고 이름하였다.

무릇 이 진화, 채약, 성단은 모두가 뜻의 사용이요, 뜻의 힘인 것이다.

제4절 논여순양단기설論呂純陽丹基說

呂純陽曰, 以道全形, 以術延命, 竊無涯之元氣, 續有限之形軀. 人能靜坐圜內於無爲無忘中, 反心內照, 如電如霧, 一點眞陽. 勃勃然引入玄關, 透乎長谷, 竟乎泥丸, 化爲玉液. 搦搦然降於五內, 卽皷巽風, 驅蕩關節臟腑之病邪. 且必以神御氣, 以氣定息, 隨其運轉, 任他太極虛空, 打成一片丹基, 如春氣生核, 神龍養珠. 又曰, 能知活子時, 何怕藥無丹.

여순양 왈, "도로써 형을 온전히 하고 도술로써 생명을 늘임은, 끝없는 원기를 훔쳐서 유한의 몸뚱이를 계속하는 것이다. 사람이 능히 원내에 정좌하여 무위무망 중에 있으면서 마음을 돌이켜서 안으로 비추면, 전기 같고 안개 같은 일점의 진양이 활활하게 이끌어서 현관으로 들어가고, 장곡으로 유인하면 마침내 니환에서 옥액으로 변화한다. 붙들고 붙들어서 오장 안으로 내려가니, 곧 손풍이 울리고, 관절과 장부의 병과 사악함을 몰아 씻어낸다. 또 반드시 신神으로써 기氣를 몰고, 기氣로써 숨 쉬는 것을 안정케 하며, 그 운행을 따라서, 그 태극허공에 맡겨 방임하며 일편단기로 몰아 부치니, 마치 봄기운에 씨앗이 생기는 것 같고, 신룡이 구슬을 기름과 같다 하였다. 또 왈, 능히 활자시를 아는데, 어찌 약에 단이 없을 것을 걱정하겠는가?" 하였다.

제5절 **논약화동용성단論藥火同用成丹**

陰眞君(東漢皇后之曾祖,受道於老子)曰, 五行顚倒術, 龍從火裏出. 五行不順行, 虎向水中生, 乾坤交媾罷, 一點落黃庭.(按始生一粒黍米珠漸大生子, 生孫, 至九子, 造化聖眞.)

음진군(동한황후의 증조, 노자에게 도를 받음) 왈, "오행전도술은 용이 불속으로부터 나와서 오행이 불순행하고, 호虎가 수중으로 향하여 생生하고, 건곤이 교구交媾를 마치면, 일점이 황정黃庭에 떨어진다." 하였다.(살피건대, 처음 생生하는 한알의 기장쌀이 점점 커져서 자식을 낳고, 손자를 낳고, 아홉 자식에 이르고, 조화성진造化聖眞에 이른다.)

此云龍, 卽肝木之氣, 在心火中生津液者, 謂之火中之水, 乃眞水也. 虎卽肺金之氣, 在腎水中生煖氣者, 謂之水中之火, 乃眞火也. 此眞水火, 用眞意以升降, 輕輕然運, 默默然擧, 自然金木混融, 關尹所謂金木者, 水火之交是也.

神守於元宮, 氣騰於牝府, 忽然一點, 如黍米珠, 落於黃庭, 是乃從坤爐, 升入乾鼎, 以成空氣金丹, 鍾呂千眞的傳, 誠如是也.

여기서 이르는 용龍은, 곧 간목肝木의 기氣이니, 심화心火 중에 있으면서 진액을 생하는 것이고, 일러서 화중지수火中之水라 하니, 진수眞水이다. 호虎는 곧 폐금의 기氣이니, 신수腎水 중에 있으면서 따뜻한 기(난기煖氣)를 생하는 것이므로, 일러서 수중지화水中之火라 하니, 진화眞火이다. 이 진수화眞水火는 진의眞意를 써서 이로써 승강하고, 경경하게 운행하고 묵묵히 가게 되니, 자연히 금목金木이 혼융하여 관윤자가 소위 금목金木과 수화水火의 사귐이라 했던 것이 이것이다.

신神은 원궁元宮에서 지키고, 기氣가 빈부牝府에 오르면 홀연 일점이 마치 기장쌀 같은데 황정黃庭에 떨어지니, 이것이 곤로坤爐를 따라서 건정乾鼎으로 올라 들어가서 공기금단空氣金丹을 이룬 것이니, 종리권, 여동빈과 천명의 진인들이 전한 것이 진실로 이와 같은 것이다.

用功有吸, 舐, 撮, 閉, 無數作用, 惟在勤而行之. 不可愁勞, 所謂顚
倒五行, 逆用造化, 以兒産母者.

夫採時, 謂之藥, 藥中有火, 煉時謂之火. 火中有藥, 故杏林曰, 藥
覓先天氣, 火尋太易精. 能知藥取火, 定裏見丹成者此也.

所謂黍米珠漸大者, 非經驗人, 則不能知矣. 只勤劬必有釋疑之日
乎. 進功則一日十二時, 皆可爲也. 此與天符經運三四成環之妙相合
者也.

공을 써서 흡吸하고, 진액을 핥고(舐), 모아서(撮), 닫는 것(閉)의 무수한 작용은 오직 부지런히 행함에 달려있는 것이다. 이루지 못할까 걱정하면서 힘쓰는 것은 불가하니, 소위 전도오행顚倒五行(오행이 뒤바뀜), 역용조화逆用造化(거꾸로 조화를 운용함)니, 아이가 어미를 낳는 것이다.

대저 캐는 때를 일러서 약藥이라 하는데, 약藥 가운데는 화火가 있으므로, 불릴 때를 화火라고 한다. 화火 중에 약藥이 있으니, 그러므로 행림이 말하기를, "약藥에서 선천기를 찾는 것처럼, 화火에서 태역정太易精을 찾는다. 능히 약藥을 알아서 화火를 취하니, 정定 속에서 단丹이 이루어짐을 본다."는 것이 이것이다.

소위 기장 쌀알이 점점 커진다는 것은 경험이 아니면 알 수가 없다. 단지 부지런하고 수고롭게 하면 반드시 의문이 풀릴 날이 있으리라. 공공이 나아가서 하루에 12시간이면, 모두 가능한 일이다. 이는 천부경 운삼사성환지묘運三四成環之妙와 더불어서 서로 합하는 것이다.

|제7장|
결단온양結丹溫養

廣成子曰, 室如鷄子. 黃白一家, 製器爲房. 丹生其內. 造化自異, 眞中之神.

參同曰, 知白守黑, 神明自來. 金來歸性初, 乃得稱還丹. 持入赤色門, 務令致完堅. 始文使可修, 終竟武乃成. 下有太陽氣, 伏蒸須臾間. 先液而復凝, 號曰黃轝焉. 形體化爲土, 狀若明窓塵.(按神之室, 如鷄子云者, 勿眩.)

광성자 왈, "실室은 마치 계란 같다. 황백黃白이 일가이니 그릇을 지어서 방으로 삼는다. 단丹은 그 안에서 생겨난다. 조화가 저절로 기이하니, 진眞 중의 신神이다." 하였다.

참동계 왈, "백을 알고 흑을 지키면 신명은 스스로 온다. 금金이 성性의 처음으로 돌아가면, 환단還丹이라 부른다. 도야擣冶하고 아울러 합하여서, 가지고 적색문으로 들어가서 힘써 하여금 완전히 굳음에 이르러야 한다. 처음에는 문文(文火, 약한 불)으로 닦게 하고, 구경에는 무武(武火, 센 불)로서 이루게 한다. 아래에는 태양기가 있는데, 엎드려 쪄내는 것이 잠깐 사이다. 먼저는 액체이나 뒤에는 엉기어서 이름을 황여黃轝(누런 수레)라 한다. 형체는 변해서 먼지가 되고, 모습은 마치 밝은 창가의 먼지와 같다." 하였다.(살피건대, 신神의 방은 마치 계란과 같다고 하는 것은 현혹되지 말아야 한다.)

제1절 논결단지묘論結丹之妙

此卽丹成景象也. 金是先天太極乾金, 爲人性命者. 是本乾家所出, 而今還歸于乾. 故曰還丹. 煉精化氣, 後升前降, 取坎塡離之法, 前章明之. 金液成丹, 超凡入聖, 精神之學, 到此神化之用, 將何可量乎? 此云明窓塵, 或曰脫體之狀, 或曰大藥將産之象. 然只可自驗也, 三年養神丹之說, 誠不可准信, 只要舒遲, 勿求急效.

古空蟾師六年成丹, 八年面壁. 而余則尤加延遲也.(道家四千年前, 言空氣結胎之理, 空氣爲丹工之切要. 可以悟之.)

이것은 곧 단이 이루어지는 경상景象이다. 금은 바로 선천 태극의 건금이니, 사람의 성명이 되는 것이다. 이는 본래 건가乾家에서 나와서 이제 다시 건乾으로 돌아가는 것이다. 그러므로 왈, 환단還丹이라는 것이다. 연정화기는 뒤로 오르고 앞으로 내리며, 감坎괘의 중앙 양효陽爻를 취해서 이괘의 중앙 빈 곳(陰爻)을 메꾸는 법이니, 전장에서 밝혔다. 금액이 단을 이루고 초범 입성함은 정신의 학學으로, 여기에 이르면 신화神化(정신의 변화)의 작용이니, 장차 무엇으로 가히 헤아리겠는가? 이것을 일러서 명창明窓의 먼지라 하고, 혹 왈, 탈체의 상(육체를 벗어나는 모습)이라 하고, 혹 왈, 대약大藥이 장차 나오려는 모습이라 한다. 그러나 단지 스스로 경험할 수 있을 뿐이나, 3년을 신단神丹을 기른다는 설은 진실로 준하여 믿을 수는 없으며, 단지 여유 있고 침착함(서지舒遲)이 요하며, 급히 효과를 구하지 말아야 한다.

고공섬 스승은 6년에 단을 이루었고, 8년간 면벽수행하였으며, 나는 더욱더 연장되고 지체되었다.(도가의 4천 년 전에 공기를 맺어서 태胎를 한다는 이치를 말하였는데, 공기가 단공의 절요가 됨을 가히 깨달을 수 있다.)

제2절 논단성온양論丹成溫養

道德老子曰, 天地合, 甘露降, 專氣致柔.
關尹子曰, 人之力, 有可以勝造化處.
程子曰, 煉形以至長生, 分明是天地間人力, 勝造化處.
朱子曰, 以神運用精氣以成丹, 異色如鴨子卵.
參同曰, 溫養子珠.
呂純陽曰, 結胎以前, 用武火, 退陰已盡, 陽體已露, 只用文火, 溫養保固, 使之泰然安處乎中.(按自驗則果有甘露降焉, 學人勿疑. 鴨卵亦神室之謂.)

도덕경에서 노자 왈, "천지가 서로 합하여 이로써 감로를 내려주고(도덕경 32장), 오직 혈기를 부드러움에 이르게 하여 영아처럼 부드럽게 할 수 있는가?"(도덕경 10장)라고 하였다.

관윤자 왈, "사람의 힘으로 조화처를 이길 수가 있다." 하였다.

(관윤자의 文始眞經 제7장에서 "人之力, 有可以奪天地造化者, 如冬起雷, 夏造氷.死尸能行." 즉, 사람의 능력으로 천지조화를 탈취할 수가 있는데, 겨울에 우레가 일어나고, 여름에 얼음이 얼고 죽은 시체가 걸어다니는 것 같은 것이다.)

정자 왈, "형形을 단련해서 장생에 이르는 것은, 분명히 천지 간에 인력으로 조화처를 이기는 것이다." 하였다.

주자 왈, "신神으로써 정기精氣를 운용해서 단을 이루면(成丹), 기이한 색이 마치 오리알과 같다." 하였다.

참동계 왈, "어린 구슬(子珠)을 따뜻히 기른다." 하였다.

여순양(여동빈) 왈, "태를 맺기 전에 무화武火를 쓰고, 음陰이 물러나기를 다하면, 양체陽體가 이미 드러나니, 오직 문화文火를 써서 온양하여 굳게 보호하여, 태연하게 그 가운데 편안히 처(安處)하게 한다." 했다.(스스로 경험을 살펴보건대, 과연 감로甘露가 있어서 내려오는데, 학인은 의심을 말라. 오리알 또한 신실을 말하는 것이다.)

謹按諸論皆丹成溫養者, 蓋念不可起, 起則火炎. 意不可散, 散則火冷, 但使毋過不及. 如龍養珠, 如鷄抱卵, 操舍得中. 神抱於氣, 氣抱於神, 沖和包裹. 無時間斷者, 所謂溫養也. 金鼎常令湯用煖玉爐不要火敎寒. 然火候足, 只須溫養莫傷丹也. 所謂抽添者, 時加文火. 所謂沐浴者, 卽洗心滌慮也, 別無深意.

學人於此, 可以信驗天地至神至道之凝, 有時而玉淸眞我來復矣. 豈不愉快哉?(但工夫到此, 必有戱魔賊害者衆矣加意防之.) 是皆大道自然之經驗, 愼不可急求也.

삼가 제론을 살피건대, 모든 단성온양丹成溫養이란 것이, 대개가 생각을 일으키는 것은 불가하니, 생각을 일으키면 불같이 타오른다. 뜻을 흩어버리는 것은 불가하니, 뜻을 흩어버리면 불이 식어버리니, 다만 과하지 말고, 불급하지 말도록 해야 한다. 마치 용이 여의주를 기르듯이, 닭이 알을 품듯이, 잡고 내버려두고 함에서 중中을 얻어야 한다. 신神이 기氣에 감싸여 있고, 기氣는 신神에 감싸여 있고, 부드럽고 조화(沖和)로움으로 안을 감싸야 한다. 이것이 끊어짐이 없도록 하는 것이, 소위 온양溫養이라는 것이다. 쇠솥(金鼎)은 항상 온기를 써서 끓이고, 옥로(옥화로)는 불로 하여금 차겁지 않도록 한다. 그러나 화후火候는 족히 하여서, 오직 온양溫養으로 단丹이 상하지 않도록 해야 한다. 소위 추첨(抽添)이란 것은, 때에 맞추어 문화文火를 더함이다. 소위 목욕沐浴이란 것은, 곧 마음을 씻고 생각을 청결히 하는 것이며 따로 깊은 뜻은 없다.

학인은 여기에서 가히 천지의 지극한 신도神道의 응결됨을 믿고 증험할 수 있으니, 때가 되면 옥청진아玉淸眞我가 돌아올 것이다. 어찌 유쾌하지 않겠는가?(단지 공부가 여기에 이르면 반드시 희마적해戲魔賊害가 많이 있으리니, 뜻을 더해서 막아야 한다.) 이것은 모두 대도 자연의 경험이니, 삼가 급히 구함은 불가하다.

제8장
논양신출태論陽神出胎

廣成子曰, 天香滿鼎, 露映三台. 隱顯無干, 與天長年.

老子曰, 外其身而身存, 天地長久.

藥鏡曰, 終脫胎, 看四正(遠遊四方).

參同曰, 服食三載, 輕擧遠遊, 跨火不焦, 入水不濡, 能存能無, 長樂無憂, 道成德就, 潛伏俟時, 太乙乃召, 移居中州.

類如雞子, 黑白相扶, 縱廣一寸, 以爲其初, 四肢五臟, 筋骨乃具, 彌歷十月, 脫出其胞. 骨弱可捲, 肉滑若鉛.

呂純陽曰, 火候旣足, 透出太玄關, 劈開乾戶, 神光湧湧.

광성자 왈, "하늘의 향기는 솥에 가득하고, 이슬은 삼태성三台星에 비추었네. 숨고 드러냄을 관계함이 없이 하늘과 더불어 오래 살았네." 하였다.

노자 왈, "그 몸 바깥에, 자신의 몸이 또 존재하니(外其身而身存 / 양신이 출태한 것) 천지와 더불어서 장구하는 것이다." 하였다.

입약경入藥鏡 왈, "탈태(陽神이 육신을 벗어남)를 끝내고, 사정四正(자오묘유, 사방)을 본다(멀리 사방으로 노닌다)." 하였다.

참동계 왈, "복식을 3년 한 후, 가볍게 가서 멀리 노닐고, 불에 걸터앉아도 타지 않고, 물에 들어가도 젖지 않고, 능히 있다가 능히 없기도 하고, 장락무우長樂無憂(오랫동안 즐겁고 걱정 없음)하며, 도덕이 성취하여 잠복해서 때를 기다리니, 태을太乙이 불러서 중주中州로 이거移居하였다." 하였다.

대체로 계란 같고, 흑백이 서로 부축하는데, 종縱으로 넓이 1촌으로, 그 처음으로 해서 사지오장四肢五臟과 근골이 갖추어졌고, 갓난아이가 10개월이 지나면 그 포胞를 탈출한다. 뼈가 약하지만 주먹을 쥘 수가 있고, 둘레가 미끄러운 것이 마치 납과 같다.

여순양 왈, "화후가 이미 만족하면, 태현관太玄關을 뚫고 나오니, 건의 구멍(乾戶)를 쪼개고 열어서 신광이 솟구친다(神光湧湧)." 하였다.

烏乎! 精神之功到此, 可謂能事畢矣.
關尹所謂以我之精, 合天地萬物之精, 以我之神, 合天地萬物之神, 與天地爲一, 可以神通變化. 所謂身外有身. 光燭九垓, 聚則成形, 散則成氣. 然陰神不能化形分身, 陽神可以萬億化身, 變化無窮, 入金石不碍, 頃刻萬里, 周通三界, 所謂聖而不可知之謂神也.
當加乳哺之功, 次節明之. 此與天符經五七一妙衍之旨相孚者也.

오호! 정신의 공이 여기에 이르면, 가히 능히 일을 마쳤다고 할 것이다.

관윤자가 소위 "나의 정으로써 천지만물의 정精에 합하고, 나의 신神으로써 천지만물의 신神에 합한다."고 하였으니, 천지와 더불어서 하나가 되어서 신통 변화가 가능한 것이다. 소위 몸 바깥에 몸이 있는 것이다(身外有身). 빛이 구천의 바깥에까지 비추고, 모이면 형을 이루고, 흩어지면 기

氣를 이룬다. 그러나 음신陰神은 형을 변화해서 분신分身하는 것을 할 수 없고, 양신陽神은 만억화신萬億化身이 가능하고, 변화가 무궁하여서 금석金石에도 걸림 없이 들어가고 경각頃刻에 만리를 가며, 천지인 삼계三界에 두루 통하여, 소위 성인聖人이라도 알 수 없다고 이르는, 바로 그 신神인 것이다.

마땅히 젖 먹여서 기르는 공부를 더해야 하니, 다음 절에서 밝혀둔다. 이것은 천부경의 오칠일묘연五七一妙衍(천부경의 설명 참조)의 뜻과 더불어서 서로 합하는 것이다.

*신외유신身外有身 : 몸 밖에 또 몸이 있다는 것으로, 몸 밖에 또 다른 육신이 있는 것을 말하는 것이 아니라, 이것은 양신陽神이 머리 위에 출현한 것을 말하며, 도가의 서적인 성명규지의 책 양신출현도陽神出現圖에 자세히 소개되어 있고, 또 능엄경의 법왕자주法王子主의 설명에 "형상이 이루어져서 태胎에서 나와 직접 불자佛子가 된 것을 말한다." 했으니, 바로 이 신외유신이다.

|제9장|

연신환허합천성진
煉神還虛合天成眞

參同曰, 百世以下, 遨遊人間, 吉人相乘負, 安穩可長生, 遊太虛兮, 謁元君, 受天圖兮, 號眞人.(此云元君卽我, 上帝也).

秉薰謹按煉神之法, 有地元證道, 而(道藏未有也) 楞嚴曰, 形成出胎, 爲佛覺胤, 容貌如佛, 心相亦同, 十身靈相, 一時俱足, 名童眞住, 是乃金剛不壞, 天億化身也. 吁! 其最上乘, 果如是一致哉!

참동계 왈, "백대를 내려오면서 인간과 오유遨遊(유람)하고, 길인吉人이 서로 승부乘負하여 안온하게 장생할 수 있으니, 태허太虛를 유람하다가 원군元君을 알현하고 천도天圖를 받으니 진인眞人이라 한다." 했다.(여기서 이르는 원군은, 곧 우리 상제이시다.)

병훈이 삼가 살펴보건대, 연신煉神의 법으로 지원地元(도가수진지법 설명 참조) 증도證道가 있으니, (도장에는 없다) 능엄경에 왈, "형체가 이루어져서 출태出胎하면 불각윤佛覺胤(부처를 깨달은 불제자佛弟子)이라 하니, 용모가 마치 부처와 같고, 심상心相 또한 부처 같고, 십신十身의 영상靈相도 일시에 구족具足하니, 동진주童眞住라 이름하고, 금강에도 무너지지 않는 천억의 화신이다." 하였다.(수능엄경 권 제8 중에서) 아! 그 최상승最上乘이, 과연 이와 같이 일치하는가!

(道家修眞之法 :「傳統不外三元丹法, 卽天元、地元、人元。天元神丹, 立地飛昇, 惟百世不可一遇 ; 地元靈丹, 點化黃白, 世罕眞傳 ; 人元大丹, 性命雙修, 了性而自了命者也。前兩者爲外金丹法, 後者爲內金丹法。」

  *地元靈丹, 點化黃白, 世罕眞傳 : 지원은 신령한 단으로 신선이 법술로 황백을 변환할 수 있으나 세상에 진전眞傳은 드물다.

呂純陽曰, 嬰兒出胞, 須密加護持, 乳哺溫養, 勿使外緣所侵. 內妄所亂, 行住坐臥, 不可暫忘, 語默動靜, 不可稍忽, 如龍養珠, 慈母育子, 朝夕防衛, 寤寐顧復, 更須嚴守關元, 不可輕縱出去. 恐一出迷途, 失舍而忘歸. 待歷年老成, 九載功完, 陽神出現, 了却眞空, 成金剛不壞之體, 天地同壽之翁, 施我法油, 普渡衆生. 三千行滿, 八百功成, 丹書宣詔, 白鶴來迎.

여순양 왈, "영아가 태포를 나오면, 반드시 정밀하게 보호하고 유지하는 것을 더해서, 젖을 먹여서 온양하고, 외연外緣의 침입하는 바가 없도록 한다. 안으로 어지러운 바가 없고, 행주좌와에 잠시라도 잊어서도 안되고, 어묵동정에 잠깐이라도 소홀함이 안되고, 마치 용이 구슬을 기르듯, 자모가 아이 기르듯, 조석으로 방위하고, 자나깨나 부모가 자식 양육하듯 하고, 또한 반드시 관원關元을 엄격히 지켜서 가벼이 함부로 나와서 다니지 않게 해야 한다. 한번 나갔다가 길을 잃고, 집을 잃어버려서 돌아오지 못할까 염려된다. 해가 지나서 노성老成(숙성하여 의젓함)하기를 기다려, 9년의 공이 이루어지고, 양신陽神이 출현하여 진공眞空을 깨달아서 금강 같은 불괴의 몸을 이루면, 천지와 같이 장수를 누리는 옹翁이 되리니, 우리에게 법유를 베풀어서 중생을 제도하리라. 3천 가지 공을 행함이 가득 차고, 8백 가지 공이 이루어지면, 단서를 베풀어 불러서 백학이 와서 맞이한다." 하였다.

又按出神, 忽去忽來, 十步百步, 均宜照顧, 陽神入於無象, 神與太虛同體, 日月同明, 宇宙在手, 萬化從心. 吾之神氣, 充塞天地, 無往不周, 超然物表, 如天長久. 此所謂大羅上仙也.(鍾呂時降朱書可驗.)

또 살피건대, 출신出神은 홀연히 가서 홀연히 오니, 십보백보를 고르게 마땅히 하며, 살펴서 주의하며, 양신陽神이 무상無象으로 들어가면 신神은 태허太虛와 동체同體이고, 일월과 동명同明이고, 우주가 손안에 있고, 만 가지 변화가 내 마음을 따르게 된다. 나의 신령한 기운은 천지에 가득 차고, 가서 두루하지 않음이 없고, 초연하여 구속됨이 없어서 하늘과 더불어서 장구하게 된다. 이것이 소위 대라상선大羅上仙이다.(종리권, 여동빈 때 주서朱書를 내려주었으니 증험할 수 있다.)

蓋仙之品, 大槪有三, 神凝命住, 却病年長者, 人仙也. 丹成而住世, 五六百歲者, 地仙也. 煉神還虛, 功滿上昇者, 天仙也. 然是皆精神作用也.

故今表明爲精神專學, 以貺宇內社會. 窃願學人, 如將凝神成眞之
後, 勿行厭世私情, 而注用精神于救世濟人事業. 然後不背四教之本
旨, 他成一片之兼聖圓德矣.

(呂純陽不卽上昇, 而要以度盡世人後乃昇. 故云人仙也. 朱子曰,
鐘呂國初下降, 近年則未聞云云. 然歷元明而猶降也, 誠是神異哉. 然
驗諸龍之變化, 蟬之脫殼, 則不是異事也.)

대개 신선의 품품은 대개 세 등급이 있으니, 신응명주神凝命住니, 병을
물리치고 오래 사는 자로 인선人仙이다. 단丹이 이루어져서 세상에 살면서
500년~600년을 사는 자로, 지선地仙이다. 연신환허煉神還虛하여 공이 차서
상승하는 자를 천선天仙이라 한다. 그러나 이는 모두 정신작용이다.

그러므로 이제 정신전학精神專學이라 표명하고, 온 세상(宇內社會)에 베
풀어야 한다. 깊고 그윽함을 원하는 학인이라도, 만약 장차 응신성진凝神
成眞의 후에는, 세상을 싫어하는 사사로운 정(厭世私情)을 행하지 말고, 구
세제인사업救世濟人事業에 정신을 쏟아 운용해야 한다. 연후에 사교四教의
본지를 저버리지 않으면, 그가 한 조각 겸성兼聖의 원만한 덕(圓德)을 이루
게 된다.

(여순양은 곧 상승하지 않고, 세상 사람들을 다 제도한 후에 상승하기를
원하였다. 그러므로 인선人仙이라 말하였다. 주자 왈, "종리권과 여동빈은
국초(송나라 초기)에 하강하였으며, 근년에 와서는 그런 말을 듣지 못했
다." 하였다. "그러나 원명시대元明時代를 지나면서 오히려 하강했다니, 진
실로 이는 신이함이다. 그러나 여러 용의 변화와 매미의 탈각을 증험한즉,
이는 기이한 일이 아니다." 하였다.)

又按廣成子曰, 形不足者補之以氣, 精不足者補之以味.

嗟! 我中晚歲衰耗之人, 不可不佐以藥餌. 然丹砂諸藥不可輕試, 惟眞誥有紫微夫人服朮法. 最宜.

成治朮一斛, 淸水潔洗, 令盛訖, 乃細搗爲屑, 以淸水二斛合煮, 令爛, 以絹囊盛絞取汁, 置銅器中, 湯上烝之. 納白蜜一斗, 大乾棗去核, 熟細搗, 令皮肉和會, 取一斗. 又納朮密之中, 絞令相得如餔狀, 日食如彈丸, 三四枚, 一時百病除, 二時萬害不傷, 三時面有光澤, 四時耳目聰明, 三年顔如女子, 神仙不死. 按此爲淸輔之劑無疑. 非但修養人可以常服, 然不須責望速效耳.

또 살피건대, 광성자 왈, "형形 부족자는 기氣로 보충하고, 정精 부족자는 미味로 보충한다." 하였다.

아! 나의 만년에 쇠약한 사람은, 불가불 약이 되는 음식(藥餌)으로써 도움을 받아야 한다. 그러나 단사의 제약은 가벼이 시험해서는 불가하니, 오직 진고眞誥에 자미부인의 복술법이 있는데, 가장 마땅하다.

성치출成治朮한 말을 청수로 청결하게 씻어서 하여금 담아놓고, 가늘게 찧어서 가루를 만들고, 청수 2말로 합하여 찌고, 충분히 익혀서 비단 주머니에 담아서 비틀어 꼬아 즙을 취하고, 구리 그릇에 담고, 끓여서 김이 오르게 한다. 백밀(흰 꿀) 한 말을 넣고, 커다란 말린 대추의 씨를 빼고 익혀서 가늘게 찧고, 피육은 서로 섞어서 한 말을 취한다. 또 출을 꿀 속에 넣고 비틀어 꼬아서 설탕에 절인 과자가 되게 해서 날마다 탄환 같은 것을 3-4개 먹으면 일시에 백병이 없어지고, 두 번째로 만해가 불상不傷하고, 세 번째로 얼굴에 광택이 나고, 네 번째로 귀와 눈이 총명하고, 3년이면 얼굴이 여자 같고, 신선처럼 불사한다. 이것을 살피건대, 청보의 약제임은 의심없다.

단지 수양인이 아닌 사람도 상복이 가능할 것인즉, 그러나 속효速效를 바라면서 탓할 필요는 없다.

又按自古至今南北七眞書, 略載於粹言, 今不俱詳.
然大要於斯亦足以成眞成聖也. 惟醫仙全元起, 對唐宗問曰, 樂色不絶則精耗, 貪妬不止, 則精散, 惟聖人愛精, 重施則骨堅. 新羅國貢進士金可紀, 性沉靜屬文淸麗, 得鍾離雲房指敎, 服氣煉眞. 衣道服, 務行陰德, 奉詔上升.(戊寅二月二五十日)

또 예로부터 지금까지를 살펴보고, 남북칠진南北七眞의 글을 수언粹言에다 간략히 기재해 두었으므로, 지금 여기서는 모두 자세히 하지 않았다. 그러나 여기에 있는 대강의 요점은 또한 성진성성成眞成聖에 족하리라. 오직 의선醫仙인 전원기全元起가 당종唐宗의 질문에 답하여 말하기를, 색을 즐김을 끊지 않으면 정이 모손되고, 탐욕과 질투를 그치지 않으면, 곧 정이 흩어지니, 오직 성인은 정을 아끼고 중시重施한즉, 골이 단단하게 된다 하였다. 신라국공 진사 김가기金可紀는 성품이 침착하고 고요하며, 문장을 짓는 것(屬文)은 청려淸麗하였으며, 종리운방鍾離雲房(종리권)의 가르침을 얻어 복기服氣하여 연진煉眞하였다. 도복을 입었으며, 음덕을 행하기를 힘썼고 상제의 부름을 받들어 승천하였다.(무인 2월 25일)

*전원기全元起 : 고대 당송唐宋의 의가醫家 이름. 전원기가 주석한 〈황제내경, 소문〉의 이전에 일찍이 돌침의 일로 왕승유(A.D. 465-522)를 방문했다. 그의 〈주황제소문〉은 가장 빠른 〈소문〉에 대한 주해였다. 그 책은 비록 없어졌지만, 다만 송나라의 임억이 〈황제내경〉을 교정할 때, 또한 그 책을 보았다 했고, 아울러

〈내경소문〉 편명과 순서에 기록을 인용하고, 전씨의 의술이 고명하다면서, 당시에 "得元起則生, 舍之則死."(전원기를 만나면 곧 살았고, 못 만나면 죽었다라는 칭송을 얻었다 했다.)

高麗睿宗詔曰, 昔在新羅, 仙術大行, 人天咸悅. 四聖之跡, 不可不加榮, 四聖者, 永郎, 述郎, 男郎, 安詳郎也. 至朝鮮, 有鄭北窓, 生而靈異, 博通三敎, 修煉成眞. 嘗隨父入華, 便作華語, 遇外國使, 便作外語. 入山數日, 盡知山下百里間事, 如目擊. 是蓋陽神出胎, 以成天仙之眞人也. 惜其無傳之逸史, 故篇末記之.(呂純陽云女子修養之法亦同. 而惟聚氣乳房, 爲異也. 家眷韓眞淑, 素多病, 試行此法, 病却. 而復常, 足爲實驗也.)

고려 예종의 조서에 왈, 옛날 신라에서는 선술이 크게 행하였으며, 사람과 하늘이 모두 기뻐하였다. 사성四聖의 자취가 불가불 영예를 더하였으니, 사성이란 영랑, 술랑, 남랑, 안상랑이다. 조선에 이르러서 정북창鄭北窓이 있었으니 나면서 영이靈異하였으며, 삼교에 널리 통하였고 수련하여 성진成眞하였다. 일찍이 부친을 따라서 중국에 들어갔는데, 중국어를 곧잘 하였으며, 외국의 관리를 만나면 외국어를 곧잘 하였다. 입산하여 수일에 산하백리 간의 일을 모두 알았으니, 마치 눈앞에서 본 것 같았다. 이 모든 것은 양신이 출태한 것이니, 천선天仙을 이룬 진인인 것이다. 아깝게도 일사逸史가 전해짐이 없으니, 그러므로 편에는 기록되지 않았다.(여순양 운, 여자수양법은 또한 동일하다. 그런데 오직 유방에 취기聚氣함이 다른 것이다 하였다. 내 가족 한진숙이 평소 병이 많았으므로, 시험 삼아 이법을 행하였더니 병이 나았으며, 평상으로 회복되었으니 실험으로 해볼 만하다.)

日又按功滿德積, 惟能上昇, 功德, 乃活人, 愛國, 利物, 濟世, 克盡心力以成之, 然破國界, 而普渡十方, 各敎之同一心法也. 是以, 老子宣敎西域, 後之爲仙者, 佩作鑒本. 擴充其公德心於世務, 乃不背精神學之本旨也.

또 살펴보면, 공이 차고 덕이 쌓이면, 오직 능히 승천할 수 있으니, 공덕으로 사람을 살리고, 애국, 이물, 제세, 극진심력하여 이루면, 국계를 파하고 시방을 널리 제도함이 각교의 동일심법인 것이다. 때문에 노자는 서역에 선교하였으니, 후에 신선이 되려는 자는 명심하여 거울의 근본으로 삼아야 한다. 그 공덕심을 세상의 업무에 널리 확충하여 정신학의 본지를 저버리지 않아야 한다.

{총總 결론結論}
此篇雖約, 而超凡入聖修眞條理, 瞭然該備. 況天符經旣又簡明精盡者乎, 勉而成之, 存乎其人矣. 雖事務怱忙之人, 誠能暇以進功, 足以效驗不差矣.
若反是而遠事絶物, 遺世成丹, 壽雖五六百歲, 而究竟何益於人世哉. 可稱爲守屍鬼耳. 余所以改作精神之公學者, 上可以成眞成聖, 而次可以增益精神, 却病延年, 人各受益以濟世務之希望也.

이 편이 비록 간략하지만 초범입성수진超凡入聖修眞의 조리가 요연하게 모두 갖추어졌다. 하물며 천부경도 이미 또한 간명함과 정밀함을 모두 갖추어졌으니, 부지런히 이루는 것은 그 사람에게 있는 것이다. 비록 사무가 총망한 사람이라도, 진실로 능히 틈을 내서 공부에 나아가면, 족히 효험으로써 틀림없으리라.

만약 이에 반하여서 일을 멀리하고, 만물을 끊고 세상을 버리고 단을 이루어서 수명이 5~6백 세에 이른다 한들, 구경에 인간 세상에는 무슨 이익이리오. 시체 귀신만 지키는 자(守屍鬼)라 할 것이다. 내가 정신의 공학公學이란 것으로 개작한 까닭은, 상급은 가히 성진성성成眞成聖하고, 그 다음으로는 가히 증익정신하여 병을 물리치고 수명을 늘려 사람이 각각 보탬을 입어서 세무에 도움이 되게 하려는 바램이다.

嚴君幾道, 是兼西學之哲學家, 嘗勸余曰, 西哲日講衛生, 而至於增益壽命, 終亦無術, 請著此書, 以救世度人, 何可緩乎?

誠哉是言也. 人將以成己成物, 濟世經邦之博學, 合致此書, 以作增益精神, 延年益壽之大道津梁, 則蓋亦各充其分量乎. 矧乎日星, 爲天地之精神, 精神充旺, 則世泰而物盛, 精神之在人與物者, 亦猶是焉, 精神之旺衰, 生命從之, 以至進德, 修業, 處事, 接物, 何往非精神, 爲妙用乎?

故余今以成仙之精神學, 回作濟事入聖之精神學. 烏乎! 學人!

엄군인 기도嚴幾道(1854-1921, 엄복, 본명 宗光)는 서학西學의 철학가를 겸하며, 일찍이 나에게 권하여 말하기를, "서양철학은 위생을 강구하여, 수명을 늘림에는 이르나, 끝내는 또한 도리道理가 없으니, 이 책을 지어서 이로써 세상을 구제하고 인간을 제도하기를 청하였는데, 어찌 그리 느리기만 하오?" 하였다.

진실로 옳은 말이다. 사람이 장차 자신의 인격을 완성하고 다른 사람의 인격도 완성해 주고(成己成物), 세상을 구제하고 나라를 다스리는(濟世經邦) 넓은 학문으로 이 책에 합치한다면, 이로써 증익정신하고 연년익수의 대도에 나루터와 다리가 되어(津梁), 곧 모두 또한 각각 그 분량을 가득 채워줄 것이다. 더구나 해와 별이 하늘의 정신이 되었으니 정신이 충왕한즉, 세상이 태평하고 만물이 흥성하며 정신이 사람과 만물에 있게 되면, 또한 이와 같은 것이다. 정신의 왕성함과 쇠퇴함은 생명이 따르니, 이로써 덕에 나아가고, 수업하여 처사하고 접물함에 어디를 가든 정신이 아니고 신묘한 작용을 하겠는가?

그러므로 나는 이제 성선成仙의 정신학으로써, 성인으로 들어가는 정신학에 도움이 되게 하였다. 아! 학인이여!

又編成後, 再攷地元諸書. 所謂三元者, 九地重樓爲地元, 九轉混元爲人元, 九鼎神室爲天元. 法雖分三, 而煉法則一也.(又曰, 煉至九轉, 凡磁瓦礫成珍曰地元.) 且云超脫, 自次子産至五子, 則點化通靈, 以靈育聖, 無虎氣而龍黑也.(初子黍米一粒, 四五個月內産子, 産孫, 至五可以自驗.) 至六至九子, 則鑄神室鷄子樣, 造化在我, 我命在我.

丹功乃完也. 蓋神出後, 一依純陽之旨, 乳哺顧養, 如龍養珠者, 煉還之要道, 更無別法也.

또 편성 후에 지원地元 제서諸書를 재고재고하였다. 소위 삼원三元이란, 구지중루九地重樓를 지원地元이라 하고, 구전혼원九轉混元을 인원人元이라 하고, 구정신실九鼎神室을 천원天元이라 한다. 법은 비록 셋으로 나뉘어지나 단련법은 곧 하나이다.(또 말하기를, 불리는 것을 구전九轉에 이르게 하여, 자기磁氣의 기와 자갈(磁瓦礫)을 보배(珍)가 되게 하는 것을 지원地元이라 한다.) 또 이르되, 초탈하고 차자次子로부터 오자五子를 낳음에 이르면, 곧 점화點化하고 영통하니, 영령으로써 성聖을 길러서 호기虎氣가 없어지면 용흑龍黑이 남는다.(처음의 알은 겨자 알 한 개 정도이고, 4~5개월 안에 알을 낳고, 손자를 낳고, 다섯에 이르면 스스로 증험할 수 있다.) 여섯 아들과 아홉 아들에 이르게 되면, 곧 불려진 신실神室은 계란 모양이니, 천지조화가 나에게 있으며, 나의 목숨도 나에게 달려 있다.

단공丹功이 이에 완성된 것이다. 대개가 양신陽神이 나온 후에는 하나같이 순양의 뜻에 의지하여 젖 먹이면서 돌보아 기르는 것을 마치 용이 여의주 기르듯 한다는 것은 연환煉環의 중요한 도이며 다시 별다른 법은 없다.

(再攷地元眞訣諸書, 則只守靜溫養而已. 嘗疑移胎換鼎之說矣. 蓋遷其胎於虛空之處, 以避罡風而溫養之意也. 凡百日之內, 先於下關住意, 百日沐浴兩個月, 一年火候足. 嬰兒移在上丹田端拱冥心合自然. 此又一說. 然最貴自驗也. 惟守靜篤者, 成功無疑.)

(지원진결의 여러 책을 재고해 본즉, 단지 수정온양守靜溫養일 뿐이다. 일찍이 이태환정移胎換鼎의 설을 의심했었다. 대개가 그 태를 허공의 거처에서 옮기는 것은, 강풍罡風을 피해서 온양하려는 뜻이다. 무릇 백일 안에 먼저 하관에 뜻을 머물게 하고, 백일에 목욕은 2개월 하며, 1년을 화후하면 족하다. 영아嬰兒는 옮겨서 상단전에 있으면서 단정하게 두 손을 마주 잡고 그윽한 마음으로 자연에 합한다. 이 또한 일설이다. 그러나 가장 귀한 것은 스스로의 경험이다. 오직 고요함을 지켜서 두텁게 하는 것이, 성공함에 의심이 없는 것이다.)

此是陽神出胎後, 不可不知之要法也. 於是, 眞我上仙之總要肯綮, 已具. 然學人深究篤信然後, 勿眩於閨丹等, 旁門近似之說乎.

西哲康德曰, 人欲長生與無病, 兩全之, 長生之心爲更甚, 不可廢修德體道之功. 心能自主. 神遂安和, 其樂乃眞. 故心神之樂, 可以興生命之愉快, 旨哉言乎! 其精神說, 又具載下篇耳.

西哲盛道法律中, 平等, 自由說.

이것은 양신출태 후에 불가불 알아야 하는 요법이다. 여기에 진아가 상선하는 모든 중요한 요점이 이미 갖추어졌다. 그러나 학인이 탐구하면서 독실히 믿는 연후에는 규단閨丹 등, 방문근사旁門近似의 설에 현혹되지 말아야 한다.

서양철학자 칸트는 말하기를, "사람이 무병과 더불어서 장생까지 두 가지를 온전히 하려고 하는데, 장생의 마음을 더욱 깊게 하면서 수덕修德 체도體道의 공을 폐하는 것은 불가하다. 마음은 능히 자주 하고, 신은 마침내 편안하고 화평하여서 그 즐거움이 진실해야 한다. 그러므로 마음과 신의 즐거움은 가히 생명의 유쾌함을 일으킬 수 있는 것이다." 하였으니, 아름답도다. 그 말이여! 그 정신설은 또한 하편에 갖추어 실었다.

서양철학에서 왕성하게 말하는 것은 법률 가운데 평등과 자유설이다.

然凡天地間, 自由者, 莫如龍虎, 而因其有貪餌之慾, 故, 人得以制之. 惟聖仙無欲故, 世莫能制之. 是眞無上之自由也, 學人可以悟之.

烏乎! 東亞之精神學如上, 而私秘方外者至今. 西哲則能先言精神之功用, 何其特殊哉?

從玆以後, 可當互換調劑, 能左右世界, 兼善同胞兄弟之眞樂, 其必在精神兼聖之新學理乎.

噫! 人物苟非精神, 則安能一日生存者乎? 可自儆醒乎?

그러나 무릇 천지 간에 자유란 것은 용호와 같은 것이 없으니, 그것이 먹이를 탐하는 욕심을 가졌음으로 인해서 그러므로 사람의 제지를 받는다. 오직 성선은 무욕인고로 세상에서 능히 제지하지 못한다. 이것이 바로 진정한 무상의 자유인 것이니 학인이 가히 깨달아야 한다.

오호! 동아시아의 정신학이 위와 같지만 사사로이 비밀로 해서 세상 밖에서 오늘에 이르렀다. 서양철학에서 곧 능히 먼저 정신의 공용을 말하였으니, 얼마나 특수한가?

이로부터 이후, 대체로 합당하게 호환하여 조제한다면, 능히 세계를 좌우할 수가 있으니, 겸선兼善한 동포 형제의 진정한 낙樂은 반드시 정신을 겸성한 신학문의 이치에 있으리라.

아! 인간과 만물이 정신精神이 아니면 곧 어떻게 능히 일일이라도 생존하겠는가? 스스로 깨어있을 수 있겠는가?

烏乎! 天地之精神, 爲人精神之理, 若是其眞的也.

惟其善能修養. 凝住性命者, 可與天地相終始. 然學人必先明乎上述天人之源.

宇宙一心, 破除國界, 而兄弟五洲然後, 克盡踐形於人事, 則在世爲孝悌慈善之眞我仁人, 事天, 爲顧命養志之肖子上仙矣.

烏乎! 至哉. 精神兼聖之專學也, 繼以心理哲學.

오호! 천지의 정신이 인간의 정신이 되는 이치가, 이와 같이 참된 것이로다.

생각컨대, 수양을 잘하여 성명을 엉기게 하고 머물게 하면, 가히 천지와 함께 서로 끝내고 시작할 수 있다. 그러나 학인이 반드시 먼저 밝혀야 하는 것이 상술한 천인天人의 근원이다.

우주일심으로, 나라의 경계를 파하여 없애고, 오주五洲를 형제로 한 연후에, 인사에서 천형踐形을 극진히 다한즉, 곧 세상에 있으면서 효제자선孝悌慈善의 진아眞我인 어진 사람이 되어 하늘을 섬기면, 뜻을 받들어 성지聖旨를 실현하는 자(養志之肖子)를 상선上仙케 하라는 고명顧命이 있게 된다.

오호! 지극하도다. 정신겸성精神兼聖의 전학專學이여, 이로써 심리철학心理哲學으로 이어진다.

*천형踐形 : 사람이 하늘로부터 받은 천성天性을 그대로 실천하는것.
*효제자선孝悌慈善 : 부모에게 효도하고 형제에 우애함.
*고명顧命 : 임금이 임종 시 신하에게 후사를 부탁함.
*양지養志 : 어버이의 뜻을 제대로 알고서 그대로 따르는 정신적인 효도로, 육신을 위해 의식을 풍족히 봉양하는 구체봉양口體奉養과 상대개념.

精神哲學 上編 卷二
정신철학 상편 권2

제3편
심리철학
心理哲學

심리철학心理哲學 서언緒言

人之自由, 莫如通理位聖者.

心理, 原天也. 精神, 卽心理, 心理, 卽道也.

道之在人, 以之養精凝神, 則爲住命成眞之學, 以之窮理盡性, 則爲經世入聖之學也. 若是乎精神心理, 何可區分乎?

인간의 자유란 것은, 이치를 관통해서 성인에 위位하는 것이 최고다.

마음의 이치는 하늘에 근원한다. 정신은 곧 심리이고, 심리는 곧 도이다.

도가 사람에게 있어서 정을 기르고 신을 엉기게 함으로써, 곧 명命을 머물게 하여 진眞을 이루어내는 학學이 되는 것이고, 이치를 다하고 성性을 다함으로써, 곧 경세입성經世入聖(세상을 경영하고 성인에 들어감)의 학문이 되는 것이다. 만약 정신을 마음의 이치(心理)라고 한다면, 어떻게 가히 구분할 수가 있겠는가?

然余所以分作兩篇者, 精神專於修養之內攻, 而心理篇則統內外, 合聖眞日用人事而言也. 東亞道統之傳, 心學爲主, 而散在經傳, 難得要領. 故眞西山(德秀)撰輯心政二經, 以示其要, 然只選儒宗而已, 其時則然也.

그러나 내가 양편을 나누어 만들어낸 것은, 정신은 수양의 내공에 전일케 하고, 심리편으로 곧 내외를 거느려(統), 성진聖眞을 합하는 일용인사를 말하려는 것이다. 동아시아는 도통을 전하는 것이 심학을 위주로 하기 때문에, 경전經傳으로 전하는 것이란 흩어져 있어서 요령을 얻기가 어렵다. 그런데 송나라의 진서산眞西山(眞德秀)이 심정心政(心經, 政經) 2경을 찬집하여서 그 요체를 보였으나, 단지 유가儒家의 종지宗旨만을 뽑았을 뿐으로, 그 당시는 그러하였다.

蓋學貴經驗, 他二家(仙佛)心理與西哲心理學, 皆實驗而多發明眞理者, 烏可以異端而不取乎? 若以天心律之, 凡新舊學, 恐未免均有一偏故, 余不得已取舍折衷, 調劑新舊, 以成兼聖圓德爲要, 撫採古今諸家說, 以纂此篇, 俾明原天之心理.

대개가 배움이란 경험을 귀하게 여기는데, 다른 2가(선도과 불교)의 심리도 서양철학의 심리학과 더불어서 모두가 실험으로 진리를 많이 발명하고 있으니, 어찌 가히 이단이라고 취하지 않겠는가? 만약 천심天心으로써 따르면서, 무릇 옛 학문만을 새롭게 한다면, 아마도 모두가 한쪽으로 치우침을 면하지 못할 것이므로, 나는 부득이 취사절충取舍折衷하고, 신학문과 구학문을 조제하여서, 이로써 겸성원덕兼聖圓德을 이루는 요체로 삼고, 고금의 여러 학파學派의 설설說을 모으고 수집해서, 이것으로서 이 편을 편찬하여, 하여금 원래의 천의 심리를 밝히려 한다.

心理卽性內元神之一點靈明, 主宰一身宰制萬事者也. 天符云本太陽昻明者亦爲心理學開山之祖. 而用變不動本, 誠爲主要者耳.
編者識.

심리는 곧 성품 안의 원신元神의 한점 신령하고 밝음이니, 일신을 주재하여서 만사를 재제宰制하는 것이다. 천부경에서 말한, 사람의 본래 마음(本心)은 태양의 앙명昻明(환하게 밝음)에 근본하였다(本太陽昻明)는 것은, 또한 심리학의 개산조가 되는 것이다. 변화를 쓰더라도(用變) 근본이 움직이지 않는다(不動本) 함은, 성성誠이 주된 요체(主要)가 되는 것일 뿐이다.

編者識(편자지) : 편자가 기록함.

| 제1장 |
심리본원은 하늘이다
(心理本源於天)

易曰, 復其見天地之心乎.
秉薰謹按天地以生物爲心. 復乃純陰之裏, 一陽初動者.
卽上帝主宰生物之心理, 運用發行處, 人得稟受此理, 以爲心者也. 故云仁人心也, 仁心卽本源於天也. 以其源天而主宰一身, 統性情意志感覺知識, 故亦曰心爲太極, 三界惟心, 萬化在心也.

역에서 이르기를, "복괘復卦에서 천지의 마음을 본다." 하였다.
병훈이 삼가 살피건대, 천지는 만물을 낳음을 가지고 마음으로 삼는다 하였다. 복괘復卦는 순음純陰의 속에서 일양一陽이 처음 동하는 것이다.
곧 상제께서 주재하시는 만물을 낳는 심리(生物之心理)이며, 운용하고 발행하는 곳이니, 사람들은 이 이치를 상제로부터 이어받아서(稟受) 마음으로 삼은 것이다. 그러므로 이르기를, 인仁을 사람의 마음이라 하는 것이고, 어진 마음은 곧 본원本源이 하늘인 것이다. 그 근원이 하늘에 있으면서 일신을 주재하고, 성정 의지, 감각 지식을 다스리니, 그러므로 또한 말하기를, 마음을 태극으로 삼는다 하고, 삼계가 오직 마음이라 하며, 만 가지 조화가 마음에 있다고 하는 것이다.

禮曰人者, 天地之心也.
謹鞍天地以生物爲心, 然不能不須人以成其德. 凡生長收藏, 非人之心力, 則安能成其功哉? 是以天降聖神, 以爲君相宰制輔贊燮理以成之, 觀聖人之心, 卽天地之心. 其範圍制作曲成萬物, 母非仰體.

예기禮記에서 말하기를, 사람이란 천지의 마음(人者天地之心)이라 하였다. 삼가 살피건대, 천지가 만물을 낳는 것으로써 마음으로 삼으나, 그러나 반드시 사람이 그 천지의 덕을 이루지 않을 수가 없다. 무릇 낳고 길러서 거두어들이고 감추는 것(生長收藏)은 일반 사람의 심력이 아니니, 곧 어찌 능히 그 공을 이루겠는가? 이는 하늘이 성신聖神을 내림으로써, 임금과 재상에게 전권을 가지고 처리케 하여(宰制), 조화로운 이치(燮理)를 도와서(輔贊) 이루게 하는 것이니, 성인의 마음을 보는 것이, 곧 천지의 마음을 보는 것이다. 그 범위를 제작하여 만물을 곡진히 이루어주니(曲成萬物), 우러러 본받지 않는 이가 없는 것이다.

上帝之心, 而行用故曰人者, 天地之心也. 是以論心而不知其源於天則, 不知心者也. 推究人愛天地之精氣神, 以生之哲理, 則心神之虛靈知覺, 非天而何.
書曰, 惟皇上帝降衷下民, 若有恒性.
詩曰, 上帝臨汝, 無貳爾心.
謹按人當操心, 戒愼恐懼, 懍若上帝之實臨其上, 則閑邪存誠之功,不亦謹實乎?

　상제의 마음을 행하고 쓰기 때문에, 그래서 사람을 천지의 마음이라 하는 것이다. 이는 마음을 논하면서 그 원천이 하늘인 것을 모른다면, 마음을 모르는 자인 것이다. 사람이 천지의 정기신을 아끼고 추구하면, 이로써 철리를 낳게 되어, 곧 심신이 허령지각하니, 하늘이 아니고 무엇이겠는가.
　서경에서 왈, "훌륭하신 상제께서 하민들에게 참마음(衷)을 내려주시어, 떳떳한 성품을 따르게 하였다(若有恒性)."고 했다.
　시경詩經에 말하기를, "상제께서 너에게 임하여 계시니, 너의 마음을 둘로 하지 말라." 하였다.
　삼가 살피건대, 사람들은 마땅히 조심하고, 경계하여 삼가하고(戒愼), 두려워하며(恐懼), 마치 상제께서 실제로 그 위에 임하신 것처럼 두려워해야 하니, 곧 삿됨을 막고, 존성하는 공(閑邪存誠之功)으로, 또한 삼가 진실함이 아니겠는가?

　上兩節, 已明心理, 而此則兼言性理. 性理, 卽心也. 閑邪事天之功, 加明且切也.
　詩曰相在爾室, 尙不愧于屋漏, 無曰不顯, 莫予云覯. 神之格思, 不可度思, 矧可射思.

　위의 두 절에서 이미 심리를 밝혔으니, 여기서 성품의 이치를 겸하여 말하였다. 성품의 이치(性理)란, 곧 마음이다. 사특함을 막고 하늘을 섬기는 공을 더욱 분명하고 또한 절실하게 함이다.
　시경에서 말하기를, "그대 홀로 방에 있는 것을 몰래 본다 해도, 오히려 신주神主에 모셔진 신명神明을 마주한 것처럼 부끄럽지 않아야 할지니, 실내가 밝지 않아서 보이지 않는다고 말하지 말라. 신명의 이르는 것은 헤아릴 수가 없는데(불가탁不可度), 하물며 가히 귀찮아하여 싫어할 수가 있겠는가(신가역矧可射)." 하였다(思 : 어조사).

*옥루屋漏 : 방 안의 서북쪽 깊숙한 곳으로 신주神主를 모셔둠.
*불괴옥루不愧屋漏 : 군자는 보이지 않는 곳에서도 부끄러움이 없음.
*한나라 때 시경의 주해서인 모전毛傳, 정전鄭箋 : "西北隅謂之屋漏." "서북 모퉁이를 일러 옥루라 한다." "不慚愧于屋漏, 有神見人之爲也." "옥루에 부끄럽지 않아야 하니, 신명神明이 있어서 사람의 행위를 본다." 하였다.

謹按此言神見人之所爲也. 汝無謂幽昧不明無見我者, 神見汝矣. 蓋神體物不遺, 如是.
故君子之心, 常存敬畏, 敬畏, 爲存心之始終法門. 此乃心學之切功也, 烏乎陽界則太陽無所不統, 心理之原於天, 不亦明白乎?

삼가 이 말을 살피건대, 신은 사람의 하는 바를 본다는 것이다. 너는 쓸데없고(無謂), 애매하여 분명치 않아서(幽昧不明), 나를 보는 것이 없다(無見我者)고 하지만, 신은 너를 보는 것이다(神見汝矣). 대개가 신은 체물體物(유형적으로 존재함)을 남기지 않는 것이 이와 같은 것이다.
그러므로 군자의 마음은 항상 경외함을 가져야 하니, 경외는 존심의 시종 법문인 것이다. 이것이 바로 심학의 간절한 공부인 것이니, 오호라 양계陽界는 곧 태양으로 통솔하지 않는 바가 없으며, 심리는 하늘에 근원하였으니, 또한 명백하지 않겠는가?

|제2장|

인심도심정일지지
人心道心精一之旨

堯舜曰, 人心惟危, 道心惟微, 惟精惟一, 允執闕中.
　謹按此啓萬世心學之淵源者, 精神篇, 已言之. 然申明于此, 以重其爲心學開山之祖也. 蓋心之虛靈知覺, 則一而分以言之者, 非有二心也.
　上帝所賦之良心, 是道心, 而爲牽於形氣物慾之私, 則謂之人心也. 惟能精察者, 不雜乎私慾, 而能守一, 則中道而無敵, 故危者安, 微者顯, 而動靜事爲, 無過不及之差, 始合於天心矣.
　開圖于左.

　요순 왈, 인심유위, 도심유미, 유정유일, 윤집궐중이라 하였다.
　삼가 이 계도함을 살피건대, 만세심학의 연원인 것이니, 정신편에서 이미 말하였다. 그러나 여기에서 펼쳐서 분명히 하여, 이로써 중시하여 심학 개산의 조종으로 삼는 것이다. 대개 마음의 허령지각은, 곧 하나이면서 나누어서 말한 것으로, 두 가지 마음이 있는 것이 아니다.

상제님께서 부여해 주신바, 양심良心이 곧 도심道心인데, 형기의 물욕의 사사로움에 이끌린바 되었으니, 곧 인심人心이라 이른다. 오직 능히 정밀하게 관찰한 자만이, 사욕과 섞이지 않고 능히 하나를 지킬 수 있고, 곧 중도이면서 무적이니, 그러므로 위태로운 것은 편안하게 되고, 미미한 것은 드러나게 되고, 동정의 일을 하여도 과함과 불급의 차가 없어서, 비로소 천심에 합하는 것이다.

도면은 아래와 같다.

원천도심源天道心

源	天	道	心
	四端	感發心一也而發於	七情

源 天
　四端。
　　(是非之心) (乃道心)
　　(恭敬之心) (無偏私之害)
　　(辭讓之心) (天理之)
　　(惻忍之心) (純乎全)
　　　　　　 (道心乃全矣)
　　　　　　 (一則靜存自)
　　　　　　 (精則省察而)

感發心一也而發於
腦中元神者純全天理卽道心
肉團識神者形氣私慾卽人心

道 心
七情。
(喜)(怒)(初發亦耳目口(肉心之欲縱
　　　　　(天理過)(鼻四肢)(而不能制則
(哀)(樂)(節則流)(貨利功
(愛)(惡)　　　　(竟至亡身債
(欲)　 (為人慾名)(國不亦危哉)

◇원천도심源天道心(하늘에 근원한 도심)이 감발感發하는 마음은 하나이다. 그런데 뇌중원신에서 발하는 것은, 순수하고 온전한 천리이니, 곧 도심道心이고, 육단肉團(육체)의 식신識神(알음신, 분별 인식하는 정신)에서 발發하는 것은, 형기形氣이며 사욕이니, 곧 인심이다.

◇사단 : 시비지심, 공경지심, 사양지심, 측은지심이니 도심道心이다.(*사계유고沙溪遺稿에서는 四端道心也. 七情也有道心. 也有人心라 함.)

사심 없이 공평하고 공정함(公者)은 바로 천리가 순수하고 온전해짐인 것이다. 도심이 이에 온전해진 것이요, 편사偏私의 해害가 없는 것이다(*存齋集에서는 天理純全, 則心德始全, 而其名是仁也. : 천리가 순수하고 온전해지면, 마음의 덕이 비로소 온전해지니, 이를 仁이라고 한다.)

순일하면, 곧 고요함을 보존靜存함이니, 스스로 정밀하면(自精), 곧 성찰하게 된다.

◇칠정七情 : 희노애락애오욕이니, 처음 발한 것(初發)은 또한 천리天理이나, 절도를 넘어서면, 곧 흘러서 인욕人慾이 된다. 이목구비사지耳目口鼻四肢는 재물과 공명을 추구하니, 육심肉心의 욕망이 멋대로여서 제어할 수 없고, 결국에는 몸을 망치게 되고 나라를 넘어지게 하니 위태롭지 않은가.

此乃東亞人心道心之槪要也. 神經諸論, 乃備於左, 然神有元神識神之別者, 乃中西諸學之所不透也, 而惟道家與堯舜, 發明之也.

學人苟能先明乎元神識神之別, 然後乃能精察人心道心之用矣. 然西哲心理學說, 尙未見及於此也, 可不盡心乎.

嗟! 我東亞心理學, 又得天符以後, 腦神道心之理, 愈臻精美明白耳.

이것이 동아시아의 인심도심의 개요이다. 신경神經의 제론은 아래에 갖추어졌다. 그러나 신神에는 원신元神과 식신識神의 구별이 있는 것인데, 중국과 서양의 제학문은 뚫어내지 못하였으나, 오직 도가에서 요순과 더불어서 발명하였다.

배우는 사람들은 진실로 능히 먼저 원신元神과 식신識神의 구별을 분명히 한 연후에 능히 인심, 도심의 용用을 정밀하게 살필 수가 있는 것이다. 그러나 서양철학의 심리학설은 아직 여기에 이른 것으로 보이지 않으니, 마음을 다해야 하지 않겠는가.

아! 우리 동아시아의 심리학은 또한 천부경을 얻은 이후에 뇌신惱神(뇌신경)과 도심道心의 이치가 더욱 정미하고 명백함에 이르렀을 뿐이다.

|제3장|
심지체용언행성근
心之體用言行誠謹

易曰, 寂然不動, 感而遂通天下之故.

又曰, 庸言之愼, 庸行之謹. 閑邪存其誠.

又曰, 洗心, 退藏於密, 謹按孔子此言, 心之體用也. 其寂湛而靈明不動者, 性之理也. 心之體也. 感於物而遂通萬殊之故, 以宰制之者, 心之用也. 體立用行, 本自如是, 而要在庸謹言行. 洗滌塵垢, 以閑邪, 則神自存而誠實精明矣, 極爲心功切要.

역에 왈, "적연부동시에 느껴서 마침내 천하의 이치(연고)를 통하게 된다." 하였다.

또 말하기를, "일상의 말을 삼가하고, 일상의 행동을 신중히 하라. 삿됨을 막아서 그 진실함을 보존하라." 하였다.

또 말하기를, "마음을 깨끗이 하여서 은밀한 곳에 감추어 두라." 했으니, 삼가 공자의 이 말을 살펴보건대, 마음의 체용인 것이다. 그 고요하고 맑아 영명靈明 부동不動한 것은 성품의 이치이다. 마음의 체이다. 만물에서 느껴

마침내 만 가지 다른 것의 이치를 통하여서 이로써 재제宰制(전권으로 처리함)하는 것은 마음의 용이다. 체가 세워지고 용이 행하여짐이 본래 스스로 이와 같은 것으로, 이 요체는 평상시에 삼가하는 언행에 있는 것이다. 먼지와 때(진구塵垢)를 세척하여서 이로써 삿됨을 막은즉, 신神을 스스로 보존하여서 성실하고 정명精明(깨끗하고 밝음)한 것이니, 극極을 심공心功의 절요切要로 삼은 것이다.

箕子洪範曰, 思曰睿, 睿作聖.
書曰, 以義制事, 以禮制心.
謹按經曰, 心之官則思, 思則得之, 不思則罔, 亦此意也. 然思有正邪之分, 思純乎正而睿開者, 誠爲作聖之基.
誠與檀祖之心學, 同一也. 以義制事, 以禮制心, 卽操心濟事之要也.

기자는 홍범에서 말하기를, "생각은 슬기로워야 하고, 슬기로워야 성인이 된다." 하였다.
서경에서 말하기를, "의로움으로써 일을 통제하고, 예의로써 마음을 통제한다." 하였다.
삼가 경에서 말한 것을 살펴보건대, 마음이 생각을 관리하니, 생각하면 얻게 되고, 생각하지 않으면 잃게 됨은, 또한 이런 뜻인 것이다. 그러나 생각에는 바른 것과 삿된 것의 구분이 있으니, 생각이 순수하여서 바르면 슬기로움이 열리고, 진실됨이 성인의 기초가 되는 것이다.
진실함은 단군 왕조(檀祖)의 심학心學과 더불어서 동일하다. 의로움으로써 만사를 통제하고, 예의(禮)로써 마음을 통제하는 것은, 곧 조심제사操心濟事(삼가하고 경계해서 일을 성취함)의 요체인 것이다.

易坤之六二曰, 君子敬以直內, 義以方外. 敬義立而德不孤. 直方大, 不習, 無不利, 則不疑其所行也.

謹按程子曰, 主一之謂敬, 直內主一之義. 至於不敢欺, 不敢慢, 尙不愧于屋漏, 皆是敬也. 但此涵養久之, 自然天理明.

龜山楊氏曰, 盡其誠心而無僞焉, 所謂直也. 若施之於事, 則厚薄隆殺一定, 而不可易, 爲有方矣.

蓋存心應事之功, 莫如心存誠敬而方外也. 誠敬, 爲存心之切要也.

주역의 곤坤 육이六二에서 말하기를, "군자는 공경함으로 안을 바르게 하고, 의로움으로 외모를 방정하게 한다. 공경함과 의로움을 세우면 덕이 외롭지 않다. 바르고 방정하여서 크기 때문에 익히지 않더라도 불리함이 없은즉, 그 행하는 바를 의심하지 않는 것이다." 하였다.

삼가 살피건대 정자가 말하기를, "하나를 주장하는 것(마음을 전일하게 함)을 일러서 경敬이라 하니, 안을 바르게 하는 것이 주일主一의 뜻이다. 감히 속이지 않으며, 감히 태만하지 않고, 또한 방 깊숙히 모셔둔 신주神主에 부끄럽지 않게 함은, 모두가 바로 경敬인 것이다. 오직 이렇게 함양함을 오래하면, 자연히 천리가 밝아지게 된다." 하였다.

구산 양씨가 말하기를, "그 성심을 다하여서 속임이 없는 것이 소위 곧음(直)이란 것이다. 만약 일에 시행하면, 곧 후박厚薄과 융쇄隆殺가 일정하여 바꿀 수가 없어서 방정함이 있는 것(有方)이 된다." 하였다.

대개가 존심응사存心應事(마음을 보존하고 일에 대응하는 것)의 공공은, 마음을 성실함과 공경함(誠敬)으로 보존하여서 밖을 방정히 하는 것만한 것이 없다. 성경誠敬이 바로 존심存心의 절요切要(절실하게 필요함)가 되는 것이다.

| 제4장 |

징분질욕천선개과
懲忿窒慾遷善改過

損之象曰, 山下有澤損, 君子以.懲忿窒慾.

益之象曰, 風雷益, 君子以, 見善則遷, 有過則改.

謹按懲戒其忿, 窒塞其慾, 過而能改者, 爲心功之切要也. 若曰洗心退藏於密者, 亦改過而進修之意也.

孔子絶四, 毋意, 毋必, 毋固, 毋我.

謹按意卽私意, 我亦私己也.

손괘의 상에서 말하기를, "산 아래 연못이 있는 것이 손괘인데, 군자는 이것(손괘)으로써 분함을 그치고 욕심을 막는다." 하였다.

익괘의 상에서 말하기를, "풍뢰익괘는 군자가 이 괘로써, 선함을 보면 곧 바람처럼 빠르게 선으로 옮겨가고(見善則遷), 허물이 있으면 곧 천둥처럼 과감하고 빠르게 고친다(有過則改)." 하였다.

삼가 살피건대, 그 분함을 경계하여서 그치는 것(懲戒其忿)과 허물을 능히 고치는 것이 심공心功의 절요切要가 되는 것이다. 만약에 마음을 깨끗이

해서 은밀한 곳에 퇴장한다고 말한다면, 또한 허물을 고쳐서 닦음에 나아 간다는 뜻이다.

공자의 절사絶四(4가지 마음이 전혀 없음)는, 사사로운 뜻이 없었으며(毋意), 기필하는 마음이 없었으며(毋必), 집착하는 마음이 없었으며(毋固), 이기심이 없었다(毋我).

삼가 살피건대, 의意는 곧 사사로운 뜻(私意)이며, 아我는 또한 자기에게 사사로운 것이다.

|제5장|
공문전수심법지요
孔門傳授心法之要

顏淵問仁, 子曰, 克己復禮爲仁, 一日克己復禮, 天下歸仁焉. 爲仁由己, 而由人乎哉?

顏淵請問其目, 子曰, 非禮勿視, 非禮勿聽, 非禮勿言, 非禮勿動.

顏淵曰, 回雖不敏, 請事斯語.

안연이 어질 인仁을 묻자, 자왈, "자신을 이기고 예禮에 돌아가는 것(克己復禮)이 인仁이 되는 것이니, 하루의 극기복례로 천하가 인仁으로 돌아간다. 어질게 되는 것(爲仁)이 자기로 말미암는 것이지, 다른 사람으로 말미암아서 어질게 되겠느냐?" 하였다.

안연이 그 세목을 청하여 묻자, 공자께서 왈, "예가 아니면 보지 말고, 예가 아니면 듣지 말고, 예가 아니면 말하지 말고, 예가 아니면 움직이지 말라." 하였다.

안연이 말하기를, "제가(回)가 비록 불민하지만, 이 말씀대로 실천하겠습니다." 하였다.

謹按此克己復禮之訓, 卽堯舜精一執中之旨, 而禮是天理之節文, 人事之儀則. 心存天理而克去己私, 則不是復聖之功乎?
謝氏云, 須從性偏難克處, 克將去, 然克偏變化之功, 余以爲驗之最難. 此是孔子仰體, 上帝之心理, 而爲傳授心法之道統也.
學人可以盡心知天者, 乃知仁行仁, 仁則愛之理, 如春元之生物者也.

삼가 이 극기복례의 훈은 살피건대, 곧 요순의 정일집중의 뜻이니, 예는 바로 천리의 절문이고, 인사의 의칙이다. 마음에 천리를 보존하여서 자기의 사사로움을 이겨서 버리면, 곧 성인의 공을 회복하는 것이 아니겠는가?
사씨가 이르되, "(克己는) 반드시 성품이 기울어진 난극처를 따라가서 이기고 장차 제거해야 하리라." 하였다. 그러나 기울어진 것을 극복하는 변화의 공은, 내가 경험한 가장 어려운 것이다. 이것이 바로 공자가 상제의 심리를 우러러 본받아서 심법전수의 도통으로 삼은 것이다.
학인은 가히 마음을 다하여야 하늘을 알 수가 있는 것이니, 그리하여 인仁을 알면 인仁을 행하고, 어질다는 것은 사랑한다는 이치이니, 마치 봄의 시초(春元)에 만물을 낳는 것과 같은 것이다.

仲弓問仁, 子曰出門如見大賓, 使民如承大祭, 己所不欲, 勿施於人. 在邦無怨, 在家無怨. 仲弓曰, 雍雖不敏, 請事斯語. 孔子又曰, 回也, 其心三月不違仁.
謹按朱子曰, 敬以持己, 恕以及物, 則私意無所容, 而心德全矣.
蓋君子操心之功, 無時不用其極, 而體立用行, 無往不中節矣. 此亦

孔門傳授心法之要, 仁則源天之道心也, 後儒之論心理, 雖若加詳, 而
體驗實踐, 莫要於此矣.

    중궁仲弓(춘추시대 말 노나라 사람)이 인仁을 물어보자, 공자 왈, "문을 나서면 큰 손님을 보는 것처럼 하고, 백성을 시킬 때는 큰 제사를 모시는 것처럼 하면서, 자기가 하고 싶지 않은 것은 다른 사람에게 하게 하지 말라. 그러면 나라에 원망함이 없을 것이고, 집안에서도 원망함이 없을 것이다." 하니, 중궁이 말하기를, "제가(雍/염옹 : 仲弓) 불민不敏하지만 청컨대 잘 받들고자 합니다." 하자, 공자가 또 말하기를, "회回(안회를 말함)는, 그 마음이 석 달간 인仁을 어기지 않았다." 하였다.
    삼가 살피건대, 주자 왈, "공경하는 것으로 몸가짐을 하고(持己 : 處身), 용서함이 모든 사람에게 미치도록 한다면(恕以及物), 곧 사사로운 뜻이 들어올 곳이 없어서 마음의 덕이 온전한 것이다."〈주자 논어집주〉 하였다.
    대개 군자의 조심하는 공은 그 극極(標準)을 쓰지 않는 때가 없으니, 체를 세우고 용을 행하는것(體立用行)은, 가기만 하면 절도節度에 딱 들어맞지 않음이 없는 것이다. 이 또한 공문孔門에서 전수한 심법의 요체로, 인仁은 곧 하늘에 근원한 도심이다. 후에 유가에서 심리를 논함이 비록 마치 상세함을 더한 것 같으나 체험 실천은 이보다 더 중요한 것이 없는 것이다.

| 제6장 |
성의정심誠意正心

　大學所謂誠其意者, 毋自欺也. 如惡惡臭, 如好好色. 此之謂自慊. 故君子必愼其獨也. 小人閒居爲不善, 無所不至, 見君子而後厭然. 揜其不善, 而著其善, 人之視己, 如見其肺肝然, 則何益矣. 此謂誠於中, 形於外, 故君子必愼其獨也.
　曾子曰, 十目所視, 十手所指, 其嚴乎. 富潤屋, 德潤身. 心廣體胖, 故君子必誠其意.

　대학에서 소위 "그 뜻을 진실하게 한다는 것은 스스로를 속이지 않는 것이다. 악惡을 미워하는 것을 마치 악취를 싫어하는 것처럼 하고, 선을 좋아하기를 마치 여색을 좋아하는 것처럼 하는 것이다. 이것을 일러서 스스로 만족함(自謙)이라 한다. 그러므로 군자는 반드시 그 홀로(獨) 삼가야 한다(혼자 있으면서 불선不善함을 삼가라는 것). 소인은 한가히 거처하면서 불선不善을 행하면서 이르지 않는 바가 없다가도, 군자를 보면 슬그머니 가린다(숨긴다). 그 불선不善을 가리고, 그 선함은 드러내나니, 다른 사람이 나를 잘 알아보는 것을 마치 그 폐와 간을 들여다보는 것처럼 잘 볼 것인즉, 무슨 이익이 있겠는가. 이것을 일컬어서 '속마음으로 진실하면 바깥으로 드러난다.'는 것이니, 그러므로 군자는 반드시 그 혼자 있는 것을 삼가나라." 하였다.

증자가 말하기를, "열 눈이 보는 바요, 열 손가락이 가리키는 바이니, 얼마나 삼엄한가. 부富는 집을 윤택하게 하고, 덕德은 그 몸을 윤택하게 함이라. 마음이 넓고 몸은 살찌니, 군자는 반드시 그 뜻을 진실하게 하는 것이다." 하였다. 〈대학 전6장 성의장誠意章 구절〉

謹按意者, 心之所發, 故欲正其心, 必先誠其意也. 獨者, 人所不知而己所獨知之地, 必察其意念欲動未動之機, 而爲善去惡, 乃誠意之切功也.

所謂修身, 在正其心者, 心有所忿懥, 則不得其正.

有所恐懼, 則不得其正, 有所好惡, 則不得其正, 有所憂患, 則不得其正.

心不在焉, 視而不見, 聽而不聞, 食而不知其味, 此謂修身, 在正其心.

삼가 살피건대, 뜻이란 마음의 드러난 바이니, 그러므로 그 마음을 바르게 하려면, 반드시 먼저 그 뜻을 진실되게 해야 한다. "홀로(獨)"란 것은, 다른 사람이 알지 못하는 바로, 자기 혼자 아는 것이니, 반드시 아직 움직이지 않는 기틀을 움직이려 하는 그 의념意念을 잘 살펴서 선하게 하고, 악을 물리치는 것이 진실한 뜻의 절공切功인 것이다.

소위 수신修身이란 그 마음을 바르게 하는 것인데, 마음에 성내는 분치忿懥하는 바가 있으면, 곧 그 바름을 얻지 못하게 된다.

두려워 하는 바가 있어도 그 바름을 얻지 못하고, 좋아하고 미워하는 바가 있어도 그 바름을 얻지 못하고, 걱정하는 바가 있어도 그 바름을 얻지 못한다.

마음에 있지 않으면, 보아도 보이지 않고, 들어도 들리지 않고, 먹어도 그 맛을 모르게 되니, 이를 일러서 수신修身이란, 바로 그 마음을 바르게 함에 있다고 하는 것이다.

謹按四者, 皆心之用. 然一有之而過度, 則必失其正矣. 是以省察之功, 爲誠正之最要者. 心譬之水, 則意是風浪, 風不動, 浪不起, 則水自淸靜. 故有曰明鏡止水者, 自可取驗有益也. 此誠正兩章, 竊爲學人動功之切要者也.

삼가 4가지를 살피건대, 모두 마음의 작용이라. 그러나 만약 하나를 소유함이 과도하면 반드시 그 바름을 잃게 된다. 이것이 성찰의 공부이니, 진실하고 바른 것(誠正)이 가장 중요함이 되는 것이다. 마음은 비유하자면 물과 같아서 곧 뜻은 바로 풍랑이니, 바람이 불지 않으면 파도는 일어나지 않아서 물은 저절로 청정하게 된다. 그러므로 명경지수라는 말이 있는 것이니, 스스로 가히 체험을 취할 수 있다면 유익함이 있으리라. 이 성정誠正의 두 장은 암암리에 학인들을 위한 동공動功의 절요切要인 것이다.

中庸, 天命之謂性. 率性之謂道, 修道之謂教. 道也者, 不可須臾離也. 可離, 非道也. 是故君子戒愼乎其所不覩, 恐懼乎其所不聞. 莫顯乎隱, 莫顯乎微, 故君子必愼其獨也. 喜怒哀樂之未發, 謂之中, 發而皆中節,謂之和. 中也者, 天下之大本也. 和也者, 天下之達道也. 致中和, 天地位焉, 萬物育焉.

중용에, "하늘이 명한 것을 본성이라 하고, 본성을 따르는 것을 도道라고 하며, 도道를 닦는 것을 교教라고 한다. 도道라는 것은 잠시도 떠날 수가 없는 것이다. 떠날 수가 있으면 도가 아니다. 그러므로 군자는 남들이 보지 않는 곳에서도 삼가하고 경계해야 하며, 남들이 듣지 않는 곳에서도 두려워하고 조심하는 것이다. 은隱보다 잘 드러나는 것이 없고, 미微보다 더 잘 나타나는 것이 없으니, 고로 군자는 홀로 있을 때 삼가야 하는 것이다. 희로애락의 감정이 밖으로 드러나지 않은 것을 일러서 중中이라 하고, 드러난 희로애락의 감정이 절도에 맞는 것을 화和라고 한다. 중中이란 천하의 대본이다. 화和라는 것은 천하의 모든 사람들이 동서고금을 통하여 지켜야 할 도道이다. 중화를 지극히 하면 천지가 제자리를 편안히 하고 만물이 잘 생육된다." 하였다.

謹按朱子曰, 子思首明道之大源出於天, 而不可易, 其實體備於己, 而不可離. 次言存養省察之要, 終言聖神功化之極.
又曰, 君子之心, 常存敬畏, 雖不見聞, 亦不敢忽, 所以存天理之本然, 而不使離於須臾之頃也.
胡季遂曰, 戒懼者, 所以涵養於喜怒哀樂未發之前, 愼獨者, 所以省察於喜怒哀樂已發之後. 心功到此, 天地位而萬物育矣, 聖人之能事畢矣.
然孔子云七十而從心所欲, 不踰矩者, 可見心功之難也.

삼가 살피건대 주자가 말하기를, "자사가 첫머리에서 도의 대원大源은 하늘에서 나왔으므로, 이것은 바꿀 수가 없고, 그 실체가 자기에게 갖추어져 있어서 떠날 수가 없다는 것을 밝혔다. 다음으로는 존양성찰의 요점을 말하였고, 마지막으로 성신聖神의 공화功化가 지극함을 말하였다."고 하였다.

또 말하기를, "군자의 마음은 항상 경외함이 있어서, 비록 보고 듣지 않더라도, 또한 감히 소홀하지 않는 것은 천리의 본연을 보존하여서 잠시라도 도道에서 떠나지 않으려는 까닭이다." 하였다.

호계수胡季隨(송나라 학자, 名, 大時)가 말하기를, "삼가하고 두려워하는 것(戒懼)은 희로애락이 드러나기 전에 함양하는 것이요, 신독愼獨이란 것은 희로애락이 드러난 후에 성찰하는 것이다." 하였다. 마음의 공부가 여기에 이르면, 천지를 자리잡게 해서 만물을 기를 수가 있는 것이니, 성인이 할 수 있는 일이 끝나는 것이다.

그러나 공자(논어 위정)가 이르되, "나이 일흔 살이 되자 마음에 하고 싶은 대로 행하여도 법도를 어기지 않았다." 하였으니, 가히 마음공부(心功)의 어려움을 볼 수 있는 것이다.

禮曰, 君子禮樂, 不可斯須去身. 姦聲亂色, 不留聰明, 淫樂慝禮, 不接心術, 惰慢邪僻之氣不設於身體. 使耳目鼻口心知百體, 皆由順正以行其義.

謹按禮樂以治身心, 亦孔門傳心之要.

예기(악기)에, "군자가 이르기를, 예악은 잠시(斯須)라도 몸을 떠나는 것이 불가하다. 간교한 소리와 어지러운 색(姦聲亂色)을 듣고 보는 것에 머무르지 않고, 음란한 음악과 사특한 예법(禮)에 마음을 접접하지 않고, 태만과 사벽邪僻된 기운이 신체에 스며들지 않게 한다. 이목구비와 마음과 몸 모두 순정順正을 따라 그 옳음을 행하게 해야 한다." 하였다.

삼가 살피건대, 예악禮樂은 이로써 신심身心을 다스리는 것이니, 또한 공자의 문도에서는 심법을 전하는 요체인 것이다.(본문 216p : 禮曰, 君子禮樂, 不可斯須去身. 怠慢邪僻之心入之矣. 姦聲亂色, 不留聰明, 淫樂慝禮. 不接心術, 使心智百體耳目鼻口, 皆由順正以行其義로 되어 있으나, 문맥상 怠慢邪僻之心入之矣 이하 부분을 예기, 악기를 참조하여 해석하였음.)

참고로, 율곡전서에 있는 관련 문장은 다음과 같다.

君子姦聲亂色, 不留聰明, 淫樂慝禮, 不接心術, 惰慢邪僻之氣, 不設於身體, 使耳目鼻口, 心知百體, 皆由順正, 以行其義.

西山眞氏曰, 君子之所以自養者, 內外交致其功而已.

禮樂不可斯須去身, 中心斯須不知不樂, 而鄙詐之心入之矣, 外貌斯須不莊不敬, 而易慢之心入之矣. 〈율곡전서 권21, 성학집요 3〉

군자는 음탕한 소리와 어지러운 미색美色을 듣고 보는데 머무르지 않고, 음란한 풍악과 사특한 예절에 마음을 쓰지 않으며, 태만하고 간사하고 편벽한 기운을 몸에 두지 않아서, 귀, 눈, 코, 입, 마음, 앎(知) 등의 모든 것이 모두 순하고 바름을 말미암아 그 의義를 행한다.

서산 진씨가 말하기를, "군자가 스스로 수양하는 것은 다른 것이 없다. 안팎으로 노력을 다하는 것뿐이다." 하였다.

예법과 음악은 잠시도 몸에서 떠날 수 없는 것이니 중심이 잠시라도 화평하지 않고 즐겁지 않으면 야비하고 간사한 마음이 들어오며, 외모가 잠시라도 장엄하지 않고, 경건하지 않으면 태만한 마음이 들어온다.

〈율곡전서 권21, 성학집요 3〉

|제7장|

맹자심리지요
孟子心理之要

   孟子曰, 人皆有不忍人之心, 先王有不忍人之心, 斯有不忍人之政矣. 以不忍人之心, 行不忍人之政, 治天下, 可運於掌上.
   所謂人皆有不忍人之心者, 今人乍見孺子將入於井, 皆有怵惕惻隱之心, 非所以內交於孺子之父母也, 非所以要譽於鄕黨朋友也, 非惡其聲而然也.
   由是觀之, 無惻隱之心非人也, 無羞惡之心, 非人也, 無是非之心, 非人也.

   맹자 왈, "사람마다 차마 다른 사람을 해치지 못하는 마음(不忍人之心)이 있으며, 선왕들은 차마 사람을 해치지 못하는 마음을 가지고, 모두 차마 사람을 해치지 못하는 정사(政)를 행하셨다. 불인인지심不忍人之心으로써 차마 해치지 못하는 정사를 행하면, 천하를 다스리는 것은 가히 손바닥 위에서 움직이는 것 같으리라.
   소위 사람이 모두 불인인지심不忍人之心이 있다는 것은, 지금의 사람이 갑자기 어린애가 장차 우물에 들어가려는 것을 보았을 때, 모두가 두려워서 조심하며 측은지심을 갖게 되니, 어린애의 부모와 안으로 사귄 때문이 아니고, 향당鄕黨(고향) 친구들에게 명예를 얻으려 한 때문도 아니고, (구하지 않아 받는) 비난의 소리가 싫어서 그런 것도 아니다.

이로 말미암아 보건대, 측은지심이 없으면 사람이 아니며, 수오지심이 없으면 사람이 아니며, 시비지심이 없으면 사람이 아니다.

惻隱之心仁之端也. 羞惡之心, 義之端也, 辭讓之心, 禮之端也, 是非之心, 知之端也. 人之有是四端, 猶其有四體也. 有是四端, 而自謂不能者, 自賊者也. 凡有四端於我者, 知皆擴而充之矣, 若火之始燃, 泉之始達. 苟能充之, 足以保四海, 苟不充之, 不足以事父母.

謹按孟子創出四端之心, 以垂戒者, 可謂光啓宇宙人之心理, 莫切於此, 眞是命世亞聖之才也.

측은지심은 인仁의 처음 발단이다. 수오지심은 의義의 처음 발단이고, 사양지심은 예禮의 처음 발단이고, 시비지심은 지知의 처음 발단이다. 사람은 이 사단四端을 가지고 있으면, 마치 그 사체四體가 있는 것과 같다. 이 사단을 가지고 있으면서, 스스로 이르되 불능이라 하는 자(仁을 행할 수 없다고 하는 자)는 자신을 해치는 자이다. 무릇 나에게 가지고 있는 사단을 모두 넓혀서 채우는 것을 알면, 마치 불이 처음 타서 활활 타는 것과 같고, 샘이 처음에 조금 흘러 큰 강물을 이루는 것과 같다. 진실로 능히 채울 수가 있으면 이로써 사해四海를 보전하기에 넉넉한 것이고, 진실로 채울 수가 없다면 자기 부모를 섬기는 것도 부족할 것이다." 하였다.

삼가 맹자가 처음 말한 사단지심을 살피건대, 이로써 경계함을 쏟으면,

우주인의 심리를 비추어 열어젖히는 것이 여기에서 보다 절실함이 없으리니, 진실로 하늘이 내신 아성의 재주로다(命世亞聖之才 : 주자가 맹자를 명세아성의 재주라고 칭하여서 나온 말, 맹자를 공자 다음 가는 성인으로 칭한 말).

孟子曰, 大人者, 不失其赤子之心者也.
謹按取譬其純一無僞之天理而已, 他何嘗同乎?
孟子曰, 牛山之木嘗美矣, 以其郊於大國也, 斧斤伐之, 可以爲美乎? 是其日夜之所息, 雨露之所潤, 非無萌蘖之生焉, 牛羊又從以牧之, 是以若彼濯濯也. 人見其濯濯也, 以爲未嘗有材焉, 是豈山之性也哉? 雖存乎人者, 豈無仁義之良心哉. 其所以放其良心者, 亦猶斧斤之於木也, 旦旦而伐之, 加以爲美乎?

맹자 왈, "대인이란 그 적자赤子(갓난아이)의 마음을 잃지 않는 자이다." 하였다.
삼가 살피건대, 비유하면 그 순일함이란 거짓 없는 천리일 뿐이니, 다른 사람이 언제 이와 같은 적이 있었던가?
맹자 왈, "우산牛山의 나무가 일찍이 아름다웠는데, 대국에서 그 교외에 있음으로써 도끼로 베어가니, 가히 아름다워지겠는가? 그것이 밤낮으로 자라나고, 우로雨露에 윤택한 바로, 싹들이 생겨남이 없는 것이 아니지만, 소와 양들이 또한 따라서 길러지니, 이 때문에 저 산들이 마치 벌거벗은 것(탁탁濯濯)과 같다. 사람들은 그 벌거벗은 산을 보면서, 일찍이 나무가 있었던 적이 없다고 여기니, 이는 어찌 산의 성품이겠는가? 비록 사람에게 보존된 것이, 어찌 인의의 양심이 없는 것이리오. 그가 그 양심을 놓아버린 때문인

것이니, 또한 마치 나무에 도끼질을 해서 아침마다 베어내는 것과 같아서,
아름답게 되겠는가?

其日夜之所息, 平旦之氣, 其好惡與人相近也者幾希, 則其旦晝之所
爲, 有梏亡之矣. 梏之反覆則夜氣不足以存, 夜氣不足以存, 則其爲禽獸
不遠矣. 人見其禽獸也, 而以爲未嘗有才焉者, 是豈人之情也哉? 故苟
得其養, 無物不長, 苟失其養, 無物不消.
　孔子曰, 操則存, 舍則亡, 出入無時, 莫知其鄕.
　惟心謹按四端章, 與此夜氣章, 大有功於聖門, 發明心理者也.
　孟子曰, 仁人心也, 義人路也. 舍其路而不由, 放其心而不知求. 哀
哉, 人有雞犬放則知求之, 有放其心而不知求, 學問之道無他, 求其放
心而已矣.

밤낮으로 자라나는 것과 새벽의 기는 그 호오好惡가 사람과 더불어서 가
까운 것이 거의 없으니, 곧 그 아침부터 낮까지의 소위는 곡망梏亡(어지럽게
해서 멸하게 함)인 것이다. 어지럽게 반복하면(梏亡), 맑은 야기夜氣는 부족
하게 보존되고, 야기夜氣의 맑음이 부족하게 보존되면, 그것은 금수와 멀
지 않게 된다. 사람들이 그 금수와 같은 것을 보고, 일찍이 재질을 갖지 못
했다고 하니, 이것이 어찌 그 사람의 사정이겠는가? 그러므로 진실로 그
기르는 것을 제대로 하면 길러지지 않는 것이 없고, 진실로 그 기르는 것을
놓치면 소멸되지 않는 것이 없다." 하였다.
　공자 왈, "마음을 잡으면 보존하고, 놓치면 없어지는 것이니, 출입에 때
가 없고, 그 고향을 알 수가 없다." 하였다.
　생각건대, 마음을 삼가 사단四端장과 더불어서 여기 야기장夜氣章에서

살펴보았는데, (맹자는) 공자의 문하聖門에서 큰 공이 있었으니 심리心理를 발명한 것이다.
 맹자 왈, "인仁은 사람의 마음이요, 의義는 사람의 길이다. 그 길을 버리고 따르지 않으면, 그 마음을 놓쳐서 구하는 것을 알지 못하게 된다. 슬프다, 사람들이 닭과 개를 놓치면 찾는 것을 알면서, 그 마음을 놓치게 되어서는 찾는 것을 알지 못하니, 학문의 도가 다른 것이 없고, 그 놓친 마음을 찾는 것 그뿐이다." 하였다.

 謹按心本善, 而流於不善, 馳騖於外者, 謂之放心, 務要操存.
 孟子曰, 君子存心養性, 所以事天也. 又曰, 盡其心者, 知其性也. 知其性則知天矣. 又曰, 雞鳴而起, 孳孳爲善者, 舜之徒也, 孳孳爲利者, 蹠之徒也. 欲知舜與蹠之分, 無他, 利與善之間也. 又曰, 養心, 莫善於寡慾, 其爲人也寡慾, 雖有不存者寡矣, 其爲人也多慾, 雖有存焉者寡矣.

 삼가 살피건대, 마음의 근본이 선함인데 불선으로 흐르게 되면, 바깥으로 치달리게 되어서 방심이라 하는 것이니, 힘써 잡아 보존함이 필요하다.
 맹자 왈, "군자가 존심양성하는 것은 하늘을 섬기는 것이다." 하고, 또 말하기를, "그 마음을 다하는 것이 그 성품을 아는 것이다. 그 성품을 알게 되면 하늘을 알게 된다." 하고, 또 말하기를, "닭이 울면 일어나서 선善을 부지런히(孶孶) 행하는 자는 순임금의 무리이고, 부지런히 이익을 위하는 자는 도척盜蹠의 무리이다. 순임금과 도척의 구분을 알고 싶은가, 다른 것이 없고 이익을 탐하는가, 선善을 구하는가의 사이에 있다." 하고, 또 말하기를, "마음을 기르는 것은, 욕심을 줄이는 것보다 좋은 것이 없으니, 사람됨이 욕심을 줄이면 비록 마음이 보존되지 못하는 것이 있더라도 적을 것이고, 그 사람이 욕심을 많이 가지면 비록 마음을 보존하는 것이 있더라도 적을 것이다." 하였다.

謹按人之四大六根皆欲也. 安能無慾乎? 節制以寡之爲要, 惟寡欲, 然後能存心養性, 存心養性, 爲事天之道矣.
烏呼! 東亞之心學, 自精一愼獨至克己復禮, 寡慾事天之訓, 則西學之所不能也. 可以補其缺點矣.

삼가 사람의 사대육근四大六根을 살피건대, 모두가 욕심이다. 어찌 능히 욕심이 없겠는가? 절제해서 줄이는 것이 중요한 것이니, 오직 욕심을 줄인 연후에 능히 존심양성할 수 있고, 존심양성은 하늘을 섬기는 도道인 것이다.
오호라! 동아의 심학은 정일精一 신독愼獨으로부터 극기복례와 욕심을 줄여서 하늘을 섬기는 가르침(寡慾事天之訓)에 이르렀으니, 곧 서학에서는 할 수 없는 바이다. 가히 그 결점을 이로써 보충해야 한다.

제8장

송현심성리기철학
宋賢心性理氣哲學

周子濂溪曰, 養心, 不止於寡而存焉耳, 寡而至於無之. 則誠立明通. 誠立, 賢也, 明通, 聖也. 聖賢, 非性生, 必養心而至之. 養心之善, 有大焉如此, 存乎其人.

又曰, 聖可學乎? 一爲要. 一者無慾也. 無慾則靜虛動直, 靜虛則明, 明則通. 動直則公, 公則溥, 明通公溥, 庶矣乎.

주자 염계 왈, "마음을 기르는 것(養心)은, 욕심을 줄여서 적게 있는 것에서 그칠 뿐이 아니라, 줄여서 없는 데에 이르러야 한다. 욕심이 없으면 진실함이 세워지고 밝음이 통하게 된다. 진실함이 세워지면 현인賢人이요, 밝음이 통하면 성인聖人이다. 성인과 현인은 성품(性)에서 생겨난 것이 아니요, 반드시 마음을 길러서 이르는 것이다. 마음을 기르는 것을 잘하는 것은, 이와 같이 큰 것인즉, 그 사람에게 달려있는 것이다." 하였다.

또 말하기를, "성인은 배울 수가 있는가? 일一이 요체가 된다. 일一이란 것은 무욕無慾이다. 욕심이 없으면, 정허동직靜虛動直(고요하게 있으면 텅 빈 마음이고, 움직임은 바르게 한다)이니, 고요해서 텅 비면 밝은 것이고, 밝으면 통하게 된다. 움직여서 곧게 하면 공평한 것이고, 공평하면 넓은 것이니, 밝고 통하여서 공평하고 넓으면 거의 가까운 것이다." 하였다.

謹按周先生, 闡明心學, 繼往而開宋學. 寡欲而至無慾之敎. 不惟有功於儒門, 而可補時學之不足處也.

삼가 살피건대, 주 선생은 심학心學을 천명闡明하였으며, 과거를 계승하여 송학宋學을 열었다. 욕심을 줄여서(寡欲), 무욕無慾에 이르라는 가르침이다. 오직 유학儒學의 문하에서 공이 있는 것만이 아니라, 가히 당시 학문의 부족한 곳을 보충한 것이다.

范氏心箴曰, 茫茫堪輿, 俯仰無垠. 人於其間, 眇然有身. 是身之微, 太倉稊米. 參爲三才, 曰惟心爾. 往古來今, 孰無此心. 心爲形役, 乃獸乃禽. 惟口耳目, 手足動靜, 投間抵隙, 爲厥心病. 一心之微, 衆慾攻之, 其與存者, 烏乎幾希. 君子存誠, 克念克敬, 天君泰然, 百體從令.

범씨(범준范浚 / 남송대, 1131-1162)가 심잠心箴에서 왈, "아득하게 넓은 천지는 굽어보고 우러러보아도 끝이 없네. 사람이 그 사이에다 작은 몸을 두었으니, 이 몸의 미미함은, 마치 큰 창고의 돌피쌀(벼과의 작은 좁쌀) 같구나. 천지에 참여하여 천지인 삼재가 되는 것은, 오직 마음뿐이로다. 고금 왕래에 누군들 이 마음이 없었겠는가. 마음이 몸의 부림을 당하니, 그래서 금수禽獸가 되는 것이다. 오직 입과 귀, 눈, 수족과 동정에 틈을 타고 그 사이에 뛰어들어 마음의 병이 된다. 일심의 미미함을 여러 욕망이 공격하니,

그 더불어서 보존된 것이, 아! 거의 없도다. 군자는 진실함을 보존하여 잘 생각하고 잘 공경하니, 마음(天君)이 태연하여 육신(百體)이 마음의 명령을 따른다." 하였다.

謹按晉唐之間, 只此范氏心箴, 可謂見哲理分明處, 欽哉欽哉. 且如程子四勿箴, 亦爲切要.
其曰心兮本虛, 應物無跡. 操之有要, 視爲之則. 制之於外, 以安其內.

삼가 진당晉唐시대의 사이에서, 단지 이 범씨의 심잠心箴만이 철리의 분명한 곳을 드러냈다 할 것이니, 공경스럽고 공경스럽다. 바로 정자의 사물잠(四勿箴)과 같아서, 또한 절실하고 긴요切要하게 삼아야 한다.
그는 말하기를, "마음이란 본래 텅 비어서, 만물에 응하되 흔적이 없다. 그 마음을 잡는 것에 요점이 있으니, 보는 것(視)을 법칙으로 삼는다. 바깥에서 보는 것을 통제하여, 이로써 그 안을 편안히 하는 것이 그것이다." 하였다.

朱子敬齋箴曰, 潛心以居, 對越上帝.
眞西山心經贊曰, 舜虞授受, 十有六言, 萬世心學, 此其淵源. 上帝寔臨, 其敢或貳? 天之與我, 此其大者, 歛之方寸, 太極在躬, 此皆言存心事天之要也.

주자가 경재잠敬齋箴에서 왈, "마음을 고요히 가라앉히고 거처함으로써(潛心以居)하여 상제를 대하라." 하였다.(正其衣冠, 尊其瞻視, 潛心以居, 對越上

帝.)

진서산의 심경찬에서 말하기를, "순과 우임금이 주고받은 것이 열여섯 자이니(人心惟危, 道心惟微, 有情惟一, 允執闕中), 만세의 심학으로, 이것이 바로 그 연원이다. 상제께서 진실로 굽어살피시니, 그 감히 혹 두 마음을 품겠는가? 하늘이 나에게 준 것으로, 이것이 그 큰 것이니, 방촌方寸(마음)에 거두어들이면, 태극이 몸 안에 있다." 하였으니, 이 모든 말씀은 존심사천存心事天(마음을 보존하여 하늘을 섬기는 것)의 요체인 것이다.

張子橫渠曰, 心統性情者, 邵子康節曰, 心爲太極, 程子明道曰, 心是理, 理是心, 伊川曰, 性卽心, 心卽性也. 朱子晦菴曰性者, 心之理, 情者, 心之用, 心者, 性情之主. 卽所以具此理, 而行此情者也. 以智言之, 所以知是非之理則性也. 所以知是非而是非之者情也. 具此理而覺其爲是非者, 心也.
又曰, 心之全體, 湛然虛明, 萬理具足. 其流行該貫乎動靜, 未發而全體者, 性也, 已發已妙用者, 情也. 又曰, 心者, 氣之精爽也.

장횡거 왈, "마음이 성정性情을 거느린다." 하였고, 소강절 왈, "마음이 태극이다." 하였으며, 정명도 왈, "마음이 바로 이치이고, 이치는 바로 마음이다." 하였으며, 이천伊川 왈, "성품이 곧 마음이요, 마음은 곧 성품이다." 하였다. 주회암은 왈, "성품이란, 마음의 이치요, 정정이란 마음의 작용이니, 마음이 성정性情을 주재한다. 곧 이 이치를 갖춘 소이所以로, 이 정정을 행하는 것이다. 지혜로써 말하자면, 그러니까 시비의 이치를 아는 것은 곧 성품이다. 옳고 그름을 알아서 시비하는 것은 정정이다. 이러한 이치를 갖추어서 그 시비된 것을 깨닫는 것은 마음이다." 하였다.

또 말하기를, "마음의 전체는 맑고 텅 비고 밝아서 만리萬理가 모두 충족되어 있다. 그것의 유행은 동정動靜을 모조리 관통하였으니, 미발未發된 전체는 성품(性)이고, 이미 발동하여 묘하게 작용한 것(妙用)은 정情이다." 하고, 또 말하기를, "마음은 기氣의 정상精爽(精靈)이다." 하였다.

謹按宋賢諸先正之論心理者如此, 蓋虛靈故明, 明極, 故知覺, 感動, 運用, 而能主宰之者. 皆心之能力也, 是卽余斷以太極, 有能力者, 可以實驗於心之體用也.

陽明王先生(守仁)曰, 心卽理也. 天下, 又有心外之事, 心外之理乎.

又曰, 聖人之所以爲聖, 只是此心, 純乎天理, 而無一毫人欲之雜. 又曰, 知是心之本體, 心自然會知. 見父, 自然知孝, 見兄, 自然知悌, 此便是良知.

又曰, 精一之精, 以理言, 精神之精, 以氣言. 理者, 氣之條理, 氣者, 理之運用.

又曰, 知是理之靈處, 就其主宰處說, 便謂之心, 就其禀受處說, 便謂之性.

삼가 살피건대, 송나라 성현 제 선정先正(賢人)의 심리를 논한 것이 이와 같으니, 대개가 허령하여서 그러므로 밝고, 밝음이 지극하여서, 그러므로 지각, 감동, 운용하여 능히 주재하는 것이다. 모든 것이 마음의 능력이니, 바로 곧 나는 태극으로써 유능력자라고 판단하니, 가히 마음의 체용에서 실험할 수 있을 것이다.

양명왕 선생(수인) 왈, "마음이 곧 이치이다. 천하에 또 심외지사心外之

事, 심외지리心外之理가 있겠는가?" 하고, 또 말하기를, "성인이 성인이 된 소이所以는, 단지 이 마음이 천리에 순응하여서 한 털이라도 인욕이 섞이지 않아서인 것이다." 하였다.

또 말하기를, "양지良知는 바로 마음의 본체이며, 마음은 자연히 알 수가 있다. 아비를 보면 자연히 효를 알고, 형을 보면 자연히 공손할 것을 아는 것이니, 이것이 바로 양지良知이다." 하였다.

또 말하기를, "정일精一의 정精은 이치로써 말한 것이요, 정신精神의 정精은 기氣로써 말한 것이다. 이치는 기氣의 조리條理이고, 기氣는 이치의 운용이다." 하였다.

또 말하기를, "지知는 바로 이치의 신령한 곳(靈處)이니, 곧 주재처를 말하는 것이요, 곧 마음이라는 것이고, 곧 그 품수처를 말하자면, 곧 성품(性)이라는 것이다." 하였다.

謹按黃梨洲, 有調辨朱王之說, 然以余檮昧, 深究兩先生心理知行之說, 若有異趣. 然其心性之見, 曷嘗不均以理體, 爲主觀的耶. 然則後學, 當以太極有能力, 爲心之體用, 正是不偏也. 心卽理之說, 恐何病哉. 但知行合一之說, 便有迫急之象, 恐不如知行竝進之說, 渾圓不迫也. 然皆可以捄末學之偏處則一也, 何可自袒於其間, 偏就不公處也.

황이주黃梨洲(황종희黃宗羲, 1610~1695)는 주자와 왕양명(朱王)의 설說을 조사 구분함이 있었는데, 삼가 살피건대, 어리석은 내 견해로는, 두 분 선생의 심리지행心理知行의 설을 깊이 연구해 본 바 추향趨趣이 다른 것이 있는 것 같다. 그러나 그 심성心性의 견해에서, 어찌 모두 공평치 않은 이치의 본체(理體)로써 주관으로 삼았는가? 그러한즉 후학은 마땅히 태극에 있는 능력으로써 마음의 체용으로 삼아야 할 것이니, 바로 치우치지 않고 공평한 것이다. 마음이 곧 이치라는 설이 무슨 하자이겠는가? 다만 지행합일의 설은 곧 급박한 상象이 있으니, 아마 지행병진설知行竝進說의 혼원渾圓하여 급박하지 않은 것만 못한 것이다. 그러나 모두가 가히 말학末學(지엽적인 학문)의 치우친 바가 있는 것은 똑같이 하나이니, 어찌 치우치고 곧잘 공평하지 않은 곳(不公處)의 그 틈새에 스스로 끼어들겠는가?

|제9장|

통론성정지의염려사병동한철학
統論性情志意念慮思幷東韓哲學

孔子曰, 性相近也, 習相遠也(此言氣質之性).
孟子道性善, 言必稱堯舜以實之.

공자 왈, "성품이란 서로 차이가 없으나 습관에 따라서 서로 차이가 생긴다." 하였다(여기서 말한 것은 기질의 성품이다).
맹자는 성품이 선하다고 말하였는데, 언필칭(말할 때마다 반드시) 요순임금을 사실로 들어서 증명하였다.

謹按此源於易係繼之者善, 成之者性之論也.
然荀卿唱性惡之學說, 以啓李斯相秦坑焚之禍, 信乎學說? 不可背天而自立偏見也, 審矣. 楊雄有善惡混之說, 韓文公有三性之論, 皆孟子以後之論性者, 由不辨本然氣質故也. 蓋本然之性, 純善無惡, 氣質之性, 有淸濁粹駁, 故有善惡也.

삼가 이것의 근원을 살펴보면, 주역 계사전 상(제5장)에 계지자선, 성지자성이라고 말한 것에 있는 것이다.(一陰一陽之謂道. 繼之者善也, 成之者性也.)

그러나 순경荀卿(荀子, B.C. 313-B.C. 238)이 성악설性惡說을 제창하면서, 이로써 이사李斯(?-B.C. 208)에게 진나라의 재상으로서 분서갱유의 재앙을 일으키도록 인도하였으니 믿을 수 있는 학설인가? 하늘을 등지는 것이 불가한 것인데, 스스로 편견에 섰으니, 주의해서 보아야 한다. 양웅揚雄은 선악善惡이 섞여있다는 설을 주장하였으며, 한문공韓文公(韓愈, 768-824)이 삼성三性의 논론을 주장하였으니, 모두가 맹자 이후의 성性을 논한 것인데, 본연의 기질氣質을 분변하지 않음으로 말미암은 것이다. 대개가 본연의 성품(本然之性)은 순수한 선으로 악이 없으나(順善無惡), 기질의 성품은 청탁淸濁과 수박粹駁(순수한 것과 섞인 것)이 있으니, 그러므로 선악이 있는 것이다.

程子曰, 論性而不論氣, 則不備. 論氣而不論性, 則不明.

張子曰, 氣質之性, 君子有不性焉者.

정자 왈, "성품을 논하면서 기질을 논하지 않으면, 곧 갖추어지지 않은 것이다. 기질을 논하면서 성품을 논하지 않는 것은, 곧 분명하지 않은 것이다." 하였다.

장자(張載, 張橫渠) 왈, "기질의 성품은 군자가 성품으로 삼지 않는다." 하였다.

謹按性善之論, 至此, 始乃明白洞快也.

朱子曰, 觀萬物之一原, 則理同而氣異. 觀萬物之異體, 則氣猶相近而理絶不同.

然恐此啓後學, 之疑竇者, 不必刻論, 而受理氣之全且通者爲人, 偏且駁者爲物也.

삼가 살피건대, 성선性善의 논론은 여기에 이르러 비로소 명백통쾌하다. 주자 왈, "만물의 일원一原을 관한즉, 이치는 같지만 기氣는 다르다. 만물의 다른 형체異體를 관한즉, 기氣는 마치 서로 비슷한 것 같지만, 이치는 절대적으로 같지 않다." 하였다.

그러나 아마도 이것으로 후학의 의혹을 계도함에 각박하게 의론할 필요가 없으니, 이기理氣의 온전하고 통한 것을 받은 자는 사람이 되고, 치우치고 섞인 것을 받은 자는 물物이 되는 것이다.

朱子曰, 心之動爲情. 意緣有情而後用. 故心之寂然不動者, 謂之性. 心之感而遂通者, 謂之情, 心之所感而紬繹思量者, 謂之意.(此論明白洞快卽孔子論心性之理誠無復餘蘊者也.)

주자 왈, "마음이 동動하여서 정情이 된다. 뜻(意)은 정이 있는 것(有情)을 인연한 뒤에 작용한다. 그러므로 마음이 적연부동한 것을 일러서 성性이라 한다. 마음이 느껴서 마침내 통하는 것을 일러서 정情이라 하고, 마음이 느끼는 바에서 실마리를 찾아내서(紬繹주역) 사량思量하는 것을 일러서 뜻(意)이라 한다." 하였다.(이 논론은 명백통쾌하니, 곧 공자의 심성이치를 논함에서 진실로 다시 남긴 것이 없게 했다.)

*意緣有情而用은 후後가 탈락되어 보완해서 해석함.

朝鮮靜菴趙先生(光祖)曰, 道非心, 無所依而立, 心非誠, 亦無所賴而行.

又曰, 心是活物, 若欲着於一處, 則非操存之道也. 但矜持虛靜, 敬以直內, 雖非應事接物之時, 而惺惺之謂也.

又曰, 心虛勅邪似易入, 而不能入者, 以其敬爲主也.

조선의 정암조 선생(광조) 왈, "도道는 마음이 아니면 의지해서 설 곳이 없고, 마음은 진실함이 아니면 또한 의뢰해서 행할 바가 없다." 하였다.

또 말하기를, "마음은 바로 활물이니, 만약 일처에 부착(着)코자 한다면, 곧 마음을 다잡아 가지는 도(操存之道)가 아닌 것이다. 다만 긍지가 텅 비어 고요하고, 공경함으로써 안으로 바르게 하면, 비록 만사에 응하고 만물에 접하는 때가 아니라도 성성하다 할 것이다." 하였다.

또 말하기를, "마음을 텅 비우고 신칙하면 사邪가 쉽게 들어올 것 같지만, 들어올 수 없는 것은 그 공경함으로써 주主를 삼기 때문이다." 하였다.

朝鮮退溪李先生(滉)曰, 兼理氣, 統性情者心也. 性發爲情之際, 乃一心幾微, 萬化之樞要, 善惡之所由分也. 心固理氣之合也, 然而所指而言者主於理, 何也? 仁義禮智之在中, 而四者, 其端緒也. 七情之發, 固亦兼理氣也. 然而所指而言者主於氣, 何也? 外物之來, 易感而先動者, 莫如形氣而七者, 其苗脈也.

조선 퇴계 선생(이황) 왈, "이기理氣를 겸하여 성정性情을 통섭하는 것이 마음이다. 성性이 발하여서 정情이 될 즈음에 일심의 기미幾微가 만화萬化

의 추요樞要인 것이요, 선악이 말미암아 나누어지는 곳이다. 마음은 진실로 이기理氣와 합쳐진 것인데, 그러나 입각하여 말하는 것이 이치를 위주로 하는 것은 왜 그러한가? 인의예지가 중中에 있고, 이 4가지는 그 단서가 된다. 칠정七情이 발하는 것은 진실로 또한 이기理氣를 겸한 것이다. 그러나 가리켜 말하는 곳이 기氣에서 주主하는 것은 왜 그러한가? 외물이 오는 것을 쉽게 느껴서 먼저 동하는 것은 형기形氣만한 것이 없는데, 이 일곱 가지가 그 실마리(苗脈)가 되기 때문이다." 하였다.

又曰, 心爲萬事之本, 性是萬善之源. 心中不可有一事. 此乃持敬之法. 心之於事物未來而不迎, 方來而畢照, 旣應而不留, 本體湛然如明鏡止水. 雖日接萬事, 而心中未嘗有一物, 尙安有爲心害哉?

又曰, 靜而涵天理之本然, 動而決人欲於幾微. 如是眞積力久, 至於純熟, 則靜虛動直, 日用之間, 雖百起百滅, 心固自若, 而閒雜思慮, 自不能爲吾患矣.

又曰, 敬可以立主宰.

*원래 又曰氣爲萬事之本, 性是萬善之源이라고 했으나, 퇴계선생문집에는 又曰心爲萬事之本, 性是萬善之源이라고 하였으므로, 氣는 心의 잘못된 표기임.

또 말하기를, "심心은 만사萬事의 본本이고, 성性이 만선萬善의 근원이다. 심중心中에는 어떤 한 가지 일이라도 두는 것이 불가하다. 이것이 공경을 가지는 법이다. 마음이 사물을 맞이함에, 사물이 아직 오지 않았으면 맞이하지 않고, 바야흐로 다가오면 남기지 않고 비추어 보고, 이미 응應한 일은 남겨두지 않으면, 본체가 담연하여 마치 명경지수와 같다. 비록 날마다 만사에 접하면서 마음속에 일찍이 한 물건도 두지 않으면, 또한 어찌 마음이 해함을 당함이 있겠는가?" 하였다.

또 말하기를, "고요함(靜)에서는 천리의 본연을 받아들이고, 동함(動)에서는 기미幾微에서 인욕人欲을 잘라버려야 한다. 이와 같이 참으로 힘써 오래되면, 순숙純熟에 이르게 되어서, 곧 정허동직靜虛動直이 일용지간日用之間에 되어서 비록 백 가지가 일어나도 백 가지가 다 멸하게 되니, 마음은 진실로 태연자약해서 잡된 사려에서 한가하여 저절로 내 걱정거리가 될 수 없는 것이다." 하였다.

또 말하기를, "경敬이 가히 주재를 세울 수 있다." 하였다.

謹按朝鮮, 固檀箕聖國, 而至麗季, 賢儒輩出, 專尙孔朱, 入韓朝尤盛, 配享於孔廟者, (十九人)之多也.

此外名碩, 磊落相望者, 亦不知凡幾. 蓋自精一心傳, 周宋而東韓, 理學文章之盛, 蔚然爲天下冠也.

是以日本名士某人, 公稱曰, 使西洋, 知韓有退溪之學問, 則增光邦國之價値矣.

嗚乎! 其知言哉, 先生之學, 最純粹精篤也.

삼가 살피건대, 조선은 옛날 단군, 기자성국으로 고려 말에 이르러서 현인과 선비가 배출되었으니, 오로지 공자, 주자를 숭상하였으나 한조韓朝에 들어 더욱 성행하였으니, 공자의 사당에 배행된 자가 (19인) 많았다.

이외에 유명한 석학과 명성이 찬연히 빛나는 사람들이 끊이지 않았으니 (磊落相望), 또한 몇이나 되는지 알 수가 없다. 대개가 유정유일의 심법전수心法傳授가 주周 송宋에서부터 동한東韓에 이르자, 이학문장理學文章의 성행함은 천하의 으뜸이었다.

이는 일본 명사 모인이 공칭公稱(공적으로 칭함)하기를, "서양으로 하여금 한국에 퇴계의 학문이 있다는 것을 알게 한즉, 방국의 가치를 한층 높게 할 것이다." 하였다.

오호! 그가 알고 말하였으니, 선생의 학문은 가장 순수하고 정미롭고 독실하다.

朝鮮栗谷李先生(珥)曰, 敬守此心, 涵養積久, 則自當得力. 所謂涵養者, 亦非他術, 只是寂寂不起念慮, 惺惺無少昏昧而已.

情者, 心有所感而動者也, 纔動, 情有不得自由者, 平居無治心之力, 則多有不中者矣. 志者, 心有所之之謂, 之善之惡, 皆志也. 意者, 心有計較之謂也, 情旣發而商量運用者也.

조선 율곡 이 선생(이이)이 말하기를, "이 마음을 공경하게 지켜서 함양함이 쌓이고 오래되면, 곧 저절로 힘을 얻게 될 것이다. 소위 함양이란 것은 또한 다른 기술이 있는 것이 아니라 단지 적적寂寂하여 생각을 일으키지 않는 것이니, 성성惺惺하고 조금의 혼미함도 없을 뿐이다.

정情이란, 마음에 느끼는 것이 있어서 동動하는 것이니, 조금이라도 움직이면, 정情은 마음대로 할 수가 없는 것이니, 평상시에 마음을 다스리는 힘이 없다면, 중中에 들어맞지 않는 사람들이 많은 것이다. 지志란 마음에 가는 바가 있는 것을 이르는 것이요, 선善으로도 가고, 악惡으로도 가니, 모두가 뜻(志)이다. 의意란 것은 마음에 헤아려 비교함이 있는 것을 이르니, 정情이 이미 발하여서 헤아리고 운용하는 것이다.

念慮思三者, 皆意之別名, 而思較重, 念較輕, 意可以僞爲, 情不可以僞爲. 故有曰誠意, 無曰誠情. 情之發也, 發之者氣也, 所以發者, 理也. 非氣則不能發, 非理則無所發. 理無形而氣有形. 故理通而氣局, 理無爲而氣有爲, 故氣發而理乘.

염념, 려려, 사사 세 가지는 모두 뜻(意)의 별명이니, 사사는 비교적 무겁고, 염념은 비교적 가벼운 것이니, 의意는 가히 거짓을 할 수 있으나, 정정은 거짓으로 할 수가 없는 것이다. 그러므로 성의誠意라는 말은 있어도 성정誠情이라는 말은 없는 것이다. 정정이 발발發하면, 발발한 것이 기기氣이니, 발발하게 하는 것은 이치(理)이다. 기기氣가 아니면 발할 수가 없으며, 이치가 아니면 발하는 바가 없는 것이다. 이理는 무형이고, 기기氣는 유형이다. 그러므로 이치는 통하고 기기氣는 국한(局)되는 것이며, 이치는 무위이나 기기氣는 유위이니, 그러므로 기기氣가 발하면 이치(理)가 타는 것이다.(氣發而理乘 : 먼저 행하고 뒤에 알게 된다. 理發而氣乘 : 먼저 알고 뒤에 행한다.)" 하였다.

又曰, 主一無適敬之要法, 酬酢萬變敬之活法. 欲見天理之妙, 當自謹獨始. 心定者言寡, 定心自寡言始.

又曰, 人之氣, 與天地相通故, 良心眞氣, 亦與之俱長. 善養仁義之良心, 蔽可開而全其天矣. 善養眞元之氣則虛可實, 而保其命矣. 害良心者, 耳目口鼻四肢之欲, 而害眞氣者. 亦不出是欲焉.

또 말하기를, "마음을 한 군데 전일하게 집중하여(主一), 잡념을 버리는 것이 경경敬의 중요한 법이요, 만변하는 것에 수작수작酬酢함이 공경(敬)의 활법이다. 천리의 묘함을 보려 하거든, 마땅히 홀로 있을 때를 삼가함으로부터 비롯하는 것이다. 마음이 정定한다는 것은 스스로 말이 적은 것이니, 마음을 정定히 하는 것은 말을 적게 함으로부터 비롯되는 것이다." 하였다.

또 말하기를, "사람의 기氣는 천지와 더불어서 서로 통하는 고로, 양심과 진기眞氣 또한 더불어서 같이 자라난다. 인의仁義의 양심을 잘 기르면, 가렸던 것이 열릴 수 있어서 그 천성을 온전히 할 수 있다. 진원眞元의 기氣를 잘 기르면, 곧 허虛한 것이 실實해질 수가 있으므로 그 명命을 보전할 수가 있다. 양심을 해하는 것은 이목구비 사지의 욕망이요, 진기眞氣를 해하는 것은 또한 이 욕망을 벗어나지 않는다.

時須抖擻精神, 洗滌心地, 以來淸和氣象久久, 純熟至於凝定, 則本體之明, 無所掩蔽, 睿智所照, 權度不差矣.

그때는 마땅히 정신을 차려 가다듬고(두수抖擻), 심지心地를 세척하면, 이로써 청화기상淸和氣象이 와서 오래되고, 순숙하여 응정凝定(엉기어 안정됨)에 이르게 되니, 곧 본체의 밝음이 가린 바가 없고, 예지의 비추는 것은 권도權度(법도)에 차질이 없는 것이다." 하였다.

謹按先生英明淸通, 只此理通氣局之論, 可謂發所未發也. 然則性理也, 心氣也之論, 不待辨明而可自辨乎? 愚謂心性理氣之辨論. 由不識元神識神之故也. 情志意思感覺之用, 則發明如是. 而堯舜精一心學之道統正脈, 略擧其槪要矣. 然濂溪只云神發知矣.

삼가 살피건대, 선생은 영명하여 맑게 통하여서, 오직 이 이통기국理通氣局의 논리(論)는, 가히 아직 드러나지 않은 것을 드러낸 것이다. 그러한즉 성리性理요, 심기心氣요 하는 논함을 분명하게 가리는 것을 기다리지 않고서도 스스로 판단할 수 있지 않은가? 심성心性이다, 이기理氣다의 변론은 원신元神과 식신識神을 알지 못함으로 말미암은 때문이라고 나는 말하겠다. 정情 지志 의意 사思의 감각의 작용은, 곧 드러나 분명한 것이 이와 같다. 그리고 요순의 유정유일 심학心學의 도통정맥을 간략하게 그 개요를 들었다. 그러나 염계는 단지 신神이 발發한 것을 알고 말한 것일 뿐이다.

朱子亦但言虛靈不昧而已, 陽明雖道靈明, 而亦曰心卽理也.
烏乎! 東亞道家, 先見腦中元神, 道心之理, 而吾儒之心學, 固未有知得心靈, 必寄於腦部神經者也. 惟近世西哲, 專以大小連腦, 爲心靈之用者, 不是特異哉. 然反昧心原於天之理, 而寡慾養心之要, 則殊爲其缺然也.

주자도 또한 다만 허령불매를 말하였을 뿐이요, 왕양명은 비록 영명靈明함을 말했으나, 또한 심즉리心卽理를 말하였다.
오호라! 동아시아의 도가에서 뇌중의 원신原神을 도심의 이치라고 먼저 보았지만, 우리 유가의 심학心學에서는 진실로 심령心靈이 반드시 뇌부신경이란 것에 의지한다는 것을 알지 못하였다. 생각컨대, 근세의 서양철학은, 오직 대소의 연결된 뇌로써 심령의 작용하는 것으로 삼았는데, 특이한 것이 아니다. 그러나 도리어 마음이 하늘의 이치에 근원하였음에 어두웠으니, 욕심을 줄이는 것(寡慾)이 마음을 기르는 것의 요체인데, 특히나 그것이 결여되었다.

予敢主張以儒道佛哲, 合致之論者, 此非新發明之可相調劑者耶.

是以尙道者, 安可不識儒家心理之見? 若是源天而經世乎儒家, 亦安得不從道家惱神心之創見乎? 黃帝經, 指腦髓, 爲結丹之處, 腦宮, 卽是元神所居之神舍也. 惜儒家言心, 未曾見及腦神經, 而惟黃帝廣成之見, 脗合近世西哲, 今乃以打成一家, 則不亦圓滿哉.

내가 감히, 유儒, 도道, 불佛, 철학으로써 합치合致된 논리를 주장하니, 이는 새로 발명하지 않고서도 조제자를 도울 수 있는 것이다.

그러니 또한 도도라는 것을, 어찌 가히 유가의 심리의 견해로 알지 못하겠는가? 만약 하늘을 근원으로 해서 세상을 경영하는 것이 유가儒家라 하더라도, 또한 어찌 도가道家를 따르지 않은 뇌신심惱神心만의 독창적인 견해創見라고 하겠는가? 황제경黃帝經에서 뇌수腦髓를 가리켜서 단丹을 맺는 곳이라고 하였으니, 뇌궁腦宮은 곧바로 원신元神이 사는 바의 신의 집(神舍)이다. 애석하게도 유가에서 말한 마음(心)이란 아직 일찍이 뇌신경까지는 보이지 않으나, 오직 황제와 광성자의 견해는, 근세의 서양철학과 꼭 들어 맞으니, 이제 힘써 일가를 이루면 또한 원만하지 않겠는가.

|제10장|

도가언뇌신실선획서양신경지철리
道家言腦神室先攫西洋神經之哲理

黃帝內經曰, 萬化生乎身者何謂也? 廣成子對曰, 萬化者神也, 精不散而神不離. 神室者, 萬神聚會之鄕, 在崑崙之中. 五氣聚於內, 人能將精氣結成神胎, 朝於鼎上.

謹按首爲鼎, 故此云鼎卽首也. 道家以首比崑崙也.

황제내경에서 왈, "만 가지 조화(萬化)가 몸에서 일어난다는 것은 무엇을 이르는 것입니까?" 하니, 광성자가 대답하기를, "만 가지 조화는 신神이며, 정精이 흩어지지 않으면 신神이 떠나지 않는다. 신실神室이란 것은 만신萬神들이 모이는 고향이니, 곤륜崑崙에 있는 중앙(中)이다. 오기五氣가 안에 모이면, 사람은 능히 장차 분명히 정기精氣를 맺어서 신태神胎를 이루고, 솥 위(鼎上/상단전 위)에서 만나게 된다." 하였다.

삼가 살피건대, 머리는 솥이 되니, 그러므로 여기에서 말하는 솥(鼎)이란, 곧 머리인 것이다. 도가道家에서는 머리로써 곤륜崑崙에 비유한다.

廣成子曰, 精滿於腦, 故用火煅煉成丹(此節已見於上精神篇)
廣成子曰, 按於地土中, 有二經通於腦, 腦中有府, 名靈陽之府. 有二穴, 左曰太極之穴, 右曰冲靈之穴, 上通天氣, 下至海源, 故曰呼吸, 天氣下降, 地氣上騰, 二氣相接, 以養眞精, 久煉成丹. 乃陽神超於身外.
又曰, 天無二道, 聖人無二心.

광성자 왈, "정정이 뇌에 가득차면, 그러므로 불을 써서 데우고 달구어서(하련煅煉) 단단丹을 이룬다." 하였다(이 절은 이미 위의 정신편에 보인다).
광성자 왈, "지토地土의 중앙을 살펴보건대, 뇌에 통하는 두 개의 경로가 있으니, 뇌의 가운데에 있는 것이 부府이고, 이름이 영양靈陽의 부府이다. 두 개의 혈穴이 있으니, 좌측은 태극혈太極穴이고, 우측은 충영혈冲靈穴이며, 위로는 천기天氣에 통하고, 아래로는 해원海源에 이르니, 그러므로 호흡하면 천기天氣는 하강하고, 지기地氣는 상승하여, 두 기氣가 서로 접하여서, 곧 진액眞液이 길러지고, 오래 불리면 단丹이 이루어진다. 그리하여 양신陽神이 몸 바깥으로 나오게 된다." 하였다.
또 말하기를, "하늘에는 두 가지 도道가 없으니, 성인에게는 두 마음이란 게 없는 것이다." 하였다.

謹按此乃指腦髓, 以爲心神造化之原.
又曰, 心有九竅, 言腦有九宮故也.
又曰, 眞精上移, 入於腦中, 運用精, 氣上入泥丸. 凡丹功, 罔非還精補腦, 腦中神凝曰心, 變化出神曰丹, 神通合天曰道成也.

삼가 이것을 살펴보건대, 뇌수를 지칭하는 것인데, 심신을 조화의 근원으로 삼는 것이다.

또 말하기를, "마음에는 구규가 있으니, 뇌에 구궁이 있다고 말하는 연고이다." 하였다.

또 말하기를, "진정眞精이 위로 옮겨가서 뇌중에 들어가니, 정精을 운용하면 기氣가 위로 올라가 니환으로 들어간다. 무릇 단丹의 공부는 환정보뇌還精補腦(정을 되돌려서 뇌를 보함)가 아님이 없으니, 뇌腦 가운데에서 신神이 엉기는 것을 일러서 마음(心)이라 하고, 변화해서 나온 신神을 일러서 단丹이라 하고, 신神을 통하고 하늘과 합하는 것(合天)을 일러서 도를 이루었다(道成) 한다." 하였다.

老子曰, 虛其心, 實其腹. 又曰, 致虛極, 守靜篤.
知其白, 守其黑. 又曰, 心常淸靜, 天地歸焉.
謹按此皆言淸虛無欲, 爲養心事天之要. 心在腦, 而神棲於眼, 故視卽爲要. 而幷致修養者, 虛極靜篤, 知白守黑, 心常淸靜, 則天地自歸之効, 自可驗矣.

노자 왈, "(성인의 다스림은) 그 자신의 마음은 텅 비우고, 그 백성의 배를 실實하게 하라." 하고, 또 말하기를, "허무한 끝에 이르러서 정靜을 도탑게 지켜라, 지켜서 돈독히 하라.

분명히 알면서도(知其白 : 그 광명이 있는 곳을 알면서), 모르는 것처럼 자신을 지키라(守其黑 : 도리어 그 어둡다 함을 감수하면서 지켜라)." 하고, 또 말하기를, "마음을 항상 청정히 하면, 천지가 모두 돌아간다." 하였다.

삼가 살피건대, 이는 모두 청허무욕淸虛無慾을 말함이니, 마음을 길러서 하늘을 섬기는 요체인 것이다. 마음은 뇌에 있으며, 신神은 눈에 깃들기 때문에, 보는 것이 중요함이 된다. 아울러 수양修養에 이르는 것은, 텅 비운 것을 지극히 하고 고요함을 도탑게 하여, 백을 알고 흑을 지켜서(知白守黑), 마음이 항상 청정하면, 곧 천지가 저절로 돌아오는 효험이 있으니 스스로 증험할 수가 있는 것이다.

關尹子曰, 火生土, 故神生意, 土生金, 故意生魄. 神之所動, 不名神名意, 意之所動, 不名意名魄. 惟聖人萬物之來, 我皆對之以性, 而不對之以心. 性者. 心未萌也.
謹按此言心性意甚精, 惟聖人能無我無物, 故如是.

관윤자 왈, "화생토火生土하니, 고로 신神에서 뜻(意)이 생기고, 토생금土生金하니, 그러므로 뜻(意)에서 넋(魄)이 생긴다. 신神이 동하는 바는 신神이라 이름하지 않고 뜻(意)이라 이름하고, 뜻(意)이 동하는 바는 뜻(意)이라 이름하지 않고 넋(魄)이라 이름한다. 오직 성인만이 만물이 와서 접촉하더라도, 내가 모두 상대하기를 성품(性)으로써 하고, 마음(心)으로써 상대하지를 않는다. 성품(性)이란 마음(心)이 아직 싹트지 않은 것이다." 하였다.
삼가 살펴보건대, 이 말은 심성의心性意란 매우 정밀하여서 오직 성인만이 능히 나(我)를 초월하고, 만물을 초월하여 무아무물無我無物의 경지에 이를 수 있음이, 그러므로 이와 같은 것이다.

關尹子曰, 情生於心, 心生於性. 情波也, 心流也, 性水也. 來于我者, 如石火頃, 以性受之, 則心不生, 物浮浮然.

謹按此言心生於性之說, 誠透徹也, 然則性爲母, 心爲子.

勘合三敎聖人之論心性一也. 而喩以性水, 心流, 情波則尤爲親功明快也.

관윤자 왈, "정情은 마음에서 생겨나고, 심心은 성품(性)에서 생겨난다. 정情은 물결의 파장(波)이요, 마음(心)은 흐름(流)이요, 성품(性)은 물(水)이다. 나에게로 오는 것이 마치 석화(石火)처럼 빠르고 순간이라 해도 성품(性)으로 수용하면, 곧 마음은 불생不生하고, 만물은 그냥 물 위에 둥둥 떠 있는 것이다." 하였다.

삼가 살피건대, 이 말은 마음이 성품에서 생겨난다는 설이니, 참으로 투철한 말인즉, 성품이 어미가 되고, 마음은 아들이 된다.

삼교성인의 논한 것을 대조하여 합해보면, 심心 성性은 하나이다. 그래서 비유하되 성품(性)을 물(水)로 하고, 마음을 물의 흐름(流)이라 하고, 정情을 물결의 파동이라고 하면, 곧 더욱더 공부가 명쾌한 것이다.

關尹子曰, 物來無窮, 我心有際, 故我之良心, 受制於情, 我之本情, 受制於物. 可使之去, 可使之來, 而彼去來, 初不在我. 造化役之, 固無休息. 殊不知天地雖大, 能役有形, 而不能役無形. 陰陽雖妙, 能役有氣, 而不能役無氣. 心之所之, 則氣從之, 氣之所之, 則形應之, 猶如太虛於一氣中變成萬物, 而一氣不名太虛. 我之一心, 能變爲氣, 能變爲形, 我之心無氣無形. 知夫我之心無氣無形, 則天地陰陽, 不能役之.

謹按尹子之論, 極其神通, 不役物之哲理, 尤極悟妙.

관윤자 왈, "사물의 오는 것이 무궁하고 내 마음에서 어울림이 있으니,

그러므로 나의 양심은 정情에서 통제를 받고, 나의 본정本情은 사물에서 통제를 받는다. 가게 할 수 있고, 오게 할 수도 있으나, 저들의 오고 가는 것은 처음부터 나에게 있지 않다. 조화가 부리는 것으로, 진실로 쉬는 것도 없다. 천지가 비록 크다 해도 유형有形인 것을 능히 부릴 수 있는 것이지, 형체가 없는 무형無形인 것은 부릴 수가 없다는 것을 전혀 모르고 있다. 음양조화가 비록 미묘하다 하나, 기氣가 있는 것을 능히 부릴 수가 있는 것이지, 기氣가 없는 것은 부릴 수가 없는 것이다. 마음이 가는 곳은, 곧 기氣가 따라가고, 기氣가 가는 곳은, 곧 형형이 응하니, 태허太虛가 일기一氣 중에서 변성만물變成萬物하는 것과 같지만 일기를 태허라고 이름하지는 않는다. 나의 일심一心은 능히 기氣로 변할 수도 있고, 능히 형형으로 변할 수도 있으나, 나의 마음은 무기無氣 무형無形인 것이다. 대저 나의 마음이란 무기無氣 무형無形이어서, 곧 천지음양이라도 능히 부릴 수 없다는 것을 알아야 한다." 하였다.

삼가 관윤자의 논한 것을 살펴보건대, 그 신통이 지극하니 외물에 부림 받지 않는다는 철리는 더욱 지극하고 오묘하다.

關尹子曰, 聖人御物以心, 攝心以性, 則心同造化, 五行亦不可拘. 心有所之, 則愛從之, 愛從之, 則精從之. 蓋心有所結, 先凝爲水, 心慕物涎出, 心悲物淚出, 心愧物汗出. 無暫而不久, 無久而不變.

관윤자 왈, "성인은 만물을 부리는 것을 마음으로써 하고, 마음을 가다듬는 것을 성품으로써 한즉, 곧 마음은 조화와 같고, 오행도 또한 구속할 수가 없다. 마음이 자리한 바가 있으면, 애愛가 따르고, 애愛가 따르면, 곧 정精이 따른다. 대개 마음에서 맺어진 것이 있게 되면, 먼저 응결하여 물이 되니, 마음이 만물을 그리워하면 침을 흘리게 되고, 마음이 만물을 아파하고 슬퍼하면 눈물이 나오고, 마음이 만물에 부끄러워하면 땀을 흘리게 된다. 잠깐(暫)이 없으면 오래가지 않고, 오래가면서 불변하는 것은 없다.

譬如大海, 變化億萬鮫魚, 水一而已, 我之與物翕然蔚然, 在大化中, 性一而已. 知夫性一者, 無人無我, 無死無生. 心憶者猶忘饑, 心忿者猶忘寒, 心養者猶忘病. 心吸者猶忘痛.(苟吸氣以養其和, 孰能饑之; 存神以滋其暖, 孰能寒之; 養五臟以五行, 則孰能病之, 歸五行則孰能痛之.)

비유하자면, 마치 대해가 억만 교어로 변화하지만 단지 물 하나일 뿐이고, 내가 만물의 무성하고 울창함과 더불어서 커다란 변화 중에 있지만 성품(性) 하나일 뿐인 것과 같다. 대저 성품(性) 하나를 아는 것은, 타인도 없고 나도 없으며, 생사生死도 없는 것을 아는 것이다. 마음으로 골똘히 생각하는 것은 오히려 배고픔을 잊게 하고, 마음이 화를 내면 오히려 추위를 잊게 되고, 마음을 기르는 것은 오히려 병을 잊게 한다. 마음으로 호흡하는 것은 오히려 아픔을 잊게 하는 것이다." 하였다.(진실로 기氣를 들이마셔서(吸) 이로써 그 화和함을 기르는데, 누가 배고플 것이며, 신을 보존存神하여 그 따뜻함을 불어넣는데, 누가 추울 것이며, 오행으로써 오장을 기르는데 누가 병이 들 것이며, 오행으로 돌아간즉 누가 아프겠는가?)

又曰, 目視雕琢者明愈傷, 心思玄妙者心尤傷, 利害心愈明, 則親不睦, 賢愚心尤明, 則友不交, 是非心愈明, 則事不成, 好醜心愈明, 則物不契. 是以聖人渾之, 勿以我心揆彼, 當以彼心揆彼. 知此說者, 可以周事, 可以行德, 可以貫道, 可以交人, 可以忘我.

또 말하기를, "눈으로 마음에 드는 것만 끊임없이 보는 자는 밝음이 더욱 상하고, 마음으로 현묘한 것만 생각하는 것은 마음이 더욱 상하고, 이해심이 더욱 밝아지면 곧 친척과 화목하지 못하고, 어질고 어리석은 마음이 더욱 밝아지면 곧 친구와 사귀지 못하고, 시비심이 더욱 밝아지면 만사가 불성不成인 것이고, 좋아하고 미워하는 마음이 더욱 밝아지면 만물이 맺어지지 않는다. 때문에 성인은 어리석은 듯이 하면서, 내 마음으로 다른 사람을 헤아리지 않고, 마땅히 다른 사람의 마음으로써 다른 사람을 헤아린다. 이것을 알고 기뻐하는 것이, 가히 만사를 두루 할 수 있고, 덕을 행할 수 있고, 도를 꿸 수가 있고, 다른 사람과 사귈 수가 있고, 소아적이고 이기적인 나를 잊을 수가 있는 것이다." 하였다.

謹按尹子心性魂魄理論之明透者, 不可勝載. 只以此觀之, 可知其以靈明神理, 爲心性之體用也.
神居腦宮, 無所不管, 心之體象也. 尹子之論心性, 多有契合佛說者, 吁亦異哉.

삼가 관윤자의 심성心性 혼백魂魄 이론을 살펴보건대, 분명하고 환하게 안 것이니, 더 이상 기록할 것이 없다. 그러나 이로써 보건대, 가히 그것은 영명靈明한 신리神理로써 심성心性의 체용體用으로 삼은 것을 알 수가 있다.
신神은 뇌궁腦宮에 살면서 관리하지 않는 바가 없으니, 마음의 체상體象이다. 관윤자의 심성心性을 논한 것은, 불교에서 설한 것과 많이 일치契合하니, 또한 특이함이다.

|제11장|

선진심리설불유언뇌신이단즉심심즉도
仙眞心理說不惟言惱神而丹卽心心卽道

謹按以儒子, 成仙者多. 而呂純陽, 最著之儒仙也.

呂純陽曰, 喜怒哀樂未發時氣象, 與道釋兩門敎, 恝本來面目, 豈有畢乎? 況孔聖, 爲萬世儒宗, 心卽是丹, 丹卽是心. 能悟之者, 可保丹心, 丹心是道, 非血肉心. 乃云元神, 存一於中, 貫乎玄牝, 達運天庭.

謹按元神位, 住玄牝內腦宮, 此云心乃元神者, 其指腦神經而言乎.

삼가 유학자로써 살펴보건대, 신선을 이룬 자가 많다. 여순양(여동빈)은 가장 드러난 유선儒仙이다.

여순양 왈, "희로애락이 드러나지 않았을 때가 기의 형상氣象이다." 하고, 도가道家와 석가釋家의 두 가문의 가르침과 더불어서 본래 면목까지 헤아렸으니, 어찌 두 가지를 다 마치기만 했겠는가? 더구나 공자孔子(孔聖)를 만세 유가의 종宗으로 하였으니, 마음은 곧 바로 단丹이고, 단丹이 곧 이 마음(心)인 것이다. 능히 깨달은 자라야, 가히 단심丹心(속에서 우러나오는 정성스런 마음)을 보존할 수 있으니, 단심丹心은 바로 도道이며, 혈육심血肉心(몸속의 심장)이 아니다. 이에 원신元神이라 이르는 것은, 가운데(中)에 하나를 보존하여 현빈玄牝에 관통하고, 통달하여 천정으로 운행한다.

삼가 원신元神의 위位를 살펴보건대, 현빈내뇌궁玄牝內腦宮에서 거주하니, 이는 마음이 원신元神이라는 것을 말하고, 그것은 뇌신경을 가리키는 말이다.

張紫陽曰, 取將坎位中心實, 點化離官腹內陰, 從此變成乾健禮, 潛藏飛躍總由心.

謹按此是道家取坎塡離, 還精補腦之眞法. 腦爲心神經, 不亦明乎?

장자양(A.D.984-1082년, 북송의 저명한 도인) 왈, "장차 감괘의 위位에서 중심의 양효陽爻(實)를 취하여(감괘의 중간 양효를 취하여), 이괘離卦의 뱃속에 든 음효陰爻를 점화點化(변화시킴)하니, 이로부터 변하여서 건건례乾健禮(건괘의 강건한 법)를 이루니, 잠기고 감추고 날고 도약함(潛藏飛躍)은 모두가 마음으로 말미암는다." 하였다.

삼가 이를 살펴보건대, "도가道家에서 감괘의 중간 양효를 취하여서 이괘의 중간 음효를 메우는 것이니, 정精을 되돌려서 뇌腦를 보하는 진법이다. 뇌腦가 심, 신경이 되니, 또한 분명한 것이 아닌가?" 하였다.

施肩吾曰, 心爲使氣神.

石杏林曰, 心爲性內神.

謹按心乃腦官元神, 則何以云以神使神耶? 予乃熟思則元神, 能司令識神. 故云爾, 然不特此也. 元神是太極, 太極有動能力, 故能主宰一身司令百體也. 名之曰心, 不亦妥乎?

시견오(A.D. 780-861년, 도학가) 왈, "마음은 기氣와 신神을 부린다." 하였다.

석행림(A.D. 1021-1158년) 왈, "마음은 성품 안의 신神이 된다." 하였다.

삼가 살펴보건대, 마음은 뇌가 관리하는 원신元神인즉, 왜 신神으로써 신神을 부린다고 이르겠는가? 내가 심사숙고한즉, 원신元神은 능히 식신識神을 사령司令한다. 그러므로 말하지만, 그러나 이것은 특별한 것이 아니다. 원신은 바로 태극이요, 태극은 움직이는 능력이 있으므로, 능히 일신을 주재하여 모든 신체를 사령하는 것이다. 이름하여서 심心이라 하니, 또한 타당치 않은가?

白玉蟾曰, 心卽道. 道卽心. 天之道, 旣無二理, 聖人之心, 豈兩用耶? 形中以神爲君, 神乃形之命也. 神中利性爲極, 性乃神之命也. 自形中之神, 以入神中之性, 此謂之歸根復命矣.

又曰, 心者神之舍, 心寧則神靈, 心荒則神狂. 虛其心而正氣凝, 淡其心則陽和集.

백옥섬(A.D. 1134-1229년, 남송의 도사) 왈, "마음은 즉 도道이고, 도道는 곧 마음이다. 하늘의 도는 이미 두 가지 이치가 없으니, 성인의 마음을 어찌 둘로 쓰겠는가? 형체 가운데의 신神으로써 군君으로 삼으니, 신神이 형체의 명命이다. 신神 가운데 이로운 성품을 극極(표준)으로 삼으니, 성품(性)은 바로 신神의 명命이다. 형체 가운데 신神으로부터, 신神의 가운데 성품(性)으로 들어가니, 이것을 일러서 귀근복명歸根復命(뿌리로 돌아가서 명을 회복함)이라 한다." 하였다.

　또 말하기를, "마음은 신의 집이니, 마음이 편하면 신神이 신령神靈하고, 마음이 허황하면 신神이 허둥거리게 된다. 그 마음을 텅 비우면 정기가 엉기게 되고, 그 마음을 담백하게 하면 양화陽和가 모이게 된다." 하였다.

　謹按東亞學術, 特發明腦神心丹之理者, 惟我廣成黃帝. 而先儒之云方寸者, 只是肉團心也, 固一言不及腦神經矣. 惟道家神聖有此創見, 安得不表章之以補儒家論心之遺缺處耶? 此余所以苦心合致四家以期圓滿之意也.
　烏乎! 道與儒之當互相補完者, 至此不亦明甚乎?

　삼가 동아학술을 살피건대, 뇌신심단腦神心丹의 이치를 특별히 발명해낸 자는, 오직 우리 광성자와 황제뿐이다. 그리고 선대의 유학자에서 말하는 방촌方寸이란 것은, 다만 육단심肉團心(몸을 나라고 생각하는 마음)이란 것으로, 진실로 한마디로 말하면 뇌신경에는 미치지 않는 것이다. 오직 도가의 신성神聖이 이것을 처음 발견(創見)하였으며, 유가에서는 어찌 마음을 논하면서 빠트린 곳을 보정하여 세상에 드러내지 않는가? 이에 나는 그래서 고심하면서 사가四家를 합치하여, 이로써 원만한 뜻을 기대하기로 하였다.
　오호! 도道와 더불어서 유儒는 마땅히 서로 간에 보완하는 것이, 여기에 이르러 또한 참으로 분명치 않은가?

　養眞翁曰, 人爲善, 則神聚而靈, 爲惡, 則神散而去. 盖神入神來則生, 離身去則死.
　烏乎! 爲惡者, 盍亦念及於此乎?

양진옹養眞翁(청나라 양진자)은 말하기를, "사람이 선善하면, 곧 신神이 모여서 신령하게 되고, 악惡하면, 곧 신神이 흩어져 가버린다. 대개가 신神이 들어오고, 신神이 오면 생生하고, 신神이 몸을 떠나고 가버리면 죽는 것이다." 하였다.

오호! 악한 자가 대개 또한 생각이 여기에 미치겠는가?

| 제12장 |

불가심성지최상승철리
佛家心性之最上乘哲理

金剛經曰, 降伏其心, 楞嚴經曰, 如來藏, 妙眞如性. 性色眞空, 性空眞色, 淸淨本然, 周遍法界. 寂妙常凝, 名定心住. 陳列灌頂, 名灌頂住. 淸淨圓滿, 性體堅凝, 如金剛王, 常住不壞.

금강경에서 말하기를, "그 마음을 항복시켜라." 하였으며, 능엄경에서 말하기를, "여래장如來藏은 묘한 진여眞如의 성품이다. 성색진공性色眞空(불성性의 물질계(色)는 있는 것 같지만 진실로 텅 비어 있다)이요, 성공진색性空眞色(불성(性)이 텅 비었으나(空) 진실로 물질세계(眞色)인 것이다)이면서, 청정淸淨함 본연本然 그대로 두루 법계에 미친다. 적묘寂妙함이 항상 엉겨있는 것을 정심주定心住라 한다. 정수리에 물을 따라 붓는 것을 관정주灌頂住라 한다. 청정원만하면서 성체가 견고하게 엉기니, 마치 금강왕처럼 상주하되 무너지지 않는다." 하였다.

謹按心常馳鶩, 故降伏爲要. 此云常凝堅凝者, 凝堅於何處耶? 雖不及明言腦髓, 而言灌頂, 則頂內卽腦髓神舍也, 神凝之處也.
　吁! 亦至哉. 與道家神凝玄關之旨, 胲然相合. 而其無慾慈悲之心力, 倘西哲亦嘗致意否耶?(希臘文化有自印度之漸確的)

　삼가 살피건대, 마음은 항상 달리면서 질주하기 때문에, 그러므로 항복시키는 것이 중요하다. 이것은 항상 엉겨있고 견고하게 엉긴 것을 이른 것인데, 견고하게 어디에 엉겨있단 말인가? 비록 뇌수腦髓라고 분명히 말하지 않았으나 관정灌頂을 말하였은즉, 정수리 안은 곧 뇌수이니 신의 집(神舍)이요, 신神이 엉겨있는 곳이다.
　아! 이 또한 지극함이로다. 도가道家와 더불어서 신神이 엉기는 현관玄關의 뜻과 서로 꼭 들어맞는다. 그 욕심이 없는 자비로운 심력은 뛰어난 서양 철학자들이 또한 일찍이 뜻을 알려오지 않았던가?(희랍 문화가 인도로부터 있게 된 것은 틀림없이 확실한 사실이다)

　阿難, 目睛瞪發勞者, 眼入虛妄, 非自然性, 謹按眼入虛妄, 繼以耳鼻舌身意六根性, 皆非自然性, 色聲香味觸意六塵, 俱虛妄也.
　且論十八界, 眼識界, 耳識界, 鼻識界, 舌識界, 身識界, 意識界, 皆非眞性.

　"아난아, 눈(目睛목정)을 크게 뜨고 보다가 피곤한 것은, 안입眼入(육입六入의 하나)으로 허망한 경계이니, 자연이 아닌 성품인 것이다."(수능엄경 권3) 하였는데, 삼가 살펴보건대, 안입眼入의 허망한 경계(眼入虛妄)는, 이비설신의耳鼻舌身意 육근의 성품으로 이어지며, 모두 자연성自然性이 아니어서, 그로부터 생긴 색성향미촉의色聲香味觸意 육진六塵은 모두가 허망한 것이다.

또 십팔계로 논하는, (육근 : 안이비설신의, 육진 : 색성향미촉법이 만나서 안식계, 이식계, 비식계, 설식계, 신식계, 의식계가 되니, 모두 합해서 십팔계이다.) 안식계, 이식계, 비식계, 설식계, 신식계, 의식계 모두가 참된 성품(眞性)이 아닌 것이다(非眞性).

其取譬剖折, 極其細微, 正類乎新學之說心理者, 而地水火風空性論, 亦西哲之所崇尙者. 極其精明故耳, 其文繁, 不能俱載, 可謂盡見物性者也.

그 지극히 세밀하게 쪼개어 나눈 예를 들자면, 신학문의 설설에 꼭 닮은 심리心理라는 것이 있으니, 지수화풍地水火風 공성론空性論은 또한 서양철학자들이 숭상하는 것이다. 지극히 정밀하고 분명하기 때문이며, 그 글이 많아 모두 실을 수는 없으나, 가히 만물의 성품을 다 보았다고 할 수 있을 것이다.

悟知汝滅, 亦於滅時, 汝知,身中有不滅耶? 心性一迷惑, 爲色身之內, 不知色身之外, 洎山河虛空大地, 咸是妙明眞心中物?(西哲培爾云死體之內, 有不可破之生命者, 與此暗合也.)

(능엄경에서 파사익왕과 대화 중 부처님께서) "왕(네가)이 죽는 것을 깨달아서 알고 있다면, 또한 죽을 때에, 몸 가운데에 불멸하는 것이 있다는 것을 왕은 알고 있는가? 심성心性이 한번 미혹되면 몸속에만 있다고 여기지

257

만, 색신의 바같에 산하로부터 허공대지가 다 바로 묘하게 밝은 진심眞心 중의 만물인 것을 모르는가?" 하였다.(서양철학자 벨(1647-1706)이 말한 '죽은 몸 안에 파할 수 없는 생명이란 것이 있다'는 것과 여기의 말이 더불어서 우연히 일치한다.)

觀性元眞, 惟妙覺明, 妙覺明心, 如來本妙圓心. 元明心妙, 妙明心元.(此章註解頗繁. 今取簡要載之, 可以勿求急解.)

성품을 관觀하건대, 원래 진眞이라서, 오직 묘하게 깨달은 밝음이니, 묘각명妙覺明의 마음은, 여래의 본래 묘하고 둥근 마음(如來本妙圓心)이라. (여래장은) 원명심元明心의 미묘함이요(원래부터 밝은 마음의 미묘함이요), (여래장은) 묘명심妙明心의 근원이다(미묘하게 밝은 마음의 근원이다). (이 장은 주해가 자못 복잡하다. 이번에 간단한 요점을 취하여서 실었으므로, 급히 해석하기를 구하지 말라.)

謹按於此可見其明心見性之妙也. 妙覺妙明, 誠有味哉.
其曰同想成愛, 流愛爲種, 納想爲胎, 吸引同業. 故有因緣生(胎卵濕化), 蓋言生滅之性也. 一如太虛空, 參合群罍, 由器形異, 名之異空, 除器觀空說爲一.
彼太虛空, 覺明空昧, 相待成搖, 故有風輪, 明覺立堅, 故有金輪, 火光上蒸, 故有水輪. 火騰水降, 彼大海中, 火光常起.

삼가 살피건대, 여기에서 가히 그 명심견성明心見性의 묘함을 볼 수가 있다. 묘각묘명妙覺妙明은 진실로 의미가 있다.

그곳(능엄경)에서 말하기를, "생각이 같으면 애착이 생겨서, 그 애착이 흘러 종자가 되고, 생각을 받아들여 태胎가 되니, 같은 업끼리 끌어들인다(吸引同業). 그러므로 인연이 있게 되고 수태되어서 사생四生(태란습화)으로 태어난다." 하였다. 이것이 대개가 말하는 생멸의 성품인 것이다.

"마치 태허가 텅 비었으나(如太虛空 : 능엄경 권5에서 일一은 앞 문장에 유미망일猶未亡一과 연결되어 있어, 여기에서는 여태허공如太虛空 앞의 일一을 제외하고 해석 ; 汝首陀洹, 雖得六銷 猶未亡一, 如太虛空, 參合群器 참조 : 네가 수다원으로서 비록 육소六銷(색성향미촉법에 6가지에 혹하지 않음)를 얻었으나, 아직 하나를 없애지 못하였다. 마치 크게 빈 허공을 여러 그릇에 담아놓으면), 여러 가지 그릇에다 뒤섞어서 합해 놓으면, 그릇으로 말미암아서 형이 달라지니, 다른 허공이라고 이름하다가 그릇을 없애고 허공을 보면서 말하기를, 하나라고 함과 같은 것이다. 저 크게 빈 허공(太虛空)은, 깨달음의 밝음과 허공의 어두움이 서로 의지해서 흔들림을 이루니, 그래서 풍륜風輪이 있게 된다. 밝은 깨달음이 견고하게 서면, 그래서 금륜金輪이 있고, 화광이 증기되어 오르면, 그래서 수륜水輪이 있게 된다. 불은 오르고 물은 내리니, 저 대해大海 가운데 화광火光이 항상 일어난다."(능엄경)

謹按此言生滅性, 而三輪. 不特此也, 身口耳三輪, 應物無滯. 蓋輪故圓. 圓明, 妙圓, 湛圓, 皆指心性而言. 如日月之輪皆圓, 推以可知天地之圓.

圓故不息, 不停, 不漏, 天人同一氣, 故心性圓明也. 所謂寂滅者, 性是眞空妙有, 故本體寂然. 滅者滅度六根之慾. 如吾孔子之無我者也. 水中火, 爲仙佛兩家成眞之祿也.

삼가 이 말을 살피건대, 생멸의 성품(生滅性)은 삼륜三輪(금륜, 풍륜, 수륜)이다. 이것뿐만이 아니라 신구이身口耳 삼륜三輪도 만물에 응하여서 막힘이 없다. 대개가 륜輪이란 둥글다. 원명圓明, 묘원妙圓, 담원湛圓은 모두가 심성心性을 지칭하여 말한 것이다. 마치 일월의 수레바퀴와 같이 모두가 둥근 원이니, 미루어서 가히 천지의 둥근 모습을 알 수가 있다.

원은 그침이 없으니, 멈추지 않고 새어나가지 않으니, 천天과 인人이 같은 일기一氣이며, 그러므로 심성心性은 원명圓明한 것이다. 소위 적멸寂滅이란, 성품(性)이 바로 진공묘유眞空妙有이니, 그러므로 본체가 적연寂然하다. 멸滅이란, 육근의 욕망을 멸도滅度(욕망을 벗어나 법을 체득한 경지)한 것이다. 마치 우리 공자의 무아無我와 같은 것이다. 수중화水中火는 선불仙佛양가에서 성진成眞의 녹祿으로 삼는 것이다.

十方界諸香水海, 性合眞空, 無二無別. 我以水性一味流通. 依空立世界衆生.
空生大覺中, 如海一漚發. 依空所生, 漚滅空本.(無況復諸三有)

(능엄경 권5 : 월광보살이 자리에서 일어나 부처에게 예를 올리고 아뢰었다.)

"시방세계의 모든 향수해香水海(향수로 된 바다)와 더불어, 성품이 진공에 합하여 둘도 없고 차별도 없는 경지가 되었습니다. (부처께서 원만히 통한 원인을 물으신다면) 저는 수성水性이 한결 같이 흘러 통하여 무생인無生忍을 얻어 보살도를 원만하게 이루는 것이 제일인가 하나이다.(我以水性一味流通, 得無生忍圓滿菩提斯爲第一.)" 하였다.

(문수사리법왕자가 부처에게 예를 올리고, 부처의 질문에 게송으로 답

변한 것 중 일부 내용 ; 능엄경 권6)

"텅 빈 허공에 의지해서 세계 중생이 세워졌네. 허공(空)이 대각大覺 중에 생하였으니, 마치 바다의 한점 물거품(漚)이 일어난 것 같네. 허공에 의지해서 생겨난 것들은, 물거품이 멸하면 허공(空)도 본래 없는 것(無)인데, 하물며 다시 삼유三有(욕유, 색유, 무색유 : 삼계)가 있겠습니까?" 하였다.(본문에 無況復諸三有의 6글자가 없으나 능엄경에는 6글자가 더 있어 기재하여 해석함)

謹按此與關尹子譬水章相合. 性是眞空妙有. 空故, 容受其眞, 眞卽理也.

譬諸水則湛然圓明而淸淨者, 卽眞理, 性之本體也. 漚發者爲肉身, 漚生漚滅, 而水性自然矣. 此乃不死不滅也. 以一水性而可悟五行者, 生性卽木, 蒸性卽火, 凝性卽土, 堅力性卽金. 此與地水火風之理, 若合無異. 但不以瓦土, 混其淸潔本然者, 乃性功也.

삼가 살피건대, 이것은 관윤자가 비유한 수장水章과 더불어서 서로 합치한다. 성품(性)이란, 바로 진공묘유眞空妙有이다. 텅 비었기 때문에, 그 참(眞)을 받아들이는 것이니, 진眞은 곧 이치이다.

비유하자면, 모든 물이 담연하면 원명하여서 청정한 것이니, 곧 진리이며 성품의 본체인 것이다. 물거품이 피어난 것은 육신이 되고, 물거품이 생겨나고 멸하는 것은 수水의 성품으로 자연히 그런 것이다. 이것은 불사불멸이다. 일수一水의 성품으로써 가히 오행을 깨달을 수가 있는 것이니, 생生하는 성품은 곧 목木이요, 찌고 데우는 성품은 곧 화火요, 응결하는 성품은 토土이고, 굳게 하는 힘의 성품은 곧 금金이다. 이것은 지수화풍地水火風

의 이치와 더불어서 부합(合)한 것과 다름이 없다. 다만 와토瓦土로써 그 청결한 본연을 섞지 않는 것이 성품의 공부(性功)이다.

淸淨戒律, 永斷淫心, 不餐酒肉, 以火淨食, 無啖生氣, 心不偸不貪. 舍肉身. 攝心爲戒, 因戒生定, 因定發慧, 名爲三無漏學.

청정한 계율로 음탕한 마음을 영원히 끊어버리고, 술과 고기를 먹지 않고, 불로 익혀서 깨끗한 음식을 먹고, 날 것의 기운을 먹지 말고, 마음에서 투도偸盜하지 말고, 탐하지 않아야 한다.
육신의 욕망을 버리고 마음을 가다듬어 흩어지지 않게 함을 계율로 삼으면, 계율로 인하여 정定이 생겨나고, 정定으로 인하여서 지혜가 발發하니, 이름해서 세 가지(戒,定,慧) 새어나감이 없는 배움(三無漏學)이라고 하는 것이다.

謹按淫殺盜, 均爲三家之戒. 獨佛家以出家不娶爲斷淫, 此非釋迦之本旨. 而後人誤解之弊也. 噫彼崇佛者, 因絶生化之源, 是豈圓明之天理哉?
如天地一年一交媾, 日月一朔一交媾, 故能生化也. 在人, 亦須體行, 然後合於正理也. 若頻數無度者, 則宜名之曰淫, 當以此改正, 可也.

삼가 음욕淫慾과 살생殺生과 투도偸盜를 살피건대, 모두가 유불선儒佛仙 삼가三家에서 경계(戒)하는 바이다. 오직 불가에서 출가함으로써 아내를 맞아들이지 않고 음욕을 끊었는데, 이것은 석가의 본지가 아니다. 후인이 오해한 폐단이다. 아! 저 불교를 높이는 자들이, 조화를 낳는 근원을 끊어버림으로 인함이니, 이것이 어찌 원명圓明한 천리天理이겠는가?

　천지도 일 년에 한 번 교구하고, 일월도 한 달에 한 번 교구하므로 능히 조화를 낳을 수 있다. 사람에 있어서도 또한 반드시 체득하고 실행해야 하는 것으로, 그러한 연후에야 정리正理에 부합하는 것이다. 만약 횟수를 여러 번 하면서(頻數) 절도가 없는 자를, 곧 마땅히 이름해서 음탕하다 하는 것이니, 마땅히 이것은 개정해야 가할 것이다.

　譬如瑠璃, 內懸明月, 身心快然, 妙圓平等, 獲大安穩, 一切如來, 密圓淨妙, 皆現其中, 隨所發行, 安立聖位. 執心虛明, 純是智慧, 從眞圓妙信常住, 一切妄想, 滅盡無餘, 中道純眞, 名信心住.

　비유하자면, 마치 유리 속에 밝은 달을 매달아놓은 것(琉璃內懸明月)과 같아서, 심신이 쾌연하고, 오묘하고 원만하면서 평등하여, 크게 안온한 상태에 들어서(원문은 各大安穩이나 능엄경에는 獲大安穩이므로 고쳤음), 일체여래의 긴밀하고, 원만하고, 청정하고 오묘함이 모두 그 가운데 드러나서, 드러나는 바를 따라서 행하면, 성인의 위치에 편안하게 서게 된다(安立聖位). 집착하는 마음을 텅 비고 밝게 하니, 순수함이 바로 지혜이고, 참으로 원만하고 신묘함을 따라서 믿음이 항상 머물러 일체망상이 다 소멸되어 남음이 없어서, 중도中道가 순수한 참(純眞)이 되는 것을 이름해서 신심주信心住라 한다.

　謹按自是論心, 爲四十一心之多.
　然略撰其最切要者而已, 本經多艱奧而廢註釋, 則尤有難通處, 然學人可自意會.

삼가 살피건대, 이로부터 마음을 논하는 것이, 41개의 마음으로 많다.

(십주十住 : 발심주, 치지주, 수행주, 생귀주, 방편구족주, 정심주, 불퇴주, 동진주, 법왕자주, 관정주 등.

십행十行 : 환희행, 요익행, 무진한행, 무진행, 이치란행, 선현행, 무착행, 존중행, 선법행, 진실행 등.

십회향十廻向 : 구호일체중생회향, 불괴회향, 등일체불회향, 지일체처회향, 무진공덕장회향, 수순평등선근회향, 수순등관일체중생회향, 여상회향, 무박해탈회향, 법계무량회향 등.

십지十地 : 환희지, 이구지, 발광지, 염혜지, 난승지, 현전지, 원행지, 부동지등 사십심四十心과 불지佛地를 합하여 사십일심四十一心이라 함.)

그러나 간략하게 그 가장 중요한 것을 선택하였을 뿐이고, 본경(수능엄경)이 어렵고 뜻이 깊으나 주석을 폐하였은즉, 더욱더 특별히 통하기 어려운 곳이 있을 것이지만, 학인들은 가히 스스로 마음속으로 깨달아야 할 것이다.

"惟以精明, 進趣眞淨, 名精進心. 心精現前, 純以智慧, 名慧心住. 執持智明, 周遍湛寂.(寂妙常凝, 名定心住). 定光發明, 明性深入, 惟進無退, 名不退心. 覺明保持, 能以妙力, 迴佛慈光, 猶如雙鏡光明相對, 其中妙影, 重重相入, 名迴向心.

心光密迴, 獲佛常凝, 無上淨妙, 安住無爲, 得無遺失, 名戒心住. 住戒自在, 能遊十方, 所去隨願, 名願心住. 以眞方便, 發此十心, 心精發輝, 十用涉入, 圓成一心, 名發心住."

(능엄경 권8에) "오직 정명精明으로써 참된 청정眞淨에 나아가는 것을

정진심精進心이라 이름한다. 심정心精이 앞에 드러나서 순수한 지혜가 되는 것을 혜심주慧心住라 이름한다. 지혜와 밝음을 잡아서 가지고(執持), 두루두루 맑고 고요하여(고요하고 묘한 것이 항상 엉겨있는 것을 정심주라고 한다 : 본문에서는 생략되었음). 선정禪定의 빛(定光)이 밝음을 발하여서 밝은 성품으로 깊이 들어가서 오직 나아가되 물러남이 없는 것을 이름하여 불퇴심不退心이라 한다. 깨달아 밝음을 보지保持하고, 능히 묘력으로써 부처의 자비로운 빛을 돌이켜서 불타를 향해 안주安住함이, 마치 두 개의 거울이 빛을 서로 마주하는 것과 같아서, 그 가운데 묘한 그림자가 있으며, 겹쳐서 서로 들어가는 것을 회향심迴向心이라고 이름한다.

마음의 빛이 은밀하게 돌아와서, 부처를 붙잡아 항상 엉기어 있는데, 위없이 깨끗하고 묘하며 무위에 안주하되, 얻기만 하고 유실됨이 없는 것을 이름하여 계심주戒心住라고 한다. 계율에 머물러 있되 자유자재하고, 능히 시방세계를 여행하며, 가는 곳마다 원하는 바가 이루어지는 것을 이름하여 원심주願心住라 한다. 진실한 방편으로써 이 열 가지 마음을 발하여 마음의 정精이 발휘되어, 열 가지 작용을 거쳐서(涉入) 원만하게 일심을 이루는 것을 이름하여 발심주發心住라 이름한다." 하였다.

既遊道胎, 親奉覺胤, 如胎已成, 人相不缺, 名俱足住. 容貌如佛(容貌亦同), 心相亦同, 名正心住. 身心合成, 日益增長(名不退住). 十身靈相, 一時俱足, 名童眞住. 形成出胎, 親爲佛子(名法王子住). 善能利益一切衆生, 名饒益行. 自覺覺他, 得無違拒(名無嗔恨行). 三世平等, 十方通達(名無盡行).

眞根旣成, 十方衆生, 皆我本性, 性圓成就, 不失衆生(名隨順等觀一切衆生回向).

異性入同, 同性亦滅, 名離垢地.

淨極明生, 名發光地.

明極覺滿, 名焰慧地.

慈陰妙雲, 覆涅槃海(名法雲地).

如來逆流, 如是菩薩順行而至(覺際入交, 名爲等覺).

(阿難! 從乾慧心 至等覺已, 是覺) 始獲金剛心中初乾慧地. 亦名灌頂.

(능엄경) "이미 도태道胎에 들어서 깨달음의 자손(부처의 자손)을 친히 모시는 것이, 마치 세상의 부녀가 이미 회태懷胎를 이루고 나서 사람의 모양이 결함이 없이 되는 것과 같은 것을 이름하여 구족주俱足住라고 한다. 용모가 부처님과 같고(*본문에 容貌亦同이나 능엄경에는 容貌如佛이므로 정정하여 해석), 심상心相 또한 같은 것을 이름하여 정심주正心住라고 한다. 몸과 마음이 합하여 이루어져서 날로 점점 자라나는 것을 (이름하여 불퇴주라고 한다. *본문에서는 생략되었음) 십신의 신령한 모습이 일시에 구족하는 것을 이름하여 동진주童眞住라고 한다. 형이 이루어져서 태胎에서 나와 친히 불자佛子가 된 것을 (이름하여 법왕자주法王子住라고 한다. *본문에 생략되었으나 능엄경대로 보완해서 해석함) 일체중생에게 능히 뛰어나게 이익이 되도록 하는 것을 요익행饒益行이라고 이름한다. 자신도 깨닫고 타인도 깨닫게 하여, 거스르고 거역할 수 없는 것을 이름하여 무진한행無嗔恨行이라고 한다. 과거 현재 미래의 삼세에 평등하며 시방세계를 통달함을 (이름하여 무진행無盡行이라 한다. *본문에는 생략되었으나 능엄경을 참조하여 보완 해석함)

참된 선근善根이 이미 이루어져서 시방중생이 모두 내 본성이고, 성품이 원만하게 성취하여 중생을 잃지 않는 것을 (이름하여 '일체중생을 평등하게 관하는 것을 수순하는 회향'이라 한다. *본문에 생략된 구절을 능엄경을 참조하여 보완해서 해석함)

다른 성품(異性)이 같은 곳으로 들어가고, 같은 성품도 없어진 것을 이름하여 이구지離垢地라고 한다.

맑음(淨)이 지극하여 밝음(明)이 생기는 것을 이름하여 발광지發光地라 한다. 밝음이 지극하여(明極) 깨달음이 원만하니, 이름하여 염혜지燄慧地라 한다.

자비의 그늘과 묘한 구름이 열반해를 덮은 것을, (이름하여 법운지法雲地라 한다. *본문에 생략된 것을 능엄경을 참조하여 보완 해석함)

여래는 역류하시지만, 이와 같은 보살은 순행하여 이르러서 (깨달음의 경지에 들어가 어울린 것을 이름하여 등각等覺이라고 한다. *본문에 생략된 것을 능엄경을 참조하여 보완 해석함)

(아난아! 간혜심으로부터 등각等覺에 이르러야만 그 깨달음이) 비로소 금강심 중 첫 간혜지乾慧地를 얻게 된다." 하였다.

(경을 결론 짓는 부분에서 문수보살이 부처에게 '이 경의 이름을 무엇이라고 해야 합니까?' 하니, 다섯 가지를 말씀하셨는데, 그중에 다섯 번째로 말씀하신 것이) "또한 관정灌頂이라고 이름한다." 하였다.

(亦名灌頂은 정확히는 "亦名灌頂章句諸菩薩萬行首楞嚴 汝當奉持"이다. "또 이름하여 관정장구 제보살만행수능엄이라 하니, 너희는 마땅히 봉지할지어다."이다.)

謹按四十一心中, 只此選與學人, 初讀, 雖若無味, 熟讀, 可得其奧妙矣. 余少時因先儒氏, 斥以異端虛無寂滅之說. 故不屑於兩家矣.

因悟道而讀楞嚴, 至八卷, 不覺心悅情酣, 擊節欲狂也. 如老子之心虛
而無慾者, 不背於克己而至於無我之孔敎本旨也.

삼가 살피건대, 41심의 가운데에서, 단지 이를 선택하여 학인과 더불어
서 처음 읽으면 비록 무의미한 것 같으나, 숙독하면 가히 그 오묘함을 얻으
리라. 내가 어릴 때는 선친이 유학자인 때문으로 허무적멸한 설이라 해서
이단으로 배척하였다. 그러므로 유교, 불교의 양가에는 마음에 두지 않았
었다. 그런데 도를 깨달음으로 인하여 능엄경을 읽으면서 8권에 이르자,
나도 모르게 마음이 기쁘고 뜻이 흥겨워져서, 박자를 맞추면서 미쳐서 날
뛰고 싶었다. 마치 노자가 마음이 텅 비어서 무욕인 것과 같았으며, 극기에
어긋나지 않아 무아의 지경에 이른 공자의 가르침 본래의 뜻과도 같았던
것이다.

佛氏之寂滅者, 寂乃孔子所謂寂然不動之性, 而滅卽滅度衆慾, 亦
如克己無我者也. 然則以此斥之, 恐誰服其過耶. 且云本心, 而心與理
爲二看之論, 亦何謂者耶?
釋氏書專是心性書, 而其主觀者, 淸淨性體, 則性理非原天者耶. 以
覺妙身心, 運用精氣, 以凝堅成金剛性體, 則可謂無上至眞哲理也.

부처의 적멸寂滅이란 것은, 적寂이 바로 공자가 이른바 적연부동寂然不
動의 성품이요, 멸滅이란 곧 모든 욕망을 멸하여 제도한 것이니, 또한 나의
욕망을 이겨내고 내가 없는 경지(克己無我)인 것이다. 그런한즉 이것으로
써 배척을 한다면, 아마도 누군들 그 잘못한 것에 승복인들 하겠는가. 또
본래의 마음을 이르면서, 마음과 더불어서 이치(理)를 둘로 보는 논지란,

또한 무엇을 이르는 것인가?

부처의 글(書)이 오로지 심성心性의 글(書)이나, 그 주관자는 청정성체清淨性體인즉, 성리性理가 원래의 하늘은 아닌 것이다. 묘함을 깨달은 신심으로써 정기精氣를 운용해서 엉겨서 굳게 됨으로써 금강성체金剛性體를 이루어야, 곧 가히 무상지진無上至眞의 철리哲理라고 이를 것이다.

但佛氏過厭五濁世界, 入雪山修行, 極其高潔, 專廢下學一路, 故後仍廢生. 然何可以其弊而遂訾其至見耶?

此其最上乘, 而若其權法, 則不足道也. 如云慈力, 妙力, 慈善根力, 大慈悲願力, 大雄力, 諸力之說, 可謂力學之開山. 而皆普度迷生之心能力也, 曷不韙哉?

다만 부처는 오탁세계에 너무 싫증이 나서 설산에 들어가 수행하여 그 고결함을 지극히 하였으나, 아래로 인간의 일들을 배우는 하학下學을 전폐專廢하면서 한편으로는 뒤에 오히려 폐단이 발생하였다. 그러나 어찌하여 가히 그런 폐단(전폐하고 수도하는 것)으로써 마침내 그 지극한 견해(오묘한 부처의 진리)를 헐뜯을 수가 있겠는가?

이것은 그것이 최상승법인데, 그 사정에 따라서 알맞게 하는 설법權法과 같다는 것인즉, 곧 거론할 가치도 없는 것이다. 자력慈力, 묘력妙力, 자선근력慈善根力, 대자비원력大慈悲願力, 대웅력大雄力이라 하는 여러 역력의 설들은, 가히 힘써 배움의 개산開山이라 할만한 것들이다. 그리고 모두 혼미한 중생을 널리 제도하는 마음의 능력으로 어찌 훌륭하지 않은가?

烏乎! 三家之心理學, 皆以無慾爲極點焉, 則他新學心理者, 安得不互換缺點, 以就圓滿乎? 餘如刀山地獄之說, 存疑不取也. 惟願, 尙佛者, 尤當合致儒哲, 日用彝倫之德行實業, 然後庶不負賦畀之重矣.

又按自家心功, 惟浮思雜念, 放僻怠慢之萌, 則省察而易以制之.

오호! 유불선 삼가의 심리학이 모두 무욕으로써 극점을 삼으니, 곧 다른 새로운 학문의 심리란 것이, 어찌 결점을 호환하여 이로써 원만함을 이룰 수 있지 않겠는가? 나머지 도산지옥과 같은 설說은 의문으로 남겨두고 취하지 않는다. 오직 바램은, 부처를 숭상하는 자는 더욱더 마땅히 유철儒哲(儒敎의 哲理)과 합치하되, 매일 떳떳한 인륜의 덕행과 실업實業을 운용하고, 그 연후라야 거의 천지에서 부여賦畀해준 중책重責을 저버리지 않을 것이다.

또 살피건대, 자가심공自家心功에서 오직 떠도는 생각과 잡념들은 편벽되고 태만한 싹을 내쳐야 하니, 곧 살펴서 바꾸고 제지해야 한다.

惟流注想者, 最難制之, 故潙山禪師云, 參禪十餘年, 未斷得流注想者, 此乃不知不覺中, 流射自去之心也. 學人須用抱元守一之功, 可以勝之也.

語類云, 伊川偸佛說以爲己用, 此何言耶? 苟如是, 則何如矯整其弊以吾儒下學, 而獎許其眞見? 不是公理耶. 噫!

오직 이리저리 흘러 다니는 끊임없는 생각(流注想)이란 것은 가장 제어하기 어려운 것으로, 그러므로 위산선사가 말하기를, "참선 십여 년에, 이리저리 흘러다니는 생각(流注想)을 끊지 못했는데, 이것은 부지불각 중에 흘러다니다가 스스로 물러가는 마음이 된다. 학인은 반드시 포원수일抱元守一의 공부를 운용해야 가히 이길 수 있다." 하였다.

주자어류에서 말하기를, "이천伊川이 부처의 말을 훔쳐서 자기 것으로 삼아 사용했다." 하였으니, 이는 무엇을 말하는가? 진실로 이와 같다면, 곧 우리의 유학으로써 하학下學에게 그 불교의 폐단을 여하이 교정하겠으며, 그 진견眞見을 장려하겠는가? 정당한 도리가 아닌 것이다. 아!

(此楞嚴初卷, 有卍字, 余以楞嚴選, 幷授以儒將張紹曾, 其人英明有學, 於卍字用工一個月通靈云. 學人於斯. 試驗之, 亦何妨哉?)

(이 능엄경 1권에 만자卍字가 있는데, 내가 능엄경에서 뽑아서 아울러 유학자이자 장군인 장소증張紹曾에게 주었는데, 그 사람이 영명하고 배움이 있어서 만자卍字에서 공부를 1개월하고 영통을 하였다고 말하였다. 학인學人들이 여기에서 시험한들, 또한 무슨 방해가 있겠는가?)

|제13장|
구서중고심리철학
歐西中古心理哲學

　　余未嘗西學, 只攷究譯行新書, 叅互索解, 則其所謂哲學者, 不但爲最高學術, 而誠原理根本之學也. 是以今以科學克不過猶夫枝葉焉.
　　然宗敎者未必不發源於哲學, 而科學者亦未必不刺激於敎弊, (敎弊竟炮烙之刑) 而憤興者也. 創明六十五原質, 而起無神論, 詆及於哲學家虛靈說, 則未免矯弊過正, 俱陷於偏見者矣. 人之有虛靈知識者, 乃心神所發也, 苟或無心無神, 則却便無知無識矣, 烏可謂之人乎?

　　내가 서학을 한 적이 없었으나, 단지 고찰하고 연구해서 신서新書를 번역하였으며 해답을 찾아서 서로 비교하였은즉, 그 소위 철학이란, 최고의 학술일 뿐만이 아니라 진실한 원리요 근본의 학문이다. 때문에 지금 과학으로서 해냄(克)은 오히려 저 지엽에 불과한 것이다.
　　그러나 종교란 것은 반드시 철학에서 발원하지 않을 수 없는 것이요, 과학이란 것 또한 반드시 종교의 폐단에 자극하지 않을 수가 없는 것이니, (종교의 폐단敎弊은 결국 포락지형을 행하였다) 분愤이 일어나는 것이다. 65원질을 밝히고 무신론을 일으켜 철학가의 허령설을 꾸짖기에 이르렀은즉, 아무래도 폐단을 고치려다 지나쳐서 나쁜 결과를 가져왔으니 모두가 편견에 빠져버렸다. 사람에게 허령한 지식이 있는 것은, 바로 심신心神에서 발하는 바이니, 진실로 혹 무심무신無心無神이라면, 곧 도리어 무지무식無知無識일 것이니, 어찌 가히 사람이라고 이르겠는가?

推而天地日星, 有機體生物, 罔不有神, 不亦明甚乎? 但神理無形, 不疾而速, 不行而至, 故惟聖哲明見, 而常存敬畏, 如上帝之於赫斯臨也.
然則哲科諸學, 兩相調劑, 而不至偏廢, 然後學理亦始臻於圓滿矣.

천지와 해와 별로 넓혀보자면, 유기체 생물이 신神이 있지 않음이 없으니, 또한 분명하지 않은가? 다만 신의 이치가 무형이요, 질주하지 않아도 빠르고, 다니지 않고서 도달하니, 그러므로 오직 성철만이 밝게 보고, 항상 존재함에 경외하니, 마치 상제께서 밝게 임하시는 것과 같다.
그러한즉 철학과 과학의 제학문은, 둘이 서로 조제하여 한쪽에 치우치지 않도록 이르면, 연후에 학문의 이치 또한 비로소 원만함에 이를 것이다.

梭格拉底(西曆紀元前四百三十二年希臘人)曰, 吾人之心中, 自由虛靈之智慧存. 然此智慧者, 非爲吾人所自造, 必有其本原也. 顧造此世界造物之本原, 正爲吾人智慧所自出者. 是知世界, 自有一大智慧者存也. 此卽所謂神也.

소크라테스(사격납저梭格拉底 : 서력기원전 432년 희랍인)가 말하기를,

"우리 사람의 마음 가운데는 자유로운 허령虛靈의 지혜가 있다. 그러나 이 지혜는 우리 사람이 스스로 지은 바가 아니며, 반드시 그 근원이 있다. 이 세계 창조를 돌이켜보건대, 만물 창조의 근원이 바로 우리 인간 지혜의 소자출所自出이 되는 것이다. 이로써 세계는 스스로 있는 하나의 대지혜라는 것이 존재함(自有一大智慧者存)을 알아야 한다. 이것이 곧 소위 말하는 신神이다."라고 하였다.

謹按西哲, 以廷禮爲初祖. 著三元論, 然希臘三大哲學, 卽西哲之開山也. 梭氏一變古來學問, 專以主將道學, 正義德行, 以至善爲主.

其教人曰, 汝之精神, 方懷孕眞理, 而成爲膨大矣. 談天, 非目睹之天, 而無形虛靈之智慧也.

歐西此時, 亦未有心理學分說, 然毋論東西學術, 豈有心理以外之學耶? 大綱已具於梭氏哲學中也.

삼가 서양철학을 살펴보건대, 정례廷禮(탈레스/ B.C. 624-B.C. 545년)를 초조初祖로 삼는다. 삼원론三元論을 지었으며, 그래서 희랍 3대 철학자니, 곧 서양철학의 개산조이다. 소크라테스가 일변한 고래의 학문은 오로지 도학을 주장하였으며, 정의正義 덕행德行을 지선至善으로써 주主로 삼았다.

그가 사람들을 가르쳐서 말하기를, "너의 정신은 이제 막 진리를 잉태하여 이루졌으며 팽대膨大해졌다. 하늘을 말하는 것은, 눈으로 보는 하늘이 아니며, 무형으로 허령한 지혜인 것이다." 하였다.

서구에서 이 시대에는 또한 심리학으로 나누어서 설명하지 않았으며, 그러나 동서학술을 막론하고, 어찌 심리 이외의 학문이 있겠는가? 큰 강령大綱은 이미 소크라테스 철학 가운데에 갖추어져 있었다.

柏拉圖(紀元前四百二十年臘人)曰, 物之根性, 卽物之種類, 是不獨存於吾人之智慧中, 而心外, 實有此虛靈之物者, 此乃爲庶物之實狀也. 吾人之智慧, 乃無形之靈物也, 庶物之根性, 亦無形之靈物也.

플라톤柏拉圖(백납도, 기원전 420년 납인)이 말하기를, "만물의 근원된 성품은, 곧 만물의 종류이니, 이는 우리 인간의 지혜 중에 홀로 있는 것이 아니라 마음의 바깥에 진실로 이 허령한 물물이 존재하니, 이것이 서물庶物의 실상이 되는 것이다. 우리 인간의 지혜는 무형의 영물이요, 서물의 근본된 성품도 또한 무형의 영물인 것이다.

虛靈之根性, 則混然無外, 美不可言, 下界庶物中, 殆無有比之者也. 夫物之所以能生存者, 則而極致之力使然也.
何也? 誠而極致之中, 自有生存者之至理在也. 有仁慈之性, 有識眞理之智慧者, 不過爲極致之分貸耳.

허령의 근본된 성품은, 곧 혼연무외混然無外(섞여있되 바깥이 없음)요, 미불가언美不可言(아름다움을 말로 할 수 없음)이어서, 하계下界(인간 세상)의 여러 사물 중에는 거의 비교할 것이 없다. 대저 만물이 능히 생존할 수 있는 소이所以라는 것은, 곧 극치의 능력(極致之力)이 그렇게 되게 하는 것(使然)이다.
왜인가? 진실함(誠)이 극치極致의 한가운데에서 저절로 생존하는 것의 지극한 이치로 존재하는 것이다. 인자한 성품이 있는 것과 진리를 인식하는 지혜가 있는 것은, 극치極致가 나누어 빌려준 것에 불과할 뿐이다.

夫智慧之性, 苟非合衆物而爲一, 則終不能自固. 是故極致之中, 必有一大極致者在, 以統合衆極致之間雜而爲一也.

就有根性而言, 則爲完粹無疵之一體, 卽善也. 夫至大至久至靜之善, 非神而何也? 神者, 乃居人智層累而上最高之巓者, 爲學問極盡之地者. 更而言之, 卽神者生存之本原, 智識之本原也.

대저 지혜의 성품이란 것은, 진실로 여러 만물과 합해져서 하나가 되는 것이 아닌즉, 종국에는 스스로 견고해질 수가 없다. 이러한 고로 극치의 한 중간에는 반드시 일대극치一大極致란 것이 존재하여 있어서, 이로써 모든 극치의 사이에 섞인 것을 하나로 해서 통합하는 것이다.

나아가서 근본된 성품을 말하자면, 곧 완전히 순수해서 흠이 없는 일체(完粹無疵之一體)인즉, 곧 선善이다. 대저 지극히 크고(至大), 지극히 오래고(至久), 지극히 고요한 선(至靜)이란 신神이 아니고 무엇이겠는가? 신神이란, 이에 사람의 지혜(人智)가 첩첩이 쌓여서(層累) 올라가 최고의 봉우리(最高之巓)에 거居하는 것이다. 다시 말하자면, 곧 신이란 생존의 본원이요, 지식의 본원이다." 하였다.

謹按柏氏乃梭氏之高弟, 其言加詳. 此云神居最高之巓者, 與道家元神居巓上天宮之旨相脗合.

烏乎! 東西之道哲兩家, 可謂先見神居腦髓之理, 而近世之始發明腦神經者, 豈其創見乎? 乃述益就精之良法也, 更詳于後篇.

而新約云, 上帝在我頭裡者, 其亦發源於此乎.

此云, 虛靈者心之本體, 可見宇內所見之同然也.

삼가 살펴보건대, 플라톤은 소크라테스의 제자이니, 그 말에 자세함을 더하였다. 여기에서 말하는 신거최고지전神居最高之巔이란 것은, 도가道家의 원신元神이 전상巔上(머리 꼭대기) 천궁天宮에 거居한다는 뜻과 서로 완전히 부합하는 것(문합脗合)이다.

오호라! 동서양의 도가와 철학의 양가兩家가 가히 신神이 뇌수腦髓에 살고 있다는 이치를 먼저 보았다고 말할 수 있으니, 근세에 비로소 뇌신경腦神經이란 것을 발명한 것을 가지고, 어찌 그 처음으로 보았다고 하겠는가? 이에 기술함을 더하면 정밀함의 좋은 방법으로 될 것이니, 다시 후편에서 자세히 하겠다.

성경 신약에서 말하기를, "상제께서 내 머릿속에 계신다."는 것은, 그 또한 발원發源도 이것이로다.

여기에서 이르기를, "허령한 것이 마음의 본체이다." 하였으니, 가히 온 세상을 보건대, 보이는 것은 똑같이 모두 그러하다.

虛靈物之大本者, 卽至善之性也. 神之於衆虛靈物, 猶太陽之於衆有形物也. 太陽與至善, 儼然如帝王, 在有形之境, 則太陽統御之, 在無形之境, 則至善統御之.(此是洞見至言極好) 精神, 乃自有運動力之物也. 故精神之於吾人軀殼, 卽爲其運動之本原, 世界大精神之於世界庶物, 卽爲運動之本元. 凡屬本原者, 必先於其所不動而存在也.

是知神者, 乃世界之大精神, 儼然存在也, 製造天地庶物者卽神之力, 固無所不能也.

허령虛靈이 만물(物)의 대본大本이란 것은, 곧 지극한 선善의 성품이다. 신神이 모든 것에서 허령한 물물인 것은, 마치 태양이 모든 것에서 유형의 물物인 것과 같다. 태양과 더불어서 지선至善은 엄연한 제왕과 같아서 유형의 지경에 있으면 곧 태양이 통어하고, 무형의 지경에 있으면 지선至善이 통어한다.(이것은 통찰한 견해로 지극한 말이며, 지극히 좋은 견해임) 정신은 바로 스스로 운동능력이 있는 물物이다. 그러므로 정신은 우리 인간의 몸뚱이에서, 곧 그 운동의 본원이 되는 것이요, 세계의 대정신은 세계의 모든 만물에서, 곧 운동의 본원이 되는 것이다. 무릇 본원에 속한 것은 반드시 그 부동인 것에 먼저 해서 존재하는 것이다.

바로 신神이란, 세계의 대정신이요, 엄연히 존재함을 알아야 하며, 천지의 서물庶物을 제조한 것은, 곧 신의 능력이 진실로 무소불능인 것이다.

神者父也, 實質者母也, 萬物者兒孫也. 神者天下之至善而至義者也, 於是製造衆虛靈物, 以爲下界美善之典型. 故凡無形之理, 皆與神相爲一體, 而爲神美善之德行寓也. 吾人之精神, 毋論由虛靈之智慧以言之, 由活潑之運動以言之, 皆爲不滅之物, 而夐乎與軀殼異性也.

신神은 아버지요, 실질實質은 어머니요, 만물은 자손들이다. 신神은 천하의 지선至善, 지의자至義者이니, 이에 모든 허령만물을 제조하였으니, 이로써 하계下界 미선美善의 전형典型이 되었다. 그러므로 무릇 무형의 이치는 모두 신神과 더불어서 서로 일체가 되어, 신神과 미선美善의 덕행이 머물러 살게 된다. 우리 인간의 정신은, 허령의 지혜로써 말미암아서 말하는 것은 말할 것도 없고, 활발한 운동으로 말미암아서도 말하니, 모두가 불멸의 물物이며, 서로 바라보는 몸뚱이와 더불어 다른 성품異性인 것이다.

謹按柏氏之哲理道學, 如是極盡, 學已到聖域也. 製造世界之神, 稱以至善, 而不云上帝者. 蓋譯語有詳略故也. 然其爲基督教之先因. 固無疑矣. 近世之叛無神論者, 至以虛靈說亦爲頑固, 其亦不思甚矣. 尋究無靈無知, 則何以知物質科學之性質乎?

於斯可以反省, 毋陷偏隘矣. 柏氏之學, 誠西哲之祖, 而脗合乎吾家之至言者也, 猗歟盛哉.

삼가 백씨(백납도 : 플라톤)의 철리도학은 이와 같이 극진하여 학문이 이미 성역聖域에 이르렀다. 세계를 제조한 신은 지선至善으로 칭하였는데, 아래에서 상제라고 말하였다. 대개 번역한 단어에 상세함이 있어서 간략히 한 연고이다. 그러나 그가 기독교의 선인先因이 된 것은 확실히 의심없는 바다. 근세에 무신론을 제창한 자가 허령설로써 또한 완고함에 이르게 되니, 그 또한 깊이 생각하지 않는 것이 지나친 것이다. 무령무지無靈無知를 탐구한다 한즉, 무엇으로 물질과학의 성질을 알겠는가?

여기에서 반성할 수 있으면, 편애로 빠지지 않을 것이다. 플라톤의 학문은 진실로 서양철학의 원조이며, 우리 가家의 지극한 말(至言)들과 딱 들어맞으니, 아! 성대하도다.

亞里士多德(紀元前三百八十四年希臘人)曰, 夫性之本原, 亦神也. 神也者, 乃全以虛靈觀念而成者也, 惟心有所思, 而適切於道理之時, 卽爲吾人最爲有爲而完粹之候.

凡下界之物, 皆由神而受有性及力. 而美善, 實存於性與生之中. 然受性與生不均, 故不能純然虛靈. 是以不能純然美善也. 夫所謂大原因, 始而動盪庶物者. 其爲物, 必也寂靜不動, 此不動之動物, 卽余所謂神也. 凡屬生氣之本, 在於神也.

아리사다덕(기원전 384년 희랍인, 아리스토텔레스)이 말하기를, "대저 성품의 본원은 또한 신神이다. 신神은 완전하니 허령한 관념으로 이루어졌으므로, 오직 마음으로 생각하는 바만 있으며, 도리에 적절한 때에는 곧 우리 인간의 가장 재능이 있는 바가 되고 완전히 순수한 상태가 된다.

무릇 하계의 만물은 모두가 신神에게 받음으로 말미암아서 성품과 능력이 있는 것이다. 그래서 미美와 선善은 성품과 더불어서 생생의 가운데에서 실존한다. 그러나 받은 성품(性)과 더불어서 생生이 고르지 않으므로, 그래서 순수하게 허령虛靈할 수가 없다. 이것이 미美와 선善이 순수하게 될 수 없는 것이다. 대저 소위 대원인大原因이라는 것은 처음으로 만물을 움직여서 밀어주는 것이다. 그것이 만물을 위해서는 반드시 적정寂靜하고 부동不動이어야 하는데, 이 부동不動이 만물을 움직이는 것(此不動之動物)이니, 곧 내가 말하는 바의 신神인 것이다. 모든 무리의 생기生氣의 근본은 신神에 있는 것이다." 하였다.

謹按亞氏爲柏氏之高足, 其論性神心之言如是. 而以神爲性之言, 與道家神卽性眞之言相脗合也. 其倡明中庸之道者可詳於道德編, 而歐西哲學, 自三家以後, 卽衰微中絶矣.

至近紀名哲輩出, 遂大闡絶學而發明之. 然其學說, 甚複雜而繁瑣, 難得要領, 況復學派至十七派之多, 而立論各有異同者乎!

是以余卽只揀取最高十數大家之精要, 務進心地上之實功也. 餘如如谷騰霧之說, 恐反亂人之心理, 故不錄. 凡學貴實得, 不在徒博也.

삼가 살펴보건대, 아리스토텔레스는 플라톤의 수제자(高足)였으니, 그 성신심性神心을 논하는 말이 이와 같았다. 그런데 신神으로써 성품(性)으로 여긴다는 말이, 도가道家와 더불어서 신神은 곧 성진性眞(本性)이라는 말과 서로 딱 들어맞는다. 중용의 도道를 분명히 드러낸 것을 가히 도덕편에서 상세히 볼 수 있는데, 서구철학에서는 삼가三家(소크라테스, 플라톤, 아리스토텔레스) 이후로부터는 곧 쇠해져서 도중에 끊어졌다.

근세기에 이르러서 명철이 배출되어, 마침내 절학絶學을 크게 발천發闡하여 발명하였다. 그러나 그 학설이 매우 복잡하고 번쇄繁瑣하여 요령을 얻기가 어렵고, 하물며 다시 학파가 17파의 많음에 이르렀으며, 이론을 내세움에 각각 이동異同이 있음에랴?

이에 내가 곧 단지 최고인 열 명의 대가의 정요精要를 추리고, 심지상心地上의 실질적 공부에 나가도록 힘썼다. 나머지는 마치 골짜기에 안개가 피어올라 도리어 마음이 스스로 어두워진다는 설(谷騰霧之說)과 같아서 도리어 사람의 심리를 어지럽히지 않을까 염려되어, 그래서 기록하지 않았다. 무릇 학문에서 귀한 것은 실질을 얻는 것이지, 한갓 넓기만 한 것에 있지는 않다.

281

제14장

구서근세심리철학
歐西近世心理哲學

    孟德斯鳩(西曆一千六百八十九年法國人) 法意云, 宇宙有主宰, 字曰上帝. 上帝之於萬物, 創造之者也. 其創造之也, 以此理. 其維持之也, 亦以此理. 天生蒸民, 有物有則, 其循此則也.
    候官嚴君復曰, 儒所謂理, 佛所謂法, 法理初非二物.

    맹덕사구(서력 1689년 법국(프랑스)인, 몽테스키외)는 "법의法意"에서 이르기를, "우주에 주재主宰하시는 분이 계시는데, 상제上帝라고 부른다. 상제는 만물에 대한 창조자이시다. 그분이 창조하심은, 이 자연의 섭리로써 하셨다. 그분이 유지하시는 것은 또한 이 자연의 섭리로써 하신다. 하늘이 온 백성을 내시고, 만물을 두었으며 법칙을 두었으니, 이렇게 빙빙도는 것이 자연의 법칙이다." 하였다.
    후관의 엄군이 다시 말하기를, "유가에서는 소위 이치라 하고, 불가에서는 소위 법法이라 하니, 법과 이치는 애초에 두 가지 물물이 아니었다."

有心靈之世界, 有形氣之世界. 心靈之守法, 遠不逮形氣之專. 心靈雖有法, 且實不可易, 顧其循之也, 不若形氣之不可離也.

宗敎之說起, 而敎法著焉, 敎法者, 天之所以警人者也, 哲學起, 而道法立焉, 道法者, 先覺之所以警人者也.

심령心靈의 세계가 있고, 형기形氣의 세계가 있다. 심령心靈으로 법을 지킴은 멀리 형기形氣를 오롯이 함에 미치지 못한다. 심령心靈이 비록 법은 있으나, 또한 실제로 바꿀 수는 없으니, 그 순환하는 것을 돌아보건대 형기形氣만 못하여서 떠날 수가 없는 것이다.

종교가 설법說法을 세운 것은 교법敎法으로 드러난 것인데, 교법이란 것은 하늘이 사람을 경계한 소이所以요, 철학을 세운 것은 도법道法을 확립한 것인데, 도법이란 것은 선각자들이 사람들을 경계한 소이所以인 것이다." 하였다.

謹按孟氏乃近世哲學大家. 先言民彝物則, 而以上帝爲主宰. 焉則人之心理, 主宰一身者卽上帝所賦者也孟氏雖不明言心理, 而心理之原天者, 於斯不亦瞭然乎?

康德(西曆一千七百九十七年德國人)曰, 吾人之智識, 必須此三者, 一曰感覺之能, 一曰推理之能, 一曰良智是也.(耳目口鼻所觸, 幷及心內所感覺, 如耳之聲, 目之色之類.) 如推理之能, 固足以爲眞知眞識, 非五官之力所能及, 考察之功所可爲. 良智之能之宗旨, 則曰精神, 曰世界, 曰神, 是謂良智之三意象, 此三者乃物之根本, 而衆理所繫者也.

삼가 맹씨(몽테스키외)를 살펴보건대, 정말로 근세철학의 대가이다. 앞에서 말한 민이民彛(사람이 지켜야 할 떳떳한 도리)와 물칙物則(사물의 법칙)은 이로써 상제께서 주재하심으로 삼는 것이다. 인간의 심리란, 곧 일신을 주재하는 것인즉 상제께서 부여하신 바인데, 맹씨(몽테스키외)가 비록 심리를 분명히 말하지는 않았으나 심리의 근원이 하늘이니, 이에 또한 확실하지 않은가?

강덕康德(칸트, 서력 1797년 덕국(독일)인) 왈, "우리 인간의 지식은 반드시 이 세 가지가 필요한데, 하나는 감각의 능력이고, 또 하나는 추리의 능력이고, 세 번째는 양지良智가 바로 그것이다.(이목구비가 닿는 바가 아울러 마음속에 미쳐서 감각하는 바이니, 마치 귀의 소리 같고, 눈으로 보는 색色의 부류 같은 것이다.) 만일 추리의 능력이 진실로 족히 참 지식과 참된 앎이 된다면, 오관의 능력이 능히 미칠 바가 아닌 것이니, 고찰考察의 공功으로 가히 할 수 있는 바이다. 양지良智의 능한 종지宗旨가 곧 정신이요, 세계요, 신神이니, 이것이 바로 양지良智의 세 가지 의상意象이니, 이 세 가지는 바로 만물의 근본이며 모든 이치를 얽어매는 것이다."

檢覈者, 謂就於吾人之智慧中, 細密以檢覈之之謂也. 事前之識者, 不須考察實驗而得之. 事後之識者, 必須考察實驗而得之之謂也. 吾人自有一事前之識在. 卽爲宇宙永劫二者是也, 然二者實屬無之.

검핵檢覈이란 우리 인간의 지혜 가운데로 나아가는 것을 말하니, 세밀하게 검사해서 조사하는 것을 이르는 것이다. 사전의 지식이란, 반드시 고찰하고 실험해서 얻을 필요는 없다. 사후의 지식이란, 반드시 고찰하고 실험해서 얻는 것을 이르는 것이다. 우리 인간은 스스로 가지고 있는 하나의 사전 지식이 존재한다. 즉 우주와 영겁 두 가지가 이것인데, 그러나 두 가지는 실로 없는 무無에 속하는 것이다.

不過吾人之心, 以此律物而已, 夫色也, 聲也, 臭味也, 堅脆也, 外物, 實以此爲性. 是以我五官, 接而知之, 以其自外而來故也.
今之宇宙永劫二物, 非自外而來者. 不過當我心之觀物時, 我輒以物循此二義, 而就於次序而已. 是知宇宙永劫二者.
特爲吾人感覺之構造中, 自能有之, 而外此本無之也, 故名之爲感覺之款式.

우리 인간의 마음에 불과하지만 이로서 만물을 규제할 뿐이니, 대저 색色, 성聲, 냄새와 맛(臭味), 굳고 연한것(견취堅脆)은 외물外物이지만, 실로 이로써 성품으로 삼는다. 그래서 나의 오관으로 접촉해서 알게 되는 것이니, 그로써 바깥으로부터 오는 까닭인 것이다.

지금의 우주영겁이란, 두 가지 물물은 바깥으로부터 온 것이 아니다. 나의 마음이 만물을 보았을 때를 당하였음에 불과하니, 내가 문득 만물로써 이 두 가지 뜻을 빙빙 돌리면서 순서에 나아갈 뿐이다. 이것이 우주영겁 두 가지를 아는 것이다.

특별히 우리 인간 감각의 구조 중에는 "스스로 할 수 있는 능력이 있으니, 바깥에는 이것이 본래 없는 것이다. 그러므로 이름해서 감각의 관식款式이 되는 것이다." 하였다.

謹按此乃康氏哲眼大槪, 惟心論也. 愚於西哲, 推柏氏已到聖域, 其後惟一康氏, 可謂增光其統, 而進亞聖之域者也. 原理知識, 爲哲學之

本, 而表心理, 以脫離於哲學者, 恐爲大謬也, 故予仍以命名爲心理哲
學也, 其詳在下.

　　삼가 이를 살피건대, 강씨(칸트)철학 요점의 대개는 유심론이다. 나는
서양철학자 중에서 플라톤이 이미 성역에 이르렀다고 추론하며, 그후로
유일하게 칸트가 가히 그 계통에 빛을 더해서 아성亞聖의 영역에 나아갔다
할 것이다. 원리와 지식은 철학의 근본이 되니, 마음의 이치(心理)를 표표하
면서 철학에서 벗어나는 것은 아마도 큰 오류가 될 것이리라. 그러므로 나
는 거듭 명명命名하여 심리철학이라 하는 것이니, 그 상세한 것은 아래에
있다.

　　感覺所得之材料, 因以裁制整頓而判斷之, 則由複雜而入純簡, 由
俗見而入眞識矣. 物之根本曰精神, 曰世界. 曰神, 三者也爲天下萬物
之根本, 事物之最高深遠處也. 吾人之智識, 欲透徹洞達於是者, 獨有
良智之一能而已.

　　감각으로 얻는 바의 재료는 재재裁制함으로 인하여 정돈해서 판단하고,
곧 복잡한 것으로 말미암은 것은 순전하고 간단하게 받아들이고, 속견俗見
으로 말미암은 것은 참된 지식으로 받아들인다. 만물의 근본을 정신이라 하
고, 세계라고 하고, 신神이라 하는데, 세 가지가 천하만물의 근본이 되고, 사
물의 최고 심원처가 된다. 우리 인간의 지식은 여기에 투철통달透徹洞達하고
자 하나, 오직 양지良智 하나를 갖고 있어야만 능히 할 수 있을 뿐이다.

　　夫精神世界神之三意象, 果爲何物? 世所謂理學之三大理, 而爲天

下萬般學術基礎, 最深遠處也.
　古來, 之性理家, 因自知之能, 以爲我心之感覺思想決斷, 而遽以精神之本體, 爲虛靈. 爲純一, 世界固在於宇宙之內, 永劫之中也.

　대저 정신, 세계, 신神의 세 가지 의상意象이란 과연 무슨 물건인가? 세상에서 이르는바 이학의 3대 이치이고, 천하 만반萬般 학술의 기초이고 가장 깊고 먼 곳이다.
　자고 이래로, 성리가들이 자기가 알고 있는 능력으로 인하여, 내 마음의 감각과 사상을 결단하여 서둘러 정신의 본체로 삼았으나, 허령하고 순일하여서 세계는 진실로 우주의 안에 있으며 영겁 중에 있다.

　謹按此偉見大旨, 皆可謂心理哲學也, 何必分而二之乎?(心理與哲學, 不可分作二科也. 審矣.)
　吾人良智, 不獨觀察事物爲目的, 亦所以導行道德之理也.(更詳于道德編)
　專以良智之能, 注入於虛靈實相之世界, 硏究其不生不滅之根本, 則久而久之, 茫無所見. 神皆謂玄妙不可思議, 所謂精神. 是固不與軀殼俱滅者也.
　心中固有精粹完備之意象, 又見世界萬物, 粲然而有秩序. 是世界上, 自有無上聖智之神矣, 乃信神之鑒臨世上, 爲不可疑.

　삼가 살피건대, 이 위대한 견해와 큰 뜻은 모두 가히 심리철학이라 할 수 있는데, 하필 나누어 둘로 하였는가?(심리와 철학은 2과科로 분작하는 것은 불가하니 잘 살펴야 한다.)

　우리 인간의 양지良智는 사물을 관찰하는 것을 목적으로 할 뿐이 아니라, 또한 도덕의 이치를 인도해 행하게 하는 소이이다.(도덕편에 상세함)

　오로지 양지의 능력으로써 허령실상의 세계에 주입하여 그 불생불멸의 근본을 연구하여서, 곧 오래되고 오래가면 망망하여 보이는 것이 없게 된다. 신神은 모두 이르기를 현묘하고 불가사의하다고 하니, 소위 정신이다. 이것은 진실로 몸뚱이와 더불어서 같이 멸하지 않는다.

　마음 중에 진실로 정수精粹하고 완비한 의상意象이 있으며, 또한 세계만물에서도 보이니 찬연燦然하며 질서가 있다. 이 세계의 위에 스스로 무상無上 성지聖智의 신神이 있으며, 이에 신이 세상에 감림鑒臨함을 믿어 의심하지 않는다.

　謹按康氏哲學, 誠可謂原理道學也. 於是創立檢察判斷之法, 一掃從前空想異論之弊, 而大開哲新世界, 猗歟盛哉. 詎非集羣哲而大成, 光前啓後者耶? 學派至今爲盛, 其邦蔚然爲宇內學術最進步之大國者. 良有以哉. 然其國專尙富强, 而不務道德者, 無乃違背康氏之道學者也? 再詳於道德政治兩篇耳.

　삼가 살피건대, 강씨철학(칸트철학)은 진실로 원리도학이라 말할 수 있다. 이에 검사하여 살피고 판단(檢察判斷)하는 방법을 창립하여, 종전의 공상이론의 폐단을 일소하고 철학의 신세계를 활짝 열었으니, 아아! 성대하구나. 어찌 여러 현인들의 철학을 모으지 않고 대성大成하여 전현前賢을 빛내고 후학들을 계도(光前啓後)하리오? 학파들은 지금 성대하니, 그 나라가 위연蔚然(무성함)하여 온 세상에서 학술이 최고로 진보한 대국이 된 것은 참으로 이유 있는 일이로다. 그러나 그 나라가 오로지 부강함만을 높이고 도덕을 힘쓰지 않는다면, 강씨(칸트)의 도학을 위배한 것이 아니겠는가? 다시 상세한 것은 도덕정치 양편에 있다.

培根男爵(十八世紀英國人) 唱歸納法, 歸納法者, 因果而求因, 因之綜合, 則原理之始也, 余未知之, 故探究之, 不可以不逆行, 爲觀念, 由偏而全, 由下而上之義也. 觀察之綜合, 如由三角錐之底, 而溯其巓, 故謂之歸納.(亦創始經驗說)

笛卞兒(十八世紀法國人), 唱演繹法. 演繹法者, 亦謂之前進法, 由高而下, 由巓而底, 由因而及果. 哲學者或欲以神爲抵, 而以其表示及分布, 說宇宙之現象, 是謂演繹法.

又曰, 合衆於一之義也, 卽種種之現象而以總義證明之, 故謂之演繹.

베이컨(培根) 남작(18세기 영국인)은 귀납법을 주창했는데, 귀납법은 인과因果에서 원인을 구하고, 원인을 종합하면, 곧 원리의 비롯함이니, 내가 알지 못한 것을 탐구하는 것은 불가불, 거슬러 올라가야 하는데, 관념이 치우침으로부터 온전해지고, 아래로부터 위로 올라간다는 뜻이다. 관찰한 것을 종합하여, 마치 삼각추의 아래로부터 그 꼭대기로 거슬러 올라가니, 그러므로 이르기를 귀납이라 한다.(또한 창시 경험설이라 함)

적변아笛卞兒(데카르트, 18세기 법국인)는 연역법을 주창하였다. 연역법이란, 또한 전진법前進法을 이르는 것이니, 높은 곳으로부터 내려오고, 꼭대기로부터 바닥으로 와서 원인으로 말미암아서 결과에 미치는 것이다. 철학자는 혹 신神으로써 근본으로 삼아, 그로써 표시하고 분포하여 우주의 현상을 설명하였으니, 이것을 연역법이라 한다.

또 이르기를, 여럿을 하나에 합한다는 뜻이니, 즉 가지가지의 현상을 총의總義로써 증명하는 것이므로, 그래서 연역이라고 한다.

謹按此兩家, 發明兩法, 爲哲學之新精采, 有足多者. 然其法亦不過以吾心推究事物, 自下而達上, 因此而明彼, 以窮其本原, 如吾家所謂窮理之法也.

삼가 살펴보건대, 이 양가는 양법을 발명해서 철학의 새로운 정변精采(정미로운 분별)이 되어 뿌리가 된 것이 많았다. 그러나 그 법이 또한 우리 마음으로 사물을 추구하여, 아래로부터 위에 도달하고, 이로 인하여 저것을 밝혀서, 이로써 그 본원을 궁구함에 불과하니, 마치 우리 가家에서 소위 궁리하는 법과 같은 것이다.

李奇若(十八世紀法國人) 甲論多德之言曰, 心性者有感照知識之德也. 雖有知識之性, 然必須因五感所爲, 乃能見寄知識也. 夫天地間之萬物, 毋論其性之高低, 莫不有造物主之. 卽如人類乃爲被造物高等之最高等, 故其思想, 亦爲特別者也. 科學者, 乃討究世界實在物, 其範圍極隘(如電氣學, 則範圍, 只在電), 其成立, 不獨因其感覺與經驗, 而必須假於性理之學也, 而實體學之原理. 卽其明證也.

이기약(18세기 법국인, 프랑스 선교사 리뇰, 1847~1922년)은 갑론다덕甲論多德의 말에서 왈, "심성心性은 지식의 덕을 감조感照함이 있다. 비록 지식이 있는 성품이나, 그러나 반드시 오감五感이 하는 바에 인하므로, 능히 지식에 의지해서 볼 수가 있다. 대저 천지 간의 만물은 그 성품의 고저를 막론하고 조물주가 있지 않는 것이 없다. 즉 예를 들자면, 인류는 곧 피조물의 고등高等에서 최고 등급等級이 되는데, 그러므로 그 사상도 또한 특별한 것이다. 과학자도 세계 실재물을 토구討究(탐구)하지만, 그 범위가 극히 좁아서(예를 들면, 전기학은 곧 범위가 곧 전기에 있는 것이다), 그 성립이 그 감각과 더불어서 경험뿐만이 아니라 반드시 성리학을 빌려야 하는데, 실체학의 원리는 곧 그 명확한 증거이다." 하였다.

謹按李亦哲學名家, 而其論心性. 亦主靈魂之能力, 感覺之能力, 知識的能力. 觀知力, 判斷力, 思想與意志而終言靈魂不滅, 可見淵源之大同也.

삼가 이기약을 살펴보건대, 또한 철학의 명가이다. 그가 논한 심성心性 또한 영혼의 능력과 감각의 능력, 지식의 능력을 주관한다. 지력과 판단력을 보건대, 사상과 더불어서 의지는 결국 영혼불멸인 것이니, 가히 연원淵源이 크게 같음을 볼 수가 있는 것이다.

제15장

구서최근심리철학신경론
歐西最近心理哲學神經論

斯賓塞(十八世紀末英國人)云, 神者, 乃世界萬物之精神. 而卽爲其本質也. 一爲虛靈之思想, 一爲實體之面積, 純粹至善, 而尊一無敵. 神雖常有所謂, 其實則寂然不動與無爲, 無異也.

謹按此斯氏爲近世哲學最名家, 精神虛靈不動說, 洞明心神之理者也.

사빈색(스펜서 : 1820~1903, 18세기 말 영국인)이 말하기를, "신神은 세계 만물의 정신이다. 그리고 곧 그 본질이다. 하나는 허령한 사상이 되고, 하나는 실체의 면적이 되어 순수하고 지극한 선이니, 존일尊一(높은 하나)하여 대적할 수 없다. 신神은 비록 항상 있다고 이르는 바이나 그 사실인즉, 적연부동寂然不動하여서 무위無爲와 더불어서 다름이 없는 것이다." 하였다.

삼가 이 스펜서를 살펴보건대, 근세 철학의 제일의 명가이니, 정신허령부동설은 심신의 이치를 꿰뚫어 밝힌 것이다.

科培爾(十八世紀末德人現存)曰, 自科學觀之, 則哲學者, 科學原理之學也. 故爲科學之科學. 亦謂之太極之科學也.(略) 心界哲學, 則專以精神世界之運動, 爲基本, 而求之合理之心理學及神, 皆託於想像, 康德所指爲必難發明者也.

因哈脫門之言曰, 人與太極, 無二質之見而已. 是見也忽起於吾人之心光, 而實宇宙大本, 與吾人心靈, 確然同一之所致也.

由神秘狀態而宗敎及哲學, 有革新之機, 歷事之事實也. 蓋理性中有三觀念, 曰靈魂, 曰自由, 曰神. 無此觀念者, 非人也. 神與太極, 爲一義者也.

謹按科氏現存之明哲. 語甚精簡, 理則條暢. 心是太極, 而其論可謂透徹也.

과배이(18세기 말 덕인으로 생존, Raphael von. Koeber, 1848~1923, 러시아에서 출생한 독일인, 일본동경제국대학에서 서양철학과 미학을 가르쳤음)가 말하기를, "과학으로부터 보면, 곧 철학이란 과학 원리의 학문이다. 그러므로 과학의 과학이다. 또 태극의 과학이라고도 한다.(략) 심계철학은 곧 오로지 정신 세계의 운동으로써 기본으로 하니, 합리의 심리학과 신神을 구하는 것을 모두가 상상想像에 맡기면, 강덕(칸트)이 가리킨 것은 반드시 발명하기 어려운 것이 될 것이다."

합탈문哈脫門(독일철학자 Hartmann, Eduard, 1842~1906)은 '사람은 태극과 더불어서 가장 뛰어난 질질質의 드러남(見)일 뿐이다. 이 드러남(見)은 우리 사람의 심광에서 홀연히 일어나서 우주의 충실한 대본大本인 것이니, 우리 인간의 심령心靈과 더불어서 확연히 동일한 소치인 것이다.'라고 하였다.

과배이는 "철학자 설명의 신비 상태는 자신의 생각으로는 합탈문의 이 말을 가장 좋게 생각한다."고 하였다.

"신비한 상태로 말미암아서 종교 및 철학에 혁신의 기틀이 있게 된 것은 역사적 사실이다. 대개 이성理性 중에는 세 가지 관념이 있는데, 영혼과 자유, 신이다. 이 관념이 없는 자는 사람이 아니다. 신과 더불어서 태극은 하나의 뜻이 되는 것이다."라고 하였다.

(哲學要領, 德國, 科培爾 講 ; (日)下田次郎 述 ; 蔡元培 譯)

삼가 과배이의 말을 살피건대, 현존하는 명철明哲이다. 단어를 매우 정밀하게 잘 골라 뽑았으며(精簡), 이치도 곧 유려하고 조리가 있다(조창條暢). 마음이 바로 태극이라 함은, 그 논함이 가히 투철하다 할 것이다.

吾人之心靈, 自由者也. 決不能長受壓制於獨斷之下, 康德純理批判之緒言, 掃絶懷疑獨斷, 要之宇宙者吾人直觀之先天形式也, 因果者思想之先天形式也, 因果以外, 尙有先天形式之思想, 而因果爲其最重要.

康德者分析科學及哲學之界限者也, 宗教及心理學之破壞者也. 理性者, 合理之知識也, 眞理之本原也. 二元論者, 物質精神也. 心理學身心二元也, 內涵二元, 幷與太極論, 涵兩儀之性質者也.

우리 인간의 심령은 자유로운 것이다. 결단코 오래 독단하에서 압제를 받을 수가 없으니, 칸트가 순수이성비판의 서언에서 회의懷疑와 독단을 쓸어내서 끊어버렸으니, 요컨대 우주란, 우리 인간 직관의 선천형식이고, 인과란 사상의 선천형식이며, 인과 이외에도 아직 선천형식의 사상이 있으나 인과는 그 가장 중요한 것이다.

칸트는 과학과 철학의 한계를 분석하였으며, 종교와 심리학의 파괴자였다. 이성이란 합리적인 지식이요, 진리의 본원이다. 이원론이란 물질과 정신이다. 심리학의 신심身心은 이원이니, 안에 이원二元을 포용하였으며 아울러 태극론과 더불어서 양의兩儀의 성질을 포용한 것이다.

謹按哲學家一元二元三元, 諸論不一, 而余則取二元論, 而餘不俱擧.

至善至備者神也. 而人間之理性, 與神之理性, 同其本質. 神者, 以人間爲其意志之機關, 人之知善而好善者, 卽其對於太極主體之感應也. 是故神者存於人間, 而又泰然爲太極之主體. 不以全體入人間, 而降以一部分也(以上科氏, 申明費斯德之言). 非合心物二元, 則生命不完全也.

謹按科氏, 哲學達論, 精明多可採者, 而限於篇幅, 祗此撫要而已.

삼가 철학가의 일원, 이원, 삼원을 살펴보건대, 여러 가지 논함이 하나가 아니니, 그래서 나는 곧 이원론을 취하고 나머지는 모두 들지 않았다.

지극히 선하고 지극히 완비된 것은 신神이다. 그리고 인간의 이성은 신神의 이성과 더불어서 그 본질이 같다. 신神은 인간으로써 그 의지의 기관으로 삼으니, 사람이 선善을 알고 선善을 좋아하는 것은, 곧 그가 태극에 대한 주체의 감응인 것이다. 이러한 고로 신神이란 인간에게 존재하면서, 그리고 또한 태연泰然하니 태극의 주체인 것이다. 전체로써 인간에게 들어가지 않고, 내려와서 일부분이 되는 것이다(이상 과씨와 거듭 밝힌 비사덕費斯德의 말이다). 마음과 물물 이원二元이 합하지 않으면 생명은 불완전한 것이다.

삼가 과씨의 말을 살피건대, 철학의 달론達論(사리에 맞는 議論)이며, 정명

精明(아주 깨끗하고 밝음)하여 많이 채용할 수 있는 것이지만, 지면이 한정되어서 다만 이것만 모아서 요약할 뿐이다.

嚴復氏(曾北京大學校長現在存), 曰老聃孔子之哲學, 中經釋氏之更張, 復得有宋諸儒爲之組織, 蓋中國之是非, 不可與歐美同日而語明矣. 學者必擴. 其心於至大之域, 而後有以讀一世之書. 此莊生所以先爲逍遙之遊, 以後能齊其物論也.

又曰, 人之生也, 成於形氣, 而志慮帥之. 任形氣者每樂於放肆, 而循志慮者或類於拘牽, 放肆之勢順, 所樂也, 拘牽之勢逆, 所苦也. 人禽之關, 實分於此, 夫聖賢人者工夫無他, 能以志慮, 馭其形氣, 使循理也耳.

엄복씨(일찍이 북경대학교장으로 현재 생존)가 말하기를, "노담老聃, 공자의 철학은 도중에 석씨의 경장更張(모든 제도를 개혁함)을 겪었으며, 다시 송나라 여러 유학자들이 조직하였으니, 대개가 중국의 시비是非는 구미歐美와 더불어서 함께 놓고 말할 수 없는 것은 분명하다. 학자는 반드시 그 마음을 지극히 큰 영역에까지 넓히고 난 이후에 한 세대의 글을 읽어야 한다. 이것이 장자莊子가 태어나서 먼저 소요유逍遙遊를 한 이후에 능히 만물에 대한 논함(物論)을 가지런히(齊) 할 수 있었던 까닭인 것이다." 하였다.

또 말하기를, "사람의 태어남은 형기에서 이루어지고, 뜻과 생각으로 통솔하는 것이다. 형기形氣에 맡기는 것은 매번 멋대로 즐기기만 하게 되고, 뜻과 생각만 따르면 혹 비슷한 것에만 얽매이니, 멋대로 행동함(放肆)의 세勢를 따르면 즐거운 것이요, 구속拘牽의 세勢에 역행하는 것은 괴로운 것이다. 사람과 금수의 관계는 실로 여기에서 나뉘어지니, 대저 성현인이란 것의 공부는 다른 것이 없고, 능히 뜻과 생각으로써 그 형기形氣를 다스려서 이치에 따르게 할 뿐인 것이다." 하였다.

謹按中國亦多哲學名儒, 惟嚴君學兼新舊. 道括中西, 其譯解以嘉惠斯人者何可量也. 至言不能多采, 歎歎.
　其言曰, 宇宙有大例焉, 必誠而利, 未有僞妄而不害者也. 哲人所以爲學者, 求理道之眞耳. 吁亦旨哉言乎.

삼가 살펴보건대, 중국 또한 많은 철학과 명유가 있었으나, 오직 엄군의 학문이 신구新舊를 겸하였다. 중국과 서양을 묶어서 말하였는데, 그 역해譯解가 이 사람에게 은혜를 베푼 것을 어찌 헤아리겠는가. 지극한 말을 다 채택할 수가 없어서 유감이다.
　그가 말하기를, "우주에는 큰 법칙이 있는데, 반드시 진실이 유리하고 위망僞妄은 해롭지 않은 적이 없었다. 철인이 학자가 되는 소이는 이치를 구해서 도를 참되게 할 뿐이다." 하였으니, 아! 또한 음미해야 할 말인 것이다.

哲學大綱云, 情感意志及思想果出自一種之原素乎? 情感及意思, 果同一原素, 而特以動作之强弱, 及久暫爲別乎? 意志及思想, 果爲一種意識之變化乎? 物性界與心理之關係, 循何種原則乎. 此皆今積極哲學家孜孜硏究者也.(此書乃北京大學校長蔡君元培所著也)
　謹按此情意志諸論, 竝以參究我家以上之說而互相發明, 當有益也.

〈철학대강〉에서 이르기를, "정감과 의지 및 사상이 과연 한 종의 원소에서부터 나왔는가? 정감 및 의사가 과연 동일 원소이며, 특히 동작의 강약으로써 오랜 시간(久)과 잠시(暫)를 구별하는가? 의지 및 사상은 과연 일종의 의식변화인가? 물성계物性界와 더불어서 심리의 관계는 어떤 종류의 원칙을 따르는가? 이 모든 것은 지금 적극적인 철학가들이 부지런히 연구하는 것이다." 하였다.(이 글은 북경대학교장 채원배가 지은 바이다.)

삼가 살피건대, 이 정의지情意志의 제론은 우리 가家에 함께 참가하여 연구함으로써 이상의 설을 호상 간에 발명하였으니, 마땅히 유익할 것이다.

海甫(十八世紀末丹麥國人) 心理學槪論曰, 心理學者, 精神之科學. 精神, 爲一種非物質的本體, 爲自己存在者, 非有完全之證據乎? 人類之精神, 乃宇宙係統之一部分.

吾人解哲學, 爲形而上學, 卽追究宇宙之原理, 則心理學, 必須爲獨立之學, 而不可爲哲學之一部分.

해보(18세기 말 단맥국인 : 덴마크인 Hoffding,H/"심리학개론"을 지음)는 심리학개론에서 말하기를, "심리학이란 정신의 과학이다. 정신은 일종의 비물질적 본체가 되어서 자기 존재가 되는 것이니, 완전한 증거가 있는 것이 아닌가? 인류의 정신은 우주 계통의 일부분이다.

우리 인간은 철학을 이해하고 형이상학으로 삼아, 곧 우주의 원리를 추구함이니, 곧 심리학은 곧 독립의 학문이 필수인 것이며 철학의 일부분이 되는 것은 불가하다.

心理學之位置, 立於自然科學, 及精神科學相會之點. 物質, 受精神之影響, 則物質, 亦當帶精神的性質也. 德國心理學, 恒近於形而上學, 英國之心理學, 恒近於機械的科學.
　謹按此是最近心理學大家, 其論心理體用甚複雜, 而最精切可取, 然主心理學獨立卽不取也.

　심리학의 위치는 자연과학과 정신과학이 서로 만나는 지점에 서있다. 물질은 정신의 영향을 받게 되니, 곧 물질 또한 당연히 정신의 성질을 띠었다. 덕국(독일)의 심리학은 항상 형이상학에 가깝고, 영국의 심리학은 항상 기계적 과학에 가깝다." 하였다.
　삼가 살피건대, 최근 심리학 대가는 그 논하는 심리의 체용이 매우 복잡하지만 가장 정밀하여 취할 수 있지만, 그러나 심리학의 독립을 주장한 것은 취하지 않았다.

　心理學上之分類, 今日通用三分法, 卽分爲知識, 感情, 意志, 是也. 自雅里大德勒以來, 心理學上, 所用知識及意志之二分法, (十八世紀) 之德國心理學家, 皆承用之. 但視感情生活之重要, 心理學之分類上, 大有影響, 自汗德應用此三分法後, 遂爲世人所公認.

　심리학상의 분류로 오늘날 통용되는 삼분법은 곧 지식知識, 감정感情, 의지意志가 이것이다. 아리스토텔레스(아리대덕륵雅里大德勒)로부터 이래로 심리학상 써온 것은 지식 및 의지의 2분법이었는데, (18세기) 덕국(독일) 심리학가는 모두 이어받아서 사용하였다. 다만 감정이 생활의 중요함으로 보건대, 심리학의 분류상 커다란 영향이 있었으니, 칸트(汗德, 凱尼斯堡之大哲人汗德, Immanuel Kant, 독일 쾨니히스베르크대학교 교수)가 이 삼분법을 응용한 후로부터, 마침내 세인들이 공인하는 바가 되었다.

近世之初, 特嘉爾及其弟子(威利斯, 馬爾, 白蘭休等), 始以感情及一切他意識現象, 皆存於腦髓, 而爲近世生理之嚆矢.
然古代腦與心之反對論, 與悟性及感情之反對論, 固不易遽破之, 以此論經驗爲根據故也. 腦髓者, 知識之所在地也, 與慾情, 毫不相關, 慾情之惟一位置, 內臟是也.

근세 초, 특가이(데카르트)와 그 제자(위리사, 마이, 백란휴 등)들은, 비로소 감정 및 일체 타의식 현상이 모두가 뇌수에 존재하는 것으로써 근세 생리학生理學의 효시가 되었다.
그러나 고대의 뇌와 더불어 심心의 반대론 및 오성悟性과 더불어서 감정의 반대론은 진실로 바뀌지 않고 급히 파괴되었으니, 여기에서 논한 경험으로써 근거로 삼은 까닭이었다. 뇌수란, 지식의 소재지로 욕정과 더불어서 털끝만큼도 상관치 않으니, 욕정의 유일한 위치는 안의 오장內臟인 것이다.

謹按西洋心理學家, 至近世始言腦神經爲心理之主要, 而慾心則歸諸肉團之心.
亦猶道家言心死神活之見也, 烏乎! 西學之發達, 一至於此乎.

삼가 서양 심리학자들을 살펴보건대, 근세에 이르러서야 비로소 뇌신경이 심리의 주요이며, 욕심은 곧 여러 육단심으로 돌아감이라 말하였다.
또한 오히려 도가의 말인 심사신활心死神活(마음이 죽어 신이 살아난다)의 견해와 같으니, 오호! 서학의 발달이 한 번에 여기에 이르렀도다.

大腦者, 神經繫統之建築之樞石也. 其位置, 愈近於大腦者, 則其關係愈複雜, 而所含之神經細包及纖維愈多, 感覺作用之存於大腦各部分者如何, 尙爲學者所硏究. 高尙之精神作用之不縛於大腦一定之部分, 彼等之所同認也. 大腦對低神經, 中心之位置也, 禁制諸中心之活動是也.

대뇌는 신경을 매어 통제하는 건축의 추석樞石이다. 그 위치가 더욱 대뇌에 가까운 것은, 곧 그 관계가 더욱 복잡하여서 포함하는 바의 신경세포와 섬유조직이 더욱 많고, 감각작용의 존재는 대뇌각 부분에 어떠한지 아직도 학자의 연구하는 바이다. 고상한 정신작용이 대뇌 일정 부분에 얽매이지 않는 것은 그들도 같이 인식하는 바다. 대뇌는 저 신경에 대하여 중심의 위치여서 여러 중심의 활동을 통제하고 제어하는 것이 이것이다.

謹按腦神經爲心理之體用者, 如是明白. 有大腦小腦延髓相連結, 以及於脊髓, 脊髓兩側, 有神經三十一對. 分布於周身如絲, 此神經係統, 爲精神活動之中央機關也.
腦神經之論, 極其複雜, 故只揀取其最要者而已.

삼가 살피건대, 뇌신경이 심리의 체용體用인 것은 이와 같이 명백하다. 대뇌와 소뇌가 있어서 연수(숨뇌)와 서로 연결되어서, 이로써 척수에 이르고 척수 양측에 신경 31개씩 있어서 대對한다. 온몸에 분포하여 마치 실과 같으니, 이 신경 계통이 정신활동의 중앙기관인 것이다.

뇌신경의 논론論論은 극히 복잡하여서, 그러므로 단지 그 최고 중요한 것만을 취하였을 뿐이다.

有機感覺最明白者, 味覺. 筋覺聽覺, 多混以觸覺, 而決不能謂之純一也. 暮年猶記幼年之事, 而近事則半忘之. 不能視近物, 記憶亦然. 由其腦髓活動, 無保存新印象之力, 而晚年所得, 易於消解故也.
謹按此味覺等論, 未必不由佛說而加演者也.(西哲受印度佛學者多). 惟魂魄論, 與吾儒之解稍異. 人有魂魄, 魂以知之, 魄以記之. 少時魄日滿, 故記性强, 而至老不忘. 自四十魄先衰, 故漸至健忘也.

유기감각에서 가장 명백한 것은 미각이다. 근각, 청각은 많이 혼탁하니, 촉각으로써 결코 순일하다 할 수는 없다. 만년에 아직도 유년의 일을 기억하지만 근래의 일은 곧 도리어 잊어버린다. 가까운 사물을 볼 수가 없듯이 기억도 또한 그렇다. 그러한 뇌수 활동으로 말미암아서 새로운 인상을 보존할 능력이 없어서 만년에 얻은 것은 쉽게 소멸되고 풀어져 버린 까닭이다.
삼가 살피건대, 이 미각 등의 논함은 불설佛說로 말미암지 않았다 할 수 없으므로 더해서 부연하였다.(서양철학은 인도의 불교학자에게 받은 것이 많았다.) 오직 혼백론은 우리 유교의 해석과 더불어서 조금 다를 뿐이다. 사람은 혼백이 있어서 혼이 알고, 백은 기억을 한다. 어릴 때 백은 날마다 가득 차서 그러므로 기억하는 성품이 강하고, 늙음에 이르러서도 잊지않는다. 40세부터는 백백魄이 먼저 쇠하니, 그러므로 점차 건망健忘에 이르는 것이다.

本能之位置, 或當存於中腦也. 純一之精神力, 亦易於許多精神力交動之結果. 故遺傳之最易者, 莫如本能. 吾人說神來之火時, 眞正之火之觀念, 或浮於其胸次也.

謹按大中小腦連腦, 諸神經之虛靈知覺, 貫注於腎內之肉團心, 而爲用也明矣.

近世惟物論, 則以精神爲物質之一作用, 或一方面, 此論之在今日, 實築於物質及勢力之不滅論耳.

본능의 위치를, 혹자는 마땅히 중뇌에 있다고 여긴다. 순일의 정신력은 또한 쉽게 허다한 정신력으로 바뀌어서 오고가는 결과이다. 그러므로 유전의 가장 쉬운 것으로는 본능만한 것이 없는 것이다. 우리 사람들은 영감이 불타오를 때를 말하는데, 진정한 화火의 관념은, 혹 그 가슴속(胸次)에 떠있는 것이다.

삼가 살피건대, 대중소뇌는 뇌와 제신경의 허령지각과 연결되었으며, 가슴속의 육단심에 관통해서 주입되어 쓰임이 분명하다.

근세 유물론은 곧 정신으로써 물질의 한 작용이거나 혹 한 방면이라 하지만, 이 논論함은 금일에 있어서는 물질과 세력의 불멸론을 충실해 구축했을 뿐이다.

謹按物質固有之勢力, 分爲動力, 靜力, 或分爲器械力, 分子力, 生力, 活力, 緊力, 與物質共進化變. 而生生活力, 反射力, 本能力, 感覺力, 知覺力, 情能力, 論理力, 意志力, 力學, 乃爲心學之助.

心理之能洞貫宇宙, 動天地, 進而言之, 拒力, 吸力, 熱力. 相維持天地日月. 凡有機體動植物, 何往非生力之所造成者耶? 是以余嘗發明太極, 有能力者, 是乃心力也, 學人於力論, 可以悟道矣.

303

삼가 살피건대, 물질 고유의 세력이 동력, 정력으로 나뉘거나 혹 기계력, 분자력, 생력, 활력, 긴력으로 나뉘어서, 물질과 더불어서 같이 진화하고 변한다. 그런데 생활력, 반사력, 본능력, 감각력, 지각력, 정능력, 윤리력, 의지력을 낳는다는 유물론의 역학力學 이론은 심학心學의 도움이 되었다.

심리心理는 능히 우주를 꿰뚫어 통하면서 천지를 움직이니, 나아가 말하면, 거력, 흡력, 열력이 서로 천지일월을 유지하는 것이다. 무릇 유기체 동식물이 생력의 조성造成한 바가 아니라면 어떻게 가겠는가? 이는 내가 일찍이 발명한 태극이 능력이 있는 자라는 것이며 바로 심력心力인 것이니, 학인은 역론力論에서 가히 도道를 깨달을 수가 있는 것이다.

科學的想像, 精神上之自由, 不但存於結合所與之原質, 而成新個物觀念. 奈端, 由蘋果之落地, 而搆成太陽系統之根本律之觀念是也.

과학적 상상은 정신상의 자유이니, 주어진바 원질과 결합함으로 존재할 뿐만이 아니라 새로운 개물個物의 관념을 이룬다. 뉴턴(내단奈端)이 사과蘋果(빈과)가 땅에 떨어짐으로 말미암아서 태양계를 통할하는 근본율의 관념(만유인력)을 구성한 것이 이것이다.

謹按此試驗觀念者, 從感覺之力, 而知有重力. 福蘭苦靈氏, 以紙鳶之試驗而知電力. 皆不外感覺所生之結果, 則非由心理而所得者耶? 然不特西學如是, 而仙鑒云墨翟, 造木鳶飛行空中, 又製自行車.
朝鮮中葉, 最先世界而能創造活字, 將軍李舜臣, 創造龜船, 潛行海中而破敵. 李長孫, 叔製震天雷(其制, 如今大砲), 彈(入敵陣, 敵以爲神奇, 而圍觀之, 於是塊破而彈散以破晋州城, 史有焉), 後仍無傳, 蓋國不尙武, 尙技故也. 然此可見華韓人之心靈, 心力之一班也.

    삼가 이 관념을 시험한 것을 살펴보건대, 감각의 능력을 따라서 중력이 있음을 알 수가 있었다. 복란고영福蘭苦靈(프랭크린)씨는 종이연(지연紙鳶)의 시험으로 번개가 전력임을 알았다. 모두가 감각이 생생生하는 바의 결과를 벗어나지 않은 것이니, 곧 심리心理로 말미암아서 얻어진 바가 아니겠는가? 그러나 서학의 이와 같은 것 뿐만이 아니라 선감에서 이르기를, "묵적墨翟은 목연木鳶을 만들어 공중을 비행하였으며, 또 자행차를 만들었다." 하였다.

    조선 중엽에 세계에서 가장 먼저 능히 활자를 창조하였으며, 장군 이순신은 거북선을 창조하여 해중을 잠행하면서 적을 무찔렀다. 이 장손(조선 선조 때 발명가)은 진천뢰震天雷를 처음으로 만들었는데(그가 만든 것은 마치 지금의 대포와 같다), 탄(적진으로 들어가니 적이 신기로 삼았으며, 삥둘러 보았는데, 이에 덩어리(塊)가 깨지면서 탄이 흩어지니, 이로써 진주성에서 적을 무찔렀다고 역사에 기록이 있다)은 후손들이 전하지 않았으니, 대개가 나라에서 무武를 숭상하지 않고 기술을 숭상하지 않은 연고였다. 그러나 이로써 가히 중국과 한국 사람의 심령을 보건대, 심력心力은 일반一班이다.

進化之法則, 由散而聚, 由混而畫, 由一致而萬殊. 於是精神生活, 遂與宇宙生活相連結, 而爲其生活中之一部分. 然當特別注意者, 則個性化之事實. 吾人之有機體, 乃一小宇宙, 而有某度之獨立性者也.

    진화의 법칙은 흩어짐으로 말미암아서 모이고, 섞임으로 인하여 분할되고, 하나로 말미암아서 만 가지 다른 것으로 이른다. 그리하여 정신생활은 마침내 우주 생활과 더불어서 서로 연결되어 그 생활 중 일부분이 된다. 그러나 특별히 주의할 것은, 곧 개성화의 사실이다. 우리 인간의 유기체는 하나의 소우주이나 자기 법도의 독립성이 있는 것이다.

秉薰, 謹按此云心體, 一小宇宙, 則其所見之高遠廣大, 蓋與華韓聖賢, 何以殊哉. 吁! 亦精細哉. 有可以互換相補之點, 則結論詳之.

병훈은 삼가 여기서 말한 심체心體가 하나의 소우주라는 것을 살펴보았은즉, 그 소견의 고원광대함이 대개 중국과 한국의 성현들과 더불어서 어찌 다를 것인가. 아! 또한 정밀하고 세세한 것이로다. 가히 호환해서 상보할 수 있는 점이 있다면, 곧 결론에서 상세히 하겠다.

總結論(道與儒當互相補完之說已具於上, 此則只對東西新舊而論也.)

東西心學之槪要, 略備於以上所編. 烏乎! 天生聖哲, 其心靈通明, 上下與天地同流, 大無不燭, 細無不該. 繼天以立人極, 卽堯舜相傳之精一心法. 洎夫孔孟克復, 以至于今, 惟以淸心寡慾, 存心養性, 以事天, 爲心學之宗旨.

惟道家言腦神者, 與近世西哲之新唱神經之見同. 而他論愈精微者, 以其硏究趣向之不同故也.

총 결론(도는 유가와 더불어서 마땅히 상호 간에 보완의 설이 이미 위에 갖추어졌다. 여기서는 단지 동서신구에 대하여 논한다.)

동서심학의 개요는 간략히 이상 편찬한 바로 갖추었다. 오호! 하늘이 성철을 내서 그 심령이 통명하고, 상하는 천지와 더불어서 동류同流이니, 크게 밝히지 않는 것이 없고 세밀해서 해당되지 않는 것이 없다. 하늘을 이어서 이로써 인간의 표준(人極)을 세우니, 곧 요순이 서로 전해준 정일심법精一心法이다. 대저 공맹孔孟의 극기복례로부터 지금에 이르기까지 오직 청심과욕淸心寡慾으로 존심양성存心養性하고 이로써 하늘을 섬기는 것(事天)을 심학心學의 종지宗旨로 삼았었다.

오직 도가에서 말하는 뇌신腦神이란 것은, 근세 서양철학이 새롭게 제창한 신경의 견해와 같다. 그런데 다른 논함에서 더욱 정미한 것은 그 연구추향이 같지 않은 연고이다.

蓋其感覺觸覺等說, 多由佛論而愈詳細. 然總以精神意識, 爲心理之體用, 而情志智力感覺觀念, 立爲大要, 則此乃東西心學經驗之矩步也.
余爲當互換相補者, 西學, 當添我下學上達之法, 先盡心力於孝悌彛倫之事, 而淸心寡慾, 存心以事天, 而孝天, 且當硏究元神識神之別, 以養心成眞可也.

대개 그 감각, 촉각 등의 설은 대개가 불교에서 논한 것이 더욱 상세하기 때문이다. 그러나 모두 정신의식으로써 심리의 체용으로 하고, 정지, 지력, 감각, 관념을 세워서 대요로 삼았으니, 곧 이것이 동서 심학경험의 올바른 걸음걸이(矩步)인 것이다.
내가 마땅히 호환해서 상보한다는 것은, 서학은 마땅히 우리의 하학상달의 법을 보태어, 먼저 효제이륜孝悌彛倫(부모에게 효도하고 형에 공손히 하는 변치않는 도덕)의 일에 심력을 다하며, 청심과욕淸心寡慾하고 존심存心하면서 이로써 하늘을 섬기고(事天), 하늘을 본받으면서(孝天), 또한 마땅히 원신과 식신의 구별을 연구하여 이로써 마음을 기른다면 진眞을 이루는 것이 가하리라.

吾學, 當取其精神宇宙之觀, 神經條分之用, 以打成一團, 以合致而竝做焉, 則可謂原天心理學, 始臻圓滿, 而完美者也. 嗟! 我新舊學人, 盍亦通融, 以成圓德兼聖, 立志乎哉.

우리의 학문은 마땅히 정신 우주의 관觀과 신경 조분條分(한 가닥)의 작용(用)을 취하여서 이로써 한 덩어리가 되어야 하며, 이로써 합치하여 함께 만들면, 곧 원천심리학이라 칭할 수가 있을 것이니, 비로소 원만함에 이르러 완미完美한 것에 이를 것이다. 아! 우리 신구학인들이 모두 또한 통융하여 이로써 원덕겸성圓德兼聖을 이루는 뜻을 세워야 할 것이다.

精神學者實驗, 旣如上篇所載, 而心學之實驗, 亦如以上聖哲, 皆是也. 然又有經世之證據心理學家, 如伊尹之若撻乎市, 周公之坐而待旦, 諸葛之開心見性, 范希文之憂樂天下, 曾文正之學明心精, 李舜臣之盡心報國, 格蘭之眞開化, 俾士麥之決心敎育, 何往非心理之發用於行事者耶? 其勳業光明東西宇宙者, 罔非實行心力之光燄也.

정신학의 실험은 이미 상편에 기재된 바와 같고, 심학의 실험도 또한 이상의 성철과 같아서 모두가 옳다. 그러나 또 경세의 증거로 심리학가가 있었으니, 이윤의 약달호시若撻乎市(저잣거리에서 종아리 맞는 것처럼 여김)와 같은 것이고, 주공의 좌이대단坐而待旦(앉아서 아침을 기다림), 제갈공명의 개심견성開心見性(마음을 열어 성품을 보다), 범희문의 우락천하憂樂天下(천하를 걱정하고 천하로 즐거워함), 증문정曾文正의 학명심정學明心精(증국번의 明心精을 배움), 이순신의 진심보국盡心報國(마음을 다해 나라의 은혜를 갚음), 격란格蘭의 진개화眞開化, 비사맥(비스마르크)의 국민교육(敎育) 결심과 같은 것이니, 어디던지 심리心理의 발發이 아님이 행사에 작용했겠는가? 그 훈업勳業이 동서 우주에 광명한 것은 심력心力의 광휘光焰를 실행하지 않은 것이 없기 때문이다.

*합탈문哈脫門 : 독일의 철학자 하르트만. 무의식의 철학을 주장.

*약달호시若撻乎市 : 내가 나의 임금을 요순처럼 만들지 못한다면, 시장에서 종아리에 매맞는 것처럼 내 마음이 부끄러울 것이다.〈서경, 열명하〉에 나온다.

*좌이대단坐而待旦 : 주공이 우탕문무왕의 일을 다 겸해서 하고자 하되, 혹 시세時勢에 맞지 않은 것이 있으면 밤새도록 우러러 생각하다가 다행히 방도를 얻게 되면 속히 시행하고픈 뜻에서 앉은 채로 아침을 기다렸다는 뜻.

凡心學者, 尤貴乎實行經驗如是哉. 但精神心理至到, 可以通理位聖. 而本太陽之昻明, 猶天符之訓宰制萬變而不動本, 可與天地參矣.

然則自由, 平等, 愛國, 救世, 何往而不圓融適宜哉? 然先致眞我以後, 兼聖爲次第步趣, 毋論諸家百科之學, 安有出心理知識而爲學者耶?

故以心學爲統體學, 而均以實踐對我上帝可乎? 繼以道德哲學.

무릇 심학心學이란, 실행하고 경험하는 것이 이와 같이 더욱 귀한 것이다. 다만 정신심리가 지극함에 이르면, 가히 이치에 통함으로써 성聖에 자리할 수 있다. 그리고 태양의 밝음(昻明)을 근본하고, 천부天符의 가르침(訓)과 똑

같이 재제宰制한다면 만변萬變하더라도 근본은 움직이지 않을 것이니, 가히 천지와 더불어서 함께 참여할 것이다.

그런한즉, 자유, 평등, 애국, 구세救世인들, 원융적의圓融適宜하지 않고 무엇으로 가겠는가? 그러나 먼저 진아眞我에 도달한 이후에, 겸성兼聖하고 순서대로 뒤따르는 것이니(步趣), 제가백과諸家百科의 학문은 물론하고, 심리지식心理知識을 벗어난 학문이 어찌 있겠는가?

그러므로 심학心學으로써 통체統體(전체)학으로 삼아, 그리고 모두가 실천함으로써 우리 상제를 뵈올 수 있지 않겠는가? 이어서 도덕철학으로 이어진다.

精神哲學 中編 卷三

정신철학 중편 권3

제4편

도덕철학
道德哲學

도덕철학道德哲學 서언緒言

人之自由, 莫如道凝德備者.

道德, 原天也. 精神心理之存於中者發於外, 踐行之於日用人事, 以至至善者, 卽大道也, 正德也. 然所以感動之者, 不由天理之公, 而或涉於人欲之私, 則流入功利之途矣, 非所謂原天之道德也. 呀! 我東亞聖賢經傳, 罔非道德書, 而散爲萬事. 故難見要領, 况新進科學之士乎?

且叅攷歐西道德之新說, 不惟背於於柏康諸哲之本旨, 而謬以利己利他, 解道德者, 卽功利之私見, 不足與辨也. 最近愛己愛他之解, 雖若可取, 然其昧於原天之理, 則一也. 又況公德私德之訟案, 亦豈非專昧源天之理而誤解故耶?

此余所以不得已, 爰輯此編, 以俟宇內統一, 大同至治之世. 體天行道之英雄仙聖中天地而廓新之其必有日乎. 噫! 編者識.

인간의 자유는, 도가 응기되고 덕이 갖추어진 것만한 것이 없다.

도덕은 하늘이 근원이다. 정신심리의 존재가 가운데에서 바깥으로 드러나서 일용지사에 실천하여 행해지는 것인데, 이로써 지선至善에 이르는 것이 곧 대도大道이며, 정덕正德이다. 그러나 느껴서 움직이는 것 때문에 천리의 공변됨으로 말미암지 않으니, 혹 인욕의 사사로움을 거치면서 곧 공리의 길에 유입되었으니, 소위 원천의 도덕은 아니다. 아! 우리 동아 성현의 경전은 도덕서道德書 아닌 것이 없으며, 흩어져서는 만사萬事가 되었다. 그러므로 요점要領을 보기가 어려웠으니 하물며 신진과학의 선비이겠는가?

또한 서구 도덕의 새로운 설說을 비교하여 살펴보건대, 플라톤과 칸트 제 철학의 본지에서 어긋날 뿐만 아니라 오류를 범하였으니, 이기이타利己利他로써 도덕을 해석한 것은, 곧 공리의 사견으로 더불어 분별하기에 부족하다. 최근 애기애타愛己愛他의 해석이 비록 취할 수 있다 해도, 그것이 원천原天의 이치에 어두운 것은 곧 한 가지다. 또 하물며 공덕公德 사덕私德의 송안訟案 역시 원천源天의 이치에 어두워서 오해를 한 때문이 어찌 아니겠는가?

이것이 내가 부득이 이 편을 여기에서 편집하여, 이로써 온 세계의 통일과 대동의 지극한 다스림의 세상을 기다린다. 하늘을 본받아 도를 행하는 영웅과 신선과 성인 중에서 천지를 바르게 하여 새롭게 하는 그날이 기필코 있으리라. 아! 편자 기록하다.

서우 한인 전병훈 편찬

| 제1장 |

원천도덕原天道德
제일번도덕개화第一番道德開化

易曰, 乾, 元亨利貞. 天行健, 君子以, 自剛不息.
又曰, 乾道變化, 各正性命.
易曰, 地勢坤, 君子以, 厚德載物. 含弘廣大, 品物咸亨.

역에 왈, "건은 원형리정元亨利貞하니라. 하늘의 운행이 강건하니, 군자는 이것을 본받아서 자강불식한다." 하였다.

또 말하기를, "건도乾道가 변화함에 제각기 성명性命을 바르게 한다." 하였다.

역에 왈, "땅의 형세가 곤곤이니, 군자가 이것을 본받아서 두터운 덕으로 만물을 신는다. 포용력 있고, 넓고 빛나고 커서 만물이 모두 형통한다." 하였다.

秉薰謹按元亨利貞, 爲天道之大行易見者, 元爲東, 於時爲春, 於人爲肝木之仁. 亨爲南, 於時爲夏, 於人爲心火之禮. 利爲西, 於時爲秋,

於人爲肺金之義. 貞爲北, 於時爲冬, 於人爲腎水之智. 此乃天之道,
流行爲人性命之道者也.

惟土氣寄旺於四季, 故胃土信之實理, 寓在仁義禮智四德之中. 天
以元道生化, 地以厚德生成者, 若是其明白無疑也. 人禀此道德以爲
人.

병훈은 삼가 살피건대, 원형리정元亨利貞은 천도의 위대한 행함을 역易으
로 보는 것이니, 원元은 동쪽이고, 때에서는 봄이 되고, 사람에게는 간肝이 되
고, 오행五行으로는 목木이고, 오상五常으로는 인仁이다. 형亨은 남쪽이고,
때에서는 여름이고, 사람에게서는 심心이요, 화火이고, 예禮이다. 이利는 서
쪽이고, 때에서는 가을이고, 사람에게는 폐肺이고, 금金이며, 의義이다. 정貞
은 북쪽이고, 때로는 겨울이고, 사람에게는 신腎이고, 오행으로는 수水이고,
오상五常으로는 지智이다. 이것이 하늘의 도道이니, 유행流行하여 사람의
성명의 도道가 된다.

오직 토기土氣가 사계절에 붙어서 왕성하니, 그러므로 위胃, 토土, 신信
은 실리實理이며, 인의예지仁義禮智 사덕四德의 중앙에 거주한다. 하늘이
으뜸가는 도로써 낳아서 화육하고, 땅이 후덕厚德함으로써 낳아서 이루는
것이니, 이와 같이 그 명백함은 의심할 바 없다. 사람은 이 도덕을 품부 받
아서 하늘을 본받은 사람이 되는 것이다.

故人之道德, 卽天地之道德也, 觀夫四時之生長收藏, 亦猶四端之
發爲孝悌忠信, 其日用當行之路者卽道也. 行道而潤於身者卽德也.
然道德可分爲三品, 要先下學而上達也.

道有善惡, 余所以闡明者, 乃率性之原天善道也, 德亦如之, 德者,

衆善之所聚也, 卽哲理也.

  그러므로 인간의 도덕은 곧 천지의 도덕이니, 대저 사시四時의 생장수장生長收藏을 보건대, 또한 사단四端이 드러나서 효제충신이 되는 것과 같은 것이니, 그 일상에서 마땅히 행하는 길이 바로 도道인 것이다. 도를 행하여 몸에 윤택한 것이 곧 덕이다. 그러나 도덕은 삼품三品으로 나눌 수가 있으나, 중요한 것은 먼저 하학 상달(아래로 인사를 배워 위로 천리를 통한다)이다.
  도道에 선악이 있으니, 내가 천명하는 까닭은 솔성率性의 원래 하늘이 선도善道이고, 덕德 또한 마찬가지인데, 덕德이란 모든 중선衆善이 모인 바요, 곧 철리哲理인 것이다.

  易曰, 大人者與天地合其德, 與日月合其明, 與四時合其序, 與鬼神合其吉凶.
  又曰, 明兩作離, 大人以, 繼明照於四方.

  역에 말하기를, "대인은 천지와 더불어서 그 덕이 부합하고, 일월과 더불어서 그 밝음이 부합하고, 사시와 더불어서 그 순서가 부합하고, 귀신과 더불어서 그 길흉이 부합한다." 하였다.
  또 말하기를, "밝음(明)이 둘(兩)인 것이 이괘離卦를 지었으니, 대인이 이로써 이괘離卦의 밝음을 이어서 사방을 비춘다." 하였다.

  謹按此是聖人之道德, 可與天地準者, 卽上級也. 然人皆可學而能盡其分, 則必到聖域矣. 學人盍亦以此立志而進修乎哉? 若或以謂高遠難到, 則非知道者, 曳須觀天行四時而悟道可也. 羲黃堯舜周孔, 與我檀箕聖祖之德, 不是准極於天地者乎.

禮曰, 天無私覆, 地無私載日月無私照, 奉斯三者, 以勞天下, 是爲三無私.

삼가 이것을 살펴보건대, 성인의 도덕은 가히 천지와 더불어서 본보기로 삼는 것이니, 곧 상급이다. 그러나 사람은 모두 배울 수 있으니, 능히 그 본분을 다한즉 반드시 성인의 영역에 도달할 것이다. 학인들은 어찌 또한 이것으로써 뜻을 세우고 나아가 닦지 않는 것인가? 만약 혹자가 이르되 높고 멀고 도달하기 어렵다고 말한다면, 곧 도를 아는 것이 아니며, 이끌다가 모름지기 반드시 하늘이 행하는 사시四時를 보게 하여 도를 깨닫게 함이 가할 것이다. 복희, 황제, 요임군, 순임금, 주공周公, 공자는 우리 단군임금, 기자 성조聖祖의 덕德과 더불어서 천지에서 준극准極(본보기)이 아니겠는가?

예기에서 말하기를, "하늘은 사사로이 덮지 않고, 땅은 사사로이 싣지 않으며, 일월은 사사로이 비추지 않으니, 이 세 가지를 받들어서 이로써 천하를 힘써 다스리니, 이것을 삼무사三無私라고 한다." 하였다.

謹按體三無私而治天下以大公者, 可謂公德也, 可謂王者之道德哲理也. 然必聖人然後能知, 惟學人不必局以地位之見. 而當以三無私, 虛懷立志, 則道德惟日進步, 而可當大任矣.

삼가 살펴보건대, 삼무사三無私를 체득하여 천하를 다스리면 대공大公(크게 공평한 일)인 것이니, 가히 공덕公德이라 할 것이요, 가히 왕의 도덕철리道

德哲理라고 할 것이다. 그러나 반드시 성인을 이루어내면 그러한 뒤에 능히 알 수 있으니, 오직 학인은 지위로써 굽힐 필요는 없다는 견해이다. 그러니 마땅히 삼무사三無私로써 허심虛心하여 뜻을 세우면, 곧 도덕이 오직 날로 진보하리니, 가히 대임大任을 감당할 것이다.

|제2장|
체천도덕사업體天道德事業

하늘을 본받은 도덕사업

　易曰, 一陰一陽之謂道, 繼之者善也, 成之者性也. 仁者見之謂之仁, 知者見之謂之知. 百姓日用而不知. 故君子之道鮮矣.
　是故, 形而上者謂之道, 形而下者謂之器, 化而裁之謂之變, 推而行之謂之通, 擧而措之天下之民, 謂之事業.

　역에 왈, "일음일양을 도道라고 하니, 일음일양을 계속하여 만물을 화육하는 것이 선善이고, 이루는 것이 성性이다. 어진 자는 그것을 보고서 인仁이라 하고, 지자는 그것을 보고서 지知라고 한다. 백성은 매일 사용하면서 알지 못한다. 그러므로 군자의 도는 드문 것이다.
　이러한 고로, 형이상인 것을 도道라고 하고, 형이하인 것을 기器라고 하며, 음양이 변화(化)하여 재제하는 것을 변變이라 하고, 미루어 행하는 것을 통通이라 하고, 들어서 천하백성에게 둠을 일러서 사업이라 한다." 하였다.

謹按此言人道, 出於天地陰陽之理, 而人不能洞見大源, 則不識天地之道德, 俱在於我身. 猶魚在水中而不知水也.
惟生知之聖, 能知形上之天理, 備具於形下器中.(人身, 形下者, 而國家, 與父子兄弟夫婦朋友皆器.) 而裁制以彝則, 而敎之孝悌忠信禮義廉恥之條明布列, 以爲人民之道德義務者是也. 此爲先覺者之事業, 學人於斯, 可悟道德眞理, 恍然自得矣.

삼가 이 말을 살펴보건대, 인간의 도가 천지음양의 이치에서 나왔으니, 사람이 크나큰 근원을 간파할 수 없으면, 곧 천지의 도덕이 내 몸에 갖추어져 있어도 알지 못한다. 마치 물고기가 수중에 있으면서 물을 알지 못한 것과 같다.
오직 나면서부터 알고 있는 성인만이 능히 형상形上의 천리가 형하形下의 기器 중에 모두 갖추어진 것을 알 수가 있다.(사람의 몸은 형하形下자요, 국가는 부모형제 부부붕우와 더불어 모두가 기器이다.) 떳떳한 법칙(彝則)으로 재제하여 효제충신예의와 염치의 조문을 가르쳐서 분명하게 포열布列하고, 이로써 인민의 도덕 의무로 삼는다는 것이 바로 이것이다. 이는 선각자가 사업으로 삼는 것이니, 학인은 여기에서 가히 도덕진 이리를 깨달아 문득 스스로 얻어야 한다.

書曰, 正德利用厚生, 第二番道德進化.
謹按伏羲畫卦說敎以開人文. 然尙草昧時代, 有何道德可名哉. 惟其有智力過人者, 自爲部落之酋長, 以統御民衆必矣. 於是聖人首出, 創智神見, 開物成務, 漸成邦國. 神農之敎民稼穡, 黃帝之制作器用,

皆爲前民之利用厚生. 其正德則叙明天秩, 以正趣向, 以修性分, 以守
職分者, 卽體天道德之理. 於是乎, 始乃漸明. 東韓之檀箕, 東明制作,
亦猶是也.

　　서경에서 말하기를, "백성의 덕을 바르게 하고(正德), 백성의 사용을 편리
하게 하고(利用), 백성의 삶을 넉넉히 한다(厚生)." (우서, 대우모에서 우禹
가 순舜에게 건의하는 말) 하였는데, 제2번의 도덕 진화이다.
　　삼가 살펴보건대, 복희씨가 획괘로써 설교하여 이것으로써 인문을 열었
다. 그러나 아직 초매의 시대(문명이 크게 열리지 않은 원시시대)였으니,
무슨 도덕이 있다고 이름했겠는가. 오직 그 지혜가 조금 나은 사람이 있으
면, 스스로 부락의 추장이 되었으며, 이로써 오로지 민중을 통어한 것이었
다. 이에 성인이 처음 나와서 지혜와 신령한 견해(神見)를 시작하고, 만물
의 뜻을 열어서 천하의 사무를 성취하고 점차 방국을 이루었다. 신농씨가
백성들에게 곡식 농사(가색稼穡)를 가르쳤고, 황제는 기물을 제작, 사용하
였으니, 모두 전민(백성)을 위한 이용후생이다. 그가 백성의 덕德을 바르게
하여, 하늘의 질서를 똑똑히 밝혔으며, 이로써 추향趨向(향하여 나아감)을 바
르게 하였고, 성분性分(性情, 性品)을 닦았으며, 직분을 지킨 것은, 곧 하늘
의 도덕 진리를 본받았으니, 이 즈음에 있어서 비로소 점차 밝아졌다. 동한
의 단군과 기자, 동명성왕이 제작함도 또한 이와 같았다.

　　堯典曰, 克明峻德.
　　謹按孔子曰大哉, 堯之爲君, 巍巍乎唯天爲大, 唯堯則之. 蕩蕩乎,
民無能名焉. 禹之有天下而不與焉, 可以見堯舜之行道德, 與天同其
廣大也.

舜, 命夔教冑子曰, 直而溫, 寬而栗, 剛而無虐, 簡而無傲.
命卨曰, 百姓不親, 五品不遜. 汝作司徒, 敬敷五敎, 在寬.

요전에서 말하기를, "극명준덕克明峻德(큰 덕을 똑똑히 밝힘)"이라 하였다.
삼가 살피건대, 공자가 말하기를, "위대하도다, 요의 임금됨이여, 높고 뛰어나도다. 오직 하늘만이 위대하거늘, 오직 요임금이 본받았도다. 넓고 커서 백성들이 능히 그 덕을 이름할 수 없도다. 우임금이 천하를 소유하고도 간여하지 않으심이여" 하였는데, 가히 요순의 도덕을 행함이 하늘과 더불어서 그 광대함이 같음을 볼 수가 있다.
순임금이 기夔에게 명하여 맏아들(주자冑子)을 가르치도록 하면서 "강직하면서 온화하게 하라. 관대하면서 엄숙하며, 강하면서 사납지 않으며, 간이簡易하면서 오만하지 않게 하라." 하였다.
설卨에 명하여 말하기를. "백성들이 친목하지 않고, 오품(오륜)이 순조롭지 않다. 그대를 사도司徒의 관직에 임명하노니, 공경히 오교五敎(오륜의 가르침)를 시행하되 관대함이 있도록 하라." 하였다.

謹按此, 敎民以天敍人倫之條目也, 卽父子有親, 君臣有義, 夫婦有別, 長幼有序, 朋友有信.
是乃人生帶來之天理也, 今此條明而序列人類, 以爲修身相安之道耳. 從此而社會普通之道德, 始克闡明.
皐陶曰, 寬而栗, 柔而立, 愿而恭, 亂而敬, 擾而毅, 直而溫, 簡而廉, 剛而塞, 彊而毅.

삼가 이것을 살펴보건대, 하늘이 인륜의 조목을 펼침으로써 백성을 가르쳤으니, 곧 부자유친, 군신유의, 부부유별, 장유유서, 붕우유신이다.

　이는 인생에 붙어내려오는 천리이니, 이제 이 조목을 밝혀서 인류를 서열하고, 이로써 수신하여 서로 안정되는 길일 뿐이다. 이를 따라서 사회의 보통 도덕이 비로소 능히 천명闡明되었다.

　고요 왈, "관대하면서 엄숙하고, 부드러우면서 확고히 서고, 성실하면서 공손하고, 다스리면서 공경하고, 온순하면서 굳세고, 곧고 온화하고, 간략하면서 행실이 올바르고 절조가 굳고, 억세면서 독실하고, 굳세고 용맹스럽다." 하였다.

謹按此是九德之條目, 可謂修身之道德進化者也.
禹曰, 惠迪吉, 從逆凶. 惟影響.
謹按禹以菲薄自奉, 而平水土, 以奠民生, 萬世永賴, 此非體天之道德, 與天地同其廣大者乎?

　삼가 이 구덕九德의 조목을 살펴보건대, 가히 수신修身의 도덕이 진화함이라 할 수 있다.
　우임금이 말하기를, "도道(迪)를 따르면(惠 : 順) 길하고 거스르면 흉하다. 오직 그림자와 메아리가 형상과 소리에 응하는 것과 같다." 하였다.
　삼가 살피건대, 우임금이 자신의 생활을 절약 검소함으로써 물길을 잡고 토지를 건져내(平水土), 민생을 안정시키고, 만세에 영원히 힘입게 하였으니, 이는 하늘의 도덕을 본받아서 천지와 더불어서 그 광대함이 같아진 것이 아니겠는가?

書云, 湯聖敬日躋.(此言聖人之德日新也.)

詩曰, 惟此文王, 小心翼翼, 昭事上帝. 聿懷多福, 厥德不回.

서경에서, "탕임금은 성스럽고 공경함을 날로 높였다." 하였다.(이 말은 성인의 덕이 날로 새롭다는 것이다.)
시경에서, "그리고 문왕은 조심하고 조심하며, 공손하고 또 조심하면서 밝게 상제님을 섬기셨다. 이에 많은 복을 오게 하시고, 그 덕이 어긋나지 않았네."라고 하였다.

謹按孔子曰, 三分天下, 有其二, 以服事殷, 周之德可謂至德也.
詩云濟濟多士, 文王以寧. 文王陟降, 在帝左右. 此可以見文王之德, 與天同廣大也.
以上略敍三代以上, 爲民上者之道德. 蓋其時在上之聖人, 多而兼行君師之責, 君以治之, 師以敎之. 非若近世之始分政敎者也, 故混而言之.
槪以見醇朴之世, 肫仁體天之道德, 實爲經驗者, 如此其盛也, 學人可以爲的. 而不可與理想立言者, 同一論也.

삼가 살피건대, 공자 왈, "천하를 셋으로 나누어 그 둘을 소유하고도 은나라에 복종하면서 섬겼으니, 주나라 문왕의 덕은 가히 지극한 덕이라고 할 만하다." 하였다.
시경에서, "많은 훌륭한 선비들이여, 문왕이 이로써 편안하도다. 문왕의 혼령이 오르내리면서 상제의 좌우에 계셨도다." 하였으니, 이는 가히 문왕의 덕을 하늘과 더불어서 광대함이 같은 것으로 본 것이다.

이상이 삼대 이상을 간략히 서술한 것이니, 백성을 위한 윗사람의 도덕이다. 대개가 그때 위에 있는 성인은 많이 군사君師의 책임을 겸해서 행하였는데, 군君으로써 통치하고, 사師로써는 가르친 것이다. 근세近世의 처음과 같이 정치와 교敎가 나뉘어진 것이 아니었으니, 그러므로 합하여 말한 것이다.

대개가 순박한 세상을 보건대, 정성스럽고 어진 모습이 하늘의 도덕을 본받았으며, 사실로 경험함이 이처럼 성하였으니, 학인들이 가히 목표로 삼을만한 것이다. 그러나 이상을 말로만 세우는 자와 더불어서 함께 논하는 것은 불가하다.

箕子洪範五事曰, 貌恭爲肅, 言從爲義, 視明爲哲, 聽聰爲謀, 思睿爲聖. 三德曰正直, 曰剛克, 曰柔克.

五福, 曰壽, 曰富, 曰康寧, 曰攸好德, 曰考終命.(六極曰凶短折曰疾曰憂曰貧曰惡曰弱.)

기자 홍범오사에 왈, "모습이 공손하면 엄숙하고, 말이 조리가 있으면 다스려지고, (서경 홍범에는 예乂로 기록), 보는 것이 밝으면 슬기로워지고, 듣는 것이 밝으면 지략이 생기고, 생각하는 것이 깊으면 성스러워진다. 삼덕은 정직이요, 강극이요, 유극이다.

오복은 수壽요, 부富요, 강영康寧이요, 유호덕攸好德(덕을 좋아함), 고종명考終命(천명대로 다 살고 죽음)이다." 하였다.(육극 왈, 흉단절(凶事와 夭折), 질疾, 우憂, 빈貧, 악惡, 약弱이다.)

謹按箕子, 兼聖也. 以洪範敎武王, 而以此設敎朝鮮, 加以八條, 化民成俗. 邦國雖云屢遷, 而其人民至今, 猶涵濡於其德敎, 事親極其孝, 事君盡其忠, (殉國者多) 內外有別, 極其嚴敬於事長, 信於交際, 以至冠婚喪祭, 悉遵儀禮. 雖擔夫隷賤, 莫不踐行三年喪之制者. 天下之所無有, 而獨行之到今, 則玆豈非箕聖之體天哲理道德之化, 久而不渝者乎?

烏乎! 至哉, 聖人之過化存神, 可配檀祖之兼聖, 而言甚條明耳.

삼가 살피건대, 기자는 겸성兼聖이다. 홍범으로 무왕을 가르쳤으며, 이로써 조선에 가르침을 베풀었으며, 더하여 팔조八條로써 백성을 교화하여 아름다운 풍속을 이루게 하였다. 나라가 아무리 여러 번 옮겼어도, 그 인민은 지금까지 오히려 그 기자의 덕교德敎에 젖어들었으니, 어버이 섬기는데 그 효가 지극하였고, 임금을 섬기는데 그 충을 다하였으며, (순국자가 많았다) 내외가 유별하며, 어른을 섬김에 그 엄하고 공경함을 지극히 하였고, 벗과 교제함에 신의로 하였으며, 관혼상제에 이르러서 모두 의례를 따랐다. 비록 짐꾼이나 천한 종이라도 삼년상의 법도를 실천하지 않는 자가 없었다. 천하에 없던 것을 독행獨行하여 지금에 이르렀은즉, 이 어찌 기자 성인이 하늘의 밝은 이치를 체득하여 도덕으로 교화한 것이 오래되어서도 변치 않았던 것이 아니었겠는가?

아! 지극하도다, 성인의 과화존신過化存神(성인이 지나가면 백성이 그 덕에 교화되고, 성인이 있는 곳에는 그 덕화德化의 신묘함이 헤아릴 수가 없다는 말)은, 가히 단군 임금의 겸성과 짝할 수 있었으니, 말하자면 매우 조리 있고 분명하였을 따름이었다.

伊尹曰, 顧是天之明命. 愼乃儉德, 惟懷永圖.

又曰, 德惟一, 動罔不吉, 德二三, 動罔不凶. 惟吉凶不僭在人, 惟天降災祥在德.

又曰, 立愛惟親, 立敬惟長, 始于家邦, 終于四海. 惟天無親, 克敬惟親, 民罔常懷, 懷于有仁, 鬼神無常享, 享于克誠. 曰躬及湯, 咸有一德.

이윤 왈, "선왕께서는 하늘의 밝은 명을 살피셨습니다. 왕께서는 삼가 검약한 덕으로, 오직 영원한 계책을 생각하십시요." 하였다.

또 말하기를, "오직 덕이 한결같으면, 움직임에 길하지 않음이 없고, 덕이 한결같지 않으면(둘, 셋으로 나뉘면), 움직임에 흉하지 않음이 없습니다. 오직 길흉이 사람에게 어김없이 있는 것은, 오직 하늘이 재앙과 복됨을 내리는 것이 그 사람의 덕에 있기 때문입니다." 하였다.

또 말하기를, "사랑의 도리를 세우는 일은 오직 친한 이로부터 하고, 공경의 도리를 세우는 일은 어른으로부터 하여, 집안과 나라에서부터 시작하여 온 천하에서 마치도록 해야 합니다. 하늘은 친한 이가 없고, 능히 잘 공경하는 이와 친하시며, 백성들은 일정하게 그리워하는 이가 없지만, 어진 사람을 그리워하며, 귀신은 일정하게 흠향하는 법이 없고, 능히 정성을 다하는 사람에게 흠향합니다." 하였다.

또 말하기를, "(이윤이) 몸소 탕왕과 함께 모두 순일한 덕이 있었습니다 (그래서 천심에 능히 합당할 수 있었습니다 : 서경 상서 함유일덕편)" 하였다.

謹按孟子, 稱伊尹以聖之任者. 然今以此道德至理論, 則可謂天縱之通聖也. 奚但稱之以任聖而已哉. 始言立愛惟親, 爲道德之精神也, 行動也.

삼가 맹자를 살피건대, 이윤을 '온 세상을 다스리는 것을 자기의 책임으로 삼은 성인'으로 칭하였다. 그러나 지금 이 도덕과 지극한 이론으로써도 가히 천종天縱(하늘이 용납하여 마음대로 하게 함)의 통성通聖이라 할 수 있을 것이다. 어찌 단지 성스런 임무만을 맡음으로써 그렇게 칭하였겠는가. 처음으로 '사랑의 도리를 세우는 일은 오직 친한 이로부터 시작하라(立愛惟親).'고 말하였으며, 도덕의 정신과 행동으로 삼았다.

(*이윤은 상나라 탕왕의 재상인데, 〈맹자〉의 〈萬章下〉 첫머리에 이윤은 '천하의 백성 중에 그 누구라도 요순과 같은 성군의 혜택을 받지 못하게 한다면 자기의 책임이다.'고 하였으니, 그는 "성인 중에 자임한 분이다(聖之任者也)."라고 규정하고는, 이윤이 "누구를 섬긴들 나의 임금이 아니며, 누구를 다스린들 나의 백성이 아니랴." 하였다.)

周公曰, 君子所其無逸. 先知稼穡之艱難, 乃逸, 則知小人之依(言小民所恃而爲生者也).
命司徒以鄕三物, 敎萬民以賓興之. 一曰六德, 智仁聖義忠和, 二曰六行, 孝友睦婣任恤, 三曰六藝, 禮樂射御書數(第三番道德進化).

주공이 성왕成王에게 왈, "군자는 그 안일함이 없는 곳을 처소로 삼습니다. 먼저 농사의 어려움을 알고, 그리고 나서 편안하면, 곧 백성들이 의지하는 것을 알 것입니다(백성이 의지해서 사는 것을 말한다)." 하였다.
사도에게 명하여 향학鄕學의 삼물三物(六德, 六行, 六藝)로써 만백성을 가르치게 하고, 인재는 빈객의 예로써 국학에 천거토록 하였다. 삼물의 하나는 육덕이니, 지智, 인仁, 성聖, 의義, 충忠, 화和이고, 두 번째는 육행六行이니, 효孝, 우友, 목睦, 인婣, 임任, 휼恤이고, 세 번째는 육예六藝이니, 예禮, 악樂, 사射, 어御, 서書, 수數이다(제3번 도덕 진화).

謹按周公制禮作樂, 三代之治制, 至周大備, 庠序學校, 普通教育之法, 亦以德行道藝爲主. 無一民不教. 此蓋教條之綱領也.

삼가 주공의 제례작악制禮作樂을 살펴보건대, 삼대三代(하은주)의 치제治制는 주나라에 이르러서 크게 갖추었으니, 상서庠序(지방 학교, 주나라는 상庠, 은나라는 서序라고 함) 학교學校는 보통교육의 법이었으며, 또한 삼물三物(육덕, 육행, 육예)을 위주로 하여, 한 사람도 교육하지 않는 이가 없었다. 이것은 모든 교조教條(가르침의 조목)의 강령이었다.

禮記大篇曰, 大學之道, 在明明德, 在新民, 在止於至善. 古之欲明明德於天下者, 先治其國, 欲治其國者, 先齊其家, 欲齊其家者, 先修其身, 欲修其身者, 先正其心, 欲正其心者, 先誠其意, 欲誠其意者, 先致其知, 致知在格物. 自天子以至於庶人, 一是皆以修身爲本.

예기 대편에 말하기를, "대학의 도는 명덕을 밝힘에 있고, 신민에 있으며, 지선에 머물게 함에 있다. 옛날에 자기의 밝은 덕을 천하에 밝히려 하는 자는 먼저 그 나라를 잘 다스리고, 그 나라를 잘 다스리려는 자는 먼저 그 가정을 가지런히 하고, 그 가정을 가지런히 하려는 자는 먼저 그 자신을 닦아야 하며, 그 자신을 잘 닦고자 하는 자는 먼저 그 마음을 바르게 하고, 그 마음을 바르게 하려는 자는 먼저 그 뜻을 진실되게 해야 하며, 그 뜻을 진실되게 하려는 자는 먼저 그 앎에 이르러야 하니(먼저 할 것과 나중에 할 것), 앎에 이르는 것은 격물格物(사물의 이치를 궁구함)에 있다. 천자로부터 서인에 이르기까지, 한결같이 모두 수신修身을 근본으로 하였다." 했다.

謹按此是高等敎育之主義, 自家國天下, 歸重於修身而以格致誠正, 爲修身之本. 此蓋唐虞以來, 經驗爲德敎者, 至周而大行歟. 意或周孔相承古傳, 而爲敎者耶? 誠原天道德之學也.

삼가 이것을 살펴보건대, 바로 고등교육의 주의主義가 가정과 나라로부터 천하까지, 수신修身에서 중요한 곳으로 돌아가 보면, 격물, 치지格致, 성의, 정심誠正으로써 수신의 근본으로 삼았다. 이것은 대개 당우唐虞(요순) 이래로 경험을 덕교德敎로 한 것이 주대周代에 이르러서 크게 행해진 것이다. 생각컨대, 혹 주공周公과 공자孔子가 예로부터 전해온 것(古傳)을 이어받아서(相承) 가르침으로 삼은 것인가? 진실로 하늘에 근원한 도덕의 학문이로다.

召公, 告武王曰, 明王愼德, 德盛不狎侮. 不役耳目, 百度惟貞. 夙夜罔或不勤, 不矜細行, 終累大德, 爲山九仞功虧一簣.
書曰, 無忿疾于頑. 無求備于一夫. 必有忍, 其乃有濟, 有容, 德乃大.
謹按三代碩輔之道德言行, 燦然史册者, 不能枚擧, 此其大略也. 然皆是實行經驗之哲理道德, 非空言理想之比也.

소공이 무왕에게 고하여 말하기를, "밝은 왕은 덕을 삼가하시고, 덕이 성하여도 남을 업신여기지 않습니다. 귀와 눈에 부림을 당하지 말고, 온갖 법률과 제도(百度)를 바르게 하십시오. 이른 아침부터 늦은 밤까지 혹 부지런하지 않음이 없도록 하시고, 작은 행동이라도 조심하지 않으시면, 종국에는 대덕大德에 누累가 되어서, 아홉 길의 산을 만들다가 공功이 한 삼태기 때문에 무너질 것입니다.(구인공휴일궤九仞功虧一簣 / 높이 구인九仞 / 1인은 2.4M되는 산을 쌓다가 최후에 한 삼태기를 못얹어서 일이 그르친 것을 비유함)" 하였다.

서경에 왈, "완악함에 분해하거나 미워하지 말라, 한 지아비에게 다 갖추어지기를 구하지 말라. 반드시 참음이 있어야, 곧 이룸이 있을 것이고, 포용함이 있어야 덕이 커질 것이다." 하였다. 〈주서 군진〉

삼가 살피건대, 삼대 석보碩輔(큰 보필)의 도덕 언행은, 역사책에 찬연하지만, 일일이 들 수는 없고, 이것이 그 대략이다. 그러나 모두가 실행 경험의 철리도덕이며, 공연한 말의 이상을 비유한 것이 아니다.

|제3장|
사유도덕師儒道德
제사번재하도덕진화第四番在下道德進化

孔子曰, 志於道, 據於德, 依於仁, 遊於藝. 成於樂.
又曰, 汎愛衆, 而親仁. 又曰, 樂在其中. 又曰, 賢哉, 回也! 不改其樂.
謹按此聖人立教, 教人以爲學次第事也, 實非今日志道, 明日據德之謂也. 然此可謂第二級普通學道德之初級, 而愛衆樂天之意, 則亦道德之極致也.
詩曰, 天生烝民, 有物有則. 民之秉彝, 好是懿德.

공자 왈, "도에 뜻을 두고 덕을 지키며, 인에서 떠나지 않고 예禮에 노닐어야 한다. 그리고 음악을 통해서 덕성德性을 완성한다." 하였다.

또 이르기를, "널리 사람을 사랑하고, 어진이와 친해야 한다." 하였으며, 또 이르기를, "즐거움이 그 가운데에 있다."(논어 술이에 "거친 밥을 먹고, 물을 마시며, 팔베개를 삼더라도 낙이 또한 그 속에 들어 있다.") 하였고, 또 이르기를, "어질도다, 안회여! 그 즐거움을 바꾸지 않는구나." 하였다.(논어 옹야에 공자 왈, "어질다, 안회여! 한 그릇 밥과 한 표주박 물을 마시며 누항에 사는 것을 사람들은 근심하며 견뎌내지 못하는데, 안회는 그 낙을 바꾸려 하지 않는구나." 하였다.)

삼가 이 성인聖人의 가르침을 세운 것을 살펴보건대, 사람이 학문을 하는 순서의 일을 가르친 것이니, 실로 금일에 도에 뜻을 두고, 명일에 덕을 지키는 것을 말함이 아닌 것이다. 그러나 이는 제2급의 보통이라 할 것이니, 도덕의 초급을 배워 대중을 사랑하고, 하늘의 뜻을 즐거워하며 순응함이니, 곧 또한 도덕의 극치인 것이다.

시경에 왈, "하늘이 백성을 내시니, 만물을 두었고 법칙이 있도다. 백성이 떳떳한 성품을 갖고 있어서 아름다운 덕을 좋아하도다." 하였다.

謹按此言普通人之性行, 有耳目則有聰明之德. 有父子則有慈孝之心, 可見人性之皆善也, 亦可謂道德之第二級也.

孔子曰, 吾道一以貫之, 曾子解之曰, 夫子之道, 忠恕而已.

庸曰, 忠恕違道不遠, 施諸己而不願, 亦勿施於人.

子貢, 問終身行之者, 子曰其恕乎, 曰言忠信, 行篤敬, 雖蠻貊之方, 行矣. 言不忠信, 行不篤敬, 雖州里, 行乎哉? 又曰, 君子有九思, 視思明, 聽思聰, 色思溫, 貌思恭, 言思忠, 事思敬, 疑思問, 忿思難, 見得思義.

삼가 이 말을 살펴보건대, 보통 사람의 품성과 품행性行은, 이목이 있으면 총명의 덕이 있는 것이다. 부자가 있으면 자효慈孝의 마음이 있게 되니, 가히 사람 성품이 모두 착한 것임을 볼 수가 있으며, 또한 가히 도덕의 제2급이라 할 것이다.

공자 왈, "내 도는 하나로 관통한다." 하였는데, 증자가 해석하여 말하기를, "공자의 도는 충서忠恕일 뿐이다." 하였다.

중용에서 말하기를, "충서는 도道와의 거리가 멀지 않으니, 제몸에 베풀어서 원치 않거든 또한 남에게 베풀지 말라." 하였다.

자공이 종신토록 행할 것을 물으니, 자왈, "그것은 서恕일 것이다." 하고 왈, "말이 충성스럽고 믿음직스러우며, 행실이 독실하고 공손하면, 비록 만맥蠻貊의 지방이라도 행해질 것이다. 말이 불충하고 미덥지 못하면서, 행실이 독실하지 않고 공손치 않으면, 비록 주리州里라도 행해지겠는가?" 하였으며, 또 이르기를, "군자에게 아홉 가지 생각함이 있는데, 볼 때는 분명하게 볼 것을 생각하고, 들을 때는 명확히 들을 것을 생각하고, 안색은 온화하기를 생각하고, 용모는 공손할 것을 생각하고, 말은 충실할 것(忠)을 생각하고, 일은 공경하기를 생각하고, 의심스러우면 묻기를 생각하고, 분할 때는 어려운 일 당할 때를 생각하며, 이득을 보거든 의義로운가를 생각하라." 하였다.

謹按此言忠恕忠信, 爲行道德之實地主要者, 普通人皆可勉學而勤行者也. 先儒氏解之以動以天者, 抑指其極至而言耶?

然一貫之旨, 可認作仁公也. 仁是春和生物之元氣, 流行四時而不容私意於其間者, 公也. 此非無上哲理乎? 此非尼師之一貫宗旨乎?

삼가 이 말을 생각하건대, 충서, 충신은 도덕을 행하는 실지에서 주요한 것이니, 보통인이 모두 면학하면서 부지런히 행할 수 있는 것이다. 선유씨先儒氏(程子를 지칭함)는 움직임(動)을 천리로써 하는 것(動以天者)이라고 해석하였으니, 그렇지만 그 지극한 것을 말함을 가리킨 것이 아니겠는가?

그러나 일관一貫의 뜻은, 인공仁公(어질고 공변됨)이라 할 수 있을 것이다.

인仁은 바로 춘화春和로 생물의 원기元氣이면서, 사시四時에 유행하며 그 사이에 사적인 뜻을 허용하지 않는 공변됨(公)이다. 이것이 위없는 철리 아닌가? 이것이 니사尼師(공자)의 일관종지一貫宗旨 아니겠는가?

孔子曰, 仁者愛人, 智者知人.
曰, 仁者己欲立而立人, 己欲達而達人. 曰, 仁遠乎哉, 我欲仁, 斯仁至矣. 曰, 君子去仁, 惡乎成名? 曰, 智者不惑, 仁者不憂, 勇者不懼.(此幷言智仁勇三達德也.)

공자 왈, "어진 자는 다른 사람을 사랑하고, 지혜로운 자는 다른 사람을 잘 알아본다." 하였다.
말하기를, "인자는 자기가 서고 싶은 곳에 다른 사람을 세우고, 자기가 통하고자 한 것을 다른 사람을 통하게 해준다." 하고, "인仁이 멀리 있는가. 내가 인仁을 하고자 하면, 인仁이 당장 나에게 이를 것이다." 말하기를, "군자가 인仁을 버리면 어찌 이름을 이룰 수 있겠는가?" 하고, 말하기를, "지자智者는 의혹하지 않으며, 인자는 걱정하지 않고 용자는 두려워 않는다." 하였다.(여기서는 지인용智仁勇의 삼달덕三達德을 아울러 말하였다)

謹按在人之仁道, 正天地之元氣. 發生萬物者, 可謂體天之大者, 故惟尼師安仁. 而只許顏子以三月不違, 餘皆日月至焉, 則體仁行仁之難, 固如是也. 惟其安仁者, 可以全道全德人, 可不黽勉跂及哉.

삼가 살펴보건대, 사람에게 있는 어진 도道가 바로 천지의 원기元氣이다. 만물을 발생하는 것은 가히 하늘의 큰 것을 본받은 것이니, 그러므로 오직 공자(尼師)는 인仁을 편안히 여겼다. 단지 안자顔子 정도만이 3개월 동안 인仁을 어기지 않았을 뿐이고, 나머지는 모두 하루나 한 달에 이르렀을 뿐이니, 곧 인仁을 본받아서 인을 행하는 어려움이란 것이 진실로 이와 같은 것이다. 오직 그 인仁을 편안히 여긴 자는, 가히 전도全道 전덕全德의 사람이라 할 수 있으니, 가히 힘쓰지 않아도 가서 이를 수가 있다.

孔子曰, 君子無不敬也, 敬身爲大. 身也者親之枝也, 敢不敬乎? 不能敬其身, 是傷其本矣. 傷其本, 枝從而亡矣.
又曰, 孝子之事親, 居則致其敬, 養則致其樂, 病則致其憂, 喪則致其哀, 祭則致其嚴, 五者備矣. 然後能事親.

공자 왈, "군자는 공경하지 않음이 없으니 자신을 공경함을 크게 삼아야 한다. 자신의 몸이 부친의 가지인데, 감히 공경하지 않겠는가? 그 자신의 몸을 공경할 수 없으면, 이는 그 근본을 상함이라. 그 근본이 상하면 가지는 따라서 망하는 것이다." 하였다.
또 말하기를, "효자의 부친을 섬기는 것은 같이 살면서는 그 공경함에 이르는 것이요, 부양하면서는 그 즐거움에 이르게 함이요, 아프면 그 염려함에 이르는 것이요, 상喪을 당한즉 그 슬픔에 이르는 것이요, 제사를 함에서는 그 엄숙에 이르는 것이니, 다섯 가지를 갖추어야 한다. 그러한 후에 능히 어버이를 섬길 수 있는 것이다." 하였다.

又曰, 生事之以禮, 死葬之以禮, 祭之以禮.
又曰, 立身行道, 揚名於後世, 孝之終也.
又曰, 自天子以至庶人, 孝無終始, 而患不及者, 未之有也.

又曰, 下學而上達.

또 말하기를, "살아계실 때 섬기기를 예로서 하고, 돌아가시면 장례를 예로써 하고, 제사를 지낼 때도 예로써 한다." 하였다.

또 이르기를, "입신하여 도를 행하고, 이름을 후세에 날리면 효도가 끝나는 것이다." 하였다.

또 이르기를, "천자로부터 서인에 이르기까지, 효도에는 종시終始가 없으므로, 근심 걱정이 미치지 않는 자가 없다." 하였다.

또 이르기를, "나는 아래로 인간의 일을 배우면서 위로 천리를 체득한다." 하였다.

謹按聖人敎人以求仁. 仁者, 愛之理, 性之德也. 立愛惟親, 孝爲行仁之本. 故人道之最大者, 莫如孝也. 然惟儒敎則必先下學, 以盡事親之道, 而移孝於天者, 理極順正矣.

如別敎, 則要直上達, 故闕遺孝親一節, 慮或不察至理故也. 他主重靈魂之故, 蔑視肉生之親. 然盍亦念及於人非父母, 則此身此魂, 何由生乎?

삼가 살펴보건대, 성인이 사람에게 인仁을 구하라고 가르친다. 인仁이란 사랑의 이치요, 성품의 덕德이다. 사랑의 도리를 세우는 일은 오직 친한 이로부터 하는 것은, 효孝가 인仁을 행하는 근본이기 때문이다. 그러므로 인간의 도리에서 가장 큰 것은 효孝만한 것이 없다. 그러나 오직 유교에서는, 곧 반드시 먼저 인간의 일을 배우고 이로써 어버이 섬기는 도리를 다하고, 효孝를 하늘로 옮겨서 하는 것이, 이치가 지극하고 도리에 순종하는 올바른 것(順正)이다.

만약 다르게 가르친다면, 곧 요컨대 직상달直上達이 될 터인데, 그러므로 효친孝親의 일절이 빠지게 되는 것이며, 생각컨대 혹 지극한 이치를 불찰不察한 까닭이 아닐까 염려된다. 타 주의主義에서 영혼을 중시한 까닭으로 육신을 낳아준 어버이를 멸시한다. 그러나 또한 사람이 부모가 아니면, 이 몸과 이 영혼이 어디로 말미암아 생겨날지 생각해 보아야 하지 않겠는가?

生我劬勞之親恩, 若能不忘, 則油然孝親之感情, 無時不自發矣. 竊願別教諸君子, 亦先盡孝道, 而移孝于上帝.
上帝亦必嘉奬無疑噫我宇內社會, 俯燭此言乎否. 此蓋普通仁孝者. 而若夫舜曾之至孝, 武周之達孝, 則可謂上達之道德也.

나를 낳아 기른 부모의 고생스런 은혜(구로지친劬勞之親恩)를 능히 잊을 수 없다면, 곧 효친孝親의 감정이 구름처럼 피어나서(油然), 저절로 일어나지 않을 때가 없을 것이다. 마음속으로 별교別教의 제군자에게 바라노니, 또한 먼저 효도를 다하고 나서 효孝를 상제께 옮기기를 바라노라.
상제 또한 반드시 칭찬하고 장려하실 것이 틀림없으니, 아! 우리 온 세상의 사회가 이 말에 부촉俯燭(머리 숙이며 꿰뚫어봄)해야 않겠는가? 이는 대개 보통 인효仁孝라는 것이다. 그런데 순舜임금은 일찍이 지극한 효도를 하였으며, 무왕과 주공의 달효達孝도, 곧 가히 상달上達의 도덕이라 할 수 있는 것이다.

孔子曰, 君子欲訥於言, 而敏於行矣. 又曰, 予欲無言. 天何言哉. 四時行焉, 百物生焉. 又曰, 君子之言行, 所以動天地也.

謹按聖人立教, 要使下學而上達. 然聖是代天言之者也. 其以天自處, 於斯可見矣. 社會中希賢希聖希天, 以學道德者, 曷可不知此乎?

공자 왈, "군자는 말은 어눌하게 하고, 행동은 민첩하게 하고자 한다." 하고, 또 왈, "나는 무언無言이고자 한다. 하늘이 무슨 말을 하던가. 그래도 사시는 운행하고 백물百物이 태어난다." 하고, 또 왈, "군자의 언행은 때문에 천지를 동하는 것이다." 하였다.

삼가 성인의 입교를 살피건대, 하학下學(인간의 일을 배움)을 하고 상달上達(하늘의 이치를 배워 앎)하도록 하였다. 그러나 성인은 바로 하늘을 대신하여 말하는 분이다. 그가 하늘을 자처함을 여기에서 가히 볼 수가 있다. 사회 중에서 현인을 바라고, 성인을 바라고, 하늘처럼 되기를 바라는 것은 도덕을 배움으로써이니, 어찌 이것을 모를 수 있겠는가?

庸曰, 大哉聖人之道, 洋洋乎發育萬物, 峻極于天. 又曰, 仲尼, 祖述堯舜, 憲章文武, 上律天時, 下襲水土.
譬如天地之無不覆載, 四時之錯行, 日月之代明. 是以, 聲名洋溢乎中國, 施及蠻貊. 舟車所至, 日月所照, 霜露所隊, 凡有血氣者, 莫不尊親, 故曰配天.

중용에 왈, "위대하도다 성인의 도道여, 양양하도다 만물을 발육함이여, 높고 지극한 도는 하늘에 닿았도다." 하고, 또 왈, "공자는 요순의 도를 근간으로 그 뜻을 펴고 서술하였으며(祖述/선인의 말씀을 근본으로 그 뜻을 펴서 서술함), 문왕과 무왕의 법을 높이 받들고 본받아(憲章), 위로는 천시를 본받아 따르고, 아래로는 수토水土의 이치를 따랐다.

공자의 덕은 비유하자면, 마치 천지가 덮어주고 실어주지 않음이 없는 것과 같고, 사시四時가 번갈아 운행하는 것과 같으며, 일월이 교대로 밝혀주는 것과 같다. 이 때문에 명성이 중국 땅에 넘치고, 만맥의 땅에도 널리 퍼지게 하는 것이다. 배와 수레가 이르는 곳과 일월이 비추는 곳과 서리와 이슬이 떨어지는 곳의 무릇 혈기가 있는 자라면 존경하고 친하지 않는 자가 없었으니, 그러므로 하늘과 짝을 이룬다 말한 것이다." 하였다.

　謹鞍孔夫子之聖德, 如是配天, 則余謂道德之原天之旨, 亦明甚乎?
　子貢曰, 自生民以來, 未有聖於夫子也.
　孟子曰, 大而化之之謂聖, 凡新學之士, 衆以宇內群聖, 體訪以原天之哲理道德, 則當以尼聖爲師表, 而兼致道哲然後, 庶乎不偏, 而希作配天之兼聖矣.

　삼가 공자의 성덕을 살펴보건대, 이와 같이 하늘과 짝하였은즉, 내가 도덕의 근원을 하늘의 뜻이라 한 것, 또한 분명하지 않은가?
　자공 왈, "생민生民 이래로부터 부자夫子에 이르는 성인이 없었다." 하였다.
　맹자 왈, "대인大人이면서 크게 교화敎化함을 일러서 성聖이라 한다." 하였으니, 무릇 신학新學의 선비는 온 세상의 군성群聖에 참여해서 원천의 철리도덕으로 몸소 살펴서 찾아야 하니, 곧 마땅히 공자를 사표로 삼고, 겸해서 도철道哲에 이른 연후에 거의 기울지 않으면 바라건대 하늘과 짝한 겸성이 될 수 있으리라.

　曾子曰, 所貴乎道者三, 動容貌, 斯遠暴慢, 整顔色, 斯近信, 出辭氣,斯遠鄙背.

又曰, 日三省吾身, 爲人謀而不忠乎? 與朋友交而不信乎? 傳不習乎?

又曰, 愼終追遠, 民德歸厚矣.

又曰, 孝子之養老也, 樂其心, 不違其志, 樂其耳目, 安其寢處, 以其飮食忠養之. 是故, 父母之所愛, 亦愛之, 父母之所敬, 亦敬之, 至於犬馬盡然, 而況於人乎?

증자 왈, "군자가 귀하게 여기는 도가 세 가지가 있으니, 용모를 움직임에는 사납고 거만함을 멀리하고, 안색을 단정히 하여 믿음에 가깝게 하며, 말투(辭氣)를 내보낼 때는 상스럽고 도리에 어긋나지 않게 해야 한다." 하였다.

또 말하기를, "하루에 세 번 나 자신을 되돌아보고, 남을 위해 일을 꾀하는데 충실히 하지 않았던가? 벗과 사귀면서 미덥게 하지 않았던가? 스승에게 배웠던 것을 몸에 익히지 않은 것이 있었던가?"라고 하였다.

또 말하기를, "(논어, 학이에) 어버이 상에 공경을 다하고, 먼 조상의 제사에 정성을 다하면 백성들의 덕덕이 두터워질 것이다."라고 하였다.

또 (예기, 내칙에) 말하기를, "효자가 노부모를 봉양할 때, 그 마음을 즐겁게 해드리고, 그 뜻을 어기지 않고, 눈과 귀를 즐겁게 해드리고, 그 잠자리를 편안히 해드리고, 그 음식은 충심으로 봉양해야 한다. 때문에 부모가 사랑하는 바를 또한 사랑하고, 부모가 공경하는 바를 또한 공경해야 하는데, 개와 말에 이르러서도 다 그러할진대 하물며 사람이겠는가?" 하였다.

孝子之有深愛者, 必有和氣, 有和氣者, 必有愉色, 有愉色者, 必有婉容. 孝子如執玉, 如奉盈, 洞洞屬屬然, 如不勝, 如將失之, 嚴威儼恪, 非所以事親也.

聽於無聲, 視於無形.

(예기, 제의에) "효자가 깊은 사랑이 있는 자는, 반드시 화기和氣가 있고, 화기和氣가 있는 자는, 반드시 유색愉色(기쁜 표정)이 있게 되고, 기쁜 표정인 자는, 반드시 정숙한 자태婉容(완용)를 갖게 된다. 효자는 마치 옥을 잡은 것 같고, 물이 가득찬 그릇을 받든 것 같아서, 매우 공경하고 삼가하여 조심스러운 모습(동동촉촉洞洞屬屬)으로 하되, 마치 감당할 수 없는 것처럼 장차 잃어버릴 것처럼 조심해야 하고, 엄숙하고 위엄 있으며, 엄연하고 씩씩함(엄위엄각嚴威儼恪)은, 어버이를 섬기면서 할 바는 아니다."라고 하였다.

(예기, 곡례상 : 옛사람의 부모 섬기는 도리가) "소리가 없는 곳에서도 듣고, 형체가 없는 곳에서도 보는 듯이 하였다.(부모를 섬기면서 형체로 드러나고 소리로 표출되기를 기다린 뒤에 힘을 쓰는 것이 아니라, 부모가 보지 않고 듣지 않는다고 해도 스스로 먼저 공경하고 삼가해야 한다.)"고 증자曾子는 말했다.

謹按曾子位於五聖, 而特以至孝稱焉, 學人可以爲標準也. 其三貴三省歸厚者, 亦爲美德. 又有任重道遠, 以多問寡之言, 皆撝謙理到之德敎也.

삼가 살펴보건대, 증자가 오성五聖에 자리한 것은, 특별히 지극한 효孝로써 칭하게 된 것이니, 학인은 가히 표준으로 삼아야 한다. 삼귀삼성三貴三省(군자가 도를 닦는데 귀하게 여길 것 3가지와 하루 3번 스스로 살피는 것)으로 덕이 후한 곳으로 돌아가는 것 또한 미덕이 된다. 또 맡은 일이 무겁고 (仁을 체득하여 힘써 행함) 먼 길을 간다는 것(간단 없이 인을 행하여 죽은 뒤에야 그만둔다)과 학식이 많으면서 적은 이에게 묻는다는 말은, 모두가 겸손의 도리가 덕교德敎(도덕으로 사람을 인도하는 가르침)에 닿은 것이다.

子思子中庸曰, 尊德性而道問學, 致廣大而盡精微, 極高明而道中庸, 溫故而知新, 敦厚而崇禮.
又曰, 博學之, 審問之, 愼思之, 明辯之, 篤行之, 弗能, 弗措. 人一能之, 己百之, 人十能之, 己千之. 雖愚, 必明, 雖柔, 必强.

자사자子思子는 중용에서 말하기를, "(군자는) 덕성을 높이고 묻고 배움으로 말미암아 광대한 경지에 이르고 정미함도 다하는 것이니, 높고 밝은 경지에 다다르고, 중용의 도를 행하며, 옛것을 익히면서 새것을 알며, 인후함을 돈독히 하고 예를 숭상한다." 하였다.
또 이르기를, "널리 배우고, 자세히 묻고, 신중히 생각하고, 명확히 분별하고, 독실하게 행해야 한다. (배움에서) 능하지 않으면 (배우기를) 그만두지 말아야 한다. 남이 한 번에 능숙히 하면, 자신은 백 번이라도 하고, 남이 열 번에 능숙히 하면, 자신은 천 번이라도 해서 능숙하게 할 수 있도록 해야 한다. 비록 우매한 자라도 반드시 밝게 되고, 비록 유약한 자라도 반드시 강해진다." 하였다.

又曰, 自誠明, 謂之性, 自明誠, 謂之敎. 誠者, 自成也, 道者, 自道也. 誠者物之終始, 不誠無物. 誠者非自成己而已也, 所以成物也, 成己, 仁也, 成物, 智也. 性之德也, 合內外之道也. 故時措之宜也.

(중용 21장에서) 또 말하기를, "진실함으로 말미암아 밝은 것을 성性이라고 하고, 밝아짐으로 말미암아 진실해지는 것(誠)을 일러서 교教라고 한다." 하였다.

(중용 25장에서) 말하기를, "성誠이란 스스로 이루어지는 것이며, 도道란 스스로 행하여야 하는 당연한 도리이다. 성誠이란 것은 만물의 종시終始이니, 정성이 없으면(不誠) 만물도 또한 없는 것이다. 정성(誠)이란 스스로 자기를 이룰 뿐만이 아니라 남도 이루어주는 것이니, 자기를 이루는 것은 인仁이요, 남을 이루는 것(成物)은 지智이다. 인仁과 지智는 성품의 덕이요, 내외를 합하는 도이다. 그러므로 때에 따라 마땅히 행해지는 것이다(時措 / 당시 형편에 맞게 취하는 조치)." 하였다.

又曰, 誠者, 天之道也, 誠之者, 人之道也. 誠者, 不勉而中, 不思而得, 從容中道, 聖人也. 誠之者擇善而固執之者也.

(중용 20장에서) 또 말하기를, "성誠 그 자체는 하늘의 도道이고, 진실해지려고 하는 것은 사람의 도道이다. 성誠이란, 애써 힘쓰지 않아도 중도中道에 들어맞고, 생각하지 않아도 얻어지며 자연히 중도에 부합하니, 이런 분은 성인이시다. 진실해지려고 노력하는 자는 선善을 택하여 굳게 지켜가는 자이다." 하였다.

謹按中庸是執中之傳. 庸是用之無過不及之義. 甚難能也. 子思以道德原於性天, 而誠爲性之實體, 乃宇宙之主動力也.
故以誠, 爲此篇血脈. 自堯舜始啓哲理道德者, 至是而益闡明, 學人可不盡心於此書乎?

삼가 중용을 살펴보건대, 중中을 잡아서 전한 것이다. 용庸은 바로 사용하되 무과불급無過不及(지나치거나 미치지 않음이 없는 것)의 뜻이다. 능히 하기에 매우 어려운 것이다. 자사는 도덕으로써 천성에 근원함으로써, 성誠을 성품의 실체로 삼았으니, 우주의 주동력인 것이다.

그러므로 성誠으로써 이 편의 혈맥으로 삼았다. 요순으로부터 철리도덕을 처음으로 열었고, 이에 이르러서 더욱 천명闡明하였으니, 학인들은 이 글에서 마음을 다해야 않겠는가?

子思子曰, 君子之道, 造端乎夫婦.

詩云, 鳶飛戾天, 魚躍于淵, 言其上下察也.

謹按禮始於謹夫婦, 所以修身之在愼獨也. 詩云刑于寡妻. 冀缺耨, 其妻饁之, 相待如賓.

君子曰, 敬德之聚也, 能敬, 必有德, 薦爲中大夫. 此引鳶魚之詩, 誠有天地之至理存焉故也. 敬爲操心之本, 推之社會, 何往而不適哉?

(중용 12장에서) 자사자 왈, "군자의 도는 부부관계에서 시작된다." 하였다.

(중용 12장에서) "시경에 말하되, '솔개는 하늘로 맹렬히 날아오르고, 물고기는 연못에서 뛰논다.' 했는데, 군자의 도가 상하로 밝게 드러나 있음을 말한 것이다." 하였다.

삼가 살피건대, 예절이 부부관계를 삼가면서 시작된다는 것은, 수신修身이 홀로 있을 때를 삼가는데 있기 때문이다. 시경에서 이르되, 나의 아내에게 모범이 된다(그리하여 형제에까지 그 덕이 미쳤다). 기冀 땅의 극결(缺)이 김을 메고(耨), 그 처가 들밥을 내왔는데, 서로 대하기를 손님처럼 하였다고 했다.

이 말을 듣고 군자君子(구계를 지칭)가 말하기를, '공경함(敬)이란 덕이 모인 것이요(춘추좌씨전에서 구계臼季가 기땅의 극결을 천거하면서 한 말), 능히 공경한다면 반드시 덕이 있을 것입니다.' 하고 중대부로 천거하였다(문공은 그를 하군대부로 삼았다/춘추좌씨전 희공 33년). 여기에 연어鳶魚(솔개와 물고기)의 시를 인용함은 성誠에 천지의 지극한 이치가 있는 까닭이다. 공경함은 조심의 근본이니, 사회에로 미루어 가면, 어디를 가든지 마땅하지 않겠는가?

孔子曰, 晏平仲, 善與人交. 久而敬之. 況事長事上, 非敬則奚以哉? 大哉, 敬之爲用也.
又曰, 苟不至德, 至道不凝焉.
又曰, 詩云德如輶毛, 毛猶有倫. 上天之載, 無聲無臭. 至矣.

(논어, 공야장에) 공자 왈, "안평중은 남과 교제를 잘하는 사람이다. 사귄지 오래되어도 그 사람을 공경하니 하였다." 하물며 어른을 섬기고 임금(上)을 섬기는데 공경하지 않고 어찌하겠는가? 크도다, 공경함의 사용됨이여.(중용 27장에서)

또 말하기를, "진실로 지극한 덕이 아니면, 지극한 도가 엉겨 모이지 않는다." 하였다.

또 (중용 33장에서) 왈, "시경에서 '덕德은 가볍기가 터럭과 같다'고 했는데, 터럭은 그래도 다른 것과 비교할 수 있는 형체가 있다. (시경에) '하늘이 하는 일은 소리도 없고 냄새도 없네'라 하였는데, 이 정도가 되어야 지극하다고 할 것이다."라고 하였다.

謹按此書極其精深. 言至於不凝者, 德進於極至處, 然後道必凝. 故言之如此也.

余曾自驗道凝於何處, 而景象何如耶? 惟眞傳道學, 果有凝結神通之驗, 其要都在玄關. 故痴願合致者, 誠以此也.

烏乎! 哲理道德之學, 至此而益加明矣.

삼가 이 글을 살펴보건대, 그 정미하고 깊은 것이 지극하다. 지극한 덕이 아니면 지극한 도가 엉기지 않는다고 하는 말에 이르러서는, 덕德이 극지처에 나아가면, 연후에 도道는 반드시 엉기게 된다는 것이다. 그러므로 이와 같이 말한 것이다.

내가 일찍이 어떤 곳에서 도가 엉기는 것을 스스로 경험하였는데, 경상이 어떠했겠는가? 오직 진전眞傳의 도학道學이라야, 과연 응결하는 신통의 경험이 있을 것이니, 그 요체(要)는 모두가 현관玄關에 있다. 어리석은 자라도 합치하기를 원하는 자라면 정성(誠), 이것으로 이루는 것이다.

아! 철리도덕의 학문이 여기에 이르러서는 더욱 분명해지는 것이다.

孟子曰, 居天下之廣居, 立天下之正位, 行天下之大道, 得志, 與民由之. 不得志, 獨行其道, 富貴不能淫, 貧賤不能移, 威武不能屈, 此之謂大丈夫.

又曰, 天之將降大任於是人也, 必先苦其心志, 勞其筋骨, 餓其體膚, 空乏其身, 行拂亂其所爲, 所以動心忍性, 增益其所不能.

又曰, 君子深造之以道, 欲其自得之也. 取之左右, 逢其源.

又曰, 說大人則藐之, 勿視其巍巍焉.

맹자 왈, "천하의 넓은 거처에 머물고, 천하의 바른 위치에 서고, 천하의 대도를 행하여 뜻을 얻으면 백성과 더불어서 도를 행하고, 뜻을 얻지 못하면 그 도를 혼자서 행하니, 부귀도 방탕케 할 수 없고, 빈천함도 옮겨가게 할 수 없고, 무력으로 위협해도 굽힐 수가 없으니, 이를 일러서 대장부이다."라고 한다.

또 이르기를, "하늘이 장차 어떤 사람에게 큰일을 맡기려 할 때에는, 반드시 먼저 그 심지를 괴롭게 하고, 그 살과 뼈를 고달프게 하며, 그 신체와 피부를 주리게 하고, 그 몸을 궁핍하게 하며, 그가 하는 일마다 잘못되고 뒤틀리게 하는데, 이는 마음을 뒤흔들고 성품을 참을성 있게 해서, 그가 하지 못하던 것을 잘하게 하려는 것이다." 하였다.

또 말하기를, "군자가 깊이 나아가기를 도道로써 하는 것은 스스로 터득하고자 해서이다. 일상의 좌우에서 취하더라도 그 근원과 만나게 된다." 하였다.

또 왈, "대인에게 말할 때는 그 지위를 하찮게 여기면서, 그 권세의 외외함을 거들떠보지 말아야 한다." 하였다.

謹按孟子此論, 可見其博大胷襟, 雄辯之聖智也. 孔子稱有道者曰君子, 此云大丈夫, 亦有道者也. 廣居大道本仁義, 以爲道德之實用, 言王道, 以明經國之大法, 而養氣論諸說, 發前人之所未發之哲理道德也.

삼가 맹자의 이 논論을 살펴보건대, 가히 그 넓은 흉금을 볼 수가 있으니, 성인의 지혜를 웅변한 것이다. 공자는 도가 있는 자(有道者)를 군자君子라 칭하였는데, 여기서는 대장부大丈夫라고 말하였으니, 또한 도가 있는 자이다. 대도에 널리 거처하면서 인의仁義에 근본하고, 이로써 도덕의 실용으로 삼고, 왕도라고 말하였고, 이로써 경국의 대법을 밝혔으며, 양기론養氣論의 제설은 전인前人들이 드러내지 않은 철리도덕을 드러냈다.

又曰, 自暴者, 不可與有言也, 自棄者, 不可與有爲也. 言非禮義, 謂之自暴, 吾身不能居仁由義謂之自棄也.
又曰, 得天下英才而敎育之, 三樂也.

또 말하기를, "스스로 해치는 자는 더불어 말을 할 수 없고, 스스로 포기한 자는 더불어 같이 할 수가 없다. 말함에 예의를 비방하는 것을 일러서 자포自暴라고 하고, 내 몸은 인의에 머물러 행할 수가 없다고 하는 것을 자기自棄라고 한다." 하였다.
또 말하기를, "천하 영재를 얻어서 교육하는 것은, 세 번째 즐거움이다.(첫째는 부모 생존, 형제 무고, 두 번째는 위로 하늘에 부끄럽지 않고, 아래로는 사람에게 부끄럽지 않은 것이다.)" 하였다.

謹按人性本善, 故人皆可爲堯舜. 而其或蔽於物欲, 敗身蔑德者, 放其良心, 之咎, 是乃自暴者也. 可不省察而黽勉進修哉? 三樂者實道德之及於人者衆故, 可樂也.

삼가 살펴보건대, 인간의 성품은 본래 선한 것이니, 그러므로 사람은 모두가 요순이 될 수가 있다. 그런데 그가 혹 물욕에 가려서 몸을 망치고 덕이 없는 자로, 그 양심을 내쳐버리면 재앙에 이르고, 이것이 바로 자포自暴인 것이다. 어찌 성찰해서 힘써 나아가 닦지 않겠는가? 세 번째 즐거움이란, 실제로 도덕이 사람들에게 뻗어나가는 여러 가지 연고가 되니, 가히 즐거운 일이다.

又曰, 可欲之謂善, 有諸己之謂信, 充實之謂美, 充實而有光輝之謂大, 大而化之之謂聖. 聖而不可知之之謂神.

又曰, 達則兼善天下, 窮則獨善其身.

또 말하기를, "누구나 원하는 사람을 일러서 선인善人이라 하고, 자기 몸에 선善이 있는 사람을 신인信人이라 하고, 선善을 충실히 보유한 사람을 일러서 미인美人이라 하고, 충실하여서 광휘가 있는 사람을 일러 대인大人이라 하고, 대인大人이면서 저절로 화化함을 일러 성인聖人이라 한다. 성인聖人이면서 알 수 없는 경지의 사람을 일러 신인神人이라 한다." 하였다.

또 왈, "현달하면 천하의 사람과 함께 선하게 하고, 궁하면 홀로 그 자신을 선하게 한다." 하였다.

謹按此言知行表裏, 由淺及深, 極至於聖神. 蓋造道入德之功, 至於聖神, 則與天地合其德矣. 然聖則至善之極致, 無聲無臭. 所謂神者, 大而化之以上也, 邃古之天降皇人者非神人乎? 如中之廣成歧伯, 韓之檀君, 皆其人也.

삼가 이 말을 살펴보건대, 아는 것과 행함은 표리表裏이니, 얕음으로 말미암아서 깊은 곳에 이르고, 지극함으로 성신에 이른다. 대개가 도를 이룩하여 덕德으로 들어가는 공으로 성신에 이르는 것이니, 곧 천지와 더불어서 그 덕을 합하는 것이다. 그러나 성聖은 곧 지선至善의 극치이니, 무성무

취이다. 소위 신神이라는 것은, 대이화지大而化之 이상이니, 아득한 옛날(수고邃古), 하늘이 황인皇人(환웅천황桓雄天皇)을 내려보냈으니, 신인神人이 아니겠는가? 마치 중국의 광성자, 기백 같은 신인神人이고 한국의 단군檀君 같은 분이시니, 모두가 그런 신인神人이시다.

|제4장|
보통도덕普通道德

 謹按吾儒原天道德之統傳, 固如是也. 然近世博聞新學之士, 至論儒之哲理觀, 不及道家云云. 於斯當繼以道家之道德, 然此非史體, 故不必盡從序次, 而載於後篇也.

 삼가 살펴보건대, 우리 유가 원천 도덕의 계통이 전傳해짐은 진실로 이와 같다. 그러나 근세 박문博聞의 신학 선비들이 지극한 윤리의 유가철학관이 도가道家에 미치지 못한다 등등하고 있다. 여기에는 당연히 도가의 도덕으로써 이어져 왔으나, 그러나 이는 사체史體가 아니므로, 그래서 반드시 차서次序를 따라서 다하지는 않았고 후편에다 기재해 놓았다.

 如鄭之子産, 晉之叔向, 齊之晏嬰, 吳之季札, 楚之子西, 皆可謂道德經濟家. 而不及盡采. 外他管仲列莊荀申淮南楊雄諸子之著書, 有足多者. 然不可謂純全道德, 故不取也. 當戰國之時, 惟宋牼, 有息兵之論, 其道德殊甚可尙也.

晉祈奚, 因其君求賢, 薦其子, 薦其讎, 誠大公無我之心德也. 後人可不作柯則乎?

예를 들어, 정나라의 자산子產과 진나라의 숙향叔向, 제나라의 안영晏嬰, 오나라의 계찰季札, 초나라의 자서子西 같은 사람은 모두가 가히 도덕경제가라 말할 수 있다. 그러나 다 취하기에는 미치지 못한다. 그 외에 다른 것으로 관중, 열자, 장자, 순자, 신불해, 회남자, 양웅 등의 제자諸子의 저서는 족히 많은 것이 있다. 그러나 순전한 도덕이라 칭할 수가 없으므로 취하지 않았다. 전국의 시대를 당하여 오직 송경宋牼이 전쟁을 그만두자는 논리를 펼쳤으니, 그 도덕이 특별히 가상한 것이었다.

진나라 기해祈奚는 그 임금이 현자를 구함으로 인하여, 그 아들을 천거했고, 그 원수도 천거했으니, 진실로 대공으로 무아의 심덕心德이라 하겠다. 후인들의 가칙柯則(표준)이 아니겠는가?

魯連子對秦將新垣衍曰, 如將帝秦者, 我蹈東海而死矣.
謹按魯連子誠道高德純, 百世之眞哲學士也.
申袁衍歎服曰, 今見先生之玉貌而遂退兵三十里, 呀! 亦將之有德者也.
董仲舒曰, 仁人者, 明其道, 不計其功, 正其誼, 不謀其利.

(진나라에 포위 당한 조나라에 와있던 제나라의) 노중련은, 진秦나라에 대하여 위나라 장수 신원연新垣衍이 계책으로 한말(조나라가 진나라를 제帝로 섬기면 포위를 풀 것이다)에 대해서 말하기를, "만일 장차 진나라를 제帝로 섬긴다면, 나는 차라리 동해에 뛰어들어 죽겠다." 하였다.

삼가 살펴보건대, 노연자는 진실로 도고덕순道高德純(도가 높고 덕이 순전함)하니, 백세의 진정한 철학사였다.

신원연이 탄복하여 말하기를, "이제 선생의 옥모玉貌로 즉시 군대가 30리를 철수한 것을 보니, 아! 또한 장군은 덕德이 있는 분입니다." 하였다.

동중서가 말하기를, "어진 사람은 그 도를 밝히고, 그 공은 계산하지 않고, 그 도리를 바르게 하였더라도, 그 이익을 도모하지 않는다." 하였다.

謹按董子此言, 切爲處事之純全哲理道德也. 是以宋賢贊頌曰漢之諸儒, 惟董子有儒子氣象者. 良以此也, 餘多著書, 不及采也.

삼가 동중서(董子)의 이 말을 살펴보건대, 온통 처사의 순전한 철리도덕이 된다. 그래서 송나라 현인이 칭찬하여 말하기를, "한나라의 모든 유학자는 오직 동중서만이 유학자의 기상이 있는 자이다." 하였다. 진실로 이런 이유 때문에 나머지 저서가 많지만 다 채택하지 않았다.

諸葛武侯亮曰, 澹泊以明志, 甯靜以致遠, 恬以理性, 儉以養德. 開誠心, 布公道, 集思廣益. 又曰, 鞠躬盡瘁, 死而後已.

제갈무후량 왈, "담박함으로써 뜻을 밝게 하고, 고요함으로써 멀리 이르게 하고, 편안함으로써 성품을 다스리며, 검속함으로써 덕을 기른다. 성심을 열어 공도를 펴고, 생각을 모아서 이로움을 넓게 한다." 하였고, 또 말하기를, "국궁진췌鞠躬盡瘁(몸과 마음을 다해서 나라에 이바지함), 사이후이死而後已(죽은 뒤에야 그만둔다)라." 하였다.

謹按諸葛公, 眞是伊尹同儔. 觀此短句, 亦可知其爲三代以後, 道德哲學最高之第一經世進化家也.
如儒者之吹疵者, 多見其不知量也.

삼가 제갈공을 살펴보건대, 진실로 이윤의 동주同儔(같은 무리)이다. 이 짧은 구절을 보건대, 또한 가히 그가 삼대 이후에 도덕 철학 최고의 제일 경세진화가經世進化家임을 알 수가 있다.
만약 유학자로서 조금의 흠이 있다고 하는 자는, 단지 그가 헤아릴 줄을 모른다는 것을 보여줄 뿐이다.

晉陶淵明, 恥折腰五斗米, 賦歸去來辭, 曰三逕就荒, 松菊惟存. 雲無心而出岫, 鳥倦飛而遲還. 淸風北窓, 葛巾漉酒, 自謂羲黃上人. 遂以菊露寫晉史.

진나라 도연명은, 쌀 다섯 말 때문에 허리를 굽히는 것을 수치로 여기고, 귀거래사를 읊어 시詩로 남겼으니, "세 오솔길은 곧 황폐해졌는데, 송국松菊만 오직 남아있구나. 구름은 무심히 산봉우리에서 나왔건만, 새는 날기에 지쳤는지 더디게 돌아오는구나. 청풍이 북창에 불면, 갈포로 만든 두건으로 술을 거르면서 스스로 복희, 황제 윗대 사람(욕심 없이 행복한 사람 모습)이라 칭해본다." 하며 마침내 국화와 이슬로써 진나라 역사를 묘사하였다.

謹按靖節胸襟, 昭曠暢達, 無一點物累. 眞有得於老子之眞傳者也. 其菊籬南山之逸趣, 有高世之抗節淸德. 眞是千載隱逸中最高哲之士也.(余之伯考基之先生文章超絶. 日醉傲世. 眞學淵明之逸德, 而無傳, 嗚乎! 悲夫!)

삼가 정절靖節(도연명의 시호)의 흉금을 살펴보건대, 밝고 넓게 탁 트여 있으니, 세상사 번거로움이 한 점 없다. 참으로 노자의 진전을 터득함이 있는 자이다. 채국남산菊籬南山(울타리 밑에 국화를 따면서 한가로이 남산을 바라본다는 도연명의 채국 중에 나오는 시구)의 멋있는 취미는, 세속을 초월하면서(高世) 절조를 지켜 굴하지 않는 맑은 덕(抗節淸德)을 가졌다. 참으로 천년의 은사들 중 최고로 밝은 선비다.(나의 백부 전기지 선생 문장도 탁월하다. 날마다 취하여 세상을 무시하였다. 참으로 도연명의 아름다운 덕을 배웠으나 전함이 없으니, 아! 슬프도다!)

隋之王通, 以紹述北方之思想爲己任. 仿論語六經著書, 然皆不傳. 惟調和異敎之見解, 日三敎一致.

수나라의 왕통은 북방의 사상을 소술紹述(계승하여 저술함)함으로써 자기의 소임으로 삼았다. 논어, 육경을 모방하여 글을 지었으나 모두 전하지 않는다. 오직 이교異敎를 조화한 견해가 있었으며 말하기를, "삼교三敎가 일치한다."고 하였다.

謹按文仲子之言, 夸大無精義. 然其門羅將相, 而三敎一致之論, 則殊爲高明道德之發露處, 可謂先獲我心者也. 但其書不傳, 未盡底蘊. 然惟一此論, 誠卓絶也.

삼가 살펴보건대, 문중자(왕통의 시호)의 말은 과장되었으며 정미한 뜻이 없다. 그러나 그 문하에는 장상들이 벌려 있고, 삼교일치를 논하였으니, 곧 특별한 고명도덕의 발로처이며, 가히 나의 마음을 먼저 빼앗았다 할 것이다. 다만 그 글이 전하지 않아서 상세한 내용에는 미진하다. 그러나 유일한 이 논리는 진실로 탁월한 것이다.

唐陸宣公贄曰, 不授人於必敗之地, 不責人於力分之外.
謹按陸宣公文集是乃空前絶後之第一經濟道德哲理金玉之文章精髓也.
朱子曰, 如陸宣公, 可謂經濟之學, 范純仁等, 嘗奏曰, 智如張良而文過之. 辯似賈誼而術不疎, 誠名言也. 今此數言, 不過全鳳一羽之道德也.

당나라 명신名臣 육선공지陸宣公贄가 말하기를, "필패지지必敗之地를 다른 사람에게 주지 않으며, 능력과 직분의 이외의 일은 다른 사람을 꾸짖지 않는다." 하였다.
삼가 살펴보건대, 육선공문집은 바로 공전절후의 제일 경제 도덕 철리의 금옥 같은 문장의 정수이다.
주자 왈, "육선공 같으면, 가히 경제의 학문이라 이를 만하다." 하였고, 범순인范純仁(북송) 등이 일찍이 아뢰기를, "지혜는 장량 같으나 문장은 뛰어넘는다. 말에 조리가 있는 것이 가의賈誼와 비슷하지만 기술은 허술하지 않다." 하였으니, 진실로 명언이다. 이제 이 여러 가지 말은 전봉일우全鳳一羽(봉황새의 깃털 하나)에 불과한 도덕이다.

郭汾陽子儀, 有神武不殺之仁德, 不惟軍民咸服. 而回紇諸夷, 亦皆羅拜馬首而歡迎, 其德化之降服敵蠻如是者, 誠可謂大人之道德也.

謹按易曰, 飛龍在天, 利見大人, 朱子輒以郭公當之宜矣. 信乎原天道德, 如郭公之豊厚者, 三代以後, 復有幾人哉. 烏乎! 盛矣.

곽분양郭汾陽(호 자의子儀)은, 천하를 위엄으로 복종시키고 형살刑殺을 쓰지 않는 어진 덕(神武不殺之仁德)이 있었으며, 군대를 쓰지 않고도 백성들이 모두 복종하였다. 회흘(위구르) 제이諸夷도 또한 모두 말머리를 벌려 세우고 환영하였으니, 그 덕화를 내려 만蠻을 복종시킴이 이와 같은 것이었으니, 진실로 가히 대인의 도덕이라 할만한 것이다.

삼가 살펴보건대 역易에 이르기를, "비룡재천이니 이견대인"이라 했는데, 주자는 문득 곽공에 해당한다 하였다. 정말로 원천 도덕이 곽공처럼 풍후한 자는 하은주 삼대 이후 다시 몇 사람이나 있겠는가. 아아! 성하도다.

韓文公愈曰, 堯以是傳之舜, 舜以是傳之禹, 禹以是傳之湯文武周公. 周公傳之孔子, 孔子傳之孟軻, 軻之死, 不得其傳.

又曰, 先王之教, 何也? 博愛之謂仁, 行而宜之之謂義, 由是而之焉之謂道. 足乎己無待於外之謂德.

한문공유(韓愈)가 말하기를, "요임금이 이것으로써 순에게 전해주었고, 순임금이 이것으로써 우임금에게 전해주었고, 우임금은 이것으로써 탕, 문, 무, 주공에게 전해주었다. 주공이 공자에게 전했고, 공자는 맹자(孟軻)에게 전하였고, 맹자가 죽고서 그것이 전해지지 못하였다." 하였다.

또 말하기를, "선왕의 가르침이란 무엇인가? 박애를 일러서 인仁이라 하고, 행하여서 마땅한 것을 일러서 의義라고 하고, 이것으로 말미암아서 가는 것을 도道라고 한다. 자기에게 만족하여 바깥을 기다리지 않는 것을 일러서 덕德이라고 한다." 하였다.

謹按韓公當八代文衰之餘, 倡明道德仁義之理, 隱然自任以道統之傳. 其衛道之功, 偉矣.
然論世之士, 指韓公以爲文人, 非學者也, 余亦以爲然也.

삼가 살펴보건대, 한공(韓愈)은 팔대(후한後漢, 위魏, 진晉, 송宋, 제齊, 양梁, 진陳, 수隨의 문장을 말함)의 문장이 쇠퇴한 나머지 시간대를 당하였으나, 도덕인의道德仁義의 이치를 창명倡明하였으며, 은연 중 도통이 전해졌음을 자임하였다. 그가 도를 지키는 공은 위대하였다.
그러나 세상을 논하는 지사들은 한공을 가리켜서 문인文人이라 하였고 학자가 아니라 했으니, 나 또한 그렇다고 생각한다.

|제5장|
송현철리도덕
宋賢哲理道德

韓魏公(琦)臨大事, 決大疑, 如湍水赴壑, 奮不顧後.
　史贊曰, 垂紳正笏, 不動聲色, 措天下於泰山之安.
　謹按韓魏公之德量道範, 是間氣英賢, 如嶽降神. 尹吉甫之才兼文武者也. 非文人學士, 所敢比擬之之眞哲碩德也. 曾逢刺客而偃臥, 任其所爲, 則客降服輸誠, 其德之感人者, 類皆如此.

　한위공(이름 기琦 : 북송의 정치가, 1008~1075년)은 대사를 임하여, 대의 大疑를 결정할 때 마치 소용돌이 치며 급히 흐르는 여울물(湍水)이 움푹 패인 골짜기 구렁(赴壑)에 다다른 것처럼 내달리면서 뒤를 돌아보지 않았다.
　역사서에서 찬하여 말하기를, "큰 띠를 드리우고 홀을 바르게 하면서 성색聲色을 동하지 않았으니, 천하를 태산 같이 안정된 곳에 두었다." 하였다.
　삼가 한위공의 덕량德量 도범道範을 살펴보건대, 바로 세상에 드문 뛰어난 기품(間氣)이 있는 영현英賢이니, 마치 산악이 신령함을 내려보낸 것 같았다. 윤길보(주나라 선왕 때 장군, 시경의 소아小雅에 文武吉甫, 萬邦爲憲

이란 구절이 있다)의 재주에다 문무를 겸비한 자였다. 문인학사가 아니었음에도, 감히 비유되는 바는 진정한 철인, 석덕(眞哲碩德)이었다. 일찍이 자객을 만났으나 드러누워서 그 소위所爲를 당한즉, 자객이 항복하고 투항하였으니, 그 덕이 사람을 감동시키는 것이 대개가 이와 같은 것이었다.

周子濂溪曰, 動而正曰道, 用而和曰德. 匪仁匪義, 匪禮匪智, 匪信, 悉邪也. 邪者動之辱也, 故君子愼動.
又曰, 聖人之道, 仁義中正而已. 守之則貴, 行之則利, 廓之而配乎天地, 豈不易簡哉? 豈爲難知哉?(令二程子, 尋仲尼顔子所樂處, 何哉?)
謹按此文元公, 闡明太極, 以啓宋之理學, 其道德之論, 亦如是醇粹哉.

주자周子 염계濂溪(1017~1073년)가 말하기를, "움직여서 바른 것을 도道라고 하고, 사용하여 화和함을 덕德이라 한다. 인仁이 아니고 의義가 아니고, 예禮가 아니고, 지智가 아니고, 신信이 아니면 다 거짓된 것이다. 사邪란 움직임의 욕됨이니, 그러므로 군자는 움직임을 삼가는 것이다." 하였다.
또 말하기를, "성인의 도道는 인의중정仁義中正일 뿐이다. 지키면 귀하고, 행하면 이로우며, 넓히면 천지와 짝하니, 어찌 쉽고 간단하지 않은가? 어찌 알기 어려운 것인가?(이정자:정호程顥, 정이程頤)로 하여금, 공자와 안자가 즐겨하는 곳을 찾으라 했으니, 왜이겠는가?)"
삼가 이 글을 살펴보건대, 송나라 원공元公(염계, 주돈이)은 태극을 천명하여 이로써 송나라의 이학을 열었으니, 그 도덕의 이론이 또한 이와 같이 순수하였다.

司馬溫公(光), 篤實忠厚, 躬行道德, 以作模範於當世. 兒童誦君實, 走卒知司馬.

金虜戒飭邊吏曰, 宋相司馬, 愼勿生事.

謹按公之相業, 與魏公之德業, 輝煌史册, 不須贅論, 而略敍其關於道德者一二而已. 公之家訓, 誠可見化家及國之道德一斑也.

사마온공(사마광)은 독실하고 충후하며, 도덕을 몸소 행하여 이로써 당세에 모범을 지었다. 아동들은 군실(사마광의 字)을 노래했고, 심부름꾼들도 사마를 알았다.

금로金虜(금나라를 말함)가 변방의 관리들에게 경계하여 타이르면서(계칙戒飭) 말하기를, "송나라 재상이 사마司馬이니, 조심해서 (시끄러운) 일을 만들지 말도록 하라." 하였다.

삼가 공공의 상업相業(재상의 업적)을 살펴보건대, 위공魏公(송나라 한기韓琦를 지칭)의 덕업德業과 더불어서 사책에 휘황하니, 군더더기 필요없이 간략하게 그 도덕에 관하여서 한두 가지만 서술할 뿐이다. 공공의 가훈에서, 진실로 가히 가정을 화化하게 해서 국가에 미치게 하는 도덕의 일부분을 볼 수가 있다.

邵子康節曰, 是知人者, 物之至, 聖人者, 人之至也. 人之至者, 謂其能以一心觀萬心, 以一身觀萬身, 一世觀萬世, 能以心代天意. 口代天言, 手代天工, 身代天事. 是以能上識天時, 下盡地理, 中盡物情, 而通照人世. 能彌綸天地, 出入造化, 進退古今, 表裏人物者也.(按呂純陽集純陽, 訪康節傳道云, 未知果否.)

소강절이 말하기를, "지인知人은 물물의 지극함이요, 성인은 사람의 지극함이다. 사람의 지극함은 그 능력이 일심으로써 모든 마음을 관하는 것을 이르는 것이요, 일신一身으로써 만신萬身을 관하고, 일세一世로 만세萬世를 관하여서, 능히 마음으로써 천의天意를 대신하는 것이다. 입으로는 하늘의 말을 대신하고, 손으로는 하늘의 하는 일을 대신하고, 몸으로는 하늘의 사업을 대신하는 것이다. 그러므로 능히 위로는 천시를 알고, 아래로는 지리를 다하며, 중으로는 만물 사정을 다 알아서 인간 세상을 통달하여 관조하는 것이다. 능히 천지를 두루 잘 다스리며, 조화에 출입하고, 고금에 진퇴하며, 표리일치하는 인물이다." 하였다.(살피건대, 여순양 집에 순양이 강절을 방문하여 도를 전했다 하는데, 과연 그러했는지 알 수 없다.)

謹按康節得之以數, 歸之以理, 其經世之書, 窮盡天地人物之理. 等百世以上, 可知百世以來, 闔闢之定理也. 如此論, 則可謂聖人之道德, 入萬物一體之平等界者也. 其宇宙觀念, 哲理眞驗, 誠最高英賢也.

삼가 살펴보건대, 강절은 수數로써 터득하여 이치로 돌아갔으니, 그 황극경세의 책에서 천지 인물의 이치를 다해 마쳤다. 백세 이상을 견주어 보면 가히 백세 이래를 알 수가 있으니, 합벽闔闢(문이 열리고 닫히는 것)의 정리이다 하였다. 이와 같은 이론은, 곧 가히 성인의 도덕이라 할 것이니, 만물일체의 평등계에 들어간 자이다. 그 우주관념과 철리의 참된 경험은 진실로 최고의 영현英賢이다.

張子橫渠西銘曰, 乾稱父, 坤稱母, 予茲藐焉, 混然中處. 天地之塞, 吾其體, 天地之帥, 吾其性, 民吾同胞, 物吾與也. 大君者, 我父母之宗子. 大臣者, 宗子之家相也. 尊高年, 所以長其長, 慈孤弱, 所以幼其幼.

聖其合德, 賢其秀也.

장횡거의 서명西銘에서 말하기를, "건乾을 부父라 부르고, 곤坤은 모母라 부르니, 내 이 작은 모습도 섞여서 그 가운데 처處하여 있다. 천지에 가득 찬 기氣는 나의 그 몸이요, 천지의 거느림(帥)을 나의 그 성품으로 했으니, 백성은 나의 동포요, 만물은 나의 무리이다. 대군大君(임금)은 우리 부모(乾坤)의 종자宗子(맏아들)이다. 대신大臣은 종자宗子의 가상家相(家臣의 長)이다. 나이 많은 사람의 높임은, 그 어른을 어른으로 모시기 때문이고, 외롭고 힘없는 사람을 사랑함은, 그 어린이를 내 자식처럼 사랑하기 때문이다.

성인이란 천지의 그 덕과 합한 사람이요, 어진이란 범인凡人 중에서 빼어난 사람이다.

凡天下之疲癃殘疾鰥寡孤獨, 我兄弟之顚連而無告者也. 于時保之, 子之翼也. 樂且不憂, 純乎孝者也. 違曰背德, 害仁曰賊. 濟惡者, 不才, 其踐形惟肖者也.

知化則善述其事, 窮神則善繼其志. 不愧屋漏爲無忝, 存心養性爲匪懈.

무릇 천하의 늙고 병든 자(피륭疲癃), 장애인(殘疾)과 환과고독鰥寡孤獨(홀아비, 과부, 고아와 늙어 자식 없는 사람)은, 우리 형제로 전련顚連(몹시 가난해서 어찌할 수 없음)이며 무고자無告者(의지할데 없는 이)이다. 이럴 때에 보호하여 주는 것은, (하늘의) 자식된 자로 (하늘을) 돕는 것이다(건곤인 하늘의 자식으로서 하늘 아래 어려운 자들을, 하늘 대신 도와주는 역할을 수행하는 것이다). (이러한 천지의 명을) 즐겁게 수행하면서 (하늘을) 걱정없도록 함은 순수하게 하늘에 효도하는 것이다. 천지의 이치를 어기는 것을 배덕背德이라 하고, 인仁을 해치는 것을 적賊이라 한다. 악惡을 행하는 자는 부재不才한 자식이요, 예절에 맞게 하여 천지의 이치를 따르는 것(踐形 : 이목구비 등 형체의 움직임을 바르게 함, 예절에 맞게 함)은 오직 천지를 닮은 어진 아들(肖者)이다.

천지의 조화를 잘 알면 그 일을 잘 기술할 것이요, 신묘한 이치(神)를 궁구하여 터득하면, 그 뜻을 잘 계승할 것이다. 옥루屋漏(방구석)에서도 부끄러운 짓을 하지 않으면 하늘을 욕보임이 없으며(無忝), 존심양성存心養性하면 천지를 섬기는 일에 게으르지 않는 것이다.

惡旨酒, 崇伯子之顧養, 育英才, 穎封人之錫類, 不弛勞而底豫, 舜其功也.(一句略 : 無所逃而待烹, 申生其恭也.) 體其受而歸全者, 參乎. 勇於從而順令者, 伯奇也.

富貴福澤, 將厚吾之生也, 貧賤憂戚, 庸玉汝於成也. 存吾順事, 沒吾寧也.

맛있는 술을 싫어함은 우임금(崇伯之子/곤(崇伯)의 아들, 우임금)의 고양顧養(세상 부모의 봉양을 돌아봄)이요, 영재를 육성함은 영봉인穎封人(영고숙)의 석류錫類(착한 동기를 내림, 영고숙이 효도하는 마음을 다른 사람에게 미루어주는 것 : 穎封人之錫類)로, 효도의 착한 마음을 다른 사람에게 미루어준 것이요, 게으르지 않고 힘써서 아버지를 기쁘게 함은 순舜의 공이다.(한 구절이 생략됨 : 도망하지 않고 삶아 죽이기를 기다렸던 이는 신생申生/진晉나라 헌공헌公獻公의 태자의 공손함이었다.) 부모에게서 몸을 받았다가 온전하게 되돌린 자는 증삼曾參이요, 고역을 시키는 아버지의 명령을 선뜻 순종한 이는 백기伯奇였다.

부귀와 복택은 장차 나의 생명을 후히 할 것이요, 빈천과 근심하고 비통함(우척憂戚)은 너를 옥으로 이루어주려는 것(玉汝於成)이다. 살아서는 내가 하늘의 섭리에 순응한 것이고, 죽어서는 내가 편안한 것이다."

謹按此西銘吾身, 卽天地之小子, 克盡孝道于親, 而爲天孝子之理, 燦然悉備, 其爲人之道德之徼益者至大也. 先儒批評, 以孟子以後, 只曰一篇文字者, 實非過論也. 且太虛合心, 宇宙論諸說, 亦皆精博, 而不能俱載耳.

삼가 서명西銘을 살펴보건대, 내 몸은 곧 천지의 소자小子이니, 부모에 극진하게 효도함이, 하늘을 위한 효자의 이치가 되는 것이니, 찬연하게 다 갖추어졌으며, 그가 인간의 도덕을 경계해서 이롭게 함이 지대한 것이다. 선유들이 비평하여 맹자 이후에 단지 한편의 문자文字라고 하였으나, 실로 과도한 논의는 아닌 것이다. 또한 태허합심太虛合心과 우주론의 제설은 또한 모두 정밀하고 넓은 것으로 모두 실을 수 없을 뿐이다.

又曰, 爲天地立心, 爲生民立極, 爲往聖繼絶學, 爲萬世開太平.
謹按人身, 卽一小天地, 衆爲三才者. 學人當以此立志, 乃克有成矣.

또 말하기를, "천지를 위하여 마음을 세우고, 생민을 위하여 극極을 세우고, 과거 성인을 위하여 끊어진 학문을 잇고, 만세를 위하여 태평시대를 열어야 한다." 하였다.

　삼가 살펴보건대, 사람의 몸은 곧 하나의 소천지로, 천지에 참여하여서 천지인 삼재가 되는 것이다. 학인은 마땅히 이것으로써 뜻을 세우면, 이에 능히 이룸이 있을 것이다.

　程子明道曰, 生生之謂易, 卽天之所以爲道也.
　又曰, 天地之常, 以其心普萬物而無心, 聖人之常, 以其情順萬事而無情. 故君子之學, 莫若廓然而大公, 物來而順應也.
　嘗與王荊公議事, 荊公厲色待之.
　明道徐曰, 天下事非一家之事議, 願平氣以聽, 荊公爲之愧屈.
　又曰, 天德王道, 其要只在謹獨.

　정자명도가 말하기를, "낳고 낳는 것을 일러서 역易이라 하는데, 곧 하늘이 도道가 되는 소이所以인 것이다." 하였다.
　또 말하기를, "천지의 떳떳함은 그 마음이 만물에 두루 미치되 무심無心함으로써이고, 성인의 떳떳함은, 그 정情이 만사에 순응하되 무정無情함으로써이다. 그러므로 군자의 배움은 확 트여서 크고 공정한 것 만함이 없으니, 만물이 오면 순응하는 것이다." 하였다.
　일찍이 왕형공(왕안석의 봉호)과 더불어서 일을 의논하는데, 왕형공이 (정명도에게) 언짢아하면서 맞이하였다.
　명도가 천천히 말하기를, "천하사天下事란 일가의 일을 의논하는 것이 아니니, 마음을 평온히 하여 듣기 바랍니다." 하니, 형공(왕안석)이 부끄러워하면서 굴복하였다.
　또 말하기를, "천덕天德과 왕도王道는 그 요체가 단지 근독謹獨(홀로 있을 때 삼가는 일)에 있을 뿐입니다." 하였다.

謹按明道, 實有道有德, 渾是一團和氣. 和粹之氣, 盎於面背, 門人從遊, 數十年, 未嘗見其忿厲之容. 可謂宋賢中之最有德大賢也.

삼가 정명도의 말을 살펴보건대, 실로 도와 덕이 있어, 온통 한덩이 온화한 기운뿐이었다. 화합하고 순수한 기운이 면배面背에 넘쳐흐르고, 문인들이 종유從遊(덕행 높은 사람을 따라 놀다)하되, 수십 년, 노기 띤 모습을 본 적이 없었다. 가히 송나라 현인 중 최고 유덕대현有德大賢이라 할 수 있다.

范文正公(仲淹), 自十五六歲, 便以天下爲己任, 才兼道德文武, 出將入相, 致君澤民之事, 靡不用極, 可謂有至德者也. 史贊以宋朝三百年, 第一人物宜哉.
謹按范公與韓魏公, 俱以寒微致位, 其致澤巍勳, 模範宇宙. 況其置義莊, 救恤貧族, 亦一推廣公德之餘波, 亦可爲後世之模範也.

범문정공(범중엄)은 15, 6세부터 곧잘 천하를 자기의 소임이라고 하였으며, 재능에 도덕과 문무를 겸하였으며, 출장입상出將入相(나가서는 장수요, 들어와서는 재상)으로, 임금을 성군으로 되게 해서 백성들이 혜택을 받도록 온 마음과 힘을 다하였으니(靡不用極), 가히 지극한 덕을 소유한 자라 할 수 있다. 역사(史贊)에서 송조 300년 이래 제1인물이라 했다.
삼가 살펴보건대, 범공은 한위공韓魏公(북송 한기韓琦)과 더불어서 함께 한미寒微(지체가 변변치 못함)하지만 높은 벼슬에 올랐으며, 그가 백성들에게 혜택을 베풀어 큰 공이 드높아 온 우주에 모범이 되었다. 더군다나 의장

義莊(토지를 기부해서 범씨의장을 최초로 설치함)을 설치하여 빈족貧族을 구휼하였으니, 또한 하나의 널리 보급된 공공은 덕德의 여파이고, 또한 가히 후세의 모범이 되었다.

其曰士當先天下之憂, 而憂其憂, 後天下之樂, 而樂其樂. 誠至言哉.

그가 말하기를, "선비는 마땅히 먼저 천하를 걱정하되, 그 천하의 걱정거리를 내 걱정거리로 삼고, 천하가 즐거워한 뒤에, 그 천하가 즐거워함을 나의 즐거움으로 삼는다." 했으니, 진실로 지극한 말이다.

朱子晦菴曰, 居敬以立其志, 讀書以窮其理, 力行以踐其實.
又曰, 陽氣發處, 金石亦透, 精神一到, 何事不成.
又曰, 道者日用當行之路, 德者行道而有得於心者也.
又釋明德曰, 人之所得乎天而虛靈不昧, 具衆理而應萬事者也.(第五番在下道德進化)

주자회암이 말하기를, "공경(居敬)함으로서 뜻을 세우고, 독서로 그 이치를 궁구하고, 힘써 행하여 그 진실을 실천한다." 하였다.

또 말하기를, "양기陽氣의 발하는 곳에 금석金石이라도 또한 통과하니, 정신일도精神一到 하사불성何事不成이다." 하였다.

또 말하기를, "도道는 일상에서 마땅히 행해야 할 길이요, 덕德이란 도道를 행하면서 마음으로 얻어지는 것이다." 하였다.

또 명덕明德을 해석하여 말하기를, "사람이 하늘에서 얻은 것으로 허령불매虛靈不昧한 것이니, 모든 이치를 갖추고 만사에 응하는 것이다." 하였

다.(제5번째 도덕진화)

謹按朱子集群賢而大成, 亦猶孔子之集群聖而大成也. 故自是天下之學, 燦然尊尙, 如朝鮮者尤甚, 近世之論學者, 指訾其後弊.
然安能掩其功德哉? 由不讀大全之咎也. 先生與呂東萊友善. 呂得於躬自厚而薄責人之旨, 變化粗性, 更不暴怒, 誠變化氣質法也.

삼가 살펴보건대, 주자는 군현群賢을 모아서 크게 이룬 것이니, 또한 마치 공자가 군성群聖을 모아서 크게 이룬 것과 같다. 그러므로 이로부터 천하의 학문이 빛나게 되어(燦然) 존숭하였으며, 그리고 조선인에게서 더욱 심하였으니, 근세에 학문을 논하는 자들이 그 뒷날의 폐단을 가리키며 비방하였다.
그러나 어찌 능히 그 공덕을 가리겠는가? 대전을 읽지 않음으로 말미암은 허물인 것이다. 선생(주자)은 여동래(남송의 학자 여조겸)와 더불어서 좋은 친구였는데, 여동래는 "躬自厚而薄責人궁자후이박책인(자신의 책망을 후하게 하고, 다른 사람은 책망을 박하게 함)"의 뜻에서 거친 성품을 변화해서 다시는 격노激怒하지 않았으니, 진실로 기질을 변화시키는 법인 것이다.

張南軒先生(栻)曰, 學者潛心孔孟, 必求其門而入, 以爲莫先於義利之辨. 蓋聖賢無所爲而然也, 有所爲而然者, 皆人欲之私, 非天理之所存. 此義利之分也.
謹按此論, 極端動機論, 發所未發者, 朱陸二派之所公認, 而眞道德之源也.

장남헌 선생(張栻)이 말하기를, "학자는 공맹에 잠심潛心(마음을 집중)하여 반드시 그 문을 구하여 들어가야 하는데, 의義, 리利의 구별보다 먼저할 것은 없다. 대개 성현聖賢은 목적하는 바가 없이 그러하지만, 목적하는 바가 있어서 그러한 자는, 모두 인욕의 사사로움이며, 천리가 보존된 것은 아니다. 이것이 의義와 리利의 구분이다." 하였다.

삼가 이 논함을 살펴보건대, 극단동기론으로 아무도 발견하지 못한 것을 발견한 것(發所未發者)이며, 주자朱子와 육상산陸象山 2파에서 공인한 바로 진정한 도덕의 원천이다.

제6장

명청도덕철리
明淸道德哲理

明楊慈湖先生(簡)曰, 易者己也, 非他也. 以易爲書, 不以易爲己, 不可也. 天地者我之天地, 變化者我之變化, 非他物也.
按此說以宇宙變化, 不外乎我心之變化者, 道之大源也.

명나라 양자호 선생(楊簡/육상산의 제자)이 말하기를, "역易이란 자기 자신(己)이요, 다른 것이 아니다. 역易으로써 글로 삼는 것은 역易으로써 자기 자신(己)으로 삼는 것이 아니므로, 불가하다. 천지란 나의 천지요, 변화란 나의 변화이니, 다른 물건의 변화가 아니다." 하였다.
삼가 이 설은 우주 변화가 내 마음의 변화를 벗어나지 않는다는 것으로 도道의 커다란 근원이다.

王陽明先生, 乃重興陸學, 而良智良能, 知行合一之說爲宗旨. 其學說. 雖與朱子多相反, 然其偉勳政蹟, 誠爲儒子罕覯之哲理道德也.
此撰道德眞諦, 故其學說不及多取.(按此外明儒學案俱存, 故不枚擧也.)

　왕양명 선생(1368~1661년, 명나라)은, 이에 육상산의 학문(陸學)을 중흥하여, 양지양능良知良能(양지는 생각하지 않고서도 아는 것, 양능은 배우지 않고도 능한 것)과 지행합일설을 종지로 삼았다. 그 학설이 비록 주자와 더불어서 서로 상반됨이 많지만, 그러나 그 위대한 훈공의 정적政跡은 진실로 유학자로서 보기드문(한구罕覯) 철리도덕이다.
　여기에서는 도덕진체만 뽑은 것이어서, 그 학설을 많이 취하는 데까지는 미치지 못하였다.(살펴보건대, 이외에도 "명유학안明儒學案(황의주 作)"에도 함께 있지만 낱낱이 열거하지는 않았다.)

　黃梨州先生(宗羲)曰, 後之爲君者, 以爲天下利害之權, 皆出於我, 我以天下之利, 盡歸於己, 以天下之害, 盡歸於人, 亦無不可. 使天下之人, 不敢自私, 不敢自利, 以我之大私, 爲天下之大公.

　황이주 선생(황종희, 명말 청초, 1610~1695년) 왈, "뒤에 임금을 하는 자가 천하의 이해 권한이 모두 나에게 나온다고 여기게 되면, 나에게는 천하의 이로움으로써, 모두 자신에게만 다 돌리고, 천하의 해로운 것은 남에게 모두 돌린다 해도, 또한 안될 것도 없다. 천하의 사람들로 하여금, 감히 자신을 위해서 사사로히 하는 것(自私)은 못하게 하고, 감히 자신에게 이롭게 하는 것(自利)도 못하게 하면서, 자신은 크게 사사로운 것을 하고도 천하에 크게 공변된 일(大公)을 한다고 생각하게 된다." 하였다.

　謹按梨州, 是皇明遺民, 此其明夷待訪錄之一言也. 先生道成德立,著書極多.(五百餘種) 嘗請兵日本, 以恢復爲志. 誠卓絶千古之逸德大賢. 其爲學界之砥柱曙光, 蓋與歐西之康德氏, 同一亞聖之資望也. 懿哉懿哉!

삼가 이주 선생을 살펴보건대, 바로 황명유민皇明遺民(멸망한 명나라 유민)은 그의 "명이대방록明夷待訪錄"의 책에 있는 한마디 말이다. 선생은 도성 덕립하여 저서가 지극히 많았다(5백여 종). 일찍이 일본의 군대를 청하여 이로써 청나라에 멸망한 명나라를 회복하려고 뜻을 세웠다. 진실로 탁월한 천고의 일덕대현이다. 그는 학계의 지주요 서광이니, 대개 서양의 칸트와 더불어서 동일한 아성의 자질과 인망資望인 것이다. 훌륭하고 아름답도다!

全謝山先生(祖望淸乾隆人)曰, 一貫之說, 但讀中庸, 便是注疎. 一者誠也. 天地一誠而已矣. 其爲物不貳, 則其生物不測. 維天之命, 於穆不已, 天地之一以貫之也. 誠者, 非自成己而已也, 所以成物也. 成己, 仁也, 成物知也, 性之德也, 合內外之道也. 故時措之宜也. 聖人之一以貫之者也. 忠恕違道不遠. 施諸己而不願. 亦勿施於人. 學者之一以貫之者也.

전사산 선생(전조망, 1704~1755년, 청淸 건륭인, 사산謝山은 호號)은 경사문답經史問答에서 왈, "만 가지 이치가 하나로 관통된다는 설은 중용만 읽어보면, 곧 주소注疎에 있다. 일一이란 성誠이다. 천지가 일성一誠일 뿐이다. 그것이 만물을 이루어냄은 둘이 아닌 하나의 성誠이니, 곧 만물을 생

生하는 것은 헤아릴 수가 없다. '천명은 아! 깊고 아득하여 그침이 없다' 이것은 천지의 일이관지一以貫之이다. 성誠이란 스스로 자기를 이룰 뿐 아니라 만물도 이루어주는 것이다. 자기를 이루는 것은 인仁이요, 만물을 이루는 것은 지知이니, 인지仁知는 성품의 덕德으로, 바깥과 안을 합하는 도이다. 그러므로 때에 따라 마땅히 행해지는 것이다. 이것은 성인의 일이관지一以貫之이다. 충서는 도道와의 거리가 멀지 않으니, 제 몸에 베풀어보아 원치 않거든, 또한 남에게 베풀지 말아야 한다. 이것은 배우는 자의 일이관지一以貫之이다." 하였다.

謹按先生是殷王中宗之後, 世譜昭然. 自幼聰睿超絶, 經學史資詞才, 兼而有之, 著書極多(三百餘種). 誠通儒大哲也, 因親命應擧爲翰林. 然隱而進德修業, 以惠後人, 烏乎! 賢哉.

삼가 살펴보건대, 선생은 은왕殷王 중종의 후손이니, 세보世譜가 매우 분명하다. 어릴 때부터 총명함이 뛰어났으며, 경학사에 도움이 되는 문장과 재주(詞才)를 겸하여 소유했으며, 저서가 매우 많다(300여 종). 진실로 유학에 통달한 대철인이요, 부친의 명으로 인하여 과거에 응하여 한림이 되었다. 그러나 숨어서 진덕 수업하여 후인에게 은혜를 베풀었으니, 아! 어질도다.

兪理初先生(正燮淸人)曰, 野蠻人, 以畏强凌弱爲習慣. 文明人以抗强扶弱爲習慣. 抗强, 所以保己之人格, 扶弱所以保他人之人格也. 泰西一夫一妻之制早定, 而騎士勇於公戰, 而尊重婦女, 實行抗强扶弱之美德也.

유리초 선생(兪正燮, 청나라 사람) 왈, "야만인은 강자를 두려워하고 약자를 능멸하는 것이 습관이다. 문명인은 강자에게 대항하고, 약자를 도와주는 것이 습관이다. 강자에 항거함은 자기를 보호하려는 인격 때문이요, 약자를 도와주는 것은 타인의 인격을 보호하려는 때문이다. 서양에서는 일부일체제가 조기에 정착되었고 기사騎士가 공전公戰(나라 간 전쟁)에서는 용맹스럽지만 부녀를 존중하니, 강자에 항거하고 약자를 도와주는 미덕이 실행되었다.

我國婦女之道德, 卑順也. 不妒妬也, 無非消極者. 自宋以後, 凡事舍情而言理, 如伊川者, 且目寡婦之再醮, 爲失節, 而爲餓死事小, 失節事大. 於是婦女益陷於窮而無告之地位. (略)再嫁者不當非之, 不再嫁者敬禮之, 斯可矣.

우리나라 부녀의 도덕은 겸손하고 온순함(卑順)이다. 투기하고 시기하지 않는 것이니, 소극적이지 않은 것이 없다. 송나라 이후로부터 모든 일에 정情을 버리고 이치(理)를 말하였는데, 이천伊川과 같은 경우, 또한 과부의 재가를 보면 정절을 잃었다고 하고, 굶어죽는 일은 작게 생각하고, 정절을 잃는 일을 오히려 크게 생각하였다. 이에 부녀들이 더욱 궁핍하고 괴로워도 의지할 곳 없는 처지에 빠져들었다. (생략) 재가하는 것이 잘못이라는 것은 부당하며, 재가하지 않는 자를 공경하며 예우하는 이것은 맞는 것이다." 하였다.

謹按夫妻同等同體, 而華韓人一夫多妻之制, 旣不合天則, 況韓俗, 有結婚而夫死, 不改嫁者, 不亦甚乎. 兪公此論, 可謂卓絕創見, 可贊天地化育之理也.

　苟能袪除假飾而通行此議, 則何異乎歐西之廢黑奴之道德者乎? 然西史, 或有節婦之殉夫者, 亦一天良也. 是固自由中之美德, 孰能制之乎?

　삼가 살펴보건대, 부부는 동등동체이니, 중국과 한국 사람의 일부다처 제도는 이미 하늘에 부합하지 않는 것인즉, 하물며 한국 풍속에서 결혼하고 남편이 사망하면 개가하지 않는 것도 또한 심하지 않은가. 유공(유리초)의 이러한 논리는 가히 탁월한 창견創見으로 가히 천지화육의 이치라고 칭찬할 만하다.

　진실로 능히 가식을 없애버리고 이러한 주장을 보편적으로 시행한다면, 곧 서구에서 흑인 노예제도를 폐지한 서구의 도덕과 무엇이 다른가? 그러나 서양사에서, 혹 절의가 있는 부인이 남편을 따라죽는 것은, 또한 하나의 양심(天良)이다. 이는 진실로 자유로운 가운데 미덕으로 누가 말릴 수 있겠는가?

　曾文正公(國藩)曰, 天生斯民. 予以健順五常之性, 豈以自淑而已. 將使育民淑世, 而彌縫天地之缺憾, 其於天下之物, 無所不當究, 二儀之奠, 日月星辰之紀, 庶氓之生成, 鬼神之情狀, 草木鳥獸之咸若. 灑掃應對進退之事, 皆吾性分之所有事, 故曰萬物皆備於我. 人者, 天地之心也.

　又曰, 德業之不常, 日爲物遷. 爾之再食, 曾未聞或愆? 黍黍之增, 久乃盈斗. 天君司命, 敢告馬走.

증문정공(증국번/1811~1872년)이 왈, "하늘이 이 백성을 내시고, 나는 오상(仁義禮智信)의 성품으로 굳게 따르니 자숙自淑일 뿐이라. 장차 백성을 기르고 세상을 깨끗히 하여, 천지의 유감스러운 점(결감缺憾)을 보충하고(미봉彌縫), 천하의 만물에서 부당함이 없도록 궁구하니, 음양이 터를 잡고 일월성신의 기강(紀)이 서고, 백성(庶民)이 생성되니, 귀신의 정상과 초목조수草木鳥獸가 모두 이와 같다. 물 뿌리고 청소하며, 응대하고 벼슬에 나아가고 물러나는 일이, 모두 나의 성분性分에 있는 바의 일이니, 그러므로 만물이 모두 나에게 갖추어졌다고 말하는 것이다. 사람은 천지의 마음이다." 하였다.

또 (자신을 경책警責하면서) 말하기를, "덕업德業은 항상 하지 않았고, 매일 외물外物(외부환경)을 따르게 되었다. 네가 식언食言(하늘에 한 서약을 제대로 안지킴)을 거듭하여 대업大業을 이루지 못하면 하늘에서 천둥이 친다는 말도 못들어 보았는가? (사람은 항상 하는 마음이 있어야 하니) 기장쌀도 보태져서 오래되면 말 그릇(斗)에 가득 차게 된다. 천군天君(上天)께서 명命을 맡고 계시는데, 나는 외람되게도 항심이 있어야 한다고 맹세를 하며 고告했으니, 한번 뱉은 말을 되돌릴 수 없는 것처럼 영원히 식언하지 말아야 한다." 하였다.

※ 有恒箴譯文

從我認識字以來, 經歷許多事情, 到今天已經28年了, 卻仍然沒有什麼見識。從前所喜歡的, 過了一段時間就鄙棄了；舊的喜好已經拋棄了, 新的喜好馬上又改變了。品德學業的努力, 不能持之以恒, 卻推說是外物的影響。你如果一而再, 再而三地食言, 不能改過, 就恐怕連所謂過錯都聽不到了。人應該有恒心, 正如三升三升的增添, 久了就會滿一鬥。上天主宰著命運, 我鬥膽冒昧地發誓要有恒心, 一言既出, 駟馬難追, 永不食言。

유항잠석문(본문 해석을 돕기 위해 따로 해석문을 실음)
"내가 문자를 알고 난 이래로 많은 일을 겪으며 오늘까지 이미 28년이 되었으나, 도리어 여전히 어떠한 견식도 없다. 과거에 좋아했던 것들도 일정 시간이 지나면 싫어하게 되었다. 낡은 취향은 이미 버렸고, 새로운 취향도 즉시 또 변하였다. 품성과 학업의 노력은 꾸준할 수 없으니 오히려 외물의 영향이라고 추론한다. 네가 만일 재차 몇 번이고 되풀이해서 식언을 한다면 잘못을 고칠 수도 없을 것이니, 잘못은 아마도 모두 듣지 못할 것이다. 사람은 마땅히 변함없는 꾸준한 마음이 있어야 하니, 세 되 세 되씩 늘어나 오래되다 보면 흡사 한 말이 되는 것과 같다. 하늘이 명운을 주재하고 계시는데, 나는 대담하고 외람되이 항심이 있어야 한다고 맹세를 하였으며, 말을 한번 내뱉었으니 되돌릴 수도 없으며, 영원히 언약한대로 식언하지 말아야 한다(실행하지 않을 수 없다)."고 스스로에게 다짐을 하는 내용이다.

謹按曾公, 乃最近名碩. 其立朝振武之勳業, 積學陶世之道德, 可謂與宋之韓范司馬, 同一英賢, 而學識大無不燭, 細無不該, 偉歟盛哉. 此非實踐原天之哲理道德也耶, 吁! 亦賢哉.

삼가 살펴보건대, 증공은 최근 명석名碩이다. 그가 입조立朝하여 무력을 떨쳐 드러낸(振武 / 태평천국의 난을 진압) 업적(勳業)과 학문을 쌓고 도세

(積學陶世)한 도덕은, 가히 송나라의 한범韓范(북송의 한기와 범중엄) 사마司
馬와 더불어서 동일한 영현으로, 학식이 위대하여 비추지 않음이 없었고,
세밀하여 해당하지 않음이 없었으니, 위대하고 성대하였다. 이는 원천의
철리도덕을 실천함이 아니었겠는가, 아! 또한 어질도다.

{총론總論}

自論原天道德哲理. 至此曾公, 歷敍實行道德之政治家聖賢, 皆洞
見道德大源. 出於天地, 而天地備乎一身, 所行所言, 無非天德也, 天理
也. 其爲道德之經驗事實, 奚啻爲當世之模範而已哉? 可以爲萬世法則者
多也. 然近世論道德者, 有新舊之辨, 由不識其原天故也.

원천도덕철리를 논함으로부터 이번의 증공에까지 도덕을 실행한 정치
가와 성현을 두루 서술하였으니, 모두 도덕의 대원을 꿰뚫어 보았다. 천지
에서 나와서 천지를 일신에 갖추었으니, 행한 바와 말한 바가 천덕天德이
아님이 없었고 천리가 아님이 없었다. 그것이 도덕의 경험 사실이 되었으
며, 어찌 당세의 규범으로만 그치겠는가? 가히 만세의 법칙이 되는 자가
많다. 그러나 근세 도덕을 논하는 자들이 신구新舊의 판단만 하는 것은, 그
원천을 알지 못함으로 말미암는 것이다.

司凡物質器用, 理化之類, 不無維新進化者. 而專解道德以功利, 則
試問善衍人見者, 亦稱許爲眞善乎? 庶可以互換缺點, 補完道德之義,
則未必不爲人道之幸福矣.
烏乎! 經驗之道德, 洵如上所述. 而春秋, 乃聖人經世書, 謹嚴彰善
癉惡, 尊華爲重. 然華而失禮, 則黜之以夷, 夷而有禮, 則進之以華, 可

以見體天聖人, 勸奬人道而進化之公德心也, 此乃儒家道德之正脈.

噫! 彼專尙仙佛科學之士, 安可不識. 而盍亦於斯盡性經世之道德, 合致以住命成眞之道德乎?

然後, 始可謂兼聖極哲之圓滿道德矣. 惟近世之論公德心說, 具詳下篇.

무릇 물질의 기용器用과 이화理化의 부류에는 유신진화維新進化하지 않는 것이 없다. 오로지 도덕을 공리로써 풀어낸다면, 곧 시험 삼아 묻겠는데, 선善을 베풀어 다른 사람에게 드러내는 것도, 또한 진선眞善을 하였다 칭찬해야 하는가? 바라건대, 결점을 호환함으로써 도덕의 의의를 보완한다면, 곧 반드시 인도人道의 행복이 될 것이다.

오호라! 경험의 도덕은 진실로 상술한 바와 같다. 그리고 춘추는 성인의 경세서이니, 창선단악彰善癉惡(착한 자를 표창하고 악한 자를 징벌함)과 존화위중尊華爲重(중화를 높이고 중시함)을 엄격히 하였다. 그러나 중화라도 예를 잃으면 이이라고 내쳤으며, 이夷라도 예禮가 있으면, 곧 중화로써 들여놓았으니, 하늘을 본받은 성인이 인도人道를 권장해서 진화進化하게 하는 공덕公德의 마음을 볼 수가 있었으니, 이것이 유가도덕의 정맥이다.

아! 저 오로지 선불과 과학만을 높이는 지사들은, 어찌 알지 못한단 말인가. 그리고 어째서 또한 이 진성盡性 경세의 도덕(經世之道德)에 주명住命 성진의 도덕(成眞之道德)을 합치하지 않는가?

그러한 후에야 비로소 가히 겸성兼聖 극철極哲의 원만한 도덕이라 이를 것이다. 단지 근세의 공덕심을 논한 설說은 하편에 자세히 갖추어져 있다.

精神哲學 中編 卷四
정신철학 중편 권4

제7장

도가철리도덕
道家哲理道德

廣成子曰, 至道之精, 窈窈冥冥, 至道之極, 昏昏嘿嘿, 我守其一, 以處其和.

黃帝曰, 養心服形, 神游惺得. 道非外求. 入門返根, 神視氣聽, 象罔得珠. 無道得道.

又曰, 吾將息駕玄圃, 以返余眞.

광성자가 말하기를, "지극한 도의 정精은 요요명명窈窈冥冥(고요하고 깊고 그윽함)하고, 지극한 도의 지극함(極)은 혼혼묵묵昏昏嘿嘿하니, 내가 그 하나를 지켜서, 이로써 처하여 그와 화합하는 것이다." 하였다.

황제가 말하기를, "마음을 기르고 호흡하여서 형形을 이루며(服形), 신神이 몸을 나가서 노니는 단계에서 성惺(깨달음, 고요함)을 얻었다. 도道란 내 몸에서 얻는 것이지 바깥에서 구하는 것이 아니다. 신神이 몸을 나갔던 문門으로 다시 들어가서 뿌리로 돌아가 신神으로 보고(神視 : 신기神氣의 시력이 눈을 망각하고도 사물에 통달함), 기氣로 들으니(氣聽 : 신기神氣의 청력이 귀를 망각하고도 사물에 통달함), 형상(象)이 없는 구슬(珠)을 얻었도다. 이것이 도道 없이 득도得道함이로다." 하였다.

또 말하기를, "내가 장차 현포玄圃(신선이 머무는 곳)에 머물러 쉬면서 나머지 진眞을 되돌리려 하노라." 하였다.

黃帝內經歧伯. 曰恬澹虛無, 眞氣從之, 精神內守, 病安從來?
秉薰謹按此啓脩養不病之祖法以濟生度人無量誠可謂至德也.

황제내경에서 기백歧伯 천사天師가 말하기를, "마음을 욕심 없이 고요하고 맑게 해서 텅 비우면(염담허무恬澹虛無), 진기眞氣가 따라오고, 정신精神을 안에서 잘 지킨다면, 병이 어찌 따라오겠는가?" 하였다.
내가(秉薰) 삼가 살펴보건대, 이것은 수양脩養으로 병들지 않는 조법祖法을 열어주어 생명을 구제하고 사람을 제도함(濟生度人)이 한량없는 것으로써, 진실로 가히 지극한 덕(至德)이라 할 수 있다.

老子道德經曰, 道可道, 非常道. 名可名, 非常名. 無名天地之始, 有名萬物之母.
又曰, 孔德之容, 惟道是從.
又曰, 人法地, 地法天, 天法道, 道法自然. 又曰, 反者道之動, 弱者, 道之用, 萬物生於有, 有生於無.

노자 도덕경에서 말하기를, "도道를 가히 도道라고 말할 수 있으면, 항상 하는 도가 아니다. 이름(名)을 붙여 부를 수 있으면, 항상 하는 이름이 아닌 것이다. 이름할 수 없는 것(無名)이 천지의 시작(始)이요, 이름을 붙여 부르는 것(有名)은 만물의 어미가 된다." 하였다.

또 말하기를, "성대한 큰 덕의 모습은 오직 도가 하는 대로 따르는 것이다." 하였다.

또 말하기를, "사람은 땅을 본받고, 땅은 하늘을 본받고, 하늘은 도를 본받고, 도는 자연을 본받는다." 하고, 또 말하기를, "반대로 함이 도의 운동이며(反者道之動), 유약함이 도의 쓰임이니, 만물은 유에서 생겨나고, 유는 무에서 생겨난다." 하였다.

老子又曰, 道生之德畜之, 物形之, 勢成之. 是以萬物莫不尊道而貴德. 道之尊, 德之貴, 夫莫之命而常自然. 故道生之, 畜之, 長之, 育之, 成之, 熟之, 養之, 覆之. 生而不有, 爲而不恃, 長而不宰, 是爲玄德.

又曰, 歸根曰靜, 靜曰復命, 復命曰常, 知常曰明. 天乃道, 道乃久.

노자가 말하기를, "도가 만물을 낳게 하고, 은덕으로 품어서 길러주고, 화육하여 만물의 형상을 이루어주며, 세력으로 성장시켜준다. 때문에 만물은 도를 높이고 덕을 귀히 하지 않을 수가 없다. 도를 높이고, 덕을 귀하게 하니, 대저 명령하는 자가 없어도 늘 스스로 그러하다. 그러므로 도가 낳아주고 은덕을 품어서 길러주고, 자라게 해주고, 키워주고, 성숙하게 해주고, 먹이고 덮어준다. 낳아주고 소유하지 않고, 품어서 길러주고 자랑하지 않고, 키워주고 맡아서 주관하지 않으니, 이것을 일러서 현덕玄德이라고 한다." 하였다.

또 말하기를, "뿌리로 돌아가는 것을 일러서 정靜을 명命에 복귀함이라 하고, 명命에 복귀함을 일러서 상常이라 하고, 항상 하는 자연의 이법을 아는 것을 명明이라 한다. 자연의 법도와 도와 합하게 되면 도는 마침내 오래도록 이어진다." 하였다.

謹按老子之學, 眞是廣成黃帝之淵源, 修養正傳也.
其曰, 有物混成先天地生者. 可見其探形上之哲理, 非他家可比也. 然至論治世之法, 則正欲回醇反樸, 以歸自然者. 殊不知人之四大六根, 皆欲也, 聖人所以節制, 以治世者, 皆反對以偏激之論, 則恐未免違咈人情, 而世道, 亦何可進化乎?
然此不過矯弊之論也, 若其眞正主腦之哲理, 則一以爲修養成仙之至德, 一以爲共和至治之要道(政治篇詳載), 何可以尋常道德論, 論哉? 讀至政治編, 其道德之至言眞理, 可自得之.

삼가 노자의 학學을 살펴보건대, 참으로 광성자와 황제의 연원이니, 정전正傳을 수양하였다.
그가 말하기를, "혼성한 물건이 있는데 천지보다 먼저 생겨났다." 하였다. 가히 그가 탐구한 형상의 철리를 보건대, 타가에 비할 수 있는 것이 아니다. 그러나 치세의 법을 논함에 이르러서는, 곧 순박함에 돌아가고자 하였으며, 이로써 자연에 돌아가려 했다. 사람들은 사대육근이 모두가 욕심인 것을 전혀 모르고 있으니, 성인이기 때문에 절제하고, 이로써 치세하는 것은 모두 반대하며 극단偏激적인 이론이라 하고, 곧 인정에 어긋남(위불違咈)을 면치 못할까 한다 하니, 세상의 도가 또한 어찌 가히 진화하겠는가?
그러나 이것은 폐단을 바로잡아 고침(矯弊)에 불과한 논이니, 만약 그것이 진정으로 주요한 철리라면, 곧 하나로써 수양성선修養成仙의 지덕至德이 될 것이며, 하나로써 공화지치共和至治의 요도要道가 될 것이니(정치편에 자세히 기록함), 어찌 가히 평범한 도덕론을 논하겠는가? 글을 읽는 것이 정치편에 이르게 되면, 그 도덕의 지극한 말과 진리가 가히 자득하게 될 것이다.

又按世稱老莊, 然莊學尤多反常. 舉唐虞以來之政治, 詆斥備至, 且論道德, 亦極偏激故, 不取也. 然論世之士, 以爲其論, 近於最近之社會主義, 且屬於純粹哲學云者, 果知言否, 余所不信也.

또 세칭 노장老莊이라는 것을 살펴보건대, 그러나 장학莊學이란 더욱 더 비정상적이다. 당우(요임금) 이래 정치를 들어서 꾸짖는 것(지척詆斥)을 극진히 하면서(備至), 또 도덕을 논하니, 또한 극히 극단적인 연고로 취하지 않았다. 그러나 세상을 논하는 지사들이 그 논론이 최근의 사회주의에 가깝다고 여기고, 또한 순수철학에 속한다 이르는 것은 과연 알고서 말하는 것인지, 나는 믿지 않는 바이다.

關尹子曰, 操之以誠, 行之以簡, 待之以恕, 應之以默, 吾道不窮.
又曰, 天下之理小不制而至於大, 大不制而至於不可制故. 能制一情者可以成德, 能忘一情者, 可以契道.
又曰, 聖人之道, 或以仁爲仁, 或以義爲仁, 或以禮爲智, 以信爲仁. 仁義禮智, 各兼五者, 聖人一之不膠, 天下名之不得.

관윤자가 말하기를, "진실함(誠)으로 마음을 바로잡고, 간결하게 행동하고, 용서하는 마음으로 남을 대하고, 침묵으로 응대하면, 나의 도는 다하지 않는다." 하였다.
또 말하기를, "천하의 이치가 적은 것을 제어하지 않아 크게 됨에 이르고, 큰 것을 제어하지 않으면 제어할 수 없는 지경에 이르는 까닭이라. 능히 일정一情을 제어하여서 가히 덕을 이룰 수 있고, 능히 일정一情을 잊음으로서 도道에 부합할 수 있다." 하였다.

또 말하기를, "성인의 도는 혹 인仁으로써 인仁하고, 혹 의義로써 인仁하고, 혹 예禮로써 지智하고, 신信으로써 인仁한다. 인의예지仁義禮智가 각 다섯 가지를 겸하였으니, 성인聖人은 (인의예지가 아닌) 한 가지에 집착하지 않으므로 천하에 이름난 것을 얻지 않는다." 하였다.

謹按尹子之哲理正論, 極其純粹, 觀此道德之言, 亦可謂順正哲學也.
嘗考仙鑒, 列子, 范蠡, 扁鵲, 墨翟, 鬼谷子, 尉繚子, 黃石公, 皆受道於老子, 以各成其技器也, 有歉於道德故, 只擧數人而已.

삼가 살펴보건대, 관윤자 철학 이론을 바르게 논하자면, 그 순수함이 지극하니, 이 도덕의 말을 보면, 또한 가히 순정順正철학이라 이를 만하다.
일찍이 선감仙鑒을 살펴보면, 열자, 범려, 편작, 묵적, 귀곡자, 위료자, 황석공은 모두 도道를 노자에게서 받고, 이로써 각각 그 기기技器를 이루었으나, 도덕에서 채우지 못함이 있는 까닭으로 단지 수인數人을 들었을 뿐이다.

墨子曰, 莫若法天, 天之行廣而無私, 其施厚而不德, 其明久而不衰. 故聖王法之. 旣以天爲法, 動作有爲必度於天. 天之所欲則爲之, 天所不欲則止.
又曰, 天必欲人之相愛, 相利, 不欲人之相惡, 相賊也. 以其兼而愛之, 兼而利之也. 賊愛身不愛人. 雖至大夫之相亂家, 諸侯之相攻國者,皆起不相愛, 若使天下兼相愛, 則國與國不相攻, 家與家不相亂, 盜賊無有, 君臣父子皆能孝慈, 則天下治.

묵자가 말하기를, "하늘(원문은 法夫이나 法天으로 고쳐서 해석하였음)을 법으로 삼는 것보다 좋은 것이 없으니, 하늘의 운행이 넓지만 사사로움이 없고, 그 베푸는 것은 후하지만 덕을 베풀었다 하지 않으며, 그 밝음이 오래가지만 쇠하지 않는다. 그러므로 성왕은 이것을 본받았던 것이다. 이미 하늘로써 법을 삼았으면, 동작과 유위有爲는 반드시 하늘에서 기준을 삼아 따를 것이다. 하늘이 바라는 바를 할 것이고, 하늘이 바라지 않는 바는 그만둘 것이다." 하였다.

또 말하기를, "하늘은 반드시 사람들이 서로 사랑하고, 서로 이롭게 하기를 바라고, 사람들이 서로 미워하고, 서로 해치는 것을 바라지 않는다. 하늘이 사랑하는 그것으로써 다 함께 사랑하고(以其兼而愛之), 하늘이 이롭다고 하는 것을 다 함께 이롭게 하는 것이다(兼而利之也). 도적도 그 자신은 사랑하지만, 다른 사람은 사랑하지 않는다. 비록 대부가 서로 집안을 어지럽게 함에 이르게 되고, 제후가 서로 나라를 치게 되는 것도, 모두가 서로 사랑하지 않아서 일어난 것이요, 만약 천하가 함께 서로 사랑하게 한다면, 곧 나라와 나라는 서로 치지 않고, 가정과 가정은 서로 분란하지 않으니, 도적이 없을 것이고, 군신부자 모두가 능히 효도하고 사랑하니, 곧 천하가 다스려진다." 하였다.

謹按墨子兼愛之說, 見斥于孟子, 以愛無差別爲無父, 惜其意蓋. 我愛人之親, 則人亦愛吾親矣. 然立愛惟親爲宗, 而只取其法天兼愛, 以息亂之見, 庶乎可耳.

安期生, 聘於秦, 始皇待以客禮. 然竟不傳道, 稱託求仙於海, 始皇厚遣金帛, 期生盡散鄕里. 而遇老子告以秦暴, 宜施速滅之道, 以求生靈.

삼가 묵자의 겸애설을 살펴보건대, 맹자에게 배척을 당하였으니, 차별없이 사랑하면 부父가 없게 된다 함으로써, 아깝게도 그 뜻이 덮여졌다(무차별적 사랑은 유교儒敎의 등급等級 있는 인애仁愛와 배치됨). 내가 다른 사람의 부친을 사랑하면, 곧 다른 사람도 역시 나의 부친을 사랑한다. 그러나 사랑을 세우는 일을 내 부모를 사랑하는 것으로부터 시작함(立愛惟親)을 종宗으로 삼아도, 단지 그가 하늘을 본받아 겸애함을 취한다면, 이로써 어지러운 견해를 그치는 것이, 거의 가능할 것이다.

안기생安期生은 진나라에서 불러 진시황이 객客의 예로서 대하였다. 그러나 결국 도道를 전하지 않았으며, 동해바다에서 신선을 구한다는 핑계를 대자, 진시황이 후하게 금과 비단을 보냈으나, 안기생은 모든 금과 비단을 고향에다 풀어놓았다. 노자를 만나서 진나라의 포악함을 고告하자, 속히 멸하는 법도를 베풀어서 백성(生靈)들을 구하였다.

謹按仙鑑, 老子教以滅秦之策, 如安生亦可謂陰行道德, 以濟世者也. 尉繚子, 送黃石公于汜上, 傳道張良, 良强忍下取履. 且如約三至, 石公曰, 孺子可教也, 乃授以素書, 兵法, 及眞傳.

삼가 선감仙鑑을 살펴보건대, 노자가 진나라를 멸하는 대책을 가르쳐주었으니, 안생安生(安期生) 같은 이도 또한 가히 몰래 도덕을 행하였다 할 것이니, 이로써 세상을 구한 자이다.

위료자는 황석공을 우범교于氾橋 위에 보내서 장량에게 도를 전하였으니, 장량은 억지로 참고 다리 밑으로 내려가서 황석공이 떨어뜨린 신발을 가져왔다. 또한 약속한 대로 3번까지 도착하자, 황석공이 말하기를, "사내아이가 가르칠만하다." 하고 소서素書, 병법兵法 및 진전眞傳을 주었다.

張良, 字子房. 後乃滅秦興漢, 而仍謝病辟穀, 曰封留足矣.
謹按良之勳業, 輝煌宇宙, 不須枚擧. 而其佐漢滅秦, 以報韓讐然後, 卽謝絶爵祿, 如脫弊屣. 其高志淸德, 可謂三代以下之了債一人也.
朱子贊曰, 老子有云弱者道之用也, 惟子房之平生事業, 善用此一言而成就, 誠然也.

장량은 자字가 자방이다. 뒤에 진나라를 멸하고 한나라를 흥하게 하였고, 그러고 나서 병을 핑계대고(謝病) 벽곡辟穀하면서 한고조에게 말하기를, "처음 만났던 유留 땅에 봉해지면 족합니다." 하였다.
삼가 장량의 훈업을 살펴보건대, 온 세상에 휘황하여서 일일이 들 필요가 없다. 그가 한나라를 도와서 진나라를 멸망시키고, 한韓나라의 원수를 갚은 연후에, 곧 작록을 사절하였으니, 마치 헌신짝 버리듯(여탈폐사如脫弊屣) 하였다. 그 높은 뜻과 맑은 덕은 가히 삼대 이하에서 자기 의무를 다한 한 사람(了債一人)이라고 이를 수 있다.
주자가 칭찬하여 말하기를, "노자의 한 말에 약한 것이 도의 용用이라 하였는데, 오직 자방의 평생 사업이 이 한마디를 잘 써서 성취하였다." 하였으니, 진실로 그러하다.

許旌陽, 乃晉之天仙. 以旌陽令, 厚行陰德, 救活者甚衆, 竟成天仙也. 且至孝感天故, 降眞授銅符鐵券書于孝子蘭公, 以成道也.

呂純陽曰, 忠孝, 爲行道之始, 古今無不忠孝之神仙. 忠孝之至, 可以格天地可以泣鬼神可以動風雷, 可以蹈江河, 可以開金石, 可以爲賢聖, 可以成佛仙, 報應無窮, 功德無量.

謹按純陽眞仁仙也. 用神化度人已多. 而勸勉道德之言, 亦不能枚擧.

허정양은 진나라의 천선天仙이다. 정양현령旌陽縣令을 지내면서 음덕을 후하게 행하고, 구활자가 매우 많아서 결국 천선天仙을 이루었다. 또 지극한 효성으로 하늘을 감동시켰기에 진眞을 내렸으니, 동부철권銅符鐵券의 글을 효자인 난공蘭公(신선, 연주 곡부현 사람)에게서 받고 이로써 성도成道하였다.

여순양이 말하기를, "충효는 행도의 처음이 되니, 고금에 충효를 하지 않은 신선이 없었다. 충효의 지극함으로 가히 천지에 이를 수 있고, 가히 귀신을 울릴 수 있고, 가히 풍뢰를 동하게 할 수가 있으며, 강하를 건널 수 있고, 금석을 열 수 있고, 성현이 될 수가 있고, 부처와 신선이 될 수 있으니, 보응이 무궁하고 공덕이 무량하다." 하였다.

(원문에서는 可以爲 다음의 밑줄 친 15글자(賢聖, 可以成佛仙. 報應無窮, 功德無量)가 여동빈 신선의 문장과 비교해서 탈락되어 보충하고 해석을 하였음. 〈여조전서, 권7, 충효고총론〉)

삼가 여순양 신선을 살펴보건대, 참으로 인선仁仙이다. 신령스런 교화를 써서 사람들은 제도한 것이 매우 많다. 도덕을 권면한 말 또한 일일이 들 수가 없다.

李必, 相唐德宗, 德宗以師事之. 坐而論道經邦, 以格君心之非, 以濟生民於一時仁壽者, 皆三代以後, 亦可謂得君, 以行其哲理道德者, 又一人也.

이필李必은 당나라 덕종의 재상이지만, 덕종이 스승으로 섬겼다. 앉아서 도를 논하여 나라를 다스리고 세상을 구하였으며, 임금의 마음이 잘못됨을 바로잡았고, 생민生民을 일시에 구제하였으니, 천수天壽를 누리며 장수한 사람들 모두가 삼대 이후에, 또한 임금을 잘 만났다고 하였으니, 그 철리도덕을 행한 또 한 사람이었다.

謹按史云泌, 憂形於色, 則德宗問而無不從之兵.
士曰黃衣者吾君也, 白衣者, 山人也.
烏乎! 眞有得於眞傳者, 行世濟民之道德, 固如是哉. 彼入山獨潔者, 抑何心哉?

삼가 살펴보건대, 사기에서 이필(당나라 현종, 숙종, 덕종 때 재상)을 말하되, 마음속의 근심을 억누를 수 없어 얼굴에 근심을 나타내자, 덕종이 묻기를, "따르지 않는 병사가 없지 않소?" 하였다.
군사들이 소곤거리며 "황의자는 우리 임금이요, 백의자는 산 사람(山人)이다." 하였다(이때 숙종이 이필에게 자주색 옷으로 바꿔 입게 하고 따르게 하였다).
아! 진실로 진전자眞傳者에게서 터득함이 있어 백성을 구제하는 도덕을 세상에 널리 행함은 진실로 이와 같았다. 저 입산하여 홀로 고결한 사람들은 또한 무슨 마음인가?

*참고 : 아래는 통감절요(권42, 당기唐紀 숙종肅宗)에 실린 이필의 글.

上與李泌出行軍, 軍士指之竊言曰, 衣黃者聖人也, 衣白者山人也.
上聞之以告泌曰, 艱難之際, 不敢相屈以官, 且衣紫袍 以絶群疑.
泌不得已受之, 服之:入謝, 上笑曰, 旣服此, 豈可無名稱! 出懷中勅, 以泌爲侍謀軍國, 元帥府行軍長史, 泌固辭.
上曰, 朕非敢相臣, 以濟艱難耳, 俟賊平, 任行高志. 泌乃受之.

당숙종이 항상 이필과 함께 말을 타고 가는데, 어떤 군사들이 소곤거렸다. "붉은 옷을 입은 자는 천자이고, 백의자는 산인이다."
당 숙종이 그 말을 듣고 이필에게 고하기를, "어려운 때에, 감히 그대에게 관직을 주어서 굽히게 할 수 없으나, 우선 자주색 도포를 입어서 사람들의 의심을 끊으라." 하였다.
이필이 부득이 이 옷을 받아 입고 들어가 사례하자, 상이 웃으며 말했다 "이미 이렇게 관복을 입었으니, 어찌 관직의 명칭이 없을 수 있겠는가!" 하고, 이에 품 안에서 칙서를 꺼내 이필을 "대모군국, 원수부행군장사"로 임명하였다.
이필이 사양하자, 상이 말하기를, "짐이 감히 경을 신하로 삼으려는 것이 아니라, 지금의 어려움을 구제하기 위해서이니, 경은 적이 평정되기를 기다려서 높은 뜻을 마음대로 행하라." 하니, 이필이 마침내 관직을 받았다. 〈이상 통감절요 권42 당기唐紀 숙종肅宗 중에서〉

邱長春, 應聘元世祖, 號以邱神仙, 訪道以誠. 對曰, 修身之法, 外修陰德, 內固精神, 恤民保衆, 使天下懷安, 爲外行也. 省欲保身, 爲內行. 但能節欲, 則幾於道矣.

구장춘이 원세조의 초빙에 응하였는데, 구신선으로 부르면서 진실로 진리를 찾았다. 그러자 대답하여 말하기를, "수신의 법이란, 밖으로 음덕을 쌓고 안으로 정신을 굳게 하면서 백성을 구휼하여 대중을 보호하고, 천하로 하여금 편안함에 들도록 하는 것을 외행外行으로 삼는 것입니다. 욕심을 없애고 몸을 보호함을 내행內行으로 삼는 것입니다. 단지 능히 욕심을 줄이면, 곧 도에 거의 가까운 것입니다." 하였다.

謹按元世祖, 每行軍時, 長春同之. 其密秘救活者甚衆, 此政眞人之陰德也.
凡所謂陰德者, 人所不知而我以天良安行, 無所謂而爲之者也. 世之學道者, 當仰法老子, 尉繚, 因人濟世之本旨.
且觀子房, 李泌, 長春之出世, 救民之苦心, 切切以救活生民, 有補人世, 立志然後, 庶不背至眞哲理道德之本源矣. 烏乎! 學人.

삼가 원세조를 살펴보건대, 매번 행군시에 장춘도인을 동행하였다. 그는 비밀리에 구활한 자가 매우 많았으니, 이는 정말로 진인의 음덕인 것이다.
무릇 음덕이라고 이르는 것은, 사람들이 모르는 바를 내가 양심으로써 즐거이 행하는 것이니, 이를 곳이 없이 행하는 것이다. 세상의 도를 배우는 자들은 마땅히 노자와 위료(B.C. 237)가 다른 사람으로 인하여서 세상을 구제하는 본지를 우러러 본받아야 한다.
또 장자방, 이필, 장춘의 출세와 구민의 고심, 절절한 구활생민, 유보인세有補人世를 보건대, 뜻을 세운 연후에는 거의 지극히 참된 도덕철리의 본원을 저버리지 않았다. 아! 학인들이여.

劉基, 乃明之開國功臣, 其神通兵法, 誠明前知, 有類乎呂尙, 張良. 而功成後亦肥遯絶世也.(按道家自子房李泌至劉公, 則可謂經世道德, 再三進化也.)

유기劉基(1311~1375)는 명나라 개국공신이니, 그는 병법에 신통하였으며 진실로 밝고 앞을 알았으니, 마치 여상呂尙(강태공)이나 장량과 같았다. 공을 이룬 후에는 즐거이 은둔하여 세상과 인연을 끊었다.(살펴보건대, 도가에 장자방과 이필로부터 유공에 이르기까지, 가히 경세도덕이라 할만하니, 재삼진화인 것이다.)

謹按劉公, 亦高世淸德也. 老子, 嘗傳道呂尙, 以救世. 尉繚子, 亦嘗訪諸葛幼時, 知爲濟世之才. 今又傳道劉基, 以救世, 吁! 亦奇絶哉. 其原天道德之無上哲理, 乃如是哉.
然則儒家, 安得不幷取其經其貪惡, 而合致哉?(尉繚至劉生存, 不亦奇哉, 仙鑒有.)

삼가 유공을 살펴보건대, 또한 세속을 초월한 맑은 덕을 소유하였다. 노자는 일찍이 여상(강태공)에게 도를 전하여서 세상을 구하도록 하였고, 위료자는 또한 일찍이 제갈공명이 어릴 때 방문해서 세상을 구할 인재임을 알아보았다. 지금 또 유기劉基에게 도를 전하여서 세상을 구하게 하니, 아! 또한 비할데 없이 기이한 일이다. 그 원천도덕의 무상철리란 바로 이와 같은 것이다.

그러한즉, 유가는 그 탐악의 다스림을 병취幷取하여 합치하지 않을 수가 있겠는가?(위료에서 유기의 생존까지 또한 기이하지 않은가, 선감에 기록이 있다.)

| 제8장 |

조선도덕시개화
朝鮮道德始開化

有神人于太白山頂(今妙香山)檀木下, 國人立以爲君, 名曰檀君. 君有神智聖德制朱耜敎民稼穡, 造書契, 爲前民用, 敷設正德之事. 東明王, 繼以利用厚生之, 業益拓, 是爲東韓創始之事實也.

태백산 꼭대기(지금 묘향산) 단목 아래 신인이 있었는데, 나라 사람들이 왕으로 세우고 임금으로 삼았으니, 이름을 단군이라 하였다. 단군 임금은 신령한 지혜(神智)와 성덕聖德이 있었으며, 주사朱耜(쟁기)를 만들어서 백성들에게 씨 뿌리고 거두는 농사일을 가르쳤고, 서계書契(글자로 사물을 표시하는 부호)를 만들어서 전민前民(시장에서 장사하는 사람들)들이 사용하도록 하여 정덕正德의 일을 널리 펴서 베풀었다. 동명왕이 계속해서 이용후생利用厚生하고 사업이 더욱 확장하였으니, 이것이 동한(한국) 창시의 사실이다.

謹按陸象山云, 東海西海, 千百世之上, 有聖人出, 此心同, 此理亦同.

可謂知言哉.

東韓之首出神聖, 與堯同時, 而制作開物之神智聖德, 亦同也.

觀首篇天符經而至此, 孰不公認以最古神聖之邦乎?

삼가 살펴보건대, 육상산陸象山(본명 陸九淵)이 말하되, "동해, 서해에서 천백세千百世의 위로 성인聖人이 나왔는데, 이 마음도 똑같고, 이 이치도 또한 동일하다." 하였으니, 가히 단군 성인을 알고 말한 것이라 할 것이다.

동한東韓에서 처음 신성神聖이 나온 것은 요임금과 더불어서 같은 시대이니, 제작制作 개물開物(사람이 아직 알지 못한 것을 개통開通해 줌)해주는 신지神智와 성덕聖德이 또한 같다.

천부경의 첫 편에서 여기에 이르는 것까지를 보건대, 누가 최고 신성神聖의 나라인 것을 공인하지 않겠는가?

箕子, 君治朝鮮, 並遼陽, 設以八條敎民. 曰五倫, 父子有親, 君臣有義, 夫婦有別, 長幼有序, 朋友有信, 加正德, 利用, 厚生, 三事也.(第二番原天哲理道德進化)

기자는, 단군 임금이 다스렸던 조선에서 요양遼陽 땅을 아울렀으며, 팔조로써 베풀어 백성을 가르쳤다. 말하자면, 오륜이니, 부자유친, 군신유의, 부부유별, 장유유서, 붕우유신이며, 정덕正德, 이용利用, 후생厚生을 더해서 삼사三事이다.(제2번 원천 철리도덕 진화)

謹按檀君之兼聖, 又箕子之兼聖並臻, 誠可謂世界所未有之兼聖古邦乎. 仙鑒以朝鮮只爲箕子之聖國者, 不識曾有檀君之兼聖故云也.

蓋洪範之體天經世之至理, 誠最高之哲理道德. 然惜武王不盡用其道於天下, 而又不封殷之地, 以治殷民. 而白馬道東之後, 封以朝鮮, 兼治遼東, 竊爲東民之幸福, 而殷民之不幸也. 吁!

삼가 살펴보건대, 단군의 겸성과 또 기자의 겸성이 병진並臻이니, 진실로 가히 세계에 없었던 바 겸성의 옛 나라였다. 선감仙鑒에서는 조선으로써 단지 기자의 성국이라 하였는데, 일찍이 단군의 겸성이 있었음을 몰라서 말한 것이다.

대개가 홍범의 체體는 하늘이 세상을 경륜하는 지극한 이치이니, 진실로 최고의 철리도덕이었다. 그러나 아깝게도 무왕이 그 도를 천하에 다 쓰지 않았으며, 또 은나라의 땅에 봉하지 않고 은나라 백성을 다스렸다. 백마가 동으로 인도한 후에 조선으로 봉하니, 요동을 겸하여 다스렸으며, 마음속으로 동민東民의 행복이라 여겼으나 은 민족의 불행이었도다. 아!

乙支文德曰, 道以事天, 德以覆民, 可乎?
朱子綱目書曰, 高句麗, 遺其大臣乙支文德, 議和.
謹按文德, 是高麗平壤石多山人. 才兼文武, 有英雄造世之德. 其在東邦, 出將入相, 致君澤民, 道德勳業, 與伊葛韓范, 同一心跡. 而惜其偉絶政略, 未及廣濟天下, 而限於一隅, 遂使後世英哲, 慷慨不已.

을지문덕 장군이 말하기를, "도道로써 하늘을 섬기고, 덕德으로써 백성을 덮어야 하니, 되겠는가?" 하였다.
주자강목서에서 말하기를, "고구려는 그 대신大臣 을지문덕을 보내서 화和를 의논하였다." 했다.

삼가 살펴보건대, 문덕은 바로 고구려 평양의 석다산(原名 : 선사포宣沙浦) 사람이다. 재질이 문무를 겸하였으며, 영웅으로 세상을 새로 만들어내는 덕을 가졌다. 그는 동방에 있으면서 출장입상하여 치군택민致君澤民(임금을 성군으로 만들어 백성에게 혜택을 줌)케 하고, 도덕훈업道德勳業이 이갈伊葛(이윤과 제갈공명)과 한범韓范(韓琦와 范仲淹)과 더불어서 동일한 심적心跡이었다. 그러나 애석하게도 그 위대한 정략은 광제 천하에 미치지 못하고 한 지방에 국한되니, 마침내 후세 영철들로 하여금 강개慷慨토록 할 뿐이었다.

薛聰曰, 音節天地自示之文也. 遂創制國文二十七字, 子母音互相通用至千萬字而不窮. 亦一創智神見, 與蒼頡之造書同一聖德也. 然簡易易通極便捷非漢字別文比也.

설총은 말하기를, "음절은 천지가 스스로 보여주는 글월이다." 하였다. 마침내 국문 27자字를 창제하였으니, 자모음을 호상 간 통용해서 천만자에 이르로도 다하지 않는다. 또한 한결같은 창지創智와 신령한 견해(神見)는 창힐蒼頡의 글을 지은 것과 더불어서 동일한 성덕聖德이다. 그러나 간단하고 쉬워 쉽게 통하며, 지극히 간편하여 한자가 아닌 다른 글과 비교할 수 있다.

謹按薛公是新羅人. 自是譯解中國經史, 以遍國中, 文學道義, 遂大興也. 雖下愚, 旬日可通矣. 不知環球, 寧有若是易文乎?

삼가 살펴보건대, 설공은 바로 신라인이다. 이로부터 중국의 경사를 번역하고 해석해서 이로써 나라 중에 두루 했으니, 문학도의가 마침내 크게 일어났다. 비록 하우下愚(어리석고 못난 백성)라도 열흘이면 통할 수가 있다. 환술을 알지 못하지만, 어찌 이와 같이 쉬운 글이 있는가?

王仁曰, 道德文章, 儒子本分事也. 旣成己德, 則及人成德, 不是仁理乎? 宣敎國中, 無遠不曁, 而動化矣.
亦嘗慨然曰, 吾將宣布文敎于日本乎.
日本國史, 詳載事實曰, 百濟人王仁, 來宣文敎云.(第三番文德進化)

왕인이 말하기를, "도덕 문장은 유자儒子의 본분된 일이다. 이미 자기 덕을 이루었으면, 곧 다른 사람에게 미치게 하여 덕을 이루게 하면, 인仁의 이치가 아니겠는가?" 하고 나라에 가르침을 펴서, 멀리까지 이르지 않음이 없이 동화動化되었다.
또한 일찍이 개연慨然히 말하기를, "내가 장차 일본에 문교文敎(글로 가르침)를 선포宣布하겠다." 하였다.
일본 국사에 자세히 기록되었는데, 사실에서 말하기를, "백제인 왕인이 와서 문교文敎를 베풀었다." 하였다.(제3번 문덕 진화)

謹按朝鮮雖別爲一國, 而其地疆與中國同一分野, 而只以鴨綠一水, 爲界限也. 是以擧天地開闢後, 神聖先出中土, 而韓亦如之, 其亦天定也. 故文明開化, 同出一軌, 至若日本文敎, 其時尙未開, 故王聖乃往敎之.
蓋人非至仁之公德心, 於同國之同胞, 猶難免畛域之見, 況乎破國界而身親赴敎者, 詎非聖人之至仁公德心乎?

余故推王公以爲聖人, 惟其能破國界之見, 誠如老子之西渡, 而世界萬國之所未有也, 曷不偉哉?

삼가 살펴보건대, 조선은 비록 따로 한 나라였으나, 그 땅의 경계가 중국과 더불어서 동일한 분야이며, 단지 압록의 한 강물로써 경계로 하였을 뿐이다. 그러므로 천지개벽후를 들어서 신성이 중토中土에서 먼저 나오면, 한국 또한 같았으니, 그 또한 하늘이 정한 것이다. 그러므로 문명개화가 한 궤도에서 같이 나왔으며, 일본 문교 때에 이르러서는 그때가 아직 미개하였으니, 그러므로 왕王인 성인聖人이, 곧 가서 가르쳐준 것이다.

대개가 사람의 지극히 어진 공덕심이 아니면, 같은 나라 같은 동포에게도 오히려 경계의 드러남을 면하기 어려운데, 하물며 나라의 경계를 깨고서 몸소 친히 가서 교육하는 것은, 어찌 성인의 지극히 어진 공덕심이 아니겠는가?

나는 그러므로 왕공王公을 밀어서 성인聖人으로 하는 것이며, 오직 그가 능히 나라의 경계를 깰 수 있다는 견해는 진실로 노자가 서쪽으로 건너간 것(老子之西渡)과 같은 것이며, 세계 만국에 있지도 않은 일이니, 어찌 위대하지 않은가?

鄭圃隱先生(夢周)曰, 孟子所謂浩然之氣, 卽天地之正氣也. 正氣之在人者, 發而爲孝悌忠信之行, 具有條理節次者, 卽心理也. 行之者人道, 而蓄之者德也. 然能知天者, 可以體天而植人之道德.

정포은 선생(몽주) 왈, "맹자가 소위 호연지기를 말하였으니, 곧 천지의 정기이다. 정기가 사람에게 있으면, 발하여 효제충신孝悌忠信(부모에게 효도하고, 형제에게 우애하고, 나라에 충성하고, 친구에게 신의를 지킴)의 행行이 되고, 조리절차條理節次를 모두 있게 되는 것은, 곧 심리心理이다. 행하는 것은 인도人道이고, 쌓는 것은 덕德이다. 그러나 능히 하늘을 아는 자가 가히 하늘을 본받아서 사람의 도덕道德을 심을 것이다." 하였다.

謹按先生, 以麗季大臣, 盡忠圖存, 而竟以身殉國. 其血痕尙斑於松京善竹橋石上, 忠義大節, 爭光日月, 爲東方理學之宗. 先生植人道於東韓, 而倡啓聖學于無窮則詎非命世者乎?

삼가 살펴보건대, 선생은 고려 말(麗末) 대신이니, 충성을 다하여 고려의 살 길을 강구하였으나 마침내 몸으로써 순국하였다. 그 혈흔이 아직도 송경松京(開城) 선죽교 석상에 얼룩 흔적이 있으니, 충의의 커다란 절개(大節)요, 일월과 영광을 다투었으며, 동방이학東方理學의 조종祖宗이 되었다. 선생은 동한(한국)에 인도人道를 심었으며, 성학聖學을 창계倡啓함이 무궁하였으니, 어찌 세상을 바로잡아 이끌 인재(命世者)가 아니겠는가?

又按麗季, 文章道德輩出, 如金富軾, 李益齋(齊賢), 李牧隱(穡), 全菊坡(元發), 入仕中國, 爲元翰林. 自是程朱之理學東漸, 丕闡哲理道德思想於李王朝鮮時代, 名賢碩德, 於斯爲盛.

全採微先生(五倫)以進賢館大提學, 入杜門洞(七十二人), 與諸賢言志曰, 伯夷採薇而餓死吾輩曷嘗多讓於古人哉? 遂隱旌善瑞雲山. 每朔望具朝服望松京痛哭.

詩曰, 唐虞世遠吾安適, 矯首西山繼絶塵.

또 살펴보건대, 고려 말에는 문장 도덕의 무리들이 출현하였는데, 김부식, 이익재(재현), 이목은(색)이다. 전국파(전원발, ?-1421년)는 중국에 입사入仕하여 원나라 한림을 하였다. 이로부터 정주의 이학이 동점東漸(동쪽으로 세력을 옮김)하였고, 이왕 조선시대에 철리도덕사상이 크게 밝혀졌으며, 명현석덕이 이에 성하게 되었다.

전 채미 선생(전오륜)은 진현관 대제학이었으며, 두문동에 들어가서(72인) 제현들과 더불어서 뜻을 말하기를, "백이는 고사리를 캐먹으면서 아사餓死하였는데, 우리들은 어찌 고인에게 고사리 맛보기를 과분히 양보만하겠는가?" 하고 마침내 강원도 정선 서운산에 은거하였다. 매 삭망朔望(음력 초하루와 보름)마다 조복을 입고 송경松京(開城)을 바라보면서 통곡하였다.

시를 썼는데, "요순(唐虞)의 세상에서 멀어지니 나 어디로 가리오. 머리를 들어 서산을 바라보면서 세상과 인연을 끊었네." 하였다.

謹按此採薇公, 亦余之傍祖也, 爲李牧隱之表叔, 而文學行義, 誠有得於哲理道學, 抗節不屈, 眞逸淸德, 可風百代, 吁! 可欽哉.

삼가 살펴보건대, 채미공採薇公(전오륜)은 또한 나의 방계조상이니, 이목은의 표숙表叔(외삼촌)이 되면서 문학을 하고 의를 행하였으니, 진실로 철리도학에서 터득함이 있었으며, 항절불굴抗節不屈(절조를 지키며 굽히지 않음)하고, 진일청덕眞逸淸德하여, 가히 백대에 걸쳐서 풍속으로 삼을만하였으니(可風百代), 아! 가히 공경할만하도다.

朝鮮李王世宗, 有聖人之德, 制禮作樂, 體國經野, 以立爲治之制度, 而行仁政, 明治道, 誠如箕子周公同調, 而條理之詳備, 則可謂愈進精微也.

嘗八耋(六月極炎) 臨講曰, 人主一心, 萬化之本, 豈可以懋而怠哉? 披閱之間, 所得頗多也.(第四番哲理道德進化)

조선 이왕 세종은, 성인의 덕이 있어서 예악을 제작하고, 국도를 건설하고, 향읍을 구획하며(체국경야體國經野), 이로써 정치제도를 세우고, 어진 정사를 행하고 치도를 밝혔으니, 진실로 기자, 주공과 같은 동조同調(같은 부류)이면서, 조리를 상세히 갖추었으니, 곧 가히 더욱 정미함에 나아갔다고 할 수 있다.

팔십에 이르러(유월 폭염) 임강臨講하여 말하기를, "임금의 일심은 모든 교화(萬化)의 근본이니, 어찌 움직이지 않고 해태하겠는가? 책을 펼쳐 읽는 사이에 얻는 바가 자못 많다." 하였다.(제4번 철리도덕 진화)

謹按世宗之體天道德, 制作之聖智, 非三代以下之君相, 所可比擬者. 而再詳于禮治篇也. 國文雖創始於薛公, 至世宗校正而補益之乃克完善也.

삼가 살펴보건대, 세종이 하늘을 본받은 도덕으로 성지聖智를 제작하였으니, 삼대 이하의 군상君相은 가히 비교할 자가 아니다. 다시 상세한 것은 예치편禮治篇에 있다. 나라의 글이 비록 설공薛公(설총)에서 처음 비롯하였으니, 세종에 이르러서 교정校正하고 보익補益해서 마침내 완전해졌다.

黃相國(喜)有經綸道德, 將順聖君, 輔翼制作, 而折節下士, 位在大僚. 常屈訪白屋寒士某某. 由是士氣蔚興, 亦可謂賢相之有謙德者也.

謹按東韓文獻數百卷, 而未克携帶, 故只此萬一記憶, 以略載者, 誠歉然也.

황상국(황희)은 경륜도덕이 있으니, 성군聖君을 받아들여 순종將順하며, 한글 제작에 보익輔翼하고, 범부에게는 자신의 신분을 낮추었으며, 지위가 대료大僚(영의정)에 있었다. 항상 초막집(白屋) 가난한 선비(寒士) 여러 사람을 허리 굽혀 방문하였다. 이로 인하여 사기가 한층 올라갔으니, 또한 가히 어진 재상이면서 겸덕이 있다고 할 것이다.

삼가 살펴보건대, 동한(한국) 문헌 수백 권을 아직 휴대할 수가 없어서, 그러므로 단지 이것은 만일의 기억으로만 간략히 기재한 것이니, 진실로 겸연스러운 일이다.

趙靜菴先生, 具聖賢之資質, 英粹德容, 盎然玉潤金精. 人一望之, 知其爲道成德立也. 常自任以堯舜君民. 日講經筵, 及其爲大司憲.

行政三日, 途不拾遺, 男女異路, 唐虞之治, 指日可覩矣.(第五番哲理道德極進化)

조정암 선생은 성현聖賢의 자질을 갖추었으며, 영특하고 순수하며(英粹) 덕용德容이니, 넘쳐흐르는 모양(盎然)이 옥윤금정玉潤金精(윤기 있는 얼굴)이다. 사람이 한번 바라보면, 그가 도성덕립道成德立하였음을 알게 된다. 항상 자임自任하면서 임금과 백성을 요순 임금과 백성으로 만들기를 원하였다. 날마다 임금에게 경연經筵을 강하였으며 대사헌에 이르렀다.

행정을 한 지 3일 만에 길에 떨어진 것을 줍는 자가 없었으며, 남녀가 다른 길로 다녔고, 요순 정치가 실현될 날이 멀지 않게 되었다(날을 정해놓고 볼 수 있었다). (제5번 철리도덕 극진화)

謹按遍攷歷代, 惟孔子行政三月, 魯乃大治, 至若趙公之行政三日, 途不拾遺者, 誠空前未聞之至德神化也. 憯言東西古今列邦之政治, 寧有是否? 此可爲德禮之治, 一大經驗於世界者矣.
嗚乎! 國運不竟, 讒禍(禍)罔測, 天何心哉? 先生乃圃隱淵源, 而受學于金先生宏弼之門者也.

삼가 살펴보건대, 역대 모두를 생각해 보면, 오직 공자만이 행정 한 지 석 달 만에 노나라가 마침내 크게 다스려졌는데, 조공(조정암)이 행정 한 지 3일에 이르러서 길에 떨어진 것을 줍지 않았다는 것은, 진실로 공전미문空前未聞(前代未聞)의 지덕신화至德神化(지극한 덕으로 하는 성스러운 교화)이다. 동서고금 열방의 정치를 돌아보면서 말하더라도, 어찌 이런 일이 있었겠는가? 이는 가히 덕례德禮의 정치라 할 수 있는, 세계에 일대 경험이었다.
아! 국운이 이르지 않아 참화讒禍가 망측하였으니, 하늘은 어떤 마음이었을까? 선생은 포은의 연원이니, 김굉필 선생 문하에서 수학하였다.

李退溪先生曰道體流行於日用之間, 無有頃刻停息故, 必有事焉而勿忘, 不容毫髮安排, 故須勿正與助長. 然後心與理一, 而道體之在我者, 無虧欠無壅遏矣.
又曰, 富貴易得, 名節難保. 末俗易高, 險塗難盡.

이퇴계 선생이 말하기를, "도체道體는 일용지간에 유행하면서, 경각의 멈춤과 휴식도 없는 고로, 반드시 일삼는 바를 두되 마음속에서 잊지 말며, 털끝 만큼의 안배安排(의식적으로 안치하고, 펼쳐두는 것)라도 용납치 않으니, 그러므로 반드시 미리 기대하거나 조장해서는 안된다. 그러한 후에 마음이 이치와 더불어 하나가 되면, 도체道體는 나에게 있는 것이니, 부족함(虧欠休欠)이 없고, 옹알壅遏(막힘)도 없는 것이다." 하였다.

또 말하기를, "부귀는 얻기 쉬워도, 명분과 절의는 지키기 어렵다. 말세의 풍속에서 고상해지는 것은 쉬우나, 험한 길에서 절개를 다하기는 어렵다." 하였다.

李栗谷先生曰, 道學者, 格致以明乎善, 誠正以修其身, 蘊諸躬則爲天德, 施之政則爲王道, 彼讀書而無實踐者, 何異於鸚鵡之能言哉?

謹按東韓之哲理道學, 自圃隱靜菴, 以至退栗兩先生, 大闡之以後, 通國之學問道德, 極其發達, 冠儒誦儒, 道成德立者, 殆遍國中, 其斌蔚之文明道德. 自洙泗以還, 雖洛閩唱學之盛, 亦恐不及也. 然專尙程朱之學, 可謂已甚.

苟於斯, 若加以道哲, 幷新思想, 以兼致焉, 則可成圓德矣. 噫! 亦晩矣, 何哉?

이율곡 선생이 말하기를, "도학이란, 격치格致(이치를 궁구해서 극치에 이름)로 선선을 밝히고, 성정誠正(誠意와 正心)으로 그 자신을 닦아서 저 몸에 쌓이면 천덕天德이 되고, 베풀어 정치를 하면 왕도王道가 되니, 그가 독서만 하고 실천하지 않는 것은, 앵무새가 말 잘하는 것과 무엇이 다르겠는가?" 하였다.

삼가 살펴보건대, 동한의 철리도학은 포은圃隱과 정암靜菴으로부터 퇴계와 율곡의 두 선생에 이르러서 크게 밝혀진 후에, 온 나라의 학문과 도덕은 그 발달이 극진하였고, 갓을 쓴 선비와 경전을 외우는 선비로 도성덕립道成德立한 자가 거의 나라의 어디에나 있었으니, 문명 도덕이 풍성해졌다. 공자의 학풍洙泗(수수와 사수는 노나라의 강이름으로, 공자가 강학하던 곳)으로부터 돌아와서, 비록 낙민洛閩(낙양 출신 정호, 정이와 민중 출신인 주희를 지칭, 송나라 정주학파)을 주장하는 학문이 성하였으나, 또한 아마 미치지 못한 것 같다. 그러나 오로지 정주程朱의 학문을 높였으니, 가히 지나치게 심하였다고 할 수 있다.

진실로 여기에다 만약 도덕철학을 가하고, 신사상을 아울러서 겸하여 이르렀더라면, 곧 가히 원만한 덕을 이루었으리라. 아! 또한 쇠하였으니, 어찌하겠는가?

李相國(元翼)嘗扈從平壤, 自敵陣不書名而只云馳書于朝鮮李尙書麾下. 公乃自願單舸赴敵, 蓋其德量過人, 忘身殉國如是哉. 于時, 英賢彙征, 故能勘亂保邦也.

이상국(1547~1634, 원익, 相國 : 영의정, 우의정, 좌의정의 총칭, 相臣이라고도 함. 즉 相國은 정승을 지낸 사람의 존칭이다)은 일찍이 평양에 호종扈從(임금의 수레를 모시고 좇음)하였는데, 적진으로부터 서명하지 않고, 단지 조선 이상서 휘하에게 급히 서신이 발송되었다. 공이 자원해서 배 하나로 적에게 다가갔으니, 대개가 그 덕량이 일반인을 초월하였으며, 몸을 버리고 순국함이 이와 같았다. 그 당시 영현들의 휘정彙征(여럿이 함께 나아감)은 그러므로 능히 난을 감당해서 나라를 보호하였던 것이다.

謹按惟時多賢, 不須枚擧, 惟李相國(恒福)智量過人, 有哲理前知之明. 僉謨匡救, 再奠邦基者, 乃群賢道學之力也, 吁! 亦韙哉.

삼가 살펴보건대, 이때는 어진이가 많았으니 일일이 열거할 필요가 없으나, 오직 이상국李相國(항복, 1556~1618)은 지량이 범인을 초월하였다. 철리와 앞을 아는 밝음이 있었다. 여러 가지 계책으로 광구匡救하고, 나라의 기초를 다시 정한 것은 군현도학의 힘이었다. 아! 또한 거룩하도다.

金農巖先生(昌協)曰, 天地萬物, 與我一體, 卽所謂仁之理也. 人苟無見於此, 則物我之相形, 利害之相傾, 雖欲勉焉以去其私, 而有不能自克者矣.
又曰, 道所以立本也, 亘萬世而不可易也. 法所以適變也, 當隨時損益而取其中也.

김농암 선생(창협, 1651~1708)은 말하기를, "천지만물은 나와 함께 일체이니, 곧 소위 인仁의 이치이다. 사람이 만약 이것을 알지 못하면, 곧 만물과 내가 서로 구분되어서 이해를 서로 다투게 되니, 비록 힘써 그 사사로움을 제거하고 싶어도, 스스로 능히 할 수 없는 것이다." 하였다.
또 말하기를, "도道가 근본을 세우는 것이기 때문에, 만세에 뻗쳐서 바뀔 수가 없다. 법은 변화에 맞게 하는 것이므로, 때에 따라 손익을 당하면 그 중을 취한다." 하였다.

謹按東韓之近世名賢碩德太盛, 實不勝枚擧, 惟此金先生之道學,最精深公平也.

　삼가 살펴보건대, 동한의 근세 명현석덕名賢碩德은 크게 성하였기에, 실로 일일이 다 열거할 수가 없으나, 오직 이 김 선생의 도학은 가장 정미하고 깊고 공평하다.

　李王英宗, 儉以養德, 敬而行道, 仁洽義盡. 隆成五十年道德之至治, 吁! 亦盛哉.
　謹按李朝賢聖之君, 六七而作, 以盡德禮之治此非史編, 故略之.

　이왕 영종(조선 21대왕, 1776년 83세로 승하하니 처음에 올린 묘호廟號는 영종英宗이었으나, 1890년 고종 27년에 영조英祖로 고쳐 올렸다)은, 검소함으로 덕을 길렀으며, 공경함으로 도를 행하였고, 인仁이 젖어들게 하고 의義를 다하였다. 50년 도덕의 지극한 정치를 융성케 하였으니, 아! 또한 성하도다.
　삼가 살펴보건대, 이조 현성賢聖의 임금은 6~7명이 되는데, 덕과 예禮를 다하여 다스렸으나 여기는 역사를 편집하는 것이 아니므로 생략한다.

　金相國(載瓚)曰君猶火也, 遠之則太冷, 近之則熱鬧. 要在不遠不近, 務格其非心, 乃匪躬之道也.
　嘗誡其子弟曰, 安有不正其身, 而能正其君者乎?
　謹按公爲最近東韓之名相, 抗直正君之事甚多, 誠一正德哲學之高賢哉.

김상국(재찬 : 1746~1827, 조선 후기 문신) 왈, "임금은 뜨거운 불과 같아서 멀리하면 너무 차고 가까이 하면 너무 뜨겁다. 멀지 않고 가깝지 않은 곳에 있으면서, 그 그릇된 마음을 힘써서 바로잡는 것이 중요하니, 곧 내 몸을 돌보지 않고 충성을 다하는 도道인 것이다." 하였다.

일찍이 그 자제를 훈계하여 말하기를, "어찌 그 자신을 바르게 하지 않고서, 능히 그 임금을 바르게 할 수 있겠는가?" 하였다.

삼가 살펴보건대, 공公은 최근 동한의 명재상이요, 강직하게 임금을 바로잡는 일이 매우 많았으니, 진실로 성일誠一 정덕正德의 철학고현哲學古賢이다.

申相國(應朝)學成道尊, 事君治民, 純用正德, 激濁而鎭頹者. 不啻若洪流砥柱, 還山淸修三十年, 不復渡漢江而歿, 烏乎! 至哉, 全德人也.

謹按公嘗按治西路, 極其敎喩, 彰善瘅惡, 動之斯化, 故民到于今稱之, 學純德粹. 巍然若魯靈光矣, 晩益修養, 以凝眞成德, 誠可謂高世間氣之英賢也.

신상국(응조 : 1804-1899, 조선 말 문신)은 학문이 이루어지고 도가 높아서 임금을 섬기고 백성을 다스림에 정덕을 순일하게 써서, 탁한 것을 흘려보내고 무너진 것을 진정하였다. 뿐만 아니라 거센 물결의 튼튼한 기둥이었으며, 산으로 돌아가서 30년을 맑게 닦았으며, 한강을 건너가서 돌아오지 않고 죽었으니, 아! 지극하도다. 온전한 덕인德人이로다.

삼가 살펴보건대, 공公은 일찍이 서로西路를 안치按治하였는데, 그 교유敎諭가 지극하였으며, 착한 것을 표창하고 악한 것을 미워하여 고무시키면 화순하니, 그러므로 백성들이 지금 칭찬하기에 이르렀으며, 학문과 덕이 순수하였다. 인격이 높고 뛰어나(외연巍然) 마치 한나라 노영광전魯靈光殿처럼 우뚝하며, 늙어서 더욱 수양하여, 이로써 응진성덕凝眞成德(진眞이 엉기고 덕이 이루어짐)하였으니, 진실로 가히 출세간 기질의 영현英賢이다.

*노영광전 : 영광전은 노나라의 궁궐 이름으로, 마지막으로 남은 석학碩學이나 유현儒賢을 비유함. 한나라 경제의 노공왕이 세운 궁전으로 산동 곡부현에 있었는데, 한나라 중기 때 도적떼에 의해 수도 장안의 미앙궁, 건장궁 등은 다 불탔으나 영광전만은 보존되었다. 이에 후한의 왕연수가 지은 노영광전부盧靈光殿賦의 서문序文에 "미앙궁, 건장궁 다 부숴지고 무너져도 영광전은 높이 우뚝 홀로 건재하였다." 하였다.

朴雲菴先生(文一)曰, 爲學, 當以尊德性, 道問學, 爲宗主, 而知行並進, 誠敬以持守, 克勤德行, 以躬踐實者, 乃爲貴也.
謹按朴先生, 是蘗溪李丈恒老之淵源也, 余曾請敎, 瞻其動靜語嘿之間, 天理流行, 眞是道成德立之師表. 其門人, 殆近三千, 嗚乎! 盛哉.

박운암 선생(문일 : 1822~1894, 이항로의 문인) 왈, "학문을 함에, 마땅히 존덕성尊德性(덕성을 높이는것)과 도문학道問學(학문을 익히는 것)을 종주로 삼아서 지행을 병진하며, 진실로 공경하면서 가지고 지키고, 능히 덕행에 부지런하면서, 이로써 몸소 실천하는 것을 귀하게 여겨야 한다." 하였다.
삼가 살펴보건대, 박 선생은 바로 벽계 이항노의 연원이니, 내가 일찍이 가르침을 청하면서 그 동정어묵지간을 살펴보면, 천리天理가 널리 행해졌으며, 진실로 도성덕립道成德立의 사표師表였다. 그 문인은 거의 삼천에 가까웠으니, 아! 성대하도다.

李普齋(相卨)曰, 西洋哲學, 爲最高學術, 如王陽明之學, 最爲近似, 西哲之神物一體說. 太極理性之論, 亦是形而上學也, 至若法治, 近始完備. 然皆以羅馬爲本, 法律苟背道德, 則不可用也.
謹按李君學通新舊, 眞心愛國, 年未五旬, 慷慨以終于異域, 烏乎! 悲夫.

이보재(상설 : 1870~1917, 대한제국문신) 왈, "서양철학은 최고 학술이 되니, 마치 왕양명의 학문과 같이 가장 근사한 것은, 서양철학의 신물神物 일체설이다. 태극이성太極理性의 논리는 또한 바로 형이상학이니, 법치에 이르러서 비로소 완비에 가까워졌다. 그러나 모두 로마로써 근본으로 삼으니, 법률이 진실로 도덕에 위배되어 곧 사용할 수가 없다." 하였다.
삼가 살펴보건대, 이군의 학문은 신구를 통하였으며, 진심으로 애국하였고, 나이 50이 되지 않아서, 강개慷慨하면서 이역 땅(니콜리스크, 현 러시아 우수리스크)에서 생을 마쳤으니, 아! 슬프도다!

*이상설(1870~1917) : 본관 경주, 자는 순오舜五, 호는 보재普齋. 충북 진천 출신, 성균관 교수, 헤이그특사, 네델란드 헤이그에서 개최된 제2회 만국평화회의에 이준, 이위종과 함께 고종특사로 참석했으나 뜻을 이루지 못하고 1917년 4월 1일, 47세의 나이로 사망하였다.

李退菴(聖烈)曰, 學問之道, 當於宇宙原則, 古今事物, 求其最純善而完美精粹者, 其他不須知也. 然今日新學, 安可不幷究, 以作通用乎?

其袖劄略曰, 古之聖賢, 皆以引君當道, 爲平生義諦(臣)雖不才, 惟願以此報效云云.

이퇴암(성렬 : 1865~) 왈, "학문의 도는 우주원칙과 고금사물을 비교해서 그 가장 순선純善하면서 완미하고 정수精粹한 것을 구하면, 그 나머지는 알 필요가 없다. 그러나 금일의 신학新學을 어찌 가히 함께 궁구하지 않고 통용하겠는가?" 하였다.

그 수차략袖劄略에서 말하기를, "옛 성현은 모두가 임금을 도道에 이끄는 것을 평생 의체義諦(근본 뜻)로 삼았으나, 신은 비록 재주가 없으나 오직 이로써 있는 힘을 다하기를(報效) 바랄 뿐입니다." 하였다.

*이성렬(1866~?) : 본관 예안禮安, 호는 퇴암. 1885년(고종 22년) 관학 유생 응제應製에 입격하여 그해에 연기현감燕岐縣監에 임명되었다가 이듬해 무안현감務安縣監, 대구판관大丘判官에 임명되었다. 1888년 무자년 별시別試에 급제하였다. 검교직각檢校直閣, 경상북도 관찰사, 전라북도 관찰사, 궁내부 특진관宮內府特進官 등을 역임하였다.

謹按兩李君哲理道德之學, 如彼夙成, 而遽作千古知音, 悲夫. 嗚乎! 朝鮮之立國, 專以德禮爲治, 有如成周之美, 而綿至五百年之久文弱之極, 不能維新而兼治科學物質, 則國何能存乎?

然如趙靜菴神化禮治之具, 頒敎鄕禮合編, 栗谷聖學輯要, 柳磻溪隨錄等, 經濟道德之書, 將於五洲大同之日, 安知不取作模範乎?

삼가 살펴보건대, 양 이군(이상설, 이퇴암)의 철리도덕의 학문은 저와 같이 숙성하였으나 급히 천고지음千古知音(이성렬이 일본군에게 의병 명부를 압수당해 의병이 많이 붙잡히자 책임감으로 단식 끝에 자결하였음)을 지었으니, 슬프도다. 아! 조선의 입국이 오로지 덕례德禮로써 다스려 마치 성주成周(주나라 수도 낙양)의 아름다움과 같았으며, 끊어지지 않고 이어졌으나 오백 년의 오랜 세월에 문약文弱(나약함)의 극치에 이르렀고, 유신을 하여 과학물질과 겸치를 할 수가 없었으니, 나라를 어떻게 능히 보존하겠는가?

그러나 만약 조정암의 신화神化 같은 예치禮治를 갖추고, 향례합편鄕禮合編(책 이름), 율곡성학집요栗谷聖學輯要, 유형원반계수록磻溪隨錄 등, 경제도덕의 서書를 반교頒敎(나라에서 백성들에게 널리 반포하여 알림)했더라면, 장차 온 세상이 대동하는 날에, 모범을 만들어 취할 줄 어찌 알겠는가?

噫! 以上君相名賢, 皆實驗德行, 而惟理學禮儒之作, 倍勝於麗季.
嗚乎! 物質文明之會, 韓惟獨行禮治文明者, 詎非東周以後之一大可驗者乎? 信乎檀箕兼聖之風氣, 久而不渝者如是哉噫.

아! 이상의 군상명현君相名賢은 모두 덕행을 실험한 것으로, 이학理學 예유禮儒(예에 통달한 선비)의 지은 바이며, 고려 말에 비해 배나 나은 것이었다.
아! 물질문명을 만났으나 한국만 오직 예치문명禮治文明을 독행하는 자였으니, 어찌 동주 이후에 한번 크게 검증해 볼 수 있는 것이 아니겠는가? 확실히 단군, 기자의 겸성의 기풍이 오래되었으나 불변하는 것이 이와 같았다.

|제9장|

구서도덕철학중고근세최근병론
歐西道德哲學中古近世最近幷論

梭格拉底曰, 天地間庶物羅列, 必自有一大智慧以整理之, 使以達於至善之境, 無疑矣.

又曰, 夫人若一有得於道德之學, 卽雖欲爲不善, 不可復得也. 彼世人之所以爲不善者, 皆由不眞知善之所以爲善故耳.

謹按梭氏果是西哲之學已到聖人地位者, 觀此道德諸論可知矣.

사격납저(소크라테스)가 말하기를, "천지 간에 여러 가지 물건이 나열된 것은 반드시 스스로 일대 지혜가 있어서 정리된 것이며, 지선至善의 영역에 도달하게 하는 것을 의심할 것이 없다." 하였다.

또 말하기를, "대저 사람이 만약 도덕의 학문에서 하나라도 얻음이 있으면, 곧 비록 불선不善하고자 하지만 다시 불선할 수가 없다. 저 세상 사람들이 불선不善하는 까닭은, 모두 참으로 선을 알지 못함으로 말미암아서 선을 하고 있기 때문인 것이다." 하였다.

삼가 살펴보건대, 사씨(소크라테스)는 과연 서철의 학문으로써 이미 성인의 지위에 도달한 자이니, 이 도덕제론을 보면 가히 알 수 있는 것이다.

梭氏又曰, 夫所謂君子者, 旣有言, 亦有德, 其於天下之事, 能識別輕重高下是非善惡, 無論言論以及行爲, 一皆合於事理, 而無違者. 善則言之行之, 不善則不言不行之, 君子亦如是而已矣. 學問之道, 因諸種義旨而區別分類, 其善者則居之最上, 互不相混, 當其行爲之際, 雖欲背之, 亦不可得, 必能爲有德之人矣. 故曰, 學問旣熟, 則道德長進.

소크라테스가 또 말하기를, "대저 소위 군자君子라는 자는, 세상을 깨우칠만한 말을 하고, 또한 그럴만한 덕이 있으며, 그가 천하의 일에서 능히 경중, 고하, 시비선악을 식별함은 물론하고, 말하고 논함(言論)도 행위에 미쳐서 하나하나 모두 사리에 합하고 위배됨이 없는 자이다. 선한 것은 말하면서 행하고, 선하지 않는 것은 말하지 않고 행동하지 않는다. 군자도 또한 이와 같을 뿐이다. 학문學問의 도道는 여러 가지 의지義旨에 인하여서 구별 분류되니, 그 선善이란, 곧 최상에 위치하면서 상호 간에 서로 섞이지 않고, 마땅히 그 행위를 할 때를 당해서는 비록 선에 위배하고자 해도 또한 할 수가 없으니, 반드시 능히 덕이 있는 사람이 될 것이다. 그러므로 말하기를, 학문이 성숙되면 곧 도덕이 높아지고 앞으로 나아가는 것이다." 하였다.

梭氏又曰, 夫正義及德行者, 皆乃知識也. 夫事之合於義, 以及德行皆盡善盡美者. 使人而苟知其美善, 則雖欲不行之, 亦不可得矣. 欲爲有道者, 惟當爲理學者可矣.

소크라테스(사씨)가 또 말하기를, "대저 정의와 덕행이라는 것은 모두

지식이다. 대저 일(事)이 의義에 합하고, 이로써 덕행에 미치게 함은 모두가 선善을 다하고 미美를 다하는 것이다. 다른 사람들에게 진실로 그 미美와 선善을 알게 한다면, 곧 비록 행하지 않으려 하더라도, 또한 하지 않을 수가 없는 것이다. 도道가 있는 자가 되려면, 오직 이학자理學者가 되어야 마땅히 가능하리라." 하였다.

謹按梭氏言道德, 主至善, 與智信義勇寡欲者, 誠與吾師儒之說脗合, 吁! 亦韙哉.
梭氏又曰, 汝果以此法律, 出自誰手乎? 是爲神所著定, 以命於吾人者也.

삼가 사씨가 말한 도덕을 살펴보건대, 지극한 선(至善)과 더불어서 지智와 신의信義, 용勇과 더불어서 욕심을 줄이는 것을 주관하니, 진실로 우리의 스승 유학자들이 말하는 것과 더불어서 정확히 부합하는 것으로, 아! 또한 참으로 훌륭하도다.
사씨가 또 말하기를, "네가 만약 이것으로서 법률로 한다면, 누구의 수중에서 나오겠느냐? 이는 신神이 드러내서 정한 것이 되니, 이로써 우리 인간에게 명한 것이다." 하였다.

又曰, 人所定有字之法律, 犯之而不罹罪者甚多. 若神所定無字之法律, 則犯之, 必無所逃矣. 蓋神方作此法律之時, 早已計及於此, 而使之不能逃避也. 夫此法律者乃善也, 苟有犯之, 是爲不善也. 爲不善則必獲報, 惟在早晚而已. 夫著定法律, 而能使人不能避其罰, 非高出人類之上者, 其能如是乎?

또 말하기를, "사람들이 정한 글자로 된 법률은, 죄를 범하고 걸려들지 않는 자들이 매우 많다. 만약 신神이 정한 바 글자 없는 법률은, 곧 죄를 범하면 반드시 도피할 바가 없게 된다. 대개 신이 바야흐로 이 법률을 지을 때에, 일찍 여기에 미치는 계산을 이미 하게 되니, 범인으로 하여금 피할수 없도록 할 것이다. 대저 이 법률이 선하므로, 진실로 범한 자가 있으면, 이는 불선不善이 되는 것이다. 불선不善을 행하면, 곧 반드시 붙잡혀 공초供招를 받을 것이니, 오직 조만早晚이 있을 뿐이다. 대저 법률로 정해서 능히 사람들로 하여금 그 벌을 피할 수 없게 하니, 인류를 뛰어넘은 높은 자가 아니고서야, 능히 이와 같이 하겠는가?" 하였다.

謹按梭氏此論, 勸善懲惡之意極切, 蓋有字法律, 卽取本無字法律也. 是以事之合於義者, 卽法律也, 亦卽道德也. 此亦與先儒所謂道德者法律之隱, 法律者道德之顯之說, 正相發明, 烏乎! 至哉西哲!

삼가 살펴보건대, 사씨의 이 논리는 권선징악勸善懲惡의 뜻이 극히 간절하니, 대개가 글자가 있는 법률은, 곧 글자가 없는 법률에서 근본을 취하였다. 이것은 일(事)이 의義에 부합함으로써 곧 법률인 것이며, 또한 곧 도덕인 것이다. 이 또한 선유先儒가 소위 도덕이란 것과 더불어서 법률이 숨은 것이고, 법률이란 것은 도덕이 드러난 것이란 설說과 더불어서 바로 서로 도와주는 발명이니, 아! 지극하도다 서철이여!

其弟子芝諸芬, 評之曰, 夫梭氏者仁人也. 彼旣以仁慈, 爲人之所務, 於是以婦女, 與男子平等, 無復尊卑之別, 其餘辱沒奴隷, 賤視工業, 皆爲說而非之, 大破古來之陋習, 是皆其仁慈之心所發也.

柏拉圖曰, 庸衆之愛, 多所變遷, 示無他, 以其物非至善, 情非至愛故也. 爲君子者, 所當層累而上, 以達愛之極地, 爲安身之所. 苟若不然, 則其愛如捕風逐影, 終無窮期, 非所以愛物之眞也.

그 제자 지제분芝諸芬이 평하기를, "대저 사씨는 어진 사람이다. 그는 이미 인자함으로써 다른 사람을 위해 힘썼는데, 이에 부녀와 더불어 남자의 평등과 높고 낮음의 구별이 다시 없게 하고, 그 외 노예를 욕설하고 공업을 천시하는 것은 모두 잘못된 것이라 말하고, 예로부터 내려오는 누습陋習을 대파하였으니, 이 모두가 그 인자한 마음이 발한 것이다." 하였다.

백납도(플라톤)가 말하기를, "일반 대중의 사랑이 변천함이 많은 것은, 다름이 아니라 그 사물이 지선至善이 아니고, 정情도 지극한 사랑이 아닌 때문이다. 군자가 되려는 자는 바닥에서 층층히 쌓아서 올라가 이로써 사랑의 극치에 도달하여 안신安身의 처소로 삼아야 한다. 참으로 만약에 그렇지 않으면, 곧 그 사랑이란 뜬구름을 잡는 것과 같아서 결국 끝내는 시기가 없으며 사물의 참된 것을 사랑하는 것이 아니다." 하였다.

又曰, 吾人之有所愛, 是非愛其物, 必別有所取焉. 惟至於愛至善, 斯可得爲眞愛. 故學者於一切所愛外物, 愼勿認爲至善, 誠以至善之外, 皆不過爲怡吾人心目而已. 嗚乎! 人惟知愛怡悅心目之金錢貨寶, 而不知有所眞愛者, 豈不哀哉?

謹按柏氏是西邦聖哲, 今以眞愛至善, 爲道德之目的, 誠至言聖戒也.

또 말하기를, "우리 인간이 사랑하는 바가 있다면, 그 사물을 사랑하는 것이 아니고, 반드시 따로 취하는 바가 있어야 한다. 오직 지선至善을 사랑함에 이르러야 이것(至善)을 가히 진애眞愛를 한다고 할 수 있다. 그러므로 학자는 일체 사랑하는 바 외물에서, 삼가 지선至善으로 인식하지 말아야 하니, 진실로 지선至善의 이 외外는, 모든 것이 우리 사람의 심중(心目)만 기쁘게 해줄 뿐이다. 아! 사람이 오직 마음속의 금전보화만을 기뻐하며 사랑할 줄 알고, 진정한 사랑이 있는 것을 알지 못한다면, 어찌 슬프지 않은가?" 하였다.

삼가 살펴보건대, 백씨(플라톤)는 바로 서방의 성철이니, 이제 진정한 사랑과 지극한 선으로써 도덕의 목적으로 삼았으니, 진실로 지극한 말이고 성스러운 훈계인 것이다.

柏氏又曰, 道德之美之典型其愛之非復形貌之美可比矣. 又曰, 所謂義者乃諸德之總稱也. 又曰, 所謂利於己者, 乃博其愛利之心, 而無所遺之謂也. 人能愛利如此, 則必愛他人之利, 苟愛他人之利, 則必愛他人之身. 至於愛他人之身, 是其人之仁慈寬恕, 固不待言矣.

플라톤(백씨)은 또 말하기를, "도덕의 미의 전형을 사랑하는 것은 또한 형모의 미와 가히 비교할 수 있는 것이 아니다." 하고, 또 말하기를, "소위 의義라는 것은 모든 덕의 총칭이다." 하고, 또 말하기를, "소위 자기에게 이롭게 하는 것은, 이로움을 사랑하는 마음을 넓혀서 누락하는 곳이 없는 것을 이른다. 사람이 능히 이로움을 사랑하는 것이 이와 같은즉, 반드시 타인의 이로움도 사랑하게 되고, 진실로 타인의 이로움을 사랑한다면, 곧 반드시 타인의 몸도 사랑하게 된다. 타인의 몸을 사랑하기에 이르면, 이것이 바로 그 사람의 인자하고 너그러운 서恕이니, 진실로 다른 말을 할 필요가 없는 것이다." 하였다.

 又曰, 義者, 毋論爲人人之利益, 抑爲國家之利益, 而使衆庶共沐慶福之澤也. 衆人之智識與其愛情, 其行爲, 莫不嚮往彼至大之極致(卽意思). 衆人同一眞理之極致, 正義之極致, 美麗之極致, 皆有所分貸, 是則凡屬人類者乃相合, 以爲一大家族者也. 道德政治之目的, 蓋在於此也, 是故道學者, 乃合吾人精神之諸能面爲一者也, 政治者, 乃合國之諸能而爲一者也.

 또 말하기를, "의義란, 다른 사람과 다른 사람의 이익을 위함은 물론이고, 국가의 이익이 되는 것이니, 뭇사람들로 하여금 같이 경복慶福의 혜택을 받도록 해야 한다. 대중의 지혜와 그 애정과 더불어 그 행위는 저 지극히 큰 극치를 지향하지 않는 것이 없다(곧 意思이다). 대중衆人들이 함께 진리의 극치, 정의의 극치, 미려의 극치에 하나 되면, 모두가 분대分貸(나누어 빌려감)한 바가 있게 되니, 이는 곧 대체로 인류가 서로 합하는 것이며, 이로써 인류가 하나의 대가족이 되는 것이다. 도덕정치의 목적이 대개가 여기에 있는 것이니, 이러한 고로 도학자는 우리 인간의 정신의 여러 능력 면에서 합하여 하나가 되어야 하며, 정치하는 자는 나라의 여러 능력을 합하여서 하나가 되게 해야 한다." 하였다.

 謹按柏氏以正義至善愛人爲道德, 而惟一利益之說. 卽所謂利, 用之義也. 又分哲毅節正爲四德, 蓋無過不及之意也.
 淺學之士, 輒分新舊公私道德, 而論利群爲新公德, 其昧於原天之義, 公私之見甚矣, 不足多辨也.

삼가 살펴보건대, 백씨는 정의正義와 지선至善과 애인愛人으로써 도덕으로 삼는 것이 유일한 이익이라는 설이다. 곧 소위 이利, 용用의 뜻이다. 또 분명히 앎(哲), 굳셈(毅), 예절(節), 바름(正)으로 나누어서 사덕四德으로 삼았으니, 과불급過不及이 없다는 뜻이다.

배움이 적은 선비가 문득 신구新舊, 공사公私 도덕으로 나누어서, 무리를 이롭게 한다는 논리로 신공덕新公德으로 삼았으나, 원천의 뜻에 어둡고 공사公私의 견해가 심하니 많이 따져보기에는 부족하다.

亞里士多德曰, 凡人實踐之行, 不得直以其行爲德, 須必別有高尙之目的. 在然後始可得以爲德, 若至於觀念則不然. 觀念卽委其德行, 非別有目的也.

又曰, 凡觀念之爲德, 其間自有至大之樂, 惟其有樂, 故益令人觀念不已也.

亞氏又曰, 吾人之所能觀念者, 非賴其人類而然, 乃賴吾人精神中, 有一種神智而然, 故觀念一德, 實出於吾人人類之上也.

아리사다덕(아리스토텔레스)이 말하기를, "범인의 실천의 행함은 곧바로 행행하는 것으로서만 덕德으로 삼을 수가 없으니, 반드시 따로 고상한 목적을 갖는 것이 필요하다. 목적이 있은 연후에 비로소 얻게 되면 이로써 덕으로 삼으나, 만약 관념에만 이르면 그렇지 않다. 관념은 곧 그 덕행을 방치만 하고 따로 목적이 있는 것이 아니다." 하였다.

또 말하기를, "무릇 관념을 덕행으로 삼는다면, 그 사이에 스스로 지극히 큰 낙으로 갖게 되어, 오직 그 즐거움을 가짐으로써 더욱더 사람으로 하여금 관념을 그치지 않게 한다." 하였다.

아씨가 또 말하기를, "우리 사람들이 능한 바의 관념이란 것은, 인류가 그러한 것으로 힘입은 것이 아니고, 우리 정신 중에 있는 일종의 신령스런 지혜(神智)에서 그러함으로 힘입은 것이니, 그러므로 관념일덕觀念一德은 실로 우리 사람들인 인류의 위에서 나온 것이다." 하였다.

又曰, 下級之諸德行, 皆所以實踐者, 或勞身或勞力, 乃於現在, 有所施行也. 蓋此等德行, 皆所以檢制吾人之諸技能, 不得自肆, 以供夫靜觀深念之德之用也, 而檢制之亦無他, 不過使其無過去不及, 得中庸之道耳. 今夫就吾人實驗而觀之, 過與不及, 幷有大害, 譬之如飮食, 如勞作, 如娛樂, 皆過則有害, 而不及亦有害, 故有德君子, 皆務守中庸, 而無過不及之患也.

또 말하기를, "하급의 제덕행은 모두 실천하는 것이니, 혹 몸으로 애쓰고 힘으로 애써서, 이에 현재에서 시행하는 바가 있어야 한다. 대개가 이러한 등급의 덕행은 모두 우리 사람의 제기능을 검사하여 제어하기 때문에 스스로 방자할 수가 없고, 대저 정관靜觀 심념深念의 덕의 사용을 제공함으로써 검사하여 제어하는 것 또한 다른 것이 없고, 하여금 그것이 과하거나 불급함이 없도록 해서 중용의 도를 얻음에 불과할 뿐이다. 지금 대저 우리 사람들이 실험으로 보건대, 과하거나 불급함은 아울러서 대해大害가 있게 되니, 비유하면 마치 음식 같고, 힘써 만드는 것 같고, 오락과 같아서 모두가 과하면 해가 있고, 불급해도 또한 해가 있으니, 그러므로 유덕군자는 모두 중용을 지켜 과불급의 걱정이 없도록 힘써야 한다." 하였다.

謹按亞氏之論道德, 主中庸之德, 亦猶聖孫之言中庸. 其在西哲, 亦可謂有述聖之智德者矣. 希臘三哲, 誠如我鄒魯之制作, 吁! 亦異哉.

삼가 살펴보건대, 아씨의 도덕을 논함은 중용의 덕을 주로 하였으며, 또한 마치 성손聖孫(子思)이 말하는 중용과 같다. 그는 서양철학에 있어서 또한 가히 성인의 지덕을 술함이 있는 자라 할만하다. 희랍의 삼철(소크라테스, 플라톤, 아리스토텔레스)은 진실로 우리 추노(추나라, 노나라 / 맹자, 공자)가 만든 것과 같으니, 아! 또한 기이하도다.

亞氏又曰, 與人交之道有二, 足以爲國爲家. 曰友愛, 曰正義是也.
又曰, 愛性者乃願欲他人利益之一念, 極爲活潑者也. 蓋我之愛人, 於心極有可樂, 所以然之故, 則以愛爲極活潑有爲, 最適乎人之本情故也.

아씨가 또 말하기를, "사람과 더불어서 교제하는 도는 둘이 있으니, 국가와 가정을 위하여 할 수가 있다. 우애라 하고, 정의라고 하는 것이 이것이다." 하였다.
또 말하기를, "애성愛性이란, 곧 타인에게 원하고 바라는 이익의 일념이 극히 활발한 것이다. 대개가 내가 다른 사람을 사랑하는 것은 마음에서 극히 즐거울 수 있으며, 그렇기 때문에 곧 사랑함으로써 극히 활발함이 있게 되니, 사람의 본래의 정에 가장 적합한 때문이다." 하였다.

凡屬愛人者, 正其自愛也, 夫愛者, 乃於已諸惟念中, 由其最高尙最深微而發者. 我之愛是人, 正於是人身中而自愛, 我如是則夫何有汚濁之情哉? 愛者愛之能力之謂也. 凡性好之類所自出者也, 父子之愛, 夫妻之愛, 朋友之愛, 其源皆一也. 故爲人者, 於他人無所不愛. 設今天下之人, 皆相愛如己, 則人類之間, 無須乎義. 非然者, 人類初無愛情, 則雖有義, 復將何用哉?

대체로 다른 사람을 사랑하는 것은, 바로 그 자신을 사랑하는 것이다. 대저 사랑이란, 자기의 여러 유념 중에서 가장 고상하고 가장 심미함으로 말미암아서 발하는 것이다. 내가 사람을 사랑하는 것은 바로 인신人身 중에서 스스로를 사랑함(自愛)이니, 내가 이와 같다면 대저 어떻게 오탁汚濁의 정情이 있겠는가? 사랑이란 사랑하는 능력을 말하는 것이다. 무릇 천성적으로 좋아하는 부류는 저절로 나오는 것으로, 부자의 사랑, 부부의 사랑, 붕우의 사랑이니, 그 근원은 모두가 하나이다. 그러므로 사람으로서 타인에게 사랑하지 않는 바가 없어야 한다. 가령 천하의 사람들이 모두 서로 자기와 같이 사랑한다면, 곧 인류의 사이에는 의의라는 것이 필요가 없을 것이다. 그런 것이 아니고, 인류가 처음에 애정 없이 곧 비록 의의만 있었다고 하면, 다시 장차 무슨 소용이 있었겠는가?

謹按亞氏, 專以愛爲道德之用者, 亦與梭柏二氏一轍也, 可謂淵源之學也.

삼가 살펴보건대, 아씨(아리스토텔레스)는 오로지 사랑으로써 도덕의 쓰임으로 삼은 것은, 또한 사백梭柏(사격납저와 백납도, 소크라테스와 플라톤) 이씨도 한 궤도이니, 가히 연원의 학문이라 할 수 있다.

亞氏又曰, 義者, 重他人利益之謂也. 天下何物, 有與義齊美者? 雖日月未足以比之也. 義於交際, 一爲交易之義, 一爲分配之義, 義之諸德, 同存於過不及之間. 亦宜守不之可過甚, 過甚則義反變爲不義也.

아씨(아리스토텔레스)가 또 말하기를, "의義란, 타인의 이익을 중시함을 말한다. 천하의 어떤 물건이 의義와 더불어서 미美와 가지런한 것이 있는가? 비록 일월이라도 족히 비할 수가 없다. 교제에서 의義란 것은 하나는 교역의 정의이고, 하나는 분배의 정의이니, 정의로움의 여러 덕이 과불급過不及의 사이에서 같이 존재하는 것이다. 또 마땅히 지켜야 할 것은 과하여 심하지 않게 함이니, 과함이 심한즉, 의義는 도리어 변하여 불의不義가 되는 것이다." 하였다.

謹按重他人利益之義, 亦淵源於柏氏之學. 但主義以言道德, 恐不如吾儒之主仁愛以言道德之分曉也, 況原天之義, 孰有與我先聖者乎?

삼가 살펴보건대, 타인의 이익을 중시한다는 뜻은, 또한 백씨(백납도 : 플라톤)의 학문에 연원하고 있다. 다만 정의正義를 주主로 하여 도덕이라 말함으로써, 아마 우리 유가의 인애仁愛를 도덕의 주主라고 말하는 것과는 같지 않음이 분명하니, 하물며 원천의 뜻(原天之義)을 어느 누가 우리 선성先聖과 더불어서 소유했겠는가?

孟德斯鳩曰, 公治所需之道德, 乃極易簡之物, 非奧衍難言者也. 一言蔽之, 相與寶愛其公治之國家而已. 故其公德, 本於吾心之感情, 非學而後得之, 惟其爲感情. 故其德爲貴賤智愚之所同有. 且愚賤常顯而篤, 每見常民, 守一嘉言彛訓, 其之循純固, 實勝於學士文人者.

　맹덕사구(몽테스키외) 왈, "공평한 정치에서 필요한 바의 도덕이란 지극히 쉽고 간단한 것이니, 깊고 어렵게 말할 것이 아니다. 한마디로 말하면, 서로 그 공치公治의 국가를 보배와 더불어 여기면서 사랑할 뿐이다. 그러므로 그 공평한 정치의 덕(公德)은 내 마음의 감정에 근본한 것이며, 배워서 뒤에 얻는 것이 아니라 오직 그 감정이 되는 것이다. 그러므로 그 덕德은 귀하든 천하든, 지혜롭든 어리석든 함께 갖고 있는 것이다. 또 어리석고 천한 사람들은 항상 착하고 도타웁게 하면서, 매번 상민들을 볼 때마다 한마디 좋은 말과 떳떳한 훈계를 잘 지키니, 그 순고純固함을 좇는 것은, 실로 학사문인學士文人보다 나은 사람들인 것이다." 하였다.

　民以愛國而其德以淳. 又以德淳而其愛彌摯. 其不能者私欲害之也. 私欲之地不自縱, 則其所縱, 在公德矣.

　백성은 애국함으로써 그 덕이 순박해진다. 또 덕이 순박해짐으로써 그 사랑은 더욱 널리 이르게 된다. 그것이 불능한 것은 사욕이 해치는 것이다. 사욕의 처지에서 스스로 멋대로 하지 않으면, 곧 그 멋대로 함이란, 공덕에 있는 것이다.

　謹按孟氏實近世之哲學大家. 其論常民之誠篤, 勝於學士, 此可見東西人心理之同然耳. 如私欲不害, 則爲公德者, 誠至言也. 人之呶呶於私德公德之辨者, 何不反省於此, 以改其陋說乎?

삼가 살펴보건대, 맹씨는 실로 근세의 철학대가이다. 그는 평민의 진실함과 도타움이 학사들보다 수승하다고 논하였는데, 이는 가히 동서양 사람의 심리가 같다는 것을 볼 수가 있다. 만일 사욕으로 해치지 않으면, 곧 공덕公德이 된다는 것은 진실로 지극한 말이다. 사람들이 떠들썩하게 사덕과 공덕을 논변하는 자들은 어찌 여기에서 반성하며, 그 비루한 설을 고치지 않겠는가?

孟氏又曰, 所言公德, 公德非也. 以私德, 爲其公益耳. 但今不暇言私德, 至於宗敎之道德, 則尤所不遑.

맹씨가 또 말하기를, "말한 바의 공덕이란 공덕이 아니다. 사덕으로써 그 공익으로 삼았을 뿐이다. 다만, 지금 사덕私德을 말할 겨를이 없으니, 종교의 도덕이란 것도, 곧 더욱 말할 겨를이 없다." 하였다.

謹按此節之言公德者, 以私德, 爲公益之語, 極明自切實, 無復餘蘊耳.

孟氏又曰, 天地之善氣, 不絕於人間, 而其下有修道好德之民焉, 猶嘉禾之擢於稂莠.

又曰, 君子之愛其國也, 以利於國而致其愛者也. 小人之愛其國也, 以其利於己而致其愛者也.(自註云君子小人, 皆自國民之公德而言.)

삼가 살펴보건대, 이 절에서 말한 공덕이란, 사덕으로써 공익을 삼았다는 말이니, 극명하고 스스로 절실하여서 다시 더 말할 것이 없다.

맹씨가 또 말하기를, "천지의 선기善氣는 인간에게 단절되지 않았으니,

그 아래에 수도修道하고 덕을 좋아하는 백성이 있어, 마치 강아지풀(낭유稂莠)에서 좋은 벼 이삭(嘉禾)을 뽑아내는 것과 같다." 하였다.

또 말하기를, "군자가 그 나라를 사랑함은, 나라에 이롭게 하고 그 사랑하는 자에게도 이르게 된다. 소인이 그 나라를 사랑함은, 자기에게 이롭게 하고 그 사랑하는 자에게 이르게 된다." 하였다.(스스로 주석하되, 군자와 소인은 모두 자국민의 공덕으로 말한 것이라고 했다.)

權按此論, 亦極深切著明, 君子小人之分, 東西一致, 何如是之酷肖哉?

嗚乎! 淺學之不分私德公德者, 盍於此, 渙然氷釋乎.

삼가 살펴보건대, 이 논함은 또한 극히 절실하고 저명하다. 군자 소인의 구분은 동서가 일치하니, 어찌 이와 같이 거의 같단 말인가?

아! 얕은 배움으로 사덕私德 공덕公德을 구분하지 않았던 것이, 대개가 여기에서 얼음 녹듯이 의심도 사라지리라.

康德曰, 道德者, 乃原理學之所由出, 而原理學, 則非爲道學之所由出也. 夫吾人若一致意於道德之境界, 則良知之能, 使我, 知存有道德之責任矣. 然此固非有敎育之功所致, 亦非制度之力所定, 乃爲人生而知之者, 卽所謂屬於道德之事前之識也, 道德之責任, 道德之法令也.

강덕(칸트) 왈, "도덕이란 원리학이 말미암아 나오는 곳이며, 원리학은 곧 도학이 말미암아 나오는 곳이 아니다. 대저 우리 사람이 만약에 도덕의 경계에 뜻이 일치한다면, 양지의 능력이 나로 하여금 도덕의 책임을 갖고 있음을 알게 하는 것이다. 그러나 이것은 진실로 교육의 공으로 이르는 곳이 아니요, 또한 제도의 힘으로 정하는 바도 아니며, 사람이 태어나서 아는 것이니, 곧 소위 도덕지사道德之事의 전전에 속하는 앎인 것이고, 도덕의 책임이요, 도덕의 법령이다.

道德之法令, 不限於宇宙之內, 不限永劫之中, 是以其可尊可貴. 無論遠邇, 無分今古也, 其普博出於宇宙之外, 其悠久出於永劫之後也.

도덕의 법령은 우주의 안에 국한되지 않고, 영겁의 중간에 국한되지 않으므로 가히 높일 수 있고 귀한 것이 될 수가 있다. 원근을 막론하고 현재와 옛날을 구분함이 없이 우주의 바깥에서 넓디넓게 나오니, 그 유구함은 영겁의 뒤에서 나온다." 하였다.

謹按康氏聖哲也. 此論道德原理之義, 出於宇宙之外永劫之後者, 正與道家之極致哲理同. 而亦脗合於儒家本原之見也.
康氏又曰, 吾人旣以道德之法令, 重以自負, 自吾人之心, 必不可無自由之性. 若心無自由, 則爲外來所牽阻, 何復責任之有? 卽有道德之法令, 亦無奈之何. 我時或犯之, 亦無自悔之理矣. 蓋以我犯之, 是不得已也, 今有道德之法令, 我自知其加重, 且一犯之, 則有悔恨, 是我心之自由, 大爲彰明較著矣.

삼가 살펴보건대, 강씨는 성철이다. 도덕원리의 뜻이 우주의 바깥에, 영겁의 뒤에서 나온다는 이 논리는, 바로 도가道家의 극치철리極致哲理와 더불어서 똑같다. 그리고 또한 유가의 본원의 견해와 완전히 부합된다.

칸트가 또 말하기를, "우리 인간은 이미 도덕의 법령으로써 중시하며 스스로 짊어지니, 우리 인간의 마음으로부터 반드시 자유의 성품을 없게 함은 불가하다. 만약 마음에 자유가 없다면, 곧 바깥에서 오는 것에 이끌리고 막히는 바가 되니, 어떻게 다시 책임이 있다 하리오? 곧 도덕의 법령이 있더라도 또한 어쩔 도리가 없는 것이다. 내가 때때로 혹 범하더라도 또한 스스로 후회할 도리가 없는 것이다. 대개가 내가 죄를 범하는 것은 바로 부득이한 것이니, 지금 도덕의 법령이 있으면, 내가 그 가중을 스스로 알게 되고, 또한 한번 범하면 곧 후회함이 있으니, 이는 내 마음의 자유가 크게 명확하고 뚜렷해진 것이다." 하였다.

謹按此言亦甚切於日用行事省察之功, 可謂有三省吾身之德也. 吾儒, 當合致西哲以成圓德者, 觀此康氏之學說, 不亦明甚乎?

삼가 살펴보건대, 이 말은 또한 일용행사에서 성찰하는 공功에 매우 적절하니, 가히 삼성오신三省吾身(날마다 세 번씩 내 몸을 살핀다)의 덕이라 할만하다. 우리 유가도 마땅히 서철에 합치하여 원만한 덕을 이룰 것이니, 이를 보건대 강씨의 학설이 또한 분명하지 않은가?

康氏又曰, 吾人之於道德之法令, 若必須自行惕礪, 乃得以不背犯之, 是仍未足爲貴. 必也不思而中, 不勉而當出之於自然, 而少無假借, 斯乃得達於精粹之地也. 然此非吾人肉身之生, 所能得者. 蓋以吾人之生, 非只生於肉身, 將必有久於永劫者. 若以爲不然, 是道德精粹之域, 爲吾人不可得而期望矣.

강씨가 또 말하기를, "우리 인간이 도덕의 법령에서 만약 반드시 스스로 삼가면서 조심한다면, 배반하여 범하지 않을 수 있으나 이는 아직 중요한 것이 아니다. 필연적으로 생각하지 않는 가운데 힘쓰지 않아도, 당연히 자연적으로 나오는 것이라야, 조금도 구실 삼을 것 없이 정수精粹의 경지에 득달得達한 것이다. 그러나 이것은 우리 사람들 육신의 생生에서 능히 얻을 수 있는 것이 아니다. 대개가 우리 사람의 살아가는 것(生)은 단지 육신에서만 사는 것이 아니므로, 장차 반드시 영겁에서도 오래감(有久)이 있어야 한다. 만약 그렇지 않다면, 이 도덕 정수의 영역은 우리 사람들이 기대할 수 없을 것이다.

以故, 自道德之理以推究之則吾人精神, 當必不與色身俱生滅. 侯一退脫肉身之纏縛後, 猶能自行樹立, 益可以自修自礪, 以至於道德之極點, 此亦自然之秩序也.

謹按康氏之學, 可謂兼得道佛兩家之極致者也. 然其凝神成眞之妙, 則恐未必盡得眞傳矣. 此余所以拳拳屬望於西友之要透一間者也.

이 때문에, 도덕의 이치로부터 추구하면, 곧 우리 인간의 정신은 마땅히 반드시 색신과 더불어서 같이 생멸하지 않는다. 오직 한번 물러나 육신의 속박으로부터 벗어난 후에, 오히려 능히 스스로 확립하고, 더하여 가히 스스로 닦고 스스로 연마하여서, 이로써 도덕의 극점에 이르게 되니, 이 또한 자연의 질서이다." 하였다.

삼가 살펴보건대, 칸트의 학문은 가히 도가와 불교 양가兩家의 극치를 겸하여 얻은 자라 할 수가 있다. 그러나 그 신神을 엉기게 해서 진眞을 이루는 묘(凝神成眞之妙)는, 곧 아마도 진전眞傳을 완전히 다 얻었다고 할 수는 없을 것이다. 이것이 내가 간절하게(拳拳) 마음을 두고 잘되기를 바라는 이유이며, 서양의 도우道友들이 수도修道에서 남아있는 일간一間의 번뇌를 관통하기 바란다.

康氏又曰, 人心自由之理, 不滅之理. 吾人往者以觀察之, 硏究之, 亦徒歸於妄想測度, 一無所得. 及以實行之智, 行其檢覈之法, 以知此二理, 皆爲道德大理自然之效果, 無復疑義焉.(旣有道德之法令則必有幸福之至樂, 相爲表裏.)

강씨가 또 말하기를, "인간 마음은 자유의 이치요, 불멸의 이치다. 우리 인간의 가버린 것을 관찰하고 연구하면서 또한 헛되이 망상으로 돌아가 추측한들 하나의 소득도 없지만, 실행의 지혜로써 검사하고 조사하는 법(檢覈之法)을 행하여 이로써 이 두 가지 이치를 알게 되면, 모두가 도덕을 위한 위대한 이치이고, 자연 효과이니, 다시 그 뜻을 의심함이 없게 된다.(이미 도덕의 법령이 있으면, 반드시 행복의 지극한 낙이 있으니 서로 표리가 된다.)

夫精神之不滅, 神之存臨兩者, 若以原理學硏究之未有所得, 若以道德之理察之, 則必獲其至理, 而宗敎之大本, 於斯以立矣. 是知道學者, 乃宗敎之所由立, 而外於道學, 欲別立以扶持宗敎, 則必不可得也. 世之以原理學及神學爲本, 而以道學爲末者, 其亦可謂謬矣.
謹按康氏此論, 可見其道德之純且尊焉, 苟非學到聖處者, 能若是乎?

대저 정신의 불멸과 신의 존림存臨 양자는, 만약 원리학을 연구하면 얻는 것이 없을테지만, 만약 도덕의 이치로 관찰하면, 반드시 그 지극한 이치를 얻게 되니, 종교의 대본이 여기에서 세워진다. 도학이 종교의 말미암아 세워지는 바임을 알 것이고, 도학의 밖에서 따로 세워 종교를 부지扶持하려 하면, 곧 반드시 얻지 못할 것이다. 세상에서 원리학과 신학으로써 근본으로 삼고 도학을 말末로 삼는 것도 또한 오류라고 할 수 있다." 하였다.

삼가 칸트의 이 논리를 살펴보건대, 가히 그 도덕의 순수하고 또 높은 것을 볼 수가 있으니, 진실로 배워서 성스러운 곳(聖處)에 이른 것이 아니고서야 능히 이와 같을 수 있겠는가?

康氏又曰, 夫道德之法令必不可不從斯心之自由之理. 以生幸福之至樂之必不可不求斯心之不滅之理以作. 以故, 神之威德之有發現而凡夫觀察之智所不得求之者, 則須夫道德之智見. 此所以此檢覈之法式, 實過於他諸法式者也.

謹按以至樂言道德者, 亦實得之驗也. 苟非至樂, 則不足以言道德之趣味矣.

칸트가 또 말하기를, "대저 도덕의 법령은 반드시 이 마음의 자유의 이치를 따르지 않으면 안된다. 이로써 행복이 생겨나고 즐거움에 이르는 것은 반드시 이 마음의 불멸의 이치에서 지음으로 구해야 한다. 그러므로 신神의 위엄과 덕망의 발현됨이 있게 되어도, 범부의 관찰하는 지혜로 구해서는 얻지 못하는 것이며, 곧 반드시 저 도덕의 지혜로 보아야 한다. 이는 이 검핵의 방식이 실로 다른 제법식을 초월하기 때문이다." 하였다.

삼가 살펴보건대, 지극한 즐거움으로 도덕을 말하는 것은, 또한 실로 얻어진 증험이었다. 진실로 지극한 낙이 아니면, 곧 도덕의 취미를 말로써 하기에는 부족한 것이다.

康氏又曰, 物之現象, 其變者也. 物之本質, 其不變者也. 其變焉者 固託生於虛空與永劫之間, 有生而不能無滅. 至其不變者, 則與時間空間, 了無交涉.(空間, 以橫言, 時間, 以竪言, 如吾宇宙之意.)

칸트가 또 말하기를, "만물의 현상은 변하는 것이요, 만물의 본질은 변하지 않는 것이다. 변하는 것이란, 진실로 허공과 더불어서 영겁의 사이에서 의지해서 생겨나고(託生), 생겨난 것은 멸하지 않을 수가 없다. 그 불변하는 것에 이르러서는 곧 시간, 공간과 더불어서 교섭함이 전혀 없는 것이다.(공간은 횡으로써 말한 것이고, 시간은 세워서 말한 것이니, 내 우주의 뜻과 같은 것이다.)

吾人於此下等生命之外(五官肉體之生命), 復有其高等生命者存. 高等生命者, 卽本質也, 卽眞我也. 此眞我者, 常超然立於時間空間之外, 爲自由活潑之一物, 而非他之所能牽縛. 故曰, 自由之理, 與不可違之理, 並存而不背者此也.
謹按此云眞我, 超然立於物表, 以爲自由者, 非但有見乎佛海, 而兼有得於道眞也.

우리 인간은 이 하등 생명의 바깥에서(오관육체의 생명), 다시 고등생명이 있는 곳에 존재한다. 고등생명이란, 즉 본질이요, 곧 진아眞我이다. 이 진아眞我는 항상 시간 공간의 바깥에 초연하게 서있으면서 자유롭고 활발한 한 물건이 되니, 다른 것이 능히 끌어다 묶을 수 있는 것이 아니다. 그러므로 말하기를, 자유의 이치이니 어길 수 없는 이치와 더불어서 병존하여 등질 수 없는 것이 이것이다." 하였다.

삼가 살펴보건대, 여기서 말하는 진아眞我는 만물의 드러낸 것(物表)에서 초연히 서서 자유가 되는 것이니, 비단 불교의 세계에 보이는 것만이 아니요, 겸하여 도에서 얻어짐이 있는 진眞이다.

康氏又曰, 吾人畢生之行爲, 皆我道德上之性質所表見也. 故欲知吾性之是否自由, 非可徒以軀殼之現象論, 而當以本性之道德論.

칸트가 또 말하기를, "우리 인간의 필생畢生의 행위는 모두가 우리 도덕상의 성질을 표한 바의 견해이다. 그러므로 우리의 성품이 자유에 대하여 바른지 아닌지(是否)를 알고자 한다면, 가히 헛되게 몸뚱이(구각軀殼)의 현상론으로는 안되고, 마땅히 본성의 도덕론으로 해야 하는 것이다.

夫道德上之性質, 則誰能謂其有絲毫不自由者哉? 道德上之性質, 不生不滅, 而非被限被縛於空劫之間者也, 無過去, 無未來, 而常現在者也.
人各皆憑藉此超越空劫之自由權, 以自造其道德之性質. 故我之眞我, 雖非我之肉眼所能自見. 然以道德之理推之, 則見其有儼然迥出於現象之上, 而立乎其外者, 果爾則此眞我.

대저 도덕상의 성질에, 곧 누가 능히 터럭만큼의 부자유란 것이 있다고 말할 수 있겠는가? 도덕상의 성질은 불생불멸하며, 공겁의 사이에서 한정되거나 속박당하지 않으니, 과거도 없고 미래도 없고 항상 현재인 것이다.

사람은 각자 모두가 이 초월의 공겁의 자유권에 의지하니, 그 도덕의 성질을 스스로 창조하는 것이다. 그러므로 나의 진아眞我는 비록 나의 육안이라도 능히 스스로 볼 수 있는 것이 아니다. 그러나 도덕의 이론으로 미루어 헤아리건대, 곧 그것은 엄연하게 현상의 위에 형출迥出(아주 다르게 나옴)하여 있음을 보게 되리니, 그 바깥에 서있는 자, 과연 네가 곧 이 진정한 나(眞我)인 것이다.

必常活潑自由, 而非若肉體之常範圍於不可避之理明矣. 所謂活潑自由者何也?
吾欲爲善人, 欲爲惡人, 皆由我所自擇, 旣已擇定, 則肉體乃從其命令, 以鑄成善人惡人之資格. 由是觀之, 則吾人之身, 所謂自由性, 與不自由性兩者, 同時並存, 其理較然易明也.

오로지 평소 활발하고 자유로움이, 육체의 일반적인 범위와 같지 않아서 불가피한 이치로 밝힌 것이다. 소위 활발 자유란 무엇인가?
내가 선인이 되고자 하거나, 악인이 되고자 하거나, 모두가 나로 말미암아서 스스로 택한 바이니, 이미 택정하였은즉, 육체는 곧 그 명령을 따르고, 이로써 선인과 악인의 자격이 주물러져서 이루어진다. 이로 말미암아 보건대, 곧 우리 인간의 몸은 소위 자유의 성품, 부자유의 성품과 더불어서 두 가지가 동시에 병존하는 것이니, 그 이치를 비교해 보면 쉽고 분명한 것이다." 하였다.

謹按此云儼然迥出現象之上, 立乎其外者, 誠若有見乎自己之精神者, 可謂聖矣哉.

삼가 살펴보건대, 여기서 말하는 현상의 위에 엄연형출儼然迥出이란 것은 그 바깥에 서있는 자로, 진실로 마치 자기의 정신이란 것을 본 것처럼 하였으니, 가히 성聖이라 할 수가 있다.

康氏又曰, 凡帶命令之性質者, 皆可謂法律, 命令有兩種, 其一曰有所爲者, 其二曰無所爲者. 譬諸語人曰, 爾欲爾康强, 則愼爾飮食, 節爾嗜欲, 此之謂有所爲, 蓋其命令中, 必含有一目的者存焉.

칸트는 또 말하기를, "무릇 명령의 성질을 띤 것이란 모두가 가히 법률이라 할 수 있으니, 명령에는 두 가지 종류가 있고, 그 하나는 하는 바가 있는 것이고, 두 번째는 하는 바가 없는 것이다. 비유하자면, 여러 말로 사람들이 왈, '네가 건강해지고자 한즉, 너의 음식을 삼가하고, 너의 향락을 탐하는 것(嗜欲)을 절제하라.' 말하는데, 이것은 하는 바가 있는 것(有所爲)을 말하니, 대개 그 명령 중에는 반드시 하나의 목적이 포함되어서 존재하는 것이다." 하였다.

曰, 必如此乃足以達而目的, 不然則否也. 雖然彼之欲達此目的與否, 則固其人所得自肆矣. 有人於此, 甘自罹疾苦而不悔者, 則雖日夕自耽於伐性之斧, 目湎於腐腸之藥, 固非他人所得而禁也. 凡以利益爲目的者, 皆屬此類, 皆謂之有所爲之命令. 有所爲之命令, 與道德釐然無涉也.(按至哉戒利益之言乎.)

말하기를, "반드시 이와 같다면 곧 충분히 목적에 도달할 것이고, 그렇지 않으면 도달할 수는 없다. 비록 그가 바란다고 할지라도 이 목적을 달성할지 여부는, 곧 진실로 그 사람이 스스로 힘을 다해 늘어놓은 것에서 얻어지는 바(其人所得自肆)이다. 어떤 사람이 여기에서 스스로 질고疾苦에 걸린 것을 감내하며 후회하지도 않는 자이면서, 비록 밤낮으로 벌성지부伐性之斧(女色)를 스스로 탐하고, 부장지약腐腸之藥에 눈을 팔더라도, 진실로 다른 사람은 얻을 바가 아닌 것이니 금해야 한다. 무릇 이익을 목적으로 삼는 자는 모두 이런 부류에 속하니 모두 위爲하는 바가 있는 명령(有所爲之命令)이라 할 수 있다. 유소위지명령有所爲之命令은 도덕과 더불어서 다스린다 해도 아무런 상관이 없는 것(釐然無涉)이다.(살펴보건대, 지극한 말이요, 이익을 경계하는 말이다.)

*벌성지부伐性之斧 : 천성을 처내는 도끼. 여색女色.

*부장지약腐腸之藥 : 창자를 썩히는 약. 술과 맛있는 음식.

若夫道德之責任, 則異是. 凡曰責任云者, 皆非有所爲而爲者也. 不得以之爲手段, 而求達他之目的者也. 何以故, 手段卽目的, 故比諸語人曰, 尊重爾之自由, 無或放棄, 則所謂尊重自由者, 非其手段也.

도덕의 책임과 같은 것은, 곧 이것과 다르다. 무릇 책임이라고 말하는 것은, 모두가 위爲하는 바가 있는 것(有所爲)으로 행위되어진 것(爲者)은 아니다. 수단으로 삼지 않아도 다른 목적을 구하여 도달하기 때문이다. 왜 그런가. 수단은 곧 목적이니, 그러므로 여러 말과 비유해서 사람들이 말하기를, '너의 자유를 존중하고, 혹 포기함이 없도록 하라.' 하니, 곧 소위 자유를 존중한다는 것은 그 수단이 아닌 것이다.

其所尊重之自由之外, 更無有他目的者存也. 凡道德之責任, 皆屬此類, 蓋其所負之責, 實貴重而莫京, 與他種利益, 絶比較. 非如彼行手段以求利益者, 或趨或舍聽吾之自擇也.(按爲其目的而發, 故謂之手段.)

그 존중하는 바의 자유 이외에 다시 다른 목적이 있는 것이 아니다. 무릇 도덕의 책임은 모두 이런 부류에 속하여서, 대개가 부담하는 책임은 실로 귀중하고 더없이 큰 것이며, 다른 종류의 이익과 더불어서 비교를 말아야 한다. 만약 그들이 행하는 수단으로 이익을 구하는 것이 아니라 해도, 내 말을 듣고 따르거나 혹은 버리는 것은 스스로 택해야 한다." 하였다.(살펴보건대, 그 목적을 위해서 드러내는 것은 그러므로 일러 수단이라 한다.)

謹按此眞聖哲之至言也. 有所爲者是私欲, 無所爲者乃公心. 惟天理之公心, 卽道德也. 此與張南軒義理之辨, 意同而語尤親切, 至哉聖乎.
噫! 彼近世專以利益, 解道德者, 抑未聞康氏此言否耶? 嗚乎!

삼가 살펴보건대, 이것은 진실로 성철의 지극한 말이다. 행위함이 있는 것은 바로 사욕이니, 행위함이 없는 것은 공변된 마음이다. 오로지 천리의 공변된 마음만이 곧 도덕인 것이다. 이것은 장남헌(1133~1180, 송나라, 주자의 친구)의 의리에 대한 논변과 더불어서 뜻이 같고 말은 더욱 친절하니 지극히 성스럽도다.

아! 저 근세에 오로지 이익으로써 도덕을 해석하는 자들은 칸트의 이 말을 들어보지 못하였던가? 아아!

康氏又曰, 尊重人身, 而無或以之供我之手段. 是不特爲道德之基礎而已, 亦制度法律之本原也. 蓋法律有二種, 一曰制之於中者, 道德是也, 二曰制之於外者, 則尋常所謂法律是也.

칸트가 또 말하기를, "인신을 존중하는 것이 혹시라도 나의 수단으로 제공됨이 없어야 한다. 이는 도덕의 기초일 뿐만이 아니라, 또한 제도와 법률의 본원인 것이다. 대개가 법률은 두 가지 종류가 있는데, 하나는 가운데에서 제지하는 것이니 도덕이 그것이고, 두 번째는 바깥에서 제지하는 것인즉 평범한 것이니, 소위 법률이 이것이다." 하였다.

謹按歐西古來之哲理道德學, 至康氏始乃調劑陶汰而大成也, 其光明如日中天.
極其親切而彼尙呶呶於利他利己, 公私新舊之說者, 其必自誤誤人誤國多矣, 可不戒哉.
伊壁鳩魯, 常澄心寡慾. 恬澹安靜以自養, 而以爲最大幸福(誠賢哲哉).

삼가 살펴보건대, 구서는 고대의 철리도덕학이 칸트에 이르러서 비로소 조제되고 도태陶汰(좋은 것만 골라내고 나쁜 것은 버림)되어서 크게 이루어졌으며, 그 광명은 중천의 해와 같았다.

극히 친절하면서 그들은 또한 이타이기利他利己에 떠들썩하며 말이 많았으며, 공사신구公私新舊를 말하는 자는 반드시 스스로도 잘못하면서 다른 사람도 잘못되게 하였고 나라도 잘못되게 하는 자가 많았으니, 가히 경계하지 않으리오.

에피쿠로우스(伊壁鳩魯 : B.C. 341-B.C. 270)는 항상 마음을 맑게 하고 욕심을 줄였다. 욕심 없이 담백하고(염담恬憺), 안정하면서 스스로를 길렀으며, 이로써 최대 행복으로 삼았다(진실로 현철賢哲이었다).

邊沁, 樂利主意. 以爲吾人一己之私利, 與衆之公利, 本相和合.
故我苟有所爲而益於人, 則亦必有益於我. 所謂實地調諧之說也. 然西哲如此論利益之說, 必流爲功利權利之弊源矣. 嗚乎! 康聖. 可謂撐天柱地於歐西, 而幷及宇內乎.

변심邊沁(영국의 밴덤 : 1748~1832)은 낙리주의樂利主義이다. 우리 인간을 위해서 한 사람의 사리私利는 대중의 공리公利와 더불어서 본래 서로 화합해야 한다.

그러므로 내가 진실로 하는 바가 있는 것이 다른 사람에게 유익하면, 곧 또한 반드시 나에게도 유익한 것이다. 소위 실지로 조화롭게 동조한다는 설이다. 그러나 서양철학의 이러한 논리와 같은 이익의 설說은 반드시 흘러서 공리功利 권리權利의 폐해弊害의 근원이 된다. 아! 칸트의 성스러움(康聖)은 가히 서구에서 하늘을 떠받치고 땅에 버티고 있다 할 수 있으니, 아울러 온 세상에 미치리라.

李奇若曰, 總之善德者, 可愛也. 蓋正義者, 善德也, 故正義者, 可愛者也.

又曰, 眞理者, 可設以區別之, 可分爲三. 其全屬無形者, 謂之無形的眞理, 實有合於理想者, 謂之有形的眞理, 關於正理公道者, 則謂之道德之眞理是也.

謹按李氏之論善德, 亦主正義而言, 蓋西哲之主義, 猶東哲之主仁也.

이기약李奇若(Ligneul, Francois-Alfred-Desire, 1847-1922 프랑스)이 말하기를, "한마디로 말해서 선덕善德이란 것은 사랑할만한 것이다. 대개 정의正義란 선덕善德이니, 그러므로 정의란 사랑할만한 것이다." 하였다.

또 말하기를, "진리眞理란 구별하여 셋으로 나눌 수 있다. 그것이 완전히 무형에 속하는 것을 일러서 무형적 진리라고 하고, 실로 이상에 합한 것이 있는 것을 일러서 유형적 진리라 하고, 정리공도正理公道에 관한 것은 일러서 도덕의 진리라 함이 옳다." 하였다.

삼가 살펴보건대, 이씨의 선덕善德을 논함은, 또한 정의正義를 주主로 하여서 말하였으니, 대개가 서양철학의 주主는 의義인 것이 마치 동양철학에서 주主로 하는 인仁과 같다.

華盛頓, 血戰八年竟能離英而獨立, 創建民主共和國統領.民選替代之制, 比堯舜相禪, 條理詳備, 其純正道德心, 可謂重開堯天於宇內萬世者也.

화성돈(워싱턴)은 혈전 8년 끝에 능히 영국으로부터 떨어져 독립할 수 있었으며, 민주공화국을 창건한 대통령이다. 백성들이 뽑아 바꿔가면서 대신하는 제도이니, 요순의 서로 물려주는 것과 비교해서 조리가 자세히 갖추어졌으며, 그 순정도덕심은 가히 온 세상 만세에 요임금의 하늘을 다시 연 것이었다.

謹按旅榻未具書史, 不能詳攷. 然槪此表出華氏之英雄道德, 以譬唐虞, 則尤有難焉, 而尤有光焉.
凡論道德者, 觀堯華之公心, 可以恍然見其源矣.

삼가 여탑旅榻(객지의 머무는곳)의 책상에는 경서와 역사서가 갖추어지지 않아서 자세히 관찰할 수가 없다. 그러나 대개가 여기에 표출된 화씨(조지워싱턴)의 영웅적인 도덕은 당우唐虞(요순시대 도당씨와 유우씨의 합친 말)에 비유해서 곧 더욱이 가득함(亂)이 있으며, 더욱 빛남(光)도 있다.
무릇 도덕을 논하는 자는, 요임금과 워싱턴의 공변된 마음을 보아야, 가히 문득 그 근원을 볼 수가 있는 것이다.

德國俾士麥, 始終改革, 主持維一宗旨. 嘗曰, 以我首, 授國民. 我之所以謝天下蒼生者, 盡於斯矣.

덕국의 비사맥(독일의 비스마르크)은, 시종 개혁하고 오직 하나의 종지로 주관하였다. 일찍이 말하기를, "나의 수首를 국민에게 바쳤다. 내가 천하창생에게 감사하기 때문으로 여기에서 다하는 것이다." 하였다.

謹按華氏之道德心, 可謂聖矣, 惟俾公之相業, 亦可謂智勇義信四德俱全者也. 求之東亞, 亦罕其倫, 烏乎! 盛矣.

不特此也, 如加布兒之以尼亞蕞爾之一小朝廷, 牨意大利統一之業, 其心德事功, 不亦偉乎?

但此非史編, 故其名公碩德, 不能一一枚擧. 然亦須以實驗之道德體認, 方能有益矣.

삼가 살펴보건대, 워싱턴의 도덕심도 가히 성스럽다 할 것이나 오직 비공俾公(비스마르크)의 재상업적(相業)은, 또한 가히 지용의신智勇義信의 네 가지 덕을 모두 갖춘 온전한 자였다. 동아에서 구하여도 또한 그와 같은 부류倫는 드물 것이니 아! 성대하도다.

이것뿐만이 아니라, 가포아백작加布兒(Cavour/1810~1861, 이태리 정치가 카보우르)은 니아尼亞의 손바닥만한(최이蕞爾) 하나의 작은 조정에서, 이태리 통일의 업업을 시작하였으니, 그 덕이 있는 마음(心德)과 공적(事功)이 또한 위대하지 않은가?

다만 여기는 역사를 편찬하는 것이 아니므로 그 유명한 대신을 일일이 다 들 수가 없다. 그러나 또한 반드시 실험의 도덕을 깊이 이해함으로써 널리 유익할 것이다.

*이기약李奇若 : 프랑스인. 일본에 선교사로 파견된 리뇰(Ligneul, Francois-Alfred-Desire)이다. 리뇰이 구술한 것을 전전장태前田長太가 기록하여 1897년 철학논강哲學論綱으로 출간하였고, 중국 진붕陳鵬이 다시 중역하였다.

*화성돈華盛頓 : 워싱턴. 미국의 1대 대통령(1732-1799년).

*비사맥俾士麥 : 비스마르크. 독일제국 초대수상(1815-1898년).

*가포아加布兒 : Cavour/1810~1861, 이태리 정치인 카보우르.

*니아尼亞 : 지명으로 추정.

　斯賓塞爾曰, 爲善者何? 利是矣. 利者何? 凡屬可以生欣悅之情, 去悲哀之感者是矣. 欣悅者何? 得其所願, 是矣. 悲哀者何? 失其所願, 是矣. 凡屬爲人所喜者, 極爲多端, 而深維其本, 則惟有此一念頭而已. 何所念? 乃欲完備此缺憾之一念也.
　謹按斯氏最近哲學大家, 而主樂利主義以解道德如此, 其亦誤見歟.

　사빈새이(스펜서 : 1820~1903, 영국)가 말하기를, "선善을 하는 것은 왜인가? 이롭기 때문이다. 이로움은 무엇 때문인가? 모든 무리가 기쁨(欣悅)의 정情은 생기고, 비애의 감정을 가벼리게 하기 때문이다. 흔열欣悅은 무엇 때문인가? 그가 원하는 것을 얻었기 때문이다. 비애란 것이 무엇인가? 그가 원하는 것을 잃어버렸기 때문이다. 모든 무리의 사람들이 기뻐하는 것은 지극히 단서가 많으나 그 근본을 깊이 생각해 보면, 오직 한 가지를 염두에 두어야 한다. 생각할 바가 무언가? 이 결점 중의 하나를 완비하려는 생각인 것이다." 하였다.
　삼가 스펜서 씨를 살펴보건대, 최근 철학의 대가이나 악리주의樂利主義를 주로 해서 이와 같이 도덕을 해석하였는데, 그것은 또한 잘못된 견해이다.

　斯氏又曰, 世界之事, 毋論巨細, 皆爲不易之理所存矣. 而欣戚憂喜, 凡爲人生可樂可悲之事, 一不足以動其心矣. 蓋以深知夫不得不然而然也. 其心神舒泰. 其志氣恬靜, 此之謂神之徒, 此之謂與不易之理爲一體. 此之謂人生最完備無缺感之境, 是爲道德之極則也.

謹按此論雖爲精微, 然皆康德以後之緒餘, 不足以價値論也.

스펜서가 또 말하기를, "세계의 일은 크고 작고를 막론하고 모두 불역不易의 이치로 존재하는 것이다. 그리고 즐거움과 슬픔(欣戚), 근심과 기쁨(憂喜)은 무릇 인생에서 즐거울 수도 있고 슬퍼할 수도 있는 일인데, 한 가지가 부족해도 그 마음이 동하게 된다. 대개가 깊이 앎으로써 그는 부득불 그렇게 되게 된다. 그 심신이 편안하고 태평하고(舒泰), 그 지기志氣가 안정(염정恬靜)되면, 이것을 일러서 신신의 무리(徒)라 하고, 이것을 일러서 불역의 이치와 더불어서 일체가 된다 한다. 이것을 일러서 인생에서 가장 완비된 무결감缺感의 경지이니, 이는 도덕의 극칙極則이 된다." 하였다.

삼가 이 논함을 살펴보건대, 비록 정미하지만 그러나 모두 칸트 이후의 서여緖餘(나머지)이니 가치론으로는 부족한 것이다.

泡爾生(西曆千八百四十六年生德國人)曰, 以一己之良心, 爲人類良心之標準. 然則如何而可, 則必由客觀之標準, 而定良心之內容. 客觀之標準如何? 則以至善爲中心. 而各種行爲, 視其與至善關繫之疏密而定其價値是也.

謹按泡氏乃最近道德家, 而其論道德, 主至善而言, 亦猶希哲及康德之主旨, 偉哉偉哉.

포이생(서력 1846생 덕국인, 독일 철학자, 윤리학자, 저서 : 철학도론) 왈, "이 한몸의 양심으로써 인류 양심의 표준이 된다. 그러한즉 어떻게 가능한가, 곧 반드시 객관적 표준으로서 양심의 내용을 정한다. 객관의 표준을 여하이 하는가? 곧 지극한 선으로써 중심으로 삼는다. 그리고 각종 행위는 그가 지극한 선과 더불어서 관계한 소밀疏密을 보고서 그 가치를 정한다는 것이 이것이다." 하였다.

삼가 포씨를 살펴보건대, 최근 도덕가로서 그 도덕을 논함이 지선을 주로 말하였는데, 또한 희랍 철학자나 칸트의 주지와 같으니 위대하도다.

泡氏又曰, 人之性癖, 雖不能無殊別, 而良心則一也. 所謂道德者, 各人交際之良能, 所以使其行爲, 能維持不已, 及社會之生活者也.

又曰, 行事之勢力, 無論善惡, 無不有之, 此盡人所知也. 譬猶植物種子, 由空氣傳播, 散落各地.

凡植其所宜之土性, 故必乘機而萌芽. 善惡之行爲, 亦然. 以道德之空氣傳播之, 由人人之耳目而印入於其精神, 苟植其相宜之性質, 則亦乘機而萌芽, 是卽模倣之道也.

謹按此模倣之道, 亦理到之言也.

포씨가 또 말하기를, "사람의 성벽性癖이 구별 없는 것은 불가능하지만 양심이란 곧 하나이다. 소위 도덕이란 것은, 각 사람이 교제하는 양능良能이므로, 때문에 그 행위를 하게 하고, 능히 유지할 뿐이며 및 사회의 생활인 것이다." 하였다.

또 말하기를, "행사行事의 세력은 선악을 막론하고 있지 않음이 없으니, 이는 모두가 아는 바이다. 비유하자면, 마치 식물 종자가 공기로 인하여 전파해서 각 땅에 흩어져 떨어지는 것과 같다." 하였다.

무릇 그들이 마땅한 곳의 흙의 성품에 심어지면, 그러므로 반드시 틈을 타서 싹을 틔운다. 선악의 행위도 또한 그렇다. 도덕의 공기로 전파하면, 모든 사람의 이목을 경유하여 그 정신으로 새겨지고(印入), 진실로 그 적합한(相宜) 성질에 심어지면, 곧 또한 틈을 타서 싹을 틔우니, 이것이 즉 모방模倣의 도道이다.

삼가 살펴보건대, 이 모방의 도道, 또한 이치가 닿는 말이다.

*사빈새이斯賓塞爾 : 영국 Herbert Spencer, 1820~1903, 허버트 스펜서.

*포이생泡爾生 : 덕국德國, Friedrich Paulsen/1846~1908, 독일 철학자 파울젠.

泡氏又曰, 世人恒謂殺身成仁之事, 非功利論之道德哲學, 所能闡明也.

又曰, 何由而證明快樂之爲至善乎? 余揣其意, 不外乎由人之天性言之. 確見快樂, 爲可貴之事實云爾.

포씨(파울젠)가 또 말하기를, "세인들은 늘 살신성인의 일을 말하며, 공리론이 아닌 도덕철학을 할 수 있는 것으로 천명하였다." 하였다.

또 말하기를, "쾌락이 지극한 선이 되는 것을 무엇으로 말미암아 증명하겠는가? 내가 그 뜻을 헤아려 보건대, 사람의 천성으로 말하는 것에 불과하다. 명확한 견해의 쾌락은 귀하게(貴) 여길 수 있다는 사실을 말한 것뿐이다." 하였다.

又曰, 人莫不欲有人倫之經驗. 是故有兄弟則欲與之爲兄弟, 有朋友則欲與之爲朋友, 有同僚則欲與之爲同僚. 在公民, 在仇敵, 亦然. 對於所愛, 則欲爲情人, 對於妻子, 則欲爲良夫, 爲慈父, 務欲一切經驗之. 以維持其生活之內容, 而又欲字育子女, 以繼述, 苟其所經驗者, 事事合於軌範, 而有以證其爲正直之人, 則始達人生之正鵠, 沒世而無憾矣.

또 말하기를, "인륜의 경험을 갖고 싶어하지 않는 자가 없다. 이러한 고로 형제가 있으면 형제에게 주고 싶어하고, 친구가 있으면 친구를 위해 주고 싶어하고, 동료가 있으면 동료에게 주고 싶어한다. 공민이 있거나 원수가 있거나 또한 그렇다. 아끼는 바에 대하여는 정인情人이 되려 하고, 처자에 대하여는 양부가 되려 하고, 자부慈父가 되려 하니, 힘써 일체를 경험하려 한다. 이로써 그 생활의 내용을 유지하고, 또 자녀를 기르고 싶어하고, 이로써 진실로 그 경험한 것을 계속 이어가면서, 일마다 궤범軌範에 합하여, 그가 정직한 사람인 것을 증명함이 있으면, 비로소 인생의 정곡正鵠에 도달하였으니, 세상에서 죽더라도 섭섭함이 없노라." 하였다.

謹按此言, 出於倫理學, 西學之論五倫者, 未嘗見焉. 此雖略言而不言孝親之節, 是其缺然不足處也. 余之編此者, 蓋欲兩相調劑之也.

삼가 이 말을 살펴보건대, 윤리학에서 나온 것으로서 서양의 학문에서 논한 오륜이란 아직 본 적이 없었다. 이것이 비록 줄여서 말하였으나 부모에게 효도를 말하지 않은 구절에서는 이 점이 빠져서 부족한 점이었다. 내가 이것을 편집한 것은 대개가 두 가지 모습을 조제하고자 해서이다.

泡氏又曰, 凡道德哲學, 自快樂外, 殆無不合於此說者. 拉柏亞里之言曰, 至善者, 本質狀態及生活動作之適合於觀念者也. 人類之幸福, 在執持人類一切道德而實習之.
又曰, 資質之調和發展, 卽人生及宇宙之軌則也.

康德亦贊曰, 人類最眞最深之本質, 卽由實踐理性所決定之意志而
實現之.

포씨가 또 말하기를, "무릇 도덕철학은 쾌락 이외에는 거의 이 설에 합
하지 않는 것이 없다. 납저拉底(소크라테스), 백납도柏拉圖(플라톤), 아리사다
덕亞里士多德(아리스토텔레스)의 말에서, '지극한 선(至善)이란, 본질 상태와
생활 동작이 관념에 적합한 것이다. 인류의 행복은 인류 일체가 도덕을 잡
아가지고 실제로 익히는 것에 있는 것이다.' 하였다."
또 말하기를, "자질의 조화 발전은, 곧 인생과 우주의 규범이다." 하였다.
칸트도 또한 칭찬하여 말하기를, "인류의 가장 참되고 가장 심오한 본질
은, 곧 이성을 실천함으로부터 결정된 바의 의지가 실현되는 것이다." 하였
다.

亞里士多德, 說明至善, 卽究竟之正鵠之言, 所謂幸福者, 卽安寧在
實行德行, 尤在實行最高之德行者, 雖至今日, 猶不可易也.

"아리사다덕(아리스토텔레스)이 지선至善을 설명한 것은, 곧 구경究竟의
정곡正鵠을 말한 것이니, 소위 행복이란 것은, 곧 안녕이니 덕행을 실행함
에 있는 것이며, 더욱이 최고의 덕행을 실행함에 있는 것은, 비록 금일에 이
르러서도 오히려 바꿀 수가 없는 것이다." 하였다.

謹按此誠確論也. 況原天踐形之至德至行, 可以極天罔墜者乎. 彼
淺學之士謂新道德. 隨所處而異者, 乃不知道者也, 不足與辨也.

삼가 살펴보건대, 이는 진실하고 확실한 논리다. 하물며 하늘에 근원하고 실천해서 나타내는 지극한 덕과 지극한 행위는 하늘이 다하도록 떨어지지 않는 것이다. 저 천학지사淺學之士가 일러 신도덕이란 처한 곳에 따라 다른 것이라고 하는데, 도道란 것을 알지 못함이요, 더불어서 분별하기에는 부족한 것이다.

泡氏又曰, 若乃守眞理, 保權利, 持家族秩序, 是等積極之道德, 皆爲圓滿生活之一作用. 道德有三別, 一有無上之價値者, 二有作用之價値者, 三有作用而兼正鵠之價値者.
又曰, 吾人, 以科學之規則, 認識正鵠之中心點者, 哲學之領域也. 擧其基於理性之道德而實行之者, 於哲學, 有密接之觀繫者也. 文明進步, 則道德之文化, 亦隨之而進是已.(按此云權利者, 乃固有之自由者也, 可疑.)

포씨가 또 말하기를, "만약 진리를 지키고, 권리를 보전(保)하고 가족 질서를 지탱하면, 이런 것 등은 적극적인 도덕이요, 모두 원만한 생활의 한 작용이 되는 것이다. 도덕에는 세 가지 구별이 있는데, 하나는 무상의 가치가 있는 것이고, 두 번째는 작용의 가치가 있는 것이요, 세 번째는 작용과 겸해서 정곡의 가치가 있는 것이다." 하였다.
또 말하기를, "우리 사람은 과학의 규칙으로써 정곡의 중심점을 인식하고, 철학의 요령을 인식한다. 이성理性에 기초해서 도덕을 실행하는 것은, 철학에서 밀접한 관계가 있는 것이다. 문명의 진보는 곧 도덕의 문화이니, 또한 따라서 진보할 뿐이다." 하였다.(살펴보건대, 여기서 말하는 권리란, 진실로 자유가 있는 것인지 의심스럽다.)

又曰, 善人或蒙困阨, 惡人或被尊榮, 歷史則有公論焉. 功德旣立, 千載不朽, 其同時庸惡之流, 雖窮極豪侈, 而沒世則名不彰焉. 此歷史之所以垂訓者也.

또 말하기를, "선인이 혹 곤액困阨을 당하거나, 악인이 혹 존영을 입으면, 역사에서 곧 공론이 있게 된다. 공덕이 이미 세워지면, 천 년간 불후하고, 그 동시에 용악庸惡(미련하고 우악함)한 부류는 비록 궁극으로 호치豪侈(호화롭고 사치함)하여도, 세상에서 죽으면 곧 이름이 드러나지 않는다. 이것이 역사가 후세에 전하는 교훈인 까닭인 것이다." 하였다.

謹按此言幸善禍惡之理, 時成差忒者, 有公論以明之亦與吾說同也.

삼가 살펴보건대, 행복과 선善과 재앙(禍)과 악의 이치는 그때 이루어졌지만 옳지 못한 것은, 공론이 있으면 분명해진다고 여기서 말한 것은 내 말과 더불어서 같은 것이다.

謹泡氏又曰, 吾人更由國民而進於更高之境遇, 則爲世界之一分子. 而有所謂人道, 人道者, 仁之觀念所藉而爲具體之表示而吾人經驗界. 考察至善之效果, 以此爲終點者也.
謹按此始言人道者, 仁之觀念, 與儒家言仁之意, 相脗合也.

포씨가 또 말하기를, "우리 사람은 다시 국민이 더 높은 경우에 나아감으로 말미암아서 곧 세계의 한 분자가 된다. 그리고 소위 인도人道가 있는 것인데, 인도人道란 것은, 인仁의 관념이 자리를 한 바로, 구체적으로 표시하면 우리의 경험계가 된다. 지선至善의 효과를 고찰하면 이로써 종점이 되는 것이다." 하였다.

삼가 살펴보건대, 여기서 비로소 인도人道란 것을 말하였는데, 인仁의 관념은 유가에서 말한 인仁의 뜻과 더불어서 서로 완전히 합한다.

約翰穆勒之論自由也, 曰人類貴重之性質, 非自然之賜, 而文明之效力也. 吾人平心而觀察之, 勇敢誠信淸潔節制正義諸德, 皆爲後天之性質, 而恐怖虛僞不潔無節粗野利己, 則轉爲野蠻人類之特色焉.

謹按近世論道德進化者, 何不讀此利己爲野蠻之說乎? 於此, 可以警省.

약한목륵(John Stuart Mill, 1806~1873, 영국 경제학자, 저서: 〈穆勒名學〉, 〈論自由〉 등)의 자유를 논함에서 말하기를, "인류의 귀중한 성질은 자연이 준 것이 아니라 문명의 효력이다. 우리 인간의 평심을 관찰하면 용감하고 성신하고 청결하고 절제하고 정의로움의 제덕이니, 모두가 후천의 성질이 되는 것이며, 공포, 허위, 불결, 무절, 조야, 이기는 곧 야만 인류의 특색이 된다." 하였다.

삼가 살펴보건대, 근세 도덕의 진화를 논하는 자들이 어찌 이런 이기利己가 야만野蠻이 되는 설을 읽지 않았겠는가? 여기에서 가히 경계해서 돌아보아야 한다.

泡氏又曰, 鳩之能翔於空中也, 以有空氣之抵抗. 而彼乃以爲苟無空氣, 則其翔也更自由. 此康德所以諷人, 使知悟性之動, 必須經驗實事者也.

포씨가 또 말하기를, "비둘기가 능히 공중에 날아가는 것은 공기의 저항이 있어서이다. 그런데 그들이 만약 공기가 없게 되면, 곧 그 날게 되는 것은 더욱 자유로워진다. 이는 칸트가 사람을 풍자한 까닭이니, 성품의 움직임을 깨달아 알게 한 것은 반드시 경험한 실제의 일이어야 한다." 하였다.

耶蘇之將死也, 不罵凡僧俗吏, 而禱於神曰, 請恕彼等, 彼等蓋自不知其爲惡也.

야소(예수)가 문득 죽으려 하면서, 범승凡僧과 속리俗吏를 꾸짖지 않고 신神에게 기도하면서 말하기를, "청컨대 저들을 용서하십시요, 저들은 대개 그 악을 저지른 것을 스스로 알지 못하고 있습니다." 하였다.

謹按至哉耶蘇此言, 可見其爲神聖宗敎之主也. 但其爲敎也, 重靈魂, 故闕却孝親下學一節, 此可以互相調補者. 而其勸人以善, 如慈善病院等事業, 可謂實行道德, 濟人之實事, 不亦韙哉? 然不特此而已也.

삼가 살펴보건대, 예수의 이 말은 지극한 것이니, 가히 그 신성한 종교의 주主임을 볼 수가 있다. 다만 그 가르침으로 삼은 것이 영혼을 중시하며, 그러므로 부모에게 효도(孝親)하며 아래로 인간의 일을 배움(下學)의 부분을 빠뜨렸으니(闕却), 이는 가히 호상互相 조절하고 보완(調補)해야 할 것이다. 그가 사람에게 권하여 선善하도록 하고, 자선병원 등 같은 사업은 가히 실행도덕이라 할 수 있으니, 사람을 제도하는 실질적 사업으로, 또한 옳지 않은가? 그러나 이뿐이 아닐 뿐이다.

泡氏又曰, 人死而功業, 足以利後世, 則其人之生涯, 猶存於子孫國民之中, 雖謂之不死可也. 良心者, 神之聲也.(按此神聲云, 新奇之說. 然卽元神之運用也.)

康德, 以爲薄情之人, 漠視他人之苦痛, 而不以動其心者. 較之富於同情之人, 得天獨厚, 蓋占有道德界最富之源泉者也, 其行善也. 無藉乎性癖, 而悉循義務感情, 是其於道德界, 有至高無上之性格者矣.

포씨가 또 말하기를, "사람이 죽어 공업功業이 족히 후세를 이롭게 하면, 곧 그 사람의 생애는 마치 자손과 국민 가운데 변함없이 있는 것과 같아서 불사不死라고 이르는 것도 가능한 것이다. 양심이란 것은 신의 소리이다." 하였다.(삼가 이 신神의 소리를 말한 것을 살펴보건대, 새로운 설說이다. 그러한즉 원신元神의 운용인 것이다.)

칸트는 타인의 고통을 냉담하게 보면서, 그 마음을 움직이지 않는 자들을 박정한 사람으로 여겼다. 동정하는 사람에게 비교해서 부유하고, 하늘로부터 품부받은 것이 홀로 두터워도(득처독후得天獨厚 / 특별히 좋은 조건을 갖춤), 대개가 도덕계에서 가장 부유한 원천을 차지하는 것은 선행善行인 것이다. 성벽性癖을 구실 삼지 않았고, 의무와 감정이 모두 질서정연하였으니, 바로 도덕계에서 지고무상至高無上의 성격을 가진 자였다.

泡氏又曰, 最圓滿之道德, 亦由天縱者, 以其本能實現之, 而倫理不與焉. 人類所以有道德之價値者, 決不在深思義務, 而意識其爲行爲之動機. 蓋勉强而行之, 與安而行之者, 固未可同年而語也. 道德者, 本於先天能力, 如所謂實踐之理性, 及所謂良心者, 一瞬而得之.(康德全部學說之中樞, 卽在以道德律, 爲至普通, 至正當之性.)

포씨(파울젠)가 또 말하기를, "가장 원만한 도덕은 또한 천종天縱(하늘이 용납하여 마음대로 함)으로 말미암는 것이니, 그 본래의 능력으로 실현하면서 윤리와 간여하지 않는다. 인류는 도덕의 가치가 있기에, 결단코 심사의 무심사의무深思義務에 있지 않고, 의식이 행위의 동기가 된다. 대개가 억지로 행하면, 편안하게 행하는 자와 더불어서 진실로 동등하게 말할 수 없는 것이다. 도덕이란, 선천적인 능력에 근본하니, 마치 소위 실천의 이성과 같고, 소위 양심과 같은 것으로 한순간에 얻어진다.(칸트의 전부 학설의 중추는, 곧 도덕률에 있으니, 보통에 이르게 하고 정당성에 이르게 한다.)"

康德派之道德哲學曰, 生命可壞. 而規則不可不存(規則者道德之命令) 良心, 卽道德之自然秩序. 使人人無所謂道德及良心, 而一切云爲, 皆決之於計較, 及顧慮, 則國民, 殆不可以一日存. 蓋功利論者之於道德, 固以尊敬驚歎之情考察之.

칸트파의 도덕철학에서 왈, "생명은 무너진다. 규칙은 불가불 존재하니(규칙은 도덕의 명령이다) 양심은, 즉 도덕의 자연 질서이다. 사람들마다 도덕과 양심이라 이르는 바가 없어, 일체 언행(云爲)을 모두 견주어 살펴서 결정하고 고려하게 한다면, 국민들은 거의 하루도 살 수가 없을 것이다. 대개가 공리론자의 도덕은, 진실로 존경과 경탄의 정情으로 고찰하게 된다.

見其組織之分子, 經數十百年之久而成集者人類而無道德, 則如有一至重至大之機械, 關乎積極之規則者, 猝失其所以運動之之道. 此雖有政治家哲學家, 將亦無可如何. 而人類之生涯, 洵將如霍布斯所謂, 日就於寂寥貧困陋劣, 且日近於禽獸, 而亦無以久存矣.

그 조직의 분자를 보건대, 수십백 년의 오랜 기간이 지나서 이루어지고 모아진 것이니, 인류가 도덕이 없다면 마치 하나의 지중지대至重至大의 기계를 갖고는 있지만, 적극의 규칙에 관하여서는 갑자기 운동해가는 법도를 잃어버린 것과 같은 것이다. 이는 비록 정치가政治家, 철학가哲學家는 있어도 장차 어찌할 도리가 없는 것이다. 그러니 인류의 생애란, 참으로 대저 토마스 홉스(곽포사)가 말한 바와 같이 소위 날마다 적막함과 빈곤과 누열陋劣(비열함)에 나아가게 되고, 또 날마다 금수에 가까워지리니 또한 오래 존재함이 없게 될 것이다." 하였다.

謹按以上數條之論, 極其明快懇切如此, 嗟! 我學人, 安可不知西學乎?
泡氏又曰, 道德價値者, 生於利人悅人之行爲. 否則其動機在一己之利害, 則全爲利己之行爲, 而無道德之價値, 至於害人以利己者, 則謂之惡而已矣.

삼가 살펴보건대, 이상 몇 가지 조문의 논함은, 이와 같이 명쾌하고 간절하니, 아! 우리 학인은 어찌 서학을 알지 않을 수 있겠는가?
포씨가 또 말하기를, "도덕 가치는 다른 사람을 이롭게 하고 기쁘게 하는 행위에서 나온다. 그렇지 않고 그 동기가 한몸의 이해에 있게 되면, 오로지 이기적인 행위를 하면서 도덕의 가치가 없으니, 다른 사람을 해치고 이로써 자기를 이롭게 함에 이르니, 곧 악惡이라 할 뿐이다." 하였다.

謹按此言利人悅人, 解道德者, 猶之可也. 若專論利己者, 盍於此反省乎.

斯賓那莎所謂, 吾人當以利己者利人, 是也. 而轉而求之, 則凡裨益社會之公德, 實行之者, 必足以增一己之安寧, 而違背之者, 亦適足爲一己之障礙.

삼가 이인열인利人悅人(다른 사람을 이롭게 하고 기쁘게 함)을 살펴보건대, 이 말은 도덕을 이해한 것으로, 그 개념과 똑같다 할 것이다. 만약 오로지 이기利己만을 논하는 자는, 대개 여기에서 반성해야 할 것이다.

사빈나사(스피노자)는 소위, "우리 인간은 마땅히 자기를 이롭게 하는 것으로써 타인을 이롭게 하는 것이 옳다. 전轉하여 구하면 무릇 사회의 공덕을 보익할 것이니, 실행하는 자는 반드시 족히 한 몸의 안녕安寧을 증가할 것이며, 위배한 자는 또한 마땅히 한 몸의 장애가 될 것이다.

古今, 以秘密行爲, 得幸福之效果者, 未之有也. 人皆知謹愼公正溫良爲對人之義務. 然此則自求多福之道, 人常能推己及人, 使親戚朋友. 皆得平和福祉, 則其平和福祉之先, 必反射於己. 而以傲慢狡猾獰惡之行爲, 貽苦痛於人, 其苦痛之反射, 亦然由是觀之, 對人之義務, 與對己之義務, 決非截然分立者. 一身之安寧, 與家族社會國家互相錯綜, 能自盡其義務者, 卽以增社會之安寧, 而爲社會盡義務者, 亦卽以增自己之安寧.

고금에 비밀 행위로써 행복을 얻는 효과란 것은 없었다. 사람들은 모두가 근신할 줄을 알고 공정公正하고 온량溫良함을 다른 사람에 대한 의무라 여긴다. 그러나 이러한 것이, 곧 많은 행복을 스스로 구하는 도道인 것이며, 사람들이 항상 능히 자기를 미루어서 다른 사람에게 이르게 하여, 친척과 벗들로 하여금, 모두 평화와 복지를 얻도록 하면, 곧 그 평화와 복지에 앞서 반드시 자기에게 반사된다. 그리고 오만함과 교활(교회狡獪)하고 영악한 행위로써 고통을 다른 사람에게 끼치면, 그 고통은 반사反射되니, 마찬가지로 이로 말미암아 보건대, 다른 사람에 대한 의무는 자기에 대한 의무와 더불어서 결단코 절연截然히 분립된 것이 아니다. 일신의 안녕은 가족과 더불어서 사회, 국가와 호상 간에 착종錯綜(뒤섞임)되어서 능히 스스로 그 의무를 다하는 자는, 곧 사회의 안녕을 증진시키고, 사회를 위하여 의무를 다하는 자는 또한, 곧 자기의 안녕도 늘리는 것이다." 하였다.

謹按泡氏之論, 至此明哲, 可謂洞見民吾同胞之源者歟, 烏乎! 盛哉.
泡氏又曰, 凡損己之事, 苟其所益於人者, 視所損爲大, 則必行之, 其或所益於人者, 小於所損, 則不必行之.(按此正有德者之至言.)

삼가 포씨의 논함을 살펴보건대, 이처럼 명철明哲함에 이르렀으니, 가히 우리 동포의 근원되는 것을 꿰뚫어 보았으니, 아! 성하도다.
포씨가 또 말하기를, "무릇 자기에서 손해 가는 일이 진실로 타인에게 이로운 것은 손해되는 바가 크게 보여도 반드시 행하고, 그것이 혹 다른 사람에게 이익되는 것이, 자기의 손해되는 것에 비해서 적으면 행할 필요가 없다." 하였다.(이를 살펴보건대, 바로 유덕有德자의 지극한 말이다.)

斯賓塞爾曰, 人類益進化, 則其性情漸與交際之生涯相洽. 而戰爭之禍. 與年俱減, 文明之國民, 以平和爲常而戰爭爲變. 野蠻人反是, 人類之運命, 至公至正, 善人受賞, 惡人受罰, 然亦有反常者, 狡狐小說是也. 有德者, 必有幸福, 不德者, 必陷於不幸之正則, 固不以偶有變則而搖動也.

謹按此亦有道者之至言也, 以愚觀之, 實康德以後之第一大哲也.

사빈색이斯賓塞爾(스펜서)가 말하기를, "인류가 더욱 진화하면, 곧 성정이 점점 교제함과 더불어서 생애가 서로 흡족하게 된다. 그리고 전쟁의 화는 해가 감에 따라서 모두 감해지고, 문명의 국민은 평화가 항상하니 전쟁이 변한 것이다. 야만인은 이와 반대이니, 인류의 운명은 지공지정하여서 선인善人이 상을 받고, 악인은 벌을 받지만, 마찬가지로 비정상적인 것이 있으니, 교활한 여우소설이 이것이다. 유덕자는 반드시 행복이 있고, 부덕자는 반드시 불행에 빠지는 바른 법칙이 진실로 짝을 하지 않고 변함이 있게 되면 요동하게 된다." 하였다.

삼가 이것을 살펴보건대, 또한 유도有道자의 지극한 말이니, 내가 보건대 실로 칸트 이후 제일가는 대철학가이다.

泡氏又曰, 實行道德, 卽精神之幸福也.

斯賓那莎曰, 幸福者, 非道德之應報, 而卽道德也, 是也. 蓋世之可畏可疾者, 固未有過於矜伐而驕侈者也. 如人有易怒之癖者, 自知其非, 而欲抑制之, 非必能猝然而效也, 宜資於適當之豫防法而漸去之. 如屢避發怒之機會, 則積久而怒癖漸去. 其或必不能避, 則時時擧怒之所以爲凶德. 克己之所以爲美德. 而反復尋繹之, 毋使遺忘, 則怒癖亦漸消焉.

포씨가 또 말하기를, "도덕을 실행하는 것은, 곧 정신의 행복이다." 하였다.

사빈나사斯賓那莎(스피노자)가 말하기를, "행복이란, 도덕의 응보가 아니라 곧 도덕이라 함이 옳다. 대개 세상에서 두려워하고 미워해야 할 것은, 진실로 자신을 드러내고 자랑(긍벌矜伐)하는 허물에 있는 것이 아니고, 교만하고 사치하는 것(驕侈)이다. 만약 사람이 쉽게 노하는 버릇(벽癖)이 있는 자라면, 스스로 그 잘못을 알고, 억제하려 하면 반드시 능히 갑자기 그런 효과가 있는 것이 아니므로, 마땅히 적당한 예방법을 취하여서 점차 없애야 한다. 만약 화내는(發怒) 기회를 여러 번 피하면 쌓인 것이 오래되어서 노하는 버릇이 점차 없어진다. 그가 혹시 반드시 피할 수 없게 되어, 때때로 화를 내면 그런 까닭에 흉덕凶德이 된다. 극기克己는 그래서 미덕이 된다. 반복해서 거듭 행하고, 잊어버리지 말도록 하면, 곧 노하는 버릇 또한 점차 소멸된다." 하였다.

秉薰謹按泡氏道德之書, 比他倫理諸家之言, 尤爲精明純正, 卓絶不群, 可以爲最近道德書之第一金科玉律也.

是以日儒蟹江君始譯, 而重爲蔡子民君所譯, 而惠斯世者也. 僅選其最要之言, 以終此篇焉.

내가 삼가 살펴보건대, 포씨(파울젠)의 도덕의 글은 타 윤리 제가의 말에 비하면, 매우 정밀하고 분명하고 순정하며 비할 바가 없이 탁월하여(탁절불군卓絶不群), 가히 최근 도덕서의 제일 금과옥률이다.

이래서 일본의 유학자 해강蟹江군이 처음 번역하고, 거듭해서 채혈민蔡
子民군이 번역하여 이 세상에 혜택이 된 것이다. 삼가 그 가장 중요한 말을
뽑아내어 이 편을 마친 것이다.

*약한목륵約翰穆勒 : 존 스튜어트 밀(1806~1873).
*사빈나사斯賓那莎 : 스피노자(Spinoza, 1632~1675).
*곽포사霍布斯 : 영국의 철학자 토마스 홉스(1588~1679).

{총總 결론結論}
道德之旨, 簡而言之, 則只以數行解之足矣. 何必總括東西諸說, 以
至此張皇爲哉.
烏乎! 世界方漸文明, 心理道德之學, 日臻精密如彼其盛, 而守舊者
尙藐視新學. 新學者亦蔑棄舊經, 殊不知新舊學理與東西聖人之見則
一也.(中之堯舜伊周孔孟, 東韓之檀箕王仁李世宗趙光祖, 西之希臘
三哲耶蘇康德華盛頓, 學說事業, 雖有大小詳略, 而皆聖人也.)

도덕의 뜻은 간단히 말하면, 곧 단지 여러 번 행하여 풀어보면 족할 것
이다. 왜 반드시 동서의 제설을 총괄해서 여기까지 이르러서 장황히 하겠
는가.
아! 세계는 바야흐로 점점 문명해지고 심리도덕의 학문은 날로 정밀해
져서 저들과 같이 성하였으나, 옛것을 지키는 자는 아직도 신학문을 깔보
는구나(묘시藐視). 신학문을 하는 자 또한 옛 경전을 업신여기고 버리니,
신구학문의 이치가 동서 성인의 견해와 더불어서 하나인 것을 전혀 모르
고 있다.(중국의 요순, 이윤, 주나라의 공맹, 동한의 단군, 기자, 왕인, 이씨

왕조의 세종대왕, 조광조와 서양의 희랍 3대 철인(소크라테스, 플라톤, 아리스토텔레스), 야소(예수), 강덕(칸트), 화성돈(조지 워싱턴)의 학설과 사업이 비록 대소와 상략詳略(자세함과 간략함)은 있으나 모두 성인이다.)

故亦有兩相調劑, 然後臻圓滿者焉. 世界將永久平和統一政治之策, 苟不用此調劑圓滿無上之道德焉, 則寧有其日乎? 惟我孔子, 唱立大同政論, 而勒氏康德諸哲, 亦剙論于西, 不亦偉哉? 余則以謂其必在午會正中乎.(仙鑒有經世論, 邵康節, 紹明之.)

그러므로 또한 (동서양) 둘을 서로 조제함이 있고서야, 그런 연후에 원만함에 이르러야 한다. 세계의 장래 영구평화는 통일정치의 방책으로, 진실로 이렇게 조제한 원만무상의 도덕을 쓰지 않고서, 곧 어찌 그날이 있겠는가? 오직 우리 공자께서 대동의 정론을 창립하였고, 늑씨와 칸트 제철학자도 또한 서양에서 창론하였으니, 또한 위대하지 않은가? 나는 곧 이로써 이르기를, 반드시 오회정중午會正中에 있다고 말하노라.(선감仙鑒 경세론經世論에 있으며, 소강절이 이어서 밝혔다.)

謂余不信, 能推一日之運. 可自洞透矣. 瞡歟西東之見, 均以至善愛衆快樂, 爲道德之體用者不殊, 而所謂調劑者, 則西哲當加勉以原天之理, 下學孝親之節. 而吾則益勉團結社會公益物質之用, 始可謂圓滿通暢矣. 然此非攸關於天意之斡旋其間者乎?

今玆編役, 再攷西說, 每主義而言, 亦猶我主仁而言者, 殆易所謂仁者見之, 謂之仁之類者耶? 然不特此也.

나를 불신한다 말한다면, 능히 하루의 운을 미루어보라. 가히 스스로 통투洞透하리라. 옳도다, 서양(西)철학자와 동양(東)철학자의 견해여. 모두가 지선至善으로서 대중을 아끼고 쾌락함을 도덕의 체용으로 삼은 것이 다르지 않으니, 소위 조제調劑란, 곧 서양철학이 마땅히 힘써 원천의 이치를 더해서, 효친孝親의 예절을 하학下學(비근卑近한 데서부터 배움)해야 한다. 그리고 우리가 곧 사회단결에 더욱 힘쓰고 물질의 사용을 공익케 하면, 비로소 가히 원만하고 통창通暢(조리가 밝고 환함)할 수 있다. 그러나 이는 천의天意에 관련된 바를 그 사이에서 알선함이 아니겠는가?

올해 편찬을 힘쓰면서 서양의 설說을 재고하였는데, 매 주의主義에서 말하는 것이, 또한 우리가 인仁을 주로 해서 말하는 것과 같고, 거의 쉽게 소위 인仁을 드러내니, 인仁의 부류라 이르지 않겠는가? 그러나 이뿐만이 아니다.

天地之正理, 東爲木仁之陽方, 西爲金義之陰方. 故根陰靜而生者, 以動爲貴, 根陽動而生者, 以靜爲貴. 觀於西東人之體格, (西女壯, 東女弱.) 敎法之往敎(東無往敎之法), 可驗西人之動爲貴. 東人以靜爲貴(貴人每多外貌沉靜)也, 審矣.

噫嘻! 日人監本萬國史, 論瑞士風景絶勝, 人物之淸奇, 若朝鮮人, 可謂公評矣. 然奚特淸奇而已哉.

천지의 바른 이치는 동방을 목木으로 삼고, 인仁의 양방陽方으로 했으며, 서쪽을 금金으로 삼고, 의義로운 음방陰方으로 했다. 그러므로 뿌리가 음陰에서 고요하게(靜) 생하는 것은, 동動으로써 귀貴하게 되고, 뿌리가 양陽에서 동動하여 생하는 것은, 정靜으로써 귀貴하게 된다. 서양과 동양인의 체

471

격에서 보건대, (서양 여자는 장대하고, 동양 여자는 약하다.) 교법을 가서 가르친 것은(동양은 가서 가르친 교법이 없다), 가히 서양인이 동함을 귀하게 여겼음을 증험할 수가 있다. 동양인은 정靜으로써 귀하게 생각하였음을(사람을 귀히 여김은 매번 외모에 차분하다) 살펴야 한다.

아! 일인이 감본한 만국사에서 서사(瑞土/스위스)를 논하면서 풍경이 절승絶勝이라 하고, 인물이 청기淸奇하여 조선인 같다 했으니, 가히 공평하다 이를 것이다. 그러나 어찌 다만 청기淸奇뿐이겠는가.

道德聖哲, 自古爲盛, 而世無知者久矣. 世將人人踐行道德則兵可不用, 而警察法律, 亦安用哉? 信乎道德, 爲大同太平世之基本也, 不亦明甚乎? 此誠編者之願欲也, 何遠乎哉? 若夫隨地而遷異, 習慣以變化者(與善人處則善, 與惡人處則惡), 則無常下流, 何論道德哉?

此編自首至末, 特敍君相聖賢, 實行之道德, 以作經驗之證據, 誠非空言理想之比也, 學人可自得之乎.

도덕성철은 자고로 성대하지만, 세상이 무지한 것이 오래였다. 세상에서 장차 사람들마다 도덕을 실천하여 행하면 군대를 가히 쓰지 않고, 경찰법률도 또한 어찌 사용하겠는가? 참으로 도덕은 대동태평 세계의 기본이 되니 또한 분명하지 않은가? 이는 진실로 편집자의 원하고 하고자 하는 것이니, 어찌 멀겠는가? 그런데 어디서나 천이遷異와 습관이 변화하는 것은(선인과 더불어서 처하면 선하고, 악인과 더불어서 처하면 악하게 된다), 곧 항상 함이 없이 하류하니, 어찌 도덕을 논하겠는가?

이 편은 머리부터 끝까지 특별히 군상君相 성현聖賢이 실행한 도덕을 지어서 경험한 증거이니, 진실로 헛된 말이 아닌 이상을 비유함이니, 학인은 가히 스스로 얻을 수 있을 것이다.

客有難者曰, 子編是書, 欲以調劑新舊, 範圍中外, 士成圓德, 世躋仁壽之希望也. 然向自廢罷井田以後, 民産之蕩然不均, 已達極點, 讀書者糊口沒策, 何暇修行道德乎?

管夷吾云, 倉廩實而知禮節, 衣食足而知榮辱(禮生於有而廢於無). 君子富, 好行其德, 仁義附焉.

此非實際語乎. 余於斯, 不覺戚然儆省也. 然井制均産, 有不可遽然議復者, 惟當國之人, 盍先致力于實業與地方自治制乎? 世必有聖雄, 能體天地之道德者出, 秉軔然後, 驅策天下之有道, 共濟一統共和事業, 如執左契.

객客 중에 어려움이 있는 자가 말하기를, "이 책을 편찬케 해서 신구新舊를 조제調劑하고, 중국과 외국을 개괄하여 선비에게 원덕圓德을 이루게 해서, 세상에서 어질고 오래 사는 경지(仁壽)에 오르기를 희망합니다. 그러나 정전井田을 그만둔 것(廢罷)으로부터는 이후에는, 백성의 생산이 없어져서 고르지 않음이 이미 극점에 이르렀으니, 독서자들이 호구몰책糊口沒策(입에 풀칠할 대책이 없음)에서 어떻게 도덕을 수행할 겨를이 있겠습니까?" 하였다.

관이오管夷吾가 말하기를, "창름倉廩(창고)을 충실하게 해야 예절을 알고, 의식이 풍족해야 영욕을 안다(예절은 창고에 식량이 있어야 생기고, 먹을 것이 없으면 예절도 없다). 군자가 부유하면, 그 덕을 행하기를 즐기고, 인의가 따르게 된다." 하였다.

이는 실제로 말을 한 것은 아니다. 나는 여기에서 나도 모르게 우울하여 경계하면서 반성하였다. 그러나 정제井制로 균산均產함에, 거연히 평의評議하여 회답함에 불가함이 있었으니, 단지 나라의 정무를 맡은 사람은, 어찌하여 먼저 실업과 더불어서 지방자치제도에 힘쓰지 않는가? 세상에는 반드시 성웅이 있어서, 능히 천지를 본받은 도덕자가 나와 단단하게 잡은 연후에 천하를 구책驅策(지휘함)하는 도를 갖고 함께 구제해서 공화사업으로 일통한다면, 마치 좌계左契(이미 결정된 일, 둘로 나눈 계약서의 왼쪽 것)를 잡은 것과 같으리라.

嗚乎! 右敍道德之旨, 無復餘蘊. 然學貴踐實, 不在汎博.
昔趙普云, 以論語半部佐成創業, 半部守成致平, 可謂守約而神用者也, 是以言簡者近道.
孔子曰, 有言者不必有德, 有德者必有言. 蓋愼言勤行, 爲一成德之要也.
余攷經傳未見眞字焉. 嗟! 夫人必用眞實心地, 勤以進道, 儉以養德, 未有不成就者矣. 盍亦以眞實勤儉, 爲自況乎?

아! 위에 서술한 도덕의 뜻은 다시 남아있는 것이 없다. 그러나 학문의 귀천은 진실로 넓고 넓은 데 있는 것이 아니다.

옛날 조보趙普(송나라 조광윤의 軍師)가 말하기를, "논어 반권半部으로 창업을 도와서 이루었고, 반부半部로는 수성치평守成治平(치평을 이루고 지킴)하였다."고 했으니, 가히 지키는 것을 간략히 하면서(守約) 신묘한 작용(神用)을 하게 한 것이니, 이는 간략하게 말한 것으로써 도에 가까운 것이다.

공자 왈, "명언을 남긴 것이 반드시 덕이 있는 것은 아니나, 덕이 있는 자는 반드시 명언이 있는 것이다." 하였다. 대개 말을 삼가면서 부지런히 행하는 것이, 하나의 성덕成德의 요체인 것이다.

내가 경전을 살펴보면서 진眞이라는 글자를 아직 보지 못하였도다. 아! 대저 사람은 반드시 진실한 심지心地를 써서 부지런함으로 도에 나아가고, 검소함으로써 덕을 기르면, 성취하지 않는 자가 없었다. 어찌 또한 진실하고 근검함으로써 스스로 남과 견주어보지 않겠는가?

書云福善禍淫, 易曰積善之家, 必有餘慶, 積不善之家, 必有餘殃, 皆不忒之天理也. 不可以偶然或違者, 遂疑其. 上帝臨監, 造化審定之果報應驗矣. 蓋人之窮通榮辱, 皆有命存焉.

然蔡西山云, 氣數一定, 天不能易之. 惟人能易之. 嗟! 夫惟其積德累仁, 活人救世之極, 神必佑之. 斡易其定數者, 理勝故也. 效驗實多, 盍亦以至善爲師哉?

서경에서 말하기를, "하늘의 도는 선한 자에게 복을 주고, 악한 자에게 화를 내린다." 하였고, 주역에서 말하기를, "적선지가는 반드시 경사가 자손에 있게 되고, 불선不善을 쌓은 집안은 반드시 그 재앙이 있다." 하였으니, 모두 틀림없는 천리이다. 우연이라도 혹 어기는 것은 마침내 그것을 의심함이니 불가한 것이다. 상제께서 임감하시어 조화로 심사하여 결정하시니 과보에 응험함이다. 대개 사람의 빈곤과 현달窮通, 영욕榮辱은 모두가 명命이 있어서 존재하는 것이다.

그러나 채서산蔡西山이 말하기를, "기氣의 수數는 일정하여서 하늘이라도 능히 바꿀 수가 없다. 오직 사람만이 능히 바꿀 수 있다." 하였다. 아! 오직 덕이 쌓이고 어진 것이 쌓여 활인活人과 구세救世가 지극하면, 신神이 반드시 도와준다. 쉽게 돌려서 수數를 정하는 것은 이치가 수승한 때문이다. 증험을 살핀 것이 실로 많으니, 어찌 또한 지극한 선(至善)으로써 사표로 삼지 않겠는가?

詩曰, 溫溫恭人惟德之基.
禮曰, 白受采, 謙受益, 蓋溫恭謙虛, 爲眞德之本. 而況淸明在躬, 志氣如神, 故人皆可能也. 惟其不能者, 物欲昏其淸明, 惰其志氣, 遂亂其識神以喪德矣. 必也謙恭寡慾然後, 可以言道德乎?

시경에서 이르기를, "온순하고 온순하며 공손한 사람은 오직 덕德이 바탕이어라." 하였다.
예기에서 이르기를, "흰색은 모든 색의 근본이라서 어떤 채색이나 받아들이고, 겸손함은 이익을 얻게 한다." 하였으니, 대개 온순하고 공손하며 겸허한 것은, 진덕眞德의 근본이 된다. 그러니 하물며 청명함이 몸에 있으면, 지기志氣가 신神과 같으니, 그러므로 사람은 모두가 가능한 것이다. 오직 그것이 불가능한 것은 물욕이 그 청명함을 어둡게 하고, 그 지기志氣를 게으르게 해서 마침내 그 식신識神을 어지럽게 해서 덕을 잃게 한다. 반드시 겸손하고 공경하며 욕심을 줄인 연후에야 가히 도덕을 말할 수 있지 않겠는가?

又攷西論云, 天擇物競, 優勝劣敗之說, 雖爲學界之歡迎, 而愚見則此啓功利强權之漸也. 尙德者知所取舍, 而可以不眩乎.
楞嚴曰, 淨極明生, 明極覺滿, 誠理到之至言也. 余嘗自驗明生於熟處, 故亦推而勸人屢矣.

또 서론西論(서양의 이론)에서 말하는 적자생존天擇物競하여 우승열패優勝 劣敗한다는 설을 살펴보건대, 비록 학계에서 환영하지만, 내 의견으로는, 이 것은 공리강권功利强權(仁義道德의 상대 개념)을 계몽해서 스며들게 함이다. 덕을 숭상하여 높이 여기는 것은 취사取舍할 바를 알아서 가히 현혹되지 않아야 한다.

능엄경에서 말하기를, "맑음이 지극하면 밝음이 생生하고, 밝음(明)이 지극하면 각覺이 가득 찬다." 하였으니, 진실된 이치에 이르는 지극한 말씀 이다. 내가 일찍이 숙처熟處에서 스스로 명명이 발생되는 것을 중험하였는 데, 그러므로 또한 미루어서 다른 사람에게 권하는 것을 여러 번 하였다.

悟言. 學人能明乎精神心理正義公道, 習踐道德漸熟, 則於道德明 益進, 覺彌滿. 不惟功利强權之說, 自然退聽, 而東亞之尙文文敝之弊, 叛道道喪之風, 一切泮渙消除, 而調劑新舊, 東西道德, 而道凝德備, 峻極于天, 則可致位育之功矣. 如自由平等愛國, 不足道, 而兼聖之造 世合天事業, 詎非自然到手以成者乎? 合四家以成圓德之實驗, 於政 治, 尤可以見矣. 繼以政治篇.

권하여 말하였다(悟言). 학인들이 능히 밝힐 수 있을 것이니, 정신심리 의 정의공도正義公道를 익히고 실천해서 도덕이 점점 익으면, 곧 도덕에서 밝아짐이 더욱 나아가고 깨달음(覺)은 가득 찰 것이다. 공리강권의 설說은 자연히 물러나서 순종할 뿐만이 아니라, 동아의 문文만을 높이는 문고지폐 文敝之弊와 도道를 배반하고 도道를 상하게 하는 풍조는 일체가 녹아서 흩 어져(반환泮渙) 없어질 것이고, 신구와 동서 도덕을 조제하여 도道를 엉기 게 하고 덕德을 갖추게 되어, 성인의 도가 만물을 발육하고 공功이 하늘에

477

닿을 만큼 높으면(峻極于天), 곧 가히 천지가 자리잡고 만물이 길러지는 공공에 이를 수 있게 된다. 만일 자유평등 애국이 도道에는 부족하더라도, 겸성兼聖하여 세상이 하늘과 합하는 사업을 지어낸다면, 어찌 자연히 이루어진 것을 손에 넣는 것이 아니겠는가? 사가四家를 합해서 원덕圓德을 이룬 실험은 정치에서 더욱 볼 수가 있다. 계속해서 정치편으로 이어진다.

凡人夜觀星辰森羅之象則其鑒應人間人善惡之報, 不亦昭然乎? 惟聖人與, 上帝之天德, 合其德也.

보통 사람들이 밤에 별의 삼라상森羅象을 관하면, 그 인간과 인간의 선악의 과보에 감응하게 되니, 이 또한 분명하지 않은가? 오직 성인만이 상제의 천덕天德과 더불어서 그 덕을 합한다.

上述根陰而生者, 以動爲貴之論, 蓋推常理以言也. 然究以實驗之至理, 則毋論東西人, 於隱几積學之時, 必用主靜工夫, 可以通理得道也.
至若成年以後, 處世, 宰物, 經邦, 濟人, 許多德業, 苟非動以天之動功, 則何可能乎? 嗟! 我學人, 盍益致思乎太極有動能力之鄒說? 爲進德修業之統體至妙乎.

상술한 그늘(陰)에서 뿌리를 두고 생겨난 것은 움직이는 것으로 귀하게 삼는다는 논론은, 대개 일상의 이치를 미루어서 말하였다. 그러나 실험으로 연구한 지극한 이치인즉, 동서인을 막론하고 책상에 기대어 학문을 쌓아갈 때에는 반드시 정靜을 주主로 하는 공부를 써야 가히 이치를 통하고 도道를 터득한다.

성년 정도에 이른 후에는, 처세, 재물宰物, 경방經邦, 제인濟人, 허다한 덕업德業이 진실로 하늘을 움직이는 공으로써 동動함이 아니라면 어찌 가능하겠는가? 아! 우리 학인들이, 태극에 동능력이 있다는 나의 주장을 어찌 더욱 집중해서 생각하지 않는 것인가? 진덕수업進德修業의 통체(全體)로 지극히 묘한 것이다.

精神哲學 下編 卷五

정신철학 하편 권5

제5편
정치철학
政治哲學

정치철학政治哲學 서론緒論

人之自由, 莫大於眞我兼聖造世合天者.

道德源於天, 政制本乎地也, 是以若言政治制度, 則必先整理形下之器. 而具載形上之道, 然後可謂完善而俱美也. 然東亞政治之學, 惟尙書(政史)周禮外, 未有專書, 而經傳中, 混雜說去. 故學人難得要領也, 於是眞西山編有政經, 然不過專制時代之杜選者. 故猶未免疏漏也, 況論其他哉?

程子云, 千載無眞儒, 百世無善治之歎. 可謂自古然矣.

인간의 자유는 진아로 겸성하여서 세상을 하늘에 합하도록 만드는 것보다 큰 것이 없다.

도덕은 하늘에 근원하고 다스리는 제도政制는 땅에 근본하였으니, 때문에 정치제도를 만약에 말하고자 한다면, 반드시 먼저 형하形下의 기器를 정리해야 한다. 그리고 형상形上의 도를 빠짐없이 적고 나서 연후에 가히 나무랄데 없이 모두 아름답다 할 것이다. 그러나 동아정치의 학문은 오직 상서(政史) 주례周禮 외에 전문적인 책이 없으니, 경전 중에서 설법이 혼잡하다. 그러므로 학인이 요령을 얻기가 어렵고, 이에 진서산眞西山(송나라 진덕수를 말함)이 편찬한 정학政學이 있는데, 그러나 전제시대專制時代를 두선杜選(억지로 가려 뽑음)하였음에 불과하다. 그러므로 오히려 거칠고 엉성함(疏漏)을 면하지 못하였으니, 하물며 그 다른 것을 논하겠는가?

정자가 말하기를, "천 년간 참된 선비(眞儒)가 없었으니, 백대에 선치善治가 없어 한탄스럽다."함은, 가히 예로부터 그러하다고 말할 수 있다.

嗟乎! 近世, 天何篤生其人於歐西, 大開物質政法文明, 而反閟齒於東球也耶?

雖然, 繼天立極, 創智神見之聖制, 則古勝於今者有焉. 精益究精, 經驗維新之制, 則今勝於古者亦多. 此可以互換缺點而合成. 然後可謂位育天地之圓滿政治矣.

余所以忘其固陋, 不得已竟成此編者也.

아! 근세 하늘이 어찌 오로지 그 사람들(물질과 정법에 뛰어난 사람들)을 서구에 태어나게 하시어, 물질, 정법문명政法文明을 크게 열으시고, 도리어 동양의 땅에서는 닫고 막으셨는가?

비록 그러해도 하늘을 이어서 입극立極하고, 지혜롭고 신견神見의 성제聖制를 창시한즉, 옛것(古)이 지금(今)을 능가함이 있었도다. 정익구정精益究精(정밀함을 궁구함)과 경험, 유신의 제도는 곧 지금이 옛것에 수승함이 또한 많다. 이는 가히 결점을 호환해서 합성할 수가 있으니, 그러한 연후에는 천지도 제자리를 잡고 만물이 잘 길러지는(位育天地) 원만한 정치라고 말할 수 있을 것이다.

나는 때문에 그 고루한 것은 버리고, 부득이 이 편을 이루었다.

夫天地之化, 寖而成之. 故人事亦然. 惟東亞之政治制度, 自堯舜歷夏商而至周, 始乃粲然大備. 皆以民意爲主, 雖謂之民主制, 恐無不可也. 歐西之自羅馬民主制, 以及近世, 寖成民主之治者, 亦猶是焉, 詎非天意乎?

烏乎! 溯究東西草刱之世, 雖有君皇之名稱, 而罔非民主者何哉? 始初自家族而部落酋長, 自酋長而立爲君皇者, 必也, 一從人群之議諧, 推戴以成. 故曰可名爲民主也, 決非征戰爭鬪而立矣.

此非歷事之證確, 而可以無疑者乎? 中之羲農堯舜, 東韓之檀君東明, 爲民推立者, 昭然若揭也.

대저 천지의 변화는 차츰 이루어진다. 그러므로 인사도 또한 그러하다. 그런데 동아의 정치제도는 요순으로부터 하, 상을 지나고 주나라에 이르러서 비로소 찬연하고 크게 갖추어졌다. 대개 민의로써 주로 삼았으니, 비록 민주제라고 하더라도 아마 불가할 것은 없는 것이다. 서구에서는 라마(로마)로부터 민주제를 하였고, 근세에 이르러서야 차츰 이루어진 민주의 정치가 또한 오히려 이와 같은 것이니, 어찌 천의天意가 아니겠는가?

아! 동서의 초창기 세계를 돌이켜 궁구해 보면, 비록 군황君皇의 명칭이 있다 해도 민주民主 아닌 자가 없었으니, 어쩐 일인가? 시초에 가족으로부터 부락 추장, 추장으로부터 세워서 군황을 하기까지 반드시 하나 같이 사람 집단의 회의와 화합을 따라서 추대推戴하여 이루어졌다. 그러므로 가히 이름해서 민주라고 하는 것이고, 결코 쳐서 전쟁하고 투쟁해서 세운 것이 아닌 것이다.

　이는 역사의 확실한 증거로, 가히 의심 없는 것이 아니겠는가? 중국의 복희, 신농, 요순, 동한東韓(조선)의 단군 임금과 동명성왕이 백성이 추대해서 세워진 자임이 백일하에 낱낱이 드러났다.

　雖然, 爲治之制度, 克善克備焉, 則後之繼治者, 人雖非賢, 而只遵守成規, 亦足以爲治也. 苟或反是, 則雖有賢者, 而難以致治.
　此所以成周以降三千載間, 噫! 我東球, 未見至治者也. 論世之士, 或以堯舜三代, 指爲君主之治, 殊不知堯舜周公, 皆聽民爲政, 以立共和憲法之禮治, 啓萬世之道德文明之祖法者也. 將條擧編次, 故此不加詳焉.(堯周之時, 未有共和憲法之名, 而其實情則已行矣.)

　그렇지만 정치의 제도가 지극히 선하고 지극히 완비된 후에는, 이어서 다스리는 자가 사람들이 비록 어질지 않더라도, 다만 이루어진 규칙을 준수만 한다면 또한 족히 다스려졌다. 진실로 혹시 이와는 반대이면, 곧 비록 어진 자라도 지극한 다스림에 이르기 어려웠다.
　이것 때문으로 주周나라가 이뤄지고 내려온 삼천 년간은, 아! 우리 동구(동양)의 지극한 다스림을 한 자가 보이지 않았도다. 세상을 논하는 선비가, 혹 요순 삼대로써 군주의 정치를 했다고 지칭하는 것은, 요순 주공이 모두 백성의 의견을 듣고 정치를 하였으며, 공화헌법의 예치禮治를 세움으로써 만세의 도덕문명을 일깨운 조법자祖法者(法의 開祖)였음을 전혀 모르는 것이다. 장차 조문을 들어서 편성할 것이어서, 그러므로 이것은 더 상세히 않겠다.(요임금과 주나라의 시대에 공화헌법의 이름이 없었으나, 그래도 그 실정인즉 이미 시행하였다.)

凡天下古今之制度, 後出者愈精愈美, 其亦天道人事之宜然也. 堯舜之相禪, 是公天下之心, 可謂共和開基者.

而今歐西之國會選擧法, 可謂條理悉備, 愈進愈美者也. 如周禮, 國有大事, 則庶民議之, 士論之, 可謂憲法之先豎幟者. 而今歐西之議院立法, 六法以建邦, 治民之規, 亦可謂條理悉備, 愈進精美者也, 東必取西, 不亦宜乎? 惟西則尙昧井田禮治之制, 此可以取東以合冶一爐.

如是調劑, 則宇內之政治, 將臻乎兼聖一統, 和平大同之郅隆, 復見刑措不用, 至德之曙光, 天地之能事畢矣. 烏乎!

무릇 천하고금의 제도란, 뒤에 나온 것이 더욱 정밀하고 아름다운 것이니, 그 또한 천도天道 인사人事의 마땅한 것이다. 요순이 서로 선양한 것은 바로 공변된 천하의 마음이니, 가히 공화의 기틀을 연 것이라 할 수 있다. 지금 서구의 국회선거법은 가히 조리가 다 갖추어져서 더욱 나아간 아름다운 것이라 할 수 있다. 주례周禮와 같이 나라에 대사가 있으면 서민이 토론을 하고 선비가 토론을 하였으니, 가히 헌법을 먼저 세운 기치라 할 만하다.

지금 서구의 의원 입법과 육법으로 나라를 세우고 백성을 다스리는 법규는, 또한 가히 조리가 다 갖추어진 법이라 할 만하다. 더욱 나아가고 아름다운 것이니, 동에서 반드시 서양 것을 취함이 또한 마땅하지 않겠는가? 그런데 서양에서는 아직도 정전, 예치의 제도에 어두우니, 이것은 가히 동양에서 취하여 한 화로에서 녹여 합해야 한다.

이와 같이 조제한다면, 온 세상의 정치는 장차 겸성兼聖으로 일통함에 이르러서 화평한 대동의 태평성대(질륭郅隆)가 될 것이니, 다시 형벌을 그만두고 쓰지 않는 것을 보게 될 것이요, 지극한 덕의 서광이니, 천지에서 가능한 일은 모두 마칠 수 있으리라. 아!

上帝臨監(小子)代述, 何敢自謬. 其必在午會正中乎.(秦始專制之
弊害流毒, 更不容於覆載之間矣, 今不論列也. 帝國如俄德之尙强權,
好侵掠者, 破消, 可不爲鑒乎.)

編者識(戊午至月)

상제께서 임하시어 살피시고 (소자는) 대신 기술하고 있는데, 어찌 감히 몸소 잘못을 하겠는가. 그것은 반드시 오회정중午會正中에 있도다.(진시황 전제의 폐해가 해독을 세상에 끼쳐서, 다시는 세상에서 받아들이지 않으니, 지금은 이제 논하여 열거하지 않는다. 제국이 만일 아라사俄羅斯(러시아)와 덕국德國(독일)처럼 강권을 숭상하고, 침략을 좋아하는 자는 파소破消하리니, 가히 거울 삼지 말아야 한다.)

편자가 기록하였다(무오년 12월)

*오회정중午會正中이란, "우주의 시간 순환 주기"에서 "어느 한 지점의 시간"을 지칭하는 것이다.

동양에서는 원래 지구가 1회 자전하는 시간을 12마디로 구분하고, 밤 11시부터 01시까지 "자시子時"를 기준으로 하여, 30도씩 우로 이동하여 축시丑時, 인시寅時, 묘시卯時, 진시辰時, 사시巳時, 오시午時, 미시未時, 신시申時, 유시酉時, 술시戌時, 해시亥時를 거쳐 자시子時로 돌아와 360도 1회전을 마무리하여 1일이 된다.

소강절은 우주에도 지구와 같은 시간의 대순환 주기가 있는데, 그 1주기週期를 자축인묘진사오미신유술해의 12마디로 나누고, 자시, 축시 등의 시간이란 "시時" 이름 대신 자회子會, 축회丑會라고 하여 마디마다 "회會"를 붙여서 이름하였으니, "자회子會"를 기준으로 하여, 축회丑會, 인회寅會 등 순서대로 우측으로 30

도씩 이동하여 12마디를 이동 완료하면 360도 대순환 1주기週期가 끝나는데, 그 기간은 129,600년이라고 하였다.(1회 10,800년×12회 = 129,600년)

오회午會란 바로 하루의 오시午時와 같은 개념이다. 한낮으로, 오전에서 오후로 넘어가는 교차 지점이다. 이것을 우주로 말하자면, 선천에서 후천으로 넘어가는 경계선인 것이고, 곧 지구가 태양을 안고 1회 공전하는 궤도가 타원에서 정원으로 바뀌면서, 1년의 일수가 365일에서 360일로 바뀌지는 경계지점인 것이다.(천부경에서는 자축지회子丑之會로부터 인묘진사회寅卯辰巳會를 지나 이 오회정중午會正中을 지나서 미未, 신申, 유회酉會를 지나면, 술해지회戌亥之會가 와서 우주의 한 주기를 끝맺는다고 하였다.)

再識

論世之士, 引申春秋三世之義, 由亂世以至昇平世, 太平世, 而終以大同之說者, 謂今歐戰告終, 和議聯盟, 實啓大同之萌芽, 然愚見, 尙未到其時也.

如海牙會之設, 陽託公理, 陰植强權, 究竟何補於世哉? 惟美總統, 主張人道正義, 其能成就世界之永久和平, 大同至治否? 苟非聖雄至德, 孰能廓掃世界惡氛, 而太平極樂之致治, 有如康德所謂, 造化之妙用者乎? 噫!(己未夏再識)

{다시 기록함}

세상을 논하는 선비들이 춘추삼세의 뜻을 넓혀서 확대하여(引申), 난세로 말미암아서 승평세, 태평세에 이르고 끝내 대동으로 마친다는 설說은, 지금 구라파전쟁(歐戰/1차세계대전)이 종말을 고하고, 화의하여 연맹함은 실로 대동의 싹을 연 것이라고 하는데, 그러나 내 견해로는 아직 그때가 도래하지 않았다.

　헤이그의 회담에서 계획한 것과 같이, 양陽으로 공리公理를 핑계하고, 음陰으로는 강권强權을 증식시키면 구경에는 세상에 무엇을 도운 것인가? 오직 미 대통령이 인도정의가 능히 세계의 영구평화와 대동의 지극한 다스림을 성취한다고 주장하였는데, 대동의 지극한 정치가 아니겠는가? 진실로 성웅의 지극한 덕이 아니라면, 누가 능히 세계의 나쁜 정세를 말끔히 쓸어내고, 태평극락의 정치적 안정과 평화를 이루어(致治), 마치 칸트가 소위 말하는 조화의 묘용妙用 같은 것을 있게 하겠는가? 아! (기미년, 1919년 여름에 다시 기록하다)

　*해아海牙 : 헤이그.

| 제1장 |

종민의개국입도이안민지철리
從民意開國立都以安民之哲理
민의에 따라 나라를 열고 도읍을 세우고 백성을 편안히 하는 철리

太古之事邈矣. 書曰, 天地萬物父母, 惟人萬物之靈, 亶聰明, 作元后.

又曰, 天生民, 無主乃亂, 立之君, 立之師, 使之治而敎之.

又曰, 天視自我民視, 天聽自我民聽.

又曰, 民可近不可下. 民惟邦本, 本固邦寧.

又曰, 平易近民, 民必歸之.

史曰, 王者以民爲天.

태고의 일은 아득히 멀다. 서경에서 말하기를, "천지는 만물의 부모요, 오직 사람만이 만물의 신령함이니, 진실로 총명한 자가 원후(임금)가 된다." 하였다.

또 말하기를, "하늘이 백성을 내고 주인이 없으면 이에 어지러워지니, 임금을 세우고, 스승을 세워서 다스리고 가르치게 하셨다." 하였다.

또 말하기를, "하늘은 우리 백성이 보는 것으로 내려다보시고, 하늘은 우리 백성이 듣는 것으로 들으신다." 하였다.

또 말하기를, "백성은 가까이하되 얕잡아보아서는 안된다. 백성은 오직 나라의 근본이니, 근본이 단단해야 나라가 편안하다." 하였다.

또 말하기를, "평이하게 백성들에게 가까우면 백성들이 반드시 모여든다." 하였다.

사기에서 말하기를, "왕은 백성을 하늘로 여긴다." 하였다.

秉薰謹按自有君長以來, 施政擧措. 罔不以敬天畏命爲則, 敬天畏命, 罔不以民心向背知之. 民之所好, 好之, 民之所惡, 惡之. 是以古者, 雖有君主之名, 而其實則民皆主之, 爲君長者, 莫敢違拂民志也.

僉謨群議, 推立聰明, 以爲君長, 而開國, 則必占察山川風氣, 寒溫適宜, 舟車交通, 順便之地, 而詢從民意, 以建都開府者, 歷代都邑之地, 班班可攷也. 今歐西之建都者, 亦何以殊哉?

병훈이 삼가 살펴보건대, 군장君長이 있고부터 이래로 정사를 베풀고 조치가 있게 된다. 경천외명敬天畏命으로써 법칙을 삼지 않음이 없었으니, 경천외명은 민심의 향배를 알 수가 있게 된다. 백성이 좋아하는 것을 좋아하고, 백성이 싫어하는 것을 싫어한다. 이래서 옛날에 비록 군주의 이름이 있었지만, 그 사실인즉 백성이 모두 주인이었고, 군장이 된 자는 감히 백성의 뜻을 어기지 못하였다.

모두 군의群議를 꾀하여서 총명한 자를 미루어 세우고 군장으로 삼고 개국하였으며, 반드시 산천풍기와 한온이 적합한지, 배와 거마의 교통이 순편한 곳인지 점찰하여, 민의를 순종해서 도읍지를 세우고 부府를 열었으니, 역대 도읍의 땅이 확실한 고증이 될 수가 있다(班班可攷). 지금 서구의 도읍을 세우는 것과 또한 어찌 다르겠는가?

제2장

요순지상선역민의
堯舜之相禪亦民意
요순이 서로 왕위를 선양함 또한 민의다

堯曰咨舜, 天之歷數在爾躬. 舜擧禹, 偏蔽側微.

秉薰謹按, 孟子云堯之子不肖, 舜之子亦不肖. 故不傳其子而以授賢者. 是乃聖人公天下之心也, 禹亦禪與賢者. 而天下之朝覲訟獄者不歸益(益乃禪與之人). 而歸禹之子, 故遂以天下爲家也.

亦可以謂天意也. 家天下之制, 自此始焉. 而公天下之大道隨廢矣, 可不興慨乎. 惟幸成湯文武之爲君.

요임금이 말하기를, "하늘의 역수가 그대의 몸에 있다." 하였다. 순임금이 우를 천거하였는데, 한쪽으로 막혀있었고(偏蔽) 신분이 미천側微하였다.

병훈이 삼가 살피건대, 맹자가 요임금 아들이 불초하다 하였는데, 순임금의 아들 또한 불초하였다. 그러므로 그 아들에게 전하지 않고 현자에게 주었다. 이는 성인의 공변된 천하의 마음이니, 우임금 또한 현자에게 선위하였다(우임금이 생전에 고요에게 전했으나 일찍 죽었고, 우임금이 익에게 천하를 전했으나 익은 우임금 보좌 기간이 짧아 제후가 모두 익益을 떠나고 계啓에게 알현하였다). 천하가 조회하고 뵈었으며, 송옥訟獄자들도 익益에게 돌아가지 않았다(익益은 우임금이 넘겨준 사람). 우임금의 아들에게 돌아가니, 그러므로 마침내 천하로써 집으로 삼은 것이다(오제는 천하를 관직으로 삼아서 아들이 아닌 현자에게 양위하였고, 삼왕은 천하를 집으로 삼아서 후세에게 왕권을 넘겨주었다는 포백영지의 말에 근거함).

그러니 이 또한 천의天意라고 말할 수 있다. 천하를 집으로 삼은 제도는 이로부터 비롯되었다(왕권의 자손 상속이 시작되었다). 공변된 천하의 대도가 마침내 폐하였으니, 가히 슬픔이 일어나지 않으리오. 오직 다행인 것은 성탕과 문무가 임금이 된 것이었다.

世業均産之制, 則一如羲黃之時. 故國姓, 雖云鼎革, 而民則晏然如舊也. 或者以堯舜爲君權濫觴, 此以私心, 揆聖人之公心者也. 堯之薦舜, 詢及十二牧, 達四聰觀民意向背.

而詢謀僉同, 則何可謂之君權獨斷乎? 但其草創時代, 民選之制, 未及盡備耳. 安敢以此, 遂貰其天大之神聖之公心乎? 誠爲東亞共和之開基祖法也. 禪讓與共和, 名稱雖殊, 而不以天下國家, 爲子孫家私之利, 則一也.

烏乎! 孔子曰, 巍巍乎唯天爲大, 唯堯則之, 蕩蕩乎民無能名焉. 余亦謂萬世之可法者, 非堯舜而誰耶?

세업의 균산제는 곧 복희, 황제의 시대와 똑같다. 옛날 나라의 성姓은 비록 정혁鼎革(낡은 것을 버리고 새롭게 함)이라고 하지만, 백성이 곧 편안한 것은 옛날과 같았다. 혹자가 요순으로 군권君權의 시작으로 삼는데, 이것은 사심으로써 성인의 공변된 마음을 헤아린 것이다. 요임금이 순을 추천하고 12목에 자문하고, 사방의 귀로 자신에게 통하게 하고 민의향배를 관하였다.

    그리고 계략을 자문하였는데, 모두가 동일한즉 무엇을 일러서 군권이 독단이라 할 것인가? 다만 그 초창기 시대에 민선의 제도가 다 갖추어지지 않았을 뿐이다. 어찌 감히 이로써 그 하늘의 크나큰 신성의 공변된 마음을 다 빌리겠는가? 진실로 동아의 공화를 위한 조법祖法의 기틀을 연 것이다. 선양禪讓과 공화共和는 이름이 비록 다를지라도, 천하 국가로써 자손이나 집안의 사사로운 이익으로 삼지 않은 것은, 곧 한 가지이다.

    아! 공자가 이르기를, "높고 숭고하구나, 오직 하늘만이 가장 크거늘, 오직 요임금이 이를 본받았으니, 넓고 커서 백성들이 뭐라고 형언할 수 없구나." 하였다.〈논어 태백편〉. 나 또한 말하리니, 만세의 본받을 만한 자로, 요순이 아니면 누구란 말인가?

제3장

삼대지가천하종민의이역외민지철리
三代之家天下從民意而亦畏民之哲理

　　天下之民, 不歸諸益, 而歸禹之子, 是則夏之家天下也. 然一從民意, 而不能避免焉. 此亦可謂民主之制也.

　　是以書曰, 愚夫愚婦, 一能勝予. 予臨兆民, 凜乎若朽索之馭六馬, 爲人上者, 奈何不敬.

　　又曰, 王其疾敬. 丕能諴于小民, 顧畏于民嵒.

　　又曰, 民猶水也, 君猶舟也, 水能載舟, 亦能覆舟.

　　謹按最初之家天下者, 亦是從順民意而行也. 然桀紂之暴虐, 民有是日曷喪之冤. 其不及堯舜之相禪也遠矣. 惟此雖云家國, 而三代之君長敬民, 重民, 畏民之禮, 則不惟如今共和國之主, 重民意已也.

　　烏乎! 世之講政治學者, 安可不知此乎?

　　천하의 백성들이 저 익益에게 돌아가지 않고 우임금의 아들에게 돌아갔으니, 이것이 곧 하나라가 천하를 집안으로 삼은 것이다(현자에게 물려주지 않고 후손에게 물려주었다). 그러나 한번 민의를 따르자, 피하여 면할 수가 없었다. 이 또한 민주제라 할 수가 있는 것이다.

 때문에 서경에서 말하기를, "어리석은 남녀라도 한 사람이 능히 나를 이길 수 있다. 내가 모든 백성들을 다스리되, 두렵기가 썩은 수레 고삐(후삭朽索)로 여섯 마리 말을 몰고 가는 마부와 같으니, 백성의 윗사람이 된 자가 어찌 공경하지 않겠는가." 하였다.

 또 말하기를, "왕은 속히 덕을 공경히 하소서. 크게 능히 약한 백성과 화동하시어, 백성들의 험난함을 돌아보시고 두려워하소서." 하였다.

 또 말하기를, "백성은 물과 같고, 군주는 배와 같아서, 물이 능히 배를 실을 수도 있으나 또한 능히 배를 엎을 수도 있다." 하였다.

 삼가 살펴보건대, 최초의 천하를 집안으로 삼은 것(家天下者)은 또한 바로 민의를 따라서 행한 것이다. 그러나 걸주의 포악함 때문에 백성들은 "이 해가 언제나 없어지려나(是日曷喪, 予及汝皆亡 : 너와 함께 차라리 망해버렸으면 좋겠다)." 하는 원망이 있게 되었다. 그것은 요순이 서로 물려주는 것에 미치지 못하고 그것과는 먼 것이었다. 오직 이것은 비록 나라를 집안으로 삼았다 해도 삼대의 군장은 백성을 공경하고, 백성을 중시하고, 백성을 경외하는 예가 있었은즉, 지금과 같은 공화국의 주의主義뿐만이 아니라 민의民意도 중시하였을 뿐이다.

 아! 세상에서 정치를 강講하는 학자들은, 어찌 이것을 알지 못하는가?

|제4장|
요순책임지제철리
堯舜責任之制哲理

　　堯之制治, 設六府三事, 建官惟百, 開物成務. 舜以不得禹皐陶, 爲己憂, 任賢勿疑, 舍己從人, 去四兇, 擧十六賢相, 各授一責, 三載攷蹟, 三考黜陟, 庶績雍熙.
　　秉薰謹按舜擧十六賢相, 久任責成者, 可謂立萬世不易之政治大法者也.
　　是以孔子稱舜之爲君, 曰恭己正南面, 無爲而治. 趯歟, 其至德之治, 與今責任內閣之治, 不謀而暗合者也. 然所異者, 則今尙功利之法治, 而竟硏究以至於責任. 若夫堯舜, 則純全體天道德之至治, 其效自然躋此也. 可以見天理之公心, 與否已耳.

　　요의 다스리는 제도는 6부 3사를 설치하고 관원을 100명을 두어 개물성무開物成務(만물의 도리를 밝게 알아 일을 성취함)하였다. 순임금이 우임금과 고요를 얻지 못함을 자기의 근심으로 삼았고(요임금은 순을 얻지 못하는 것을 자기의 근심으로 삼았고/堯以不得舜爲己憂), 현자에게 맡기고 의심하지 않고, 자기를 버리고 다른 사람 말을 따랐으며, 사흉을 물리치고 16현상을 추천하여 각각 하나의 책임을 주고 3년간 공적을 살피고, 3번 고사考查하여 출척黜陟(공이 있는 자는 벼슬을 올리고 없는 자는 내리는 것)하였으니, 여러 가지 업적이 화목하고 빛나게 되었다(옹희雍熙).

병훈이 삼가 살펴보건대, 16명의 어진 재상을 추천한 것은 오래 맡겨서 책무를 이루는 것이니, 가히 만세 불역의 정치대법을 세운 것이라 할 수 있다.

이래서 공자는 순의 임금됨을 칭하기를, "몸을 공손히 해서 바르게 남면했을 뿐이니, 무위無爲로 다스렸다." 하였으니, 아름답도다. 그 순임금의 지극한 덕의 다스림은 현재 책임내각의 정치와 더불어서 모의하지 않고서도 우연히 합치暗合하는 것이다. 그러나 다른 것은, 곧 지금은 공리功利를 숭상하는 정치로 마침내 책임에 이르기까지를 연구하여야 한다. 그런데 요순은, 곧 순전히 천天을 본받은 도덕의 지극한 정치였으니 그 자연을 본받아서 여기에 오른 것이다. 천리의 공변된 마음을 드러낼 수 있는지 여부일 뿐이다.

제5장

우평수토획주정전실행황제구정법철리
禹平水土畫州井田實行黃帝邱井法哲理

書曰, 天乃錫禹洪範九疇. 平水土, 畫州分野, 以奠民居. 以邱井之法, 確立井田之制, 以定田賦之法, 邱井法.

乃黃帝之創立邱井法也, 其法如左.

서경에서 말하기를, "하늘이 우임금에게 홍범구주를 내려주셨다." 하였으니, 수토를 평정하고 주州를 획하여 들(野)을 나누고, 이로써 터를 정하여 백성을 살게 하였다. 구정지법으로써 정전의 제도를 확립하였고, 이로써 전부田賦의 법, 구정법丘井法을 정하였다.

그리고 황제가 구정법을 창립하였는데, 그 법은 다음과 같다.

|제1조|

井田之法. 方一里爲井. 四面田尺三百尺, 設爲正方. 方隅築小墩, 以正疆界, 而立表, 開方, 則積爲九萬方尺, 此爲一井. 一井之內, 築小墩立表. 十十開方, 則爲九頃也.

정전의 법. 정사각형(方) 1리를 정井이라 한다. 사면을 전척田尺으로 재서 300척으로 하고 정방正方으로 설정한다. 사방 네모의 귀퉁이에 작은 흙무더기(돈대)를 세우고, 이로써 경계를 정하며, 표表를 세우고, 방방을 열면, 곧 쌓여서 구만방척九萬方尺이 되니, 이것을 일정一井으로 한다. 일정의 안에는 작은 돈대(小墩)를 쌓고 표를 세운다. 십십개방하면 구경九頃이 된다.

| 제2조 |

九頃之內, 中央一頃, 爲公田. 其餘八頃, 則八家分授, 耕作以爲世業. 公田則分力合作, 以納賦稅. 此蓋三代共行之井法也.

구경의 안에 중앙 1경은 공전으로 삼는다. 그 나머지 8경은, 곧 8가에 나누어주고, 경작을 세업世業으로 삼는다. 공전은 곧 힘을 나누어 합작하니, 이로써 부세를 납부한다. 이는 대개가 3대가 함께 행한 정법井法이다.

| 제3조 |

起量畫井之法, 必自國都, 以及州縣. 自城門爲始, 先立一井, 而東西南北. 附立之規, 如立屋者. 先立當中間, 而次次附立, 凡遇山而止, 遇江而止, 各畢其州縣之境界也.

헤아려서 획정하는 법을 일으키는 것은 반드시 국도로부터 주현에 이르게 한다. 성문으로부터 시작하여 먼저 1정을 세우고, 동서남북으로 붙여서 세우는 것을 규범으로 하니 마치 집을 세우는 것 같다. 먼저 마땅히 중간을 세우고, 다음으로 차례로 붙여서 세우고, 무릇 산을 만나면 그치고, 강을 만나면 그치니, 각각 마친 것은 그 주현의 경계이다.

| 제4조 |

擬將擧行此法, 必須先期一年, 頒給量式于國內, 各鄕差一田監, 敎民習熟而臨期擧行故, 事易集成, 雖大州縣, 不過一旬, 可以畢量也.

본떠서 장차 이법을 거행하려면, 반드시 먼저 1년을 기약하고, 국내에 헤아리는 방식으로 나누어주고, 각 향鄕에 한 사람의 전감田監을 파견해서 백성을 교육시키고 익히게 해서 기약한 때(期)에 임하여 거행하는 고로, 일을 바꿔서 모아 이루므로, 비록 커다란 주현州縣이라도 불과 열흘이면 양을 헤아릴 수가 있다.

| 제5조 |

聖人體天創智之法, 簡易易行, 雖愚夫愚婦, 皆可行之也. 先立各井, 整齊以後, 使田監於各井內, 十十開方, 以作九頃, 分授人民各一頃. 無或差誤遺漏, 此其槪略也. 若其溝洫澮遂之制, 不必盡同於古也. 孟子之言井制槪意, 亦甚好.

성인이 하늘을 본받아서 창지한 법이니 간단하고 쉽고 쉽게 행하므로, 비록 우부우부라도 모두가 행할 수가 있다. 먼저 각 정을 세우고, 정제 이후에 전감으로 하여금 각 정안에서 십십개방하여 구경을 만들고, 인민에게 각 1경씩을 나누어준다. 혹 착오나 유루가 없으면, 이것이 그 개략인 것

503

이다. 만일 구혁溝洫(논밭의 도랑) 회수澮遂(도랑)의 제도라면 모두 옛날과 같을 필요는 없다. 맹자의 말에 정제의 개의槪意가 있으니, 또한 매우 좋다.

嗚乎! 井田均産之法, 自春秋時, 已不能行. 故孟子有所云云, 凡言古制, 只師其大意, 不必甚究纖微也. 至秦開阡陌蕩然不復存矣. 於是富者誇據州縣, 貧者無立錐地.
民産之不均, 已達極點, 故董仲舒有限民名田之議, 而不果行矣.

아! 정전균산의 법은 춘추 때로부터, 이미 행할 수 없었다. 그러므로 맹자가 말한 바가 있으니, 무릇 옛날 제도를 말하자면, 단지 그 대의를 본받고 깊게 연구하고 섬세할 필요는 없다. 진나라를 열 때에 이르러 논밭 사이의 길(천맥阡陌)이 다 없어져(蕩然) 다시 존재하지 않았다. 이에 부자는 주현主縣을 근거하면서 과시를 했고, 가난한 자는 송곳 세울 땅도 없었다.
백성의 재산이 고르지 않아 이미 극점에 이르자, 그러므로 동중서가 백성들에게 밭을 제한하여 주는 유한민명有限民名의 의논이 있었으나 결과적으로 행하지는 않았다.

洎夫李唐, 始行公田之制, 陸宣公云, 古者, 一井之地, 九夫共之. 公田在中, 籍而不稅. 私田不善, 則非吏, 公田不善, 則非民. 事頗纖微, 難於防檢, 故國家襲其要, 而去其煩. 丁男一人, 授田百畝, 但歲納租粟二石而已. 言以公田假人, 而收其租入, 故謂之租.

대저 이당(당나라)의 시대에 이르러서 공전제가 시행되었으니, 육선공陸宣公(당나라 한림학사)이 말하기를, "옛날 일정一井의 땅을 아홉 명의 사내가 같이했다. 공전으로 중앙에 있는 것은 구실이었지만 세금을 부과하지 않았다. 사전이 좋지 않으면 곧 벼슬아치 잘못이고, 공전이 좋지 않으면 백성이 잘못이다. 일이 매우 미세하면 방어하고 검사하기에 어려우니, 옛날 국가에서는 그 요점만을 인습하고 번거로운 것은 버렸다. 정남일丁南一(1263년, 廣州 東莞縣 稅務監 업무를 담당함)은 밭 100이랑을 주고, 매년 거두는 세금은 조 2석石(1석은 10말)뿐이었다. 공전을 다른 사람에게 빌려주고 그 조입租入(조세 수입)이 들어오니, 그러므로 조租라 한 것이다.

古者任土之宜, 以奠賦法, 國家推因往制, 簡而一之. 每丁各輸鄉土所出. 歲輸若絹, 若綾若絁. 共二丈, 綿三兩, 其無蠶桑之處, 則輸布二丈五尺, 麻三斤, 以其據丁戶調而取之, 故謂之調.

옛날에 토지를 맡기는 마땅한 법은 전부법奠賦法으로써, 국가에서 옛날 제도로 인하여 넓힌 것인데, 간단히 하나다. 매장정이 각각 향토에서 나온 것을 운반하였다. 매년 비단(絹)이나 무늬 비단(綾)이나 명주실로 짠 비단(絁)을 운반하였다. 모두 이장二丈(1丈은 열 자)이고 면綿은 3냥이니, 누에와 뽕(잠상蠶桑)이 없는 곳에는, 곧 포 2장 5척, 마 3근을 운반하여 정호丁戶(백성의 살림집)에 근거해서 고르게 하여 취하였으니, 그러므로 이르기를 조調라 하였다.

古者用人之力, 歲不過三日. 後代多事, 其增十倍. 國家斟酌物宜, 立爲中制, 每丁一歲之役, 二旬. 若不役則收其庸, 日準三尺, 以其出絹而當庸直, 故謂之庸.

옛날 인력을 사용함에, 매년 3일을 넘기지 않았다. 후대에는 일이 많아서 그것이 열 배로 늘었다. 국가에서 물의物宜(사물의 성질, 이치, 법칙)를 짐작하여 중제中制(중등 규격)로 삼아 세우니, 매 장정이 1년에 부역은 20일이었다. 만약 부역하지 않으면 그 용庸(조세)을 거두었으니, 하루에 3척을 기준으로 하였으며, 이로써 출연하여 용庸을 바르게 함에 충당하니, 그러므로 이르기를 용庸이라 하였다.

此三道者, 皆宗本前哲之規模, 參考歷代之利害, 其取法也遠, 其立意也深, 其斂財也均, 其役人也固, 有田則有租, 有家則有調, 有身則有庸, 天下爲家, 法制均一.

이 세 가지는 모두가 옛 현인의 조세 규모에 근본하였으며, 역대의 이해를 참고하였으므로 그 취한 법이 멀고, 그 뜻이 깊고, 그 거두어들인 재산이 고르게 하였으며, 그 사역하는 사람은 틀림 없었고, 밭이 있으면 세금이 있었고, 집이 있으면 조調가 있었고, 몸이 있으면 용庸이 있었으니, 천하를 나의 집처럼 삼았으므로, 그래서 법제가 균일하였다.

(愚)按此因田制, 以及租調庸均役之法, 後代當國者, 可因以爲鑒也. 然今泉貨大通, 則凡取於民者, 皆換以泉貨收之, 可以省弊而便民.
朱子云, 後世惟唐之國制, 最爲近古也. 處今之世, 欲復井田之制, 孰不笑其迂闊乎? 然不行此制, 以均民産, 則徒言善政而已, 安能進於至治乎? 蓋以此法難行者, 一曰不能奪富人之田矣, 二曰古者民稀地廣, 今則人多而土不足分排矣.

(愚)以謂兩說,均不通之常談也. 在上者苟用公天下之心,斷行公田之制,則夫孰敢不從乎? 然世必有英雄其人,悍猛,道德,兼備者,然後可以議擧也. 若夫土地,則必無不足之患者.

(나는) 전제로 인하여 이것을 살펴보건대, 조조용租調庸을 고르게 부역시키는 법에 이르러서는 후대 당국자들도 가히 이것으로 거울로 삼아야 한다. 그러나 지금 천화泉貨(화폐)가 크게 유통하니, 곧 백성에게서 취하여 모두 화폐로써 바꾸어서 거둬들이니, 가히 폐단을 살펴서 백성을 편하게 한 것이다.

주자가 말하기를, "후세에 오직 당나라의 국제國制가 가장 옛것에 가까웠다. 지금의 세상에 처하여 다시 정전의 제도로 돌아가고자 하면, 그것은 세상물정에 어둡다 하여 누가 웃지 않겠는가?" 하였다. 그러나 이 제도를 시행하지 않고, 이로써 백성의 재산을 고르게 한다면, 곧 선정善政이란 헛된 말일 뿐인 것이니, 어찌 능히 지극한 다스림에 나아가겠는가? 대개가 이 법을 행하기 어려웠던 것은, 첫 번째는 부자의 밭을 뺏을 수 없다는 것이고, 두 번째는 옛날에는 백성은 적고 땅은 넓었는데, 지금은 사람은 많고 땅이 부족하게 분배된 것이다.

(나는) 이 두 가지 설을 말하자면, 모두 통하지 않는 늘상 하는 말이라 하겠다. 위에 있는 것은 진실로 공변된 천하의 마음을 쓰는 것이니, 공전의 제도를 단행하면, 곧 누가 감히 따르지 않겠는가? 그러나 세상에는 반드시 영웅이면서 용맹과 도덕을 겸비한 그런 사람이 있고 난 연후에서야 가히 의논을 할 수가 있을 것이다. 토지에 대해서는, 곧 반드시 부족하다는 걱정은 없을 것이다.

嘗攷東韓人口, 爲二千萬, 其國疆面積, 長可二千里, 廣可八百里, 以八百乘二千. 爲方一里者, 爲一百六十萬, 得田, 爲一千四百四十萬頃. 除山, 林, 川澤, 道路, 園場, 城邑, 閭里, 及不毛之地, 十分之八約可得田, 爲二百八十萬頃矣.

可容人口之家, 三百餘萬無慮也, 況仕宦食祿之家, 工商實業之民, 不幷分田, 則綽有餘裕者乎? 但患在上者, 無公天下之心, 如三代之聖人焉耳.

일찍이 동한인구를 보건대, 2천 만이 되었고, 그 나라 강역 면적은 길이가 2천 리고 넓이가 8백 리였으니, 8백승 2천이었다. 네모로 해서 1리인 것은 160만이 되고, 밭으로 하면 1,440만 이랑이 된다. 산과 숲, 천과 연못, 도로, 공원, 성읍, 여리, 불모지를 제외하면 10분의 8은 대략 밭으로 할 수가 있고 280만 이랑이 된다.

가용 인구의 집이 300여 만은 염려 없으니, 하물며 사환식록仕宦食祿의 집안과 공상工商 실업의 백성은 분전分田을 함께 하지 않으니, 곧 많이 여유가 있지 않은가? 다만 걱정은 위에 있는 자가 공변된 천하의 마음이 없는 것이니, 3대와 같은 성인의 마음이라야 한다.

推算中國亦然. 中國面積, 爲三千四百五十萬方里, 以此打量, 則得田, 爲三萬萬一千零五十萬頃, 而除十分之八, 則實田, 爲六千二百四十萬頃, 可容人口之家六千餘萬無疑. 分田於四萬民族, 實無不足之慮者, 不亦灼然明甚乎? 況移民墾荒之政, 可不幷行, 以此推測, 宇內萬國, 罔不皆然矣.

중국을 추산해 보아도 또한 그렇다. 중국 면적은 3,450만방 리이니, 이로써 예측해 보면, 곧 밭을 얻는 것이 3만만 1천영 5십만 경이니, 10분의 8을 제하면, 곧 실제의 밭이고, 6,240만 경이니, 가용 인구의 집이 6천여 만은 확실하다. 4만 민족에게 분전하면 실로 부족할 염려는 없으니, 또한 뚜렷하고 분명하지 않은가? 하물며 황무지 개간으로 이민하는 정책을 가히 병행하지 않아도, 이로써 추측해 보면 온 세상 만국이 다 그렇지 않음이 없다.

李唐以後, 惟高麗, 行公田之制, 不亦可尙哉? 然余所以載, 明井田槪略于此者, 實非遽望於今日, 而留待宇內大一統之世, 安知無至德大眼人者, 必來取法乎?

嗟! 夫現世雖不行井制, 而但用其法量地, 以正稅則, 亦可爲善政矣. 余旣分土品以九等, 圖畫成帳之法, 具有一冊, 進于兩政府, 今不俱載於此. 然哲人, 可以推演而行之爾.

이당(당나라) 이후, 오직 고려에서 공전제를 행하였으니, 또한 높일만하지 않은가? 그러나 내가 글은 쓴 까닭은, 정전의 개략을 여기에 밝혀서 실로 현재에 급히 기대하는 것이 아니라, 나중 일로 남겨두었다가(留待) 온 세상이 크게 하나로 통일된 세상이 되면, 어찌 지극한 덕이 없어도 큰 안목이 있는 사람이 반드시 와서 법을 취할지 어찌 알겠는가?

아! 대저 현세에 비록 정제를 행하지 않아도, 다만 그 법량을 사용하여 이로써 바르게 세금을 메기면, 곧 또한 선정善政이 될 것이다. 내가 이미 땅의 품질을 나누어서 9등급으로 하고, 도면을 그리고 장부 만드는 법을 한 책에 구비하여 조선과 청나라 정부에 올렸으므로, 지금 여기에는 싣지는 않았다. 그러나 철인은, 가히 미루어 연출해서 행할 수 있을 뿐이다.

毋論實行井田, 或打量, 均可用周尺四尺七寸七分五釐, 定爲量田一尺, 可也. 何以然哉? 朝鮮李世宗, 以聖人制禮作樂, 時海州有巨黍出, 以此造周尺, 尙有刻石者存. 余以其尺, 照較英尺, 則毫釐爲不差也. 以英尺四尺七寸七分五釐, 爲量田一尺之用, 寔合於天度也.

정전을 실행하든, 혹 가늠을 해보든(打量), 모두 주나라 시대의 척도(周尺)인 4척 7촌 7푼 5리를 사용할 수 있으니, 규정하여 양전量田 1척으로 삼아야 한다. 왜그런가? 조선의 이씨 세종 왕은, 하늘이 낸 성인으로 제례작악하였으니, 그때 해주에서 거서巨黍가 나와서 이로써 주척을 만들었으니, 아직도 각석刻石이 있어 존재한다. 내가 그 자로써 영척英尺을 비교해 본 즉, 털끝 만큼도 차이가 없다. 영척英尺 4척 7촌 7푼 5리로써 양전量田 1척으로 삼아 사용했으니, 참으로 천도에 합한 것(단합寔合)이다.

*주척周尺 : 한 자가 곱자의 여섯 치 육 푼(=0.231m)과 같은 자.
*영척英尺 : 영국에서 쓰는 자(피트).
*양전量田 : 논밭을 측량함.
*양전척量田尺 : 양전하는데 쓰는 자. 조선 세종 때 전국의 논밭을 6등급으로 나누고 그 등급에 따라 자의 길이를 각각 달리하였는데, 1등전을 측량하는 자의 길이는 주척周尺으로 4자 7치 7푼 5리이고, 2등전은 5자 1치 7푼 9리이고, 3등전은 5자 7치 3리이고, 4등전은 6자 4치 3푼 4리이고, 5등전은 7자 5치 5푼이고, 6등전은 9자 5치 5푼으로 하였다.
*거서巨黍 : 수수의 일종으로, 옛적에 척도尺度를 제정하는 단위로 사용하여 수수알의 직경 1백을 1척으로 하여 악기를 제정하는데 준용하여 황종척黃鐘尺이라 하였다.

일정도─井圖

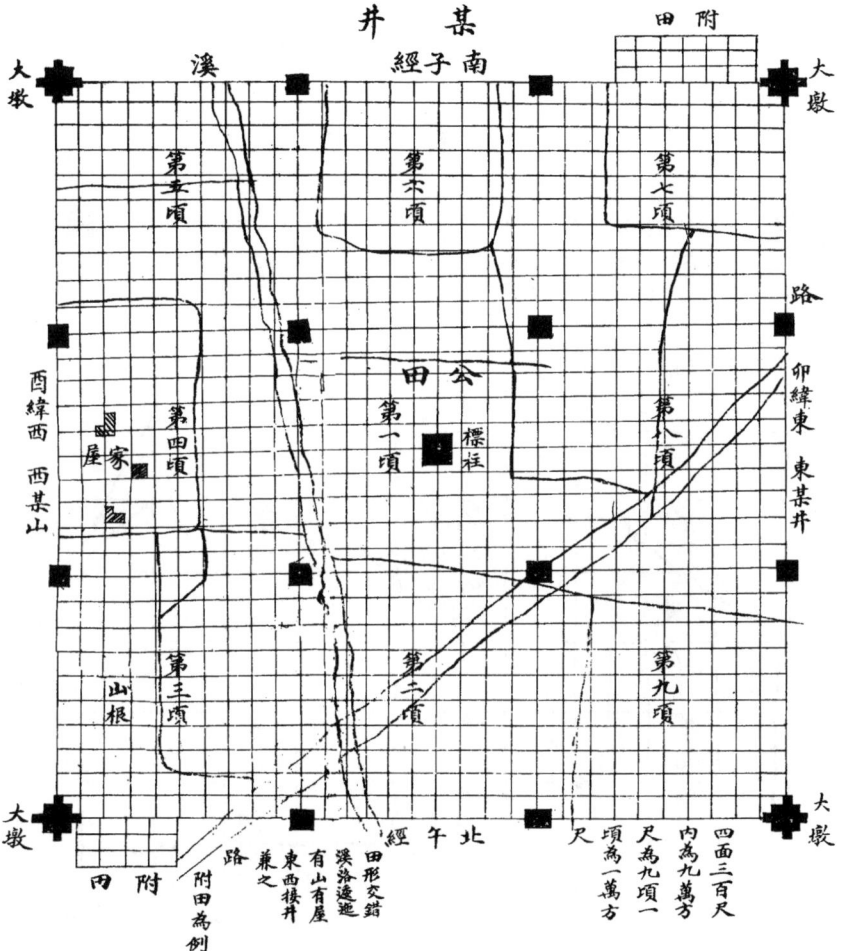

일경도一頃圖

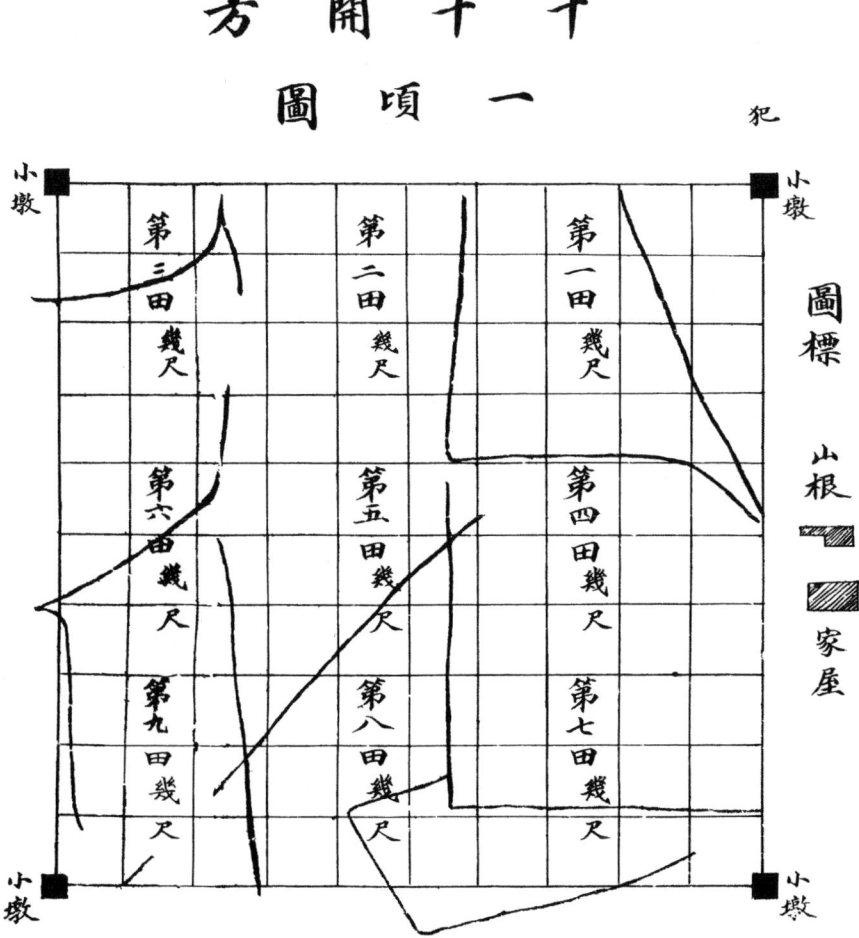

井頃圖則量畢後, 合成圖帳, 以作田案. 自鄕邨至縣邑, 各有圖本, 尺量之法, 各井築大墩, 立表, 後設圍繩於四面表木, 而因設縱線.

정도와 경도는 측량을 마친 후에 합성한 도면장부이니, 이것으로 전안田案을 만든다. 시골 마을(향촌鄕邨)로부터 현읍에까지, 각각 도본이 있고 자로 재는 법이 있으니, 각각 정井마다 큰 흙무더기를 쌓아서 표시를 세우고, 후에 사면표목에 둘레줄을 설치해서 세로줄(縱線)을 설치한다.

橫線, 每十尺相距之間, 立一小表木, 使橫縱相交, 分一墩, 爲二百方段. 十十開方法, 每百尺爲圍, 而每十尺之間, 設經緯線, 一橫一縱. 務要正方, 使無差誤之弊.(如不滿井之處, 則用附田例, 附之於鄰井.) 凡縱橫線, 用麻繩. 塗以楡汁. 則無漲縮也.
各井圖末, 附作圖說, 而註明其陳與不耕之田數. 井間紙經緯用墨.
旱田, 水田, 用朱. 田案分兩層圖畫, 而書明田民戶口數也.(稅則古以十一爲中正, 後世當參酌可輕也.)

횡선은 매 10척마다 서로 거리의 사이에 하나의 작은 표목을 세우고, 횡종선이 서로 교차하게 하고, 하나의 돈대로 나누어 200방단方段으로 한다. 십십개방법은 매 100척을 둘레로 하고, 매 10척의 사이에다 경위선을 설치하여, 한번은 횡으로, 한번은 종으로 한다. 정사각형이 되도록 힘쓰고 차이나 잘못의 폐단이 없도록 한다.(만약 차지 않은 정井의 곳에는, 곧 밭을 붙이는 법식을 사용하여 인근의 정井에서 붙인다.) 무릇 종횡성은 삼노끈을 쓰되 느릅나무즙을 칠하면 늘어나거나 줄어들지 않는다.

각 정도井圖의 끝에는 도설圖說을 지어서 붙이고, 주註를 하여 그 불경하는 밭의 수와 더불어서 진술을 분명하게 한다. 정井 사이의 종이에 경위는 먹을 사용한다.

한전旱田(물을 대지 않고 필요시 물을 대는 밭), 수전(논)에 붉은색을 쓴다. 전안田案을 두 층의 도화圖畫로 나누어서 글로 전민田民 호구수를 분명하게 밝힌다.(세금은 옛날 십일十一은 열에 하나, 10%을 중정中正으로 삼았는데, 후세에 마땅히 참작해서 가벼이 할 수 있다.)

秉薰謹按旣畫井以均民産, 則制祿, 學校, 兵車之制, 皆從民數而組織之. 然余所以主張之政治之宗旨, 乃在寢兵輯和, 世界一統, 天地位育之最郅隆之治, 故省略兵制之說也.

병훈이 삼가 살펴보건대, 이미 획정畫井해서 이로써 백성의 재산을 고르게 한즉, 녹봉의 제도, 학교, 병거의 제도는 모두가 백성의 수에 따라서 조직한다. 그러나 내가 주장하는 바의 정치종지는 군대를 잠기게 하고 화합해서 세계 일통하여, 천지가 자리해서 가장 태평스러운 다스림(질륭지치郅隆之治)을 길러냄인데, 그러므로 군대의 제도에 대한 설명은 생략한 것이다.

制祿, 務致豊厚, 以養廉恥, 如今美英各邦之制, 可謂盡善矣. 學校之制, 則古者設爲庠序學校, 大小學以教之, 每鄉鄉三老坐於閭門, 凡民出入, 教以孝悌忠信之行.
又有讀法之規, 要使無一民不敎, 無一民不學, 如今各國強迫敎育之制, 可謂脗合者也. 此皆治地以後次第擧行之制也.(以下凡十九條)

녹봉을 제정하고, 힘써 풍후함에 이르고, 이로써 염치를 길러서 마치 지금 영미의 각 나라의 제도와 같다면, 가히 최선을 다했다 할 것이다. 학교의 제도는, 곧 옛날에는 상서庠序의 학교를 세워서 대소학을 가르쳤으며, 매 마을마다 삼노三老가 여문에 앉아서 무릇 백성이 출입함에 효제충신의 행함을 가르쳤다.

또 독서법의 규정이 있었으니, 가르치지 않은 백성이 한 사람도 없도록 하여, 한 사람의 백성도 배우지 않음이 없도록 해서, 마치 지금 각 나라의 의무교육제와 정확히 똑같다(문합脗合)고 할 것이다. 이것이 모두 토지를 다스린 이후에 다음으로 차례대로 거행하는 교육제도인 것이다.(이하 모두 19조이다)

|제6장|

이윤오취탕오취걸지철리
伊尹五就湯五就桀之哲理

    書曰, 伊尹五就湯, 五就桀. 以一夫之不得其所, 若己推而納之溝中. 行一不義, 殺一不辜, 而得天下, 不爲矣.
    秉薰謹按任聖, 自任以天民之先覺者. 而其救世拯民, 至仁至慈之心德, 可謂與天同公, 而萬世爲法者也. 後世之昏蔽權利私欲者, 可不鑒乎?
    烏乎! 在上之君相, 實有此至仁至公之心, 然後可以議擧井制矣乎.

    서書에서 말하기를, "이윤이 다섯 번 탕에게 나아갔고, 다섯 번 걸에게 나아갔다. 한 지아비라도 그 마땅한 바를 얻지 못한다면, 마치 자기가 밀어서 도랑 속으로 넣은 것처럼 부끄러워하였다. 한 가지라도 의롭지 못한 일을 행하거나, 한 사람이라도 죄 없는 이를 죽이고서 천하를 얻는 일은 하지 않을 것이다." 하였다.
    병훈이 삼가 살피건대, 성인을 임명함에, 이윤伊尹이 은나라 탕왕의 부름을 받고 나아갈 때 '나는 하늘이 낸 백성 가운데 먼저 깨달은 자(天民之

先覺者)이다. 그래서 내가 세상의 백성들을 구해야 하니, 내가 하지 않으면 누가 하겠는가?' 하였으니, 지극히 어질고 지극히 인자한 심덕心德이며, 가히 하늘과 더불어 함께 공변됨(公)이라 할 것이요, 만세萬世의 법인 것이다. 후세의 어둡고 황폐한 권리사욕자들이, 가히 거울 삼지 않겠는가?

아! 윗자리에 있는 군상君相들은 실로 이러한 지극히 인자하고 지극히 공변된 마음을 가져야, 연후에 가히 토의하여 정제井制를 행할 수 있을 것이다.

|제7장|

고자군사지책미분자역천의지철리
古者君師之責未分者亦天意之哲理

古者, 聰明睿智, 於其類者, 作之君, 作之師, 君以治之, 師以敎之, 亦可謂天意也.

書曰, 三公坐而論道經邦.

于時保之, 子之翼也.

옛날, 총명예지가 그 부류에서 출중한 자로, 임금을 하였고, 스승(師)도 하였으며, 임금으로는 다스리고 스승으로서는 가르쳤으니, 또한 가히 하늘의 뜻이었다 할 수 있다.

서경(書, 周書)에 이르기를, "삼공은 앉아서 도道를 논하고 나라를 다스린다."고 하였다.

북송의 장재張載 서명西銘에, "이에 (하늘의 뜻을) 잘 보존함은, (하늘의) 자식으로서 (하늘을) 공경함 때문이다." 하였다.

*삼공三公 : 고대 중앙 최고 관직의 합칭. 〈주례周禮, 고공기考工記〉에 "坐而論道, 謂之王公"이라 하였는데, 뒤에 인용하여 "坐而論道, 謂之三公"이라 하였다. 〈三

國志. 魏志)에 "古之三公坐而論道"라는 구절이 있고, 〈晉書〉에 "古者, 三公坐而論道", 〈자치통감〉에 "三公坐而論道, 九卿作而成務"라 하였으며, 〈朱子語類〉에 "古者三公坐而論道, 方可仔細說得"이란 구절이 있다.

서경書經, 주서周書 주관周官에, 立太師太傅太保三公論道經邦, 燮理陰陽이라는 구절이 있다.

秉薰謹按堯舜三代則聖人爲君長, 故師道之責, 亦幷自任也. 其亦天意歟. 然由其幷此君師之責, 故易啓君尊之漸, 然其時君臣之分, 克不過後世長幼之禮焉耳. 自秦政專制, 一遇荊軻之匕首, 然後君尊臣卑之弊, 已達極地.

天下之事, 不可復爲矣, 可勝歎哉. 今則世界, 分行政治敎育而盡力乎敎育, 可謂知所先務矣.

병훈이 삼가 살펴보건대, 요순 3대는 곧 성인이 군장이 되고, 그러므로 사도의 책임 또한 아울러서 스스로 맡았으니, 그 또한 하늘의 뜻인 것이다. 그러나 이렇게 임금과 스승의 책임을 아울러 하는 것으로 말미암아서, 그러므로 쉽게 임금을 높이도록 계몽하여 적시게 했으나, 그때는 군신의 구분이 능히 후세에서 말하는 장유의 예에 불과할 뿐이었다. 진나라 정전제 때 형가荊軻(위나라 사람, 연나라 태자의 부탁으로 진시황을 살해하려 함)의 비수를 한번 당한 연후에 군존신비君尊臣卑의 폐단이 이미 극에 달하였다.

천하의 일은 되돌릴 수가 없으니, 가히 한탄스러울 뿐이다. 지금 세계에서 정치와 교육을 나누어 행하면서 교육에 진력하는데, 가히 우선 힘쓸 바를 아는 것이라 말할 수 있다.

제8장

주공공화헌법치지철리
周公共和憲法治之哲理

周禮設官分職, 以爲民極, 立天官冢宰, 掌邦治以佐王. 朝禮君臣相向揖. 王立寢門外, 王却先揖. 國有大事, 則庶民議之, 士論之五. 物詢衆, 乃聽衆爲政也.

秉薰謹按此時此治, 雖未立共和之名稱, 然君臣之相向揖者, 可謂與今共和平等之禮, 相孚者也.

주례에서 관직을 설치하고 직책을 나누어서 백성의 표본으로 삼았고, 천관총재天官冢宰를 세우고 나라 정치를 관장해서 왕을 보좌하였다. 조례는 군신이 서로 함께 향하여 읍하였다. 왕은 침문 외에 서고, 왕이 물러가면서 먼저 읍한다. 나라에 대사가 있으면 서민이 의논하였고, 선비는 다섯 가지(五事)를 논하였다. 물物(事)은 대중에서 물어보고, 대중에게서 듣고 정사를 하였다.

병훈이 삼가 살펴보건대, 이때의 이러한 다스림은 비록 공화의 명칭이 아직 서지 않았으나, 그래도 군신君臣이 상향相向해서 읍하는 것은, 가히 지금의 공화평등과 더불어서 서로 부합한다.

 庶民士子, 論議國事, 以陳可否, 而秉軸者聽決行政, 則與今總統行政憲法之制, 何以異哉. 惟其時雖未有憲法之名, 而其實則可謂周公, 先已行之也?
 然則共和憲法者, 安得不以大舜周公, 爲東亞開山之祖也耶?

 서민과 관직에 있는 사람들이 국사를 논의해서 이로써 가부를 진술하여 당국자秉軸者(정권을 잡은 사람)가 듣고 행정을 결정하니, 지금의 총통행정 헌법의 제도와 더불어서 무엇이 다른가?
 오직 그때 비록 헌법의 이름이 아직 없었으나, 그 사실인즉 가히 주공은 먼저 이행했다고 할 수 있다. 그러한즉 공화헌법이란, 순임금, 주공으로부터 동아의 개산조가 된 것이 어찌 아니겠는가?

 騖時之士, 誠可以感省而不復專美於西乎. 但其條理規模, 則後出者精究而益進精美, 不可不知也.
 今且詳究周禮, 置王於無責任之地, 亦闇合乎近世, 責任之制者也.

 시세時勢를 따르며 힘쓰는 선비는, 진정으로 느끼고 돌아보아 더 이상은 서양(西)에서만 아름다움을 추구하지 말아야 한다. 다만 그 조리와 규모는, 곧 후출자가 정밀히 궁구해서 더욱 정미로움에 나아갔으니, 불가불 알아야 할 것이다.
 지금 또한 주례를 상세히 궁구해 보면, 왕은 책임이 없는 곳에 두었으니, 또한 근세 책임의 제도와 우연히 일치(闇合)한다.

|제9장|
주공례치형조사십년불용지철리
周公禮治刑措四十年不用之哲理

　　周禮都鄙鄉遂之制, 與棋枰相似. 令五家爲比, 比有比長. 五比爲閭, 閭有閭師.
　　五閭爲族, 族有族長. 五族爲黨, 黨有黨正. 五黨爲鄕, 鄕有鄕大夫. 歲二十四時, 屬(屬卽會也)民讀法, 糾其奇衆過惡而禁制之, 察其德行道藝而賓興之.

　　주례에서 도비都鄙(왕의 자제나 공경대부의 땅), 향수鄕遂(王城에서 100리는 향, 2백 리는 遂라 함)의 제도는 기평棋枰(바둑판)과 더불어서 서로 비슷하다. 다섯 집을 비比가 되게 하고, 비比에는 비장比長이 있다.
　　5비比는 여閭가 되고, 여閭는 여사閭師가 있다. 5여閭가 족族이 되고, 족族에는 족장族長이 있다. 5족族이 당黨이 되고, 당黨에는 당정黨正이 있다. 5당黨이 향鄕이 되고, 향鄕에는 향대부鄕大夫가 있다. 1년에는 24시가 있고, 백성을 모아놓고(屬은 곧 會다) 법法을 읽게 했으며, 기이한 무리를 바로잡아 과오를 금하도록 통제하였으며, 그 덕행, 도예道藝를 살피고 따르게 해서 일어나게 했다.

秉薰謹按周公此制, 肇啓萬世太平道德文明之祖法者, 非但爲當時實驗, 以收四十年刑措不用之化. 而余亦因人以施於東韓箕邦, 已見風尙草偃之化, 捷如影響之經驗焉.

噫樵童牧竪, 皆知向揖之禮, 而有不孝其親而黜其親者, 於是迎邐其家而孝奉者. (三數人)俗遂丕變, 禮讓至道. 故余信周公此制, 誠天下之曙光也, 將欲世界統一, 寢兵輯和之治, 如康德之所論, 而大同郅隆之化, 若孔子之所期者, 舍此而將奚以哉?

병훈이 삼가 살피건대, 주공은 이 제도에서 만세의 태평 도덕 문명의 조법을 처음으로 열었으니, 비단 당시의 실험뿐만이 아니라, 이로써 40년간 형조불용刑措不用(형벌을 쓰지 않음)의 교화를 거두었다. 그리고 나는 또한 사람으로 인하여 동한기방東韓箕邦에서 이미 풍상초언風尙草偃(풍조가 바람에 쓰러지듯 함)의 교화가 속히 영항받는 것을 보았다.

아! 땔나무 하는 아이와 소 먹이는 총각들이 모두 향읍의 예절을 알았으며, 그 아비에게 불효함이 있거나 그 아비를 내친 자들도 이에 그 집에 맞이하여 효도로써 다시 받들었다. (삼수인) 풍속은 마침내 전해오던 나쁜 풍습을 타파하고 예로써 겸양하는 지극한 도에 이르렀다. 그러므로 내가 주공의 이 제도를 믿으니, 진실로 천하의 서광인 것이요, 장차 세계통일하려면 병기를 내려놓고 화합의 정치를 해야 하니, 마치 칸트의 논한 바와 같이 대동 질륭郅隆(태평시대)의 교화가 될 것이고, 공자의 약속한 바인 것이니, 이것을 버리고 장차 어찌하겠는가?

德儒那特磴論共和曰, 瑞土美國, 地方自治大發達, 故共和堅牢, 若法國, 參差不齊. 故共和不能持久也.

然則歐西以地方自治, 爲共和憲法之基礎者, 不亦明甚乎? 此與禮治之規, 可謂相爲表裡. 然時方專以法律, 而周制則純以德禮, 將來用此制者, 苟能化洽天下, 以成刑措不用之經驗, 則彼法治者, 安得不取作師範乎?

독일(德國)의 선비 카를 라트겐(那特磴/나트갱)은 공화를 논하면서 말하기를, "스위스(瑞土), 미국에서는 지방자치가 크게 발달하였으므로, 공화가 견뢰堅牢하였으나, 마치 법국法國(프랑스)처럼 참차부제參差不齊(길고 짧고 가지런하지 않음)하였다. 그러므로 공화는 오래 유지할 수 없었다." 하였다.

그러나 서구는 지방자치로써 공화헌법의 기초를 삼았으므로, 또한 매우 분명치 않은가? 이는 예치의 규범과 더불어서 가히 서로 표리가 된다 할 수 있다. 그러나 시방 오로지 법률로서 주나라 제도는 곧 덕례德禮로써 순수하게 하였으니, 장래 이 제도를 쓰면 진실로 능히 교화가 천하에 두루 미칠 것이며(化洽天下), 이로써 형조불용刑措不用을 이루는 경험을 할 것인즉, 저 법치자들이 어찌 모범을 지어서 취하지 않겠는가?

故余敢斷爲世界人道之光明導師, 大同基業, 其必在此乎. 烏乎! 驚時之士, 如聞禮治之說, 則指爲老生常談, 有是哉. 老生宿儒者, 雖言禮治, 而不知其條理規模焉, 則安得免新學之譏笑哉?

余攷周禮本章約劵條例, 不過十餘目, 爲讀法之規也. 雖然, 凡爲邦制度, 必也師其大旨, 而參合時宜, 然後可以行之無碍, 濟世無量矣. 此所以 變通而聖之時中者, 爲可貴也.

    그러므로 내가 감히 단언하건대, 세계 인도人道의 광명도사(導師)가 되는 대동기업大同基業(천하 대동세계의 기초)이 반드시 여기에 있으리라. 아! 시세時勢를 따르며 힘쓰는 선비가 만일 예치禮治의 설설을 듣게 되면, 곧 가리켜서 노서생老書生의 평범한 이야기라고 여길 것이니, 과연 그렇다. 노생老生과 숙유宿儒(老儒)들이 비록 예치禮治를 말하나 그 조리와 규모를 알지 못한즉, 어찌 신학의 비웃음을 면하겠는가?

    내가 〈주례〉본장을 살펴서 요약하니, 조례는 10여목에 불과하였으므로 독법의 규규로 삼았다. 비록 그러하나 무릇 나라의 제도는 반드시 그 큰 뜻을 따라야 하니, 그래서 시의時宜적절한 것을 참고해서 종합(參合時宜)하고, 연후에 가히 걸림 없이 행할 수 있으면 세상을 구제함이 무량하리라. 이것이 임기응변하는 성인의 시중(聖之時中)이라는 것이니, 가히 귀중히 하는 것이다.

제1절 **시설임목**施設任目

| 제1조 |

    毋論某國, 自京畿以至各省各州縣邑里鄕邨坊巷, 必立地方制度, 凡五家爲比, 比有比長(年德俱高者). 五比爲閭, 閭有閭師, 五閭爲里, 里有里長, 五里爲坊, 坊有坊長, 五坊爲鄕, 鄕有鄕長. 一依〈國典〉差, 定而擧行讀法規則事.

어느 나라를 막론하고, 경기(서울)로부터 각성各省, 각주各州, 현縣, 읍邑, 리里, 향鄕, 촌邨, 방坊, 항巷에 이르기까지 반드시 지방제도를 세워서, 무릇 5가를 비比(동아리, 무리)로 해서 비比에는 비장比長을 둔다(나이와 덕이 모두 높은 자). 5비比를 여閭로 하고, 여閭에는 여사閭師를 두고, 5여閭를 마을(里)로 하며, 마을에는 이장里長을 두고, 5리里를 동네(坊)로 하고, 동네(坊)에는 방장坊長을 두고, 5방坊이 고을(鄕)이 되고, 고을에는 향장鄕長을 둔다. 하나 같이 국전國典에 따라서 등급을 정하여 독법규칙의 일(讀法規則事)을 거행한다.

| 제2조 |

自比閭里坊鄕, 各以公選其有德行道義年邵, 可以爲長之人, 推定爲各任長, 司掌讀法敎令事.

비比, 여閭, 리里, 방坊, 향鄕으로부터 각각 그 덕이 있고, 도의를 행하고 나이가 든 사람을 공선公選하여 가히 장長으로 삼는 사람으로 할 수 있으며, 미루어 정하되 각각 장을 임명해서 독법교령의 일(讀法敎令事)을 관장케 한다.

| 제3조 |

比閭里坊鄕, 當每月朔望, 老少民人, 齊會一處, 行相揖禮, 而坐定, 然後善讀者一人, 朗讀政府頒下讀法笏記, 相勸以德行道義, 相戒以過惡罪犯事.

비比, 여閭, 리里, 방坊, 향鄕은 매월 삭망(朔望/초하루와 보름)을 당하여서는 노소의 백성들이 한곳에 가지런히 모여서 서로 읍례를 행하고 좌정坐定한 연후에 잘 읽는 자 1인이 정부가 반포한(頒下반하) 독법홀기讀法笏記를 낭독하여 과오, 죄범사를 서로 경계한다.

| 제4조 |

置兩籍, 德業可觀者, 書于一籍, 過失可規者, 書于一籍.

두 개의 문서를 두고 덕업이 드러난 자를 한 문서에 기록하고, 과실을 바로잡을 자는 한 문서에 기록해둔다.

제2절 홀기笏記

| 제5조 | 덕행 30조

孝於父母, 忠於國家, 友愛兄弟, 悌於長上, 男女有別, 言必忠信, 行必篤敬.

敎子有方, 和睦宗姻, 周和鄰里, 患難相救, 哀慶相助, 禮俗相勸, 鄕閭立學, 道藝時習, 實業惟勤(士農工商).

公益相勉(水利, 墾荒, 治道, 學校, 醫院, 警察, 十家牌法, 農器相助, 衛生), 勤儉節用.

부모에 효도하고, 나라에 충성하고, 형제와 우애하고, 어른과 윗사람을 공경하고, 남녀가 유별하고, 말에는 반드시 충과 믿음이 있고, 행동에는 반드시 독실함과 공경함이 있어야 한다.

자식을 가르침에는 방정함이 있고, 종족과 인척에 화목하고, 인근 마을과 두루 화합하며, 환란에는 서로 구제하고, 애경사는 서로 돕고, 예절이 있는 풍속은 서로 권하며, 향향鄕, 여閭에는 학교를 세우고, 도예道藝를 때때로 익히며, 실업實業(士農工商)에 오직 부지런히 일한다.

공익을 서로 힘쓰고(수리, 황무지 개간(墾荒), 치도, 학교, 의원, 경찰, 십가패법, 농기상조, 위생), 근검절용한다.

能守廉介, 能勤賦稅, 畏懼法令, 能勤學問, 勿侮孤弱, 謹行禮制, 先義後利, 救濟貧人, 伸人寃枉, 解人爭鬪, 奉公盡職, 導人爲善. 以上三十條, 遵守踐行德業俱備者書于籍, 以待選擧時, 公荐, 且報請獎褒事.

능히 청렴하고 결백함을 지키고, 부세에 부지런하고, 법령을 두려워하며, 학문에 부지런하고, 외롭고 약한 자를 업신여기지 말고, 예법을 삼가 행하고, 먼저 의를 앞세우고 이익을 뒤로 하며, 가난한 사람을 구제하고 다른 사람의 억울함을 펴주고, 다른 사람의 다툼을 풀어주고, 공사를 받들고 직분을 다하며, 다른 사람들을 인도하여 착하게 한다. 이상 30조이니, 준수 실천해서 덕업이 갖추어진 자는 문서에 기록하고, 선거 때를 기다려서 공천公荐하며, 또한 장려하고 기리는 일을 서면으로 요청한다.

| 제6조 | 과오 20조

不順父母, 違命違志, 以至悖惡者.
不盡友愛, 兄弟族戚, 相爭相鬪者.

不敬尊長, 不恭族上, 凌辱侮慢者.

부모에 불순하고, 명을 어기고 뜻을 어기며, 이로써 패악에 이른 자.
우애함에 부진하고, 형제와 친척이 서로 다투는 자.
존장을 공경치 않고, 가족의 윗사람을 공경치 않고, 능욕하고 업신여기는 자.

夫妻歐罵, 男女無別, 悖亂家道者.
居喪醉酒, 放行淫祀, 敗壞常典者.
誘引子弟, 潛設賭局, 以奪財貨者.

부부간에 치고 욕하고, 남녀 간에 구별이 없고, 가도家道를 어지럽힌 자.
상중에 술에 취하고, 귀신에게 제사 지냄을 방자히 행하고, 법규를 파괴하는 자.
자제를 유인해서, 몰래 노름판을 설치하여, 재물을 빼앗는 자.

恃强凌弱, 脅貸村閭, 潛行武斷者.
誤解自由, 犯分締黨, 以蹈法禁者.
以上八條如有犯者, 定行照律, 是上罰.

강함을 믿고 약자를 업신여기며, 마을에서 위협하며 돈을 빌리고, 남몰래 독단적이고 고압적인 자.
자유를 오해하여, 분수에 넘게 무리를 맺어, 법에 금하는 것을 행하는 자.
이상 8조에 만일 범하는 자가 있으면, 법률에 비추어 정해진 대로 행할 것이니, 상벌上罰로 바로잡는다.

　一切官差, 挾勢侵民, 弄法作弊者.
　代人挾詐, 非理好訟, 陰行撞騙者.

일체의 관차(관에게 보내던 아전)가, 세력에 의지해서 백성을 침범하며, 법을 악용해서 나쁜 짓을 하는 자.
　남을 대신하여 끼워서 속이고, 그릇된 이치로 소송을 좋아하여, 몰래 치고 속이는 것을 행하는 자.

　行止荒唐, 鄰里不和, 衝火作孼者.
　造言搆虛, 陷人罪累, 以報微嫌者.

행동거지가 황당하고, 이웃 마을과 불화하여, 일부러 불을 놓고 남의 일을 훼방하는 자.
　허구의 말을 지어내서, 다른 사람을 죄에 밀어 넣어, 작은 원한을 갚는 자.

　怠惰本業, 不勤租賦, 無難延欠者.
　不勉公益, 放蕩酒色, 律身不謹者.
　以上六條犯者, 定行照律, 是中罰.

본업에 태만하고, 조세와 부역에 부지런하지 않고, 어려움 없이 지불을 연기하는 자.
　공익에 힘쓰지 않고, 주색에 방탕하여, 자신을 단속함에 조심하지 않는 자.

이상 6조를 범한 자는, 법률에 정해진 대로 행하니, 중벌中罰로 바로잡는다.

販商賣買, 弄權欺人者.
冠婚喪祭, 無故過時者(四禮册, 從次頒行).
不救患難, 不賙窮餓者(若無業自棄者不論).

파는 상인이 매매에서, 세도를 부려서 남을 속이는 자.
관혼상제에, 이유 없이 때를 넘기는 자(사례책, 순서에 따라 반포하여 시행).
환난을 구제하지 않고, 궁하여 굶주린 자를 보태주지 않는 자(만약 일 없이 스스로 포기한 자는 논하지 않음).

與受不明, 愆期債務者.
農時, 盜他人溝水者.
道路, 男女不相避畔者.
以上六條犯者, 定行照律, 是下罰.

주고 받은 것이 불명하여, 채무를 연기하는 자.
농사철에, 타인의 도랑물을 훔치는 자.
도로에서, 남녀가 서로 가장자리로 피하지 않는 자.
이상 6조를 범한 자는, 법률에 정한대로 행하되 하벌下罰로 바로잡는다.

以上三等罪過, 如有犯者, 則比里坊鄕長, 諸紳耆, 曉諭至再至三,猶不竣改者, 擧報于行法司, 隨輕重公辦, 斷不容私.

이상 상중하 삼등죄과는 만일 범한 자가 있으면, 곧 비比, 리里, 방坊, 향장鄕長이 여러 명사와 장로紳耆(신기)가 효유曉喩하여 재차 삼차에 이르러도 오히려 고치지 않는 자는, 행법사에 들어서 보고하면 경중에 따라서 공정하게 판단하되 사사로움을 허용치 않고 판단한다.

제3절 거행상벌擧行賞罰

| 제7조 |

右規諸條, 通國之內, 一切設行(遠者限二個月, 近者限一個月). 如有不勤實施之地方官, 則論罰, 或減俸, 付科.

위의 규정과 여러 조문은 나라의 안을 통하여 일체가 베풀어 행한다(먼 곳은 2개월을 한하고, 가까운 곳은 1개월을 한함). 만일 부지런히 실시하지 않는 지방관이 있으면 논하여 벌하고, 혹은 감봉하거나 부과를 감한다.

| 제8조 |

地方官, 獎勵實行, 第看無訟之效, 以至刑措不用者, 該長官, 請賞以獎陞秩.

지방관은 실행을 장려하고, 소송이 없는 효과를 차례대로 살피고, 이로써 형조불용에 이르게 되면, 해당 장관은 상을 청하여 이로써 차례를 올려준다(호봉을 높여준다).

| 제9조 |

每月終, 鄕里任, 報告實狀于其各地方官, 每年終, 地方官, 報告于省長官, 省長官, 報告于中央政府, 幷內務部.

매월 말에 향리는 그 각 지방관에게 실상을 보고하도록 책임을 맡기고, 매년 말에는 지방관이 성장관에게 보고하며, 성장관은 중앙정부와 아울러 내무부에 보고한다.

秉薰謹按周官此制, 眞個是敎民日遷善, 而自然遠罪之至德隆意也. 名之曰讀法, 而其禁制諸條, 亦皆法律之當繩者.
然余以謂禮治者, 德行道藝之勸奬, 而人人感化, 以致刑措無訟之心悅誠服者, 則非法律之所能過問者. 故尊之以周公禮治之規制也.
(若其條例, 則參以後哲, 幷禁制條, 以成之也.)

병훈이 삼가 살피건대, 주관의 이런 제도는 정말로 백성을 교육해서 날로 선함에 옮기게 하는 것이니, 자연히 죄를 멀리하고 지극한 덕이 융성하고자 하는 뜻이다. 이름하여 독법이라는 것은, 그 금하는 제도와 여러 조문으로, 또한 모두 법률에서 마땅히 통제하는 것이다.
그러나 내가 예치禮治라고 말하는 것은, 덕을 행하고 도예道藝를 장려해서 사람마다 감화하면, 이로써 형조무송刑措無訟에 이르러 마음으로 기뻐하며, 진실로 승복하는 자는, 곧 법률로서 능히 따져 물을 것이 아닌 것이다. 그러므로 주공의 예치의 규제를 높이는 것이다.

(그 조례와 같이, 곧 후대 철인이 금하는 제도와 조문으로 이루게 된다.)

凡學校敎育之外, 欲行無民不敎, 無遠不曁之德化者, 將舍此而奚以哉? 明眼人於聖人至德至敎之事, 可自得之, 可自豁然矣.

烏乎! 至哉.(此云官者, 今則地方官也. 若如西人自治制, 則政府之派任委員, 卽行地方讀法官政矣.)

무릇 학교교육 외에, 교육하지 않은 백성이 없도록 하고, 덕화德化가 멀리까지 이르지 않음이 없도록 하려는 자는, 장차 이것을 버리고 어찌하겠는가? 성인의 지극한 덕과 지극한 가르침의 일에 밝은 눈을 가진 사람은 가히 스스로 얻고, 가히 스스로 활짝 마음이 트일 수(豁然) 있으리라.

아! 지극하구나.(여기서 말하는 관官이란, 지금의 곧 지방관이다. 마치 서양 사람의 자치제와 같으니, 곧 정부가 파견한 위원이, 곧 지방독법관정地方讀法官政을 행하는 것이다.)

*나트갱那特硜 : 카를 라트겐(독일 1856~1921년).

*소령邵齡 : 고령高齡.

제10장

학교교육빈흥지제철리
學校敎育賓興之制哲理

樂正, 崇四術, 立四敎, 春秋敎以禮樂, 冬夏敎以詩書(此制三代共之). 周禮大司徒, 以鄕三物, 敎萬民而賓興之.

악정은 사술(詩, 書, 禮, 樂)을 숭상하고, 사교四敎를 세우며, 봄, 가을에는 예악을 가르치고, 겨울, 여름에는 시서詩書를 가르친다(이 제도는 3대가 같았다).

〈주례〉 대사도에 "향삼물鄕三物(육덕, 육행, 육예)로 만민을 가르치고, 빈객으로 예우하여 천거한다." 하였다.

*周禮, 大司徒以鄕三物敎萬民, 而賓興之. 物, 猶事也. 興, 猶擧也.

三事敎成, 鄕大夫擧其賢者能者, 以飮酒之禮賓客之. 旣則獻其書於王矣.

물物은 일(事)과 같다. 흥興은 천거함(擧)과 같다.

백성들에게 세 가지 가르침이 이루어지면, 향대부가 어진 사람과 능한 사람을 천거하여 음주의 예를 갖추어서 빈객으로 예우하고, 그것이 끝나면 그 명부를 왕에게 바친다.

秉薰謹按此時教人, 專以德行道藝, 所謂三物者, 卽智仁聖義忠和, 孝友睦婣任恤, 禮樂射御書數, 之科也.

教養於鄕塾者, 名曰造士. 選擧其優者而賓興于朝曰陞士. 自朝試取其陞士而授之以官曰進士. 士之品大槪有三, 上士中士下士也.

병훈이 삼가 살피건대, 이때 사람을 가르치는 것은 오로지 덕행과 도예로서 하였으니, 소위 삼물三物이란 것은, 곧 지智, 인仁, 성聖, 의義, 충忠, 화和가 첫째이고, 효孝, 우友, 목睦, 인婣, 임任, 휼恤이 둘째이고, 예禮, 악樂, 사射, 어御, 서書, 수數의 과목이 셋째 교법敎法이다.

지방의 글방(鄕塾)에서 가르쳐 길러낸 자를 조사造士(인물을 양성함)라 한다. 그 우수한 자를 가려뽑아서 조종에 빈객으로 올려보내니 승사陞士라고 부른다. 조정에서 시험해서 그 승사를 벼슬을 주고부터는 진사라고 부른다. 선비의 품위에 대개 세 가지가 있는데, 상사, 중사, 하사이다.

其敎養之道, 極其周盡詳備, 無一民不學, 無一民不敎爲法(小學之制, 如是).

而其選擧陞遷授官之制, 又如是精密, 故人易成材, 而朝多俊彦也.

後失其道, 而至唐女后武則天者, 創行詩賦取人之法, 於是天下人才, 盡壞於風花月露無用之浮技. 然其弊也, 至于東韓及明淸矣, 近始廢罷. 而依倣西學, 以設敎焉, 則積習腐敗之餘, 安得免幼穉萌芽之歎乎?

그 가르치고 기르는 법도는 지극하여 두루 다 상세히 갖추어졌으니, 한 사람도 배우지 않는 자가 없었고, 한 사람도 가르치지 않는 사람이 없는 것을 법으로 하였다(소학의 제도가, 이와 같았다).

그 가려뽑아서 올려 추천하여 관직을 주는 제도는, 또 이와 같이 정밀하니, 그러므로 사람을 쉽게 재목으로 이루고, 조정에는 뛰어난 선비가 많았다.

뒤에 그 도道를 잃어버리니, 당나라 여후 무측천에 이르러서, 시부詩賦(韻文)를 행하여 사람을 취하는 법을 창시하였으니, 이에 천하 인재가 다 화려하게 꾸민 시문(風花月露)의 쓸데없이 지나친 재주(浮技)에 다 망가졌다. 그러나 그 폐단은 동한과 명청시대까지 이르렀고 근세에 비로소 그만두게 되었다(폐파廢罷). 그리고 서학을 모방해서 이로써 설교하니, 곧 고질적인 습관(積習)과 부패腐敗의 나머지가 나이 어릴 때 싹트게 되는 한탄스러움을 어찌 면하겠는가?

烏乎! 新舊人士, 其奮發而振刷之, 宗我德禮之素美者, 而幷致他科學物質之精良者, 則卓然成通才圓德之用, 夫復何疑哉. 今大中小普通諸科學之制, 可謂空前之尤盛者也. 吁!

아! 신구인사는 분발해서 진작(진쇄振刷)하고, 우리의 덕례의 검소하고 아름다운 것을 높이며, 다른 과학물질의 정밀하고 좋은 것을 아울러 이르게 되면, 곧 탁월하고 다재다능하며 원덕의 쓰임을 이룰 것이니, 대저 다시 무엇을 의심하리오. 지금 대중소 보통의 제과학의 제도는 가히 전前에 없이 더욱 성대하다고 말할 수 있다. 아!

| 제11장 |
형이필교형기우무형가치형조철리
刑以弼教刑期于無刑可致刑措哲理

周公曰, 亂國用重典, 新國用輕典.
書曰, 五刑以弼五教, 刑期于無刑. 又曰, 欽哉欽哉, 惟刑之恤哉.
易曰, 澤上有風, 中孚. 君子以議獄緩死.
書曰, 天命有德, 五服五章哉, 天討有罪, 五刑五用哉.

주공이 말하기를, "어지러운 나라는 형벌에 무거운 법을 쓰고, 신흥국가는 가벼운 법을 쓴다." 하였다.

서경에 왈, "오형은 이로써 오교五教(五倫)를 돕고, 형벌을 쓰되 형벌이 없는 지경에 이르기를 기약하라." 하였으며, 또 이르기를, "조심하고 조심해서 오직 형벌을 삼갈지어다." 하였다.

주역에 말하기를, "못 위에 바람이 있는 것이 중부괘中孚卦이다. 군자는 이로써 옥사를 의논함에 사형을 늦춘다." 하였다.

서경에서 말하기를, "하늘이 덕이 있는 자에게 명하시면서, 다섯 가지 복색을 가지고, 다섯 가지 직위를 드러내시며, 하늘이 죄가 있는 이를 토벌하시면서, 다섯 가지 형벌과 다섯 가지 등급을 써서 징계하신다." 하였다.

又曰, 臨下以寬, 御衆以簡, 罰不及嗣, 賞延于世, 宥過無大, 刑故無小. 罪疑惟輕, 功疑惟重. 與其殺不辜, 寧失不經, 好生之德, 洽于民心, 玆用不犯于有司.

또 말하기를, "아랫사람에게 관대하고, 아랫사람들을 거느림에 너그럽게 하며, 벌을 줄 때는 자손에 미치지 않게 하고, 상을 줄 때는 세상에 퍼지게 하며, 과오는 크더라도 관계없이(無) 너그럽게 하고, 고의로 지은 것은 작아도 관계없이(無) 형벌한다. 죄가 의심되면 오직 가볍게 벌하고, 공은 의심되더라도 두텁게 상을 준다. 죄 없는 사람을 죽이기보다는, 차라리 국법을 따르지 않음(不經)으로 잃는 것을 택하니, 생명을 살리는 호생지덕이 민심에까지 스며들게 하니, 백성들은 이에 관리를 거스르지 않아도 된다." 하였다.

秉薰謹按聖人致治, 克盡敎化, 至於不得已而用刑, 則悉其聰明, 盡其忠愛, 必以緩死.
刑期于無刑, 故必至刑措不用之至治也. 後世, 當司法行法之任者, 可三致意乎.

병훈이 삼가 살펴보건대, 성인의 다스림으로 교화를 능히 다하고, 부득이 형벌을 쓰기에 이르러서는 그 총명을 다하고, 그 충애를 다해서 반드시 이로써 죽이는 것을 늦춰야 하는 것이다.
형벌을 만드는 까닭은, 징계하여 다시 죄를 지어 형벌을 받는 일이 없도록 하기 위함(刑期于無刑)이니, 그러므로 반드시 형조불용-刑措不用의 지극한 다스림에 도달해야 한다. 후세에 마땅히 사법, 행정을 맡은 자는 가히 세 번씩 간절하게 생각해야 한다.

|제12장|
주례임관지제철리
周禮任官之哲理

周禮官級, 五等公侯伯子男也, 冢宰兼總財政.
命伯冏曰, 愼簡乃僚, 毋以便辟側媚(便蔽側微).

주례 벼슬의 등급은 5등으로 공공, 후후, 백백, 자자, 남남이니, 총재는 재정을 겸하여 총괄한다.

목왕이 백경백冏(신하 이름)에게 명하여 말하기를, "삼가 너의 벼슬아치들을 뽑되, 남의 비위를 맞추어 아첨하는 사람(便辟)과 곁에서 아양을 떠는 사람을 쓰지 말라."(원문에는 便蔽側微로 기록되었으나 서경 원문을 기준으로 고쳐서 해석함) 하였다.

秉薰謹按此五等爵秩, 現今通行於英日諸邦, 可見聖人制作, 合於天意人道. 故行之萬世而無弊也. 冢宰之兼總財政者, 極其愼重之意, 後人安得不奉以爲鑒乎? 如大學治平章, 不言禮樂刑政, 而專言理財用人者, 蓋用非其人, 則不善理財, 財竭民窮, 則國不爲國矣? 凡學人與當國, 必於斯, 覺其肯綮乎. 王朝只命長官, 而長官, 擇任僚佐, 與今憲法之政, 無以異也.

병훈이 삼가 살피건대, 이 5등의 작질爵秩(작위와 봉록)은 현재 영, 일 여러 나라에서 통행하니, 가히 성인이 제작해서 천의인도天意人道에 합한 것을 볼 수 있다. 그러므로 만세를 행하여도 폐단이 없다. 총재가 겸하여 재정을 총괄하는 것은 극히 신중한 뜻이니, 후인들이 어찌 받들어 거울로 하지 않겠는가? 만일 대학치평장大學治平章에서 예악형정禮樂刑政을 말하지 않고, 오로지 이재理財와 용인用人만을 말하였다면, 대개 그 사람이 아닌 자를 등용해서, 곧 재산의 관리를 잘하지 못하여 재물이 고갈되고 백성이 궁핍해져서, 곧 나라가 나라답지 않게 된다. 무릇 학인들이 나라의 정무를 맡는다면 반드시 여기에서 그 핵심(긍계肯綮)을 깨달아야 한다. 왕조에서 단지 장관을 명하고, 장관이 관리와 속료屬僚를 택하여 임명하는 것은 지금의 헌법의 정政과 더불어서 다름이 없다.

秉薰又謹按周公之制, 冢宰兼理財, 可見所重特殊也, 奈何, 後之儒者, 論治則耻言財政, 可謂維持皮毛, 而遺棄精髓也?
此非腐敗之一源因乎? 余常致慨乎此.

병훈이 또 삼가 살피건대, 주공의 제도에서는 총재가 이재理財를 겸하므로 거듭 특수한 것을 볼 수가 있는데, 후세의 선비들이 정치를 논하면서, 곧 재정을 말하기 부끄러워한다면, 가히 겉모양(皮毛)만을 유지하면서 정수精髓를 내버렸다고 말할 수 있으니 어찌하겠는가?
이것이 부패의 한 원인이 아니겠는가? 나는 항상 여기에서 개탄함에 이르게 된다.

又謹按周禮之制度, 難以盡擧, 如羅盤鍼之制.

至今列國, 皆慕用之且九府圜法, 乃金銀銅三錢, 鑄以大中小三層, 而通用之, 故名之也. 後卽廢而不擧, 惟管仲能獨行之, 以覇齊國. 今歐西各國, 罔不擧行, 其銀行, 紙鈔之法, 利用便民之愈進精美者, 吁! 亦韙哉.

또 삼가 살피건대, 주례의 제도는 다 들기가 어려우니, 나반침羅盤鍼의 제도 같은 것이다.

지금의 열국에서, 모두 구부환법九府圜法을 뒤따라 사용하고 있으니, 금은동 3가지 동전은 대중소 3층으로 주조해서 통용했으므로 이름하였다. 뒤에 곧 폐하고 거행하지 않았고, 오직 제齊나라 관중管仲만이 능히 홀로 행하였으며, 이로써 제나라를 으뜸(覇)이 되게 하였다. 지금 서구 각국은 거행하지 않은 나라가 없으니, 그 은행이 지폐(지초紙鈔)법을 이용해서 백성을 편히 하고 정미로움을 더욱 증진하였으니, 아! 또한 위대하도다.

*구부환법九府圜法 : 주周나라 관제官制에, 대부大府, 옥부玉府, 내부內府, 외부外府, 천부泉府, 천부天府, 직내職內, 직폐職幣가 있는데, 모두 재물을 관장하는 관직이었다. 환圜이란 고르게 유통하는 것을 말한다.(前漢 食貨志 第四下師古註 : 食貨란, 고대 국가의 재정과 경제를 통칭하는 말이다.)

{결론結論}

東亞之最文明德禮之至治, 以致刑措不用者, 惟周公而已. 故今編此篇, 以周公爲師則, 將作宇內刑措之曙光者, 乃編者之至願, 正鵠也.

동아의 가장 문명된 덕과 예의 지극한 다스림(至治)은 형조불용刑措不用에 이른 자로써 오직 주공周公일 뿐이다. 그러므로 지금 이 편을 편찬함에 주공으로써 모범으로 삼았은즉, 장차 온 세상의 형조불용刑措不用의 서광曙光을 짓는 것이, 곧 편찬자의 지극한 바램이며 목표이다.

苟有聖人者起, 意致刑措之治, 則井田民産之制, 在所先取, 以立基本者也. 烏乎! 天地之大運, 究以歷數人事如執左契, 確證不遠者何哉? 仙鑒, 有元會運世之法.(一萬八百年, 爲一會, 而夏禹氏卽位六年, 入甲子午會.)

진실로 성인된 자가 일어나 대체로 형조불용의 다스림에 이르는 것은, 곧 정전으로 백성들이 재산(民産)을 늘리는 제도를 먼저 취하여, 이로써 기본을 세움에 있는 것이다. 아! 천지의 대운을 역수歷數(차례로 셈)로 궁구하면 인사가 마치 좌계左契(이루어지도록 정해진 일)를 잡은 것과 같이 멀지 않음을 확증하리니, 왜인가? 선감에 원회운세법이 있다.(10,800년이 1회가 되니, 하우씨 즉위 6년이 갑자오회에 들어가는 해이다.)

當午會正中, 不是極文明之盛會耶? 揆以人事, 則今電郵舟車, 交通萬國, 而社會均産之說盛行, 將必世界一統之兆朕已開者也. 矧今歐戰已罷, 而美總統之主張人道主旨者, 必啓寢兵輯和, 永久太平之德業, 亦何可疑乎? 然以愚推算, 尙未及期, 姑且俟之乎.(地之神氣卽電也, 電已周通地球萬國, 則一統之旋轉機脉, 可見者也.)

　　오회정중을 당하니 극문명의 성회盛會가 아니겠는가? 인사로써 헤아리면, 곧 지금의 전신, 우편의 주거舟車(교통기관)가 만국을 교통하여 사회가 고르게 생산한다는 설이 성행하니, 장차 반드시 세계 일통의 조짐이 이미 개발되었다. 하물며 지금 서구의 전쟁이 이미 끝났고 미총통의 주장이 인도주지자人道主旨者이니, 반드시 병기를 잠기게 하고 화합하는 영구태평의 덕업을, 또한 어찌 가히 의심하겠는가? 그러나 내가 추산함으로 아직 기약하기에는 미치지 못하니 잠시(고차姑且) 기다려야 한다.(땅의 신기神氣는 곧 번개(電)이니, 번개는 이미 지구 만국을 두루 통하니, 곧 일통으로 기맥機脉을 빙빙 도는 것(선전旋轉)을 가히 볼 수 있다.)

| 제13장 |

공자역주공화제지공심철리
孔子亦主共和制之公心哲理

孔子曰, 家天下而大道隱.(此出於家語六節)

秉薰謹按孔子此言乃堯舜公天下之心也. 世之儒者, 只攷論語等淺近問答之說.

便敢以訾及至聖曰, 偏於尊君卑臣, 不合於共和時代者, 豈非無識之論乎?

烏乎! 使尼師得邦國者, 其闢四門, 達四聰, 綏之斯來, 動之斯和, 躋天下於太平世者, 與堯舜何以殊哉? 觀聖意以家天下爲不可, 而相禪爲大道, 則言雖不及民主, 而與堯舜之共和開基者, 詎非同一心理耶? 鶩新之士, 尤好硏究此章之旨.

공자 왈, "천하를 집으로 생각하자(아들에게 물려주게 됨), 대도가 숨어 버렸다." 하였다.(이것은 가어 6절에 있다)

병훈이 삼가 생각컨대, 공자의 이 말은 요순은 공천하公天下(현자에게 천하를 물려주었음)의 마음이었다. 세상의 선비들은, 단지 논어 등을 깊은 맛이 없이 얕은 문답의 설이라고 생각했다.

문득 감히 헐뜯음으로써 성인에까지 이르게 되었으니 말하기를, "임금을 높이고 신하를 낮춤에 치우쳤고 공화시대에 합하지 않는 것이니, 어찌 무식한 논리가 아니겠는가?" 하였다.

아! 니사(공자)에게 나라를 얻게 했으면, 그는 사방의 문을 열어 인재를 오게 하고, 사방의 귀를 열어 놓고 백성을 편안히 해주니 이에 모여들고, 고무시켜 이에 화순하며, 천하를 태평세에 올려 놓았으리니, 요순과 더불어서 무엇이 다르겠는가? 천하를 집으로 삼는 것이 불가하다고 한 성의聖意를 관하건대, 서로 현자에게 물려주는 것을 대도로 하였은즉, 말은 비록 민주民主라고 하지 않았으나 요순과 더불어서 공화정치 기초를 여는 것이었으니, 어찌 동일한 심리가 아니었겠는가? 신진의 힘쓰는 선비는 이 장의 뜻을 더욱 잘 연구해야 하리라.

|제14장|

공자론대동지지치
孔子論大同之至治

　孔子曰, 大道之行也, 天下爲公, 選賢與能, 講信修穆. 故人不獨親其親, 不獨子其子, 使老有所終, 壯有所用, 幼有所長, 鰥寡孤獨廢疾者, 皆有所養. 男有分, 女有歸, 貨惡其棄於地也, 不必藏於己. 力惡其不出於己也, 不必爲己. 是故謀閉而不興盜竊亂賊不作, 故外戶而不閉, 是謂大同.

　공자 왈, "대도가 행해지면, 천하는 공평하게 되어 어질고 더불어 능력있는 자를 뽑아 신의를 꾀하고 화목을 닦는다(講信修穆). 그러므로 사람들은 그 자신의 어버이만 오직 어버이로 섬기지 않고, 오직 자기 아들만을 아들로 여기지 않고, 늙은이는 생을 잘 마칠 곳이 있게 하고, 장년은 쓰일 곳이 있으며, 어린이는 자랄 곳이 있으며, 홀아비, 과부, 고아, 독신자, 불구자도 모두 부양할 곳이 있다. 남자는 직분이 있고, 여자는 돌아갈 곳이 있으며, 재화가 땅에 버려지는 것을 싫어하면서 반드시 자기에게 재물을 감추지도 않았다. 능력을 자기에게서 드러내지 않는 것을 미워하였지만, 반드시 자기를 위하여 드러내지는 않았다. 이러한 고로 속이려는 꾀는 갇혀서 일어나지 않았고, 절도하는 난적들이 훔치지 않았으니, 그러므로 바깥문을 닫지 않아서, 이를 일러 대동세계라고 한다." 하였다.

秉薰謹按此章註解甚多. 然愚以謂大道者, 上章之所云大道也. 大道至治, 極其至公也, 世界大同, 民主共和, 誼固兄弟, 設養老育子院而公養之.

四窮之民, 皆有所養, 天下無一民不得其所. 盜賊不興, 是乃至治之世, 和平之樂也.

堯舜周公至治之化, 何以加此乎? 然此則聖人所以有望於來世者, 卽康德所謂世界設一中央政府, 浸兵輯和, 永樂和平之論, 亦此意也.

聞近世名儒康有爲, 演著大同書以唱明之, 未知其說何如, 而其願則弘哉.

병훈이 삼가 살피건대, 이 장은 주해가 매우 많다. 그러나 내가 이로써 대도라 말하는 것은, 위 장에서 이른 바의 대도인 것이다. 대도의 지극한 다스림은 지극하면서 지극히 공변됨이니, 세계가 대동하고 민주공화하면 마땅히 진실로 형제인 것이니, 양노養老 육자원育子院을 설치해서 공평하게 부양해야 한다.

환과고독의 네 가지 궁핍(四窮)한 백성은 모두 부양받는 곳이 있어서, 천하에 한 사람도 그곳을 얻지 못한 사람이 없다. 도적이 일어나지 않으니, 이것이 지극한 치세治世와 화평의 즐거움이다.

요순 주공의 지극한 다스림의 교화가 어찌 이보다 더했겠는가? 그러나 이는 곧 성인이 오는 세상에서 바램이 있었던 것 때문이었으니, 즉 칸트가 소위 세계에 하나의 중앙정부를 세워서 병기를 버리고 화합하여 영락화평하자는 논리가 또한 이런 뜻인 것이다.

근세 명유로 알려진 강유위는 대동서大同書의 저서에서 자세히 설명하여 창명하였다고 들었는데, 그 설이 어떠한지 알지 못하나, 그의 바라는 것은 크다 할 것이다.

孔子曰, 導(道)之以政, 齊之以刑, 民免而無恥, 導之以德, 齊之以禮, 有恥且格.

秉薰謹按此章, 乃德禮教民而感化之意, 與周公禮治之意, 同一其規也. 鶩新學之淺士某人, 妄言孔子不識時代之已入法治, 而言禮治者, 多見其不知量也.

공자 왈, "백성을 법령으로 이끌고 형벌로 단속하면, 백성들은 처벌을 면코자 하고 부끄러움이 없으리니, 덕으로 인도하고 예로 단속하면, 부끄러움을 갖고 또한 바르게 할 것이다." 하였다.

병훈이 삼가 살피건대, 이 장은 덕과 예禮로 백성을 가르쳐서 감화하려는 뜻이니, 주공의 예치의 뜻과 더불어서 동일한 그 법이다. 신학에 힘쓰는 천사모인淺士某人(얕게 아는 아무개인)들이 공자에 망언하면서 시대에 이미 법치에 들어간 것을 알지도 못하고, 예치禮治를 말하는 것은 그 역량이 알지 못하였음을 보여줄 뿐이다.

彼旣不識禮治條理, 以道德教民, 感化之事, 故容有此言也. 然試讀此編, 則庶可以自悔矣. 況德教感化之事, 顧何時而不可行乎? 且孔子之時, 何可云入法治乎? 著書之士, 類多如是謬妄, 其自欺欺世, 惑人之害,何可勝道哉?

저들이 이미 예치조리禮治條理는 도덕으로써 백성을 가르치고 감화하는 일임을 알지 못하였으니, 그러므로 이 말이 있게 된 것이다. 그러나 이 편을 잠시 읽어보면, 거의 스스로 뉘우칠 것이다. 하물며 덕교德敎 감화의 일이겠는가. 어느 때를 돌아본들 행할 수 없었던가? 또 공자의 시대에 어느 때를 가히 법치에 들어갔다 이르겠는가? 책을 쓰는 선비들이 이와 같이 터무니없는 것이 무리 지어 많았으니, 그것은 스스로 기망하고 세상을 속이니, 다른 사람을 미혹하는 폐해를 어찌 다 말하겠는가?

孔子曰, 擧直措枉則民服, 擧枉措諸直, 則民不服.
又曰, 寬則得衆, 信則民任焉. 敏則有功, 公則悅.
又曰, 名不正, 則言不順, 言不順則事不成.
又曰, 如有用我者, 吾其爲東周乎. 期月而已可也, 是以爲魯司寇, 攝行相事, 三月而魯大治.
又曰, 政者正也, 子率以正, 孰敢不正?

공자 왈, "곧은 것을 들어서 쓰고, 굽은 것을 놔두면 백성이 복종하고, 굽은 것을 들어서 쓰고, 곧은 것을 놔두면 백성이 불복한다." 하였다.
또 말하기를, "너그러우면 대중의 마음을 얻고, 믿음직스러우면 백성이 신임한다. 민첩하게 행하면 공이 있게 되고, 공평하면 기뻐한다." 하였다.
또 말하기를, "명분이 바르지 않으면 말이 도리에 맞지 않고, 말이 도리에 맞지 않으면 일이 되지 않는다." 하였다.
또 말하기를, "만일 나를 써주는 자가 있다면, 내가 그곳을 동방의 주나라로 해줄 것이로다. 1년(期月:1년)이면 어느 정도 이룰 수 있다." 하였으니, 이는 노사구를 함으로써 재상의 일을 섭행하였고, 3개월 만에 노나라를 크게 다스렸다.

또 말하기를, "정치란 바로잡는 것이니, 그대가 바름으로써 솔선수범하면 누가 감히 바르지 않겠는가?" 하였다.

秉薰謹按聖人之德, 綏之斯來, 動之斯和, 於斯可見也. 聖人胸中惻怛天理, 無時可已. 故不覺自發此歎, 亦猶孟子所謂當今之世, 欲平治天下, 舍我而其誰也之言也. 然非有聖人之仁公才具者, 則不識其眞情, 而疑以自矜之嫌貳者, 安得免乎? 烏乎! 旨哉言乎. 子之武城, 聞弦歌之聲.

莞爾而笑曰, 割鷄焉用牛刀? 子遊對曰, 昔者偃, 聞諸夫子曰, 君子學道則愛人, 小人學道則易使也. 子曰, 偃之言, 是也. 前言, 戲之耳.(謹按此言邑宰之政治也.)

병훈이 삼가 살피건대, 성인의 덕은 편안하게 해주면 사람들이 이에 따라오고, 고무시키면 사람들이 이에 화和해진다 하였으니, 여기에서 가히 볼 수가 있다. 성인의 흉중에 가엾게 여기는 마음(惻怛)은 천리天理인 것이니, 그칠 때가 없었다. 그러므로 나도 모르게 저절로 이렇게 한탄했던 것이니, 또한 마치 맹자가 이른바 '지금의 세상을 당하여, 천하를 태평하게 다스리려 한다면, 나를 놔두고 그 누가 하겠는가'라는 말과 같은 것이다. 그러나 성인의 어진 마음과 공변된 재才를 갖춘 자가 아니면, 곧 그 진정을 알지 못하리니, 자긍自矜을 싫어하며 의심함을 어찌 면하겠는가? 아! 아름답다. 그 말씀이여, 공자께서 무성에 가서 고을 사람들이 거문고를 타고 노래 부르는 소리를 들었다.

 빙그레 웃으면서 말하기를, "닭 잡는데 어찌 소 잡는 칼을 쓰느냐?" 하니, 자유가 대답하여 말하기를, "예전에 제가 선생께 들으니, '군자가 도를 배우면 사람을 사랑하고, 소인이 도를 배우면 부리기가 쉽다.' 하였습니다." 하니, 공자 왈, "언(자유)의 말이 옳다. 조금 전의 말은 농담이었다." 하였다.(이 말을 살펴보건대, 현령의 정치인 것이다.)

 秉薰謹按尼師之言政治者甚多. 然率皆主以君使臣以禮. 臣事君以忠之義, 立言垂訓也. 如九經之目, 則專責任於一尊之意, 周備焉?
 如曰, 嘉善而矜不能, 繼絶世, 擧廢國, 治亂持危, 厚往薄來者, 誠駕馭天下之仁政也, 可謂能有大國者之治法也. 餘不盡載, 然學人必以共和大同, 德禮之治, 視我尼師之精神, 而致用焉, 則庶乎不差矣.

 병훈이 삼가 살펴보건대, 공자가 말한 정치는 매우 많다. 그러나 대략 모두 임금이 신하를 부리는 것을 예禮로 한다는 것이 주主이다. 신하는 임금 섬김을 충성의 뜻으로 하고, 입언수훈(후세에 모범이 될 만한 훌륭한 말을 세우고 교훈을 드리움)하는 것이다. 만일 구경九經(중용에 있는 천하를 다스리는 9가지 대도)의 조목條目을, 곧 오로지 한 분의 뜻으로 마음대로 한다면 두루 갖추어지겠는가?
 만약 착한 자를 가상히 여기고, 능하지 못한 것은 불쌍히 여기며, 끊어진 세대를 이어주고, 폐국廢國을 부흥시키고, 어지러운 것을 다스리며, 위태로운 것을 지탱해주고, 보내는 것을 후하게 하고 박하게 받는다면, 진실로 천하를 다스리는 어진 정치인 것이니, 가히 능히 대국을 가진 자의 다스리는 법이라 이를 만한 것이다. 나머지 다 싣지 못한 것은, 그러나 학인들이 반드시 공화로써 대동하고 덕례德禮로 다스리며, 우리 니사尼師(공자)의 정신을 보면서 실제에 응용한다면 거의 차질이 없을 것이다.

제15장

대학평천하장혈구지법평등철리
大學平天下章絜矩之法平等哲理

　大學平天下章曰, 上老老而民興孝, 上長長而民興悌, 上恤孤而民不倍. 是以君子, 有絜矩之道也. 所惡於上, 無以使下, 所惡於下, 毋以事上, 所惡於前, 毋以先後, 所惡於後, 毋以從前, 所惡於右, 毋以交於左, 所惡於左, 毋以交於右. 此之謂絜矩之道也.

　대학 평천하장에서 말하기를, "임금이 노인을 노인으로 대우하면, 백성들이 효심을 일으키고, 임금이 어른을 어른으로 대우하면, 백성들이 공경하는 마음을 일으키며, 임금이 고아를 불쌍히 여기면, 백성들이 저버리지 않는다. 이 때문에 군자는 혈구지도絜矩之道(곱자를 가지고 재는 방법, 자기처지를 미루어 남의 처지를 헤아림)가 있는 것이다. 윗사람에게서 싫어했던 바를 아랫사람에게 시키지 않고, 아랫사람에게서 싫다고 느낀 것으로 윗사람을 섬기지 않고, 앞사람에게서 싫다고 느낀 것을 뒷사람에게 우선해 주지 말며, 뒷사람에게서 싫다고 느낀 바로 앞사람을 따르지 말며, 오른쪽 사람에게서 싫다고 느낀 것으로 왼쪽 사람에게 사귀지 말며, 왼쪽 사람이 싫

다하는 것으로 우측 사람과 사귀지 마라. 이것을 혈구지도라 한다." 하였다.

秉薰謹按此是推恕之道, 己所不欲者, 勿施於人之義也, 可謂政治平等之法則也. 政治旣是平等則, 人道者不是平等耶?

噫嘻! 西哲與釋迦皆言平等, 而東球學說, 無聞表明平等者不亦缺憾乎?

今始擧此章平等之義布告宇內, 人將不復以不知平等自由, 咎我乎.

병훈이 삼가 살피건대, 이것은 추서지도推恕之道(미루어 용서하는 도리)이며, 자기가 하고 싶지 않은 것은 다른 사람에게 베풀지 말라는 뜻이니, 가히 정치 평등의 법칙이라 할 것이다. 정치가 이미 평등하게 되었는데, 인도가 평등하지 않으리오?

아! 서양철학은 석가와 더불어서 모두 평등을 말하는데, 동양의 학설은 평등이란 것을 표명함을 들어보지 못했으니, 또한 유감 아니겠는가?

지금 비로소 이 장에서 평등의 뜻을 들어 온 세상에 포고하니, 사람들은 장차 평등과 자유를 알지 못한다고 다시 되풀이하지 말고 나 자신을 책망하라.

|제16장|
자산위정조제외교철리
子産爲政調劑外交哲理

鄭之子産曰, 寬以濟猛, 猛以濟寬, 寬猛相濟也, 是以不慴不激, 調劑隣國, 而克底和平.

秉薰謹按鄭以小國, 處晉楚强隣之間, 且受盟於晉, 則楚兵夕以入矣. 夕受盟於楚則晉兵旦以入, 國之所存者無幾. 子産柄政, 不慴不激, 調劑兩間, 而克致和平, 可謂有智敏政才於外交內治者也.

今則五洲交通, 外交爲專科, 毋容贅述也. 但有保證獨立一規例土耳, 希臘, 旣已行之, 誠爲扶持弱國之甚德事也. 余曾勞瘁而無濟, 然, 仁人之經國者, 不可不知此規耳? 嗚乎!

정나라 자산이 말하기를, "관대함으로 준엄함을 구제하고, 준엄함으로 관대함을 구제하니, 관대함과 준엄함이 서로 구제하여 두려워하지도 않고 격하게 하지도 않으면서 인접국을 조제調劑해서 능히 화평에 이르게 된다." 하였다.

병훈이 삼가 살피건대, 정나라는 소국으로써 진초의 강대국 사이에 처하였으며, 아침에 진나라와 맹약을 받으면, 곧 초나라 군사가 저녁에 들어왔다. 저녁에 초나라에게 맹약을 받으면, 진나라 군대가 다음날 아침에 들어와서 나라가 존재하는 것이 얼마 없었다. 자산이 정권을 잡고 두려워하지 않고 격하게 하지 않으면서 진·초나라 양국 사이를 조제하여서 능히 화평에 이르렀으니, 가히 외교에서 지혜와 총명함의 정치적 재주를 가지고 안을 다스리는 자였다고 말할 수 있을 것이다.

지금은 오주가 교통하고 외교는 전문 과목으로 하였으니, 여러 말할 필요가 없다. 그러나 독립을 보증하는 하나의 규칙이 있었으니, 터키와 희랍이 이미 행하였으며, 진실로 약한 나라를 위한 매우 덕 있는 일이었다. 내가 일찍이 애쓰고 수고하였으나 소용이 없었지만, 그러나 어진 사람이 나라를 경영하는 것은 불가불 이 법규(規)를 알아야 할 뿐이로다. 아!

제17장

맹자제민산孟子制民産
논정전철리論井田哲理

　孟子曰, 明君, 制民之産, 必使仰足以事父母, 俯足以育妻子, 樂歲 終身飽, 凶年免於死亡, 黎民不饑不寒, 然而不王者, 未之有也.

　맹자 왈, "명군은 백성의 산업을 제정하되, 반드시 우러러 족히 부모를 섬기도록 하고, 아래로는 족히 처자를 기를 수 있게 하고, 풍년에는 종신토록 배부르게 하고, 흉년에도 사망을 면하게 하여서 백성들이 굶주리지 않고 춥지 않게 하였는데, 그런데도 왕 노릇을 못한 자는 없었다." 하였다.

　又曰, 五畝之宅, 樹之以桑, 五十者可以衣帛, 鷄豚狗彘之畜, 不失 其時, 七十者可以食肉也.
　又曰, 民之爲道也, 有恒産者有恒心, 無恒産者無恒心, 苟無恒心, 放僻邪侈, 無不爲已. 及陷於罪, 然後從而刑之, 是罔民也. 焉有仁人 在位, 罔民, 而可爲也? 是故賢君, 必恭儉禮下, 取於民, 有制.
　夫仁政, 必自經界始, 經界不正, 井地不均, 穀祿不平, 經界旣正, 分

559

田制祿, 可坐而定也.

　方里而井, 井九百畝, 其中爲公田. 八家皆私百畝, 同養公田. 夏后氏五十而貢, 殷人, 七十而助, 周人, 百畝而徹, 其實皆, 什一也.

　(貢法爲不善) 卿以下, 必有圭田, 圭田五十畝, 餘夫, 二十五畝.

　死徙無出鄕. 鄕田同井, 出入相友, 守望相助, 疾病相扶持, 則百姓親睦.

　또 말하기를, "오묘의 집 둘레에 뽕나무를 심게 하면, 나이 50세 된 자가 가히 비단옷을 입을 수 있고, 닭, 돼지, 개의 가축은 그때를 잃지 않고 잘 키우면, 70세 된 자가 먹을 수 있다." 하였다.

　또 말하기를, "백성들이 도리로 삼는 것은, 일정한 생업이 있으면 불변하는 떳떳한 마음이 있고, 일정한 생업이 없으면 항심恒心이 없게 되니, 진실로 항심이 없으면 방탕하고 편벽되고(방벽放僻), 간사하고 사치를 하지 않는 사람이 없을 것이다. 죄에 빠지게 해놓고 그런 후에 다시 형벌한다면, 이는 백성을 얽어매는 것이다. 어찌 어진 사람이 자리에 있으면서 백성을 얽어매는 것을 할 수 있겠는가? 이러한 고로, 현군은 반드시 공경하고 검소하게 아랫사람을 예우하고, 백성에게서 거두어들일 때는 제한을 두었다.

　대저 어진 정사仁政란, 반드시 토지의 경계經界로부터 비롯하니, 경계經界(경영하는 땅의 한계)가 바르지 않으면, 정전의 땅이 고르지 않고, 곡록穀祿도 공평하지 않게 되니, 경계가 이미 바르게 되었다면, 정전의 분배(分田)와 곡록穀祿의 제정은 앉아서도 정할 수 있게 된다.

　사방 1리가 정井이면, 1정井은 900묘이고, 그 중앙은 공전이 된다. 여덟 집이 모두 사전으로는 100묘인데(총 800묘), 공전(100묘)을 같이 가꾼다. 하후씨는 50묘를 공물로 하였고, 은나라는 70묘를 조助로 하였으며, 주나라는 100묘를 거두었으니, 그 실상은 모두가 10의 1인 것이다.

(공법이 불선不善하였다) 경卿 이하는 반드시 규전圭田을 두었는데, 규전은 50묘이고, 여부餘夫(결혼하지 않은 동생)는 25묘이다.

죽거나 이사하여도 출향出鄕(고향을 떠남)함이 없어야 한다. 향전鄕田에 정전井田을 함께하는 자들이 출입하면서 서로 벗하고, 지키고 망보면서 서로 돕고, 질병에 서로 부축해주면 백성들이 친목하게 된다." 하였다.

秉薰謹按孟子是聖賢中之有英才雄辯, 特別卓識之大政治家也. 儒家之言政治者, 惟孟子以外, 誰復言井田制民産之法者乎?

烏乎! 偉哉. 伊周以後之政治家, 必以孟子爲宗主. 不惟拳拳乎民産而, 東亞之言民權者, 可謂孟子一人而已.

병훈이 삼가 살피건대, 맹자는 바로 성현 중에 영재英才와 웅변雄辯을 가지고 있으며, 특별히 탁월한 지식이 있는 대정치가이다. 유가에서 말하는 정치란 것이, 오직 맹자 이외에 누가 다시 정전법으로 백성의 재산을 제정하는 법을 말하였는가?

오호! 위대하도다. 이주伊周(탕왕의 재상 이윤伊尹과 문왕의 아들 무왕을 보필한 주공周公) 이후에 정치가는 반드시 맹자를 종주로 삼아야 한다. 백성의 재산에 참마음을 다하여 정성스러운 모습뿐만이 아니라 동아에서 민권을 말한 자는 가히 맹자 한 사람 뿐이라고 말할 수 있다.

561

| 제18장 |

맹자논민권철리
孟子論民權哲理

孟子曰, 反復之而不聽則易之. 又曰, 民爲重, 社稷次之, 君爲輕.
又曰, 國人皆曰可殺, 然後殺之, 國人皆曰賢, 然後擧之.
秉薰謹按孟子此言所以儆省人君者至矣. 然專制以來, 未聞有信用其說者, 以天下爲家私故已. 況民重君輕之旨, 深合乎上古民主之天意者乎. 至曰一國皆曰可殺然後殺之者, 卽申張民權, 而順從民公之正義也, 誠可謂先見天意之公理, 終有民主憲法之治日者也.
烏乎! 政治學之卓識, 可謂周公後一人哉.

맹자 왈, "간언하고 반복해도 듣지 않으면 왕을 바꾼다." 하였으며, 또 말하기를, "백성이 중하고 사직이 다음이고, 임금은 가볍다. 〈맹자 진심 하〉" 하였다.
또 말하기를, "나라 사람들이 모두 말하기를, 죽이라고 한 연후에 죽이고, 나라 사람들이 모두 말하기를, 어질다 한 연후에 등용을 거행한다." 하였다.

병훈이 삼가 살피건대, 맹자의 이 말은 경계하고 살펴야 인군이 지극하게 된다. 그러나 전제專制 이래로 그 말을 믿고 쓴 자를 듣지 못하였으니, 천하로써 집으로 삼고 사사롭게 한 연고일 뿐이다. 더군다나 백성을 중시하고 임금을 가볍게 한다는 뜻이 상고上古 민주의 천의天意와 매우 부합한다. 심지어 일국이 다 말하여 죽임이 가하다 한 연후에 죽인다는 것은, 곧 민권을 신장함이요, 민공民公의 정의에 순종하니, 진실로 가히 천의의 공리를 선견했다 할 수 있으며, 결국 민주헌법이 다스리는 날이 있을 것이다.

아! 정치학의 뛰어난 식견識見은 가히 주공 후 뛰어난 한 사람이라 말할 수 있도다.

| 제19장 |

한명정치병리치철리
漢明政治幷吏治哲理

    謹按戰國之後, 秦併天下, 廢封建, 井田, 而置郡縣, 開阡陌, 古制一切蕩掃無存矣. 然惟一郡縣之制, 猶勝於封建之弊也.

    漢董仲舒曰, 限民命田, 以贍不足, 塞兼併之路. 鹽鐵, 皆歸於民, 去奴婢除專殺之威. 薄賦斂, 省繇役, 以寬民力, 然後可以善治也.

    諸葛武侯曰, 治世以大德, 不以小惠.

    又曰, 我心如衡, 不敢作輕重.

    삼가 전국시대의 후를 살펴보건대, 진秦이 천하를 병합하고, 봉건, 정전을 폐하고 군현을 두고 천맥阡陌(밭 사이의 길)을 열고, 옛날 제도를 일체 씻어내 청소해버려서 존재하지 않는다. 그러나 오직 하나 군현의 제도는 오히려 봉건의 폐단보다 낫다.

    한나라 동중서가 말하기를, "백성들의 논밭을 한정하여(限民命田), 이로써 부족한 것을 구제하고 겸병하는 길을 막아야 합니다. 소금과 철도 모두 백성에게 돌리고, 노비를 내몰고 마음대로 죽이는 위엄을 없애야 합니다.

조세를 적게 거두고(박부렴薄賦斂), 요역繇役(토목공사 노동)을 덜어주어 민력民力을 줄여주고 나서 연후에 선치善治가 가능합니다." 하였다.

제갈무후가 말하기를, "세상을 다스림은 대덕으로써 하는 것이요, 작은 은혜로써 다스리는 것이 아니다." 하였다.

또 말하기를, "내 마음은 저울과 같아서 감히 경중을 사람에 따라 마음대로 지을 수가 없다." 하였다.

秉薰謹按孟子以後之政治家, 當以孔明爲最. 而陸宣公, 亦其次也. 漢黃霸爲穎川太守, 力行敎化, 以後誅罰.

其言曰, 凡爲治道, 去其太甚者耳. 霸外寬內明, 得吏民心, 戶口歲增, 治爲天下第一.

劉昆爲江陵令, 連年火災, 昆輒向火叩頭, 多能降雨止風, 遷弘農太守. 爲政三年, 仁化大行, 虎皆負子渡河.

宋趙抃爲成都太守, 赴任, 只携一琴一鶴. 歸來, 亦只一琴一鶴也.

秉薰謹按漢之循良吏治, 可謂後世之吏師者多, 而今不枚擧也.

병훈이 삼가 살피건대, 맹자 이후에 정치가는 마땅히 제갈공명이 최고가 된다. 그리고 육선공이 또한 그 다음이다. 한나라 때 황패는 영천태수를 하였는데 힘써 교화를 행하였으며, 그런 이후에 주벌하였다.

그가 말하기를, "무릇 치도治道로 삼은 것은, 그 가장 심한 자를 내친 것뿐이었다." 하였다. 황패는 밖으로 관대하고 안으로 분명하며, 아전과 백성의 마음을 얻어서, 호구가 매년 증가하여 다스림이 천하제일이 되었다.

유곤劉昆이 강릉영을 하였는데, 매년 화재가 나자, 유곤이 문득 불을 향하여 머리를 조아리자(叩頭), 비가 내리고 바람을 멈추게 하는 여러 가지

능함으로 홍농태수弘農太守로 옮겨갔다. 3년간 다스리며 어진 교화가 크게 행하여지니, 호랑이가 모두 새끼를 업고 하천을 건너 도망갔다.

송나라 때 조변趙抃을 성도태수로 삼자, 부임하면서 단지 한 개의 거문고와 한 마리 학을 가지고 왔다. 돌아오면서 또한 단지 한 개의 거문고와 한 마리 학뿐이었다.

병훈이 삼가 살피건대, 한나라의 어진 정사(循良)와 관리의 다스림은, 가히 후세 관리들의 모범이라 할 것이 많지만, 지금 일일이 들지 않겠다.

제20장

왕양명십가패법
王陽明十家牌法

程明道始行十家牌法, 而王陽明, 加演實行, 誠爲戢盜淸源之良法. 苟能講而力行, 則警察不必用矣.

秉薰謹按此牌法, 亦可遍設於京鄕坊里, 從家座次序, 作一牌, 若村巷不滿十家, 則六七家, 亦可作牌.

정명도가 십가패법을 처음 행하였고, 왕양명이 더하고 부연해서 실행하였으니, 진실로 도둑을 단속하여(집도戢盜) 근원을 맑게 하는 훌륭한 법이다.

참으로 능히 암송하여 역행하면, 곧 경찰을 쓸 필요가 없다.

병훈이 삼가 실피건대, 이 패법은 또한 가히 경향京鄕(서울과 지방) 방리坊里(부락)에 두루 설치해서 집이 있는 순서대로 하나의 패를 만들고, 만약 촌항(村巷)이 10집이 안 차면, 곧 6, 7가家로 또한 패를 만들 수 있다.

| 제1조 |

牌式. 某縣, 某坊, 某人某籍, 以次書十家, 右甲尾, 書某人, 甲頭, 書某人. 各人名下, 寫明年甲, 家丁幾口, 有何生業, 技能, 職名, 右牌式.

패의 형식. 모현, 모방, 모인, 모적을 순서대로 10가家를 쓰고, 위의 갑미甲尾(五家의 長)는 모인이라 서書한다(원문은 매갑미라고 하였으나 우갑미로 바로잡아 해석). 갑두甲頭(10家의 長)는 모인某人이라 서書한다. 각 인명 하에 나이가 같은 또래의 사람(年甲/輩), 집안의 장정이 몇 명인지(家丁幾口), 생업은 어떤 것이 있는지, 기능과 직명을 명확히 기록하니(寫明), 이상이 패의 형식이다.

| 제2조 |

同牌十家, 每日輪回收掌, 每日酉時, 持牌到各家, 照牌查審.

같은 패 10집은 매번 날을 바꾸어 돌아가며 맡아서, 매일 유시에 패를 지니고 각 가정에 도착하여 패를 대조하고 심사한다.

| 제3조 |

某家今夜少某人, 往某處, 幹某事, 某日當回.

아무 집에는 금일 밤에 아무개가 빠지고, 모처에 갔으며, 아무 일을 담당하다가 모일에 마땅히 돌아온다.

(참조 : 목민심서의 왕양명 십가패식:王陽明十家牌式。○某縣某坊。○某人某籍。一 某人某籍。二 某人某籍。三 某人某籍。四 某人某籍。五 右甲尾某人。○

某人某籍。六 某人某籍。七 某人某籍。八 某人某籍。九 某人某籍。十 右甲頭某人。○同牌十家。輪日收掌。每日酉牌時分。持牌到各家。照分牌查審。其家今夜少某人。往某處。幹某事。某日當回。)

| 제4조 |

某家今夜多某人, 是某姓名, 從某處來, 幹某務, 要審問的確, 乃通報各家知會.

아무 집에 오늘 밤 많은 아무개가 있으면, 이 모인의 성명과 모처에서 왔는지, 무슨 일을 맡았는지, 확실하게 심문해야 하며, 각 가정에 통보해서 모두가 알게 한다.

| 제5조 |

去來之人, 或生面, 或事有可疑, 卽行告官, 或附近警察, 或兵站, 皆從便宜捷告.

오가는 사람이 혹 생면인지, 혹 일에 의문이 있으면, 즉시 관에 가서 알리고, 혹 부근에 경찰이나 병참이 있으면, 모두 편의에 따라서 속히 알린다.

| 제6조 |

如或隱蔽, 事發, 十家同罪.
만일 혹 은폐하거나 일이 발생하면, 열 집안이 같이 죄를 받는다.

| 제7조 |

寄歇客人, 其來歷何地, 幹某事, 作何業, 一一審查寫憑.

기대어 쉬는 객인(하숙인)은, 그 겪어온 자취가 어느 지역인지, 무슨 일에 종사하는지, 무슨 업을 하는지, 일일이 증거 서류를 심사한다.

| 제8조 |

客人若有殊常之端, 十家相傳, 至縣驗其無他, 然後方令傳遞出境.

손님이 만약 수상한 단서가 있으면, 10집이 서로 전해서 현에 이르게 하고, 증험하여 다른 것이 없다면, 그런 후에야 바야흐로 하여금 차례로 전파해서 경계를 떠나게 한다.

| 제9조 |

軍人外, 身帶軍火兵器者, 國有定法, 同牌人報告徵辦事.

군인 외에 몸에 군의 화병기를 휴대하는 자는, 나라에서 정한 법이 있으니, 같은 패의 사람이 보고하여 일을 판별하여 밝힌다.

| 제10조 |

各地方官, 不勤實行者, 與恪勤擧行者, 按廉賞罰事.

각 지방관은, 부지런히 실행하지 않는 자는, 부지런히 힘써(각근恪勤) 거행 하는 자와 더불어서 상벌의 일을 철저하게 살핀다.

秉薰謹按王先生, 以儒子用兵如神, 其討匪濟民之功勳政蹟, 殊多可采者, 而如牌法者, 則特一徵事也. 然此誠爲淸廓匪源, 而安堵良民之善法, 故載之耳.

苟能實行, 成效卽可見, 戶不夜閉, 而民安樂矣, 神而用之, 存乎其人也.

병훈이 삼가 왕 선생(왕양명)을 살피건대, 유자儒子로써 용병을 신神처럼 하고, 비적을 토벌하고 백성을 구제한 공적과 정적政蹟(정사의 업적)을 모을 수 있는 것이 특별히 많은데, 패법 같은 것은, 곧 특별히 하나를 검증하는 일인 것이다. 그러나 이것은 진실로 비적의 근원을 깨끗하게 바로잡은 것이니, 양민을 편안히 살게 하는 훌륭한 법이요, 그러므로 실었을 뿐이다.

참으로 능히 실행하면 효과를 이룸을 곧 볼 수 있으니, 방문을 밤에도 닫지 않고 백성들이 편히 즐길 것이다. 신묘하게 운용하는 것은 그 사람에게 있는 것이다.

제21장

고정림필부유책지철리
顧亭林匹夫有責之哲理

　顧亭林先生(炎武明末)曰, 以事救民, 達而在上位者之責也, 以言救民, 窮而在下位者之責也.
　又曰, 天下國家興亡, 匹夫與有責焉.

　고정림 선생(염무명 말) 왈, "일로써 백성을 구제함은, 현달해서 상위에 있는 자의 책임이고, 말로써 백성을 구제함은, 곤궁하여 아래 지위에 있는 자의 책임이다." 하였다.
　또 말하기를, "천하 국가의 흥망은 필부와 더불어 책임이 있는 것이다." 하였다.

　秉薰謹按顧先生, 與黃梨州, 王船山, 皆經學大儒, 其哲理思想, 多有發明民權之論, 闢破古荒之說.
　今不俱采, 只此一言, 亦可以見拳拳乎人類之職分義務分槪, 而驚起人民責任之思想者, 可謂發前未發, 大有助於民彝之公理者也.

雖不及歐西民主之論, 而鼓唱民氣之功, 誠爲近世哲學中之傑士哉. 烏乎! 偉矣.

병훈이 삼가 살피건대, 고 선생은 황이주, 왕선산과 더불어 모두 경학 대유인데, 그 철리사상은 민권民權의 이론을 발명하고, 고황古荒한 설을 벽파闢破함이 많았다.

지금 갖추어 채택하지 않았으나, 다만 이 한마디 말에서 또한 인류의 직분과 의무의 대체적 분별에 대한 정성스러움을 볼 수가 있으니, 인민의 책임 사상을 놀래어 일으킨 것은, 이전에 미발한 것을 드러내어, 백성의 떳떳한 도리에 크게 도움이 되었다고 말할 수 있다.

비록 서구 민주의 이론에 미치지 못하나, 민족의 정기를 고창鼓唱하는 공功은 진실로 근세철학 중의 걸사라 할 것이다. 아! 훌륭하도다.

{결론結論}

東亞之政治學, 自羲黃堯舜, 以至周公之禮治, 則如上所述, 是乃經驗之事實也.

至若孔孟之政治學, 則理論之垂訓者, 非所謂經驗者也. 雖然, 自孟子以至于今, 雖謂之無政治學, 恐非過論也. 何以然哉? 秦政專制之弊害, 流毒生民, 數千載, 只有文景貞觀宋仁之一時苟治而已.

如王安石者, 粗具政治眼識, 擬復周官之制, 其志則善矣.

동아의 정치학은 복희, 황제, 요임금, 순임금으로부터 주공의 예치禮治에 이르기까지, 위에 서술한 바와 같이 바로 경험의 사실이었다.

공맹의 정치학에 이르게 되면, 곧 이론으로 교훈을 전하는 것이지 소위 경험자는 아니다. 비록 그렇다 해도 맹자로부터 지금에 이르기까지 비록 정치학이 없었다고 말해도, 아마 지나친 말은 아닐 것이다. 왜 그런가? 진나라 정전제의 폐혜가 백성들에게 독을 흘리고 수천 년인데, 단지 서한西漢의 문제文帝와 경제景帝의 치治, 당나라 정관貞觀의 치治, 송나라 인종의 한때에 진실로 다스림이 있었을 뿐이다.

예를 들어, 왕안석은 정치 안목과 식견을 대충이라도 갖추었기에, 주관의 제도를 본떠서 회복하려는 그 뜻인즉 훌륭한 것이었다.

然其執拗之性, 不知通其變而神化之時用, 故竟以咎周官, 而病宋室, 吁可慨矣. 何不早學孟子之麁拳大踼, 以覺其潤澤之美旨耶?

觀夫歐西之政治, 亦多相類者, 向自部落酋長, 而至爲邦國民主. 經封建, 貴族, 市政, 專制諸般政治, 然後有若康德孟德斯鳩之大政治家者, 先後鼓唱憲法共和, 三政鼎立, 法治道德之論. 故能改革人之腦思也, 於是列國試驗而實行之, 克復民主公理之良法, 詎非哲學諸大家之心力所濟者耶?

그러나 그 집요한 성격으로, 그 변화를 통한 신화神化를 때에 맞게 운용함을 알지 못하였으니, 그러므로 마침내 주관周官(周禮)에 허물이 되고, 송실宋室이 병들었으니, 가히 한탄스럽다. 왜 일찍이 맹자의 추권대척麁拳大踼을 배워서 그 아름다운 뜻을 윤택하게 함을 깨우치지 않았던가?

대저 서구의 정치를 보건대, 또한 많이 서로 비슷한 것이 부락, 추장으로부터 방국이 백성이 주인이 되기까지는, 봉건, 귀족, 시정, 전제 제반 정치를 지나서 연후에 칸트(康德), 몽테스키외(孟德斯鳩) 같은 대정치가가 있었고, 선후로 헌법공화, 삼정정립, 법치도덕론을 고창鼓唱하였다. 그러므로 능히 사람의 뇌 생각을 개혁하였고, 이에 열국이 시험으로 실행하여서 능히 민주공리의 양법을 회복한 것이니, 철학 제대가의 심력으로 구제된 바가 어찌 아니겠는가?

嗟乎! 東亞之民, 反茫昧於祖先民主之治, 久矣, 惟近世始襲歐美之風潮.
中華光復共和以來, 亂靡虛日, 然必有出亂入治之一日矣.
將調劑新舊而治法民意(地方自治), 加以均田禮治, 以極人道之公理, 而勉從. 上帝好生之至德者, 期豈遠乎哉?

아! 동아의 백성들은 도리어 조상이 먼저 민주정치를 한 것이 오래되었음에도, 이에 대해 어두웠다가 오직 근세에서야 구미의 풍조를 비로소 인습하였다.
중화가 광복 공화 이래 어지러움으로 허송세월을 하였지만, 그러나 반드시 어지러움에서 벗어나 다스림이 있는 날이 있을 것이다.
장차 신구를 조제해서 민의를 본받아 다스리고(지방자치), 균전均田, 예치禮治로써 더하여, 이로써 인도의 공리를 지극히 하는 것을 힘써 행해야 한다. 상제께서 호생의 지극한 덕을 어찌 멀리 기약하셨겠는가?

又攷東亞專制, 自秦政始. 然始皇嘗幸王翦家, 呼稱其夫人曰, 兄嫂氏, 可以見其遭匕首以前, 尊君之級, 不如其後之極甚也.
論世者何可不知乎?

또 동아의 전제를 생각컨대, 진나라왕 정(秦政/후일의 진시황)으로부터 시작하였다. 그러나 시황은 일찍이 왕전王翦의 집안에 혜택을 입어 그 부인을 호칭하기를, 형수兄嫂씨라 하였으니, 가히 그 비수의 공격을 당하기 이전에는, 임금의 등급을 높임이 그 뒤에 극심한 것과는 같지 않았음을 볼 수가 있다.

세상을 논하는 자들이 어찌 모를 수가 있겠는가?

精神哲學下編 卷六
정신철학 하편 권6

제22장

도가정치철리
道家政治哲理

易曰, 包(庖)犧氏之王天下也, 仰則觀象於天, 俯則觀法於地.
觀鳥獸之文, 與地之宜, 近取諸身, 遠取諸物, 於是始畫八卦, 以通神明之德以類萬物之情.

역에서 말하기를, 포희씨가 천하에서 왕 노릇 할 때, 우러러서는 하늘에서 상象을 관觀하였고, 아래로 내려보아서는 땅에서 법을 관觀하였다.
조수의 무늬가 땅과 더불어서 마땅함을 관觀하고서, 근취저신近取諸身, 원취저물遠取諸物하여 이에 비로소 팔괘를 획畫하였으며, 신명의 덕을 통함으로써 만물의 정情을 분류하였다.

秉薰謹按伏羲氏仰觀俯察, 始畫八卦, 造書契, 以代結繩之政, 制嫁娶, 結網罟, 養犧牲, 人文始開也, 犧氏亦修眞而仙昇也(仙鑑有).

병훈이 삼가 살피건대, 복희씨는 하늘을 우러러 관하고 땅을 내려보아 살펴서 팔괘를 비로소 획하고, 서계書契를 만들고, 이로써 결승結繩(매듭을 만듦)의 정사를 대신하였으며, 장가 들고 시집가는 제도(嫁娶)와 그물(網罟)을 엮어 만들고, 제사용 가축(희생犧牲)을 기르니, 인문人文이 비로소 열렸으며, 희씨犧氏 또한 진眞을 닦아서 신선에 올랐다(선감에 기록이 있다).

包犧氏沒, 神農氏作斲木爲耜, 揉木爲耒, 耒耨之利, 以敎天下.
秉薰謹按斯時人物草創, 兩聖人作而敎耕稼, 嘗百草, 始有醫藥, 敎人日中爲市, 交易而退, 神農亦修眞而仙昇也(仙鑑有).

포희씨가 죽고 신농씨가 연장을 만들었으니, 나무를 깎아 따비(작은 쟁기)를 만들고, 유목揉木(휘어진 나무)으로 가래를 만들고, 가래로 김매는 이로움으로 천하를 가르쳤다.
병훈이 삼가 이때를 살펴보건대, 인물의 초창기에 두 성인이 만들어서 농사를 가르치고, 일찍이 백초를 맛보아서 비로소 의약이 있게 되었으며, 사람들에게 한낮에는 시장을 열어 교역하면 물러가도록 가르쳤고, 신농 또한 진眞을 닦아서 신선에 올랐다(선감에 기록이 있다).

神農氏沒, 黃帝, 堯舜氏作, 通其變, 使民不倦, 神而化之, 使民宜之, 垂衣裳而治天下.
秉薰謹按三聖人作, 而繼天立極, 人文斯明, 制度寢備, 故易繫辭曰, 刳木爲舟, 剡木爲楫, 以濟不通, 服牛乘馬, 引重致遠, 以利天下, 重門擊柝, 以待暴客, 斷木爲杵, 掘地爲臼, 臼杵之利, 利萬民以濟, 弦木爲弧, 剡木爲矢, 弧矢之利, 以威天下.

신농씨가 죽고 황제, 요순씨가 일어나서, 그 변화를 통하여 백성으로 하여금 고달프지 않게 하고, 신령함으로 교화해서, 백성들로 하여금 마땅하게 하였으니, 의상衣裳을 드리우고 있어도 천하가 다스려졌다.

병훈이 삼가 살피건대, 세 성인이 일어나서 하늘을 이어서 인문의 표준을 세우니(繼天立極), 인문이 이에 밝아지고 제도가 점점 갖추어지니, 그러므로 주역 계사전에서 말하기를, "나무를 파내서 배를 만들고, 나무를 깎아 노를 만들고, 이로써 통하지 않은 곳을 건너게 하고, 소에 멍에를 메우고 말에 재갈을 채워 탈 수 있게 하여서, 무거운 것을 끌어 먼곳에 이르게 하여 이로써 천하를 이롭게 하였으며, 문을 겹겹이 세워 단속을 하고 딱다기를 치며 경계하여, 이로써 포악한 나그네를 대비하였고, 나무를 잘라서 절구공이를 만들고, 움푹 파인 곳을 절구로 하고, 절구와 공이(구저臼杵)의 이로움으로 만민을 이롭게 해서 구제하고, 나무에 활시위로 굽어지게 해서 활을 만들고, 나무를 뾰족하게 깎아 화살을 만들어 활의 이로움으로 천하에 위엄을 떨쳤다."

上古穴居而野處, 後世聖人, 易之以宮室, 上棟下宇, 以待風雨. 古之葬者, 厚衣之以薪, 葬之中野, 不封不樹, 後世聖人, 易之以棺槨. 上古結繩而治, 後世聖人, 易之以書契, 百官以治, 萬民以察, 此皆聖人之創智神見, 制作利用, 以啓民生之業, 以造世者也. 然以黃帝之制作, 爲最盛, 而黃帝爲道家之祖也. 制作之序, 自然由羲農, 以及黃帝, 然羲農, 亦皆修眞而仙昇也.

상고에는 굴에 살고 들에서 생활하였는데, 후세 성인이 궁실로 바꿔서 위로는 마룻대를 얹고 아래로는 서까래를 얹어서 이로써 풍우를 대비하였다.

옛날의 장례 지냄은 두텁게 덮어두되 섶으로써 하여, 들판 가운데에서 장사를 하였는데, 흙더미를 쌓아 봉분을 하지 않고 심지 않았으나, 후세 성인이 관에 넣어서 묻도록 바꿨다. 상고에 끈을 맺어서 의사 표시하여 다스렸는데, 후세 성인이 바꿔서 글자로 사물을 표시하는 부호(書契)로 하도록 하였으며, 백관이 이로써 다스렸고 만민이 이로써 살펴 알았으니, 이것이 모두 성인이 지혜를 만들어낸 신이한 견해이며, 제작해서 이용하여 민생의 업을 계몽하고, 이로써 문명의 세상을 만들었다. 그러나 황제의 제작은 더욱 성하였으니, 황제는 도가의 조祖이다. 제작의 실마리는 자연 복희, 신농으로 말미암아서 황제에 이르렀다. 그러나 복희, 신농 또한 진眞을 닦아서 신선에 올랐다.

黃帝見日月星辰之象, 始有星官之書, 命大撓占斗建, 作甲子. 容成造曆, 隷首作算數, 伶倫造律.

황제는 일월성신의 상을 보고 비로소 성관星官의 서書를 두었으며, 대요大撓를 명하여 두건斗建(斗柄, 북두칠성 국자의 자리)을 점치도록 하여 갑자甲子를 만들었다. 용성容成에게 명하여 책력을 만들게 하고, 예수隷首에게 명하여 산수算數를 만들게 하고, 영윤伶倫에게 명하여 율려를 만들게 하였다.

秉薰謹按黃帝之制作甚多. 不特此也, 如邱井法則上篇已言之. 邱乘兵法, 勝負之圖, 陰符經之流是也.
黃帝曰, 自然之道靜, 故天地萬物生. 天地之道寖, 故陰陽勝, 陰陽相推, 變化順矣.
又曰, 觀天之道, 執天之行, 國富而民安.

병훈이 삼가 살피건대, 황제의 제작은 매우 많다. 이것뿐만이 아니라 구정법邱井法 같은 것은 곧 상편에서 이미 말하였다. 구승병법은 승부의 도면이니 음부경에서 흘러간 것이다.

황제 왈, "자연의 도는 고요하니, 그러므로 천지만물이 생한다. 천지의 도가 스며들어 음양이 승하고, 음양이 서로 밀어서 변화가 순순한다." 하였다.

또 말하기를, "하늘의 도를 관하여 하늘의 행함을 잡으면, 나라가 부유하고 백성이 편안하다." 하였다.

秉薰謹按道藏有陰符經, 謂爲黃帝書. 然朱子以爲李筌所作, 余讀其文, 誠不類上古文法. 而如云天有五賊, 見之者昌之類是也.

只此數句, 則理極純正, 抑眞黃帝之言, 其餘屬僞書歟, 未敢定也.

병훈이 삼가 살피건대, 도장에 음부경이 있는데, 이르기를 황제서라고 한다. 그러나 주자는 이전李筌의 소작이라 하였으며, 내가 그 글을 읽어보니, 진실로 상고 문법과 비슷하지 않다. 천유오적天有五賊(하늘에 오적이 있으니), 견지자창見之者昌(보는 자는 창성한다)이라 말하는 것 같은 것이 이런 부류이다.

다만 이 몇 구절은, 곧 이치가 지극히 순정하니, 조심스레 진정 황제의 말이라 할 것이나, 그 나머지는 위서에 속하는지 아직 감히 정해지지 않았다.

제23장

도가정치합어민주제철리
道家政治合於民主制哲理

   老子曰, 聖人無常心, 以百姓心爲心. 善者吾善之, 不善者, 吾亦善之德善矣. 信者吾信之, 不信者吾亦信之德信矣. 聖人在天下, 惵惵爲天下渾其心. 百姓皆注其耳目, 聖人皆孩之.(惵惵誠切貌, 孩之保之如赤子也.)

   노자 왈, "성인은 항상 사심이 없으며, 백성의 마음을 자기의 마음으로 삼는다. 선한 사람은 내가 선하게 대하고, 선하지 않은 사람도 내가 또한 선하게 대하여 끝내는 덕을 베풀어 선하게 한다. 믿음성이 있는 사람은 내가 믿음성 있게 대하고, 믿음성이 없는 사람도 내가 또한 믿음성 있게 대하여서 끝내는 덕을 베풀어 믿음성 있게 한다. 성인이 천하에 있으면, 두려워하며 천하가 그 마음을 순박하게 한다. 백성들이 모두 그 이목을 주시하면, 성인은 모두를 어린아이처럼 대한다.(惵惵/진실로 간절한 모양이니, 아이를 보호하는 것을 마치 갓난아이처럼 한다.)" 하였다.

秉薰謹按老子此論, 可謂天理之公心, 自然孚合於民主制之意也. 古之爲人君者, 好惡休戚, 純以百姓心爲心, 而聽順之, 則雖無民主之名稱, 而其實則可謂已行也.

蓋其胸懷專是回醇反樸, 以合泰和之意象. 故論政治者, 亦因人心以復天理之至善也. 烏乎! 偉哉.

병훈이 삼가 살피건대, 노자의 이 논한 것은, 가히 천리의 공심이라 할 수 있으니, 자연 민주제의 뜻에 부합孚合한다. 옛날의 인군된 자는 좋고 싫어하는 것, 기쁨과 걱정을 순전히 백성의 마음을 자신의 마음으로 삼았으며, 듣게 되면 따랐으니, 곧 비록 민주의 명칭은 없어도 그 사실은 가히 이미 행해졌다 할 것이다.

대개가 그 흉중에 오직 순박함으로 회복되어 이로써 크게 화합하는 태화泰和의 의상意象(경지)에 합하는 것뿐이다. 그러므로 정치를 논하는 것은, 또한 사람의 마음으로 인하여 천리의 지극한 선을 회복하는 것이다. 아! 위대하도다.

老子曰, 聖人常善救人, 故無棄人, 常善救物, 故無棄物.

秉薰謹按聖人之心, 仰體上帝好生之心而爲心, 故包涵宇宙, 氣常春和, 無物不發生而容育焉. 施諸政治, 其感動至德之化, 與舜周隆熙之至治, 何以殊哉?

노자 왈, "성인은 항상 구인救人을 잘하니, 그래서 버리는 사람이 없고, 항상 구물救物하기를 잘하니, 그래서 버리는 물건이 없다." 하였다.

병훈이 삼가 살피건대, 성인의 마음은 우러러 상제를 본받았으니 호생지심을 내 마음으로 삼고, 그러므로 우주를 포함하여 기는 항상 춘화하고, 발생해서 받아 기르지 않는 사물이 없도다. 여러 정치를 베풀되 지극한 덕의 교화에 감동함이 순임금과 더불어 두루 높게 빛나는 지극한 정치와 무엇이 다르던가?

 老子曰, 以正治國, 以奇用兵, 以無事取天下. 吾何以知其然乎? 以此. 夫天下多忌諱而民彌貧, 人多利器, 國家滋昏, 人多技巧, 奇物滋起. 法令滋彰盜賊多有, 故聖人云, 我無爲而民自化, 我好靜而民自正, 我無事而民自富, 我無欲而民自樸.

 노자 왈, "바름으로 나라를 다스리고, 뛰어난 책략으로 병을 쓰면 일 없이 천하를 취하게 된다. 내가 어떻게 그러한지를 알겠는가? 이것으로써 아는 것이다. 대저 천하에 꺼리어 피함이 많으면 백성들이 더욱더 가난해지고, 백성들이 이로운 기물이 많아지면 국가는 더욱 혼란해지고, 사람들이 기교가 많아질수록 기이한 일이 더욱 일어난다. 법령이 더욱 밝아질수록 도적들이 더욱 많이 있는 것이니, 그러므로 성인이 이르되, 내가 억지로 행함이 없으면, 백성들은 스스로 교화되는 것이며, 내가 깨끗함을 좋아하면 백성들은 스스로 바르게 되고, 내게 일함이 없이 다스리면 백성들은 스스로 부유하게 되고, 내가 욕심이 없으면 백성들은 스스로 질박해진다." 하였다.

 秉薰謹按此亦至論也. 爲民上者, 無貪利好奇之欲, 則民自返樸, 亦有感化自然之至理. 然此非功利物質之世, 所當講行者也.

世治將躋統一大同之日, 並與其長生久視之道, 有兼聖神雄者, 必來取法乎?

병훈이 삼가 살피건대, 이 또한 두 지극한 이론이다. 윗사람이 이익을 탐하거나 기이한 것을 좋아하는 욕심이 없으면, 곧 백성은 스스로 도리어 질박해지고, 또한 감화가 있게 되는 것이 자연의 지극한 이치이다. 그러나 이는, 잘못된 공리물질의 세상(功利物質之世/자본주의)에서도, 마땅히 꾀하여 행해야 할 바인 것이다.

세상의 다스림이 장차 통일되고 대동大同에 오르려는 날에, 아울러 그 장생구시의 도와 더불어서 겸성兼聖 신웅神雄한 자가 반드시 와서 법을 취하지 않겠는가?

老子曰, 治大國, 若烹小鮮, 以道涖天下, 其鬼不神.
又曰, 多藏, 必厚亡. 知足不辱, 知止不殆, 可以長久.
又曰, 不貴難得之貨, 使民不爲盜. 不見可欲, 使心不亂.
又曰, 貴以身, 爲天下者, 則可以寄於天下, 愛以身, 爲天下者, 乃可以托於天下.

노자 왈, "대국을 다스리는 것은 작은 생선을 삶는 것과 같다. 도道로써 천하에 임臨하면, 그 귀신도 영험이 있지 못하게 한다." 하였다.

또 말하기를, "많이 저장해두면 반드시 크게 망하게 된다. 족함을 알면 모욕을 당하지 않고, 그칠줄 알면 위태롭지 않게 되어서, 이로써 생명이 장구하게 된다." 하였다.

또 말하기를, "얻기 어려운 재화를 귀하게 여기지 않아야, 백성들로 하여금 도둑질하지 않게 한다. 가히 바라는 마음을 드러내지 않으면 백성들의 마음속이 어지럽게 되지 않는다." 하였다.

또 말하기를, "내 몸을 귀하게 여기는 것처럼 천하를 귀하게 여기는 자는, 가히 천하를 맡길 수 있고, 내 몸을 아끼는 것처럼 천하를 아끼는 자는, 가히 천하를 위탁할 수 있다." 하였다.

秉薰謹按此皆至論也. 若烹小鮮者, 使勿撓害而善調劑之, 意其鬼不神者, 神不作妖災云耳. 多積厚亡之誡, 誠空前絶後之名言也.
節節儆人之至敎, 況居民上當元首之地者, 可不尤作寶鑑乎?

병훈이 삼가 살피건대, 이는 모두 지극한 이론이다. 마치 작은 생선 삶는 것처럼 한다는 것은, 어지럽게 하여 방해하지 말고 잘 조제하라는 것이요, 기신불신其神不神의 뜻은 신神이 요재妖災를 짓지 않게 함을 이를 뿐이다. 많이 쌓아두면 두텁게 망한다는 경계는 진실로 공전절후의 명언이다.

하나하나가 사람을 경계하는 지극한 교훈인데, 하물며 백성의 위에 거하면서 원수의 위치를 담당하는 자는, 가히 특별하게 더욱 보감으로 삼아야 하지 않겠는가?

제24장

노자론병화지철리
老子論兵禍之哲理

老子曰, 以道佐人主者, 不以兵强天下, 其事好還. 師之所處, 荊棘生焉. 大軍之後, 必有凶年.

노자 왈, "도로써 임금을 보좌하는 자는, 군사로써 천하를 강성하게 하지 않으니, 그 일(재앙)이 곧잘 오기 때문이다. 군사들이 있던 곳에서는 가시나무가 생겨난다. 대군이 지나간 후에는 반드시 흉년이 들게 된다." 하였다.

又曰, 夫佳兵者, 不祥之器. 物或惡之, 故有道者不處. 是故君子居則貴左, 用兵則貴右. 兵者不祥之器, 非君子之器, 不得已用之, 恬淡爲上. 勝而不美, 而美之者, 是樂殺人也. 夫樂殺人者, 不可得志於天下矣. 故吉事尙左, 凶事尙右. 是以偏將軍處左, 上將軍處右, 以喪禮處之, 殺人衆多, 以悲哀泣之, 戰勝, 以喪禮處之.

또 말하기를, "대저 잘 만든 무기는 상서롭지 못한 기물이다. 만물이 조금이라도 싫어하면, 그러므로 도를 하는 사람은 몸을 두지 않는다. 이런 고로, 군자는 평시에 왼쪽을 귀하게 하다가, 전시에는 오른쪽을 귀하게 한다. 무기는 상서롭지 못한 기물로서 군자의 기물이 아니므로 부득이할 때 쓰고 (전쟁보다) 평안하고 고요함을 위로(上) 삼는 것이다. 이기더라도 군자로서는 불미스러운 것이고, 승리를 아름답고 좋게 여기는 자는, 무릇 살인을 즐기는 자이다. 대저 살인을 즐기는 자는, 곧 천하의 뜻을 얻는 것은 불가하다. 고로, 길한 일은 좌를 위로 삼고, 흉사는 우를 위로 삼는다. 이는 편장군은 왼쪽에 있고, 상장군은 오른쪽에 있게 하여 상례 때에 처한 것으로 하니, 사람을 많이 죽임은 슬프고 비통하게 우는 것으로써 전쟁의 승리를 상례喪禮로써 처하게 한다." 하였다.

秉薰謹按聖人之治天下, 專以道德教化爲務, 而至於不得已用兵者, 切爲深戒. 易以輿尸爲凶.

書以止戈爲武也, 而佳兵者, 不祥之器, 利殺爲用者也. 此章理論, 如是其明嚴切逼, 可謂萬世之鑒戒也.

烏乎! 余觀近世之最稱富强文明者, 則日益精究利殺之兵器, 而充積之者, 四五十年矣. 及其殺機已動, 戰爭一發也, 滔天之慘禍, 聯至十八國之多.

병훈이 삼가 살피건대, 성인이 천하를 다스림에 오로지 도덕교화로서 힘썼으며, 부득이 무기를 쓰기에 이르면, 간절하게 깊이 경계하였다. 주역(易)에서 수레에 시체를 싣고 돌아오면 흉함인 것이다.

지止라는 글자와 과戈라는 글자를 쓰면(書), 무武자라는 글자인데(즉 병장기로 싸움함을 멈추게 하는 것이 무武), 잘 만든 무기란, 상서롭지 못한 기물로 죽이기에 이롭게 쓰는 것이다. 이 장의 이론은 분명하고 엄격하며, 절박하니, 가히 만세의 감계鑒戒(교훈)라 이를 만한다.

아! 내가 근세의 가장 부강한 문명이라 칭하는 것을 보건대, 날로 더욱 살인에 이로운 병기를 정밀하게 궁구하여 쌓은 것이 4, 50년이다. 그에 따라 살인의 기틀이 이미 동하여 전쟁이 한번 발생하니 하늘의 참화에 빠졌으며, 연달아 18국의 많은 나라에 이르게 되었다.

擧天地震蕩, 互相殲殺之人命至二千萬餘, 而傷財害民者, 不知凡幾. 巨礮飛航潛艇, 神泣鬼驚, 善戕人命之奇器, 蔑不出焉.

極其凶殘, 慘無人理, 誠可謂天地開闢以來, 前所未有之殺劫也.

噫! 欷慟忍言哉.

천지를 들어서 진탕하고 호상 간에 섬멸하여 죽인 인명이 2천만이 넘는데에 이르렀고, 재물이 파손되고 다친 사람이 모두 얼마인지 알 수가 없었다. 거포가 날아가는 잠수함(잠정潛艇), 신이 울고 귀신이 놀랄 만하게(神泣鬼驚), 인명을 잘 죽이는 기이한 병기는 다 죽이는 것에서 벗어나지 않았다.

그 흉악하고 잔인함이 지극하고, 인간의 도리가 없이 참혹하니, 진실로 가히 천지개벽 이래로 전에 없는 살겁殺劫이었도다.

아! 잔인함에 흐느껴 서러워하면서 말하노라.

老子所言天道之好還不忒者, 於是可驗也. 彼最强者, 其心之尙殺已久. 故上天之報償以殺者, 如彼其劇也. 惜言我宇內五洲之同胞, 於斯, 尙不省覺懍畏, 以謹天戒乎, 且作徵鑒乎.

如美國者, 素尙人道主義故破敗强權無道而大張公理繼絕擧廢而開國際聯盟.

　노자가 말한바, 천도는 곧잘 어긋나지 않고 제대로 돌아온다는 것이 이에 가히 증명되었다. 저 최강이란 것은, 그 마음이 죽이는 것을 숭상한 것이 오래되었다. 그러므로 상천(하늘)의 보상도 죽임으로써 하는 것이니, 그와 같은 혹독함인 것이다. 돌이켜보며 말하건대, 우리 우주 내 온 세상의 동포는 이에, 아직도 두려워하며 반성하여 깨닫지 않았으니, 이에 삼가 하늘이 경계를 한 것으로 또한 징계하는 거울(徵鑒)로 삼은 것이다.
　마치 미국이 평소에 인도주의를 숭상하였기 때문으로 강권의 무도無道를 무너뜨리고(破敗), 공리公理를 크게 확장해서 끊어진 것을 잇고 무너진 것을 들어서 국제연맹國際聯盟을 연 것과 같은 것이다.

　烏乎! 其殊勳盛德冠絕宇宙. 始建永久和平之新世界者, 可謂大同有漸太平可望也. 詎非, 上帝之特降大任, 以回刼救世者也! 歆歔三復此章, 不覺歛袵敬服也.

　오호! 그 뛰어난 공훈과 성덕이 우주에 가장 훌륭하다. 비로소 영구 평화의 신세계를 세운 것이니, 가히 대동으로 점점 태평의 가망이 있게 된 것이라 할 수 있다. 상제께서 특별히 대임을 내리셔서, 겁액을 돌림으로써 세상을 구한 것이 어찌 아니겠는가! 한숨 쉬며 흐느낌을 3번 반복한 이 장에서, 어느덧 나도 모르게 옷깃을 거두어 여미고 경복敬服(존경하여 마음속으로 복종함)하게 된다.

제25장

노자론대도지용성대일통지철리
老子論大道之用成大一統之哲理

　　老子曰, 道沖而用之或不盈. 淵兮似萬物之宗. 挫其銳, 解其紛, 和其光, 同其塵. 湛兮似若存. 吾不知誰之子. 象帝之先.(帝者上帝也. 先者, 無始之始也.)

　　노자 왈, "도는 공허하여 쓰고 또 써도 본래 비어 있으므로 채워지는 것이 아니다. 깊고 깊어서 만물의 근원과 같다. 도는 만물의 그 예기를 꺾고, 만물의 분란을 풀어주고, 자신의 그 빛남을 부드럽게 하여 그 세속 사람들과 어울린다. 담담하여 어쩌면 있는 것도 같다. 나는 도가 누구의 자식인지 모른다. 아마도 帝보다 먼저인 것 같다.(帝는 상제이다. 先先이란, 무시의 시始이다.)"

　　秉薰謹按道是太和一氣, 充滿天地, 包宇宙, 暨五洲萬國. 將欲統一球宇者, 其必體用此道, 然後能之矣.

병훈이 삼가 살피건대, 도는 바로 태화일기이니, 천지에 충만하였고, 우주와 함께 오주만국을 감싸는 것이다. 장차 구우球宇를 통일하려는 자는, 반드시 이 도를 몸소 운용한 연후에 능히 할 수 있는 것이다.

老子曰, 大道汎兮, 其可左右萬物. 恃之以生而不辭, 功成不名有. 衣被萬物而不爲主. 常無欲可名於小. 萬物歸焉而不爲主, 可名於大. 是以聖人終不爲大, 故能成其大.

노자 왈, "대도는 넓어서 이에 가히 좌우 어디든 차 있지 않은 곳이 없다. 의지하여(본문 : 視之는 恃之로 바로잡아 해석) 만물이 살아가도 사양하지 않으며, 공이 이루어졌어도 명성을 갖지 않는다. 만물을 덮어주고 입혀주면서 주인 행세를 하지 않는다. 늘 주인 행세할 욕심이 없으니, 가히 작다 할 수도 있다. 만물이 돌아가더라도 주인 행세를 하지 않으므로 크다 할 수 있다. 이에 성인은 끝내 크다고 하지 않으므로, 능히 큰 것을 이루어낼 수 있는 것이다." 하였다.

秉薰謹按孔子之大同政治, 康德之世界統治者, 其聖德, 必能此章所稱之包大者, 然後能一統九垓焉, 何可疑乎?

병훈이 삼가 살피건대, 공자의 대동정치와 칸트의 세계 통치자는 그 성덕聖德이 반드시 이 장에서 칭하는 바의 큰 것을 감쌀 수 있고 난 후에야, 능히 세상(九垓/九天의 밖)을 일통一統하리니, 무엇을 의심하겠는가?

제26장

노자언세치융희인능장생지철리
老子言世治隆熙人能長生之哲理

老子曰, 天長地久. 所以能長且久者, 以其不自生. 故能長生. 是以聖人後其身而身先. 外其身而身存, 非以其無私耶? 惟其無私, 故能成其私.

노자 왈, "하늘이 항상 하고 땅도 영구하다. 능히 항상 하고 또 영구할 수 있는 것은, 자기만 스스로 살려고 애쓰지 않기 때문이다. 그러므로 능히 장생하는 것이다. 때문에 성인은 자신을 남보다 뒤로하는데도 결국은 자신이 남보다 앞서게 된다. 그 몸 바깥으로 또 하나의 몸이 있는 것은, 그가 사사로움이 없어서 이룬 것이 아니겠는가? 오직 그는 사사로움이 없음으로 그래서 능히 그 사사로움도 이루는 것이다."

*외기신이신존外其身而身存 : 능엄경에서 말하는 법왕자주法王子主에 해당한다. 形成出胎親爲佛子名法王子主(수도로 형상이 이루어져서 태에서 나와 직접 불자가 된 것을 이름하여 법왕자주라고 한다.)

又曰, 治人事天, 莫如嗇. 夫惟嗇, 是謂早服. 早服謂之重積德, 重積德, 則無不克, 無不克則莫知其極, 可以有國. 有國之母, 可以長久. 是謂深根固蒂, 長生久視之道.

또 말하기를, "사람을 다스리고(治人), 하늘을 섬기는데(事天), 정신을 아끼는 것만한 것이 없다. 대저 오직 아껴서 하면, 이것을 일러서 조복이라 한다. 조복은 덕을 쌓는 것을 거듭하는 것이고, 덕을 쌓는 것을 거듭하면, 곧 이기지 못할 것이 없으며, 이기지 못할 것이 없으면, 곧 그 끝을 알 수가 없게 되어 가히 나라를 가질 수 있다. 나라에 모체가 되는 근원이 있으면, 가히 이로써 장구할 것이다. 이것을 일러서 뿌리가 깊고 튼튼하다고 하고 장생구시의 도道라고 한다." 하였다.(후한시대 왕충王充은 색嗇을 정신을 아낀다고 해석하였고, 위나라 왕필王弼은 색嗇을 농사일에 비유해서 해석하였음.)

秉薰謹按長生久視之道, 已詳於首編精神卷, 而此又復載於政治篇者, 余之誠心愚見, 必也物質之發達, 愈進極點, 道德之文明, 竝致至善, 世治將躋大同和平, 刑措不用之域無疑, 如是則人各無所事焉矣.

병훈이 삼가 살피건대, 장생구시의 도란 이미 첫 편 정신권에 상세하며, 여기에 또 반복해서 정치편에 실은 것은, 나의 성심에서 나온 우견愚見이니, 반드시 물질의 발달로 더욱 극점으로 나아가면, 도덕의 문명도 아울러 지극한 선에 이르러서, 세상을 다스림이 장차 대동화평으로 올라서고, 형벌을 놓아두고 쓰지 않는 지경이 의심 없으리니, 이와 같으면 사람마다 일 삼을 바가 없게 된다.

況彼上等人類社會之富貴豊足者, 曷不欽羨此長生久視之道乎?

是以余敢斷然曰刑措大化之治, 必由此道而幷進, 而頭等人類, 克先成眞成仙矣. 況此章兼擧治人事天而爲言, 非指元首將相之身居治人之位者乎?

하물며 저 상등 인류사회의 부귀 풍족한 자가, 어찌 이 장생구시의 도를 부러워하지 않겠는가?

때문에 내가 감히 단연코 말하되, 형조대화刑措大化(형벌을 놓아둔 커다란 교화)의 다스림은 반드시 이 도道로 말미암아서 병진하여 최상의 인류에 나아가고, 능히 먼저 성진成眞 성선成仙케 할 것이다. 게다가 이 장에서 치인사천治人事天(사람을 다스리면서 하늘을 섬기는 것)을 겸하여 들어서 말하였으니, 원수장상元首將相의 지위가 치인의 위치에 있는 것을 지칭함이 아니겠는가?

제27장

노자언천하낙추부쟁정치철리
老子言天下樂推不爭政治哲理

  老子曰, 江海所以爲百谷王者, 以其善下之故, 能爲百谷王. 是以聖人欲上人, 必以言下之. 欲先人, 必以身後之. 是以聖人處上而人下重, 處前而人不害. 是以天下樂推而不厭. 以其不爭, 故天下莫能與之爭.(是乃脗合於選擧總統之式者.)

  노자 왈, 강과 바다가 능히 모든 골짜기의 왕이 되는 것은, 이로써 그 모든 것의 아래에 잘 위치해 있기 때문이며, 그러므로 능히 백곡의 왕을 하는 것이다. 때문에 성인은 백성을 위(上)로 하기 바라고, 반드시 이로써 말하되 자신을 아래로 하겠다 하며 백성이 먼저이기를 바라고, 반드시 이로써 자신은 뒤이기를 바란다. 때문에 성인은 위에 백성을 놓이게 하여 그들이 무거운 짐을 내리도록 하고, 앞에 놓이는 것을 백성으로 하여 해를 입지 않게 한다. 때문에 천하는 남을 높여주는 것을 즐겨하고, 자신은 낮게 함을 싫어하지 않는다. 이로써 논쟁하지 않았고, 그러므로 천하는 능히 어느 것으로도 다툴 수가 없었다.(이는 총통 선거의 방식과 완전히 부합하는 것이다.)

秉薫謹按世必有天降聖德如是之人, 然後天下樂取不爭之共和, 可爲世界一統之元首明矣. 故聖人之極言至治者, 罔不以共和爲主焉, 此亦可見也.

병훈이 삼가 살펴보건대, 세상은 반드시 하늘에서 성덕을 내려주어 이와 같은 사람이 있고 나서, 연후에 천하는 다투지 않는 공화를 기꺼이 취하여, 가히 세계 일통의 원수가 되는 것이 분명하다. 그러므로 성인의 지극한 말씀과 지극한 다스림이란 공화로써 주장하지 않음이 없으니, 이 또한 가히 볼 수가 있다.

又謹按道家之政治學, 傳之于姜太公范蠡張良李泌劉基, 皆能救其當世而拯斯民於水火之中也. 然惟漢以專制政體頗主淸靜之趣旨, 以致小康而已. 餘無足道者矣. 夫大道至治之精神, 一與周公孔子康德之息兵輯和, 統世大同, 刑措之治, 同趨也. 而長生久視歸根復命之眞諦, 則道家獨擅而孤詣者也.
烏乎! 至哉. 後必有取法者乎.

또 삼가 살펴보건대, 도가의 정치학은 강태공에서 범려, 장량, 이필, 유기로 전해졌으며, 모두가 능히 그 당세를 수화水火의 가운데에서 이 백성들을 구하였다. 그러나 오직 한나라는 전제의 정체로써 자못 청정淸靜의 취지를 주장하여 이로서 소강小康에 이르렀을 뿐이다. 나머지는 도에 족한 것이 없었다. 대저 대도의 지극한 다스림의 정신은 하나 같이 주공, 공자, 칸트의 식병집화息兵輯和(전쟁을 그치고 합하여 화목함)와 더불어서 세상을 통일하여 대동하고 형조의 정치로 함께 달려가는 것이다. 그리고 장생구시와 귀근복명의 진체眞諦는, 곧 도가에서 홀로 정통하여 이어오면서 훌륭한 경지에 이른 것이다.

아! 지극하도다. 뒤에 반드시 법을 취하는 자가 있으리라.

世之淺使, 指摘道經警世, 矯枉之論幾句, 或以謂陰謀家所宗, 或以謂用兵家所尙, 甚至以退化目之, 異端斥之, 多見其不知量也.
世將至治之日, 返眞昇仙, 有如羲農黃帝檀箕之兼聖者輩出, 然後, 人必信服乎. 然兼聖造世之樂, 世亦何遠乎哉?

세상의 천사淺使(얕은 벼슬)들이 도경道經의 경세警世(세상 사람을 깨우침)와 교왕矯枉(굽은 것을 바로잡음)의 논함 몇 구절을 지적하여, 혹 이로써 음모가가 높이는 바라 하고, 혹자는 용병가들이 높이는 것이라 이르며, 심지어 이로써 퇴화退化한다 지칭하고 이단으로 배척하니, 그 역량(量)을 알지 못함만을 보일 뿐이다.

세상에서 장차 다스림이 이루어지는 날에 이르면 진眞을 돌이켜서 신선에 오르는 것은, 마치 복희, 신농, 황제, 단군, 기자의 겸성자와 같이 배출함이 있으리니, 연후에 사람들은 반드시 믿고 따르리라. 그러나 겸성이 즐거운 세상을 짓는다면, 그 세상은 또한 얼마나 멀겠는가?

제28장

조선기자건극철리
朝鮮箕子建極哲理

朝鮮箕子曰, 皇建其有極, 斂時五福, 用敷錫厥庶民, 庶民從. 又曰, 謀及卿士, 詢于庶人.

조선 기자가 말하기를, "(황극은) 임금이 그 넉넉한(有) 극(極/표준)을 세우는 것이니, 이 오복을 거두어서 그 여러 백성들에게 복을 펴서 주면 서민들이 따를 것입니다." 하고, 또 말하기를, "(큰 의심이 있으면) 향사에게 물어보고, 여러 사람들에게 물어야 한다." 하였다.

秉薰謹按此與孔子所謂爲政以德, 譬如北辰, 居其所, 而衆星拱之之義同也. 夫太極者, 在天, 謂之北極, 在人, 謂之民極, 以其道理至極之義, 標準之名稱也. 爲人君者, 亦極盡其人倫道理, 以立標準之謂也. 然以斂福錫民爲義, 則與今憲法國家, 福國利民之趣旨, 恐無以異也. 矧伊謀及卿士庶人者, 誠爲今日上下議院之先豎幟矣.
覷歟此. 誠爲東亞立憲, 開山之祖, 而兼以修養成仙, 則不是檀黃之兼聖, 至此而益臻條明者乎?

   병훈이 삼가 생각컨대, 이는 공자와 더불어서 소위 정사政事를 덕德으로 하는 것이니, 비유하자면, 북신北辰(北極星)이 그 자리에 거(居)하면 모든 별들이 두 손을 맞잡아 공拱하는 뜻과 같은 것이다. 대저 태극이란 하늘에 있으면 북극이라 하고, 사람에게 있어서는 민극民極이라고 하니, 그 도리가 지극하다는 뜻이요, 표준이라는 명칭인 것이다. 다른 사람의 임금된 자는 또한 그 인륜의 도리를 극진히 하여 이로써 표준을 세우는 것을 말한다. 그러나 복을 거두어서 백성들에게 복을 펴서 주는 것을 의롭게 한다면, 곧 지금 헌법국가와 복된 국가가 백성을 이롭게 한다는 취지와 더불어서 아마 다름이 없을 것이다. 하물며 저 향사鄕士와 여러 사람에게 묻는 것은, 진실로 금일 상하의원의 기치를 먼저 세운 것이 된다.

   옳도다. 이는 진실로 동아입헌의 개산조가 되는 것이요, 겸하여 수양으로 신선을 이루니, 곧 단군, 황제의 겸성이 여기에 이르러서 더욱 조문이 분명해지는 것이 아니겠는가?

   烏乎! 李世宗大王, 頒賜鄕禮合編于國內郡縣. 敎以鄕飮鄕射, 觀德親善, 務盡感化, 遍建孔廟于三百六十州縣而崇奉之. 養士其中, 招聘潛德之士, 群賢彙征. 又頒五倫行實圖, 冠婚喪祭之禮, 以導迪之.

   獎勵之百度一新, 庶績咸熙, 幾於刑措不用者, 五十年, 則可謂德禮之至治也.

   아! 이 세종대왕은 향례합편鄕禮合編을 국내 군현에 반사頒賜(임금이 나누어줌)하여 향음향사鄕飮鄕射(향음례와 향사례), 관덕친선觀德親善, 무진감화

務盡感化로써 가르쳤으며, 360주현에 두루 공묘孔廟를 세워서 높이 받들었다. 그중에서 선비를 기르고, 덕을 감추고 있는 선비(潛德之士)를 초빙하고, 군현群賢의 무리들을 불렀다. 또 오륜행실도五倫行實圖와 관혼상제의 예를 반포하고, 이로써 인도하여 이끌었다(도적導迪).

백도일신百度一新(모든 일을 일신함)하도록 장려하여, 모든 공적들을 다 빛나게 하였으니(서적함희庶績咸熙), 거의 형조불용刑措不用한 것이 50년인즉, 가히 덕德과 예禮의 지극한 정치(至治)라 할 수 있다.

秉薰謹按世宗, 眞聖人也. 其制作之盛, 禮治之化, 誠爲成周以降. 未有之至治也, 奚但爲東韓之模範而已哉. 將來世界統一之日, 其必有取法者乎.
向自漢文短喪以後, 三年之制, 惟東韓獨行之至今, 士大夫不立家廟而造神主者, 則不許仕宦. 故家家立廟, 奉祀以時, 居喪則一從儀禮.

병훈이 삼가 살피건대, 세종대왕은 진정한 성인聖人이었다. 그 제작한 것의 성대함과 예치로 교화함은, 진실로 성주成周(주나라의 수도가 낙읍에 있었을 때의 칭호로, 주나라 국운이 융성했던 시기를 말함)로부터 내려와서 처음 있었던 지극한 다스림(至治)이었으니, 어찌 단지 동한의 모범으로만 될 뿐이 되겠는가. 장래 세계 통일의 날에 그것을 반드시 법으로 취하는 자가 있을 것이다.

한문제漢文帝가 복상服喪 기간을 줄인 이후로 3년상의 제도는 오직 동한에서 홀로 행하여 오늘에 이르렀으니, 사대부가 가묘家廟를 세우지 않고 신주를 짓는 자는, 곧 벼슬살이(사환仕宦)를 불허하였다. 그러므로 집집마다 사당을 세우고 제사를 받들었으며, 그때로서는 거상居喪은 곧 한결같이 따르는 의례였다.

(臨終, 招魂以衣衫, 安於紙函內, 葬之以禮. 下棺時題主, 以奉還于室堂. 設几筵, 三年上食, 枕塊寢苫, 斬衰終喪也. 冠時, 行三加禮, 婚時行醮禮, 納幣親迎也. 此其槪略, 凡有志復周者, 宜其師取大旨而損其煩苛, 以合時宜, 則猶賢乎專廢而不擧者也.)

(임종하면 홑옷으로써 초혼하여 지함紙函 안에 편히 하여 예로써 장례한다. 하관下棺 시 위패에 죽은 이의 관명官名을 쓰고, 실당室堂으로 받들어 모시고 돌아온다(奉還). 궤연几筵(죽은이의 혼령을 위해 차려놓은 영궤靈几)을 설치하고 3년간 상식上食(궤연 앞에 조석으로 음식을 올림)하고, 멍석에서 자고 흙덩이를 베개로 삼고(침괴침고枕塊寢苫), 참최종상斬衰終喪한다. 관례할 때(冠時), 삼가례三加禮(관을 세 번 갈아씌우던 의식)를 행하고, 혼례 시에 초례醮禮(혼례에서 술잔을 받아마시는 의식)를 행하고, 납폐納幣(신부집으로 폐백을 함에 담아보냄)하고 친영親迎(신랑이 신부집에 가서 신부를 맞음)한다. 이것이 그 개략이니, 무릇 뜻이 있어 주周로 회복하려는 자는 마땅히 그 큰 뜻을 취하여 모범으로 삼고, 그 번거롭고 까다로움(번가煩苛)은 덜어내어, 이로써 시대에 마땅하게 부합하면, 곧 오히려 현명한 것이요, 모두 폐하는 것은 추천하지 않는다.)

烏乎! 擧天地間, 周官之冠裳文物之美, 彛倫德禮之懿. 獨存於東韓者, 亦猶周禮在魯, 以保碩果不剝之象矣.
然今已淪喪殆盡, 惟其幸存什一者(深衣及祭冠服四禮便覽册), 奉還于中華取法之地, 希望其重明再行, 而亦不採用, 吁亦何哉. 試以音樂一事觀之, 其制度節奏皆失傳, 故音節之雅正暢和, 不及東韓遠甚. 然復古興廢有數存焉, 其亦有待乎.

아! 천지간을 들어서 주관周官(書經의 편명)의 관상문물의 아름다움은 이륜彛倫(떳떳한 도리)과 덕례德禮의 아름다움(懿)이었다. 동한에 홀로 존재하는 것은, 또한 주례가 노나라에 있는 것과 같아서(주례가 주나라에서는 다 사라지고 오히려 노나라에 있다는 것은, 즉 주나라의 아름다운 것들이 오히려 조선에 있다는 것을 말하는 것임), 이로써 석과碩果(큰 업적)를 보존하여 떨어뜨리지 않는 상象인 것이다.

그러나 이제 이미 망하여 없어져 거의 다하였고(淪喪殆盡), 오직 그 다행인 것은 존재하는 것이 열에 하나였으니(심의 및 제관복사례편람책), 중화에 받들어 돌려주어서 법을 취하여 거듭 밝아지고, 다시 행하기 희망하였지만, 그런데 또한 채용하지 않는다 한들 또한 어떻게 하겠는가. 시험 삼아서 음악으로써 한 가지 일을 보자면, 그 제도절주(가락)가 모두 실전되어서, 그러므로 음절의 모범적이고(雅正) 부드러운 것(창화暢和)은 동한(조선)의 멀고 깊은 것에 미치지 못한다. 그러나 복고復古의 흥폐興廢는 술수가 존재함이 있으니, 그 또한 기다려야 한다.

| 제29장 |

조정암정치철리
趙靜菴政治哲理
천년에 한번 만날 수 있는 현성賢聖

    趙靜菴先生曰, 君臣者, 爲民而設也. 上下須知此意, 以民爲心, 則治道可成. 古之聖人, 以天地之大, 兆民之衆, 爲一已, 觀其理而處其道, 是以是非善惡, 無所逃於吾心. 而天下之事, 皆得其理, 天下之物, 皆得其平. 此萬化之所以立, 治道之所以成也.

    조정암 선생께서 말하기를, "군신이란, 백성을 위해 설설한 것입니다. 상하가 반드시 이 뜻을 알아서 백성의 마음으로써 군신의 마음으로 삼는다면, 곧 치도治道는 가히 이루어질 것입니다. 옛날 성인은 천지의 넓은 것과 만백성의 무리를 하나로 삼았을 뿐이니, 그 천리를 관찰하여 그 올바른 도道에 처處하면, 이 때문에 시비선악是非善惡이 내 마음에서 벗어나지 않는 것입니다. 그래서 천하사는 모두 그 천리天理를 얻게 되고, 천하 만물은 모두가 그 평안함(平)을 얻게 됩니다. 이것이 만 가지 변화(萬化)가 세워지는 까닭이며, 지극한 다스림의 도가 이루어지는 까닭입니다.

不以政事文具之末, 爲紀綱法度, 而以一心祉妙, 爲紀綱法度之本.
使此心之體, 光明正大, 周流通達, 與天地同其體, 而大其用, 則日用
政事之際, 皆爲道之用, 而紀綱法度, 不足立而立矣. 雖然, 有其誠而
後, 其心之道, 立於貞固, 終見其成也.

문구文具(일의 실속 없이 겉만 꾸밈)의 보잘 것 없는 것(末)으로 기강법도를
삼아서 정사政事를 하지 않고, 일심으로 인하여 하늘에서 내리는 복의 묘함
으로써(일심지묘一心祉妙) 기강 법도의 근본으로 삼아야 합니다. 이 마음의
본체를 광명정대히 하고, 두루 흘러 통달케 하여 천지와 더불어 그 체體를
함께하면 그 쓰임이 위대한즉, 일용정사日用政事를 할 때, 모두 도의 쓰임이
되니, 그래서 문구지말文具之末(실속 없이 꾸민 것)로 기강 법도를 삼는 것은
인자仁者가 자신이 서고자 함에 남 세우는 것에도 부족한 것(不足立而立)
입니다. 비록 그러하나 그 진실함이 있고 난 후에, 그 마음의 도가 곧고 굳
게 됨에 서게 되면 끝내는 그 도道가 이루어짐을 보게 됩니다." 하였다.

秉薰謹按趙先生此論治法, 以民爲心, 而與天地同其體, 而大其用
之旨, 誠可謂堯舜君民之道德也. 然臣處君主時代, 雖未能唱明共和
立憲之名, 而其體天行道, 專以愛民爲主, 卓乎其周公孟子以後, 政治
家之賢聖哉.

병훈이 삼가 살피건대, 조 선생이 여기에서 논한 다스리는 법으로, 백성
의 마음을 군주의 마음으로 삼고, 천지와 더불어서 그 체體를 함께하며, 그
쓰임이 크다는 뜻은, 진실로 가히 요순시대의 임금과 백성의 도덕이라고
할 수 있다. 그러나 신하가 군주시대에 처하여서 비록 공화입헌의 이름을

능히 창명唱明하지는 않았으나, 그 하늘을 본받아서 도를 행함은 오로지 애민愛民을 위주하였으니, 높고 먼 것이 주공, 맹자 이후로 정치가로서 현성賢聖이로다.

又曰, 聖人所以篤化美俗帥衆而爲善者, 不過循其公論, 而不奪其情也. 故攸懲厥心. 無謂民小, 敏勇過斷, 務循物情. 利源一開其害大矣, 國家須絶功利之習. 君臣上下, 須以至誠相孚, 通暢無間, 然後可以爲治. 流俗, 固不可猝變, 當以俗尙商量, 可改者卽改之. 使耳目觀感, 優游而善導之, 則斯民亦直道而行者也. 安有終不感化之理乎?

또 말하기를, "성인이 교화를 독실하게 하고 풍속을 아름답게 하며 대중을 거느리고 선하게 되는 것은, 그 공론을 따라서 그 물정物情을 잃지 않는 것에 불과합니다. 그러므로 곧 그 마음을 경계하여 백성을 작다고 이르지 않고, 민첩한 용기와 과감한 결단으로 물정을 따르는데 힘썼던 것입니다. 이익이 생기는 근원은 한번 열리면 그 해害가 매우 크니, 국가는 반드시 공리의 풍습을 끊어야 합니다. 군신 상하는 반드시 지성至誠으로 서로 믿음성이 있어야 하고, 사이가 없이 막힘이 없이 통해야 하며, 그러한 후에 가히 다스려졌다 할 것입니다. 세상의 풍속은 진실로 갑자기 변함이 불가하니, 마땅히 풍속으로 높일만한 것을 헤아리고, 고칠 것은 즉시 고쳐야 합니다. 눈과 귀로 하여금 보고 느껴서 여유롭게 잘 인도해 주면, 이 백성들도 또한 곧은 길로 다니는 것입니다. 어찌 끝내 감화되지 않을 도리가 있겠습니까?" 하였다.

秉薰謹按趙先生天分特異, 如鸞停鵠峙, 金精玉潤, 英華發外, 風采動人, 自任之重, 吾君可以爲堯舜, 吾民可以躋仁壽. 其忠貫金石, 其勇其奪賁育. 進則日有三接, 退則人爭額手, 誠千載一時之際會也.

병훈이 삼가 살피건대, 조 선생은 타고난 재질(天分)이 특이하여 마치 난정곡치鸞停鵠峙(난새와 고니가 우뚝 솟은 것 같음)같고, 금처럼 정미롭고 옥처럼 윤택하며(金精玉潤), 영화로움이 밖으로 드러나고(英華發外), 풍채는 사람을 감동시켰다(風采動人). 우리 임금을 요순처럼 만들고, 우리 백성들을 덕德이 있고 장수하는 경지에 오르게(제인수躋仁壽) 함을 자신의 임무로써 중히 여겼다(自任之重). 그 충성심은 금석을 꿰뚫고, 그 용맹함은 그 분육賁育(진秦나라 무왕武王 때 방사力士 맹분孟賁과 하육夏育)을 빼앗을 만큼 뛰어났다. 조정에 나아가서는 하루에 3번씩 알현하였고, 물러나서는 사람들이 다투어 손을 올려서 존경(額手)하였으니, 진실로 천년에 한 번이나 만날 수 있는 기회였다.

先生, 以大司憲, 行政, 揭榜喩文十三條于鐘街, 以勸誡之, 使民觀感而動化, 不過三日, 途不拾遺, 男女異路, 乃空前絶後之至治特色也.
及其遭讒臨命也, 擧國爭先爭求, 而甚至山谷老嫗, 奔申闕下, 亦可謂千載所無之事也. 苟非聖德至善之無上感化, 則寧有是乎? 烏乎! 盛哉, 至哉!

선생이 대사헌으로써, 행정하면서 백성을 깨우치는 글(喩文) 13조를 종가鐘街(종로)에 게방揭榜(방문榜文으로 내걸어 붙임, 백성에게 告示함)하고, 이로써 선을 권장하고 악을 징계(권계勸誡)하여 백성들로 하여금 보고 느껴서 동화動化케 하였는데, 3일이 지나지 않아서 길에 떨어진 물건을 줍지 않앉고, 남녀가 다른 길로 다녔으니, 공전절후空前絶後(전무후무한)의 다스림에 이르게 한 특색이었다.

마침내 참소(조참遭讒)를 당하여 죽임에 이르게 되자(臨命), 온 나라가 앞을 다투어 구하기를 다투었으며, 심지어 산골짜기의 할멈(老嫗)이 궐 아래까지 달려와서 말하였으니, 또한 가히 천 년 동안 없었던 일이라 할 것이다. 진실로 성덕聖德의 지선至善으로 위 없는 감화(無上感化)가 아니면, 곧 어찌 이런 일이 있겠는가? 아! 성대하고 지극하도다!

靜菴先生又曰, 民生衣食旣厚, 凡事畢擧而後, 欲行古禮, 則緩矣. 大抵力行古道, 而以保民爲根本則可矣. 欲厚民生, 須使貢賦軍額二事得宜, 而後治化可出也.

정암 선생이 또 말하기를, "백성들의 의식(衣食)이 이미 풍족하고 만사를 남기지 않고 모두 행하고 난 후에 옛날의 예법을 행하고자 한다면, 곧 느슨한 것입니다. 대저 옛날의 도道를 힘써 행하면서, 백성을 보전하는 것으로써 근본으로 삼는 것이 옳은 일입니다. 백성을 풍족하게 하고자 한다면, 모름지기 공부貢賦(세금)와 군액軍額(國用에 쓸 인부의 數爻, 부역)의 두 가지 일이 마땅해야 하고, 그런 연후에 치화治化(정치로 교화함)가 나오는 것입니다." 하였다.

先生, 爲政一年, 市井小民, 事其父母, 生養以誠, 死葬以衰麻三年, 軍卒賤隸, 亦爲居廬, 祭用木主, 墓必立石, 邐迤感化, 乃自然而然. 以身敎人, 聳動感發而速行, 如先生者, 三代以來, 有幾人哉.

선생은 정사政事를 한 지(대사헌) 1년에 시정市井의 백성(小民)들이 그 부모처럼 섬겼으며, 살아있을 때 정성으로 봉양하였으며, 돌아가셨을 때는, 상복을 3년간 입어 장례하였고, 군졸이나 천한 노예들도 또한 여막居廬에서 살았으며, 선생의 제사에는 나무로 만든 신주를 썼으며, 묘에는 반드시 석물石物을 세웠으니, 멀리나 가까이나 사방에서 감화하여 자연히 그런 것이었다. 자신이 실천함으로써 다른 사람을 가르치자, 놀라고(聳動) 느껴서 마음이 움직여 신속하게 행한 것으로, 선생과 같은 것은 하은주 삼대 이래로 몇 사람이나 있었던가.

秉薰謹按此出於附錄之事實也. 其體天爲民之政治事實, 皆可爲萬世法則, 而愈有合乎大同一統世之民主至治者矣.

병훈이 삼가 살펴보건대, 이것은 부록의 사실에서 나온 것이다. 그 하늘을 본받아 백성을 위한 정치를 한 사실은, 모두 가히 만세의 법칙이 되니, 더욱 대동으로 일통된 세계의 민주지치民主至治에 합함이 있다.

제30장

율곡정치인군이민위형제지철리
栗谷政治人君以民爲兄弟之哲理

李栗谷先生曰, 人君, 父事天, 母事地, 以斯民爲兄弟, 以萬物爲儕輩, 以充仁心, 然後可盡其職.

이율곡 선생이 말하기를, "임금은 아버지로 하늘을 섬기고, 어머니로 땅을 섬기며, 이 백성으로써 형제로 삼고, 만물로써 동배儕輩(同輩)로 삼아서, 어진 마음으로 채운 연후에 그 직분을 다함이 옳은 것이다." 하였다.

秉薰謹按朝鮮先賢輩出, 至於政治學, 亦多卓識之大賢. 然惟靜菴先生以後, 當以栗翁, 爲有孟子之英才明通, 稱爲宗匠. 觀於此章, 爲人君者以民爲兄弟之論, 可謂有伊尹傅說之見.
而語愈切密, 超過於愛民近民畏民民主之上, 而可以爲法於萬世者也.
由此論之, 栗翁之明通, 與靜菴等, 而若此章之論, 則可謂洞見同胞平等, 特別做君之至言也, 必民主共和之政治, 然後可以充先生之德量乎.

　병훈이 삼가 살피건대, 조선에서는 선현이 배출되어 정치학에 이르러서 또한 탁월한 식견의 대현이 많았다. 그러나 오직 정암 선생 이후로, 율옹(율곡)으로 맹자의 영재명통이 있게 되어 칭하기를 종장宗匠(대가)이라고 불렀다.
　이 장에서 보건대, 남의 임금된 자는 백성으로써 형제를 삼는다는 이론은 가히 이윤과 부열의 견해가 있다고 말할 것이다. 그런데 말이 더욱 절실하고 정밀하여 애민愛民, 근민近民, 외민畏民에서 초과하고 민주民主라는 개념의 위(上)이니, 가히 만세에서 법으로 삼을 수 있는 것이다.
　이로 말미암아 논하면, 율곡의 명통明通은 정암 조광조 선생과 더불어서 동등하며, 이 장에서 논함과 같이 가히 동포가 평등한 것을 환히 내다보았다고 말할 수 있으며, 특별하게 임금의 지언至言을 만들어냈으니(民爲兄弟라는 개념 등), 반드시 민주공화의 정치를 한 연후에 가히 선생의 덕량德量을 채울 수 있을 것이다.

　又曰, 父母之於子, 慈愛者衆, 而人君之於民, 行仁者寡, 其不念天地付畀之責. 甚矣.
　秉薰謹按此是責難人君之詞. 仁明而刺骨, 誠不愧爲伊尹流亞也.

　또 말하기를, "부모로서 자식에게 자애로운 자는 많지만, 인군人君으로 백성에게 인仁을 행한 이는 적으니, 천지가 부여付畀(부비)한 직책을 생각하지 않음이 심한 것입니다." 하였다.
　병훈이 삼가 살피건대, 이는 바로 어지러운 인군을 문책하는 말이다. 어질고 밝음이 뼈를 찌르니, 진실로 부끄럽지 않은 이윤의 유아流亞(버금)이다.

又曰, 國是未定, 則人心易搖, 正名不盡, 則善政難成.
又曰, 時有否泰, 事有機會, 時否而有治之機, 時泰而有難治之機, 在人主審查而善乘之耳.

또 말하기를, "국시가 미정이면 인심이 쉽게 흔들리고, 명분을 바로잡는 것이 부진不盡하면, 선정이 이루어지기 어렵습니다." 하였다.
또 말하기를, "시대는 비색한 때도 있고 태평한 때도 있으며, 일에는 기회가 있어, 시대가 비색하여도 다스릴 기회가 있고, 시대가 태평하여도 어지러워질 기회가 있어, 임금이 자세히 살펴 그 기회를 잘 타는데 달려있을 뿐입니다." 하였다.

又曰, 道德之士, 非致敬盡禮, 則不可得見. 非諫行言聽, 則不可得臣. 人君所當推誠委任, 終始勿貳者也. 宰相, 不用極選, 則政柄授諸非人, 而朝廷亂矣. 有司必求備才, 則取人未免狹窄, 而庶職曠矣.

또 말하기를, "도덕지사는 공경에 이르러서 예를 다함이 아니면 만날 수가 없습니다. 간하는 것을 실행하며 말이 받아들여지지 않으면 신하를 얻을 수가 없습니다. 인군은 해당하는 것을 미루어서 진실로 위임하고 끝까지 의심하지 말아야 합니다. 어진 재상을 정밀하게 골라서 제대로 등용하지 않으면, 정권(政柄)이 적임자가 아닌 딴사람에게 주어져 조정이 어지러워집니다. 유사有司에게 반드시 재주(才)를 구비한 자를 구한다면, 사람을 채용하는 길이 좁아서 여러 직책이 비게 됩니다.

爲治須以唐虞爲期, 而事功則須以漸進. 以法爲治, 以人行法. 故有法無人, 則徒法不能自行, 有人無法, 則惟人可以制法, 不患法之不美, 而患人之未善耳.

정치하는 것은 반드시 당우(요순시대)로써 표준으로 삼고, 사업은 곧 반드시 점진적으로 해야 합니다. 법으로써 다스리고, 사람으로써 법을 행하니, 그러므로 법은 있으되 사람이 없으면, 곧 한갓 법만이 스스로 행해질 수 없지만, 사람이 있고 법이 없으면, 곧 오직 사람은 가히 법을 만들 수 있으니, 법이 잘 갖추어지지 않음을 걱정하지 않고, 사람의 착하지 못함을 걱정할 뿐입니다." 하였다.

秉薰謹按栗谷先生, 誠有政治學識, 其論貢案之不善, 井制之編製. (因有明廷請求而製進) 可以見其範圍之包涵者, 非徒爲君治時代之罕聞, 而將大同一統民主之世, 亦何可不取乎? 烏乎! 盛哉.

병훈이 삼가 살피건대, 율곡 선생은 진실로 정치학 식견이 있어서 그 공안貢案(貢物을 적은 장부)의 불선不善을 논하고, 정제井制의 편제編製를 논하였다.(因有明廷請求而製進/명나라 조정에서 청구하니 왕명을 받아서 시문으로 초抄하여서 올렸다) 그 범위에 포함된 것들이 단지 임금이 다스리는 시대에는 듣고 보기 힘든 일이었지만, 장차 대동일통의 백성의 주인인 세상에서는 또한 어찌 취하지 않을 것인가? 아! 성대하도다.

朝鮮柳磻溪先生(馨遠), 道學通儒也. 專治政治經濟之學, 編製磻溪隨錄(十四卷), 博極經傳子集, 歷代沿革, 而取舍損益, 以折衷之,不特一王一國之可以取法者也, 是乃周禮以後, 東亞之始出政治專家, 不亦甚貴重哉. 其編次先敍井田之制, 極其精詳, 將必爲至治世之取法者. 而今不遑盡採也.

又有丁茶山(若鏞氏)邦禮草本書, 亦政治專門學, 而一哂錄(兪致範著)均以井田爲主旨者, 同出於均産之仁心也, 韙哉!

조선 유반계 선생은(유형원, 1622~1673), 도학道學을 통한 선비였다. 오로지 정치 경제의 학에서 한 분야만을 힘썼으며 반계수록磻溪隨錄을 편제하였다(14권). 널리 경전과 자집子集에 지극하였으며, 역대 연혁과 취사 손익을 절충하였으니, 일왕일국만이 가히 취할 수 있는 법일 뿐만이 아니라, 이는 주례周禮 이후에 동아의 정치 전문가로 처음 나왔으니, 또한 매우 귀중하지 않겠는가. 그 편차에 먼저 정전의 제도를 서술하고, 그 정밀하고 자세함이 지극해서, 장차 반드시 치세의 취하는 법이 될 것이다. 지금은 겨를이 없어서 다 모으지 않았다.

또 정다산(약용씨)의 방례초본邦禮草本(경세유표)의 서書가 있는데, 또한 정치 전문학이며, 일신록一哂錄(유치범저)은 모두 정전井田으로써 주된 뜻으로 삼는 것이며, 균산均産의 어진 마음에서 함께 나온 것이니, 거룩하도다!

秉薰謹按東韓之賢聖通儒輩出, 著述至多. 至若政治學專家, 則誠東亞之初開特色者也, 何可以其國之興廢, 遂疑其學術哉.

欽惟周公德禮之化, 延祚八百之盛, 而李世宗五百運之邦命, 亦猶是焉. 較諸古今之鼎革, 天從其所尙之如何, 而報償之不忒者, 於斯亦足以實驗乎.

烏乎! 韓之政治學家, 亦於斯爲盛, 亦豈非檀箕之風化, 久益發達者乎?

병훈이 삼가 살피건대, 동한의 현성賢聖은 유교를 통하여서 배출되었는데, 저술이 매우 많다. 정치학 전문가로 말하면, 곧 진실로 동아에서 처음인 특색인 것이니, 어찌 가히 그 나라의 흥하고 망함으로써 마침내 그 학술을 의심하겠는가.

삼가 생각컨대, 주공의 덕례로 교화함은, 연조延祚(정치가 행해진 햇수)가 800년이나 성행하였으니, 이 세종의 500년 운의 나라 운명도 또한 이와 비슷한 것이다. 저 고금의 정혁鼎革(왕조의 바뀜)과 비교해 보건대, 하늘은 그들이 높이는 바가 여하한 지에 따라서 보상이 한편으로 치우치지 않는 것도 여기에서 또한 충분히 실험되었다.

아! 한韓의 정치학가 또한 여기에서 성행하였으니, 또한 어찌 단군과 기자의 풍속을 교화함이 오래되어서 더욱더 발달한 것이 아니겠는가?

又謹按東亞之政治, 自入專制以後, 未有辨及行政, 立法之界限者, 而況乎孰敢論及立憲共和之治者耶? 是以一時小康, 專賴有治人, 無治法也, 可勝喟慨哉. 蓋生民休戚, 專係守宰賢否, 而其審選之法, 亦未有善法.

또 삼가 살피건대, 동아의 정치는 스스로 전제에 들어간 이후에 행정에 두루 미침이 없었으며, 입법의 경계가 한정된 것이니, 하물며 누가 감히 입헌공화의 정치를 논함에 이르렀겠는가? 이래서 일시에 소강상태로 되어 오로지 다스리는 사람에 의뢰하고 다스리는 법이 없었으니, 가히 한숨 쉬며 분개함을 견딜 수 있었겠는가. 대개가 생민(백성)의 안락과 걱정은 오로지 수령守宰이 어진가 아닌가에 달려 있었으니, 그 살펴서 뽑는 법 또한 선법善法이 없었던 것이다.

故柳磻溪曰, 皇明之愼揀守令, 每一歲一開大政, 每月上旬, 亦一開政. 政府六府都察院, 會議擬選之人, 僉議皆定. 然後使銓部奏擬而已. 此可謂公選無弊也.
然今以愚見論之, 曷若民主共和之國, 上自總統國務員, 以及地方官, 皆爲民選之大公至正者乎?

그러므로 유반계가 말하기를, 명나라가 수령을 신중히 간택하였으니, 매 1년에 한번 대정大政을 열고, 매월 상순에 또한 한번 정사를 열었다. 정부는 6부, 도찰원都察院에서 회의하여 비교해서 선발한 사람을 여러 사람이 협의해서 모두 결정하였다. 그러한 후에 사람을 가려뽑는 전부銓部로 하여금 비교하도록 아뢰었을 뿐이다. 이는 가히 공정하게 선출하여 폐단이 없는 것이라 할 수 있다.
그러나 지금 내 견해로 논해보건대, 민주공화의 나라처럼 위로는 총통 국무원으로부터 지방관에까지 모두 민선으로 하여야 크게 공정하고 지극히 바르지 않겠는가?

各地方官則一任省議會投票選擧, 而自內部差定, 恐爲自治制之良便也, 何足論陣久之善否哉?
烏乎! 有國乎今天下者, 其必以箕子周公聽衆之制, 爲師. 而充分以歐美之憲法民主精美之規, 則可謂治進圓滿, 而大同一統, 非自然之序次乎?

    각 지방관은, 곧 성省의 의회議會에 투표선거를 일임하여 내부로부터 사무를 맡기면 아마 자치제의 좋은 방편이 될 것인데, 오래 두어서 좋은지 나쁜지를 충분히 논하지 않은가?
    아! 나라를 둔 지금의 천하에서, 기필 기자와 주공의 청중聽衆제도로써 모범으로 삼고, 구미 헌법으로써 민주 정미精美의 규칙으로 충분할 것인즉, 가히 다스림이 원만함에 나아가고 대동일통大同一統하는 것이 자연스런 순서가 아니겠는가?

|제31장|

구서정치철학아리사다덕론
歐西政治哲學亞里士多德論

亞里士多德曰, 國家者. 是爲自由而且平等之衆民相結集者.

又曰, 夫邦國之本, 出之家屬, 此固然矣. 然此二者深相異而不可得而相混. 何也? 家屬者, 尊卑相統屬, 以不平等而立者也. 父令子從, 夫唱婦隨. 一則自由, 一則不自由也. 夫邦國則不然, 是爲有平等權之衆人, 相會而立者也.

아리스토텔레스가 말하기를, "국가는 바로 자유롭고 또 평등한 대중의 백성이 서로 결집한 것이다." 하였다.

또 말하기를, "대저 나라의 근본은 가족에서 나오니, 이는 진실로 그러하다. 그러나 이 두 가지는 매우 상이하여서 서로 섞여질 수가 없다. 왜인가? 가족이란 높고 낮으며 서로가 통속하면서 불평등으로 세워진 것이다. 아비는 명령하고 아들은 따르고, 지아비가 부르면 지어미는 따른다. 한쪽은 자유이고, 한쪽은 부자유이다. 대저 나라는 그렇지 않으니 평등권이 모든 사람에게 있게 하여 사회가 세워지는 것이다.

卽如官吏, 雖能發有命令, 然乃以平等之人, 蒞平等之人, 非以尊臨卑. 且官吏之服役, 有年歲之限, 而不得以傳之不朽也. 由是言之, 則各人或爲發令之人, 或爲從令之人, 或居君位, 或服臣職, 循環無一定. 是知政府者, 乃由民所委任而行事, 而非如父之令子, 夫之命妻也.

곧 만일 관리가, 비록 능히 가지고 있는 명령을 낼 수 있으나, 그러나 평등한 사람으로써 평등한 사람들에 이르게 하니, 높은 사람으로서 낮은 사람에게 군림하는 것이 아니다. 또 관리의 복역함은 나이의 제한이 있으니, 전해져서 영구히 할 수가 없다. 이로 말미암아 말하자면, 곧 각 사람은 혹 명령을 내는 사람이 되기도 하고, 혹 명령을 따르는 사람이 되기도 하고, 혹 임금의 위치에 있고, 혹 신하의 직책에 복무하여서 순환함이 일정한 것이 없다. 이에 정부란 백성으로 말미암아서 위임된 것을 행사함이니, 마땅히 아비가 아들에게 명하거나, 지아비가 처에게 명령하는 것과는 같지 않음을 알아야 한다." 하였다.

秉薰謹按歐西政治, 於古最稱羅馬埃及, 羅爲法律之祖國也. 然夷攷羅君百十餘. 而被弑者過百, 則可謂極野蠻梟獍之類, 眞未開之黑暗時代也. 由其法治刻薄, 故禍及其君上者, 如是極慘耶, 未可知也.
繇此論之, 堯舜三代, 檀君, 箕子, 道德之至治, 非可謂世界之最先文明者耶?

병훈이 삼가 살피건대, 구서의 정치는 옛적의 으뜸은 로마, 애급(이집트)이였으며, 로마는 법률의 조국이었다. 그러나 동방 종족(夷)이 생각하건대, 로마 군주는 110여 명인데, 시해 당한 자가 100명을 넘었으니, 곧 가히 지극히 야만스럽고 효경梟獍(배은망덕한)한 부류며, 참으로 미개한 암흑의 시대였다. 그 법치가 각박함으로 말미암아서 화禍가 군주에 미치게 되었으며, 이와 같이 극히 참혹하였던 바, 알 수 없는 일이다.

여기에서(緣/於) 논하는 요순 삼대와 단군, 기자는 도덕의 지극한 다스림이었으니, 가히 세계의 가장 앞선 문명이 아니겠는가?

希哲如梭格柏拉兩賢, 皆混言道德政治而無辨, 故梭格曰, 政者, 服人心爲道者也.

柏氏曰, 道學者, 乃合吾人精神之諸能而爲一者也. 政治者, 乃合國之諸能而爲一者也.

柏氏又著共和國論矣, 至亞氏而演成大政治家, 以爲後世之法. 其論政治, 專以自由平等立爲宗旨, 則在二千年前, 可謂特別卓識也, 烏乎! 韙哉.

희랍 사격(梭格拉底, 소크라테스 : B.C. 470-B.C. 399)과 백납(柏拉圖, 플라톤, B.C. 427-B.C. 348)의 두 현인은 모두 합하여 말하면서 도덕과 정치를 구별하지 않았으며, 그러므로 사격(소크라테스)이 말하기를, "정치란, 인심人心을 감복케 함을 도道로 삼는다." 하였다.

백씨(플라톤)가 말하기를, "도학道學이란 우리 인간 정신의 여러 능력과 합하여 하나가 되는 것이다. 정치政治란 나라의 여러 능력과 합하여서 하나가 되는 것이다." 하였다.

백씨(플라톤)는 또 공화국론을 저술하였으며, 아리스토텔레스(亞氏 : B.C. 384-B.C. 322)가 대정치가로 나아가도록 영향을 주었고, 이로써 후세의 법으로 삼았다. 그가 논하는 정치는 오로지 자유, 평등으로써 종지宗旨를 세웠은즉, 2천 년 전에 있어서 가히 특별히 탁월한 식견이라 할 수 있으니, 아! 위대하도다.

亞氏又曰, 邦國者, 本由自由而且平等之衆庶, 所相合而成者也. 而歸於法律者主權者, 正爲使衆人, 皆自由皆有權也. 若夫擧主權以歸一人, 則他之衆庶, 不免皆爲奴隷矣.
又曰, 歸於法律以主權, 實無異以此權歸之道理, 此其所以爲貴也, 若夫帝王之主權, 則非道理之主權, 而人之權也.(此下有犬豕權之說而略焉不取.)

아리스토텔레스(亞氏)가 또 말하기를, "나라는 본래 자유롭고, 또 평등한 대중의 서민들로 말미암아서 서로 합해진 바로 이루어진 것이다. 법률에 속한 주권이란 것은 모든 사람들로 하여금 바르게 해서, 모두가 자유롭고 모두가 권리가 있도록 한다. 그런데 주권을 들어서 한 사람에게 돌아가게 하면, 다른 모든 서민들은 모두 노예가 되는 것을 면하지 못한다." 하였다.
또 말하기를, "법률에 속한 주권은, 실로 이 권리가 도리에 돌아가는 것에 다름이 없으니, 이는 그것이 귀하게 되는 까닭이다. 그런데 제왕의 주권은, 곧 도리道理의 주권이 아니요, 인간의 권한인 것이다." 하였다.(이 아래에 견시권犬豕權의 설이 있으나 생략하고 취하지 않는다.)

亞氏又曰, 凡人貧困之甚者, 雖欲求立於人之上, 亦不可得. 其富厚之甚者, 則驕矜之心發生, 不屑於從順法律之權, 惟以凌他人是嗜. 其弊終至於專肆而無所不爲, 如是則國中, 惟有主人與奴隷, 而無一眞自由之人也. 且貧者必生嫉妬之心, 富者必生輕蔑之心, 夫嫉妬之心 與輕蔑之心, 正與國家安榮所需之友愛之性相反者也, 而可有之哉.

아씨(아리스토텔레스)가 또 말하기를, "보통 사람들이 빈곤이 심한 자가 비록 다른 사람의 위에 서기를 구하지만, 또한 얻을 수가 없다. 그 부귀함 이 심한 자가 교만(교긍驕矜)한 마음을 내어서 법률의 권세에 순종하는 것 을 달갑게 여기지 않고, 오직 이로써 타인을 능멸함으로써 이것을 즐긴다. 그 폐해가 끝내는 오로지 방자함에 이르러서 무소불위하니, 이와 같은즉 나라 가운데 오직 주인과 더불어 노예만 있을 뿐이고, 그러면 한 사람의 진 정한 자유인도 없게 된다. 또 가난한 자는 반드시 질투의 생각을 내고, 부 자는 반드시 경멸의 마음을 내니, 대저 질투심과 더불어서 경멸의 마음이 란, 바로 국가 안녕과 더불어서 필요한 바의 우애의 성품과 상반되는 것이 니, (그런 마음을) 가져야 하겠는가." 하였다.

秉薰謹按此歸於法律以主權者卽立憲之論. 而民有極貧極富, 皆不 平等而禍亂之所由起也, 惟中産者可餘貧者相協力以制之, 故無弊也.
然此正調劑無法者, 而惟均産一事, 前編屢言之矣.

병훈이 삼가 생각하건대, 이 법률에 속한 주권이란 것은 곧 입헌론이다. 백성들이 극빈극부가 있게 되면 모두가 불평등하여서 화란禍亂의 말미암 아 일어남이 되니, 오직 중산자(중산층)가 다른 빈자와 서로 협력하도록 제도로 하면 폐단이 없게 된다.
그러나 이렇게 바로 법에 없는 것을 조절하는 것은, 오직 균산均産(모두 같이 생산)의 한 가지일 뿐이니, 전편에서 누차 말한 것(井田法)이다.

亞氏又曰, 凡邦國之禍亂, 其形雖極有種種, 而深以察之, 亦不外由
於彼公正平等者, 欲勝公正不平等者, 或公正不平等者, 欲勝公正平
等者也. 欲勝公正之平等也, 下之賢者而欲斥上之不賢者, 此所謂公
正之不平等, 欲勝公正之平等也. 人民中有不得參預政權, 因用聚謀
叛者, 是所謂公正之平等, 欲勝公平之不平等也.

아씨가 또 말하기를, "무릇 방국의 화란禍亂은 그 형形이 비록 지극히 여
러 종류가 있다 하더라도, 깊이 살펴보면, 또한 저 공정 평등자에게 이기고
싶은 공정 불평등한 자이거나, 혹은 공정 불평등자를 이기고 싶은 공정 평
등자로 말미암는 것일 뿐이다. 공정하고 평등하게 이기기를 바라는 것은,
아래의 현자賢者가 위의 어질지 못한 자(不賢者)를 물리치기를 바라는 것이
니, 이것이 소위 공정의 불평등으로 공정의 평등을 이기려 함이다. 인민 중
에 정권에 참여하지 못한 자가 모반자를 모아 부림으로 인하여, 이것이 소
위 공정의 평등이라 말하면서 공평의 불평등을 이기려는 것이다." 하였다.

亞氏又曰, 一曰君主政體, 二曰貴族政體, 三曰民主政體, 其君主政
之不正者, 謂之霸王政體, 其貴族政之不正者, 謂之豪族政體, 其民主
政之不正者, 謂之暴民政體, 至其正不正, 於何辦乎? 凡以公意謀國家
之公益者, 則毋論權在一人, 在寡人, 在多人, 皆謂之正, 以私意謀一
己之利益者, 亦毋論權在一人, 在寡人, 在多人, 皆謂之不正.

아리스토텔레스가 또 말하기를, "첫 번째 군주정체라 하고, 두 번째 귀
족정체라 하고, 세 번째 민주정체라 하니, 그 군주정의 바르지 못한 것을

일러서 패왕정체라 하고, 그 귀족정의 바르지 못한 것을 일러서 호족정체라 하고, 그 민주정의 바르지 않은 것을 일러서 폭민정체라 하니, 그 정正과 부정不正에 이르러서 어떻게 판단하는가? 무릇 공의로써 국가의 공익을 도모하는 것은, 권한이 한 사람에게 있고, 몇 사람에게 있고, 여러 사람에게 있는 것을 물론하고 모두 바르다고 말하고, 사의로써 한 몸의 이익을 도모하는 것은, 또한 권한이 한 사람에게 있고, 몇 사람에게 있고, 여러 사람에게 있는 것을 물론하고, 모두 바르지 않다고 말하는 것이다." 하였다.

秉薰謹按亞氏之師柏拉, 嘗著共和國論, 有如孔子之大同政策.
而亞氏繼以損益而補正之, 平等自由三政體之論, 乃爲歐西之言政治學者開山之祖, 不亦偉哉.
後之政學, 雖云日新, 而擧不出其範圍也. 然不特此也, 凡今世之言哲學名學數學天門心理倫理生計政治學, 罔不崇拜以爲祖師, 誠聖哲哉.

병훈이 삼가 살피건대, 아씨(아리스토텔레스)의 스승인 백납(플라톤)은 일찍이 공화국론을 지었으니, 마치 공자의 대동정책과 같은 것이다.
아리스토텔레스가 이어서 덜어내고 보태며 보정하여 평등, 자유 삼정체의 이론으로 구서歐西에서 말하는 정치학자의 개산조가 되었으니, 또한 위대하지 않은가.
후에 정학政學에서 비록 일신日新을 하였다 하나 들추어낸 것이 그 (아리스토텔레스의) 범위를 벗어나지 않았다. 그러나 이뿐만이 아니었으니, 무릇 금세에 말하는 철학, 명학, 수학, 천문, 심리, 윤리, 생계, 정치학이 조사祖師로 삼고 숭배하지 않음이 없었으니 진실로 성철이었다.

亞氏又曰, 一國之政治樞機有三, 第一討議國事之權也, 第二官吏之資格及其職權也, 第三司法權限也.(第一項所掌者, 凡國中宣戰媾和諦結同盟, 解散同盟諸大政, 以及制法律監督會計, 審定死刑, 放逐沒收等諸大獄, 此等權力, 當以歸諸全體之人民, 或人民中之一部分, 其歸全之人民者, 民主制之特質也. 至人民參與政治之方法不一, 有爲一總團體而議之者, 有體輪班而議之者.)

아리스토텔레스가 또 말하기를, "일국의 정치 추기樞機에 세 가지가 있으니, 제일은 국사를 토의하는 권한이고, 제이는 관리의 자격과 그 직권이며, 제삼은 사법권한이다.(제1항이 관장하는 바는, 모든 나라 중에 선전宣戰 구화媾和와 체결동맹, 해산동맹의 제대정諸大政과 법률제정과 감독회계, 심정사형, 방축몰수 등 제대옥諸大獄이니, 이와 같은 권력은 마땅히 모든 전체의 인민이나 혹 인민 중의 일부분에게 돌아가는데, 그 전체의 인민에게 돌아가는 것은 민주제의 특질인 것이다. 인민 참여정치의 방법에 이르는 것은 하나가 아니니, 하나의 총 단체가 토의를 하는 것이 있고, 차례가 오면 토의를 하는 격식이 있다.)

秉薰謹按三政之論, 可謂歐西今日之治制開基者. 而孟德斯鳩氏出, 乃益闡明而精備焉, 惟亞氏於當時, 創立民主共和之政論, 比吾孟子之唱明民權主義, 愈精切而條暢, 誠可謂命世亞聖之才也. 東亞則未有繼孟而加進者, 而西則後出者, 恢拓而廓大之, 爲世實用, 何其成美之如是也?

병훈이 삼가 살피건대, 삼정三政의 이론은 가히 서구의 금일 정치제도의 기틀을 연 것이라고 할 수 있다. 그리고 맹덕사구씨(몽테스키외)가 나와서 더욱 천명闡明하고 정비하였으니, 오직 아씨만이 당시에 민주공화의 정론을 창립하였으며, 우리 맹자의 민권주의를 창명唱明한 것과 비하자면, 더욱 확실(정절精切)하고 유려하며 조리가 있으니(조창條暢), 진실로 가히 일세의 뛰어난(命世) 아성亞聖의 재목이라 할 것이다. 동아는 곧 맹자를 이어서 더하여 나아간 자가 없었는데, 서양에서는 뒤에 나온 자가 넓게 개척하고(회척恢拓) 확대廓大하여 세상에서 실용하니, 어떤 것의 그 성미成美함이 이와 같을 것인가?"

|제32장|
구서민약정치철리
歐西民約政治哲理

盧梭(法人西曆一千七百十二年生)氏曰, 民約之爲物, 不獨有益於人人之自由權而已, 且爲平等主義之根本也. 何以言之? 天之生人也, 有强弱之別, 有智愚之差一旦民約旣成, 法律之所要, 更無强弱, 更無智愚, 惟視其正與不正如何耳.

노사(루소, 프랑스인, 서력 1712년생)씨가 말하기를, "민약民約(민약설, 사회계약설)이라는 것은, 모든 사람들의 자유권에 유익할 뿐만이 아니라 또한 평등주의의 근본이다. 왜 이렇게 말하는가? 하늘이 사람을 내는 것은 강약의 구별이 있고, 지혜와 어리석음의 차이가 있지만, 일단 민약이 이미 이루어지면, 법률이 필요한 바, 다시는 강약이 없고, 다시는 지혜와 어리석음이 없어져서 오직 그 바른 것과 더불어서 바르지 않은 것이 어떠한지 볼 뿐이다." 하였다.

敎曰, 民約者, 易事勢之不平等, 而爲道德之平等者也. 事勢之不平等何? 天然之智愚强弱是也. 道德之平等者何? 由法律條款所生之義理者也.

又曰, 民約未立以前, 人人皆自有主權, 而此權與自由權, 合爲一體, 及約之旣成, 則主權不在於一人之手, 而在此衆人之意, 而所謂公意者是也.

가르치기를, "민약이란 사세事勢의 불평등을 바꿔서 도덕의 평등한 것으로 함이다. 사세事勢의 불평등이 무엇인가? 나면서부터(天然) 지혜롭고 어리석고, 강하고 약한 것이 이것이다. 도덕의 평등이란 것이 무엇인가? 법률의 조문으로부터 생기는 바의 의로운 이치(義理)이다." 하였다.

또 말하기를, "민약이 성립하기 이전에는 사람마다 모두가 스스로 주권을 가졌는데, 이 권리는 자유권自由權과 더불어서 합하여 한 몸이 되었으며, 민약이 이미 이루어짐에서는, 곧 주권이 한 사람의 손에 있지 않고 이 중인衆人의 뜻에 있었으니 소위 공의公意란 것이다." 하였다.

又曰, 衆人所公認者, 卽名之曰法律, 而公認之方法, 則以國人會議, 三占從二, 以決之而已.

又曰, 政府者何也? 卽居於掌握主權者, 服從主權者之中間, 而贊助其交際, 且施行法律, 以防護公衆之自由權者也. 更質言之, 則國民者, 主人也, 而官吏者, 其所傭之工人, 而執其役者也.

또 말하기를, "여러 사람들이 공인公認한 바의 것이란, 곧 이름하여 법률이라 하니, 공인公認의 방법은 곧 나라 사람들로서 회의하여 2/3에 따라서(三占

從二/다수결을 말함), 이로써 결정할 뿐이다." 하였다.

또 말하기를, "정부政府란 무엇인가? 곧 주권을 장악한 자와 주권의 복종자의 중간에 거居하면서, 그 교제를 찬조贊助하고 또 법률을 시행하여, 공중의 자유권을 방호防護하는 것이다. 다시 사실을 들어 딱잘라 말하자면, 곧 국민은 주인이요, 관리는 고용된 공인工人이며, 그 부역을 맡는 것이다." 하였다.

秉薰謹按周禮有契券之法, 呂氏有鄕約之條, 皆使民團結從約之意也. 然較諸此民約之說, 則誠不免疏漏而狹隘也. 此民約則可謂皷振民氣, 以復其天賦之權者也.

故究此民約之根據, 則衆家族旣各因契約而立矣, 浸成衆家族, 共相約爲一團體衆部落, 又共相約爲一團體, 邦國成焉. 所謂相約, 不過心中嘿許, 不知不識而行之, 非明相告語, 著之竹帛爾. 是以民主立憲之政體, 誠爲天理之最公正者也.

병훈이 삼가 살피건대, 주례에 계권契券(계약서)의 법이 있고, 여씨는 향약鄕約의 조항이 있으니, 모두가 백성을 단결케 해서 약속을 따르게 하려는 뜻이다. 그러나 이 민약의 설(사회계약설)과 비교하면, 곧 진실로 누락되고(疏漏), 협애狹隘(좁고 한정됨)함을 면하지 못한다. 이 민약(사회계약설)은, 곧 가히 백성의 기운을 격려해서 진작시키고 그 하늘이 부여한 권리를 회복시키는 것이다.

그러므로 이 민약의 근거를 궁구하면, 곧 모든 가족이 이미 각각 계약으로 인하여서 세워진 것으로, 점점 여러 가족을 이루고 함께 서로 약속하여 한 단체와 많은 부락이 되고, 또 함께 약속하여 한 단체가 되어서 방국邦國

을 이루게 된다. 소위 서로 약속함이란, 심중에 암묵적으로 허락하는 것에 불과하고, 부지불식 중에 행하는 것이니, 분명하게 서로 알려주거나 문서(竹帛)에 저술해 둔 것은 아니었다. 이것이 민주입헌으로써의 정체이며, 진실로 천리의 가장 공정한 것이 되었다.

| 제33장 |

구서백륜지지방자치론철리
歐西伯倫知地方自治論哲理

伯倫知曰(德國人近十八世紀), 地方自治之搆制, 大率由政府定之, 其施行之法, 當以法律限之, 就其體裁以言, 則有三種.

백륜지(伯倫知, Johann Kaspar Bluntschli, 독일 블룬츠리, 1808-1881년)는 말하기를, "지방자치의 구상한 제도(搆制)는, 대체로 정부가 정한 것으로 말미암아 그 시행한 법이니, 마땅히 법률로 제한하여 그 체재에 나아감을 말하니, 곧 세 가지가 있다."

一, 政府事務委任人民之名譽官者, 是制也與任給俸授職之官吏者, 適爲反對, 例如英國治安裁判官之擔任, 警察, 及裁判法. 瑞士治安裁判官之掌獄訟, 是也.

하나는, 정부 사무를 인민의 명예관에게 위임하는 것이니, 이 제도는 급봉을 맡기고 직책을 주는 관리와 더불어서 반대이며, 예를 들면, 영국 치안

재판관이 경찰 및 재판법을 담당한다. 스위스(瑞士)는 치안재판관이 옥송獄訟을 장악하는 것이 이것이다.

二, 連合官選職官與民選名譽官者, 是卽代理政治之體裁也. 如法國縣參事員, 以縣令爲院長, 普國之縣治委員, 亦以縣令爲長, 波典國之郡參事員, 郡長卽爲院長, 普國都府中政府會議, 皆以通曉法律之都長, 爲長. 以曁徵募新兵之委員, 亦恒以官吏及人民合編而成, 皆此制也.

두 번째는, 관선직 관리와 더불어서 민선의 명예관을 연합하는 것이니, 이는 곧 대리정치의 체재이다. 마치 법국法國(프랑스)의 현縣 참사원이 현령縣令으로써 원장을 삼는 것과 같고, 보국普國(프러시아)의 현치위원縣治委員도 또한 현령으로써 장長으로 삼았으며, 파전국波典國의 군참사원, 군장은 곧 원장이 되었으며, 보국普國의 도부都府(수도) 중에서 정부회의를 하여 모두 법률을 통달한 도장都長을 장長으로 하였다. 이로써 신병新兵의 위원을 불러 모집(徵募)하였고, 또한 항상 관리와 인민으로써 합편合編해서 이루니, 모두가 이 제도이다.

三, 不藉官部威權, 不用官選吏員, 獨以人民公撰之代理員, 掌政者. 通常鎭村會之吏員, 皆用此道任之.(上列三項皆自治體之體裁, 反乎是者, 則非自治而官治矣.)

세 번째는, 관부의 권위에 의지하지 않고, 관선의 관급 관리(吏員)를 쓰지 않으며, 오직 인민이 공선公選한 대리원으로써 정사政事를 장악케 한다.

633

통상 진촌鎭村회의 하급 관리(吏員)는 모두 이런 방도로 임용한다.(위에 열거한 3개 항은 모두 자치체의 체재이니, 이에 반대된 것은 곧 자치自治가 아니고 관치官治이다.)

秉薰謹按伯氏乃近世之哲學大家, 其著作甚多. 論政治則以民主共和, 如美制者爲最要, 地方自治之論亦張皇, 只撝取其搆制一條以載之, 他皆類推耳.

병훈이 삼가 살피건대, 블룬츠리(伯倫知) 씨는 근세의 철학 대가이며, 그 저작이 매우 많다. 정치를 논하자면, 곧 민주공화로써 미국에서 만든 것이 가장 중요한 것과 같이 지방자치를 논하자면 또한 장황하지만, 단지 그 구상한 제도(搆制)에서 한 조만을 취하여 실었는데 다른 것은 모두 유추類推할 뿐이다.

此自治制誠是良制也, 參加以周官比閭族黨朔望讀法之規以倂行之, 則必也便民無訟, 而以致刑措之至治, 無疑矣. 凡有志經世之學者, 盍於此益究其妙, 而自得乎(自治制有專學可攷).

이 자치제는 진실로 선량한 제도이니, 주관周官(중앙집권적 관료제도를 망라하여 규정한 통치 규범으로 주례周禮라고도 함, 주공이 지었다.)의 비比, 여閭, 족族, 당黨의 제도로서 참가하되, 마을 친족이 무리 지어 삭망(초하루, 보름날)에 독법讀法을 하는 규칙을 병행한 것과 잇닿아 한다면, 곧 반드시 백성들의 다툼이 없게 하여, 이로써 형조刑措(법을 놓아둠)의 지극한 다스림에 이르는 것이 틀림 없을 것이다. 무릇 경세經世에 뜻이 있는 학자는 대개 여기에서 더욱 그 묘함을 궁구해서 스스로 얻어야 한다(자치제는 오로지 배움이 있어야 가히 살펴볼 수 있다).

*비여족당比閭族黨의 법 : 향리의 이웃끼리 어려운 일을 서로 돕도록 한 제도.
　주례周禮, 지관地管, 사도司徒에 5가家가 비比가 되어 서로 보호해주고, 5비比가 여閭가 되어 서로 받아주며, 4려閭가 족族이 되어 서로 장사葬事지내주고, 5족族이 당黨이 되어 서로 구원해 주도록 한다.

|제34장|

사밀아단원부이재철리
斯密亞丹原富理財哲理

斯密亞丹(英人十八世紀)曰, 民群旣合, 其進富必有自然之序. 首曰農, 次曰工, 又此乃商賈, 此國而如是者也. 畎畝易而後, 爐冶張金, 木攻而後, 舟車運, 先本後末, 大體然矣.

사밀아단(영국 사람, 아담스미스, 18세기)이 말하기를, "백성들이 무리를 지어 이미 모였으면, 그들이 부富에 나아감에는 반드시 자연의 순서가 있다. 첫째가 농업이고, 다음은 공업이고, 또 이에 곧 상업商賈(상고)이니, 이 나라(영국)가 이와 같았다. 논두렁, 밭이랑(견묘畎畝)이 평평해진 후에야, 로爐와 야冶가 철(金)을 늘어놓고(논밭에 제련, 주조하는 공업용 시설이 들어오고), 나무(木)를 베어낸 후에야 배와 수레가 다니는 것이니, 근본이 먼저(先)이고 말단(末)이 뒤(後)였으니, 대체가 그러하다." 하였다.

又曰, 功分而生財之能事益宏. 雖然非前知其生財, 然後能若此也. 蓋於不得已焉, 人生而有群. 天與之以有欲, 其所以養此欲者, 非一人之身, 所能備也, 勢必取於相資, 故有質劑, 有交易, 有賣買. 而生事以供, 亦有此三事, 而分功以著, 治化旣開, 易事乃始, 易事旣有, 乃各審其耳目手足之所宜, 各操一術焉. 以前其群之用, 勞一人之心與力, 而各有所出, 自享不盡, 斥其餘以爲易, 以給他人之求而已. 亦得所欲, 此分功交易, 所以相因爲用也.

또 말하기를, "일을 나누어서 재화를 생산하면(生財) 능한 일(能事)이 더욱 넓어진다. 비록 전에 알았던 그 재화 생산(生財)이 옳지 않았어도, 분업하여 생산한 연후에는 능히 이와 같은 것이다. 대개가 부득이 함으로 사람들의 생활은 무리를 이루게 된다. 하늘이 베풀어 욕망을 가졌으나, 그는 이 욕망을 길러내는 것은, 한 사람의 몸으로는 능히 구비할 바가 아니기 때문으로 필연코(勢必) 서로 도움을 취하고, 그러므로 융통 어음(質劑)이 있고, 교역이 있으며, 매매가 있는 것이다. 생산하여 제공하는 것 또한 이 세 가지 일이 있는데, 분업이 이루어짐으로써 치화治化가 이미 열리고, 바꾸는 일(易事)이 시작되고, 교역交易이 이미 있게 되면, 각각 그 이목과 손발(手足)의 마땅한 바를 살펴서 각자 하나의 기술을 훈련한다. 이전 그 군중들의 사용함은, 한 사람의 심력心力으로 일해서 각각 산출하는 바가 있어도, 스스로 누리기에 부진不盡하였기에, 그 나머지를 개척하여 바꾸었으며, 이로써 타인의 구함에 공급하였을 뿐이었다. 또 바라는 것을 얻는 것은, 이 분업, 교역이 상호 작용하였기 때문이다." 하였다.

又曰, 國富, 以其天時地利人事三者爲量, 使其量旣充而中立, 則庸與贏, 可以幷薄. 盖其於庸也, 則極其幅員之廣狹, 積蓄之盈虛, 而戶口之衆寡, 與之相稱, 旣極其量, 不可復加. 而後民競於工, 工競則庸

之率, 終就於至薄. 其於贏也則極其物産之耗穰, 交通之廣狹, 而毋財
之滯斥, 與之相謀, 安於守成, 不爲維新. 而後富者競於業, 業競則贏
之率, 終就於至歇.

또 말하기를, "국부는 그 천시, 지리, 인사 세 가지를 양량으로 삼아서, 그 양량이 이미 차게 하여 중립中立하면, 곧 고용과 더불어서 남는 것(이윤)은 함께 적어질 수 있다. 대개 그 고용에서는 그 면적의 광폭廣狹이 저축의 영허盈虛, 호구의 중과衆寡와 더불어서 서로 잘 어울리면, 이미 그 량량이 다하여서 다시 더하는 것은 불가하다. 이후에 백성은 공업에서 경쟁하고, 공업에서 경쟁하면 고용비율은 끝내 지극히 낮아진다. 그 이윤에서는 곧 물산의 소모함이 넉넉하여 극에 이르고, 교통의 광협廣狹에서 재물의 막힘이 없도록 더불어서 서로 꾀하니, 수성守成에 안주하며 유신維新을 하지 않는다. 이후에 재물이 많은 자가 업종(業)에서 경쟁을 하니, 업종(業)에서 경쟁을 하면 이윤의 비율은 끝내 지극히 낮아진다."

秉薰謹按原富十一篇之多, 爲嚴復君之譯本. 盖其言理財爲泰西新
學之開山, 今不枚擧, 只取其一二槪要而已.
盖東亞理財曰, 爲之者疾, 用之者徐, 生之者衆, 食之者寡.
又曰, 人生在勤, 勤儉爲富足之本, 如斯而已. 至唐劉晏, 設常平條
例, 平物均勢, 而國入豊贍.
後賢稱之, 以晏之理財, 乃王者養民足國之本矣, 非偏覇手術云也.

병훈이 삼가 살피건대, "원부原富" 11편에 엄복嚴復(1854~1921)군의 번역본이 많다. 대개가 그가 말한 재정 관리(理財)는 서양 신학문의 개산開山이 되니, 지금 일일이 들지 않지만, 단지 그 한두 가지 개요만 취할 뿐이다.

대개가 동아東亞 이재理財에서 말하기를, "만드는 사람은 빨리 만들고, 쓰는 사람은 천천히 쓰고, 생산하는 사람이 많고, 먹는 사람을 적게 한다." 하였다.

또 말하기를, "사람들이 살아가는 것은 근면함에 있고, 근면하고 검소함은 풍족함의 근본이다." 하였으니, 이와 같은 것들뿐이었다. 당나라의 유안劉晏에 이르러서, 상평조례를 설치하여 사물을 공평히 하고 세勢를 고르게 하며, 나라의 수입을 풍성하고 넉넉히 하였다.

후에 현자가 칭하기를, "유안의 이재理財(재물을 관리함)로서, 왕이 백성을 기르고 나라를 풍족히 하는 근본이 되었다." 하였으니, 패도의 수단이 아니라 할 것이다.

然此法乃權天下物貨輕重之權, 以湊聚於國庫者, 可以議行於封鎖時代. 而非可擧論於開通商戰之世界者也. 惟租調庸三法, 誠爲國家理財之本(前篇已言之).

然今之理財也, 誠異乎前日也. 試以此原富論之, 農以産之, 鑛以採之, 工以製之, 商以運之, 舟車以通之, 民生實業, 日益發達, 而國家之取稅也, 日益增加, 此乃現今富國之術, 迥有古今之異者也. 然用其富財於敎育刑措息兵等德化, 而不服迷溺於功利權力之途, 如德皇之殘暴者, 不亦嘉尙哉?

그러나 이 법은 천하물화의 경중에 세금(權교)을 부과하는 권한으로, 국고에 모이게(주집湊集)하니, 봉쇄시대에서는 의논해서 행할 수는 있었다.

그런데 개통된 무역 전쟁의 세계에서는 거론할 것이 안되었다. 오직 조조용租調庸 3법이 진실로 국가 이재의 근본이 되었다(전편에서 이미 말하였다).

그러나 지금의 재무 관리는 진실로 전일과는 다른 것이다. 시험 삼아 이 원부原富를 논해보자면, 농업은 생산을 하고, 광업은 캐내는 것이요, 공업은 제조하는 것이며, 상업은 운송함이니, 배와 수레로 유통을 하면, 백성의 실업實業(농, 상, 공업 등)은 날로 더욱 발달하고, 국가의 세금징수는 날로 더욱 늘어나서, 이는 오늘날 부국의 기술이니, 고금의 차이가 현격히 있는 것이다. 그러나 그 부재富財를 교육, 형조刑措, 식병息兵(전쟁종식) 등 덕화德化에 사용하여, 공리 권력의 길에 미혹되고 빠지는 것에 불복不服한다면, 독일의 황제(德皇)와 같은 잔폭함이라도 또한 가상치 않겠는가?

제35장

맹덕사구삼정정립지치철리
孟德斯鳩三政鼎立之治哲理

孟德斯鳩曰爲國政體, 可以三大別, 一曰專制政體, 二曰立憲政體, 三曰共和政體. 專制尙力, 立憲尙名譽, 共和專尙道德.

秉薰謹按孟氏盡平生精力, 以著萬法精理. 先言三政體之別, 繼以立法司法行政三政鼎立之論, 於是歐美各國, 試驗而實行之, 至十八世紀之末, 凡有國乎天壤者, 非立憲, 則共和也.

맹덕사구(몽테스키외)가 말하기를, "나라의 정체政體가 되는 것을 3개로 크게 나눌 수 있으니, 하나는 전제정체이고, 두 번째는 입헌정체이고, 세 번째는 공화정체이다. 전제는 힘을 높이고 입헌은 명예를 높이고, 공화는 오로지 도덕만을 높인다." 하였다.

병훈이 삼가 살피건대, 맹씨는 평생 정력을 다하여 "만법정리萬法精理; 法意"를 저술하였다. 앞에서 말한 삼정체三政體의 구별은, 입법, 사법, 행정의 삼정정립의 이론으로 이어졌으며, 이에 구미 각국이 시험 삼아 실행하였으니, 18세기 말에 이르러서는 무릇 나라에 하늘과 흙덩이만 있으면 너도나

도 입헌제 아니면, 곧 공화제를 하였다.

惟俄與希臘, 雖行專制, 而亦微有憲法矣. 彼二國者, 與德之帝制, 今已變改, 庶幾帝制告終, 而燦然將成民主共和之世界矣, 詎非天意哉.
烏乎! 專尙道德之治者, 可謂治範之極則, 而孚我舜周之絶業, 尤有光焉者, 不亦偉哉.

오직 러시아와 더불어서 희랍만이 비록 전제를 행하였으나, 또한 적게는 헌법이 있었다. 저 두 나라는 덕국의 황제제도와 더불어서 이제 이미 변개하였으니, 거의 황제제도는 종말을 고하였으며, 찬연히 장차 민주공화의 세계를 이루려 하였으니, 어찌 천의가 아니겠는가.
아! 오로지 도덕의 정치를 높이는 것을 가히 치범治範의 지극한 준칙이라 할 것이니, 우리 순舜과 주周나라의 끊어진 사업을 붙이면 더욱 빛이 있을 것이며, 또한 위대하지 않겠는가.

孟氏又曰, 三權, 可以分立, 立法權在國會, 司法權在裁判所, 行政權在政府, 不能相混也.

몽테스키외가 또 말하기를, "삼권은 분립할 수 있으니, 입법권은 국회에 있고, 사법권은 재판소에 있고, 행정권은 정부에 있으며, 서로 혼합할 수는 없다." 하였다.

秉薰謹按三權分立, 爲國家之眞相, 論波激揚, 震動歐美學術社會,遂以爲國家學中之定義矣. 洎乎近世, 漸有非三權分立之說者, 然其說, 不過主張君主而言, 則在德帝權方强之時所論者.

故然歟? 三權分立, 均各行之, 而著效無弊, 余惡士之憎玆多口而已.

병훈이 삼가 살피건대, 삼권분립은 국가의 참모습이니, 논리의 파장이 격양激揚(격렬히 날리다)되어 구미 학술사회를 진동시켰으며, 마침내 국가학 중에서 정의定義가 되었다. 근세에 머물면서 삼권분립이 아닌 설이 점점 있었지만, 그러나 그 설은 군주제를 주장하는 말에 불과한즉, 덕국德國(독일)의 황제 권한이 바야흐로 강했을 때 논하던 바였다.

그래서 그랬던 것인가? 삼권분립은 널리 각각 행해졌으며, 효과가 드러나고 폐해는 없었으니, 나는 선비들이 구설수가 많은 것을 싫어할 뿐이다.

|제36장|
강덕설일민주국우우내영구태평철리
康德設一民主國于宇內永久太平哲理

　　康德曰, 宜合全世界, 以建設一自由的善意之民主國. 夫然故各人, 皆以他人之行爲, 爲目的, 而莫或以爲手段, 亦名之曰衆目的之民主國, 是乃永世太平之意, 其綱要大槪有五.

　　강덕康德(칸트)이 말하기를, "마땅히 전세계를 합해서, 이로써 하나의 자유로운 선의善意 민주국을 세워야 한다. 대저 그러한 까닭으로 각인은 모두가 타인의 행위로써 목적으로 삼고, 혹 수단으로 삼지 말며, 또한 이름하여 중목적衆目的의 민주국이라 하니, 이는 영세永世 태평太平의 뜻이며, 그 강요綱要의 대개大槪에 다섯 가지가 있다." 하였다.

　　一. 凡邦國毋論大小, 不得以侵掠手段, 或交易, 割讓, 賣買等名稱, 合併於他國.
　　二. 諸邦不得置常備軍, 如現時之積習.
　　三. 國中有內訌, 而他國以兵力干預之者, 在所必禁.

四. 各國皆採民主制度. 此制最合最初民主之旨, 且可以鞏固全國人自由平等之權利也.

五. 各獨立國, 相倚以成一大聯邦, 各國國民. 相輯和於國際法之範圍內. 若有齟齬, 則聯邦議會審判之, 如瑞士聯邦現行之例.

1. 모든 나라는 대소를 막론하고 침략 수단으로, 혹 교역하고 할양하고 매매 등 명칭으로 타국에 합병해서는 안 된다.

2. 여러 나라에 마치 현재와 같은 오래된 습관과 같은 상비군을 설치하지 않음.

3. 나라 중에 내홍이 있으면 타국에서 병력으로 관계해서 참견함을 반드시 금한다.

4. 각국은 모두 민주제도를 채용한다. 이 제도는 최초의 민주의 뜻에 가장 부합하며, 또 가히 전국인의 자유평등의 권리를 공고鞏固히 할 수 있다.

5. 각 독립국은 서로 의지해서 일대 연합을 이루고, 각국 국민은 국제법의 범위 안에서 서로 화합한다. 만약 틀어져서 어긋남(저어齟齬)이 있으면 연방의회에서 심판하니, 마치 스위스(瑞士) 연방의 현행 사례와 같은 것이다.

康氏曰, 此則非强力所能致者. 惟民德與民智兩者, 日進於光明, 可以得之. 夫人之有欲也, 斯其爭之所由起也, 若智慮益進, 然後知眞利益之所在, 乃恍然於昔之所爭者, 自以爲利, 而實乃害之甚者也, 於是廢然返焉. 故於人生有欲之中, 而弛兵之萌芽, 潛滋暗長於其間, 則造化之妙用也.

칸트가 말하기를, "이것은 강력한 능력으로 이르는 것이 아니다. 오직

645

민덕民德과 더불어서 민지民智 두 가지가 날로 광명에 나아가면, 가히 얻을 수가 있다. 대저 사람이 바라는 바로, 모두 그 다툼이 말미암아 일어나는 것이니, 만약 지혜, 사려를 더욱 증진하고, 연후에 참된 이익이 있는 곳을 알게 되면, 문득 옛날 다투었던 것이 스스로 이익을 위함으로써 실로는 해로움이 심했다는 것이니, 이에 의기소침해서 돌아오게 된다. 그러므로 인간의 삶에서 바람이 있는 것 가운데 무기를 내려놓기 시작하고, 그 사이에서 부지불식간에 자라는 것(잠자암장潛滋暗長)이 조화의 묘용妙用이다." 하였다.

秉薰謹按康氏此論, 乃啓世界永樂和平人享歡樂之至善聖心也.
然在西爲空前所無之政治, 則孰肯信服乎? 在我則三代之均産, 周公之刑措禮治者, 可作經驗, 而況與孔子之大同垂敎闇合相乎, 孰不信而期望乎?
且如愚見, 則康氏之論道德, 自以肉體之外, 超然眞我爲眞樂, 而此論民德民智日進, 知眞利益之所在. 而竟以造化之妙用結辭. 烏乎! 聖哉苟非?

병훈이 삼가 살피건대, 칸트의 이 논리는 세계를 계몽해서 영락화평하고 사람들에게 즐거움(歡樂)을 누리게 하는 지극히 선한 성인의 마음이다.
그러나 서양에 있어서는 공전의 없었던 정치로서, 곧 누가 믿고 즐거이 따르겠는가? 우리에게 있어서 3대(하은주)의 균산均産과 주공의 형조刑措 예치禮治란 것을 가히 경험하였는데, 하물며 공자와 더불어서 대동의 가르침을 내려준 것과 우연히 일치하여 서로 믿음성이 있으니, 누구라도 믿고 바라지 않겠는가?

또한 나의 견해와 마찬가지로, 곧 칸트의 도덕을 논함에서 스스로 육체의 바깥에서 초연한 진아眞我를 참된 낙으로 삼는다 했으니, 이 논함은 민덕民德, 민지民智가 날로 증진되어 참된 이익이 있는 곳을 알게 되었다. 그리고 마침내는 조화의 묘용으로써 말을 맺었다. 아! 성聖스러움이 진실로 아니겠는가?

洞見天人會通之理, 而能前知百世者, 寧有是否? 然談世者不先學道佛, 能眞知眞我之樂者, 曷足以語此哉?
今世界之電郵先聯, 海牙會之設, 亦可謂萌芽之先現者也.

천인회통天人會通의 이치를 훤히 내다보았기에, 능히 백세를 미리 알 수가 있었으니, 어찌 이런 일이 있겠는가? 그러나 세상을 얘기하는 자가 우선 도道와 불佛을 배워 진아眞我의 낙樂을 능히 참으로 아는 자가 아니라면, 어찌 이를 말로 충분히 할 수 있겠는가?
지금 세계의 전자우편을 먼저 연결하고, 헤이그(海牙) 회의에 설치하였으니, 또한 가히 싹트는 것을 먼저 드러낸 것이다.

今玆戰後之平和會, 果能實行此永久博愛樂善之人道主義否? 聯盟旣立則, 其機何遠乎哉? 苟如此篇首論而世之君相, 皆好道以成眞我, 則永久和平, 大同政治, 自然成立復見德禮之化必矣.
若又謂余不信, 則請以夏當初極之會叅量之, 庶幾自得乎.
烏乎! 余所以編此者, 侈願在此, 非敢自信, 而信天也.

지금 이 전후戰後의 평화회의에서, 과연 이 영구적인 박애낙선博愛樂善의

647

인도주의를 능히 실행할 수 있을 것인가? 연맹이 이미 설립되었으니, 그것이 얼마나 멀겠는가? 진실로 이 편의 맨 앞에서 논한 것처럼, 세상의 군상君相들이 모두 도를 좋아하여 진아眞我를 이룬다면, 영구화평, 대동정치는 자연으로 성립되고 다시 덕례德禮의 교화敎化를 보는 것은 필연인 것이다.

만약 다시 나를 불신한다면, 청컨대 하당夏當(미상)의 최초 회의를 참작(叅量)해서 헤아려보기 바라노니, 아마 스스로 얻음이 있으리라.

아! 내가 이것을 편찬한 까닭은, 과분한 소원이 여기에 있어서이니, 감히 자신하는 것은 아니나 하늘을 믿는 때문이다.

제37장

구서최근정치철학
歐西最近政治哲學

那特磴(德人十八世紀生)政治學曰, 政治學爲無形學, 卽無形現像, 亦多以有形現像, 爲基礎也.

又曰, 政治學者, 硏究國家之性質, 及作用之一科學. 而又爲數科學之集合體也. 又不可不根據地理學, 平原之國家, 便易成中央集權, 山谷之國家, 恒易於自治發達是也.

나트갱(那特磴, 덕인德人 18세기 生, 독일의 카를 라트겐)이 정치학에서 말하기를, "정치학은 무형학이니, 곧 무형의 현상이며, 또한 많은 것이 유형현상으로써 기초를 삼는다." 하였다.

또 말하기를, "정치학자는 국가의 성질 및 작용을 연구하는 하나의 과학이다. 그리고 또 여러 과학의 집합체이다. 또, 불가불 지리학에 근거하니, 평원의 국가는 다시 쉽게 중앙집권을 이루고, 산골짜기의 국가는 항상 쉽게 자치가 발달하는 것이 이것이다." 하였다.

又曰, 亦不得不根據心理(公共心, 愛國心, 利己心)學, 法理學, 經濟學, 倫理學等, 人群資生統一之智識, 不可不根據此等科學, 政治哲學, 據過去現在之理論, 以鎔成之. 政治道德學, 爲政治學中最實最要之件, 觀文明政治之發達, 多起於溫帶, 常占進化之高度, 海岸關於國家之富强, 社會之發達, 非淺鮮也. 如英國以貨殖爲主, 德國以學者爲主, 法國以法律政治家爲主, 美國以商賈銀行家爲主也.

또 말하기를, "또 부득불 심리(공공심, 애국심, 이기심)학, 법리학, 경제학, 윤리학 등에 근거해서, 군중의 통일의 지식을 생겨남을 도웁고, 부득불 이러한 등의 과학에 근거한 정치철학은 과거 현재의 이론에 근거하여 이로써 녹여서 이루는 것이다. 정치도덕학은 정치학 중 최고 충실하고 최고 중요한 건이 되니, 문명정치의 발달을 보건대, 온대溫帶에서 많이 일어나고 항상 진화의 고도를 차지하는 것은 해안에 관계한 국가가 부강하고, 사회가 발달했으니 경미한 것이 아니다. 마치 영국이 재물을 늘림을 위주로 하고, 덕국(독일)은 학자로써 위주로 하고, 법국(프랑스)은 법률 정치가로써 위주로 하고, 미국은 상고商賈 은행가 위주이다." 하였다.

秉薰謹按那氏爲最近政治學大家, 其論多肯綮. 然余主共和道德之治, 故只取其相合者而已. 蓋近世之政法理財科學諸書, 汗牛充棟, 而所採者, 只此而已, 則不亦歉然乎. 然破國界而學, 必以康氏爲宗旨可也.(其一統之論, 乃破國界之學也.)

병훈이 삼가 살피건대, 라트갠은 최근 정치학의 대가인데, 그 많은 긍소(긍계肯綮)를 논하였다. 그러나 내가 공화도덕의 정치를 주장하면서, 그러므로 단지 그 상합된 것만을 취했을 뿐이다. 대개 근세의 정치, 법률, 이재理財 과학의 여러 서적은 수레에 실어 운반하면 소가 땀을 흘릴 정도이고, 쌓으면 들보에 닿을 정도로 많은데(한우충동汗牛充棟), 채취한 바의 것은 단지 이것 뿐이니, 또한 쑥스럽고 어색하다. 그러나 나라의 경계를 깨버린 학문은 반드시 칸트로써 종지로 함이 가하다.(그 일통의 논함은, 국가의 경계를 깨버린 학문이다.)

又曰, 英國, 顚覆君主政體, 而創立共和政體(千七百一年), 其後武斷政治, 爲禍更烈, 以是知君主政體, 較爲治安, 遂得確定此制. 然立憲君主制, 不獨重個人之私權利, 更能充參政之公權利, 使代議士, 咸得有立法權. 英國君權甚微, 徒擁虛器. 英國國體者, 非君主國權, 又非混合國體, 而實一種之民主國體也.

또 말하기를, "영국이 군주정체를 전복하고 공화정체를 창립하고(1701년), 그 후에 무단정치로, 화禍가 다시 치열하니, 이로써 군주정체가 비교적 다스림이 안정됨을 알게 되었으며, 마침내 이 제도를 확정하였다. 그러나 입헌군주제는 개인의 사적인 권리를 중시할 뿐만 아니라, 다시 능히 참정의 공적인 권리를 채워주니, 대의사를 시켜 모두 입법권을 갖도록 하였다. 영국 군주의 권한은 매우 미미하여, 한갓 빈그릇만 껴안고 있는 것이다(도옹허기徒擁虛器). 영국의 국체는 군주국권이 아니며, 또 혼합국체도 아니니, 실로 일종의 민주국체인 것이다." 하였다.

又曰, 歐洲大陸之廢君主制, 而創立憲君主制, 大率皆在十八世紀中.

盖當時貴族主義, 日漸凌夷, 平民主義, 風靡一世. 故其設立憲制, 決非偶然也(不遑枚舉). 其尤著者, 則經濟之發達, 哲學之鼓動, 英國憲法之模倣, 北美合衆國之獨立是也.

또 말하기를, "구주대륙은 군주제를 폐하고 입헌군주제를 창립하였는데, 대체로 모두 18세기 중에 있었다. 대개 당시 귀족주의는 날로 점점 쇠약해지고 평민주의가 일세를 풍미하였다. 그러므로 입헌제를 세운 것은 결코 우연이 아닌 것이다(일일이 들 겨를이 없다). 그 더욱 드러난 것은, 곧 경제의 발달이요, 철학의 고동鼓動이니, 영국헌법을 모방함이나 북미합중국이 독립한 것이 이것이다.

經濟之發達, 漸得社會之權力, 而生參與政治之希望. 未幾成立憲政體, 哲學鼓動之功者, 主張平等自由之說, 雖不過空論理想, 然能蹂躪數百年貴族主義, 而迫政體之變遷, 厥功偉哉. 北美之創立共和政體之際, 各國多以之爲完全無缺之政體, 欲模倣之, 其影響大矣.

경제의 발달은 점차 사회의 권력을 얻게 하고 참여정치의 희망을 낳게 했다. 얼마 안되어 입헌정체가 이루어지고, 철학을 고동한 공으로 평등자유의 설을 주장하였으며, 비록 공론 이상에 불과하였으나, 그러나 능히 수백 년 귀족주의를 유린蹂躪하고 정체의 변천을 강제하였으니, 그 공이 위대하다. 북미의 공화정체를 창립할 때, 각국은 대부분이 완전무결의 정체로 여겼으며 모방하려 했으니 그 영향이 대단했다." 하였다.

又曰, 代議共和制, 有二種, 一爲國民, 皆得直接以參與立法, 監督行政, 如古之希臘羅馬共和制是也. 一爲國民皆爲代議士, 間接以參與立法監督行政, 如近世歐美共和國是也.

또 말하기를, "대의공화제는 두 종류가 있으니, 하나는 국민이 모두 직접 참여해 입법하고 감독행정 하여서, 마치 고대 희랍로마 공화제와 같은 것이다. 또 하나는 국민이 모두 대의사(국회의원)를 삼아서 간접 참여 입법, 감독행정 하는 것이니, 마치 근세 구미공화국과 같은 것이 이것이다." 하였다.

秉薰謹按此論古共和制亦猶周公之共和, 而憲法之精美, 則當取近世者也. 然惟此代議共和制者, 誠可謂公理之極則也.

병훈이 삼가 이 이론을 살펴보건대, 옛 공화제 또한 주공의 공화와 같지만, 헌법의 정미함은, 곧 마땅히 근세에 취해야 한다. 그러나 오직 이 대의공화제란 것은, 진실로 가히 공리公理의 지극한 법칙(極則)이라 할 것이다.

又曰, 近世國家主義, 第一國家對外, 謀折衝禦侮之法, 第二國家宜對臣民, 維持其康樂和親, 第三國家宜對社會, 鋤强扶弱. 務使文明一體進步也. 國家之本源, 一爲歷史觀察, 一爲哲理觀察, 歷史者以國家之成事而究其形狀者也, 哲理者以國家之理想而溯其本源者也. 近世德國碩學, 並用歷史哲理二法, 以理論與事實相對照, 而國家之源因始明矣.

또 말하기를, "근세국가주의는 제1로는 국가가 외부에 대하여서 절충어모折衝禦侮(나를 얕보는 상대를 담판으로 꺾어 두려워하게 함)의 법을 도모하고, 제2로는 국가가 마땅히 신민臣民에 대하여 그 강낙康樂(안락함)과 화친和親을 유지하고, 제3으로는 국가가 마땅히 사회에 대하여 서강부약鋤强扶弱(횡포한 자를 꺾고 약한 자를 도움)하면서 문명일체가 진보하도록 힘써야 한다. 국가의 본원은 첫 번째로는 역사를 관찰하고, 다음으로 철리를 관찰하니, 역사란 국가의 성사成事로써 그 형상을 연구하는 것이요, 철리란 것은 국가의 이상으로써 그 본원을 거슬러 올라가는 것이다. 근세 덕국(독일)의 석학은 역사, 철리의 2가지 법을 병행하여 사용해서 이론으로써 사실과 더불어서 서로 대조하여 국가의 원인이 비로소 분명해졌다." 하였다.

秉薰謹按泰西政體之變遷, 歸諸哲學鼓動之功, 信乎學術之可以左右世變也? 果如是則將破國界, 以就大同統一之和平者, 不亦以學術爲驗哉.

又曰, 斯多爾, 以道德智識, 爲國家本質, 以國民之共同利益, 限國家範圍, 其國家理想, 比法鼈傑, 爲精卓, 比於希臘先哲, 爲切實.

병훈이 삼가 살펴보건대, 태서泰西(서양)정체의 변천은 모든 철학이 고동鼓動한 공적으로 돌아가니, 확실히 학술이 세상의 변화를 좌지우지할 수 있다는 것을 믿을 수 있겠는가? 과연 이와 같은즉, 장차 국가의 경계를 파괴하여 대동통일의 화평으로 나아가는 것 또한 학술로써 중험되는 것이다.

또 말하기를, "사다이(스토아학파)는 도덕, 지식으로서 국가의 본질로 삼았으며, 국민의 공동이익으로서 국가 범위를 한정지었으며, 그 국가의 이상은 법국의 별걸鼈傑에 비하여 탁월하고, 희랍선철에 비하여 절실하였다."

第一國家在國民及國土之上, 有最高無限之權力, 其要目, 爲立法司法行政三權斯爲內部主權. 第二國家之主權, 對於別國, 爲獨立不羈, 其要目, 爲宣戰講和訂約遣使接使等權.

是謂外部主權, 要之國家主權. 所含條件不少, 以道德論國家國民間之關繫, 則國民之於國家, 其有害者, 必不可爲, 其有益者, 必不可不爲, 此其義務也. 必也國家有仁愛撫育之精神, 國民有忠順義勇之氣節, 則國家生存, 何患不發達耶. 國家國民間以道德關係爲必要.

첫 번째로, 국가는 국민과 국토의 위에 있으니, 최고 무한의 권력이 있으며, 그 요목은 입법, 사법, 행정 3권이니 내부 주권이 된다. 두 번째로, 국가의 주권은 다른 나라에 대하여 독립하여 구속받지 않으니, 그 요목은 선전宣戰, 강화講和, 정약訂約, 견사遣使, 접사接使 등의 권한이다.

이것을 외부 권한이라 하니, 중요한 국가의 주권이다. 포함된 조건이 적지 않으니, 도덕론으로써 국가, 국민 간의 관계는, 곧 국민의 국가에 대한 해를 가하는 것은 반드시 할 수 없는 것이며, 유익한 것은 반드시 하지 않을 수 없으니, 이것이 그 의무인 것이다. 반드시 국가는 어질고 잘 돌보아 기르는 정신을 가지되, 국민은 충순하고 의용義勇의 기절을 가지면 국가는 생존하게 되니, 어찌 발달하지 않을 것을 걱정하겠는가. 국가와 국민 간에는 도덕으로써 관계하는 것이 필요한 것이다.

英爲眞實地方自治, 德之自治制度, 亦極完備, 惟法則地方團體, 絶無自主之權. 大總統, 有黜陟町村長之權力, 町村長, 爲政府代表人職司, 執行法律命令, 徵集租稅, 募集軍隊, 及登記生死婚姻等事.

(惟賞功恤典等事, 各國實行, 不須枚擧, 而賑荒之要, 不但救之以錢財, 而勸商賈貿遷, 賤糶爲實惠也. 然.)

영국은 진실된 지방자치를 하였고, 독일의 자치제도는 또한 극히 완비되었으며, 오직 프랑스는 지방단체가 자주의 권한이 전혀 없었다. 대총통은 정촌장町村長(도시, 농촌의 자치단체장)의 출척黜陟(등용과 추출)의 권한이 있었고, 정촌장은 정부 대표인의 직사職司와 법률 명령을 집행하고, 조세를 징집하며, 군대를 모집하고 및 생사혼인을 등기하는 등의 일이다.

(오직 상공賞功, 휼전(이재민 구제 등) 등의 일로 각국이 실행한 것은 일일이 들 필요가 없다. 흉년 구휼(진황賑荒)의 요체는, 금전과 재물로 구할 뿐만이 아니라, 상인(商賈)이 무역(貿遷)하도록 권장하여 쌀을 싸게 사는 것(賤糶)이 실질 혜택임이 명백하다.)

施賑, 要在得人, 余之祖考(諱翼廈, 字廣甫公)先考(諱璟, 字子仲公), 隱德不仕.
嘗言曰, 每經該地方賑恤監督, 則白髮輒生云, 可見其克盡勞瘁救活之心法也. 噫! 歐洲諸國, 於實際上, 民得訴訟其君, 國會監督行政官之干犯令法, 監督國務大臣之行事.

구휼을 베푸는 것은, 요체가 득인得人에 있으니, 나의 할아버지(휘는 익하, 자字는 광보공廣甫公)와 부친(先考/휘 경璟, 자字 자중공子仲公)은 은덕隱德을 베풀고 벼슬하지 않으셨다.
일찍이 말씀하시기를, '매번 그 지방 구휼을 감독할 때마다 곧 흰머리가 갑자기 생겨났다' 하셨으니, 가히 그 극진히도 노췌勞瘁(몸이 고달파서 파리

함)한 구활의 심법을 볼 수가 있다. 아! 구주 제국은 실제상에서 백성이 그 임금을 재판을 걸었으며, 국회가 행정관의 법을 범하는 것을 감독하고, 국무대신의 행사를 감독하였다.

秉薰謹按此章混雜各國政治之槪要而言之. 然盖以道德爲主腦也, 外他學校教育之周盡, 任官(非由學術試驗, 不得任官, 由中學卒業後, 再入法科三年, 候補高等官. 又練習二年, 及格者實任)之詳嚴, 法學及諸科, 則皆有專門, 非此片幅之所能俱述, 故只載共和憲法而止焉.

병훈이 삼가 살피건대, 이 장은 각국 정치의 개요를 혼잡하게 말하였다. 그러나 대개 도덕으로써 주된 중심으로 삼았고, 그 밖의 다른 것으로 학교교육이 두루 다하면, 임관(학술 시험으로 말미암지 않으면 임관하지 않았고, 중학 졸업 후로 법과 3년에 다시 들어감으로 말미암아 고등관 후보가 되었다. 또 2년을 연습하고, 자격에 이른 자를 실지로 임명하였다)하니, 상세하고 엄격하였다. 법학 및 제과는, 곧 모두 전문專門이 있었으며, 이 편폭(작은 지면)에 능히 구술할 바가 아니어서, 그러므로 단지 공화헌법만 기록하고 마친다.

亞里士多德, 所分國體, 二千餘年學者, 尙根據之.
一. 國家主權在君主一人, 而君主代表國家者, 謂之君主國體.
二. 國家主權在貴族數人, 而貴族代表國家者, 謂之貴族國體.
三. 國家主權在國民全體, 而以國民之總意, 代表國家者, 謂之民主國體.

아리사다덕(아리스토텔레스)이 국체를 나눈 것이 2천여 년인데, 학자들은 아직도 근거로 하고 있다.

1. 국가 주권이 군주 한 사람에게 있으면, 군주 대표 국가이니 군주국체라 한다.

2. 국가 주권이 귀족 몇 사람에게 있으면, 귀족 대표 국가이니 귀족국체라 한다.

3. 국가 주권이 국민 전체에게 있으면, 국민의 총의로써 국가를 대표하니 민주국체라고 한다.

秉薰謹按那氏此篇, 爲最近政學. 而祖尙亞氏, 分別國體之論, 不亦可尙哉? 噫! 西學日益發達, 而其溫故維新者, 固如是也.

惟東亞之淺學者, 不究周公之祖法, 而例以欺侮自豪, 不亦羞哉. 盍觀夫此章, 以改其思想乎.

然那氏此書雖若汎論政治, 而實以共和爲主者也. 編者於共和憲法, 未有博攷明見, 而所願則在世界之一統政府, 故敢擬以九條.

병훈이 삼가 살피건대, 나씨(독일의 카를 라트겐)의 이 편은 최근의 정학政學이다. 그런데 창시자로 아씨의 분별 국체론을 높이니, 또한 가히 높일 수 있지 않은가? 아! 서학이 날로 더욱 발달하여 그 온고유신溫故維新(옛것을 배우고 익혀서 오직 새롭게 함)한다는 것이 진실로 이와 같은 것이다.

오히려 동아의 천학자들이 주공의 조법祖法(조상 대대로 내려오는 규칙)을 궁구하지 않고, 사례로 우롱함으로서 스스로 긍지를 느끼니, 또한 수치스럽지 않은가. 대저 이 장을 보고 나면 그 사상을 고쳐야 한다.

그러나 카를 라트겐 씨는 이 글에서 비록 마치 정치를 전반에 걸쳐 개괄한 것 같지만, 실은 공화로써 위주로 하였다. 편자는 공화헌법을 넓게 생각한 명견明見이 있지 않았지만, 원하는 바는 곧 세계의 일통정부에 있었기에, 그러므로 감히 아홉 조문으로서 입안立案을 해보려 한다.

[세계 일통 공화정부헌법世界一統共和政府憲法]

一. 世界大總統, 必以各國公選, 選擧總統, 破除國界. 家視宇內爲職務, 先行代議士制, 而漸次從公議擧, 亦可.

二. 尊重人道, 總統及在位人員, 德禮律身, 德禮敎化, 刑期于無刑.

三. 擧世各國公議, 以浸兵輯和爲主旨.(定兵額, 立和睦, 別具條例).

四. 各國, 皆用獨立平等資格, 建立一統中央政府.

五. 特設公議院, 議員及政府任員, 皆自各國極選才德英俊, 而派送.(另具一條例可行).

六. 人道以樂天安命爲重, 公益利物爲要, 凡各執務需世之人, 並致修養成眞住命之道, 乃眞利益也. 物慾, 則眞戕害, 此誠萬世太平之基本也.

七. 法律, 是道德之制之於外者, 採用世界最良法律, 咸以道德爲準.

八. 大總統居任年期, 勿用限年之制, 以盡其才德. 各國會, 監督總統. 及國務員, 而論劾其過失.

九. 公田均産, 當用井田之制. 設院養民(老弱廢疾失所無歸者). 專以體大生物而成物之德定爲世諦.

* 세계 일통 공화정부헌법 : 세계가 하나로 통일된 공화정부의 헌법이란 발상은 1900년대의 조선인의 사상으로서는 그야말로 파격적인 것이라 할 수 있다.

1. 세계 대총통은 반드시 각국에서 공선함으로써 총통을 선거하며, 나라의 경계를 깨서 없게 한다. 집안마다 천하로 간주함을 직무로 삼고, 먼저 대의사제(대의원제)를 행하여 점차 공의公議에서 든 것을 따르는 것이 또한 가하다.

2. 인도人道를 존중하고 총통 및 재위 인원은 덕德과 예禮로 자신을 규율하고, 덕과 예로 교화하며 형벌로 다스리되, 또 다시 죄를 지어 형벌을 받는 일이 없도록 한다.

3. 온 세상의 각국 공의에서는 침병寢兵(군대를 줄임), 집화輯和(서로 화합함)를 주지主旨로 한다.(병사의 수를 정하고, 화목을 세우며, 조례를 따로 갖춘다.)

4. 각국은 모두 독립하여 운용하되 평등한 자격으로 일통중앙정부를 건립한다.

5. 공의원을 특설하고 의원 및 정부 임원은 모두 각국으로부터 재덕 있는 영준英俊을 극선極選(정선함)하여 파송한다.(따로 한 조례를 갖추어 행할 수 있다.)

6. 인도人道는 낙천樂天(세상을 즐겁게 생각함) 안명安命(천명을 따라 분수를 지킴)을 중히하고, 공익이물公益利物을 중요하게 여기며, 무릇 각각 집무하고 있으면서 세상에 등용될 만한 인재(需世之人)들이, 아울러 수양해서 성진成眞 주명住命의 도道를 이룬다면, 참된 이익인 것이다. 물욕은 곧 진眞을 해치는 것이니, 이것이 진실로 만세 태평의 기본인 것이다.

7. 법률은 바로 도덕이 통제하는 바깥의 것이니, 세계에서 가장 좋은 법률을 채용하는 것은 모두 도덕으로써 기준으로 삼는 것이다.

8. 대총통 임기의 기한은 재직 연도를 제한하지 않고 등용해서 그 재능을 다하게 한다. 각 국회는 총통 및 국무원을 감독하고 그 과실을 논하여

탄핵한다.

9. 공전균산은 마땅히 정전제를 채용한다. 원院을 설치해서 백성을 부양한다(노약, 폐질로 돌아갈 곳을 잃은 자). 오로지 만물을 낳고 만물을 이루어주는 덕을 체대體大(불변상주의 실체)로 하여 세속의 도리(世諦)로 정한다.

以上九條, 可謂理想之償見也. 然東之孔子, 西之康德, 皆先著此理想之論, 以貺我者也, 尙何以爲迂愚哉? 午會正中, 亦何遠乎哉?

然不及二百年, 而天必轉軸無疑乎. 烏乎! 周公沒, 百世無善治, 孟軻死, 千載無眞儒之歎, 天其不忘乎.

이상 9조는 이상적인 견해라고 할 수 있다. 그러나 동양의 공자와 서양의 칸트는 모두 이 이상의 이론을 먼저 저술하여, 이로써 우리들에게 선사하였으니, 오히려 어째서 멀리 또 돌아서 나에게 왔는가? 오회정중午會正中(양의 기운이 가장 왕성한 때)은 또한 얼마나 먼 시간인가?

그러나 200년이 이르지 않아서, 하늘은 반드시 전축轉軸할 것이 확실하다. 오호! 주공이 죽고 100세(3천 년) 동안 선한 정치가 없었으며, 맹자(맹가孟軻)가 죽고 천 년간 진정한 선비가 없음을 한탄하였는데, 하늘은 그것을 잊지 않았도다.

{총總 결론結論}

余編精神心理道德, 專以調劑新舊, 而折衷合致, 俾學以成兼聖極哲. 而若夫政治則尤多可以損益, 補吾缺點者, 如今歐美之政治憲法理財工商各科學是也.

然西則必取我井制, 均産, 禮治條例, 以各進充分圓滿. 而一以體天重民, 爲職志焉, 則宇內之永樂和平, 大同一統之基本, 顧不在此乎?

내가 정신심리도덕을 편찬하였으니 오로지 신구철학을 조제하고 절충해서 합치한다면, 배움으로 하여금 겸성극철兼聖極哲을 이루게 할 것이다. 그런데 정치는 곧 더욱더 많이 덜어내고 보탤 수가 있는 것이니, 나의 결점을 보충해 줄 수 있는 것은, 지금의 구미 정치, 헌법, 이재, 공상, 각 과학 같은 것들이다.

그러나 서양에서도 반드시 우리 정전제와 균산, 예치조례를 취한다면 각각 원만함에 나아가기에 충분하리라. 오로지 한결 같이 하늘을 본받고 백성을 중시하며 직지職志(직책, 사명)를 위한다면, 온 세상이 영락화평하리니 대동일통의 기본이란 것은 돌아보면 여기에 있지 않은가?

然西哲中惟康德氏, 學已到聖處, 其言治世, 專以道德, 而歸重眞我者, 如非早有聞於仙佛之眞旨, 而淸超物表, 幾乎胎仙者, 何能若是耶?
是以能卓然發表浸兵輯和永樂太平世之論者前聖後聖, 其揆一也, 而後出者益臻精美於斯可驗也.

그러나 서양철학자 중에서는 오직 칸트만이, 배움이 성처聖處에 도달하였으니, 그는 치세를 말하면서 오직 도덕으로써 하되 진아眞我를 중시함으로 돌아갔으며, 신선과 부처(仙佛)의 참뜻을 일찍이 듣지 않고서도, 청초淸超한 정신이 만물에 드러났으니, 거의 태선胎仙의 경지라도, 어찌 능히 이와 같을 수 있으리오?

이것은 능히 뛰어난 발표로써 군대를 줄이고 화합을 해서(浸兵輯和), 영락태평의 세상을 이룬다고 논한 자로 이전의 성인이건 뒤의 성인이건 그 도리는 하나인 것이지만, 이후 나온 자가 더욱 정미함에 이르게 된 것을 여기에서 가히 증험할 수 있다.

然天其大我而眞我卽小我也. 如不能盡小我之責而盡人合天者, 安能知眞利害而眞歡樂乎? 遑言永樂太平世之至仁至德事乎.
烏乎! 余以羲黃檀箕兼聖之胎仙事實, 冠於首篇, 以翼康聖之所未盡處, 而均貺宇內五洲同胞.

그러나 하늘은 대아大我이고, 진아眞我는, 곧 소아小我이다. 만일 소아의 책임을 다해서 사람이 천리에 합하는 것을 다할 수가 없다면, 어찌 능히 참된 이해와 참된 환락을 알 수 있겠는가? 영락 태평세의 지인지덕至仁至德의 일은 말할 필요도 없는 것이다.
아! 내가 복희, 황제, 단군, 기자의 겸성하신 태선胎仙의 사실을 첫 편에 덧붙이고, 이로써 칸트 성인의 미진한 곳을 도운 것이니, 온 세상의 오주 동포들에게 모두 다 베풀어준 것이다.

世必有其人, 合致而幷行焉, 則合天兼聖息亂太平. 統一政府, 誠何難成立於其手哉?
夫然後始可謂至仁至德, 兼聖極哲胎仙之事業, 俱臻圓滿, 而世躋極樂之世, 天回極育之天矣.
吁嗟! 編者更有何願哉, 更有何願哉?

세상에는 반드시 그 일을 맡을 그 사람이 있어서(世必有其人), 합치하여 병행할 것인즉, 하늘에 부합하는 겸성이 난을 그치면 태평할 것이다. 통일정부는 진실로 그 손에서 성립되어질 것이로되 어찌 어렵겠는가?

대저 그러한 연후에 비로소 가히 지인, 지덕, 겸성극철兼聖極哲한 태선胎仙의 사업이 모두 원만함에 이르게 되어, 이 세상이 바로 극락 세상으로 오를 것이요, 하늘이 극진하게 길러주는 하늘(極育之天)로 돌아갈 것이로다.

아! (이렇게만 된다면) 편자는 다시 무슨 바램이 있을 것이며, 다시 무슨 소원이 있겠는가?

編旣終矣. 又有一說歐西之倫理, 與我五倫之說不同, 今吾旣行民主, 則改君臣有義以統民有義, 恐無不可. 蓋古者君臣之分, 如後世長幼之禮焉耳.

편찬하기를 마친다. 또 일설에 서구의 윤리는 우리 오륜의 설명과 다르다는 설이 있으나, 지금 우리는 이미 민주주의를 행하면서, 곧 군신유의君臣有義(군신 간에 의리가 있다)를 고쳐서 통민유의統民有義(백성을 다스림에 의리가 있다)라 하더라도, 아마도 불가함은 없으리라. 대개가 옛날 군신의 구분은 마치 후세의 장유長幼의 예禮와 같을 뿐이다.

첨부 : 인허공문
(附, 認許公文)

具呈公民(丁夢刹 于藍田)等, 爲著述哲學懇乞, 註冊給與版權事. (竊) 思學亦多術, 而以能左右世界, 升降世道, 爲要歸. 夷考新舊學理新勝於舊者固多, 而古勝於今者尤夥. 然俱未免互有缺點之處, 是必也, 調劑新舊, 折衷今古, 鈞元合致.

撮要爲書然後眞哲學理始臻於圓滿而易以成得通才. 然此非學通中外, 道貫古今者, 其孰能之乎?

공민(시민 : 정몽찰, 우람전) 등은 서류를 갖춰서(具呈) 철학 저술의 등록(註册)을 요청하니, 판권을 주시기 바랍니다. (제가) 사상과 학문을 많이 술術하였으되, 좌우세계, 승강세도를 요점으로 삼는 것입니다. 신구新舊의 학리學理를 조용히 생각해보건대, 새로운 것이 옛것보다 나은 것이 진실로 많고, 그리고 옛날이 지금보다 나은 것이 더욱 많습니다. 그러나 모두 서로 결점이 있는 것을 면치 못하니, 이는 반드시 신구新舊를 조제調劑하고 고금을 절충하여 으뜸을 낚아서 합치해야 합니다.

요점을 간추려서 책으로 한 연후에 진정한 철학의 이치가 비로소 원만함에 이르게 되고 쉽게 다재다능한 사람이 되는 것입니다. 그러나 이것은 학문이 중국과 외국에 통하지 않고 도도가 고금을 관통한 자가 아니면, 그 누가 능히 하겠습니까?

我師, 全秉薰先生學, 兼儒道佛哲, 而道成德備, 嘗慨然曰, 現世方競尙法治, 必將返本乎禮治, 現世物質之文明, 必更進而入精神之文明. 然現世尙無精神專學者, 則以我黃老道祖養精凝神, 成聖成眞之無上哲理, 久秘於方外, 至四千年來爲世詬病, 皆前人之誤解而誤用故也. 夫黃老眞傳, 本爲精神專學(性是神命是精者), 內外兼修, 性命俱凝盡, 人合天之大道, 而世傳坊本則多混雜旁門. 苟非慧眼鑒定, 精汰砂金則, 不但難以尋眞而入道, 且易以致病而招邪, 良可慨也.

우리의 스승 전병훈 선생의 학문이 유儒, 도道, 불佛, 철哲을 겸하고, 도를 이루고 덕을 갖추었으니, 일찍이 개연히 말씀하시기를, "현세는 바야흐로 다투어 법치法治를 숭상하지만, 반드시 장차 예치禮治에 본래대로 돌아갈 것이고, 현세의 물질문명은, 반드시 다시 나아가서 정신문명으로 들어갈 것이다. 그러나 현세가 아직도 정신전문학자가 없는데도, 오히려 우리 황노 도조의 양정응신養精凝神으로써 성성성진成聖成眞하는 무상철리無上哲理는 오랫동안 세상 밖에서 비밀이었으며, 4천 년에 이르도록 세상의 지탄을 받아왔으니, 모두 전인의 오해로 오용誤用한 때문이다. 대저 황노의 진전은 본래 정신의 전문학으로(성性은 신神이고, 명命은 정精이다) 내외를 겸하여 닦고, 성명性命이 함께 응진하면, 사람이 하늘의 대도에 합하게 된다. 그런데 세상에 전하는 민간서적의 판본坊本은, 곧 대부분이 혼잡한 방문이다. 진실로 혜안으로 감정해서 정밀하게 사금(精汰砂金)을 걸러내지 않으면, 진리를 찾아서 입도하기 어려울 뿐만이 아니라, 또한 쉽게 병들고 삿됨을 불러들이니 참으로 슬픈 일이다." 하셨습니다.

　於是吾師苦費精力, 將其素所經驗之簡要者, 叙爲首篇名, 以精神哲學通編. 而繼以心理道德政治三篇, 合爲一部, 嗚乎. 宇宙間至眞哲理, 凝神住命之學, 久私於方外者, 今而後始爲入世補益精神之公用, 爲社會添一異彩, 爲學界開一曙光, 庶幾乎補完環球哲學之缺點, 而無遺憾矣.
　蓋歐西哲學, 只見到精神不滅, 而尙未透玄牝運用神凝造化之妙, 得此補偏, 方可開悟玄奧. 而添臻圓滿焉. 至心理道德俱源於天而心則一也. 然有腦宮元神之道心, 與肉團識神之人心區別者, 今始表明之, 亦可謂發中西之所未發者.

　이에 우리 스승께서 힘써 정력을 쓰며, 평소 경험했던 것을 간단하고 중요한 것들을 첫 편의 이름으로 서술하시니 정신철학통편이라 하였습니다. 그리고 계속하여 심리, 도덕, 정치, 3편으로써 합하여 1부로 하였으니, 오호라, 우주 간의 지극히 참된 철리(至眞哲理)와 신신을 엉기게 하여서 명命에 머물게 하는 학문이 오랫동안 방외에 비밀이었으나, 지금 이후로는 비로소 세속으로 나와서 정신을 이롭게 하는 공용이 되었으며, 사회에 하나의 특별한 광채를 보탰으며, 학계에는 한줄기 서광을 열었으니, 전 지구의 철학의 결점을 보완해서 유감이 없기를 바랍니다.
　대개 서구의 철학은, 단지 정신불멸에만 생각이 미쳐서 아직 현빈을 운용해서 신신을 엉기게 하는 조화의 묘함에는 꿰뚫지는 못하였기에, 이것을 얻어서 편향된 것을 보충한다면, 비로소 심오한 것(玄奧)을 깨달을 수 있게 되어 더욱 원만함에 이르게 될 것입니다. 지극한 심리 도덕은 모두 하늘에 근원하는 마음인즉 하나입니다. 그러나 뇌궁에 있는 원신의 도심은, 육신의 식신과 더불어서 인심과 구별되는 것으로 지금에야 처음으로 표명하는 것으로, 또한 중국과 서양에서 드러내지 못한 것을 드러내었다 할 수 있습니다.

且西學以利益解道德, 而公德私德之訟案未決者, 悉一一辨破, 總以體行天地之道德, 爲正鵠, 開卷, 自可一目瞭然.
然其憲法科學, 當補吾之缺點者, 亦嘗拳拳致意焉. 矧以禮治刑措, 浸兵輯和, 躋世極樂之德政, 終其篇.
然則此編者詎非學總新舊, 道括中外, 調冶一爐, 以成神通兼聖之一大新哲學書耶?

또 서양학문은 이익으로써 도덕을 해석하므로, 그래서 공덕과 사덕의 다툼 안건이 미해결되었는데, 다 일일이 분별해서 깨뜨렸으며, 총체적으로 천지의 도덕을 본받아 행하는 것을 핵심(正鵠)으로 삼았으니, 책을 열면 저절로 일목요연하게 됩니다.
그러나 그 서양헌법과 과학은 우리의 결점을 보완할 수 있는 것으로, 또한 간절하게 뜻에 이르게 하였습니다. 더군다나 예치로써 형벌을 쓰지 않고, 병사들의 전쟁을 멈추고 화해케 하여서, 세상을 극락으로 올리는 덕정德政으로 그 편을 마쳤습니다.
그러한즉, 이 편이 학문으로는 신구를 총괄하고, 도道로는 중국과 외국을 포용해서 조절하고 불리는 하나의 로爐가 아니겠으며, 신통겸성을 이루는 일대 신철학서가 아니겠습니까?

洵可謂世界大同之先河曙光, 而爲生民立極, 開慈航無窮者.

猗歟至哉. 同門人等, 集貲付梓, 希布五洲千秋之廣遠, 以促進極樂大同之世運.

謹此具呈. 恭請大部鑒核俯賜指敎.

案准印行則功德無量矣. 附呈精神哲學通編二册.

진실로 세계대동의 효시이고 서광이라 할 수 있으며, 백성을 위한 표준을 세웠으며, 자비심으로 중생을 구제함(慈航)이 무궁토록 하였습니다.

아! 지극하도다. 동문인 등이 재물을 모아서 출판을 하면서, 온 세상에 오래도록 널리 퍼져서, 이로써 극락대동極樂大同의 세상 운수(世運)가 촉진되기를 희망합니다.

삼가 이와 같이 서면으로 신고(具呈)합니다. 공경히 청하건대, 관련 부서는 심의 결정(鑒核)하여 가르침을 내려주시기(俯賜指敎) 바랍니다.

공문을 받아보고(案准) 간행을 한다면 공덕이 무량할 것입니다. 동시에 송부하니 정신철학통편 2책입니다.

內務部批第八一號

原具呈人(于藍田, 丁夢村)呈一件呈明精神哲學通編. 確係著作人情願, 將著作權, 讓與共同享有, 請註册給照由.

[내무부 비답 제81호]

신청인(우람전, 정몽찰)이 올린 1건은 정신철학통편을 상신하여 설명(呈明)하였다. 분명히 저작인이 청원하되, 장차 저작권을 양여讓與하여 공동 향유토록 하며, 등록증(註册) 발급(給照)을 요청하였다.

據呈稱前呈送精神哲學通編. 請註册一案, 此項著作物, 確係著作人情願, 將著作權讓與藍田夢刹共同享有. 請註册給照等情, 幷註册費銀五圓到部. 核與著作權法, 第三條相符, 應准註册給照. 除公布外, 合行批示執照, 幷發此批.
　中華民國九年二月七日.
　內務總長田.

　제출된 청원서에 의하면(據呈), 전에 제출해 올리면서 정신철학통편이라 칭하였다. 요청한 등록 1건은, 이 항의 저작물은 분명히 저작인의 청원으로 장차 저작권을 남전, 몽찰에게 양여하여 공동으로 향유한다 하였다. 요청한 등록증 발급 등 사항은, 아울러 등록비용으로 은 5원을 부部에 보내왔다. 저작권법과 더불어서 조사해 보니, 제3조에 서로 부합하므로 응하여 등록증을 발급한다. 공포한 것을 제하고 이외에는, 지시批示한 허가증(執照)에 부합하도록 행할 것이며, 아울러 이 회답을 발행한다.

중화민국 9년(1920년) 2월 7일
내무총장 전문열(田文烈, 재임 기간 : 1920년-1923년)

정신철학통편 精神哲學通編

초판 인쇄 2025년 7월 21일
초판 발행 2025년 7월 28일

편 저 이기안
발 행 자 김동구
디 자 인 이명숙·양철민
발 행 처 명문당(1923. 10. 1 창립)
주 소 서울시 종로구 윤보선길 61(안국동)
          국민은행 006-01-0483-171
전 화 02)733-3039, 734-4798, 733-4748(영)
팩 스 02)734-9209
Homepage www.myungmundang.net
E-mail mmdbook1@hanmail.net
등 록 1977. 11. 19. 제1~148호
ISBN 979-11-94314-31-8 (93150)

35,000원

* 낙장 및 파본은 교환해 드립니다.
* 불허복제